진시황 강의

王立群讀《史記》之: 秦始皇(上)
Copyright ⓒ 2008 by Wang Li Qun(王立群)
王立群讀《史記》之: 秦始皇(下)
Copyright ⓒ 2009 by Wang Li Qun(王立群)

Korean Translation Copyright ⓒ 2013 by Gimm-Young Publishers, Inc.
This translation is published by arrangement with Guangxi Normal University Press Group
Co., Ltd., China through EntersKorea Co., Ltd., Seoul.
All rights reserved.

秦始皇 講義
진시황 강의

왕리췬 | 홍순도, 홍광훈 옮김

김영사

진시황 강의

지은이_ 왕리췬
옮긴이_ 홍순도, 홍광훈

1판 1쇄 발행_ 2013. 10. 7.
1판 6쇄 발행_ 2021. 2. 26.

발행처_ 김영사
발행인_ 고세규

등록번호_ 제406-2003-036호
등록일자_ 1979. 5. 17.

경기도 파주시 문발로 197(문발동) 우편번호 10881
마케팅부 031) 955-3100, 편집부 031) 955-3250 | 팩스 031) 955-3111

이 책의 한국어판 저작권은 (주)엔터스코리아를 통해 저작권자와 독점 계약한 김영사에 있습니다.
저작권법에 의해 한국 내에서 보호를 받는 저작물이므로 무단전재와 복제를 금합니다.

값은 뒤표지에 있습니다.
ISBN 978-89-349-6491-9 03150

홈페이지_ http://www.gimmyoung.com   블로그_ blog.naver.com/gybo
인스타그램_ instagram.com/gimmyou   이메일_ bestbook@gimmyoung.com

좋은 독자가 좋은 책을 만듭니다.
김영사는 독자 여러분의 의견에 항상 귀 기울이고 있습니다.

프롤로그

살아서도 죽어서도 세계를 움직이는 왕, 중국 최초의 황제 진시황

중국사에서 가장 큰 영향을 미친 역사 인물은 누구인가? 라고 묻는다면 단연 진시황을 꼽을 것입니다. 진시황은 주지하다시피 여러 개로 나뉘어 있던 중국을 하나의 거대한 제국으로 통일한 중국 최초의 황제입니다. 그러나 진시황에 대한 후세인들의 평가는 상반되어 있습니다. 누구는 중국을 최초로 통일한 영웅 중의 영웅이라 하고, 누구는 성정이 몹시 포악하며 천추에 남을 극악무도한 짓을 일삼은 폭군이라 합니다. 진시황은 도대체 누구이며, 어떤 업적을 이루었으며, 또 어떤 폐단을 저질렀을까요?

중국이 전국 7웅에 의해 분열되어 서로 각축을 벌이던 기원전 259년에 태어난 진시황은 영정으로도 조정으로도 불리었습니다. 그의 생부가 누구냐에 관한 미스터리가 세상 사람들의 눈과 귀를 즐겁게 하는 스캔들이기는 하나, 이는 책을 읽어 나가며 풀어보시기 바랍니다. 13세에 즉위한 영정은 관례를 치른 20세 이후 엄청난 두각을 나타내기 시작합니다. 부국강병책을 추진하며, 기원전 230~221년 사이 한, 위, 초, 연, 조, 제나라를 차례로 함락시키고 천하통일의 위업을 달성합니다. 그의 통일 대업은 아주 짧은 기간에 이루어졌으며, 기원전 8세기 이후 중국은 하나의 국가로 역사를 전개하기 시작합니다.

통일 대업을 달성한 그는 중앙집권적 전제정치체제를 수립하기 위해 각고의 노력을 기울입니다. 황제라는 존호를 제정하고, 진나라가 만세까지 계속되기를 바라는 마음에 스스로를 시황제라 칭합니다. 군현제를 실시했으며, 문자와 도량형을 통일, 북방을 강화하기 위해 만리장성을 축조하는 등 강력한 진나라를 세우기 위해 역량을 발휘합니다.

그러나 진시황은 욕먹을 짓도 많이 했습니다. 불로장생에 대한 그의 집착은 너무도 잘 알려져 있습니다. 방사들을 보내 불로초를 구해오게 하고, 그들의 사기를 안 순간 갱유 사건을 일으켜 후세인들의 질타를 받고 있지 않습니까? 또한 《시경》과 《서경》을 불태우는 분서 사건을 자행했으며, 아방궁과 황릉의 축조를 위해 수많은 사람들의 목숨을 앗았습니다. 영원히 살 것만 같았던 진시황은 50세의 나이에 그것도 황궁이 아닌 순유 도중 단명하고 맙니다. 진나라 또한 만세까지 가지 못하고 이세에 그치고 맙니다. 통일제국을 탄생시키고 강력한 중앙집권제를 실시하며 최고 권력을 누렸던 진시황은 강하게 타올랐다 한순간에 사라지고 마는 불꽃과도 같은 왕이 되고 말았습니다.

이 책은 진시황제가 통일제국을 달성할 수 있도록 기틀을 마련한 진나라의 탄생에서부터 그의 출생을 둘러싼 미스터리, 통일 달성의 위업과 그 과정에서 함께한 책사, 유세객, 장군들의 용맹과 정책 대결, 강력한 군주제를 실시하기 위해 진시황이 행한 여러 통일 과업, 그리고 그를 폭군이라 평하게 만든 분서갱유, 만리장성, 불로초 등 진시황에 관한 모든 것을 담고 있습니다.

세계사에서 최초로 국가와 법 이론체계를 현실화했고 유라시아 대륙에서 제국을 세운 대표적 인물 진시황. 춘추전국의 사회적, 역사적 변혁을 완성한 주인공이면서 선진시대의 군주라는 관념을 집대성해 황제라는 호칭을 만들어낸 장본인인 진시황. 어쩌다 진나라와 진시황은 후대 왕조가 경계하며 타산지석으로 삼을 표본이 되고 말았을까요? 시끄럽던 중국을 파죽지세로 통일하는 과정에서 보인 진시황의 선진적이며 강력한 리더십은 어쩌다 자만과 교만에 빠진 변질된 리더십이 되고 말았을까요? 그가 보여준 승자의 리더십은 전쟁 중에만 유효한 것이었을까요? 왕이 된 이후에는 필요 없다며 내팽겨쳐버린 것일까요? 진시황의 전 생애를 통해 한 그룹의 통치자 혹은 한 나라의 지도자가 살얼음을 걷듯 늘 변치 않고 갖추어야 할 리더십의 전형이 무엇인지를 알아보고자 합니다.

차례

프롤로그 | 살아서도 죽어서도 세계를 움직이는 왕, 중국 최초의 황제 진시황 • 5

1부 진나라의 부상

1강 진시황 암살 프로젝트

형가, 온몸을 던져 암살을 시도하다 • 17 | 은혜에 보답하기 위해 번어기와 지도를 이용하다 • 22 | 진시황을 둘러싼 끝없는 논쟁 • 26

2강 양공, 진나라를 세우다

정권을 향한 진시황 가문의 첫걸음 • 30 | 서주 왕조의 쇠퇴와 멸망 • 33 | 서융 왕은 여색에 빠져 멸망하고, 목공은 그 과실을 따 패주가 되다 • 44

3강 중원의 패주를 꿈꾸다

뇌물로 망한 자, 인재로 흥한 자 • 51 | 목공, 도의와 신의로 진을 세 번이나 구하다 • 55 | 목공, 진나라의 회공을 내리고 중이를 세우다 • 63 | 목공으로부터 말 한마디로 나라를 구한 정나라의 촉지무 • 65

4강 효공의 변법

상앙의 진가를 알았던 공숙좌와 몰랐던 혜왕 • 68 | 인재를 알아본 효공, 진나라를 부국으로 이끈 상앙 • 70 | 귀척을 혹독하게 처벌하니 땅에 떨어진 물건을 줍는 사람조차 없다 • 73

5강 진나라에 맞선 육국의 생존 전략, 합종연횡

발분의 노력으로 육국이 진나라에 맞서는 전략을 설파한 소진 • 81 | 합종을 격파한 장의 • 91 | 합종책의 실패 원인은 육국의 동상이몽 • 99

6강 패주를 자처한 소양왕

남매의 권세가 왕을 떨게 만들다 • 105 | 통일의 길을 연 범저 • 109

7강 왕을 만드는 자는 누구인가

신세가 처량한 왕손, 이인 • 125 | 여불위, 될 성 부른 왕손에게 배팅하다 • 128 | 양천군을 놀라게 하고 화양부인의 언니를 설득하다 • 134 | 안국군은 왕위를 잇고, 자초는 태자가 되다 • 141

2부 진시황, 황제가 되다

8강 생부의 미스터리
여불위는 애첩을 바치고, 조희는 임신한 채 이인에게 시집을 가다 • 147 | 열두 달 만에 태어난 훗날의 진시황 • 152 | 여정, 조정 둘 중 과연 어떤 것이 진실일까? • 156

9강 역사의 소용돌이에 휘말린 조희
자초가 갑자기 세상을 떠나자, 조희는 옛 연인을 다시 찾다 • 163 | 조희와 여불위, 그리고 노애의 삼각 스캔들 • 167 | 노애의 과욕으로 삼족이 죽고, 영정은 왕으로서의 위풍을 보이다 • 171

10강 여불위의 죽음
여불위가 낙양으로 갔으나 진시황은 죽음을 압박하다 • 177 | 영정, 여불위가 양성한 빈객 3,000명에게 추방령을 내리다 • 180 | 여불위의 권력을 일벌백계한 영정의 터프함과 잔혹함 • 184

11강 이사, 정치 일선에 나서다
창고의 쥐를 통해 인생의 오묘함을 깨닫고 진나라에서 두각을 나타내다 • 194 | 간첩 정국이 진나라의 힘을 소모시키다 • 198 | 이사는 축객령의 부당함을 간하고 영정은 명령을 거두다 • 203

12강 영웅적인 대 전략
이사와 한비의 서로 다른 전략 • 209 | 네 나라를 평정한 요가와 그를 비난한 한비 • 214 | 영정, 이사, 한비, 요가가 완성한 통일 대 전략 • 219

3부 천하통일을 이루다

13강 가장 강력한 장애물 진晉나라
진나라의 몰락 • 228 | 여희를 총애한 헌공, 적자를 폐하고 서자를 태자로 세우다 • 232 | 원한을 잊지 않았던 극극, 한궐의 전투로 일거에 권력을 손에 넣다 • 239

14강 진나라가 세 개로 나뉘다
욕심이 끝이 없는 지백과 진나라를 나눈 세 가문 • 247 | 지백은 지혜가 모자라 망하고, 세 가문은 지혜로 진나라를 삼분하다 • 258

15강   한나라의 멸망

개혁을 추진한 신불해, 군주 자리 지키기에 급급한 소후 • 267 | 생존 공간도 협소했던 강대국의 먹잇감 한나라 • 276 | 약한 국력과 외교 역량 부족, 그리고 뒤죽박죽인 합종 전략 • 280

16강   진나라와 조나라의 전쟁

소양왕, 사기로 화씨벽을 탈취하려 했으나 인상여가 잘 지켜내다 • 287 | 소양왕, 혜문왕을 희롱하니 인상여가 이를 만회하다 • 294 | 진과 조는 알여에서 전투를 벌이고, 조사는 기묘한 전략으로 승리하다 • 299

17강   장평의 전쟁

장평에 이는 전운에 합종도 갑자기 사라지다 • 307 | 진과 조나라는 사령관을 각각 바꾸고 조괄은 탁상공론만 일삼다 • 311 | 장평대전이 보여준 조나라의 멸망 이유 • 315

18강   한단의 전쟁

조나라 사신은 평화를 구걸하고, 진나라는 공격에 실패하다 • 323 | 노중련은 진나라의 칭제를 힐난하고, 신릉군은 병부를 훔쳐 조나라를 구하다 • 328 | 무명의 모수가 맹약을 이끌어내니, 평원군은 재산을 쏟아 적을 물리치다 • 334

19강   조나라의 멸망

영정은 조나라 정벌에 나서고, 조왕은 이목을 참해 멸망으로 달려가다 • 340 | 참언을 믿고 명장을 죽이니 패망의 길이 빨라지다 • 344

20강   위나라를 수공으로 공략하다

공숙은 참언을 올리고 오기는 초나라로 떠나다 • 358 | 손빈, 방연의 살수를 피해 제나라로 달아나다 • 363 | 동생을 질투할 정도로 무능한 위나라 군주들 • 368

21강   연나라의 멸망

거사가 실패하니 애꿎은 피만 흩날리다 • 375 | 어리석은 선양이 부른 내란과 제나라의 침략 • 382 | 소왕의 인재 등용과 진시황의 동진 • 386 | 조나라를 멸망의 길로 내몬 연왕 희의 조나라 공격 • 392

22강   초나라의 멸망

진나라, 더욱 힘을 길러 초나라를 무너뜨리다 • 395 | 초나라, 변법으로 군림했으나 도왕이 사망하여 혼란으로 내몰리다 • 398 | 승상이 된 지 25년 만에 호사를 일삼다 멸문지화를 당하다 • 402

23강 싸우지 않고 항복하다

진나라 대군이 쳐들어오자 싸워보지도 않고 항복하다 • 413 | 진나라를 섬겼으나 국책의 실수로 멸망에 이르다 • 415 | 편안함을 탐하다가 멸망하다 • 427

4부 진시황, 국가를 다스리다

24강 육대에 걸친 선조들이 남긴 공적

육대에 걸친 선조들이 남긴 업적을 크게 떨쳐 제후들을 멸망시키다 • 433 | 통일은 우연하게 찾아오기도 한다 • 437

25강 전권을 한 손에 쥔 황제

황제라는 호칭으로 명분을 세운 후 신비감을 덧칠하다 • 446 | 분봉을 폐지하고 군현을 설치해 황권을 강화하다 • 454

26강 제도의 통일

문자와 정령의 통일 • 459 | 화폐의 통일을 통한 경제 장악 • 470 | 도량형과 거궤의 통일 • 473

27강 만리장성

노생의 참언이 만리장성으로 이어지다 • 477 | 백성들의 백골로 쌓은 만리장성과 진나라 통곡에 무너지다 • 484 | 아직도 건재한 만리장성, 공과와 시비도 제각각 • 489

28강 불로장생을 향한 꿈과 현실

선약을 구하러 방사들을 보내다 • 495 | 선약에 집착하다 끝까지 헤어나지 못하다 • 503

29강 분서갱유

순우월, 함양궁에서 소란을 피우다 분서를 초래하다 • 511 | 진시황, 조정을 농단한 방사들이 죄가 무서워 달아나자 갱유를 결정하다 • 515 | 분서와 갱유로도 여론을 잠재우지 못하다 • 519

30강 진시황의 죽음

형혹수심, 운석 등과 함께 진시황도 역사 속으로 사라지다 • 533 | 생명 연장을 위해 순유에 나섰으나 생선 자반과 함께 돌아오다 • 539 | 진시황을 둘러싼 죽음의 미스터리 • 543

5부 진나라의 멸망

31강 장례를 미뤄 죽음을 비밀에 붙이다

비밀 유지를 위해 절인 생선을 동원하다 • 553 | 내우와 외환을 모두 막을 목적에서 선택한 극비의 보안 유지 • 555 | 이사, 황후도 태자도 없는 난감한 상황의 딜레마에 빠지다 • 559

32강 이사의 변절

조고, 이해관계를 들먹여 여섯 번 만에 이사를 굴복시키다 • 569 | 이사는 왜 변절했는가? • 576

33강 이세, 세상을 속이고 즉위하다

부소, 거짓 유조에 속아 자결하다 • 582 | 몽염, 의심을 품고 끝까지 버티다 • 586 | 조고, 몽염 형제를 죽여 복수하고 뜻을 이루다 • 589

34강 지위를 공고히 하다

이세, 순유에 나서 위세를 한껏 떨쳤으나 제 발이 저리기만 하다 • 595 | 황족과 중신들의 씨를 말리니 반란의 기운이 움트다 • 599 | 사구 정변은 우연과 필연이 만든 역사적 산물 • 604

35강 이사의 죽음

이사, 간언을 올리다가 죄를 얻다 • 609 | 진승과 오광의 난, 그리고 이사의 죽음 • 612 | 40년 정치 인생 하루아침에 끝나니 진나라의 운명도 아침 이슬이라 • 618

36강 지록위마

사슴을 말이라 하다 • 622 | 이세, 눈 가리고 아웅하니 반란의 불길이 거세지다 • 630

37강 조고의 죽음

자영은 누구인가 • 635 | 악인 조고의 비참한 업보 • 640

38강 자영이 뒤집어쓴 망국의 군주 오명

조고는 자신의 눈을 찌르고, 장한은 도리 없이 항우에게 항복하다 • 645 | 자영, 상황을 만회하기 위해 최선을 다했으나 하늘이 버리다 • 651 | 관동의 복국과 자영의 피살 • 653

6부 어떻게 진시황을 평가할 것인가?

39강 황릉의 미스터리

얼마나 많은 인력을 동원했을까? • 663 | 지하 궁전은 과연 어디에 있는가? • 669 | 진시황릉은 과연 얼마나 호화로울까? • 676

40강 한나라 유학자들이 평가한 진나라

잃어버린 민심과 진시황에 대한 사무치는 원한이 진나라를 무너뜨리다 • 680 | 진시황에 대한 평가는 왜 부정적이어야 했나 • 690

41강 당나라 사람들의 진나라 평가

황권 견제와 폭군에게 교훈을 주는 용도로서의 진시황 • 695 | 진시황에 대한 새로운 평가 및 사치와 향락에 대한 비판 • 702 | 갱유에 대한 재해석 • 706 | 유종원의 새로운 학설과 군현제의 재평가 • 707

42강 천고일제

갱유가 유학 금지는 아니었다 • 714 | 군현제가 대세일지 모르나 봉건제도도 나름의 평가는 받아야 한다 • 723 | 세계를 뒤집어놓았으니 정말로 천고일제라 • 729

43강 굿바이라는 말을 할 수 없는 영원한 테마 진시황

제도를 개창해 2000여 년이 가도록 하다 • 733 | 영명한 군주냐 아니냐, 분서갱유로 인한 끊임없는 비난 • 737 | 법가 중용과 진나라 귀족의 부패 • 741

에필로그 | 영원히 살아 있는 황제, 진시황 • 746

1부
진나라의 부상

1강
진시황 암살 프로젝트

기원전 227년의 어느 날이었습니다. 이날 진나라의 정궁인 함양궁咸陽宮은 온통 기쁨에 휩싸여 있었습니다. 조정에 나갈 때 입는 왕의 정복인 조복朝服을 차려입은 진나라 왕 영정(嬴政. 진시황이 천하를 통일하고 황제가 되기 전의 이름—옮긴이) 역시 그랬습니다. 너무 기뻐 어쩔 줄을 모르고 있었습니다. 막 도착한 두 명의 사신을 정중한 구빈례(九賓禮. 조정으로 안내하는 사람이 아홉 명인 최상의 국빈 예우—옮긴이)로 영접한 것은 다 그 때문이었습니다. 이 두 사신은 그가 몽매에도 원하던 선물을 가지고 왔습니다. 그로서는 정말 기분이 좋을 수밖에 없었습니다. 그러나 너무나도 화기애애한 이 장면은 마지막에 완전히 살벌한 광경으로 변해버렸습니다. 그야말로 눈 깜짝할 사이에 중국 역사상 가장 유명한 비극이 돼 버렸습니다. 그렇다면 도대체 어떤 나라 사신의 내방이 영정을 이토록 기쁘게 만들었을까요? 그들은 도대체 어떤 선물을 가지고 왔을까요? 왜 너무나도 기뻐야 할 이 행사는 마지막에 비극이 됐을까요? 또 이 비극을 지휘한 감독은 누구였을까요?

형가, 온몸을 던져 암살을 시도하다

원래 이날 함양궁에서 거행될 예정이었던 행사는 연燕나라의 항복 의식이었습니다. 연나라에서는 이를 위해 사신 두 명을 보냈습니다. 이 둘은 진나라의 도성인 함양에 도착하자마자 우선 영정이 총애하는 신하인 중서자(中庶子. 국왕의 시종에 해당함) 몽가蒙嘉에게 거금을 뇌물로 바쳤습니다. 영정에게 자신들의 말을 전해달라는 부탁을 하기 위해서였습니다. 그들이 부탁한 말은 다른 게 아니었습니다. "연왕燕王께서는 대왕의 위풍에 놀라 감히 군사를 일으켜 대적하기를 두려워하고 있습니다. 그대로 나라를 바쳐 신하가 되기를 원합니다. 그러나 연왕은 소문을 듣고 놀라 직접 진나라에 올 생각을 하지 못했습니다. 대신 특별히 사신을 보내 사람의 머리 하나와 지도 한 장을 가져왔습니다. 연왕은 사자가 출발할 때 특별히 조정에서 성대한 환송식도 열어줬습니다"라는 말이었습니다.

연나라의 사신이 가져왔다는 사람 머리는 보통 사람의 머리가 아니었습니다. 바로 영정이 이를 갈고 증오해 마지않던 번어기樊於期의 머리였습니다. 지도 역시 보통의 지도가 아니었습니다. 영정이 당시 가장 가지고 싶어 하던 연나라 독항(지금의 허베이河北성 구안固安과 줘저우涿州현 일대)의 지도였습니다. 이 선물은 정말 영정이 생각지도 못한 것이었습니다. 그가 어떻게 흥분하지 않을 수 있었겠습니까? 어떻게 반갑기 그지없는 이 특사들에게 융숭한 대접을 하지 않을 수 있었겠습니까?

번어기는 원래 진나라의 용맹한 장군이었습니다. 그러나 조趙나라의 공격에 실패한 후 그의 인생은 꼬이기 시작했습니다. 군법 회의에 회부돼 강력한 처벌을 받을 것을 두려워한 나머지 연나라로 도망을 갔으니까요. 그는 연나라 태자 단丹의 문하에서 그럭저럭 잘 지냈습니다. 단이 진나라에 인질로 왔을 때 돈독한 우정을 나눈 것이 도움이 된 것입니다. 이 소식을 듣고 분노한 영정이 번어기의 일가족을 몰살한 것은 당연한 수순이었습니다. 그는 그럼에도 화가 풀리지 않았습니다. 자신이 직접 눈앞에서 번어기를 죽이지 못하는 것을 무척이나 한스러워했습니다. 한마디로 번어기는 영정의 불구대천의 원수였습니다.

연나라의 영토인 독항의 지도 문제 역시 간단하지가 않았습니다. 무엇보다 독항은 토지가 너무나 비옥했습니다. 연나라에서는 가장 좋은 땅이라고 해도 과언이 아니었습니다. 영정이 침을 흘리지 않을 까닭이 없었습니다. 그러나 진나라로서는 어떻게 할 방법이 없었습니다. 아무리 해도 독항의 지도를 구하지 못했으니까요. 사실 칼이나 창 등을 사용하던 병기 시대의 작전에 있어서 지도의 중요성은 아무리 강조해도 지나치지 않았습니다. 더구나 이때의 진나라는 이미 한韓나라와 조나라를 멸망시킨 다음 병력을 역수(易水. 지금의 허베이성 내의 강-옮긴이)에까지 보내 연나라를 압박하고 있었습니다. 연나라가 너무나도 먼 변두리에 있었던 탓에 진나라는 바로 코앞 먹잇감의 지형과 형세에 대해 거의 모르고 있었지만 말입니다. 때문에 독항의 지도는 영정에게 있어서는 너무나 중요했습니다. 게다가 사신이 지도를 들고 직접 진나라 조정으로 찾아왔다는 것은 연나라 입장에서는 항복하겠다는 입장을 의미했습니다. 만약 이렇게만 된다면 영정으로서는 전체 중국의 통일이라는 중차대한 위업에 힘 한 번 들이지 않고 내딛을 수가 있게 되는 것입니다. 어찌 기쁘지 않을 수 있었겠습니까?

어쨌든 모든 준비는 다 끝났습니다. 행사는 시작됐습니다.

두 사람의 연나라 사신은 화려하기 이를 데 없는 위엄 넘치는 함양궁 안으로 들어왔습니다. 정사正使인 형가는 번어기의 목이 들어 있는 함을, 부사副使 진무양秦舞陽은 독항의 지도를 들고 의전 집행에 나선 아홉 명을 따라 모습을 나타냈습니다. 두 사람이 궁전의 계단에 막 도착했을 때였습니다. 갑자기 부사인 진무양의 얼굴이 흙빛으로 변했습니다. 온몸을 부들부들 떨기도 했습니다. 진나라 대신들은 당연히 이상하게 생각했습니다. 그가 병이 났거나 의외의 일이 발생했을 것이라고 생각하지 않았나 싶습니다. 진무양은 이처럼 나약한 모습을 보였으나 원래는 대단한 사람이었습니다. 열세 살 때부터 살인을 한 사람이었습니다. 오죽했으면 다른 사람들이 그와 눈을 마주치지 않으려 했겠습니까? 그러나 이런 대단한 위용을 자랑하던 그도 다른 나라에 오자 갑자기 극도의 공포를 느꼈던 것 같습니다. 아마도 영정의 호위 무사들이 구름처럼 시립해 있는 모습에 용기가 순식간에 사라지지 않았나 싶습니다.

형가는 그래도 정사다웠습니다. 머리를 돌려 두려움에 떨고 있는 진무양의 모습을 보고서도 웃음 띤 얼굴로 영정에게 당당하게 말했습니다. "저 친구는 원래 북쪽 오랑캐 출신의 촌뜨기입니다. 평소 대왕의 위풍을 본 적이 없습니다. 이처럼 위엄 넘치고 장대한 장면을 본 적도 없습니다. 그래서 겁을 먹은 것입니다. 대왕께서는 너그럽게 용서해주십시오. 저 친구로 하여금 자신의 임무를 완성하도록 해주십시오."

영정은 형가의 변명을 들은 다음 태연자약하기 이를 데 없는 그와 계속 떨고 있는 진무양을 번갈아 쳐다봤습니다. 이어 뭔가 생각에 잠긴 듯한 목소리로 "형가! 그대가 저 친구에게서 독항의 지도를 가져와 펼쳐보도록 하라"는 단호한 명령을 내렸습니다.

형가는 진무양의 수중에서 독항의 지도를 건네받은 후 침착하게 걸어 들어갔습니다. 곧 영정과의 거리가 좁혀질 수 있을 만큼 가까워졌습니다. 그는 이때 독항의 지도를 펼쳤습니다. 지도는 두루마리 형태였으므로 천천히 밑으로 내려야 했습니다. 그가 완전히 지도를 다 펼쳤을 때였습니다. 두루마리 속에 감춰진 비수가 갑자기 나타났습니다.

흥분에 겨워 지도를 보던 영정은 비수가 나타나자 깜짝 놀랐습니다. 반면 형가는 미리 준비를 하고 있었던 만큼 침착했습니다. 그는 왼손으로 우선 영정의 오른쪽 소매를 꽉 잡았습니다. 이어 오른손에 잡은 독이 잔뜩 묻은 비수가 영정의 가슴을 향했습니다.

이때 형가가 손에 쥔 비수 서부인徐夫人은 당시 가장 유명한 소위 '브랜드' 비수였습니다. 태자 단이 많은 돈을 주고 구입한 명품이었습니다. 단조할 때 극독을 넣은 약수에 수차례나 담금질한 제품이라고 하면 어느 정도인지 알 수 있지 않습니까! 한마디로 비수에는 독성이 이미 깊이 침투해 있었습니다. 만약 영정의 피부를 찔러 피를 본다면 치명적인 상황이 도래할 수 있었습니다. 아마도 피가 굳어 목을 막았을 것입니다. 그대로 죽는다고 해도 과언이 아니었습니다.

영정은 당황하고 놀랐으나 위기를 벗어나기 위해 본능적으로 온힘을 다해 방어 동작을 취했습니다. 그 결과 형가의 왼손에 잡힌 그의 어깨 옷소매가 '북!' 하는 소리와 함께 찢어졌습니다. 그는 순간적으로 위험에서 벗어날 수 있었습니다. 그의 곧 이은 동작은 빨랐습니다. 바로 뛰어 도망을 가기 시작한 것입니다. 형가는 영정이 옷소매가 찢어진 채로 도망을 가자 바로 추격했습니다. 이렇게 해서 자객과 진나라 왕 사이의 숨 막히는 100미터 육상 경기는 넓은 진나라의 어전에서 갑작스레 열리게 됐습니다.

영정은 어전의 기둥을 돌면서 형가를 피하는 황망한 와중에도 허리에 차고 있던 장검을 뽑으려는 생각을 했습니다. 그에게 대항하겠다는 생각을 한 것입니다. 그러나 장검이 너무 길었습니다. 허리에서 장검을 빼내는 데 필요한 공간이 장검의 전체 길이보다 훨씬 짧았습니다. 때문에 영정은 순간적으로 장검을 뺄 방법이 없었습니다. 당唐나라 사람들의 분석에 의하면 이때 영정의 장검은 길이가 7척(오늘날의 1미터 62센티미터)이나 되어 그가 진짜로 장검을 뽑을 만한 여유가 없었을 것 같습니다.

진나라의 대신들은 이때까지만 해도 이런 위급한 장면을 본 적이 없었습니다. 그저 당황해 어쩔 줄 몰라한 것은 크게 이상한 일이 아니었습니다. 더구나 당시 진나라 법에 따르면 대신들은 궁전의 어전에 올라갈 때 어떤 병기도 휴대할 수가 없었습니다. 또 궁전 계단 아래의 호위 무사들 역시 명령이 없으면 병기를 들고 어전에 올라갈 수 없었습니다. 바로 이로 인해 영정은 죽어라 도망을 가고 형가는 뒤에서 추격하는 긴박한 장면이 벌어지지 않으면 안 됐습니다.

대신들은 상황이 위급해지자 맨손으로 형가를 막을 수밖에 없었습니다. 그러나 이런 대응은 손에 맹독이 묻은 비수를 든 형가에게는 아무런 위협이 되지 않았습니다. 영정으로서는 정말 절체절명의 위기였습니다. 바로 이때 손에 약주머니를 들고 어전으로 들어오던 하무저夏無且가 갑자기 주머니를 형가에게 온 힘을 다해 던졌습니다. 형가는 멀리서 웬 물건이 날아오는 광경을 봤습니다. 당연히 뭔지 몰랐습니다. 그러나 자신의 안전을 위해 이 정체불명의 물건을 피하려고 잠시 걸음을 멈추지 않으면 안 됐습니다. 영정은 아주 몇 초이기는 했으나 숨 돌릴 기회를 가지게 됐습니다.

주위에서 그저 멍하니 있던 대신들은 그제야 문제가 어디에 있는지를 간파했습니다. 이들은 일제히 큰 소리를 질렀습니다. "폐하, 칼을 등에 옮겨 매십시오! 등에 옮겨 매십시오!"라고 말입니다. 모두들 큰 소리를 외치는 이 모습은 마치 100미터 트랙 양 옆에서 열심히 소리치는 응원단과 하나 다를 바가 없었습니다.

이른바 장검을 등에 옮겨 매는 것은 별것 아닐 수 있습니다. 그러나 이

때의 영정에게는 효과 만점이었습니다. 대신들의 코치를 받은 다음에야 그가 칼자루를 밑으로 한 다음 칼을 뽑을 수 있었으니까 말입니다.

영정이 일단 장검을 뽑아들자 짧은 비수를 손에 쥔 형가는 졸지에 열세에 몰리게 됐습니다. 형가가 가까이 다가가기도 전에 영정의 칼이 그의 왼쪽 다리를 찌른 것입니다. 형가는 그대로 엎어졌습니다. 부상을 당한 이 위기의 순간에도 형가는 모험을 했습니다. 온 힘을 다해 비수를 영정에게 던진 것입니다. 그러나 결과는 좋지 못했습니다. 비수는 영정을 맞추지 못한 채 그저 그의 옆 기둥에 가서 부딪쳤습니다. 영정은 화가 나기도 하고 놀라기도 한 것이 억울했는지 무려 여덟 차례나 장검으로 형가를 찔렀습니다. 형가는 이때 대세가 이미 기울었다는 사실을 직감했습니다. 기둥에 기댄 채 크게 웃음을 터뜨리면서 상대를 가장 모욕하는 방법인, 두 다리를 쫙 벌리는 자세(고대 중국의 복식 형태로 볼 때 두 다리를 벌렸다는 것은 모든 것을 다 보여준다는 것을 의미. 이는 상대를 우습게본다는 의미로 최대의 모욕임)를 취한 다음 "네가 오늘 살 수 있었던 것은 내가 너를 사로잡으려 했기 때문이다. 나는 네가 그동안 탈취한 다른 나라들의 땅을 돌려주는 약속을 하게끔 너를 협박해 태자 단에게 보답하려고 했다"라고 영정에게 욕을 한 것도 그래서였습니다.

영정의 좌우에 있던 진나라의 대신들은 형가의 말이 채 끝나기를 기다리지도 않았습니다. 바로 달려들어 이미 몸에 중상을 입은 그를 죽여 버렸습니다.

은혜에 보답하기 위해 번어기와 지도를 이용하다

이 부분을 읽을 때마다 저는 항상 다음과 같은 생각을 금치 못합니다.

'만약 진무양이 형가를 도울 수 있었다면 어떻게 됐을까? 또 형가와 함께 진나라에 간 사람이 진무양이 아니라 형가와 가장 친했던 친구였다면 어떻게 됐을까? 아니 형가의 검술이 조금 더 뛰어났다면 상황은 어떻게 됐을까? 그도 아니라면 형가의 비수를 던지는 기술이 《샤오리페이다오(小李飛刀. 대만 무협 작가 구룽古龍의 대표적 작품—옮긴이)》의 주인공 리쉰환李尋歡 같았다면 어떻게 됐을까? 만약 영정의 동작이 조금만 느렸다면 어떻게 됐을까? 반대로 형가의 동작이 조금만 빨랐다면 어떻게 됐을까? 영정의 옷소매가 찢어지지 않았다면 어떻게 됐을까? 만약 어의 하무저가 약주머니를 던질 생각을 하지 않았다면 어떻게 됐을까? 만약 이런 가상의 생각들이 진짜로 현실로 나타나게 됐다면 역사는 과연 어떻게 됐을까?'

《사기》의 기록에 따르면 형가와 진무양은 함께 궁전에 올라가야 했습니다. 독항의 지도를 가지고 있던 것이 진무양이었으니까 말입니다. 따라서 지도를 펼쳐야 했던 임무도 그가 져야 했을 것입니다. 그러나 그는 진나라 조정에 들어간 결정적인 순간에 갑작스레 기대를 저버렸습니다. 영정에게 의심을 품게도 만들었습니다. 이로 인해 진무양은 배제된 채 형가만 지도를 들고 어전에 오르게 됐습니다.

형가는 진무양을 위한 변명을 진시황에게뿐 아니라 후세의 독자들에게도 친절하게 했습니다. 그러나 결정적 순간에 보인 진무양의 의외의 행동은 전체 계획을 완전히 엉망으로 만들어버렸습니다. 왜 이렇게 됐을까요?

우선 진무양은 행동이 이상하다는 의심을 받았습니다. 이 때문에 어전에 올라가지 못했습니다. 이는 엄청난 부담을 형가 혼자 지게 만들었습니다. 만약 두 사람이 함께 행동했더라면 성공 확률은 훨씬 높았을 것입니다.

또 앞서 말했듯 전체 행동으로 봤을 때 진무양은 영정을 완력으로 위협해 해치는 역할을 담당했을 것으로 보입니다. 반면 형가의 임무는 당연히 영정을 말이나 행동으로 현혹시키는 역할이었을 것입니다. 그러나 진무양은 기본적으로 어전에 올라가지 조차 못했습니다. 결과적으로 형가가 영정을 현혹시키고 해치는 이중의 역할을 하게 된 것입니다. 이건 이중의 부담을 어깨에 지게 되는 격입니다. 영정을 암살하는 일은 두 사람이 각자 일을 나눠 협력해도 성공을 자신하기 힘든 일이었습니다. 더구나 그걸 형가 혼자 하면 어떻게 성공을 하겠습니까? 그 난이도는 충분히 상상하고도 남습니다.

형가는 외견적으로는 호방하고 격식에 얽매이지 않는 사람이었습니다. 저잣거리에서 사람들과 함께 노래를 부르거나 통곡을 하는 등의 파격적 행동도 마다하지 않았습니다. 한마디로 터프가이였다고 하겠습니다. 하지만 일을 처리하는 것을 보면 반드시 그렇지도 않았습니다. 아주 세심했습니다. 그는 영정을 암살하는 일을 추진하면서 두 가지 일을 염두에 뒀습니다. 하나는 어떻게 영정에게 가까이 다가가느냐 하는 것이었습니다. 다른 하나는 자신을 도와줄 조수를 선발하는 일이었습니다. 때문에 그는 태자 단에게 번어기의 머리와 독항의 지도를 요구했습니다. 전자는 진나라의 함양궁으로 무사히 들어가는 통행증, 후자는 연나라가 진나라에 항복하려 한다는 표시라고 할 수 있습니다. 그리고 형가는 태자 단으로부터 비수와 조수 진무양까지 요청해 모든 준비를 끝마칠 수 있었습니다. 그러나 그는 특별한 이유 없이 출발을 미뤘습니다. 무엇을 기다린 것이었을까요? 친구를 기다렸습니다! 이 친구는 사서에 기록이 없습니다. 그러나 이 친구는 형가가 대단히 신임하는 사람이었습니다. 분명 진무양보다 훨씬 더 믿을 만한 자객이 될 수 있었습니다!

형가는 자신의 검술 실력에 대해 아주 잘 알고 있었습니다. 뛰어난 경지라고 하기 어려운 이 실력이 결정적 순간에 문제를 일으킬 것이라는 사실을 말입니다. 그래서 그는 자신이 직접 선택한 친구를 기다리고자 했던 것입니다. 그러나 그의 친구는 오는 길이 멀었던 탓에 그만 제 시간에 도착하지 못했습니다. 이 상황에서 태자 단은 다시 그에게 재촉했습니다. 심지어 형가가 영정을 암살하러 가지 않으려 한다는 의심까지 했습니다. 형가는 이런 태자 단의 조바심과 의심에 화가 났습니다. 결국 "바람소리는 쓸쓸하고 역수의 물은 차기도 하구나. 장사 한 번 가면 다시는 돌아오지 못하리니"라는 비감한 노래를 읊으면서 진무양을 데리고 뒤도 돌아보지 않은 채 길을 떠났습니다. 하얀 옷에 백마를 타고 온 친구들의 전송을 받으면서 말입니다.

형가는 모든 것을 완벽하게 준비했다고 해도 좋았습니다. 그러나 태자 단이 자신을 위해 준비한 조수 진무양에 대해서는 세심하게 생각하지 못했습니다. 그가 겉으로는 대단히 용감한 척하나 결정적인 순간에 일을 그르칠 새가슴이라는 사실은 전혀 눈치 채지 못했습니다. 천려일실이었다는 말이 과하지 않았습니다.

형가는 사건의 현장에서 바로 살해당했습니다. 그러나 영정은 형가의 시신을 치우지 않은 채 아무 소리도 내지 않고 한참이나 바라봤습니다. 놀라움과 공포가 그를 엄습한 것은 당연한 일일 수밖에 없었습니다. 아마도 이 사건은 그에게 죽음이라는 것이 뭔지를 깨닫게 해준 최초의 경우가 아니었던가 싶습니다. 더불어 지옥문 앞에까지 갔다가 살아나오는 것이 뭘 의미하는지도 잘 가르쳐준 경우였다고 할 수 있습니다.

영정은 사건이 마무리된 다음 대대적인 논공행상을 실시했습니다. 어의 하무저는 당연히 황금 200일(鎰. 1일은 20량 또는 24량에 해당─옮긴이)을 하사받는 영광을 누렸습니다. 이뿐만이 아니었습니다. 영정은 모든 대신들의 얼굴을 바라보면서 "무저는 나를 너무나도 생각한 나머지 약주머니를 들어 형가에게 던질 생각까지 했다"라는 칭찬의 말까지 아끼지 않았습니다.

하무저는 나중 자신의 친구인 공손계공公孫季公과 동생董生에게 이 일에 대해 얘기했습니다. 공손계공과 동생 역시 사마천의 아버지인 사마담에게 이를 자세하게 알렸습니다. 이로 인해 이 일은 《사기》의 〈자객열전〉(형가가 영정을 찌른 때와 사마천이 세상에 있었던 시기를 미뤄보면 이 부분은 사마담이 썼을 것으로 추산됨)에 기록으로 남게 됐습니다. 또 형가가 진왕을 찌른 사건은 모든 사람이 주목했을 뿐 아니라 수천 년을 이어온 중국 역사상의 대 사건이었습니다. 지금에 이르러서는 각종 영화와 문학 작품으로 끊임없이 다시 그려지고 있습니다.

진시황을 둘러싼 끝없는 논쟁

그렇다면 형가가 영정을 찌른 이 사건을 우리는 어떻게 봐야 할까요?

나중 진시황이 되는 영정은 육국을 멸망시키고 중국을 통일하는 불후의 위업을 이뤄냈습니다. 그러나 육국을 멸망시킨 다음 반진反秦 세력의 완강한 저항에 직면했습니다. 원인은 아주 간단했습니다. 영정이 육국을 멸망시킨 것이 객관적으로 역사 발전의 조류에 부합하는 것이기는 했어도 주관적으로는 그가 천하의 패주霸主가 되고자 한 것이었으니까요. 한마디로 그는 육국의 공적公敵이었다고 하겠습니다. 이미 육국의 공적이 됐으니 그를 죽이려고 한 사람은 오로지 형가 한 사람만 있을 수가 없었습니다. 형가는 그저 당시 그를 암살하려고 한 수많은 사람들 중에서 그나마 나름의 목적을 이룬 사람이었습니다. 부언하자면 형가가 그를 찌른 것은 그저 이들 암살 시도 중에서 가장 저명한 사건의 하나에 지나지 않았습니다. 이로 인해 형가는 자신도 모르게 자연스럽게 육국의 반진 역량을 대표하는 인물이 되기도 했습니다. 진시황은 일생에 걸쳐 수차례 암살의 위험에 직면했습니다. 특히 형가의 암살 위험에서 벗어난 지 채 10년이 되지 않아 다시 (최소한) 두 차례의 암살을 경험하게 됩니다.

한 번은 형가가 영정을 찌른 사건의 속편이라고 하겠습니다. 영정은 형가가 죽은 다음 형가의 친구들을 비롯한 일당을 모조리 잡아 죽였습니다. 이때 형가의 친한 친구인 고점리는 다행히 도망을 갈 수 있었습니다. 그러다 나중 어떤 사람의 집에서 일을 하게 됐습니다. 그는 이때 자신이 일하는 집주인의 손님이 연주하는 축(築. 중국 고대의 악기-옮긴이)의 소리를 듣고 수차례 품평을 해줬습니다. 축의 대가인 그의 품평에 대한 일은 바로 주인에게 알려졌습니다. 주인은 당연히 그에게 축의 연주를 시켜봤습니다. 그의 연주 실력은 대단해 듣는 사람들의 감동을 자아냈습니다. 이렇게 해서 그는 다시 축의 연주를 할 수 있게 됐습니다. 다시 세상 사람들의 찬탄을 받으면서 유명하게도 됐습니다. 이때 진나라는 이미 중국을 통일한 상태였습니다. 그런데 통일 대업을 완수한 진시황은 그 누구보다도 음악을 좋아했습니다. 격옹(擊甕. 물독을 치면서 박자를 맞추는 연주)과 고부(叩缶. 토기로 된 동이로 박자를 맞추는 연주), 탄쟁(彈箏. 현악기인 쟁을 뜯는 연주), 박비(搏髀. 넓적다리를 두드리면서 박자를 맞추는 연주-옮긴이) 등의 진나라 본토 음악을 좋아했을 뿐 아니라 정鄭나라와 위魏나라의 음악까지 두루 좋아했습니다. 고점리의 명성이 그의 귀에 들어가지 않을 리가 없었습니다. 그는 즉각 명령을 내려 그를 궁으로 불러 들였습니다. 그러나 자신이 좋아하는 것에 대한 편집증이나 몰입은 때로는 엄청난 대가를 요구하는 법입니다. 심지어는 생명을 대가로 요구하기도 합니다.

고점리는 진나라 궁전에 들어간 지 얼마 되지도 않아 곧 진시황의 측근 인물에 의해 신분이 탄로가 나고 말았습니다. 하지만 진시황은 그의 음악을 너무 사랑한 나머지 차마 죽이지를 못했습니다. 그저 그의 두 눈을 멀게 한 다음 계속 자신을 위해 연주하도록 하는 조치를 취했습니다. 이후 시간은 천천히 흘러갔습니다. 고점리는 점점 진시황의 신임을 얻게 됐습니다. 하루는 드디어 그가 거사에 나섰습니다. 납덩어리를 가득 넣은 축을 던져 진시황을 죽이려 한 것입니다. 그러나 그는 눈이 먼 사람이었습니다. 당연히 명중률이 낮을 수밖에요. 성공하지 못했습니다. 결국 진시황은 고점리를 살해한 다음 다시는 육국 사람들을 가까이 하지 않았습니다.

그러나 그가 육국 사람들을 가까이 하지 않는다고 암살 위험으로부터 멀어진 것은 아니었습니다. 이번에는 나중 유방劉邦 수하의 가장 뛰어난 모사가 되는 장량張良이 주인공이었습니다. 한韓나라가 멸망하자 가산을 정리한 돈으로 자객을 사서 박랑사에서 진시황을 찌르도록 사주한 것입니다. 이 거사 역시 성공하지 못했습니다. 그 역시 이로 인해 도망자 신세가 되지 않으면 안 됐습니다.

진시황에 대한 암살 시도의 이유는 분명했습니다. 그가 육국을 멸망시키고 중국을 통일했기 때문이라고 하겠습니다. 그럼 만약 진시황이 중국을 통일하지 않았다면 어떻게 됐을까요? 아마도 전국 시대의 각 나라들이 이전투구의 분쟁을 계속 이어갔을 것으로 보입니다. 진시황에 대한 암살 시도 역시 없을 수도 있었을 것입니다. 그러나 진짜 그랬다면 이는 말할 것도 없이 역사발전의 기회를 잃어버리는 것이 아니었을까 싶습니다.

2강

양공襄公, 진나라를 세우다

진나라는 중국 최초의 다민족 통일 봉건 국가입니다. 역사에 그 찬란한 이름을 영원히 남기고 있습니다. 이 통일 제국을 세운 주인공은 주지하다시피 진시황입니다. 그는 기원전 230년부터 221년까지 약 10여 년 동안에 걸쳐 한韓, 조趙, 위魏, 초楚, 연燕, 제齊나라 등의 동방 육국을 차례로 멸망시켰습니다. 그러나 그 이전에도 그의 집안은 이 목표를 위해 무려 600여 년 동안이나 노력을 기울였습니다. 그의 휘황찬란한 업적을 당연히 높이 평가해야 하나 그 이전 선조들의 부단한 노력과 분투 역시 소홀히 해서는 안 됩니다.

진시황의 조상은 결코 훌륭한 집안은 아니었습니다. 하지만 뛰어난 기술이 있어 주周나라 효왕孝王의 무한한 신뢰를 얻어 관직에 임용이 됐습니다. 그 다음도 괜찮았습니다. 뛰어난 업무 능력을 인정받아 경대부卿大夫에 봉해졌습니다. 당연히 식읍食邑도 받았습니다. 이때부터 정치적으로 두각을 나타내기 시작했습니다. 그러나 이후 오랫동안 진시황의 가문은 약간의 침체기를 겪게 됩니다. 한마디로 별로 주목할 만한 역량을 발휘하지 못했습니다. 그러다 결정적인 시기가 도래하게 됩니다. 주 왕실이 쇠퇴하게 된 것입니다. 특히 정치보다는 주색잡기에 빠진 유왕幽王 시대는 이들에게 역사적인 기회까지 제공합니다. 이로 인해 이들은 제후로 봉해진 다음 형식적으로는 동방의 제국들과 어깨를 나란히 하는 위치에까지 이릅니다. 물론 당시 진시황의 선조 일가는 그다지 많은 땅을 가지고 있지는 않았습니다. 그러나 이들에게는 돈으로 따지기 어려운 재산이 있었습니다. 이른바 존왕양이(尊王攘夷. 주 왕실을 받들어 오랑캐를 물리친다는 사상-옮긴이)라는 명분과 서융(西戎. 대륙 서부의 소수민족 또는 이들이 살던 지역-옮긴이)의 넓은 땅을 공략할 정의로운 깃발이 있었던 것입니다. 결과적으로 진 목공穆公 때에 이르러 진시황 가족은 전투에 대단히 능한 강력한 이민족인 서융을 굴복시켰습니다. 이때 12개 나라를 추가로 복속시켰습니다. 땅이 1,000리나 더 늘어나게 된 것입니다. 이 놀라운 업적은 완전히 한 사람의 도움으로 이뤄낸 것이었습니다. 그렇다면 진시황의 조상은 뭘 했던 사람들이었을까요? 그들은 어떻게 역사의 기회를 잡았을까요? 누가 이처럼 대단한 능력을 발휘해 진 목공으로 하여금 서융의 패권을 차지하게 했을까요?

정권을 향한 진시황 가문의 첫걸음

역사의 기록에 의하면 진시황이 왕의 자리를 잇기 전 진나라에는 모두 35명의 군주들이 있었습니다. 진시황은 진나라의 왕으로는 36번째입니다. 보다 더 확실하게 말하면 장공莊公에서부터 진시황에 이르기까지 무려 600년 가까운 시간이 중간에 있었습니다. 이 기간은 바로 중국의 서주西

周와 동주東周 시기와 일치합니다.

보다 정확한 이해를 위해 중국 역사를 한번 살펴봅시다. 기원전 11세기 주 무왕武王은 상(商. 은殷나라라고도 함—옮긴이)나라를 멸망시켰습니다. 그러나 이 주나라도 기원전 771년 유왕幽王이 피살되면서 비극을 맞게 됩니다. 이 시기까지를 서주라고 합니다. 주나라는 기원전 770년 평왕平王이 도성을 동쪽의 낙읍(洛邑. 지금의 허난河南성 뤄양洛陽)으로 천도하면서 동주 시대를 열게 됩니다. 이 동주는 기원전 256년 진나라에 의해 멸망했습니다. 이로써 주나라는 역사 속으로 완전히 사라지게 됐습니다.

멸망하기 전까지의 동주는 춘추春秋와 전국戰國 시대로 나뉩니다. 이중 춘추 시대는 평왕이 동쪽으로 천도한 기원전 770년부터 경왕敬王 44년(기원전 476년)까지를 일컫습니다. 또 전국 시대는 주 원왕元王 원년(기원전 475년)부터 기원전 221년 진시황이 중국을 완전히 통일할 때까지를 아우릅니다.

주 무왕은 상나라를 멸망시킨 다음 제후들을 각 지역에 대대적으로 봉했습니다. 그러나 이들 초창기의 제후들 중에서 진나라 사람들의 흔적은 전혀 찾아볼 수가 없습니다. 이로 볼 때 서주의 초창기에 진나라는 제후국이 아니었다고 단언해도 좋습니다. 그저 작은 씨족에 불과했다는 것이 정설에 속합니다.

진시황 선조들의 지위가 전기를 맞게 되는 계기는 서주의 제8대 왕인 효공孝公 때입니다. 당시 이 씨족의 장로長老는 비자였습니다. 그는 말과 다른 가축들을 대단히 좋아했습니다. 게다가 잘 기를 줄도 알았습니다. 당연히 기르는 말들의 번식은 빨랐습니다. 대부분 체격이 당당한 것은 말할 필요가 없었습니다. 당시 그의 주변 사람들은 이 사실을 주나라의 효왕에게 자세하게 알렸습니다. 효왕은 즉각 그를 불러들였습니다. 말을 기르고 번식시키는 데 탁월한 재능이 있었던 그는 곧바로 견수汧水와 위수渭

水의 사이 지역으로 파견됐습니다. 서주 조정의 말을 관리하는 임무를 맡은 것입니다. 예상대로 그는 주어진 일을 아주 잘 처리했습니다. 당연히 주나라 조정으로부터 높은 평가를 받았습니다. 곧 비자에게는 진(秦. 지금의 간쑤甘肅성 룽시隴西)에 봉한다는 조정의 명령이 내려왔습니다. 주나라 조정은 비자 일족에게 "영씨의 제사를 잇게 하고 이름을 진영秦嬴으로 한다"는 내용의 조치도 동시에 내렸습니다. 이로써 진시황 가문은 비로소 채읍采邑을 받게 됐습니다.

채읍은 고대의 천자나 제후가 자신들 휘하의 경대부들을 봉할 때 녹봉의 개념으로 하사한 봉지封地를 의미했습니다. 식읍이라고도 합니다. 실제로 경대부들은 이 채읍에서 나오는 녹봉을 통해 대대로 자신들의 생활을 이어갔습니다. 바로 이 때문에 고대에서는 식읍이라는 용어를 경대부 대신 사용하기도 했습니다. 어쨌든 이렇게 해서 비자는 진영의 합법적 계승자가 될 수 있었습니다.

채읍은 경대부가 받은 봉지였습니다. 아무래도 제후가 받은 봉지와는 비교가 되지 않습니다. 그래서 진영은 이후에도 그저 경대부일 뿐이었습니다.

그렇다면 경대부와 제후와는 어떤 관계에 있었을까요?

주나라 천자는 정권을 창출한 초창기부터 천하를 여러 개의 영지(領地. 영주領主들이 관리하는 토지)로 나눠 왕실의 친척과 공신들에게 분배해주는 정책을 실시했습니다. 또 이들을 사실상 각 나라의 주군인 제후라고 했습니다. 그러나 이들은 자신이 받은 봉지의 정권을 잡고 이를 대대손손 세습하는 권리는 얻은 대신 주나라 천자의 왕명에는 복종하는 의무를 가져야 했습니다. 또 정기적으로 조공을 바치는 일 외에 업무에 대해 보고하는 의무 역시 졌습니다. 이들은 또 자신들이 받은 영지를 경대부들에게 분봉分封하기도 했습니다. 하지만 경대부들은 영지만 가질 수 있었을 뿐

정권은 가지지 못했습니다. 이들의 영지가 바로 채읍이었습니다.

따라서 경대부는 제후에 비해 지위가 훨씬 낮았습니다. 당연히 나라도 없었습니다.

이로 볼 때 진시황 조상들의 최초 지위는 확실히 동방의 진晉, 제齊, 연燕나라의 제후들과 비교할 경우 훨씬 낮았습니다. 그러나 뛰어난 기술(말을 기르는 기술을 의미-옮긴이)로 인해 주나라 천자를 필두로 하는 금자탑의 정권에서 한 자리를 분명하게 차지할 수는 있었습니다. 이건 이들이 본격적으로 정치에 첫걸음을 내딛게 됐다는 사실을 의미했습니다. 이 일 보는 매우 중요했습니다.

서주 왕조의 쇠퇴와 멸망

비자를 비롯한 그 가족들이 봉읍封邑을 받았다는 것은 진시황의 선조들이 정치 무대에 첫걸음을 내디뎠다는 사실을 의미했습니다. 그러나 이후 진시황의 선조들은 이상하게 두드러진 활약을 펼치지 못했으며 이 상황은 서주가 쪽박을 차고 멸망으로 향해 가던 때까지 죽 이어졌습니다. 그러다 이들에게 역사적 기회를 잡을 기회가 찾아오게 됩니다. 발전을 위한 초석을 놓게 됩니다. 그러면 이 역사적 기회는 과연 어떻게 생겨나게 될까요? 진시황 선조들은 또 어떻게 이 역사적 기회를 잡게 됐을까요?

이 두 의문은 서주 왕조의 쇠퇴 및 멸망과 밀접한 관계가 있었습니다. 서주 왕조는 주지하다시피 기원전 11세기에 무왕이 상나라의 주왕紂王을 토벌해 건국한 다음 주 유왕 때에 망하게 됩니다. 진시황 선조들이 경대부에서 제후로까지 올라서게 되는 것은 바로 이 변화의 과정과 궤를 같이 합니다. 이때 천자의 지위는 급전직하하게 됩니다. 왕제王制가 거의 파탄으로 치닫게 됩니다. 물론 이 과정은 아주 느렸습니다. 그럼에도 이 기간에 재위에 있었던 세 명의 왕은 이에 대한 책임에서 자유롭지 못합니다.

제일 첫 번째 왕은 여왕厲王입니다. 그의 실책은 두 가지였습니다. 하나는 백성들과 이익을 다퉜다는 사실이었습니다. 다른 하나는 언론을 탄압했다는 것이었습니다. 우선 이익을 다툰 것에 대해 말해보겠습니다. 그는 재위 때에 국인(國人. 서주와 춘추 시대 수도에 살았던 사람을 통칭하는 말. 이들은 호적을 일컫는 이른바 호구戶口가 있어야 수도에 살 수 있었다. 또 공민권도 가지고 있어서 군대에 가거나 관리가 될 수도 있었다. 조정의 제사에 참가하는 것 역시 가능했다. 이 말과 반대되는 말은 야인野人이다. 한마디로 당시 중요한 정치 세력이라고 할 수 있음)들이 산림과 강을 이용하는 것을 금지했습니다. 대신 여기에서 나오는 모든 것을 국유화했습니다. 이 결과 국인들은 자신들이 볼 수 있는 이익을 가지지 못했습니다. 엄청난 손해를 입었습니다. 이들이 반발한 것은 당연했습니다.

그러나 여왕은 국인들의 이런 불만을 전혀 고려하지 않았습니다. 자신의 정책을 고칠 생각은 눈곱만큼도 하지 않았고 대신 대규모의 정보원들을 곳곳에 침투시켜 이들을 감시했습니다. 누가 감히 자신의 등 뒤에서 욕을 하면 용서하지 않고 모두 살해해버렸습니다. 이렇게 되자 국인들은 행동을 조심해야만 했습니다. 서로 얼굴을 마주쳐도 인사를 하지 않는 지경에까지 이르러 길에서 평소 친한 사람과 만나도 그저 눈인사만 교환했습니다. 백색 공포가 얼마나 대단했는지 알 수 있을 것 같습니다.

여왕은 언론 역시 통제했습니다. 이로 인해 단기간 내에 두 가지 결과가 생기게 됩니다.

하나는 역시 여왕과 주나라 조정을 비난하는 말이 줄었다는 사실이며, 다른 하나는 제후들이 조공을 하지 않는다는 것이었습니다. 그럼에도 여왕은 괜찮다는 식으로 자신의 대신인 소공召公에게 "나는 드디어 다른 사람이 나에 대해 나쁜 말을 하는 것을 금지시켰다!"라며 기분 좋아 했습니다.

그러나 소공은 그저 지당하시다는 말만 하는 예스맨 간신이 아니었습니다. 여왕의 말에 오히려 "백성들이 말을 못하게 입을 막는 것은 강물을 막아 흐르지 못하게 하는 것보다 더 위험한 일입니다. 만약 강물을 막아 흐르지 못하게 하면 결국 제방은 무너지고 맙니다. 그러면 다치거나 죽는 사람이 무수하게 생기게 됩니다. 백성들의 입을 막고 말을 하지 못하게 한다면 어찌 이런 일이 벌어지지 않겠습니까? 언젠가는 반드시 터지게 돼 있습니다. 그때는 왕께서 아무리 후회해도 아마 소용이 없을 것입니다"라고 간곡하게 충언을 올렸습니다. 그러나 여왕은 여전히 기쁜 표정을 한 채 자신이 단기간에 일궈낸 정치적 탄압의 성과에서 헤어나지 못했습니다. 소공의 충언을 들을 생각조차 하지 않았습니다.

상황이 이랬으니 진짜 주나라 내부에서는 감히 여왕에 대해 말을 하는 사람이 없었습니다. 그러나 3년이 지난 기원전 841년에 기어이 일이 터지고야 말았습니다. 국인들이 모반을 일으켜 여왕을 습격한 것입니다. 여왕은 이에 호경(鎬京. 지금의 산시陝西성 시안西安)을 탈출, 체(彘. 지금의 산시山西성 휘霍현) 땅으로 도주하게 됩니다.

여왕이 호경을 탈출할 때 그의 아들인 태자 정靜은 소공의 집에 숨어 있었습니다. 국인들은 이 소식을 듣고 바로 소공의 집을 포위했습니다. 소공은 이 위기를 도저히 벗어날 방법이 없다고 보고 할 수 없이 자신의 아들을 대신 국인들 앞에 내보냈습니다. 그 덕에 태자는 목숨을 건져 무사히 탈출을 할 수 있었지요.

여왕이 도망간 다음 주나라의 정사는 소공과 주공周公이 함께 이끌게 됐습니다. 역사에서는 대신들이 조정을 통치했던 이 시기를 공화共和 행정이라고 부릅니다. 841년이 중국 역사에서도 기념비적인 해로 평가되는 것은 바로 이런 이유 때문이라고 하겠습니다.

공화 정치가 실시된 지 다시 14년이 지났습니다. 기원전 828년이 된 것입니다. 이해에 여왕은 도망을 갔던 땅인 체에서 세상을 떠납니다. 태자 정은 소공과 주공의 도움에 힘입어 선왕宣王으로 즉위하게 됩니다. 두 사람은 당연히 정권(일부에서는 당시의 공화 정치를 공백共伯이 함께 이끌었다고 주장. 공백은 서주 시기 공共나라의 군주로 여왕이 도망 갔을 때 제후들의 추대로 왕정을 대행함)을 선왕에게 넘겼습니다.

한때 권위의 상징이었던 천자가 국인들에 의해 수도 밖으로 쫓겨났습니다. 그런 다음 도망갔던 곳에서 객사했습니다. 이로 인해 천자의 체면은 완전히 땅에 떨어지게 되었고 권위는 더 말할 나위가 없었습니다. 이것은 서주 왕조가 쇠락하게 되는 확실한 원인이었습니다.

서주를 쇠락과 멸망으로 이끈 두 번째 왕은 누구였을까요? 여왕의 아들인 선왕이었습니다.

선왕은 왕의 자리에 오른 다음 아버지와는 달리 대신 소공 등의 의견을 받아들였습니다. 한마디로 조정을 정돈했습니다. 잠깐 희망의 빛이 보였던 것은 바로 그래서였습니다. 그러나 선왕은 말년에 연속으로 용병에 실패했습니다. 우선 주변 소수민족이던 강융姜戎을 정벌하는 데 실패, 국력이 크게 훼손됐습니다. 이어 얼마 후에는 남쪽 정벌에 나섰다 적지 않은 병력을 잃는 엄청난 과오를 범했습니다. 이로 인해 주나라의 군사력은 회복불능의 타격을 입었습니다. 다시 위기에 빠져든 것은 너무나 당연한 일이었습니다.

서주 건국 초창기에 주나라 왕실은 상당히 막강한 군대를 거느리고 있었습니다. 서육사西六師와 성주팔사成周八師, 은팔사殷八師 등의 대표적인 부대 이름만 봐도 잘 알 수 있습니다. 이중 서육사는 수도 호경의 주위를 비롯한 서쪽 지역, 성주팔사는 이름 그대로 성주(지금의 허난河南성 뤄양洛

陽—옮긴이), 은팔사는 과거 상나라 지역에 주둔했습니다. 위세가 대단했습니다. 제후들의 군사력은 게임이 안 될 정도로 주나라 천자가 천하의 제후들을 호령할 수 있도록 해주는 군사적인 보증수표였습니다. 그러나 선왕 때에 이르러서 몇 번의 원정 실패로 인한 주나라의 병력 손실은 너무나도 막심했습니다. 병력이 엄청나게 부족하게 되었습니다. 이에 대신들은 선왕에게 천자의 적전조경(籍田助耕. 천자가 제후들을 거느리고 농사일을 거드는 행사—옮긴이)의 의식을 행하도록 권고했습니다. 이건 물론 일종의 형식에 지나지 않았습니다. 그러나 영향력은 대단했습니다. 제후들을 전부 주나라의 도성으로 오도록 만들어서 천자의 권위를 드러내 보여줄 기회가 될 수는 있었으니까 말입니다. 그러나 선왕은 이 건의를 받아들이지 않았습니다. 아버지와는 달리 일찍이 어느 정도 다른 모습을 보여주면서 성과를 거뒀던 그에게는 이렇게 되자 희망이 완전히 사라져버리게 됐습니다. 남은 것은 대신들의 충언을 듣지 않은 탓에 회복하지 못한 군사력 외에는 없었습니다. 천하의 제후를 호령할 보증수표가 완전히 없어지게 된 것입니다.

그렇다면 서주를 아예 멸망으로 몰고간 세 번째 천자는 누구였을까요? 바로 유왕이었습니다. 그는 어떻게 서주를 완벽하게 절단냈을까요?

설명은 간단할 것 같습니다. 결론부터 말하면 천하의 제후를 당당하게 호령한 대 제국 서주는 견융(犬戎. 서융의 일족인 오랑캐. 제융, 서융 등으로도 불림. 지금의 산시陝西성 부근에 살았음—옮긴이)에 의해 멸망했습니다. 기원전 771년 유왕의 장인이었던 신후申侯는 증후繒侯, 견융과 연합해 서주의 도성인 호경에 대한 기습을 단행했습니다. 이때 유왕은 상황이 여의치 않다고 생각하고 봉화에 불을 붙였습니다. 제후들이 병력을 파견해 도성인 호경을 보위해줄 것이라고 믿은 것입니다. 그러나 호경의 봉화를 보고도 달려온 제후의 근왕병勤王兵은 거의 없었습니다. 자연스레 호경은 견융에 의해 함락되는 운명에 처하게 됐습니다. 유왕은 허겁지겁 여산驪山으로 도주했으나 거기까지였습니다. 바로 피살되는 운명을 면하지 못했습니다. 또 그가 그토록 사랑했던 포사와 금은보화는 모두 약탈되는 운명에 처하고 말았습니다. 서주는 이로써 완전히 종언을 고하게 됩니다.

원래 주나라의 천자는 나라를 세운 초창기부터 제후를 호령하는 권력을 확실하게 쥐고 있었습니다. 만약 제후들이 명령을 듣지 않으면 이들에 대한 정벌도 할 수 있었습니다. 때문에 공자도 "천하에 도道가 행해지면 예악禮樂을 제정하는 것이나 정벌에 나서는 권력이 천자에게서 나온다"라고 했습니다. 그렇다면 왜 유왕이 봉화를 들어 올렸음에도 근왕勤王에 나선 제후들은 하나도 없었을까요?

이는 사실 한 여자와 밀접한 관계가 있습니다. 그녀는 바로 천하의 미인 포사입니다.

유왕은 정말 두 말이 필요 없는 멍청한 군주였습니다. 오죽했으면 부정축재에 눈이 어둡고 그럴싸한 말로 아첨이나 잘하는 대신들만 총애했겠습니까. 이들이 조정을 주물렀으니 백성들의 원성이 자자할 수밖에요. 이 와중에 포褒나라에서는 천하의 미인인 포사까지 유왕에게 바쳤습니다. 당연히 유왕은 그녀를 대단히 총애했습니다. 그녀의 말이라면 무조건 오케이였습니다. 이 정도에 그치지 않고 나중에는 왕후 신申씨와 태자인 의구宜臼까지 폐위시키는 한심한 작태까지 자행했습니다. 유왕은 포사를 왕후로 앉혔으며 더불어 그녀의 아들 백복伯服을 태자로 삼았습니다. 태자 의구는 졸지에 폐태자 신분이 되자 어머니인 신씨와 함께 외갓집인 신申나라로 돌아가야만 했습니다.

왕후가 된 포사는 정말 뛰어난 미인이었습니다. 하지만 냉혈한 여자이기도 했습니다. 웃는 경우가 거의 없을 정도였습니다. 유왕은 사랑하는 포사에게 웃음을 선사하기 위해 모든 방법을 강구했습니다. 그러나 별의 별 수단을 다 썼는데도 성공하지 못했습니다. 유왕은 머리를 쥐어짜낸 방법들이 도대체 먹혀들 생각을 하지 않자 마침내 황당한 명령을 내렸습니다. "봉화대에 불을 붙이라." 주나라 왕실을 구하기 위해 헐레벌떡 달려올 제후들을 보고 포사가 즐거워할 것이라고 생각한 것입니다. 과연 포사는 즐거워했습니다.

그러자 어느 대신이 유왕에게 "봉화대는 위급할 때 쓰라고 있는 것입니다. 절대로 이걸 가지고 장난을 하면 안 됩니다. 대왕께서 만약 제후들을 계속 놀리다 진짜 위급한 상황이 도래하면 큰일이 납니다. 그들은 대왕께서 자신들을 또 놀린다고 생각하고 달려와 구하려 하지 않을 것입니다. 그러면 어떻게 하시겠습니까?"라는 간언을 올렸습니다. 하지만 소용이 없었습니다.

얼마 후 유왕은 다시 봉화를 들어 올렸습니다. 과연 대신의 말대로 제후들은 다시 달려오지 않았습니다. 이것이 바로 중국 역사에서도 유명한 "유왕이 봉화로 제후들을 희롱하다"라는 고사입니다. 유왕은 한마디로 "늑대가 나타났다"라는 장난을 친 것입니다. 그러나 대가는 혹독했습니다. 한 번 봉화를 들어 올릴 때마다 포사의 웃음을 볼 수 있었으나 나중에는 이 미인이 가장 먼저 사라졌습니다. 나라도 없어졌습니다. 그 자신 역시 끝났습니다.

신후는 딸과 외손자인 태자가 폐위되자 불같이 화가 났습니다. 앞에서 말한 대로 즉각 증繒나라 및 견융과 연합, 유왕에게 혹독한 대가를 치르게 했습니다. 제후들은 유왕이 살해당한 다음 신후와 함께 원래 태자였던 의구에게 주나라의 왕위를 잇도록 했습니다. 역사에서는 이 천자를 평왕이라고 부릅니다. 그가 자리를 이은 다음 서주를 멸망시킨 일등공신인 견융은 시도 때도 없이 호경을 위협했습니다. 그러나 평왕으로서는 호경을 지킬 병력이 충분하지 못했으므로 뾰족한 방법이 없었습니다. 그저 견융을 피하는 것이 상책이었습니다. 결국 그는 기원전 770년 주 왕조의 도성을 낙읍으로 옮기는 결단을 내렸습니다. 이렇게 해서 중국사에서 동주라고 부르는 왕조의 역사가 다시 시작됐습니다.

그러나 평왕이 낙읍으로 천도를 단행했음에도 주 왕실의 힘은 갈수록 약해졌습니다. 이에 따라 천하의 제후들이 잇따라 패주를 칭하는 시대가 도래하게 됩니다. 이들 패주들이 진정한 천하의 주인이 된 것입니다. 이 시기가 바로 공자가 "천하에 도가 행해지지 않으면 예악을 제정하는 것이나 정벌에 나서는 권력이 제후에게서 나온다"라고 말한 시대였습니다. 역사는 이때부터 이른바 춘추 시대로 접어들게 됩니다. 정확하게 말하면 770년이 춘추 시대의 시발점이었다고 하겠습니다.

서주 왕조의 쇠락과 멸망은 불행이었습니다. 그러나 진시황 가문에게는 행운이었습니다. 이들은 서주의 쇠락과 멸망 과정에서 역사 무대로 걸어갈 수 있는 역사적 기회를 잡았습니다. 특히 유왕 때 그랬습니다. 당시 제후들은 유왕이 자신들을 마치 어린아이처럼 대하는 것을 보고 주나라에 대한 신뢰의 끈을 놓아버렸습니다. 근왕에 나서지도 않았습니다. 결과적으로 그의 피살과 서주의 멸망을 방조했습니다. 그러나 진시황 가문의 사람들은 달랐습니다. 시세를 분명하게 판단한 다음 의연하게 근왕에 나섰습니다. 그런 다음 직접 대군을 인솔해 동천에 나선 유왕의 아들 평왕을 호위했습니다. 동주의 건국에 혁혁한 공훈을 세운 것입니다.

이때 직접 병력을 동원해 근왕에 나선 사람은 누구였을까요?

그는 다름 아닌 진시황의 35대조이자 제후국으로 올라선 진나라의 첫 번째 군주인 양공이었습니다. 그가 보여준 근왕은 정말 대단했습니다. 진나라를 부상하게 만든 거의 결정적인 거보였다고 하겠습니다. 이때의 근왕은 그가 두 가지 정치적인 소질을 타고났다는 사실도 최소한 말해줍니다. 첫째는 그가 정치적 안목이 있다는 사실입니다. 근왕이 역사적 기회가 될 것이라는 사실을 너무나 분명히 알았던 것입니다. 두 번째 소질은 그의 정치적인 박력이라고 해야 하겠습니다. 이는 병력을 동원해 천자의 어가를 호위했다는 사실만 봐도 잘 알 수 있습니다. 그는 상을 받거나 후에 봉해지기 위해서는 천자에게 최선을 다해야 한다는 사실을 너무나 잘 알고 있었습니다. 그래서 과감하게 남들보다 먼저 나섰습니다. 남들이 구원의 손길을 내밀지 않을 때 자신은 내밀었습니다. 남들은 싸우려 하지 않을 때 자신은 싸웠습니다. 그것도 아주 대단히 잘 싸웠습니다.

양공은 이 역사적 기회를 잘 잡았습니다. 근왕의 작전 역시 대단히 강력하게 전개했습니다. 혁혁한 전공을 세웠습니다. 평왕은 동천에 나섰을 때 양공의 도움에 보답하기 위해 그를 처음으로 제후에 봉했습니다. 더불어 자신이 지키지 못하고 있을 뿐 아니라 이후에도 관할하기가 어려울 것으로 판단한 기산岐山 이서(以西. 기산 이서는 서융西戎, 견융의 거주지. 산시陝西성 일대임)의 대규모 땅을 그에게 상으로 내렸습니다. 이때 그는 양공에게 "견융은 도의를 중요하게 생각하지 않는다. 그래서 자주 우리 기산과 풍(豊. 지금의 산시陝西성 시안西安 서남쪽-옮긴이) 지방을 침략했다. 만약 그대가 이 땅을 공격해 점령한 다음 견융을 몰아내면 이 땅을 그대에게 주겠다. 더불어 그대를 이곳에 봉하고 작위를 주겠다"라고 말했습니다.

양공은 이때의 근왕을 통해 두 가지 진귀한 선물을 받았습니다. 하나는 나라를 세운 다음 제후로 봉해질 수 있는 기회였습니다. 다른 하나는 서융을 경영할 수 있는 기회였습니다.

우선 나라를 세우고 제후로 봉해지게 되는 기회에 대해 말해보겠습니다. 병력을 인솔해 근왕에 나선 탓에 정식으로 제후에 봉해진다는 것은 대단한 의미를 가지고 있었습니다. 원래의 제후국들과 서로 사신을 파견할 자격을 가질 수 있다는 사실을 뜻했습니다. 주나라가 건국 초창기에 봉한 원래 제후들 중에 진이라는 제후국은 없었습니다. 따라서 양공이 정식으로 제후에 봉해지기 전의 진시황 가문 조상들의 정치적 지위는 대단히 낮았습니다. 이미 제후로 봉해진 지 오래였던 제, 초, 연 등의 나라들과는 기본적으로 같이 마주 보고 서거나 앉을 수가 없었습니다. 그러나 양공이 받은 기회는 이런 상황을 충분히 타파할 수 있었습니다. 원래의 제후국들과 어깨를 나란히 할 자격을 얻게 된 것입니다. 중요한 정치적 자본을 얻을 수 있게 된 것입니다.

주나라 사회는 명분을 대단히 중요하게 생각했습니다. 진시황 가문의 조상들은 근왕에 나서기 전만 해도 경사(卿士. 경대부 등에 임명되는 수준의 지위-옮긴이)에 지나지 않았습니다. 제후들과 마주 보고 서거나 앉고 싶어도 기본적으로 자격이 없었습니다. 천하의 패주가 되겠다거나 천하를 통일하겠다는 말을 입에 올리는 것은 더 말할 필요가 없었습니다. 그러나 양공 때부터는 제후라는 명분을 얻게 됐습니다. 훗날 천하를 통일할 기초를 마련하게 됐다고 하겠습니다. 따라서 진나라 발전의 역사에서 보면 양공은 진시황의 가문에 대단한 공헌을 한 조상이라고 해도 무방하겠습니다.

이제 서융을 경영하게 된 것에 대해 말해보겠습니다. 서융은 중국 고대 서부 지역의 한 종족으로 대단히 넓은 땅을 소유하고 있었습니다. 유왕을 살해한 견융도 이 종족에 속합니다. 서주를 멸망시킨 만큼 당시 서융의 세력은 정말 막강했습니다. 평왕조차도 이 서융의 침략을 이기지 못하고 고향을 떠나 낙읍으로 피난을 하지 않으면 안 됐으니까요. 때문에 평왕이 양공에게 이 서융의 땅을 줬다 해도 실제적으로 이 땅을 통치하는 주인공은 그가 아니었습니다. 바로 서융이었습니다. 그러므로 실질적인 의미에서 보자면 평왕이 이 땅을 양공에게 준 것은 공수표라고 해도 좋았습니다. 그러나 이 공수표도 진나라의 입장에서는 대단한 의미가 있었습니다. 서융을 공격해 이 땅을 점령할 합법성을 어쨌거나 얻었으니 말입니다. 실제로도 진나라는 이때부터 이른바 존왕양이의 기치를 공개적으로 내걸게 됩니다. 결과적으로는 나중에 깃발을 휘날리면서 서융의 땅을 점령, 관중을 중심으로 하는 근거지를 구축하게도 됩니다.

이건 비유하자면 다음과 같은 말도 됩니다. "내가 너에게 집과 집문서를 주겠다. 그러나 그 집에는 지금 다른 사람이 살고 있다." 바로 이런 말입니다. 하지만 집문서는 중요합니다. 이건 집이 법률적으로 볼 때 내 것이라는 얘기가 되기 때문입니다. 언제 회수를 하던 그것은 시간문제일 뿐이기도 하죠.

따라서 진나라의 입장에서 보면 양공이 나라를 세운 것은 진나라 발전의 중요한 첫걸음을 옮긴 것이라고 해야 합니다. 또 나중 중국을 통일하는 결정적인 첫걸음이기도 합니다. 양공은 이에 진짜 발 빠르게 대응했습니다. 일생의 힘을 다 기울여 서융의 땅을 찾으려고 했습니다. 마지막에는 서융과 맞선 전투에서 장렬하게 전사했습니다. 어떻게 보면 그럴듯한 이름도 제대로 남기지 못했습니다. 하지만 점점 발전하기 시작한 진나라 입장에서 그는 의심할 바 없는 대단한 인물이었습니다.

지금까지 비교적 많은 페이지를 할애해 서주의 멸망에 대해 얘기했습니다. 다 이유가 있습니다. 하나의 관점을 설명하기 위해서입니다. 부언하자면 "서주의 멸망은 진나라에게 제후로 우뚝 설 역사적 기회를 줬다. 양공은 이를 꽉 잡아 진나라를 발전 도상에 올려놓았다"라는 관점이 바로 이것입니다.

강대국의 부상은 역사적 기회와 대체로 관련이 있습니다. 기회를 잡는 자는 승승장구, 잃는 자는 쇠퇴하기 마련입니다. 양공은 바로 이 승승장구의 길을 걸은 것입니다.

양공은 자신이 공격해서 스스로 쟁취해야 하는 서융의 땅을 상으로 받았습니다. 그러나 그는 전투에서 전사할 때까지 서융을 완벽하게 점령하지는 못했습니다. 그래서 그는 평왕이 내린 봉상封賞의 그 어떤 실질적 혜택을 얻지는 못했습니다.

서융 왕은 여색에 빠져 멸망하고, 목공은 그 과실을 따 패주가 되다

양공은 과감하게 서융과 전쟁도 벌였습니다. 결국 서융의 땅을 완전히 찾지 못하고 전사했지만요. 그가 죽은 다음 진나라는 다시 7대를 더 내려가게 됩니다. 세월로 따지면 170년이나 됩니다. 그러나 이 기간 동안 그 어떤 일도 하지 못했습니다. 양공의 후손들 역시 평왕이 내린 봉상을 통해 그 어떤 혜택도 누리지 못한 것입니다. 그러나 진 목공穆公 때에 이르면 상황은 본격적으로 달라지기 시작합니다. 비로소 평왕의 은혜가 대대적인 꽃을 피우게 됩니다.

이걸 뭐라고 불러야 할까요? 양공은 명분을 얻었고 목공은 그 과실을 따먹었다고 해야 하겠습니다. 그렇다면 양공이 전사하면서도 얻지 못한 땅을 목공은 어떻게 해서 얻을 수 있었을까요? 한 사람의 힘에 의해 땅을 얻을 수 있었습니다. 이 사람은 누구일까요? 그는 도대체 어떻게 목공이 이런 엄청난 결과를 얻을 수 있도록 했을까요?

그는 바로 유여由餘입니다. 그의 조상은 원래 진晉나라 사람이었습니다. 그러다 나중 서융 땅으로 도망을 갔습니다. 당연히 유여 역시 서융 땅에서 자라게 됩니다. 어느 날이었습니다. 서융 왕은 진 목공이 대단히 뛰어난 인물이라는 말을 듣고 유여를 진나라에 사자로 보냈습니다. 목공이라는 사람을 파악하면서 진나라에 대한 조사 연구를 동시에 행하겠다는 목적을 위해서였습니다.

목공은 서융의 사신인 유여에게 그가 화려하기 이를 데 없는 진나라의 궁전을 우선 보도록 조치했습니다. 궁전에 어울리는 화려한 금은보화들 역시 특별히 보여줬습니다. 목공은 왜 이렇게 했을까요? 답은 하나밖에 없습니다. 자신의 대단한 부와 화려함을 보여주기 위해 그랬던 것입니다.

그러나 유여는 참관을 마친 다음 목공의 예상과는 완전히 다른 태도를 보였습니다. 그저 담담하게 몇 마디 말밖에 하지 않았습니다. "이 물건들을 만약 귀신들에게 만들라고 하면 아무리 귀신이라도 아마 피곤해 죽을 것입니다. 반면 백성들에게 시키면 아마도 천하의 백성들이 다 고통을 겪게 되지 않을까 싶습니다!"라고 말입니다.

그렇습니다. 유여는 결코 눈이 부시도록 화려한 진나라 궁전에 빠지지 않았습니다. 진귀하기 이를 데 없는 보물들에 대해서도 마찬가지였습니다. 아니 오히려 바로 그 자리에서 직접 비판을 가했습니다. 유여는 왜 목공을 비판했을까요? 그가 이미 목공의 의중을 간파했기 때문입니다. 게다가 그는 목공의 부를 대단히 우습게 생각했습니다.

유여의 대답은 목공을 깜짝 놀라게 만들었습니다. 그래서 그는 "중원의 각 나라는 덕(德. 시서예악詩書禮樂을 의미함)과 법으로 나라를 다스리고 있소. 그럼에도 시도 때도 없이 전란이 터지고 있소. 내가 보기에는 서융에는 시서예악이나 법률이 없는 것으로 알고 있소. 도대체 그들은 무엇에 의해 국가를 통치하고 있소?"라고 물었습니다.

이에 유여는 웃으면서 "그게 바로 중원의 각국에 전란이 출현하는 원인입니다! 황제黃帝는 예악과 법도를 만든 이후에 직접 앞장서서 이를 집행했습니다. 그래서 최소한도의 태평한 세상이 올 수 있었습니다. 그러나 후세에 이르러 군주들은 날이 갈수록 사치와 방탕, 향락을 일삼았습니다. 그럼에도 법률의 위엄에 의존해 백성들을 감시하고 통제하기만 했습니다. 백성들은 당연히 이를 참을 수가 없었습니다. 급기야는 군주를 원망하고 인의의 정치를 실현하라는 요구를 하게 됐습니다. 이로 인해 위아래가 모두 서로 미워하고 증오하고, 서로 뺏고 뺏기고 죽고 죽이기도 했습니다. 심지어 온 가족이 멸족된 경우도 없지 않았습니다. 이 모두는 예약과 법도가 촉발시킨 것입니다. 그러나 서융 사람들은 이렇게 하지 않았습니다. 위의 군주는 인덕仁德으로 신민臣民들을 대했습니다. 신민들 역시 충성과 믿음의 덕목을 가지고 군주를 받들었습니다. 이 결과 나라의 정사는 마치 한 사람이 자신의 몸을 자유자재로 움직이는 것처럼 자연스럽게 됐습니다. 근본적으로 다스리는 방법이 필요 없었습니다. 이것이 바로 진정한 성인이 다스리는 나라입니다"라고 받아쳤습니다.

목공은 유여의 고담준론을 듣고 그야말로 깜짝 놀랐습니다. 그는 유여와의 면담이 끝나기 무섭게 즉각 내사(內史. 도성의 최고 책임자—옮긴이) 왕료王廖를 불러 "이웃 국가에 성인이 있으면 우리나라의 재난이 된다는 말이 있다. 내가 볼 때 유여라는 자는 인재가 분명하다. 틀림없이 우리의 골칫덩어리가 될 것이다. 이를 어떻게 해야 하겠는가?"라고 물었습니다.

내사 왕료는 지체하지 않고 대답했습니다. "제가 주군께 딱 세 글자로 말씀드리겠습니다. 첫 번째 글자는 송送입니다. 두 번째와 세 번째 글자는 구(扣. 억류한다는 의미—옮긴이)와 태怠입니다. 첫 번째 글자 송에 대해 말씀드려 보겠습니다. 서융의 왕은 중원에서 한참이나 떨어진 변두리에 있습니다. 중원 각 나라의 음악을 들어본 적이 없을 게 분명합니다. 우리는 이걸 이용해야 합니다. 서융에 노래와 춤을 잘하는 미녀들을 보내자는 얘기입니다. 그러면 서융 왕은 하루 종일 노래와 춤에 빠져 전쟁에 대한 투지가 자연스럽게 꺾이게 되지 않겠습니까. 구에 대해 말씀드리겠습니다. 일단 유여를 붙들어놓고 보내지 않는 겁니다. 그러면 그는 제 시간에 서융으로 돌아가지 못합니다. 그가 돌아가는 시간을 늦추기만 해서는 안 됩니다. 서융의 왕에게 적극적으로 유여에게 상을 주라고 해야 합니다. 이렇게 하면 서융 왕은 틀림없이 유여를 의심하지 않을 수 없습니다. 일단 두 군신君臣 사이에 틈이 생기면 우리는 유여를 얻을 방법을 생각해낼 수 있습니다. 마지막으로 태에 대해 말씀드리겠습니다. 서융 왕이 일단 노래와 춤에 빠지게 되면 틀림없이 나랏일을 등한시하게 될 것입니다"라는 내용의 대답이었습니다.

목공은 왕료의 말에 너무 기뻐 그 자리에서 흔쾌히 오케이를 외쳤습니다. 그는 곧 후속 조치에 착수했습니다. 한편으로는 유여를 융숭하게 대접하면서 다른 한편으로는 56명의 아름다운 가녀歌女들을 서융의 왕에게 보내도록 하는 조치를 취했습니다. 서융의 왕은 대단히 기뻐했습니다. 그는 예상대로 이후 종일 노래와 춤에 빠져 살았습니다. 심지어 주위에서 얘기하는 것은 아무것도 들으려 하지 않았습니다. 유여는 답답하고 괴로울 수밖에 없었습니다.

목공은 유여를 서융으로 돌려보낸 다음에도 가만히 있지 않았습니다. 계속 그의 동향을 면밀하게 관찰했습니다. 당연히 곧 유여가 답답한 마음에 괴로워한다는 사실을 알았습니다. 그는 이 기회를 놓치지 않았습니다. 수차례에 걸쳐 비밀리에 사람을 서융으로 보내 자신을 위해 일해 줄 것을 정중하게 요청했습니다. 유여는 이때까지도 서융 왕이 아무것도 하지 않은 채 여자들 속에 빠져 정신을 차리지 못하는 것을 지켜만 봐야 했습니다. 그로서는 이런 상황에서 어떻게 할 방법이 없었습니다. 그는 결국 서융 왕의 곁을 떠나 진나라로 가는 과감한 결단을 내릴 수밖에 없었습니다.

목공은 유여가 왔다는 소리를 듣자 자신이 할 수 있는 최고의 예우로 그를 대접했습니다. 세상에 그런 최고의 손님이 없었습니다. 그는 나아가 유여에게 어떤 상황일 때 서융으로 진격해야 하는지에 대해서도 매우 공손히 물었습니다.

진나라는 목공 37년(기원전 623년)에 드디어 유여의 계략을 이용해 서융을 공격했습니다. 이어 일거에 12개나 되는 서융의 나라들을 합병했습니다. 영토도 무려 1,000리나 늘렸습니다. 마지막에는 서융의 땅에서 당당하게 패주를 자처할 수 있었습니다.

동주의 천자는 이 소식에 소공召公을 파견해 축하했습니다. 축하의 선물로 금고(金鼓. 군중에서 작전을 할 때 사용하는 쇠북-옮긴이)를 보내주는 것도 잊지 않았습니다.

동주의 천자가 이처럼 사신까지 파견해 목공에게 축하를 해준 데에는 두 가지 이유가 있었습니다. 하나는 복수를 해준 데 대한 고마움입니다. 말하자면 진 목공은 주나라 천자를 대신해 유왕이 살해당한 복수를 한 것이라고 할 수 있었습니다. 상을 내림으로써 진나라를 자신의 편으로 끌어들이겠다는 생각은 두 번째 이유라고 하겠습니다. 사실 당시의 상황을 보면 그럴 수밖에 없었습니다. 도성을 낙읍으로 옮긴 이후에 천자의 세력이 더욱 약해졌으니까 말입니다.

한마디로 주나라 천자에게는 실력이 뛰어난 제후를 자신의 편으로 끌어들이는 것이 생존의 중요한 원칙이었습니다.

진 양공은 평왕으로부터 공수표나 다름없는 봉상을 받았습니다. 그러나 이 공수표는 목공의 손에서 현찰이 됐습니다. 진나라는 이를 통해 자연스레 이전보다 더욱 광활한 영토를 가질 수 있게 됐습니다. 2년 후(기원전 621년) 목공은 세상을 떠났습니다. 하지만 그는 이때 더욱 광활한 진나라를 자신의 후계자에게 넘겨줄 수 있어 편안하게 눈을 감았습니다.

목공은 이처럼 선조인 양공의 유업을 잘 받들어 현실로 나타나게 했습니다. 영토 역시 1,000리나 넓혔습니다. 서융의 당당한 패주도 됐습니다. 진나라의 기초를 확실하게 닦았다고 하겠습니다. 그러나 서융의 땅은 역시 너무나도 외진 곳에 있었습니다. 더욱 강대한 제후국이 되기 위해서는 아무래도 동쪽으로 눈을 돌려야 했습니다. 하지만 목공은 서융의 땅을 자신의 만년에야 겨우 공략할 수 있었습니다. 39년 동안 재위에 있었으나 37년째 되는 해에 천신만고 끝에 서융의 패주가 될 수 있었습니다. 그렇다면 이 이전 30여 년 동안 진 목공은 무엇을 했을까요? 중원 진군에 나서서 다소간의 성과라도 올렸을까요?

3강

중원의 패주를 꿈꾸다

진나라는 서쪽으로는 제융, 동쪽으로는 강력하기 이를 데 없는 제후국인 진晉나라와 이웃하고 있었습니다. 그러다 목공 만년에 이르러 서쪽 변두리에서는 패주를 자처할 수 있었습니다. 영토 역시 대대적으로 확장할 수 있었습니다. 장기적으로 발전 가능한 근거지를 확실하게 구축했다고 말해도 괜찮겠습니다. 그러나 진나라는 제후국 중에서도 내로라하는 대국이 되고자 했습니다. 서쪽 한 귀퉁이에 처박혀 있어야 한다는 것은 자존심이 허락하지 않았습니다. 동쪽 중원으로 세력을 확장해야 하는 것은 필연적 선택이 되지 않으면 안 됐습니다. 목공의 재위 기간은 39년이었습니다. 그는 이중 무려 36년 동안을 동방의 여러 제후국들과 긴밀한 관계를 맺었습니다. 동쪽으로 세력을 확장하려면 동방의 강대국인 진晉나라 같은 나라와 사귀어야 했으니까요. 목공이 말년에 서융을 멸망시키고 패주를 자처한 것은 거의 파죽지세라고 해도 과언이 아니었습니다. 그렇다면 그는 동쪽 중원으로 세력을 확장하는 방면에 있어서 가는 곳마다 이처럼 기세를 올렸을까요?

  진나라의 이웃 나라는 강력하기 이를 데 없는 진晉나라였습니다. 따라서 진나라가 동쪽으로 세력을 확장하기 위해서는 이 진晉나라와 한 번 자웅을 겨뤄야 했습니다. 하지만 당시의 진晉나라는 땅이 넓고 인구가 많았습니다. 세력이 대단히 강력했습니다. 목공은 이에 전략적으로 대응했습니다. 우선 적극적으로 천하의 인재들을 끌어들였습니다. 다른 한편으로는 진晉나라의 각각 다른 국군(國君. 제후국의 군주. 사실상의 왕—옮긴이)들에 대해 그때그때마다 다른 전략을 구사했습니다. 좀 더 자세하게 말해보겠습니다. 우선 동쪽으로 세력을 확장한다는 원칙은 변함이 없었습니다. 이를 위해 목공은 정치, 군사 두 방면의 실권을 완전히 장악해놓고 있었습니다. 그런 다음 세 차례에 걸쳐 진晉나라를 구했습니다, 이를 통해 그는 그럴싸한 정치적 카드를 손에 쥔 채 제후국들 중에서 상당한 영향력을 행사할 수 있게 됐습니다. 그는 고국을 떠나 해외에서 오랫동안 망명 생활을 하던 공자(公子. 국군의 아들로 왕자에 해당—옮긴이) 중이重耳를 도와 귀국해 왕위를 잇게도 했습니다. 또 회공懷公은 살해했으나 문공文公과는 전면적인 합작, 동맹 관계를 맺었습니다. 문공의 사후에는 본격적으로 동진東進에 나서 한원韓原에서 대승을 거둔 다음 드디어 막강한 진晉나라를 패퇴시켰습니다.

뇌물로 망한 자, 인재로 흥한 자

진나라 목공이 동쪽으로의 세력 확장을 위해 가장 먼저 착수한 일은 능력 있는 다수의 인재를 구하는 일이었습니다. 자신을 보필할 재주 있는 인재들이 없으면 동쪽으로 세력을 확장하는 자신의 대업은 완수가 절대로 불가능함을 확실히 알고 있었습니다.

그렇다면 그는 어떻게 인재를 얻었을까요?

진 목공 5년(기원전 655년) 진晉나라는 우虞나라에게 괵虢나라 정벌을 위한 길을 빌려달라고 요청했습니다. 당시 진晉나라와 괵나라의 사이에는 우나라가 있었습니다. 우나라로부터 길을 빌리지 않으면 진나라가 괵나라를 공격하는 것은 불가능했습니다.

이때 우나라에는 뛰어난 식견을 지닌 대부大夫 궁지기宮之奇가 있었습니다. 그는 당연히 진나라의 요구가 말도 안 된다고 생각했습니다. 우나라와 괵나라의 관계는 입과 입술의 관계와 같다고 본 것입니다. 입술이 없으면 이가 추위를 느낀다는 이른바 순망치한脣亡齒寒이라는 말은 바로 그의 생각에서 나왔습니다. 실제로도 그랬습니다. 괵나라가 멸망하면 우나라가 어떻게 생존할 수 있겠습니까? 그러나 우나라의 국군인 우공虞公은 이렇게 생각하지 않았습니다. 진晉나라와 우나라의 관계가 대단히 밀접하다고 생각했습니다. 진晉나라의 헌공獻公으로부터 금은보화와 명마 등을 선물로 받았기 때문입니다. 우공은 궁지기의 의견을 무시하고 그 자리에서 승낙했습니다. 화가 난 궁지기는 전 가족을 이끌고 우나라를 떠나고 말았습니다.

물론 궁지기는 떠났어도 우나라에는 궁지기 같은 인물이 여전히 남아 있었습니다. 대부 자리에 있던 백리해(百里奚. 일설에는 백리혜百里傒라고도 함) 같은 사람이 그 주인공이었습니다. 그러나 그는 우공의 식견이 좁고 무능하며 대신들의 의견 역시 듣지 않는다는 사실을 알고 있어 침묵을 지켰습니다. 진晉나라는 소원대로 괵나라를 멸망시켰습니다. 내친김에 회군하면서는 우나라까지 멸망시켰습니다. 이때 우공과 백리해는 모두 포로로 잡혔습니다. 우공으로서는 뇌물을 탐하다 나라까지 망치는 횡액을 당한 것입니다.

이후 진晉 헌공은 자신의 딸을 진秦 목공에게 시집을 보냅니다. 이때 백리해는 신부의 진秦나라 행에 따라나설 말단 사절로 선발되었는데. 그는 이걸 일생일대의 치욕으로 생각했습니다. 수치심에 진秦나라에 도착하자마자 완(宛. 지금의 허난성 난양南陽)으로 도망을 가버렸습니다. 결국 초楚나라의 국경 수비대에 체포돼 억류되는 신세가 되고 맙니다.

백리해의 유능함을 알고 있었던 목공은 높은 몸값을 치르고서라도 데려와야겠다고 생각했습니다. 높은 몸값을 줄 경우 초나라가 백리해의 대단함을 알아 풀어주지 않을까 우려한 목공은 결국 절묘한 꾀를 생각해냈습니다. 초나라 측에 "내 부인이 시집올 때 함께 따라왔던 백리해라는 말단 수행원이 당신들 쪽으로 도망을 갔다. 나는 다섯 장의 양가죽과 그 자를 바꿀 것을 제안한다"라고 말입니다. 초나라는 자신들이 억류하고 있는 늙은 노인이 양 가죽 다섯 장의 가치가 있다는 말을 듣자 제안을 승낙했습니다.

백리해는 이렇게 해서 진秦나라로 다시 오게 됐습니다. 진 목공은 백리해가 진나라로 돌아올 때 직접 마중을 나갔습니다. 심지어는 백리해가 타고 있던 죄수의 수레를 열어주기까지 했습니다. 그에게 국가의 대사에 대해 물은 것은 크게 이상할 것도 없는 일입니다. 백리해는 이때 무려 70여 세를 훌쩍 넘긴 노인이었습니다. 그가 "나는 망한 나라의 신하였소. 나에게 자문을 구하는 것은 그다지 가치 있는 일이 아니오"라고 극구 자문을 사양한 것은 당연할 수밖에 없었습니다. 목공은 현명한 선비를 대하듯 "그대는 쉽게 얻기 힘든 인재요. 우나라는 국군인 우공이 그대를 중용하지 않았기 때문에 망한 것이오"라면서 백리해를 계속 높이 평가했습니다.

백리해는 순간적으로 자신이 대단한 주군을 만났음을 알았습니다. 바로 전력을 다 기울여 목공을 보좌하겠다는 결심을 굳혔습니다. 둘은 이렇게 해서 국가 대사를 함께 논의하는 사이가 되었습니다. 목공은 얘기를 나눠보면 볼수록 백리해가 인재라는 생각을 감추지 못했습니다. 나중에는 국가의 정무를 그가 완전히 도맡아 처리하게 되었고 오고五羖대부라는 칭호도 부여됐습니다. 고羖는 검은 숫양이라는 의미로 오고라는 말은 다섯 장의 양가죽으로 그를 바꿔왔다는 사실을 의미하겠습니다.

백리해는 목공이 얻은 최초의 인재였습니다. 하루는 목공이 백리해의 능력을 신이 나서 칭찬하고 있었습니다. 이때 백리해가 몹시 민망했던지 "저는 제 친구 건숙蹇叔보다도 훨씬 못한 사람입니다. 건숙은 제가 아는 가장 현명한 인재입니다. 문제는 그를 알아볼 만한 주군이 없다는 것입니다"라면서 친구의 이름을 거명했습니다. 그는 한번 말문이 터지자 계속해서 건숙을 칭찬했습니다.

"저는 과거 외국을 돌아다니면서 관직을 얻고자 했습니다. 그러다 제齊나라에서 곤란한 상황에 처하게 됐습니다. 밥 한 술 얻어먹을 수 없는 처지가 된 것입니다. 건숙은 이때 저를 거뒀습니다. 저는 원래 제나라에서 관리가 되고 싶었습니다. 하지만 건숙은 이런 저를 말렸습니다. 그 덕에 당시 제나라에 불어닥친 정변의 재난을 피할 수 있었습니다. 나중에 저는 주周나라로 갔습니다. 그런데 그곳 천자의 아들인 왕자 퇴頹는 소를 아주 좋아했습니다. 저는 옳다구나 싶어 소를 잘 보살펴 관직을 얻고자 했습니다. 퇴 역시 저를 쓰고 싶어 했습니다. 그러나 건숙은 이때에도 저를 적극적으로 말렸습니다. 도리 없이 퇴의 곁을 떠날 수밖에 없었습니다. 이렇게 해서 퇴의 반란을 피할 수 있었습니다. 그 다음에 저는 우나라로 갔습니다. 이때에도 건숙은 저를 말렸습니다. 저 역시 우공이 저를 중용하지 않을 것을 알았습니다. 하지만 녹봉과 자리에 연연하여 결국 잠시 머물렀습니다. 이후 건숙으로부터 두 번이나 몸을 피하라는 말을 들었습니다. 그렇지 않으면 화를 입을 것이라는 말이었습니다. 하지만 저는 한 번도 듣지 않았습니다. 건숙의 말대로 나중 우나라는 진짜 멸망했습니다. 저는 포로가 되는 재앙을 입게 됐습니다. 건숙의 재능이 어느 정도인지는 충분히 알 수 있으실 것입니다."

목공은 백리해의 말을 듣자마자 정중한 예의를 갖추어 건숙을 불렀습니다. 건숙은 바로 상대부上大夫에 임명됐습니다.

목공은 이제 자신의 일생에서 가장 뛰어난 능력을 가진 중요한 조력자를 얻게 됐습니다. 두 사람은 말할 것도 없이 백리해와 건숙입니다.

목공, 도의와 신의로 진晉을 세 번이나 구하다

진 목공은 일생 동안 헌공, 혜공, 회공懷公, 문공文公, 양공襄公 등 다섯 명이나 되는 진晉나라의 국군과 교류했습니다. 그가 즉위할 때 진나라의 헌공은 이미 18년 동안이나 정권을 잡고 있었고 말년에 가까웠습니다. 목공이 헌공과 빈번한 교류를 가지지 못한 것은 당연한 일이었습니다. 또 진晉나라의 양공이 즉위할 때 목공은 이미 집권 후반기를 맞이하고 있었습니다. 따라서 목공이 재위 시절 가장 빈번하게 교류한 진晉나라의 국군은 혜공, 회공, 문공 세 명이었습니다.

목공은 이들 세 명의 진나라 국군과의 교류를 다르게 했습니다. 진晉나라의 그때그때 실력에 맞추어 각각 다른 대책을 세웠다는 얘기가 되겠습니다.

이중 진秦 목공이 진晉 혜공과의 교류에서 보인 태도는 감히 바이블이라 불릴 만했습니다. 핵심 전략은 이른바 '하나의 중심'과 '두 개의 기본점'이었습니다. '하나의 중심'이란 모든 것의 중심을 동쪽으로의 세력 확장에 뒀다는 것입니다. 그러면 '두 개의 기본 점'은 무엇이었을까요. 도의와 무력武力이었습니다. 당연했습니다. 도의가 없으면 그 누구라도 진심으로 감동을 시킬 수 없고 무력이 없으면 발언권이 없을 테니까요.

실제로 목공은 세 번이나 진晉나라를 구했습니다. 도의의 진수를 보여 줬다고 할 수 있습니다. 본격적으로 이 사건들에 대해 얘기해봅시다.

목공의 장인이기도 한 진晉나라 헌공에게는 생전에 총애해 마지않던 여희驪姬라는 여인이 있었습니다. 그러나 그녀는 태자인 신생申生을 모함해 죽였습니다. 이때 신생의 두 동생인 중이重耳와 이오夷吾는 목숨을 부지하기 위해 국외로 탈출했습니다. 헌공이 세상을 떠난 후 국군의 자리는 여희의 아들 해제奚齊가 잇게 됩니다. 그러나 그는 헌공의 대신이었던 이극里克에 의해 피살됩니다. 그러자 다른 대신인 순식荀息이 여희 여동생의 아들인 탁자卓子를 옹립하려고 나섭니다. 이극은 이건 또 뭐냐면서 이번에는 탁자와 순식을 동시에 죽여 버렸습니다. 진나라 조정은 졸지에 대혼란 속으로 내몰리게 됐습니다.

진나라에 왜 이런 불안한 정치 평지풍파가 일어나게 됐을까요?

원래 주나라 때에는 종법제宗法制(본처에게서 태어난 큰아들인 적장자嫡長子가 집안의 모든 것을 잇게 되는 제도)라는 것이 성행했습니다. 당시 사람들의 뇌리에는 이를 당연시하는 선입견이 꽉 차 있을 수밖에 없었습니다. 이 원칙대로라면 여희의 아들은 법적인 후계자가 아니었습니다. 대신들이 그를 후계자로 인정하지 않은 것은 너무나 당연했습니다. 결과적으로 진나라에는 권력의 공백 상태가 나타나게 됩니다. 마침 외국에 도망을 가 있던 공자 이오가 이 사실을 알게 되었고 진秦나라 목공과 연락을 취해 자신이 국군의 자리에 오를 수 있도록 도움을 요청한 것입니다. 하서(河西. 일반적으로 황하黃河 이서의 땅을 일컬음. 춘추전국 시대에는 황하의 남쪽인 지금의 산시山西성과 산시陝西성의 경계 지점이었음―옮긴이)의 땅에 있는 8개의 성을 대가로 주겠다는 것이 조건이었습니다.

목공 역시 진晉나라의 이런 정치 공백에 대해 걱정을 하던 차였습니다. 이오의 요청을 들어주지 않을 이유가 없었습니다. 즉각 백리해로 하여금 공자 이오를 호위해 진나라로 돌아가게 했습니다. 사실상 그가 진나라 국군의 후계자 문제를 해결해준 것입니다.

혜공의 옹립이 바로 목공이 진나라를 구한 첫 번째 경우입니다. 그러나 이오는 혜공으로 즉위한 다음 목공과의 약속을 지키지 않았습니다. 목공은 약속을 지키지 않은 혜공에 분노했지만 즉각 군사를 일으켜 진나라 정벌에 나서지는 않았습니다. 일단 형세를 파악하면서 변화를 조용히 관망했습니다.

두 번째는 진晉나라를 기근으로부터 구한 것입니다. 때는 목공 12년(기원전 648년), 진晉나라에 대기근이 들어 굶어죽는 사람이 속출했습니다. 진晉나라는 바로 이웃나라인 진秦나라에 긴급 구원 요청을 했습니다.

목공은 이때 세 가지의 선택을 할 수 있었습니다. 첫 번째는 이를 기회로 삼아 출병하는 것이었습니다. 수수방관하는 선택도 할 수 있었습니다. 마지막은 창고를 활짝 열어 재난 구호에 적극적으로 나서는 것이었습니다.

솔직히 말해 그는 이때 눈 딱 감고 진나라의 자연 재해를 이용해 출병할 수 있었습니다. 막강한 진晉나라의 힘을 약하게 만들 수 있었습니다. 그러나 이렇게 하는 것은 진秦나라의 정치적인 이미지에 좋지 않은 영향을 미칠 가능성이 높았습니다. 수수방관하는 것도 그랬습니다. 실질적으로 출병하는 것과 별로 다를 게 없었습니다. 그저 조금 온건한 수단일 뿐이었습니다. 창고를 열어 이웃나라의 재난 구호에 적극 나서는 것 역시 쉬운 선택은 아니었습니다. 물론 진晉나라의 어려움에 도움을 주어 정치적으로 훗날 이점을 얻을 수는 있겠으나, 역시나 진晉나라는 동쪽으로 세력을 확장하고자 하는 진秦나라의 강력한 장애물이었습니다.

이 골치 아픈 문제에 대한 진秦나라 대신들의 의견은 극단적으로 엇갈렸습니다. 당연히 주전파들은 진晉나라의 기근을 기회로 삼아야 한다고 주장했습니다. 반면 주화파들은 남의 불행을 보고 구하지 않는 것은 있을 수 없는 일이라고 맞섰습니다.

목공은 선택을 내릴 수가 없었습니다. 결국 그는 자신이 가장 신임하는 백리해에게 자문을 구했습니다. 백리해는 이에 "진晉나라의 국군 이오는 과거 자신의 약속을 어겼습니다. 왕께 죄를 지었습니다. 그러나 진나라의 백성들이 무슨 죄를 지었습니까?"라고 대답했습니다.

목공은 백리해의 주장을 받아들이지 않을 까닭이 없었습니다. 바로 진晉나라의 기근을 돕기 위한 대규모의 식량 수송이 이뤄졌습니다. 이로 인해 목공은 언제 쳐들어올지 모르는 강력한 적국을 도왔다는 미담의 주인공으로 천하에 이름을 널리 알리게 됐습니다.

목공은 두 차례나 진晉나라를 구하는 행동에 분연히 나섰습니다. 물론 당장의 소득은 없었습니다. 그러나 얻은 것이 전혀 없지는 않았습니다. 무엇보다 이 행동을 통해 대국으로 떠오를 수 있는 길을 분명하게 찾았습니다. 그건 앞서 말한 도의를 중시해야 한다는 진리였습니다. 사실 춘추시대에는 대국들이 경쟁적으로 패주를 자처하려는 시기였습니다. 강대국들이 소국과 약국을 병합하기 시작했습니다. 그러나 진정한 대국은 그저 단순한 경제 강국이라고만 하기 어려웠습니다. 반드시 도의를 갖춰야 했습니다. 그래야 제후들이 복종을 하게 돼 있었습니다. 목공은 바로 이런 진리를 깨달았습니다. 따라서 진秦나라와 진晉나라의 관계에 있어서 목공은 도의적인 깃발을 높이 들었다고 하겠습니다. 정치적으로 중요한 가치 있는 명분을 얻은 것입니다. 더 솔직히 말하면 목공이 정치적인 카드를 내밀었다고 해도 좋습니다.

그렇다면 목공이 세 번째로 진晉나라를 구한 것은 뭘 말하는 것일까요?

혜공을 돌려보낸 것입니다.

2년 후(목공 14년, 기원전 646년) 이번에는 진秦나라에 기근이 발생했습니다. 진秦나라는 진晉나라에게 구원을 요청했습니다. 당연히 진나라 혜공은 대신들과 이 문제에 대해 논의했습니다. 한 대신이 그에게 "진나라에 기근이 든 틈을 노려 출병해야 합니다. 이 기회에 진나라를 정벌하지 않으면 안 됩니다. 틀림없이 큰 성과를 거둘 수 있을 것입니다"라고 주장했습니다.

혜공은 이 대신의 의견을 받아들였습니다. 진秦나라 출병은 목공 15년(기원전 645년)에 단행됐습니다.

진晉나라가 기근을 겪었을 때는 목공이 대대적인 지원을 했습니다. 반면 혜공은 진秦나라가 기근이 들자 마치 기다렸다는 듯이 군사를 일으켜 상대에 대한 정벌에 나섰습니다. 둘을 한번 비교해보십시오. 진晉나라가 도의적인 명분을 잃은 것이 아니고 뭡니까.

그러나 목공은 도의라는 덕목만 강조한 군주가 아니었습니다. 도의와 함께 군사적 역량도 손에 꽉 움켜쥐고 있었습니다. 정말 대단한 국군이었습니다. 어쨌든 진晉나라가 공격을 해왔으므로 목공은 당연히 이에 대응해야 했습니다. 양 국가의 대군은 한韓나라 땅에서 일전을 겨뤘습니다. 이것이 바로 저 유명한 한원의 전투입니다.

한원의 전투 초기 혜공은 먼저 도발을 결행한 군주답게 선두에 서서 자신의 몸도 돌아보지 않고 용감하게 싸웠습니다. 그러나 회군할 때 그의 어가를 몰던 전마戰馬가 그만 진흙구덩이에 빠져버리고 말았습니다. 목공과 그의 부하들은 이 기회를 놓치지 않았습니다. 이 광경을 보자마자 바로 추격하여 혜공을 사로잡으려 했습니다. 하지만 상황은 목공의 의지대로 돌아가지 않았습니다. 그가 오히려 진晉나라 군사에 포위가 된 것입니다. 목공은 이 전투에서 진나라 병사들의 공격을 받고 부상을 당했습니다. 절체절명의 위기였습니다.

　이 위기의 순간에 단연 빛난 것은 진秦나라의 300여 명 병사들이었습니다. 개인의 안전은 돌아보지 않고 말을 몰아 진晉나라 군영을 향해 공격해온 것입니다. 진晉나라 병사들의 포위망은 바로 뚫렸습니다. 목공은 위기일발의 순간에서 목숨을 건졌습니다. 이뿐이 아니었습니다. 그는 당초 생각대로 혜공을 사로잡을 수 있었습니다. 갑자기 전황을 급변하게 만든 이 300여 명의 병사들은 도대체 누구였을까요?

　목공은 전투에 나서기 전 평소 아끼던 명마를 잃어버렸습니다. 그러면 이 말은 누가 가져갔을까요? 기산 아래에 있는 어느 마을의 300여 명 주민들이 잡아먹어버렸습니다. 당연히 진나라 조정에서는 이들을 체포해 혹독하게 처리하려고 했습니다. 그러나 목공은 생각이 달랐습니다. 더구나 "군자는 가축 한 마리 때문에 사람을 다치게 해서는 안 된다. 나는 좋은 말고기를 먹고 술을 마시지 않으면 몸이 상한다는 말을 들은 바 있다"라는 엉뚱한 말까지 했습니다. 아니나 다를까 그는 마을 사람들을 처벌하지 않은 것은 물론이거니와 이들에게 좋은 술까지 하사했습니다. 이들을 사면해준 것은 말할 나위가 없었습니다.

　이 300여 명은 전혀 예상치 못한 결과에 감격하지 않을 수 없었습니다. 목공이 진晉나라를 공격하려 한다는 말을 듣고 모두 따라나서겠다고 한 것은 너무 당연했습니다. 이들은 목공이 포위돼 위기에 내몰리는 모습을 보자 마치 약속이나 한 듯 무기를 높이 든 채 달려왔습니다. 목공의 은혜에 보답하기 위해서였습니다. 말하자면 목공을 구출하기 위해 조직된 300여 명의 결사대였습니다. 결과가 어찌 됐을지 아실 겁니다. 더구나 혜공까지 포로로 잡는 성과를 올렸습니다. 확실히 좋은 일을 하면 좋은 결과를 얻을 수 있는 것 같습니다.

　진晉나라의 배은망덕에 분노한 목공은 귀국한 다음 "모든 사람들은 목욕재계를 하라. 방도 혼자 쓰도록 하라. 진나라 국군을 죽여 하늘에 제사를 올리겠다"라는 충격적인 선언을 했습니다. 우리는 충분히 그의 심정을 이해할 수 있을 것 같습니다. 혜공이 은혜만 몰랐다면 괜찮았다고 할 수 있습니다. 그러나 그는 은혜를 원수로 갚았습니다. 남의 불행을 틈타 군사를 일으켜 정벌하려고 했습니다. 어떻게 목공이 분노하지 않을 수 있었겠습니까?

주나라 천자는 묘하게도 이 소식을 거의 실시간으로 들었습니다. 그는 즉각 목공에게 혜공에 대한 용서를 부탁했습니다. "진나라의 혜공은 나와 같은 성을 쓰는 친척이오. 조금 가볍게 처벌을 해주시면 안 되겠소?"라는 직접적인 말도 건넸습니다. 이뿐이 아니었습니다. 목공의 부인 역시 혜공에 대한 용서를 은근히 종용했습니다. 그녀는 혜공의 누나였습니다. 심지어 그녀는 상복을 입은 채 맨발로 목공 앞에 뛰어와 "나는 이오의 누나입니다. 그러나 나는 그 아이를 구해줄 수 없습니다"라면서 울었습니다.

목공은 전쟁터에서 혜공을 사로잡았습니다. 죽이거나 살리거나 하는 문제는 그의 말 한 마디에 달려 있었습니다. 하지만 상황은 묘했습니다. 주나라의 천자와 자신의 부인이 다 용서를 구했습니다. 목공은 어떻게 해야 했을까요? 이치에 비춰보면 죽여도 상관없습니다. 그 이상의 처벌 역시 가능했습니다. 완전히 자기 마음이었으니까요. 그러나 목공은 그렇게 하지 않았습니다. "나는 혜공을 사로잡은 다음에 준비했던 큰일을 하려고 했다. 그를 죽여 하늘에 보답하는 제사를 지내려 한 것이다. 그러나 지금 천자가 그를 위해 용서를 구했다. 내 부인 역시 이 일을 걱정하고 있다"라는 온건한 말로 용서 의지를 나타냈습니다. 이후 목공은 혜공과 동맹을 맺고 그를 돌려보냈습니다. 제후의 예로 서로를 대하기로도 약속했습니다.

목공의 이 조치는 다시 도의적인 차원에서 그에게 많은 점수를 줬습니다. 혜공은 신의를 저버렸습니다. 전투에 패해 포로가 되기도 했습니다. 목공은 배은망덕한 그를 죽일 수 있었습니다. 그러나 그는 원수를 덕으로 감싸안았습니다.

목공은 진晉나라가 내란에 빠지자 이 상황을 해결하는 데 도움을 줬습니다. 첫 번째로 진나라의 내란을 해결해줬습니다. 두 번째로 진나라에 흉년이 들었을 때는 식량을 원조하는 결정적인 도움을 줬습니다. 마지막에는 배은망덕하게 쳐들어온 혜공을 풀어줬습니다.

우리는 이 세 번의 조치를 통해 성숙하고 통이 클 뿐 아니라 책임감이 강한 목공의 모습을 볼 수 있습니다. 그러나 더 중요한 것은 그가 이렇게 함으로써 정치적 이미지에서 만점에 가까운 성적을 올렸다는 사실입니다. 진秦나라 자체로서도 적지 않은 소득이 있었습니다. 동쪽으로 세력을 대대적으로 확장할 기회를 가지게 된 것입니다. 혜공은 진晉나라로 돌아간 다음 약속했던 하서의 땅을 진秦나라에게 바쳤습니다.

혜공은 동시에 태자 어圉도 진秦나라에 인질로 보냈습니다. 목공은 이에 대한 보답으로 자신의 딸을 어에게 시집보냈습니다. 이때 진秦나라의 영토는 그야말로 대단했습니다. 이미 동쪽으로 황하 일대인 지금의 산시陝西와 산시山西성까지 이르게 됐습니다.

이제 무력에 대해 말해보겠습니다. 솔직히 목공의 무력은 구구한 설명이 필요 없습니다. 우선 혜공을 옹립한 사실만 봐도 알 수 있습니다. 확실한 군사력이 뒷받침되지 않았다면 감히 할 수 없는 일이었습니다. 혜공과 일전을 겨룬 한원의 전투 역시 그렇습니다. 목공과 진나라의 군사적 역량을 잘 설명해주는 현장이었다고 해도 좋습니다. 사실 도의에 입각한 발언권은 그 자체만으로는 힘을 크게 발휘하지 못합니다. 무엇보다 배후의 군사력이 뒷받침해줘야 합니다. 목공은 이 사실을 너무 잘 알고 있었습니다. 그는 이 두 가지를 양손에 꽉 쥐었습니다. 대단한 군주가 될 수 있었습니다.

목공, 진晉나라의 회공을 내리고 중이를 세우다

진秦나라 목공 22년(기원전 638년) 진晉나라 혜공의 태자 어는 몰래 도망쳐 고국으로 돌아왔습니다. 그가 이렇게 한 이유는 부친인 혜공이 중병이 들었기 때문이었습니다. 그로서는 계속 진秦나라에 인질로 있다가는 국군의 자리를 잇지 못할지도 모른다는 걱정이 되었습니다. 어떻게 보면 결정적인 그 순간 그에게 36계 줄행랑은 최선의 선택이었을지 모릅니다.

다음 해인 기원전 637년 혜공은 진짜 병으로 세상을 떠났습니다. 진秦나라에서 도망쳐온 태자 어는 자신의 의지대로 부친의 자리를 이어받았습니다. 이 사람이 바로 회공입니다.

회공은 목공이 동쪽으로의 세력 확장을 위해 맞닥뜨리지 않으면 안 되는 두 번째 진晉나라의 국군이었습니다. 목공은 이미 혜공을 세 번이나 구해준 바 있었습니다. 유화정책을 통해 혜공을 회유했습니다. 그렇다면 목공은 회공에 대해서는 어떤 정책을 썼을까요? 사위였던 그를 끌어내리고 다른 국군을 옹립하는 전략을 구사했습니다.

목공은 왜 이렇게 했을까요? 그가 회공에 대한 불만이 많았기 때문이라고밖에는 볼 수 없습니다.

목공은 처남인 혜공의 식언과 배은망덕에 대단히 불만이 많았습니다. 그럼에도 그는 혜공의 어려움을 세 번이나 해결해줬습니다. 그런데 사위였던 회공에 대해서는 왜 이처럼 큰 불만을 가졌을까요? 가장 중요한 이유는 다른 게 아니었습니다. 회공이 자신의 딸을 버리고 몰래 도망을 갔기 때문입니다.

　목공의 회공에 대한 증오가 이처럼 대단했으니 다른 사람으로 하여금 진晉나라의 대통을 잇게 하는 것은 어떻게 보면 너무나 당연했습니다. 이 때 혜공의 형제인 공자 중이는 해외에서 20여 년 동안에 걸친 망명생활을 하고 있었습니다. 마지막에는 초楚나라에까지 흘러 들어갔습니다. 목공은 당연히 장기간에 걸친 해외 망명생활을 한 중이가 회공을 대체할 가장 적합한 국군 후보자라고 생각했습니다. 그는 사신을 초나라에 파견해 중이를 맞아들였습니다. 더불어 사위였던 어(진晉나라 회공)가 버리고 간 딸을 다시 중이에게 시집보냈습니다. 이때 이미 나이가 환갑을 넘었던 중이는 처음에는 재혼녀인 이 딸을 별로 탐탁지 않게 생각했습니다. 그러나 다시 생각해보니 그게 아니었습니다. 그는 결국 목공의 딸을 부인으로 받아들였습니다.

　중이는 회공의 삼촌이었습니다. 그런데도 회공의 부인이었던 여자를 다시 부인으로 얻었습니다. 조카의 부인을 얻은 것입니다. 혹자들은 이를 난륜亂倫이라고 말합니다. 그러나 당시의 윤리 관념은 이런 것을 개의치 않았습니다. 역사적으로 결혼에서 배분(輩分. 항렬이나 촌수를 의미-옮긴이)을 중요하게 생각한 것은 송宋나라 이후부터였습니다.

　중이는 조카인 회공이 버린 여자를 부인으로 맞아들인 후 본격적으로 목공의 총애를 받게 됐습니다. 목공은 더 나아가 자신의 딸을 받아들인 데에 대한 보답으로 후한 상을 내립니다. 그가 고국으로 돌아가 국군의 자리에 앉도록 적극적인 협조에 나선 것입니다.

　중이는 목공 24년(기원전 636년) 2월 장인인 목공의 무장 호위를 받으면서 20여 년 만에 귀국했습니다. 진晉나라의 대신들은 그를 적극적으로 지지했습니다. 결국 그는 조카를 밀어내고 국군의 자리를 차지했습니다. 역사에서는 이 사람을 진晉 문공이라고 합니다. 이후 문공은 자객을 보내 자신의 조카인 회공 어를 살해했습니다.

목공으로부터 말 한마디로 나라를 구한 정나라의 촉지무

진나라의 문공은 일세를 풍미한 뛰어난 군주였습니다. 저 유명한 성복城濮의 전투에서는 당시 막강한 초나라를 물리치기도 했습니다.

목공은 문공의 통치 하에 급격히 강대국으로 떠오른 진나라에 대해 어떤 전략을 썼을까요? 우선 전면적으로 협력을 유지해나가는 관계로 양국의 관계를 설정했습니다. 이를 위해 우선 문공을 도와 주나라 양왕襄王 때의 내란(양왕의 아들인 왕자 대帶가 일으킨 반란을 의미-옮긴이)을 평정했습니다. 재위 30년(기원전 630년) 때에는 문공을 도와 정鄭나라를 포위하기도 했습니다. 목공은 이때 한 변설가의 말에 완전히 녹아버리게 됩니다.

문공의 정나라에 대한 이 포위 공격은 완전히 개인적인 원한과 관계가 있었습니다. 그는 중이라는 이름으로 해외에서 떠돌 때 정나라에 몸을 의탁한 적도 있었습니다. 그러나 이때 정나라의 국군은 그에게 그다지 썩 잘 해주지 않았습니다. 중이는 이때 이를 가슴속에 깊이 간직했습니다. 문공이 된 다음에는 정나라를 공격하지 않을 까닭이 없었습니다. 분을 풀어야 했으니까 말입니다.

정나라는 진秦나라와 진晉나라의 연합 공격으로 포위가 되자 촉지무燭之武를 목공에게 보내기로 결정했습니다. 그를 설득해 포위를 풀 생각이었습니다. 밤이었습니다. 촉지무는 예정대로 밧줄을 이용해 포위된 성벽을 내려간 다음 목공을 만났습니다. 그가 목공의 면전에서 "지금은 진秦나라와 진晉나라 양국이 정나라를 공격하고 있습니다. 우리는 우리가 곧 멸망할 것이라는 사실을 압니다. 그러나 정나라를 멸망시키는 것은 진秦

나라에도 불리합니다. 지리적으로 볼 때 정나라와 진秦나라는 진晉나라를 가운데에 두고 있습니다. 만약 정나라를 멸망시키면 영토를 확대시킬 수 있는 나라는 진晉나라가 됩니다. 이는 진晉나라에는 유리하나 진秦나라에게는 불리합니다. 이웃 국가의 영토가 확대되면 진秦나라의 영토와 세력이 작아지고 약해지는 것은 당연합니다. 게다가 진晉나라는 대단히 탐욕스럽습니다. 욕심이 끝이 없습니다. 만약 동쪽의 정나라를 멸망시키면 바로 서쪽으로 영토를 확대하려고 할 겁니다. 만약 진秦나라 쪽으로 영토를 확대하지 않으면 어디로 눈을 돌리겠습니까?"라고 주장하면서 쏟아낸 말은 정말 대단한 사자후였습니다.

촉지무의 이 말은 목공의 마음을 움직였습니다. 목공은 즉각 정나라와 맹약을 맺은 다음 기자杞子, 봉손逢孫, 양무揚武 등 세 명의 장군을 파견해 정나라를 지키도록 했습니다. 자신은 당연히 촉지무의 말에 따라 철군했습니다.

목공이 갑자기 철군하자 문공도 어쩔 도리가 없었습니다. 역시 철군을 하는 것이 순리였습니다. 정나라 포위 작전은 이렇게 성공하지 못한 채 끝났습니다. 2년 후인 목공 32년(기원전 628년) 문공은 더 이상의 업적을 남기지 못한 채 세상을 떠나고 말았습니다.

4강
효공의 변법變法

기원전 338년의 어느 날 저녁이었습니다. 한 사람이 무척이나 바쁘게 진나라의 상(商. 지금의 산시陝西성 상商현) 땅에 모습을 나타냈습니다. 그는 위魏나라로 도망을 가는 중이었습니다. 잠시 눈을 붙이고자 국경 근처의 여관에서 하룻밤을 묵기로 했습니다. 그러나 여관 주인이 그에게 "우리 상군(商君. 상앙商鞅을 지칭-옮긴이)께서 법을 만들어 신분 증명이 없는 사람은 여관에서 자지 못하도록 했습니다. 만약 증명이 없는 사람을 재워주면 같이 처벌을 받아야 합니다. 손님께서 신분 증명이 없다면 나는 재워드릴 수가 없습니다"라고 했습니다. 이 사람은 바로 장탄식을 토하면서 "상군의 변법이 이 정도 수준에까지 이르렀구나!"라고 중얼거렸습니다. 이 손님은 여관을 조용히 나가지 않으면 안 됐습니다.

진나라 국경의 여관에 투숙하려 했던 이 사람이 바로 진나라의 법을 만든 상앙이었습니다. 그는 일찍이 진나라에서 변법을 실시해 크게 성공했습니다. 진나라를 부강한 나라로 만들었습니다. 훗날 진나라가 육국을 멸망시킬 만큼 막강해진 국력의 기초를 쌓았다고도 할 수 있었습니다. 그러나 진나라에 지대한 공헌을 한 이 사람이 어쩌다 황망히 도망치는 상갓집의 개 같은 신세가 돼 버렸을까요? 나중에는 도망에도 실패, 오마분시(五馬分尸, 말 다섯 마리로 사람의 팔과 다리, 머리를 잡아당겨 죽이는 형벌-옮긴이)에 처해지는 비참한 꼴을 보였습니다. 도대체 상앙은 어떤 사람이었을까요? 그는 왜 자신이 제정하고 실시한 변법에 의해 비참한 최후를 맞이하지 않으면 안 됐을까요?

상앙의 진가를 알았던 공숙좌와 몰랐던 혜왕

상앙은 원래 위衛나라 국군의 첩을 어머니로 둔 서얼 공자였습니다. 본명은 공손앙公孫鞅, 위나라 출신인 탓에 위앙衛鞅으로도 불렸습니다.

그는 대단히 뛰어난 능력을 가진 사람으로 처음 정치 입문은 위魏나라의 승상인 공숙좌의 밑에서 중서자中庶子라는 관리로 시작했습니다. 그의 뛰어난 재능을 너무나 잘 알았던 공숙좌는 적당한 기회가 되면 위 혜왕에게 그를 추천하려고 했습니다. 그러나 기회는 잘 오지 않았고, 공숙좌는 덜컥 병에 걸렸습니다. 위 혜왕은 공숙좌가 중병에 걸렸다는 얘기를 듣고 허겁지겁 달려와 그에게 물었습니다. "만약 그대에게 무슨 일이 생기면 누가 나를 보좌해 나라를 다스릴 수 있겠소?" 공숙좌는 바로 "제 수하 중에 공손앙이라는 이가 있습니다. 아직 젊습니다만 뛰어난 능력이 있습니다. 대왕께서는 그에게 국가를 다스리도록 하십시오"라고 대답했습니다. 혜왕은 이 말에 침묵으로 대응했습니다. 혜왕이 돌아가려고 할 때였습니다. 공숙좌는 주위의 사람들을 다 나가게 한 후 혜왕에게 "만약 대왕께서 그를 쓰지 않을 거면 죽여 버리십시오. 절대로 그가 다른 나라로 가도록 하지 마십시오"라고 조용히 말했습니다. 곧 숨이 넘어갈 공숙좌의 요구를 들어주지 못할 이유가 없었던 혜왕은 건성으로 알겠다고 대답했습니다.

공숙좌가 이렇게 말을 한 뜻은 상앙을 중용하도록 혜왕을 한 번 더 설득하기 위해서였습니다. 그러나 공숙좌는 혜왕이 상앙을 중용할 뜻이 없다는 사실을 간파했습니다. 혜왕이 돌아간 다음 그는 바로 상앙을 불러 "방금 혜왕께서 누가 나를 대신해 위나라의 승상이 될 수 있느냐고 물었네. 나는 자네를 추천했네. 그러나 내가 보기에 혜왕은 자네를 중용할 생각이 없는 것 같네. 자네가 알고 있는지 모르겠으나 내 인생관은 나라를 우선하고 개인 간의 의리는 그 다음에 두는 것일세. 그래서 나는 방금 혜왕에게 만약 자네를 중용할 생각이 없으면 반드시 죽이라고 했네. 절대로 자네를 다른 나라에 가도록 하지 말라고 한 것이지. 자네는 지금 빨리 도망을 치게. 늦으면 큰일이 날 걸세"라고 말했습니다.

상앙은 공숙좌의 말에도 당황하지 않았습니다. 매우 침착한 어조로 "아니 대왕께서는 나를 중용하라는 승상의 말도 듣지 않았는데 어찌 나를 죽이라는 말을 듣겠습니까?"라고 말했습니다. 상앙의 말대로 혜왕은 공숙좌의 집을 나서면서 주위 사람들에게 "공숙좌 이 노인네는 정말 맛이 간 것 같아. 병이 위중하기는 한 모양이야. 별 볼일 없는 어린 애송이에게 나라를 다스리게 하라는 말을 하고 말이야. 정말 황당하지 않나!"라는 말을 했으니까요. 아무튼 상앙은 위나라를 탈출하지 않았습니다. 혜왕 역시 그를 살해하지 않았습니다.

공숙좌는 대단한 인물이었습니다. 지위가 만인지상, 일인지하라는 위나라의 승상이었습니다. 그럼에도 상앙에 대한 그의 생각은 대단히 각별했습니다.

동서고금을 보면 진짜 능력이 뛰어난 사람(이를테면 공숙좌 같은 사람)이 자신보다 더욱 능력 있는 사람(예컨대 상앙 같은 사람)을 찬양한 경우는 적지 않았습니다. 단순하게 인재를 식별하는 혜안만 있어서는 안 되며 과감하고 두려움 없는 자세가 필요합니다. 그러나 아쉽게도 공숙좌의 상앙에 대한 높은 평가는 아무런 결과도 만들어내지 못했습니다. 때가 너무 늦어 버렸습니다.

공숙좌는 상앙을 잘 알고 있었습니다. 그러나 위 혜왕은 몰랐습니다. 반면 상앙은 혜왕이 자신을 죽이지 않을 것이라고 아예 단정적으로 판단했습니다. 상앙이 공숙좌보다는 한 수 위인 것은 분명해 보입니다.

하지만 상앙은 뛰어난 재주가 있었음에도 고국인 위나라에서는 고작 승상 휘하의 미관말직에 만족해야 했습니다. 이런 그가 어떻게 진나라에서 변법을 실시할 수 있었을까요?

인재를 알아본 효공, 진나라를 부국으로 이끈 상앙

별 볼일 없던 상앙의 인생은 진나라의 효공을 만나면서 완전히 달라지게 됩니다.

기원전 361년 진나라의 헌공이 세상을 떠났습니다. 고작 21세이던 효공은 곧 아버지의 자리를 물려받았습니다.

효공이 즉위할 당시 진나라는 동쪽 지역의 여섯 강대국인 한韓, 조趙, 위魏, 제齊, 초楚, 연燕 나라와 맞닥뜨리고 있었습니다. 하나같이 내로라하는 막강한 나라들이었습니다. 더구나 이때 주나라 천자의 역량은 갈수록 약해져 제후들은 줄기차게 서로 죽고 죽이는 싸움을 계속했습니다.

이런 정치적 상황은 영웅적 기개가 충만했던 효공에게는 불만일 수밖에 없었습니다. 그는 정말 목공 그 시대의 태평성대가 너무나 그리웠습니다. 동쪽으로는 진晉나라의 내란을 평정하고 서쪽으로는 제융을 누르고 패주를 자처하던 그때 말입니다. 그는 고심에 고심을 거듭한 끝에 급기야 〈구현령求賢令〉이라는 글을 통해 공개적으로 대외적인 선언을 하기로 결심했습니다. "진나라를 강대하게 만들어주는 사람에게는 높은 관직과 많은 녹봉을 주겠다. 더불어 땅도 나눠주겠다." 효공이 이처럼 부강해지고자 했던 이유는 크게 두 가지로 볼 수 있습니다.

하나는 목공의 업적에 대한 숭모였습니다. 이는 〈구현령〉을 보면 잘 알 수 있습니다. "동쪽으로는 황하를 경계로 진晉나라의 내란을 평정했다. 서쪽으로는 융적戎翟을 평정해 패주를 자처했다. 1,000리의 땅을 넓혔다. 주나라의 천자는 직접 사신을 보내 진나라의 패주 지위를 인정했다. 제후들은 와서 축하를 했다." 목공이 이룩한 위업과 영광에 대해 효공이 얼마나 찬탄해 마지않았는지가 분명하게 엿보입니다. 다른 또 하나의 이유는 당시 진나라의 지위가 급전직하하고 있는 데에 대한 안타까움과 관련이 있었습니다. 진나라는 목공 때 하서의 땅을 진나라로부터 받았습니다. 그러나 나중 다시 뺏기게 됩니다. 이로 인해 동방의 제후국들은 진나라를 우습게 여기게 됩니다. 딱 오랑캐로 봤다고 해도 좋았습니다. 결과적으로 정식 제후국의 일원으로 보지 않았다는 얘기까지 성립되겠습니다. 효공으로서는 치욕을 느끼지 않을 수 없었습니다.

치욕을 알게 되면 원래 용감해지는 법입니다. 효공은 변법을 통해 부강해지고자 했습니다. 일거에 동방 제후국들을 뒤쫓아가려고 했습니다. 부강해지기 위해서는 어떻게 해야 했을까요? 제후국들을 넘어서려면 무엇이 가장 필요했을까요? 인재였습니다.

효공은 인재를 구하자는 결심 하나만 내린 것이 아니었습니다. 실제 저 인망식으로 인재들을 끌어모아 선발코자 했습니다. 이때 선발된 인재들은 빈객賓客과 군신群臣으로 표현할 수 있는데 진나라의 군신에 그치지 않고 육국에서 온 빈객들도 흔쾌히 받아들이겠다는 뜻입니다.

땅과 관직을 미끼로 내걸고 천하의 인재를 끌어들이려 했던 그의 정책은 방송의 전파와 크게 다르지 않았습니다. 바로 각 제후국들의 국경을 넘었고 이때 한 사람이 진나라의 인재 선발 대회에 참가하기 위해 황급히 위나라에서 넘어왔습니다. 주인공은 다름 아닌 위나라에서 줄곧 앙앙불락하고 있던 상앙이었습니다.

상앙은 부귀영화를 얻고자 하는 목표를 안고 진나라로 달려왔습니다. 그러고는 효공이 가장 총애하는 측근인 경태감景太監을 찾았습니다. 자신과 효공의 면담을 주선해 달라는 부탁을 하기 위해서였습니다. 사실 환관인 태감은 당시 사람들에게는 경멸의 대상이었습니다. 후세의 적지 않은 사람들이 상앙을 비판하는 것은 다름 아닌 이 때문이 아닌가 싶습니다. 처음부터 경태감을 통해 효공을 만나고자 했으니까요. 그러나 상앙은 당시 이런 사실을 따질 계제에 있지 않았습니다. 그에게는 효공을 만나는 일이 무엇보다 급선무였을 뿐입니다. 하루라도 빨리 자신의 부국강병 전략을 효공에게 말해 추진하는 것이 급했던 것입니다. 더구나 그는 진나라에 친구는 고사하고 변변하게 아는 사람 하나 없었습니다. 효공의 총애를 받고 있는 경태감을 찾지 않는다면 도대체 누구를 찾는다는 말입니까? 상앙은 이런 우여곡절 끝에 효공을 만났습니다. 효공 역시 무려 네 차례에 걸쳐 그에 대한 면접시험을 실시했습니다.

첫 번째 면담에서 상앙은 제도(帝道. 다섯 제왕의 도. 다섯 제왕은 황제黃帝, 전욱顓頊, 제곡帝嚳, 요堯, 순舜을 의미함)에 대해 역설했습니다. 이때 효공은 그의 말을 듣다 말고 그냥 잠에 곯아떨어졌습니다. 면담을 끝낸 효공은 경태감에게 마구 욕을 퍼부었습니다. "네가 소개한 그 사람은 큰 소리만 치는 경망스러운 위인이다." 상앙은 두 번째 면담에서 왕도(王道. 세 왕의 도. 하夏나라의 우禹, 상商나라의 탕湯, 주나라의 문왕文王을 일컬음)에 대해 강조했습니다. 이때에도 그의 말은 효공의 귀에 전혀 들어가지 않았습니다. 삼 세 번이라는 말처럼 세 번째에는 조금 괜찮아졌습니다. 효공이 얘기를 듣자 조금 흥미를 보이기 시작했습니다. 패도(霸道. 패주의 도. 춘추오패春秋五霸의 도.)에 대해 얘기를 했으니까요. 그러나 이때도 완전히 빠져 들어간 것은 아니었습니다. 상앙은 마지막 네 번째에는 '강국의 전략'에 대해 기염을 토했습니다. 효공은 화들짝 놀라 상앙 앞으로 황급히 달려왔습니다. 그가 효공이 몽매에도 찾던 인재였던 것입니다.

이때부터 상앙은 효공의 중용을 받게 됩니다. 비로소 변법도 실시하게 됩니다. 상앙은 진짜 효공의 중용과 신임을 저버리지 않았습니다. 그의 변법 정책은 일거에 진나라를 부국강병의 길로 이끌었습니다. 효공 역시 자신이 공언했던 약속을 실현에 옮겼습니다. 상앙에게 높은 관직을 줬을 뿐 아니라 봉지까지 하사했습니다. 그렇다면 부귀영화면 부귀영화, 높은 관직이면 관직 등 원하는 모든 것을 가지게 된 상앙은 어떻게 해서 처음의 승승장구를 계속 이어가지 못했을까요? 왜 이 장章 앞에서 언급한 것처럼 그렇게 황급히, 마치 상갓집 개처럼 진나라에서 도망가려고 했을까요? 부귀도 변법 때문에 누린 것처럼 도망 역시 변법의 탓이 무엇보다 컸다고 하겠습니다.

귀척을 혹독하게 처벌하니 땅에 떨어진 물건을 줍는 사람조차 없다

상앙이 추진한 변법의 내용은 그저 정치제도나 경제제도에만 머물지 않았습니다. 군사제도까지 포함했습니다. 사실 인류 역사를 볼 때 순탄한 개혁은 없었다고 해도 과언이 아닙니다. 개혁을 하다 보면 개개인의 이익이 충돌하는 경우가 항상 있기 때문이니까 말입니다. 따라서 개혁을 추진하는 과정에서 이에 반대하는 세력의 끝없는 저항에 직면하는 것은 불가피합니다. 또 개혁 저항 세력의 모든 수단을 다 동원한 방해에도 직면하게 됩니다. 상앙의 변법 역시 그랬습니다. 전략을 구체적으로 실시하기도 전에 격렬한 반대에 직면했습니다. 나라가 부강해지기만 한다면 모든 일을 다 추진하려고 했던 효공이 잠깐 동안이나마 주춤했던 것은 다 그래서였습니다. 진나라 조정의 관례에 따르면 국군이 잠시 결단을 내리지 못하는 사안의 경우 난상토론을 벌이는 것이 용인돼 있었습니다. 급기야 상앙은 변법의 실시를 반대하는 감룡甘龍과 두지杜摯와 격렬한 논쟁을 벌이게 됩니다. 상앙이 변법의 추진에 필요한 장애물들을 깨끗하게 쓸어버리기 위해 전개한 이론 투쟁은 바로 이렇게 시작됐습니다. 이때 상앙은 두 가지 기치를 높이 들었습니다. "삼대(三代. 하, 상, 주나라를 의미함—옮긴이)의 예禮와 법제는 같지 않았으나 왕업王業을 이뤘다. 오패(五霸. 춘추의 오패를 일컬음—옮긴이)의 법도는 같지 않았어도 패업을 이뤘다." 또 "태평성대는 한 가지 도道에 의해서만 오는 것이 아니다. 나라를 변하게 하기 위해 반드시 옛것을 따를 필요는 없다"는 명언으로 요약이 가능합니다. 이 말에 부국강병에 목을 매던 효공은 상앙에게 적극적인 지지를 보내는 결정을 내렸습니다. 그를 군공작제에서 10급에 해당하는 좌서장左庶長으로 임명한 후 변법을 본격적으로 추진하게 했습니다.

   상앙은 변법을 그냥 단순히 무작정 추진하거나 실시하지 않았습니다. 확실한 네 가지의 원칙을 확립, 기본을 다진 다음에야 비로소 개혁의 깃발을 높이 쳐들었습니다.

   우선 법의 권위와 믿음에 대한 원칙을 확고하게 세웠습니다. 상앙의 변법은 법으로 나라를 다스린다는 원칙이 확고했습니다. 그러나 상앙이 활동했던 전국 시기 후기에 '이법치국以法治國'을 추진하는 것은 말처럼 그렇게 쉽지 않았습니다. 그럼에도 그로서는 어떻게 해서든 명령을 통해 이러이러한 행동은 해서는 안 된다는 원칙을 분명하게 보여줘야 했습니다. 만약 그렇지 않을 경우 법은 완전히 조롱거리가 될 수 있었습니다. 그건 말이 권위와 신뢰를 심어주지 않는 부작용보다 더 끔찍할 수 있었습니다.

그는 새로운 법의 권위와 신뢰 확립을 위해 지금도 전설처럼 전해 내려오는 이벤트 하나를 기획해 벌였습니다. 《사기》의 〈상군열전〉을 한번 펼쳐봐야 하겠습니다. 상앙은 당시 각종 법령을 제정한 다음 특별히 도성의 시장 남쪽 문에 3장丈 정도 높이의 큰 통나무를 세웠습니다. 이어 백성들에게 "누구라도 이 통나무를 북쪽 문으로 옮길 수 있는 사람이 있으면 상금으로 10금을 주겠다"라고 말했습니다. 상금은 진짜 만만치 않았습니다. 하지만 이 일은 그야말로 누워 떡 먹는 것처럼 쉬운 일이었습니다. 당연히 아무도 그의 말을 믿지 않았습니다. 통나무를 옮기려고 한 사람이 없었다는 말입니다. 상앙은 예상대로 이 상황을 목도하자 즉각 상금을 올렸습니다. "누구라도 이 통나무를 북쪽 문으로 옮기는 사람이 있으면 50금의 상금을 주겠다." 그의 말이 끝나기 무섭게 시장의 분위기는 갑자기 달아오르기 시작했습니다. 이번에는 과연 누가 믿었을까요? 웬 사람이 아무 생각 없이 이 통나무를 남쪽 문에서 북쪽 문으로 옮긴 것입니다. 상앙은 즉각 자신의 말을 실행에 옮겼습니다. 이 사람에게 50금을 줬습니다. 상앙이 기획한 이벤트에 대한 소문은 바로 전국으로 퍼져 나갔습니다. 별것 아닌 것 같았으나 이 일은 무척이나 중요한 일이 되었습니다. 이 일을 통해 상앙이 새로운 법의 집행을 위한 가장 기본적이고도 광범위한 신뢰와 권위를 확보할 수 있었으니까요.

귀척에 대한 혹독한 징벌 원칙은 더 말할 필요도 없겠습니다. 사실 기층 백성들은 국군이 정한 법을 가볍게 어기기 쉽지 않았습니다. 반면 귀척들은 사사롭게 어길 가능성이 무척 높았습니다. 상앙이 변법을 본격적으로 실시한 지 2년째 되는 해였습니다. 아니나 다를까 우려했던 이 어려운 문제가 불거졌습니다. 태자가 법을 어긴 것입니다. 더구나 이 태자는 효공이 세상을 떠난 후에 혜문군惠文君으로 즉위하는 인물이었습니다.

태자가 법을 어겼을 때는 어떻게 해야 했을까요?

이때에는 상앙 역시 곤란했습니다. 태자는 다음의 국군이 될 사람이었으니까요. 형벌을 가하면 안 되는 신분이었습니다. 그러나 상앙은 변법으로 대대적 개혁에 나선 입장이었습니다. 이 일을 어떻게든 처리해야 했습니다. 그는 고육지책으로 이 어려운 문제를 처리하게 됩니다. 원문을 참고하면 상당히 끔찍했습니다. "태자의 스승인 공자건公子虔에게 벌을 내렸다. 다른 스승인 공손가公孫賈에게도 얼굴에 먹물을 입히는 경黥의 형벌을 내렸다." 태자 대신 두 스승을 한꺼번에 벌한 것입니다. 문제는 처벌을 받은 공자건이 4년 후에도 다시 죄를 범해 코를 잘리는 의劓의 형벌을 받았다는 사실입니다. 당당한 태자의 스승이 법을 다시 한 번 어긴 탓에 이제는 코까지 지키지 못하게 된 것입니다. 이런 처지에 내몰렸는데도 그가 과연 상앙에 대한 원한을 품지 않을 수 있었을까요?

더욱 난감하게 된 사람은 태자였습니다. 하기야 자신이 법을 어겼는데 다른 사람이 대신 벌을 받았으니 그의 난감함이 어느 정도였겠습니까? 말하지 않아도 뻔합니다. 공자건이 입은 몸의 상처는 완전히 태자의 가슴에 대못으로 남을 수밖에 없었습니다. 급기야는 공자건 자신도 이 때문에 무려 8년 동안이나 대문을 걸어 잠근 채 집 밖으로 나가지 않았습니다. 상앙을 미워하는 종실이나 귀척들이 기하급수적으로 늘어난 것은 너무나 당연했습니다. 한마디로 상앙의 강경한 태도는 태자를 위시한 일단의 귀족 집단의 강력한 반대에 직면하지 않으면 안 되게 됐습니다.

그러다 효공이 덜컥 세상을 떠나고 말았습니다. 무려 8년 동안이나 세상과 담을 쌓고 살아온 태자의 스승 공자건에게 기회가 왔습니다. 아니나 다를까 그는 즉각 상앙이 모반을 획책한다는 무고를 했습니다. 혜문군 역시 기다렸다는 듯 그에 대한 체포령을 내렸습니다. 이렇게 해서 우리가 앞에서 봤던 장면은 현실로 나타나게 됐습니다. 그러나 그는 안타깝게도 진나라를 벗어나자마자 위나라로 도망을 갔습니다. 위나라는 어떤 나라입니까? 상앙이 일찍이 명장인 공자앙公子卬을 격파한 인연이 있는 나라였습니다. 위나라는 당연히 이 구원舊怨을 기억하고 있었습니다. 상앙으로서는 호랑이 굴로 스스로 찾아 들어간 셈이었습니다. 실제로 위나라는 입국을 거부한 것에서 더 나아가 그를 체포해 진나라로 압송케 했습니다. 어느 곳으로도 도망을 갈 수 없었던 상앙으로서는 거열(車裂. 오마분시를 일컬음-옮긴이)의 혹형을 받아들여야 했습니다.

상앙은 경제를 우선하고 정치를 뒤로하는 원칙 역시 확고하게 세웠습니다. 경제 개혁에서 시작해 정치 변혁으로까지 나아간 것입니다. 나름의 일리가 있는 원칙이었습니다. 경제는 모든 것의 기초였습니다. 경제 변혁이 성공하면 모든 것이 잘될 수 있었습니다. 수많은 사람들의 인사人事 문제가 걸려 있는 정치 개혁의 준비를 위한 기초도 다지는 것이 가능했습니다. 전범典範을 세우는 것은 더 말할 필요가 없었습니다.

마지막으로 법전화 원칙에 대해서도 거론해야 하겠습니다. 상앙의 변법이 성공을 하게 된 가장 중요한 요인은 아무래도 이 법전화에서 찾아야 하니까 말입니다.

상앙이 추진한 조치들은 주지하다시피 대부분 제도화되거나 법제화됐습니다. 또는 정령政令이 됐습니다. 이럴 경우 변법은 어떻게 될 수 있을까요? 설사 효공과 상앙이 세상을 떠나더라도 폐지되지 않을 수 있습니다. '사람이 살아 있으면 정치는 살고 사람이 죽으면 정치도 죽는다'는 현실이 도래하지 않게 되는 것입니다. 나타난 현실 역시 그랬습니다. 효공이 세상을 떠난 다음 변법에 극렬하게 반대하던 태자는 이 조치들을 폐지하지 않았습니다.

상앙이 견지했던 원칙들은 네 가지 면에서 놀라운 성과를 올렸습니다. 진나라의 국력이 빠른 속도로 신장되는 것은 너무나 당연했습니다. 실제 진나라는 이후 빠른 속도로 패주를 자처하는 길을 걷게 됐습니다. 상앙의 활약 역시 눈부셨습니다. 우선 진나라 대군을 지휘, 위나라의 요충지인 안읍安邑을 공략해 빼앗았습니다. 이 상황에서는 주나라 천자 역시 진나라의 패주 지위를 인정하지 않을 수 없었습니다. 천하의 제후들은 모두 경쟁적으로 축하했습니다.

진 효공 22년(기원전 340년) 상앙은 다시 군대를 휘몰아 위나라 군대를 격파했습니다. 이때 위나라의 사령관인 공자앙도 사로잡았습니다. 효공은 이 공훈을 기려 상商의 15개 읍에 그를 봉했습니다. 상군商君이라는 칭호도 내렸습니다. 이후 당시 사람들은 모두 그를 상군으로 호칭했습니다.

불쌍하게 된 것은 위나라였습니다. 안읍을 점령당한 이후 마지못해 도성을 대량(大梁. 지금의 허난성 카이펑開封)으로까지 옮겨야 했습니다. 위나라 국군들이 이후부터 대량 시대를 맞이하게 된 것입니다. 이때 혜왕은 "나는 공숙좌의 말을 듣지 않은 것이 정말 한스럽다"고 말했으나 이미 상황은 끝난 뒤였습니다.

상앙은 확실히 가장 뛰어난 정치가였습니다. 그의 변법 역시 전국 시대 후기의 현실이 요구하는 것과 딱 들어맞았습니다. 진나라는 이로써 그동안 겪어왔던 어려움에서 벗어나 부흥의 넓은 길로 달려갈 수 있었습니다.

그러나 상앙을 중용한 사람은 효공이었습니다. 그를 적극적으로 지지한 사람 역시 효공이었습니다. 효공이 없었다면 상앙이 어떻게 변법을 들고 나올 수 있었겠습니까? 결론적으로 진나라를 부강한 길로 이끈 것은 효공이라는 말이 성립될 수 있습니다. 효공은 양공과 목공의 뒤를 확실하게 이었습니다. 진나라를 부강한 국가로 이끈 역사의 한 페이지를 연 훌륭한 군주였습니다. 하지만 애석하게도 타고난 명이 길지 못했습니다. 44

세라는 젊은 나이에 세상을 떠나고 말았습니다. 그의 아들인 혜문군은 예상대로 즉위하자마자 바로 상앙을 거열의 형벌로 다스렸습니다. 하지만 상앙이 효공의 적극적인 지지 하에 만들어놓은 부국강병을 위한 제도는 폐지되지 않았습니다.

상앙의 변법은 견고하게 제도화되어 있었습니다. 변법의 조치들이 쉽게 고쳐지지도 않았습니다. 바로 이 때문에 혜문군은 아버지 효공으로부터 부강해진 진나라를 물려받을 수 있었습니다. 그러나 진나라의 부강은 다른 육국의 지나칠 정도의 경계심을 유발하기도 했습니다. 그러면 혜문군은 과연 진나라를 어떻게 통치했을까요? 아버지처럼 진나라를 계속 부강한 나라로 이끌어갔을까요? 이를 위해 나름의 일정한 공헌도 했을까요?

5강

진나라에 맞선 육국의 생존 전략,
합종연횡 合縱連橫

혜문군은 효공으로부터 빠르게 부상하는 진나라만 달랑 물려받은 것이 아니었습니다. 모든 사람들로부터 비난의 대상이 됐던 진나라까지 동시에 물려받았습니다. 이때 천하의 형세는 복잡했습니다. 어떻게 보면 전국 시대 이후 가장 중대한 변화가 나타났다고 해도 좋습니다. 일단 진나라 홀로 막강한 국가로 우뚝 서는 상황이 눈에 띄게 두드러졌습니다. 당연히 다른 육국들 중에는 진나라와 단독으로 맞설 나라가 없었습니다. 이런 새로운 형세 아래에서 육국은 새로운 생존 전략을 나름대로 찾아야 했습니다. 진나라 역시 마찬가지였습니다. 육국의 생존 전략에 맞서는 대응 전략을 모색하지 않으면 안 됐습니다. 그래야 계속 육국을 압도하는 국력을 유지할 수 있을 테니까요. 이런 과정 속에서 두 사람이 나타나게 됩니다. 둘 모두 육국의 생존 전략 및 대응 전략과 밀접한 관계가 있는 사람들입니다. 한마디로 세 치 혀로 당시의 천하 대국을 좌지우지한 사람들이었다고 해도 과언이 아닙니다. 그렇다면 이 두 사람은 도대체 누구였을까요?

발분의 노력으로 육국이 진나라에 맞서는 전략을 설파한 소진

이 둘 중 한 사람은 이름이 소진으로 동주東周의 낙양 사람이었습니다.

　소진을 확실하게 파악하기 위해서는 《사기》의 〈소진열전〉을 한번 봐야 하겠습니다. 당시 소진은 자신의 뜻을 펴기 위해 집을 떠나 천하를 수년 동안 떠돌았습니다. 그러나 아무런 성과도 얻지 못했습니다. 그가 집으로 돌아왔을 때 집안 사람들은 하나같이 그를 비웃었습니다. "사람들은 모두들 일을 해서 돈을 번다. 그러나 너는 돈을 버는 일은 아예 내팽개치고 밖으로만 신나게 돌았다. 그러다 무슨 변설인가를 배운 것 같은데 도대체 그 세 치 혀로 무슨 돈을 번다는 말이냐? 지금 그 꼴을 보니 정말 고소하구나!" 소진은 이 말에 창피해서 어쩔 줄 몰랐습니다. 그저 방문을 걸어 잠그고 자신이 읽던 책을 꺼내 "나는 이렇게 많은 책을 오랫동안 읽었다. 그러나 부귀영화를 얻는 데에는 하나도 쓸모가 없었다. 공부가 다 무슨 소용이 있는가?"라고 한탄하기만 했을 뿐입니다. 그러나 그는 낙담하지 않았습니다. 대신 《음부陰符》라는 책을 꺼내 다시 1년 동안 미친 듯이 공부했습니다. 1년 후 그는 자신이 사람의 심리를 자유자재로 꿰뚫는 비결을 홀연히 깨달은 것 같은 느낌을 받았습니다. 흥분한 그의 머릿속에는 "드디어 큰일을 이룰 날이 왔다. 나는 이걸로 지금의 국군들을 설득해볼 참이다!"라는 말이 계속 맴돌았습니다.

　《전국책戰國策》의 〈진책秦策〉에는 소진에 관한 조금 다른 얘기가 실려 있습니다. 훨씬 더 드라마틱한 내용입니다. 한번 보겠습니다.

　"소진은 진秦나라 혜문왕에 대한 유세遊說에 실패한 다음 가지고 있던 돈도 다 써 버렸다. 몰골은 초췌하고 얼굴은 시커멓게 됐다. 꼴이 영 말이 아니었다. 마치 인생에서 실패한 사람이 고향으로 돌아가는 모습이 따로 없었다. 고향으로 돌아왔으나 상황은 달라지지 않았다. 부인은 일하고 있던 물레에서 내려올 생각도 하지 않았다. 형수 역시 그를 위해 밥을 해주지 않았다. 부모는 말조차 건네지 않았다. 신세가 정말 처량하기 이를 데 없었다."

소진은 온 가족이 약속이나 한 듯 단체로 자신을 냉대하고 멸시하자 오기가 생겼습니다. 자극을 받은 그는 즉각 발분의 노력을 기울여 공부에 매달리기로 결심했습니다. "책을 읽다가 잠이 오면 송곳으로 넓적다리를 찔렀다. 피가 흘러 다리에까지 이르렀다"라는 원문을 보면 어느 정도 공부했는지 알 수 있습니다. "머리카락을 대들보에 묶어 매달고 허벅지를 송곳으로 찌른다"는 세상이 다 아는 유명한 고사는 바로 소진의 이 행동에서 유래해 널리 퍼진 것입니다.

이 내용은 《사기》의 〈소진열전〉과 비교할 때 소진의 행동이나 모습에 대한 묘사가 정말 생동감이 넘칩니다. 이 점에서는 《사기》와는 다소 다르다고 하겠습니다. 그러나 뜻을 이루지 못하고 돌아온 그를 집안 식구들이 냉대하고 멸시한 것에서만큼은 일치합니다. 이런 냉대에 자극을 받지 않는다면 솔직히 제대로 된 사람이라고 하기 어렵습니다. 소진 역시 정말 보란 듯 출세해야겠다는 생각을 실천에 옮겼습니다.

《전국책》의 〈진책〉을 계속 보도록 합시다. 소진은 이후 유세객으로 성공합니다. 우선 연燕나라와 조趙나라 왕을 세 치 혀로 가볍게 설득시켰습니다. 이어 초楚나라로 발길을 돌렸습니다. 이때 그는 이미 네 마리의 말이 끄는 마차와 수많은 수행원들을 거느릴 정도의 위치였습니다. 우연인지 의도인지 모르겠으나 고향을 지나게 됐습니다. 부모형제들이 그가 온다는 소식을 듣지 못했을 리가 없었습니다. 네, 그렇습니다. 이들은 소진을 환영하기 위해 바로 집 안과 마을길을 청소했습니다. 게다가 30리 밖까지 영접을 나왔습니다. 그러나 하나같이 양심은 있었습니다. 무엇보다 소진의 부인이 그랬습니다. 당당하게 성공한 과거의 실패자인 남편을 제대로 쳐다보지 못했습니다. 그저 하나라도 흘려들을까 싶어 열심히 남편의 말에 귀를 기울였습니다. 밥조차 해주지 않았던 형수 역시 크게 다르지 않았습니다. 땅바닥을 기다시피하면서 소진의 곁으로 다가왔습니다. 그에게 미안하다는 말도 했습니다. 소진은 기가 막혀 "형수께서는 과거에는 그처럼 오만하시더니 지금은 왜 이러십니까? 그때와 지금은 너무 차이가 크지 않나요?"라고 물었습니다. 형수는 "도련님은 지금 부귀하게 되셨습니다. 돈도 많습니다. 그 때문이죠"라고 솔직하게 대답했습니다. 소진은 형수의 말에 하늘을 우러러 장탄식을 하지 않을 수 없었습니다. "사람이 어려운 처지에 내몰릴 때는 부모도 아들을 아는 척하지 않았다. 그러나 부귀해지니까 아예 두려워하기까지 하는구나. 이러니 사람이 세상을 살아가면서 권세와 부귀를 어찌 중요하게 생각하지 않을 수 있겠는가?"

그러나 《사기》의 기록은 조금 차이가 있습니다. 소진은 학문을 다 이룬 다음 가장 먼저 주나라의 현왕顯王을 찾아갔습니다. 그러나 현왕의 주변 사람들은 줄곧 소진을 멸시했습니다. 현왕 역시 그를 신뢰할 까닭이 없었습니다. 소진은 달리 방법이 없었습니다. 서쪽의 진秦나라로 발길을 돌리는 것이 남은 유일한 선택이었습니다.

이때 널리 인재를 구하던 효공은 이미 세상을 떠난 후였습니다. 소진은 도리 없이 혜문군에게 자신의 생각을 적극적으로 피력했습니다.

"진나라의 지리적 위치는 대단히 좋습니다. 사면이 산으로 둘러싸여 있어 수비하기가 쉽습니다. 반면 다른 나라가 공격하기는 어렵습니다. 우선 동쪽으로는 화산華山과 황하가 있습니다. 서쪽으로는 한중漢中, 또 남쪽으로는 파巴와 촉蜀이 있습니다. 북쪽은 대代 땅입니다. 이건 정말이지 하늘이 작정하고 내린 나라입니다. 게다가 진나라는 많은 병력과 백성이 있습니다. 군대는 정예롭기 이를 데 없습니다. 이들을 동원하면 왕께서는 충분히 제왕이 돼 천하를 통치할 수 있습니다."

혜문군은 소진의 이 말이 귀에 거슬렸습니다. 하기야 유세객인 상앙을 막 거열의 형으로 다스린 상황에서 다시 소진이 나타났으니 그럴 법도 했습니다. 유세객을 꺼릴 수밖에 없었던 그는 결국 칭제稱帝를 적극적으로 권유한 소진을 돌려보냈습니다.

우리는 이상의 내용을 통해 최소한 소진에 대한 세 가지 진실을 알 수 있습니다. 첫째는 그가 자기 자신이 아니라 국군을 위해 공부했다는 사실입니다. 하기야 유세객으로서는 그게 정상이기는 합니다. 결론적으로 그의 입장에서는 대상이 주나라의 천자가 됐든 진나라의 혜문군이 됐든 크게 관계가 없었다고 하겠습니다! 두 번째는 그가 당초에 진나라를 위해 일하고자 했다는 사실입니다. 당시 가장 강력하고 국력이 충실한 이상적인 나라가 진나라였으므로 틀린 얘기는 아닐 것 같습니다. 세 번째로 소진이 공명심과 재물에 대한 집착이 강했다는 것입니다. 아니 이게 어쩌면 그가 궁극적으로 추구한 목적이 아니었나 싶습니다. 사실 이때 그의 가치관은 큰 변화에 직면하고 있었습니다. 원래의 군신부자(君臣父子. 군주는 군주, 신하는 신하, 아버지는 아버지, 아들은 아들다워야 한다는 고대의 가치관-옮긴이)의 가치 시스템이 공명과 부귀를 열망하는 욕망에 의해 여지없이 파괴돼버린 것입니다.

그가 이렇게 된 데에는 다 결정적인 배경이 있었습니다. 첫째가 시대적인 요인이라고 하겠습니다. 다음이 개인적인 요인이었습니다. 전자의 경우를 보면 당시는 확실히 그랬습니다. 천하의 형세가 소진과 같은 일단의 모략가들을 만들고 있었습니다. 이들에게 자신들이 가진 뛰어난 능력을 발휘해 부귀영화를 꾀하도록 거대한 무대를 분명히 제공해주고 있었던 것입니다. 후자의 경우는 소진으로서는 너무나 절실한 심정이었다고 해도 좋습니다. 만약 성공하지 못한다면 집안에서의 입지가 형편없었을 테니 말입니다. 사회에서는 더 말할 나위가 없었을 겁니다.

아무튼 진나라의 혜문군으로부터 면박을 당한 소진은 다시 조나라로 향했습니다. 조나라의 국군은 이때 마침 자신의 동생을 승상으로 기용하고 있었습니다. 그랬으니 이 붙박이 승상이 굴러온 돌을 좋아할 까닭이 있었겠습니까? 소진의 말을 아예 들으려고 하지도 않았습니다. 소진은 이제 조나라를 떠나 멀리 연나라에까지 눈을 돌려야 했습니다. 그를 구직자로 본다면 연나라는 네 번째 회사라고 해도 무방하겠습니다.

소진은 마음이 급해졌습니다. 그래서 연나라 국군을 보자마자 무턱대고 "대왕의 나라는 병력이 수십만 명에 이릅니다. 또 마차는 600량을 넘습니다. 말 역시 6,000필에 이르고 식량은 능히 몇 년을 버틸 만합니다"라고 말하면서 연나라의 부유함과 군대의 실력을 과장했습니다. 결론은 연나라가 하늘이 내린 나라라는 얘기였습니다. 소진은 이어 연나라가 처한 입장에 대해 역설했습니다.

"연나라가 풍요를 누리는 것은 무엇보다 해마다 태평성대가 이어지기 때문이 아닌가 싶습니다. 이처럼 매년 태평성대를 누리는 것은 조나라가 연나라의 남쪽에 있기 때문입니다. 조나라가 진나라의 공격을 막아준다는 얘기입니다. 만약 조나라가 연나라의 장벽이 돼 주지 못했다면 연나라는 이미 일찌감치 진나라의 침략으로 큰 피해를 봤을 것입니다. 때문에 연나라의 입장에서는 조나라와의 관계를 강화하는 것이 진나라와 우호관계를 맺는 것보다 훨씬 좋습니다. 만약 조나라가 연나라를 공격한다면 어떻게 되겠습니까? 공격 명령을 내린 지 채 10일이 되지 않아 수십만 대군이 동쪽 국경 지역으로 밀려올 것입니다. 또 4, 5일이 지나지 않아 대군이 연나라의 도성으로 밀려들 수 있습니다. 이제 정리를 해봅시다. 진나라가 연나라를 공격하려면 1,000리나 떨어진 곳에서부터 작전을 해야 합니다. 반면 조나라가 연나라를 공격하는 것은 간단합니다. 100리 이내에서 충분히 작전을 할 수 있습니다. 그런데 지금 대왕의 나라는 100리 이내의 우환에 대해서는 별로 걱정을 하지 않고 있습니다. 반면 1,000리 밖에서 벌어질 전쟁에 대해서는 관심을 많이 기울이고 있습니다. 이것은 전략적으로 중대한 오류입니다. 이보다 더 심각한 문제가 지금 어디에 있겠습니까? 결론을 말하겠습니다. 연나라는 반드시 조나라와 손을 잡고 진나라에 대항해야 합니다. 그래야 연나라가 평화를 누릴 수 있습니다."

소진의 열변은 대단했습니다. 그러나 그는 이 정도에서 그치지 않았습니다. 마지막에는 "조나라와 연합하십시오. 그런 다음 전체 육국을 결집해 하나의 연맹을 만들어야 합니다"라면서 자신의 평소 이상까지 과감하게 피력했습니다.

소진이 천하를 결집해 하나의 연맹을 만들자고 한 것은 의미가 분명했습니다. 당시의 초강대국이었던 진나라에 맞서는 나머지 육국의 생존 전략이라고 하면 되겠습니다. 이는 달리 말하면 진나라 혜문군이 즉위한 다음에 직면하게 될 새로운 과제였습니다.

소진이 주창한 이 전략은 합종책合縱策으로 불렸습니다. 합은 연합이라는 뜻입니다. 종은 남북 간을 일컫습니다. 당시 육국의 위치는 초나라에서 연나라에 이르기까지 모두들 나란히 남에서 북으로 있었습니다. 따라서 합종책이라는 것은 남북을 잇는 육국의 연합이 진나라에 공동으로 대항한다는 것을 의미합니다. 이 말에는 또 약한 세력 여럿이 모여 강한 적 하나를 공격한다는 의미도 있습니다. 그러나 강한 적 하나를 공격한다는 것은 아무래도 정확한 표현이 아닐 것 같습니다. 역시 정확한 표현은 강한 적 하나에 저항하는 것이라고 해야 하겠습니다. 절대로 육국이 연합해 진나라로 쳐들어간다는 의미가 아니었습니다.

연나라 국군은 소진의 이 주장에 대단한 흥미를 갖습니다. 그러나 그는 너무나 현실적인 사람이었습니다. 계산적이라는 얘기가 되겠습니다. 그는 바로 소진에게 "연나라는 약소국이오. 서쪽으로 강력한 조나라가 버티고 있소. 또 남쪽으로는 강력한 제나라도 있소. 그대의 말은 대단히 감동적이오. 그러나 연나라가 합종에 참여하려면 무엇보다 우리의 안전을 보장받아야 하오. 조나라와 제나라 양국이 우리 연나라를 절대로 침략하지 않겠다는 보증을 해야 한다는 말이오. 만약 이 보증이 있다면 나는 합종에 참여할 생각이 있소"라고 말하면서 조건을 내걸었습니다. 그는 이 말을 한 다음 소진에게 거금을 하사했습니다. 다른 이웃 국가들인 조와 제나라 등을 설득해달라는 얘기였습니다. 아무려나 소진은 처음으로 회사 설립에 필요한 적지 않은 창업 자금을 마련할 수 있었습니다.

소진은 즉각 조나라로 다시 달려갔습니다. 다행히도 이때 그를 별로 좋지 않게 보던 이전의 승상은 세상을 떠나고 없었습니다. 소진은 조나라 국군에게 부담 없이 자신의 생각을 털어놓을 수 있었습니다.

"군주의 최대 의무는 아무 일이 없도록 백성을 편안하게 해주는 것입니다. 그러나 백성들을 편하게 해주는 데 필요한 가장 중요한 일은 외교입니다. 한마디로 자국에게 가장 잘 맞는 우방을 선택하는 일입니다. 만약 우방을 잘못 선택하면 백성들은 편안해질 수가 없습니다. 조나라의 지금 형세를 한번 보겠습니다. 서쪽에는 강력한 진나라가 있습니다. 또 동쪽에는 역시 만만치 않게 강력한 제나라가 있습니다. 만약 조나라가 제나라와 진나라 모두를 적으로 만든다면 백성들은 편안해질 수 없습니다. 그렇다고 제나라의 힘을 빌려 진나라를 공격하는 것도 말이 안 됩니다. 진나라의 힘을 빌려 제나라를 공격하는 것은 더 말할 나위가 없습니다. 백성들이 모두 편안해질 수가 없습니다. 진나라가 육국 중에서도 가장 부담스러워하는 나라는 조나라입니다. 그러나 진나라는 군사력을 집중해 조나라를 공격하지 못합니다. 진나라가 출병한 다음에 한나라와 위나라가 자신들의 퇴로를 끊어버릴지도 모른다고 우려하기 때문입니다. 그러므로 한나라와 위나라는 조나라의 남쪽에 버티고 서 있는 장벽이라고 할 수 있습니다. 하지만 한나라와 위나라는 모두 진나라와 국경을 마주하고 있습니다. 게다가 장벽이 돼 줄 산이나 강이 없습니다. 일단 진나라의 침략을 받게 되면 의외로 손쉽게 진나라에게 도성을 함락당할 수 있습니다. 때문에 한나라와 위나라가 만약 진나라에 대항하지 못한다면 틀림없이 진나라의 식민지가 되고 말 것입니다. 또 만약 진나라가 한나라와 위나라의 견제를 받지 않게 되면 진나라는 조나라가 가장 경계해야 할 적이 될 수밖에 없게 됩니다."

소진의 이론은 연나라에서 입에 올렸던 것과 별반 다르지 않았습니다. 그러나 조나라 국군에게는 가슴에 와 닿는 말이었습니다. 소진은 자신감 넘치는 어조로 말을 계속 이어갔습니다.

"천하의 지도를 한번 보십시오. 육국의 땅은 진나라의 다섯 배에 이릅니다. 육국의 병력은 아예 진나라의 열 배에 이르고 있습니다. 만약 육국이 하나로 통합돼 전력을 다해 진나라에 저항하게 된다면 어떻게 될까요? 틀림없이 진나라를 물리칠 수 있습니다. 그러나 지금 상황은 전혀 반대입니다. 진나라와 우호 관계를 유지해야 한다고 주장하는 사람들이 하나같이 진나라에게 조공을 드리고 섬겨야 한다고 육국의 군주들에게 권고하고 있습니다. 저의 주장은 당연히 육국을 동맹으로 연결해야 한다는 것입니다. 일치단결해 진나라에 대항해야만 합니다. 육국의 장군과 승상들이 흰 말을 잡은 다음 맹세해야 합니다. 진나라가 만약 육국 중 어느 한 나라를 침략한다면 다른 나라들이 모두 정예 병력을 파견해 도와야 한다는 것을 말입니다. 만약 제후들 중에서 이 맹약을 어기는 자가 있으면 다른 다섯 나라는 연합해 그 나라를 토벌할 권리도 가지게 됩니다. 이에 대해서도 모두가 맹세해야 합니다."

조나라 국군은 소진의 사자후에 귀가 솔깃해졌습니다. 더 이상 생각해보지도 않고 바로 찬성의 입장을 표했습니다. 더불어 그에게 적지 않은 자금을 제공하기도 했습니다. 소진으로서는 두 번째 창업 자금을 수령한 셈이 되겠습니다.

소진이 조나라의 국군에게 한 말은 명확했습니다. 육국이 진나라에 합종으로 대항해야 한다는 사실을 명쾌하게 밝혀줬습니다. 어떻게 보면 이상적인 모델에 대해 말해줬다고 해도 좋습니다.

연나라는 작고 약한 국가였습니다. 반면 조나라는 당시의 강대국 중 하나였습니다. 조나라가 소진의 의견에 찬성표를 던졌다는 것은 전체 합종책의 완성에 대단히 중요했습니다. 연나라의 찬성표와는 격이 달랐습니다.

소진의 다음 목표는 한나라였습니다. 소진은 이제 거칠 것이 없었습니다. 한나라의 국군에게 가서는 두 가지 문제에 대해 의견을 피력했습니다.

하나는 이해관계에 대한 것입니다. 소진의 말로 정리해볼 수 있습니다. "한나라가 만약 진나라에게 양보를 하게 되면 진나라는 한나라의 전략적 요충지인 의양宜陽과 성고成皐를 요구할 것입니다. 한나라가 이 군사적 요충지를 진나라에게 주게 되더라도 진나라는 다음 해에 또 땅을 요구할 것입니다. 만약 대왕께서 계속해서 땅을 나눠주다 보면 나중에는 더 이상 줄 땅이 없다는 사실을 깨닫지 말라는 법이 없습니다. 만약 땅을 할양해주지 않으면 어떻게 되겠습니까? 진나라는 분명히 화를 낼 것입니다. 그건 뭘 말합니까? 지금까지의 노력이 수포로 돌아간다는 사실을 의미합니다. 공功은 어디로 간 데 없고 화를 입게 된다는 얘기입니다. 대왕의 땅은 분명히 한계가 있습니다. 그러나 진나라의 욕망은 한계가 없을 게 분명합니다. 대왕의 한계가 있는 땅으로 진나라의 끝없는 욕망의 강을 메우려고 할 경우 결과는 어떻게 되겠습니까? 틀림없이 전쟁을 하지도 않고 모든 땅을 다 할양당하는 꼴이 되지 않는다고 누가 장담하겠습니까!"

다른 하나는 영광과 치욕에 대한 내용이었습니다. 소진의 목소리는 이제 더욱 커졌습니다.

"한나라가 강력한 국력을 보유하고 있음에도 서쪽의 진나라를 받드는 것은 국가로 하여금 치욕을 맛보게 하는 것과 하나 다를 바 없습니다. 천하 사람들의 비웃음을 사게 된다는 말입니다. 이보다 더 치욕적인 게 세상에 또 어디 있겠습니까? 더구나 저 소진은 이런 속담도 들어본 적이 있습니다. 닭 머리가 될지언정 소꼬리가 되지는 않겠다는 말이 바로 그것입니다. 대왕이 지금 이처럼 비굴하게 고개를 숙여 진나라를 받들게 되면 소꼬리와 하나 다를 게 뭐가 있겠습니까? 대왕을 생각하는 저로서는 정말 치욕을 느끼지 않을 수 없습니다!"

소진의 이 말에 한나라의 국군은 부끄러워 얼굴이 벌게졌습니다. 곧 이어 소매를 걷어 올리면서 탄식조로 "내가 아무리 능력이 없다 해도 절대로 진나라를 받드는 일은 없을 것이오"라고 말했습니다.

이 일련의 부지런한 유세 투어를 통해 소진은 마침내 육국의 반진反秦 연맹을 결성할 수 있게 됐습니다. 그에게는 곧 육국 승상의 인印이 쥐어졌습니다. 그가 육국 합종의 리더가 된 것입니다.

소진이 성공한 이유는 다방면에서 살펴볼 수 있습니다. 무엇보다 각 나라의 이익과 맞아떨어졌습니다. 소진의 시대에 진나라는 유일한 초강대국이었습니다. 그 나머지는 하나같이 진나라의 적수가 못 되었습니다. 오로지 육국이 연합을 해야만 진나라의 동진을 효과적으로 저지할 수 있었습니다. 결론적으로 육국 자신들의 기본적인 이익 추구가 소진에게 합종의 성공 자양분을 제공해줬다고 하겠습니다.

그 다음으로 훗날 장의張儀와 함께 종횡가縱橫家로 불리는 소진 개인의 노력 역시 간과해서는 안 됩니다. 소진은 육국이 연합해 진나라에 대항해야 하는 현실적 요구를 있는 그대로 받아들였습니다. 이어 부단한 노력을 통해 육국이 반진 연맹을 결성하도록 했습니다. 이 점에서 그의 노력은 절대로 낮게 평가할 수 없습니다. 이뿐만이 아니었습니다. 당시 종횡가들은 천하의 대세를 읽을 줄 알아야 했습니다. 여기에 뛰어난 언변이 있어야 했습니다. 각 나라 국군들의 심리를 꿰뚫는 것은 더 말할 필요가 없었습니다. 각 나라의 장점과 약점 등에 대해서도 몰라서는 안 됐습니다. 소진은 이 조건을 완전히 갖추고 있었습니다. 바로 이 때문에 그의 유세는 전혀 예상외의 성공을 거둘 수 있었습니다.

《사기》의 〈소진열전〉을 다시 한 번 펴봅시다. 소진은 육국의 합종 구도를 완성한 다음 조나라로 돌아왔습니다. 이때 그는 조나라의 새로운 국군이 된 숙후肅侯에 의해 무안군武安君으로 봉해졌습니다. 그는 후속 조치도 게을리 하지 않았습니다. 육국이 각각 사인을 한 동맹 협약 문서를 진나라에 보낸 것입니다. 진나라는 이로 인해 무려 15년 동안이나 함곡관函谷關을 넘어 동진에 나서려는 엄두를 내지 못했습니다. 육국의 합종책이 뚜렷한 성과를 거뒀다고 하겠습니다.

합종을 격파한 장의張儀

육국의 국군들을 설득해 합종으로 진나라에 대항하는 전략을 완성한 것은 소진의 성공이었을 뿐 아니라 육국의 성공이었습니다. 하지만 진나라에게는 뼈아픈 실패였습니다. 아무래도 육국이 연합해 벌떼처럼 저항한다는 것은 진나라가 더욱 부강해지는 길을 막는다는 의미가 있었으니 말입니다. 진나라는 당연히 이런 상황이 벌어지는 것을 보고 싶어 하지 않았습니다. 진나라 역시 이에 대응할 전략을 찾아야 했습니다. 묘하게도 이 대응 전략을 짜낸 사람은 바로 소진과 동문수학한 친구인 장의였습니다. 더구나 장의의 벼락출세는 순전히 소진 혼자의 작품이라고 해도 과언이 아니었습니다. 그렇다면 장의는 또 어떤 사람일까요? 그는 왜 진나라로 달려가 육국의 합종책에 대한 대응책을 내놓았을까요?

장의는 소진과 함께 저명한 학자인 귀곡자鬼谷子의 문하에서 공부했습니다. 더 중요한 사실은 학생 때 장의가 소진보다 더 우수한 학생이었다는 점입니다. 장의는 공부를 다 마친 후 소진과 하나 다를 바 없는 행보에 나섰습니다. 제후들에 대한 유세에 나선 것입니다. 그러나 불운하게도 그의 성공은 소진보다는 조금 늦었습니다. 일부 학자들은 소진보다 그가 먼저 성공했다고 합니다만 어디까지나 소수 의견에 불과합니다.

장의가 아직 성공의 길을 찾지 못하고 호시탐탐할 때였습니다. 어느 날 우연히 초나라의 승상과 함께 밥을 먹을 기회를 잡았습니다. 그런데 밥을 다 먹은 다음 문제가 생겼습니다. 초나라 승상이 애지중지하는 옥벽玉璧이 묘하게 어디론가 사라져버린 것입니다. 당연히 이 귀중한 물건을 찾느라 초나라 승상부丞相府에서는 난리가 났습니다. 그러나 찾지를 못했습니다. 승상의 수하들은 상황이 더욱 묘해지자 장의에게 혐의를 두게 됩니다. 그가 옥벽을 훔쳐갔다고 생각한 것입니다. 이렇게 생각한 이유는 간단했습니다. 가난한 장의한테 도덕이나 정직함을 기대할 수 없다고 판단한 때문이었습니다. 그들은 급기야 불문곡직하고 장의를 붙잡아 신나게 두들겨 팼습니다. 그러나 장의는 혐의를 인정하지 않았습니다. 그들은 아무리 해도 증거가 드러나지 않자 마지막에는 억울하게 흠씬 두들겨 맞은 장의를 풀어주는 수밖에 없었습니다. 장의는 시퍼렇게 부어오른 코를 한 채 집으로 돌아왔습니다. 부인의 조소가 없을 까닭이 없었습니다. 그녀는 "당신이 만약 공부를 하지 않았다면 높은 사람들하고 어울리다 매를 맞는 영광을 누릴 수 있었겠어요?"라는 말로 남편에게 면박을 줬습니다. 장의는 부인의 비웃음에도 전혀 아랑곳하지 않았습니다. 그저 비굴하지도 그렇다고 거만하지도 않은 표정으로 "내 혀가 아직 있는지 봐 줘?"라고 말했습니다. 그의 부인은 기가 막혀 웃으면서 "아직 그대로 있네요"라고 대답했습니다. 그러자 장의가 다행이라는 듯 "그러면 됐어"라고 말하면서 가만히 안도의 한숨을 내쉬었습니다. 그렇습니다. 소진이나 장의 같은 이런 종횡가들에게는 혀가 가장 중요했습니다. 그래야 말을 할 수 있으니까요. 또 그러면 만사가 오케이일 수 있었습니다. 아무리 양보해 생각해도 이들의 최고 무기는 역시 세 치 혀가 분명했던 것 같습니다.

위에서 본 바대로 소진이 조나라 국군의 전폭적인 지지를 온몸에 받으면서 깃발을 날리고 있을 때 장의는 여전히 암중모색하고 있었습니다. 성공과는 여전히 거리가 멀었습니다. 하지만 성공한 소진도 전혀 걱정이 없지는 않았습니다. 특히 진나라가 제후들에 대한 공격을 통해 자신의 합종책을 깨뜨릴 생각을 하지 않을까 하는 우려가 그를 옥죄었습니다. 그는 급기야 진나라에 가서 자신을 대신해 유세에 나설 사람을 구해야겠다는 생각까지 하게 됐습니다. 한참을 생각한 끝에 그는 드디어 자신의 아이디어를 적극적으로 실천할 적합한 인물을 생각해내게 됩니다. 그 인물은 다름 아닌 자신의 옛 동창 장의였습니다.

소진은 내친김에 은밀히 그에게 사람을 보내는 과감한 행보에 나섰습니다. 소진이 보낸 사람은 훌륭히 임무를 완수했습니다. 그에게 "당신은 소진과는 동창이 아닙니까. 지금 소진은 크게 출세했습니다. 당신은 왜 당신의 친구를 찾아가지 않습니까?"라면서 은근히 부추겼습니다. 장의가 듣고 보니 그것도 틀린 말은 아니었습니다. 나름대로 일리가 있었습니다. 그는 바로 소진을 만나러 조나라로 달려갔습니다.

소진은 이때 수하들에게 사전 준비를 시켜놓고 있었습니다. 장의가 오더라도 자신에게 통보하지 말라고 말입니다. 장의는 이 때문에 소진의 관저에 도착하고 나서도 며칠 동안이나 친구의 얼굴을 보지 못했습니다. 그렇다고 소진이 장의를 돌아가게 한 것은 아니었습니다. 계속 가지 못하게 잡아뒀습니다. 그러다 어느 날 장의는 천신만고 끝에 소진을 만날 수 있었습니다. 각종 사서에 나오는 당시의 상황은 정말 가관이었습니다. 소진은 높은 자리에 앉아 거만한 태도를 취했습니다. 그렇다고 친구 장의에 대한 대우를 잘 해준 것도 아니었습니다. 하인이나 시녀들이 먹는 밥만 먹었을 정도였습니다. 심지어 하루는 그가 장의에게 질책의 말을 하면서 매우 심하게 꾸짖는 말까지 내뱉었습니다. "네가 그렇게 능력이 있다면 지금 그 꼴이 됐겠냐? 내가 너를 제대로 대접하지 않으려는 것이 아니야. 너는 기본적으로 나한테 기식寄食할 만한 가치조차 없는 사람이야. 이제 됐으니까 가, 가 버려."

 장의는 이 말에 거의 까무러칠 정도로 화가 났습니다. 그가 불원천리하고 달려온 것은 친구가 옛 정을 잊지 않을 것이라는 생각이 있어서였습니다. 그런데 도움은커녕 전혀 생각지도 않게 심한 모욕까지 당했습니다. 그는 엄청난 자괴감에 소진에 대한 복수를 결심합니다. 한참을 생각한 끝에 그가 내린 결정은 조나라를 손봐줄 제후국으로 가는 것이었습니다. 그러나 진나라를 제외한 다른 제후국은 이럴 능력이 없었습니다. 오로지 진나라만 가능했습니다. 그는 곧 진나라로 가기로 결정을 내립니다.

 소진은 동창인 장의가 대단히 뛰어난 인재라는 사실을 누구보다도 잘 알고 있었습니다. 자신보다도 여러 모로 낫다는 사실 역시 모르지 않았습니다. 그러면 그는 왜 친구를 조나라로 오도록 유인해놓고 그토록 심한 모욕을 줬을까요?

 그렇습니다. 소진의 전략이었습니다. 장의가 떠난 다음 소진은 즉각 자신의 한 빈객賓客에게 "장의는 천하의 인재야. 나하고는 비교가 안 돼. 나는 그저 운이 좋아 그 친구보다 먼저 성공한 거라고. 내가 볼 때 앞으로 진나라 조정을 장악할 사람은 장의밖에 없어. 그러나 그 친구는 지금 매우 곤란해. 나는 그 친구가 작은 이익을 탐하다 대업을 이루려는 생각을 버릴까봐 걱정이 돼. 그래서 그 친구를 불러 화를 내게 만들었지. 조금 더 분발하라고 말이야"라고 말하면서 이에 대한 입장을 분명히 밝혔습니다.

소진은 말로만 그런 것이 아니었습니다. 바로 조나라 국군에게 보고를 올려 장의를 위한 돈과 마차를 준비하도록 했습니다. 더불어 빈객 중의 한 사람을 은밀히 장의에게 붙여주었습니다. 말하자면 보디가드 겸 비서를 파견했다고 해도 좋겠습니다. 이 빈객은 소진의 지시대로 요즘 말로 하면 어느 호텔에 투숙해 우연히 장의와 안면을 익히는 척했습니다. 그런 다음 서서히 장의에게 접근했습니다. 나중에는 조나라 국군이 마련한 뭉칫돈을 장의에게 줬습니다. 보디가드 겸 비서로서의 역할을 확실하게 다한 셈이었습니다. 장의로서는 영문도 모르는 돈을 거액의 비자금으로 받았으니 형편이 좋아질 수밖에요. 그는 편안하게 진나라에 도착한 다음 혜문왕을 드디어 만났습니다. 혜문왕은 몇 마디 말을 나눠보자마자 바로 장의를 객경(客卿. 타국 출신의 경을 일컬음—옮긴이)에 임명했습니다. 이어늘 그와 육국에 대응할 전략을 상의했습니다.

장의는 일거에 진나라의 고관이 됐습니다. 소진이 보낸 빈객은 그에게 가서 작별을 고하겠다고 했습니다. 그 말에 장의가 깜짝 놀랐습니다. "나는 그대가 준 돈으로 오늘의 성공을 거뒀소, 이제 내가 그대에게 보답하려고 하는데 어디로 간다는 말이오?"라는 말도 했습니다. 빈객은 솔직하게 고백하지 않을 수 없었습니다.

"나는 그대의 뛰어난 재주를 제대로 알아보지 못했습니다. 진정으로 그대를 알아본 사람은 소진 공입니다. 소진 공은 진나라가 조나라를 공격할 것을 우려했습니다. 합종책이 깨지지 않을까 걱정한 것이죠. 소진 공은 그래서 고민 끝에 그대를 선택했습니다. 소진 공은 천하의 인재들 중에서 오로지 그대만이 진나라 국군의 신임을 얻을 수 있다고 봤습니다. 그대가

능히 자신의 생각을 전달할 수 있다고 본 것입니다. 바로 이 때문에 소진 공은 그대를 고의로 격노하게 만들었습니다. 더불어 나에게 최측근 집사가 돼 그대를 돌봐주라는 지시도 내렸습니다. 이제 이 모든 것이 소진 공이 안배한 것이라는 사실을 아시겠습니까? 지금 그대는 진나라 왕의 신임을 받고 있습니다. 내 임무는 이제 끝났습니다. 돌아가 보고하는 일만 남았습니다."

장의는 빈객의 말에 "나는 소진이 꾸민 계략 안에 들어가 있었다는 사실을 꿈에도 몰랐소. 나는 아무래도 소진보다 못한 사람인 것 같소. 더구나 나는 지금 막 중용을 받기 시작한 사람이오. 어떻게 바로 조나라를 공략할 생각을 하겠소? 그대는 나 대신 소진에게 고맙다는 말을 해주시오. 소진이 있는데 내가 어떻게 실적을 올리려고 하겠소이까?"라고 감개무량하게 말했습니다.

소진의 전략은 일단 성공한 것 같았습니다. 그러나 승승장구를 구가하던 그의 전략은 잘못된 결정이었습니다. 절대로 뛰어난 수가 아니었습니다. 자신보다 재능이 뛰어난 장의를 아무 대가 없이 그저 진나라에 보내 준 것이었을 뿐입니다. 장의는 진나라에 도착한 다음 소진의 조치에 정말 감동해 마지않았습니다. 아주 단기간이기는 했어도 조나라를 공격하지 않은 것도 다 이 때문이었다고 할 수 있습니다. 그러나 장의는 소진도 인정했듯 천재적인 기인이었습니다. 여기에 혜문왕의 각별한 신임과 중용까지 받고 있었습니다. 자신의 재주를 펼칠 무대가 확실하게 마련됐는데 언제까지 은혜만 갚고 있겠습니까. 더구나 혜문왕의 중신重臣이 된 이상 진나라의 이익을 가장 먼저 앞세워야 했습니다. 당시 진나라가 절실히 필요로 했던 것은 무엇이었을까요? 답은 바로 나옵니다. 소진의 합종책을 격파하는 것이었습니다. 이런 상황에서 장의가 과연 이 결정적 문제를 해결하는 데 재주를 펼치는 것을 주저할 필요가 있었을까요? 절대로 아니었습니다. 장의의 노력은 최종적으로 소진이 심혈을 기울여 구축한 합종책을 물거품으로 만들어버리고 맙니다. 또 소진을 바로 장의 자신을 역사의 무대로 올려 보낸 인물로 만들어버렸습니다. 한마디로 장의의 연횡책은 철옹성과도 같아 보였던 소진의 합종책을 무너뜨린 신무기였습니다. 소진은 무거운 돌을 운반하려다 자신의 발등을 찍고 만 바보 같은 사람이 되고 말았습니다.

그렇다면 장의는 어떻게 육국의 합종책을 격파할 수 있었을까요?

장의의 전략은 간단했습니다. 합종에 나선 육국의 연결 고리 중에서 우선 가장 약한 고리를 찾아내 절단하는 것이었습니다. 이 경우 전체가 와해되는 것은 시간문제일 수밖에요.

장의가 선택한 첫 번째 목표는 위나라였습니다. 과연 그는 이 위나라에 어떤 전략을 취했을까요?

일단 위나라의 승상이 된 다음 암암리에 진나라를 위해 일하려 한 것이 첫 번째 전략이었습니다. 진나라와 국경을 맞대고 있는 가장 허약한 고리인 위나라를 끊으려 한 것입니다. 장의는 진나라의 중신이었습니다. 그가 위나라로 가서 승상이 되려고 한다면 위나라 왕으로서는 함부로 대응할 수가 없었습니다. 역시 바로 그를 승상으로 임명했습니다. 장의는 위나라의 승상이 됐음에도 예정대로 진나라의 이익을 위해 일했습니다. 목표는 분명했습니다. 위나라로 하여금 자발적으로 먼저 합종책을 포기하도록 하는 것이었습니다. 진나라를 받들도록 하는 것이었습니다. 더 나아가서는 다른 제후국들도 위나라를 본받도록 만들겠다는 생각 역시 궁극적으로 있었습니다. 그러나 장의는 위나라의 승상으로 있는 동안 온갖 유세를 다 했으나 양왕襄王을 설득시키지 못했습니다. 양왕이 선뜻 합종책을 배반하려 하지 않은 것입니다.

장의는 첫 번째 계책이 먹혀들지 않자 바로 전략을 바꿨습니다. 두 번째 전략인 군사적 고압책을 정치적 회유책과 함께 동시에 들고 나온 것입니다. 위나라로서는 군사적 압박을 감당하기가 쉽지 않았습니다. 그가 위나라 승상이 된 지 4년 후 양왕이 세상을 떠나고 애왕哀王이 즉위했습니다. 장의는 다시 애왕에게 진나라를 받들도록 권유했습니다. 그러나 애왕은 들은 척도 하지 않았습니다. 그는 결국 진나라에 은밀히 연락을 취해 위나라를 공격하도록 했습니다. 당연히 위나라는 진나라 대군을 당해낼 수가 없었습니다. 아주 박살이 났습니다. 다음 해에는 제나라가 군대를 파견, 위나라의 부대를 관진觀津에서 격파했습니다. 그럼에도 진나라는 장의의 전략대로 다시 위나라 공략을 준비했습니다. 이에 앞서 진나라 대군은 신차申差가 이끄는 한나라의 대군을 워밍업 삼아 가볍게 격파했습니다. 이때 목을 벤 한나라 병사들만 무려 8만 명이었습니다. 위나라만이 아니라 전체 제후국들을 공포에 떨게 할 정도의 위세였습니다. 애왕 역시 공포에 떨었습니다. 이처럼 연속해서 군사적 압박을 당하자 애왕으로서도 합종의 맹약을 배반하겠다는 약속을 하는 외에는 달리 방법이 없었습니다. 더불어 장의를 통해 진나라와 동맹도 맺었습니다.

위나라의 굴복은 사실 부득이한 면이 있었습니다. 아니나 다를까 애왕은 장의가 진나라로 돌아가 승상의 자리에 오른 다음 다시 합종의 맹약을 지키겠다는 입장을 견지했습니다. 진나라 역시 다시 군대를 출병시키지 않을 수 없었습니다. 진나라의 기세는 그야말로 파죽지세였습니다. 위나라의 요충지인 곡옥曲沃을 점령하는 것은 진짜 일도 아니었습니다. 위나라는 다시 굴복하지 않으면 안 됐습니다.

위나라가 완전히 굴복한 다음 장의의 다음 목표는 어느 나라였을까요? 초나라였습니다. 이번에도 수법은 비슷했습니다. 우선 협박조의 말로 맹약을 깨뜨리라는 은근한 회유와 종용을 했습니다. 이 부분에서는 재미있는 얘기도 있습니다. 장의는 승승장구의 기염을 토한 이후에도 자신이 가장 어려웠을 당시의 분노를 잊지 않은 채 가슴속에 담아두고 있었습니다. 초나라 승상의 옥벽을 훔쳤다는 무고를 당한 사실을 말입니다. 그는 여기에까지 생각이 미치자 초나라 승상에게 즉각 편지를 쓰는 용단을 내렸습니다.

"나는 당신과 술을 마실 당시 당신의 옥벽을 훔치지 않았소. 그런데도 당신은 부하들이 나를 무지막지하게 구타하는 것을 지켜보기만 했소. 지금 나는 당신에게 분명하게 말하겠소. 당신이 나라를 잘 지키고 있어야 한다고 말이오. 만약 내가 이번에 당신의 나라에 가게 될 경우 그것은 옥벽을 훔치러 가는 것이 아닐 거요. 아마도 당신 나라의 성을 훔치러 가게 될 거요."

하지만 초나라는 이런 무시무시한 협박에도 불구하고 끝까지 맹약을 배반하지 않았습니다. 그럼에도 상황은 좋아지지 않았습니다. 결국 소진이 온갖 고난을 무릅쓰고 구축한 합종 전선은 마지막에 제나라와 위나라 양국의 맹약 배신으로 완전히 붕괴의 길을 걷게 됐습니다.

합종책의 실패 원인은 육국의 동상이몽

합종이 실패한 원인은 어디에 있었을까요? 육국 연맹의 내부와 외부에 모두 있었습니다. 원인이 두 가지라는 얘기가 되겠습니다.

먼저 내부적인 요인에 대해 살펴보겠습니다. 육국의 연맹은 내부적으로 볼 때 장기적으로 일사불란한 입장을 보이기가 어려웠습니다. 예컨대 육국의 관계가 무척이나 복잡했습니다. 다시 한 번 정리해보겠습니다. 육국은 진나라의 적수가 아니라는 사실을 깨달았다면 하나같이 합종책을 견지해 열심히 진나라에 대항해야 했습니다. 동쪽으로 영토를 확장하겠다는 진나라의 야망을 저지할 일치된 목표 역시 있어야 했습니다. 또 이렇게 하면 진나라에 병탄되지 않을 수 있다는 공동의 이익도 지향했어야 했습니다. 그러나 육국은 여섯 개의 정치, 경제적 집단이었습니다. 다 생각이 따로 있었습니다. 설사 공동의 이익이 있었다고 칩시다. 이들 사이에는 다른 이익이 항상 충돌했습니다. 때문에 육국은 집단으로 진나라에 대항하는 공동 전선을 필요로 하면서도 늘 서로 전쟁을 불사하는 충돌을 해야 하는 상황에 처해 있었습니다. 이 이익의 불일치가 바로 육국의 아킬레스건이었습니다. 한마디로 육국 중 한두 국가가 맹약을 위반하게 되면 다른 국가들 역시 즉각 약속을 지키지 않게 될 가능성이 높았습니다. 이 경우 맹약의 전면적인 와해는 불을 보듯 분명할 수밖에요.

다음으로 육국의 이해관계가 확연하게 달랐습니다. 육국 중에서 한, 조, 위나라 삼국은 진나라와 국경을 접하고 있었습니다. 진나라가 동쪽으로 영토를 확장하기 위해서는 가장 먼저 타격을 가해야 할 대상이었습니다. 반면 연, 제, 초나라 삼국은 진나라로부터 멀리 떨어져 있었습니다. 진나라의 직접적인 위협으로부터 비교적 자유로웠습니다. 이런 지역적인 차이는 당연히 합종 맹약에 임하는 육국의 자세에도 큰 차이를 가져오게 만들었습니다. 이는 연, 제, 초 삼국이 한, 조, 위나라 삼국이 멸망하기 전에는 진나라로부터 비교적 덜 직접적인 위협을 받았다는 사실에서도 잘 알 수 있지 않나 싶습니다. 실제로 이로 인해 이들 나라들의 합종 맹약에 대한 자세는 그다지 적극적이지 않았습니다. 더구나 이렇게 적극적이지 않아도 진나라의 위협이나 회유를 호랑이 싸움 구경을 하듯 지켜보는 것이 언제나 가능했습니다. 반면 한, 조, 위나라 삼국은 전혀 그렇지 않았습니다. 진나라의 직접적인 공격의 대상이 돼 언제나 연횡과 합종 사이에서 흔들릴 수밖에 없었습니다.

육국은 국력도 각각 달랐습니다. 이들 중 제와 초 두 나라는 땅이 매우 넓었습니다. 강력한 나라였습니다. 진나라가 천하를 통일하기 위해서는 반드시 타도해야 할 적국이었습니다. 말할 것도 없이 이들 두 나라의 동맹을 가장 우려했습니다. 이들을 어떻게든 분열시키려고 공을 들이기도 했습니다.

이제 연맹의 외부적 요인에 대해 말해보겠습니다. 무엇보다 진나라가 온 힘을 다해 합종 맹약을 와해시키려 한 것이 우선 이유가 되겠습니다. 또 장의를 통해 효과적인 대응 전략을 마련한 것 역시 높이 평가할 만합니다.

육국의 합종 전략은 진나라의 발을 잡았습니다. 천하통일의 행보를 더디게 만들었습니다. 그러나 당시 천하 유일의 슈퍼 파워였던 진나라는 당연히 이 정도에서 통일의 대업을 위한 거보를 멈추고 싶지 않았습니다. 어떻게 해서든 합종 전략을 깨트리는 방법을 찾아내야 했습니다. 이 열망이 헛되지 않아 합종 전략을 와해시키는 데는 단연 최고의 대응책이었던 연횡책을 강구해냈습니다. 장의의 전략은 어떻게 보면 간단했습니다. 친구인 소진처럼 각 나라를 돌아다니면서 유세를 하는 것이 기본이었습니다. 한 나라를 격파하면 다른 나라를 격파할 수 있다는 전략이었습니다. 결과적으로 각개 격파의 전술로 육국의 합종책을 완전히 궤멸시켰습니다.

진나라 혜문왕이 즉위했을 때 육국에는 새로운 유행이 일어나고 있었습니다. 그것은 왕을 칭하는 바람이었습니다. 원래 왕이라는 칭호는 주나라 때에는 오로지 한 명의 군주에게 붙여지던 가장 고귀한 호칭이었습니다. 오로지 천자만이 왕을 칭할 수 있었습니다. 그러나 이때 주나라의 세력은 완전히 바람 앞의 등불이었습니다. 각 제후국의 국군들은 너도 나도 경쟁적으로 왕을 칭했습니다. 혜문군 역시 왕을 자칭해 혜문왕으로 개칭했습니다.

혜문왕은 재위 기간 중에 정력적으로 육국의 합종책을 와해시키는 노력을 기울였습니다. 성공도 했습니다. 그러나 그의 업적은 이 정도에서 그치지 않습니다. 그는 사마조司馬錯에게 병력을 줘 촉을 정벌케 했습니다. 하늘이 내린 땅을 얻은 것입니다. 원래부터 가지고 있던 관중의 땅에 촉까지 더 가지게 됐으니 어떻게 됐겠습니까? 천하 통일의 대업을 지탱해줄 근거지를 확실하게 가지게 됐다고 할 수 있었습니다. 혜문왕은 20여 년 동안이나 재위했습니다. 진나라를 강력한 나라로 떠오르도록 보다 확실한 걸음을 내디뎠습니다. 이로 인해 천하통일에 나설 진나라의 걸음은 더욱 빨라지게 됐습니다. 때문에 적지 않은 역사학자들이 진나라를 부강한 나라로 만드는 데 결정적인 이정표를 세운 위대한 군주 중 하나로 그를 들먹이는 것은 하나 이상할 게 없습니다. 그렇다면 혜문왕을 계승한 국군은 누구였을까요? 그는 과연 진나라를 더욱 강대한 국가로 이끌어갈 수 있었을까요?

6강

패주를 자처한 소양왕 昭襄王

오랜 기다림 끝에 진나라는 드디어 소위 전국칠웅戰國七雄 중에서도 가장 강력한 국가가 될 수 있었습니다. 특히 변법을 실시한 목공과 육국의 합종 동맹을 가차 없이 응징해 깨뜨린 혜문공의 업적은 진나라의 이런 비상을 가능케 하는 결정적 요인이었습니다. 진나라를 확실한 반석 위에 올려놓은 혜문공 사후 뒤를 이은 국군은 무왕武王이었습니다. 그 역시 선대들처럼 포부가 대단한 군주였습니다. 하지만 그는 운이 없었습니다. 자리를 이은 지 겨우 3년 만에 갑자기 사망하고 말았습니다. 게다가 그는 대를 이을 자식도 남기지 않았습니다. 물론 왕위를 이을 자격을 갖춘 사람은 하나 둘이 아니었습니다. 최종적으로는 혜문왕의 비빈이었던 선태후宣太后와 외삼촌인 위염魏冉 남매가 손을 잡고 밀어준 영직嬴稷이 자리를 이었습니다. 그는 당시 연나라에 인질로 가 있던 처지였습니다. 이 사람이 바로 진나라 발전 역사상 가장 큰 이름을 남긴 소양왕이었습니다. 그렇다면 그는 부단히 정세가 변화하던 당시 동방 육국에 대해 어떤 전략을 펼쳤을까요? 진나라가 급부상하는 과정에서 어떤 업적을 이루었을까요?

혜문왕이 세상을 떠난 다음 왕위를 이은 무왕은 전임자와 크게 다르지 않았습니다. 진취적인 기상을 가진 적극적 성격의 군주였습니다. 이는 그가 자신의 승상에게 "나는 낙양洛陽으로 가는 길을 뚫고 싶다. 마차 한 량이 근근이 통과하는 길이라도 좋다. 그렇게 해서 주나라 도성을 볼 수 있다면 죽어도 여한이 없을 것이다"라고 말한 사실에서도 잘 드러납니다. 당시 주나라 천자는 천하 공통의 군주였습니다. 비록 꼭두각시에 가까운 처지로 전락했으나 어쨌든 여전히 권위는 있었습니다. 그가 이런 희망 사항을 피력한 것은 무얼 말해주는 것이었을까요? 그렇습니다. 그가 천하의 패주를 자처하고 싶었다는 사실을 말해줍니다. 더 나아가 주나라 왕실을 모방해 자신이 천자가 되고 싶다는 희망을 피력한 것이었다고도 할 수 있습니다. 그러나 그의 이런 생각은 희망 사항일 뿐이었습니다. 심지어 나중에는 그의 목숨까지 앗아가게 됩니다.

무왕은 힘이 대단했습니다. 그래서인지 요즘 식으로 하면 역도를 무척 좋아했습니다. 물론 당시 그가 들어올린 것은 요즘의 바벨이 아닌 정(鼎. 세 발 달린 큰 제사용 솥-옮긴이)이었습니다. 이랬으니 그가 곳곳에 숨어 있던 천하의 장사들을 찾아내 관직을 하사한 다음 실력을 겨룬 것은 크게 이상한 일이 아니었습니다. 하루는 당시 이름 난 천하장사였던 맹설孟說과 실력을 겨루게 됐습니다. 일설에 의하면 이때 들어올리기로 한 정은 주나라 왕실의 용문정龍紋鼎이었습니다. 그러나 결과는 좋지 못했습니다. 정을 들다 무릎 뼈가 끊어진 것입니다. 문제는 이때 입은 부상이 대단해 결국 이로 인해 얼마 못 가 세상을 떠나고 맙니다.

무왕은 너무 젊은 나이에 왕위를 물려받았습니다. 게다가 고작 3년 만에 세상을 떠났습니다. 자식도 없었습니다. 법적인 정통 후계자가 없는 상황이 발생한 것입니다. 더욱 큰 문제는 갑자기 사망한 탓에 후계자를 세울 준비를 전혀 하지 못했다는 사실이었습니다. 왕위 쟁탈전이라는 영화가 개봉이 되는 것은 그야말로 시간문제였습니다.

남매의 권세가 왕을 떨게 만들다

무왕이 세상을 떠나자 누구를 후계자로 할 것인가 하는 문제는 바로 진나라 왕실의 최대 현안이 됐습니다. 당시 진나라 궁중에서 왕위를 이을 자격을 갖춘 후보자들은 당연히 앞뒤 가리지 않고 이 전쟁에 뛰어들었습니다.

종법제의 원칙에 의하면 진나라 왕위를 계승할 수 있는 자격이 있는 사람은 오로지 무왕의 동생들뿐이었습니다. 때문에 아들을 낳은 혜문왕의 후궁 비빈들은 이 왕위 쟁탈전에 뛰어들 조건을 충분히 갖췄습니다. 아들을 낳지 못한 후궁들과 조정의 대신들 역시 크게 다르지는 않았습니다. 왕위 계승 전쟁에 뛰어들 자격을 갖추지는 못했으나 적지 않은 이들이 자신이 새 왕을 옹립했다는 공을 세우고 싶어 했습니다. 자연스럽게 이 이 전투구에 뛰어들 수밖에요.

그러나 이때 진나라에는 이 문제를 결정할 능력과 자격이 있는 사람은 오로지 세 사람 외에는 없었습니다.

첫 번째 사람은 혜문왕의 왕후였습니다. 무왕이 세상을 떠났을 이때에는 이미 왕태후가 돼 있었습니다. 두 번째는 무왕의 왕후였습니다. 마지막 한 사람은 왕실의 일원은 아니었지만 대단한 실권이 있었습니다. 이 사람은 도대체 누구였을까요?

그는 바로 위염이었습니다. 혜문왕과 무왕 시대에 조정에서 고위 관리를 지낸 후 대권을 장악한 인물이었습니다.

표면적으로 볼 때 이 세 사람은 모두 일정한 결정권이 있었습니다. 세

표가 왕위의 행방을 가르게 됐다고 해야 하겠습니다. 그러나 혜문왕과 무왕의 왕후는 기본적으로 정사에 관여해본 적이 없어 정치적인 역량이 부족했습니다. 그러므로 이 두 표는 그저 허울뿐이었습니다. 하지만 위염은 달랐습니다. 그는 혜문왕과 무왕 때에 조정의 원로를 역임한 사람이었습니다. 대단한 실권이 있었습니다. 그의 한 표가 세 표 중에 가장 결정적인 한 표라고 해야 하겠습니다.

위염은 누구를 후계자로 세울 것인가 하는 문제에 있어서 혜문왕과 무왕의 왕후들과 의견이 잘 맞지 않았습니다. 그러나 그는 실권자였습니다. 결국 그는 자신의 권력을 이용한 한 표로 이 문제를 결정했습니다. 무왕의 이복동생인 영직(일설에는 영측嬴側이라고도 함)을 선택해 소양왕으로 옹립하는 조치를 밀어붙였습니다. 이때 영직은 마침 연나라에 인질로 가 있었습니다. 그가 새로운 진나라의 왕으로 선포되자 주변 제후국들에서는 난리가 났습니다. 우선 조나라 무령왕武靈王이 영직과 우호 관계를 확고히 하고 싶었는지 승상 조고趙固를 연나라로 보내 그를 맞이하도록 했습니다. 연나라 역시 만만치 않았습니다. 영직과 코드를 맞출 기회가 왔다고 생각한 듯 전력을 다 기울여 귀국 편의를 제공했습니다. 영직이 진나라로 돌아와 왕이 되는 데에는 아무 장애물이 없었습니다.

영직은 눈여겨봐야 할 인물입니다. 진시황의 증조할아버지이니까 말입니다. 그러나 그가 왕위에 오른 것은 자신의 힘으로 된 것이 아니었습니다. 전적으로 위염에 의해 결정된 것이었습니다. 사실 그럴 수밖에요. 멀리 이국땅에 홀로 떨어져 있는 상황에서 어떻게 자신의 운명을 좌우할 능력을 발휘할 수 있었겠습니까? 전혀 불가능합니다. 어쨌든 그가 왕위를 이었다는 것은 그의 증손인 진시황 영정에게는 역사적인 전기이자 기회였습니다.

위염의 결정은 무왕의 다른 동생들과 이들을 지지하는 대신들의 불만을 가져왔습니다. 이에 대해서는 《사기》의 〈진본기秦本紀〉가 자세하게 기록을 남기고 있습니다. 한번 보시겠습니다.

"소양왕 2년 영직의 동생이자 서장(庶長. 20계급에 이르는 진나라의 군공작제에 의하면 10계급의 좌서장左庶長과 18계급의 대서장大庶長까지는 모두 서장임)인 영장嬴壯과 일단의 대신, 제후 및 무왕의 다른 동생들은 몰래 반란을 일으키는 모의를 했다. 그러나 발각이 돼 모조리 주살됐다. 이때 혜문왕의 왕후는 영장을 지지했다. 당연히 영장이 주살된 후 그녀의 심사는 좋지 않았다. 결국 울화를 참지 못해 곧 세상을 떠났다. 원래 위나라 사람이던 무왕의 왕후 역시 새로운 왕을 옹립하려는 실패한 권력 투쟁에 연루됐다. 그녀는 바로 위나라로 쫓겨갈 수밖에 없었다."

《사기》는 영직에 대항하려는 쿠데타로 인해 혜문왕과 무왕의 왕후가 피해를 입었다고 분명히 기록하고 있습니다. 그러나 《사기》를 비롯한 그 어떤 사서도 무왕의 왕후가 영장을 지지했는지의 여부에 대해서는 기록을 남기고 있지 않습니다.

영직은 연나라에 인질로 가 있을 때 졸지에 위염에 의해 옹립됐습니다. 이는 진나라에 남아 있던 다른 무왕의 동생들은 하나같이 옹립이 되지 않았다는 얘기입니다. 그렇다면 위염은 왜 영직을 옹립하려 했을까요?

이 일은 사실 한 여인과 관련이 있습니다. 그녀는 누구였을까요?

혜문왕의 비빈이었던 미팔자羋八子였습니다. '팔자'는 이름이 아닌 진나라 후궁 비빈들의 일종의 관직 명입니다. 이 문제의 여자 미팔자는 초나라 사람이고 역사에서는 선태후라고 칭합니다. 소양왕의 어머니이며, 위염에게는 아버지가 다른 누나였습니다. 이제 분명해집니다. 위염은 소양왕이 된 영직이 바로 선태후의 아들이었기 때문에 그를 적극적으로 지지했던 것입니다.

상식적으로 볼 때 가장 막강한 결정권을 가져야 할 사람은 혜문왕의 왕후였습니다. 그녀는 무왕의 모든 동생들의 적모嫡母였으니까요. 그러나 무왕 사후 후계자를 세워야 했을 때 이 적모인 왕후는 결정적인 실패를 경험하지 않으면 안 됐습니다. 그건 조정의 실권을 완전히 움켜쥐고 있던 위염의 지지를 얻어내지 못했던 탓이었습니다.

아무려나 소양왕은 즉위할 때 어른이 아니었습니다. 당연히 국가의 대사는 하나같이 선태후에 의해 결정돼야 했습니다.

소양왕의 어머니 선태후는 보통 사람이 아니었습니다. 생활이나 일 두 방면에서 모두 대단한 업적을 일군 유명한 태후였습니다. 그녀는 남편이 세상을 떠난 다음 의거융왕(義渠戎王. 서융의 왕을 일컬음. 의거는 고대 서융의 나라라는 의미-옮긴이)과 무려 30여 년 동안 간통을 합니다. 당연히 둘 사이에 자식도 있었습니다. 아들이 두 명이나 됐습니다. 그러나 그녀는 마지막에 의거융왕을 감천甘泉으로 유인해 죽입니다. 또 서융이 아무런 경계를 하지 않은 기회를 놓치지 않고 재빠르게 군대를 동원해 완전히 박살을 냈습니다. 이로 인해 진나라는 가볍게 농서隴西, 북지北地, 상上의 세 개 군을 얻게 됐습니다. 이때부터 진나라는 다시는 후방을 경계할 필요가 없게 됩니다. 만약 당시 진나라가 군사적으로 만만치 않았던 서융을 몰아붙였다면 치러야 할 대가가 적지 않았을 겁니다. 그러나 선태후는 아들의 나라를 위해 30년 동안이나 정을 통하면서 아들 둘까지 낳은 정부情夫인 의거융왕을 유인해 죽였습니다. 진나라로서는 아무 힘 들이지 않고 가볍게 서융에 대한 부담을 덜 수 있게 된 것입니다.

영직의 외삼촌 역시 대단했습니다. 조카가 미성년자로 친정親政에 나서지 못하자 직접 자신이 대행하는 행보를 보이기도 했습니다. 물론 영직은 3년 후 관례 의식을 거행한 다음 직접 친정에 나섰습니다. 이때 위염은 목숨을 내놓아야 하는 게 상식이었지만 소양왕이 왕위를 잇도록 하는 데 가장 확실한 공을 세운 일등 공신이자, 혈연적으로는 외삼촌이었습니다.

그래서 일반적인 상황에서 달리 영직이 친정을 한 다음에도 계속 권력을 잡을 수 있었습니다. 소양왕의 밑에서 무려 다섯 번이나 승상을 역임할 정도였습니다. 권세가 정말 대단했습니다.

그렇다고 그가 다른 공을 전혀 세우지 않은 것도 아니었습니다. 소양왕을 도와 육국을 격파하는 데에도 적지 않은 공훈을 세웠습니다. 이로 인해 그는 양후穰侯로 봉해지기도 했습니다. 또 그의 아버지가 다른 동생이자 선태후의 친동생인 미융芈戎은 화양군華陽君에 봉해졌습니다. 소양왕 역시 이때 자신을 열렬히 지지해준 두 동생을 각각 고릉군高陵君과 경양군涇陽君에 봉했습니다. 이후 소양왕이 통치한 전반기 30여 년 동안 그의 두 외삼촌과 두 동생은 막강한 권력을 누리게 됩니다.

통일의 길을 연 범저

영직은 분명 행운아였습니다. 멀리 연나라에서 인질로 있다 졸지에 외삼촌 위염과 어머니인 선태후의 도움으로 진나라의 왕이 됐습니다. 완전히 호박이 넝쿨째 떨어졌습니다. 이어 3년 후에는 친정도 하게 됐습니다. 그러나 그에게는 대단히 현실적인 문제가 놓여 있었습니다. 그것은 육국을 멸망시키는 게 쉽지 않다는 사실이었습니다. 물론 진나라는 당시의 슈퍼 파워였습니다. 하지만 육국의 땅, 인구, 병력 등을 모두 합칠 경우 진나라보다 몇 배나 컸습니다. 그렇다면 그는 역사가 그에게 부여한 천하 통일의 사명을 완수하기 위해서 어떻게 해야 했을까요?

천하 통일이라는 목표는 진나라의 국가 운명이 걸려 있는 정말 중요한 정책이었습니다. 소양왕은 이 목표 달성을 위해 인재가 절실히 필요했습니다. 아니나 다를까 이 목표를 이룰 수 있도록 도와줄 한 사람이 드디어 나타나게 됩니다. 그는 내친김에 얼마 후 진나라의 국가적 이익과 현실에 가장 적합한 통일 전략까지 마련하게 됩니다.

이 사람은 도대체 누구일까요? 그는 소양왕을 위해 어떤 통일 전략을 마련했을까요?

이 사람이 바로 범저范雎입니다. 위나라 사람으로 자字는 숙叔이었습니다. 그는 일찍이 천하의 모든 나라를 주유했습니다. 그러면서 어느 국군이라도 자신의 주장에 귀를 기울여주기를 바랐습니다. 세상을 놓고 한 번 크게 승부를 걸어보고 싶었던 것이죠. 그러나 그의 주유는 오랫동안 성공과는 거리가 멀었습니다. 나중에는 위나라로 다시 돌아갈 수밖에 없었습니다. 도리 없이 위나라 왕을 위해 일해야겠다고 생각하지 않았나 싶습니다. 그러나 가난한 집안 출신이었던 그는 최소한의 자금도 가지고 있지 못했습니다. 나중에는 그저 위나라의 중대부中大夫인 수가須賈의 문하에 들어가는 것 외에는 달리 방법이 없었습니다. 일종의 수행비서가 됐다고 보면 되겠습니다.

그러던 어느 날이었습니다. 수가가 제나라 사신으로 가면서 범저도 함께 데리고 갔습니다. 둘은 제나라에 몇 개월 동안 머물렀습니다. 그러나 아무런 소득도 거두지 못했습니다. 수가는 완전히 진퇴양난의 형국으로 몰렸습니다. 그러나 수행비서 자격으로 따라간 범저는 상황이 전혀 달랐습니다. 수가와는 달리 제나라 양왕襄王으로부터 예상외의 두둑한 선물을 전달받게 된 것입니다. 황금 10근과 소고기, 고급 술이었습니다. 제왕이 범저에게 이런 파격적 대우를 한 데에는 다 이유가 있었습니다. 범저의 뛰어난 재주를 눈여겨봐뒀기 때문입니다. 당연히 양왕이 보낸 선물은 대가성이 전혀 없는 순수한 선물이 아니었습니다. 당시는 거의 모든 나라들의 국군들이 너 나 할 것 없이 인재를 필요로 하던 때였습니다. 양왕은 범저가 제나라를 위해 일해주기를 부탁하기 위해 선물을 보냈던 것입니다.

범저는 입장이 난처했습니다. 자신이 모시는 수가는 아예 양왕의 얼굴조차 보지 못하고 있었던 처지였습니다. 그런데도 양왕은 그에게만큼은 선물을 보내왔습니다. 받을 수 없다며 계속 사양할 도리밖에요. 그러다 이 사실을 수가가 알게 됐습니다. 당연히 화가 불처럼 났습니다. 나중에는 범저가 위나라의 국가 기밀을 팔아먹고 선물을 받게 됐다고 의심했습니다. 그러나 그는 자신이 머무르고 있는 곳이 제나라라는 사실을 알고 참았습니다. 화를 꾹꾹 눌렀습니다. 대신 범저에게 황금은 거절하고 소고기와 술은 받으라고 했습니다.

　범저는 수가가 시키는 대로 했습니다. 하지만 위나라로 돌아온 다음에 상황은 엉뚱하게 전개됐습니다. 수가가 모든 사실을 위나라의 재상에게 고자질을 한 것입니다. 당시 위나라의 재상은 공자인 위제魏齊였습니다. 수가의 말을 듣고 대노한 그는 바로 곤장을 치게 했습니다. 가시나무로도 마구 때렸습니다. 죽이겠다는 의도였습니다. 늑골과 이빨이 부러진 범저는 그대로 있다가는 맞아 죽을 것이라고 생각했습니다. 그로서는 죽은 척 하는 게 최선의 방법이었습니다. 위제는 진짜 그가 죽은 것이라고 판단했습니다. 그래서 돗자리에 말아 화장실 안에 버리라는 지시를 내렸습니다. 술을 많이 마신 손님들이 번갈아가면서 그의 몸 위에 소변을 보도록 해 치욕을 당하도록 하겠다는 생각이었습니다. 일벌백계하겠다는 생각과 크게 다르지 않았습니다. 그러나 돗자리에 둘둘 말린 범저는 여전히 살아 있었습니다. 게다가 감시하는 눈길이 없는 틈을 타서는 간수에게 "만약 그대가 나를 놓아준다면 훗날 반드시 후하게 사례를 할 것이오"라며 사정을 했습니다. 간수는 마음이 동했습니다. 그를 놓아주고 싶은 생각이 든 것입니다. 간수는 바로 위제에게 달려가 "돗자리 속의 죽은 자식을 이제 그만 버리는 것이 어떻겠습니까?"라고 물었습니다. 다행히도 이때 위제는 술에 완전히 취해 아무 생각도 하지 않고 바로 "그렇게 하게"라고 대답했습니다.

　범저는 이렇게 해서 겨우 화를 면할 수 있었습니다. 위제는 술이 깬 후 범저를 내다버린 것을 후회했습니다. 그래서 다시 사람을 풀어 그를 수색했습니다. 과연 죽은 사람이 살아서 돌아올 수 있을까요? 그렇습니다. 찾지 못했습니다. 이때 위나라 사람 정안평鄭安平이 이에 대한 얘기를 듣고 바로 범저를 찾아나섭니다. 그는 범저를 발견하자마자 비밀리에 숨겨줬습니다. 나중에는 이름을 장록張祿으로 바꾸게 했습니다.

　진나라 소양왕은 바로 이때 왕계王稽를 위나라의 사신으로 파견했습니다. 정안평은 이 기회를 놓치지 않고 왕계의 비서 역할을 자처했습니다. 지극정성으로 돌보기도 했습니다. 왕계가 하루는 그에게 "위나라에는 나를 따라 진나라로 갈 뛰어난 인재가 있습니까?"라고 물었습니다. 정안평은 기다렸다는 듯 "제 친구 중에 장록이라는 뛰어난 인재가 있습니다. 그 친구는 공과 함께 천하 대사를 시원스럽게 논의해보고 싶어 합니다. 그러나 그는 원수가 있습니다. 때문에 낮에는 함부로 돌아다니지를 못합니다"라면서 시원스럽게 대답했습니다. 그 말을 들은 왕계는 밤에 함께 찾아오라고 합니다.

　밤이 됐습니다. 정안평은 몰래 범저를 데리고 왕계를 방문했습니다. 왕계는 몇 마디 나누지 않고도 범저가 쉽게 얻을 수 있는 인재가 아니라는 사실을 깨달았습니다. 범저에게 "나는 바로 돌아가야 하오. 그러니 선생은 성 서남쪽에서 나를 기다리시오"라고 당부하였습니다. 범저는 왕계와 만날 시간을 약속하고 황망히 자리를 떠났습니다. 왕계는 즉각 행장을 꾸렸습니다. 그런 다음 성의 서남쪽으로 가 범저를 데리고 쏜살같이 진나라 국경으로 들어갔습니다.

　왕계의 마차 행렬이 호현(湖縣. 지금의 허난성 링바오靈寶)에 도착했을 때였습니다. 서쪽 저 멀리에서 일단의 마차 행렬이 달려오는 것이 보였습니다. 범저가 "저쪽에서 오는 분들이 누구입니까?"라고 물었습니다. 왕계가 "진나라의 승상인 양후께서 동쪽의 군과 현들을 시찰하기 위해 이동하는 행렬이오"라고 대답했습니다. 범저는 양후라는 이름을 듣자마자 바로 "제가 들으니 양후께서는 진나라의 대권을 거의 독점하고 계시다고 하더군요. 더구나 육국의 사람들을 대단히 싫어한다고도 하더라고요. 만약 만나 뵈면 모욕을 당할지 모르니 저는 마차 안에 피해 있어야 하겠습니다"라고 말했습니다.

얼마 있지 않아 양후가 도착했습니다. 과연 왕계를 보자마자 마차를 정지한 채 "관중 동쪽의 형세는 어떤 변화가 있소?"라고 물었습니다. 왕계는 "변화가 없습니다"라고 대답했습니다. 양후가 다시 "선생은 혹 유세객을 데리고 오지 않았소? 이런 사람은 아무 도움이 되지 않소. 나라에 혼란을 일으킬 뿐이오"라고 말했습니다. 왕계는 "제가 어찌 그렇게 하겠습니까"라고 대답하고 두 사람은 곧 헤어졌습니다.

범저는 마차에서 나오자마자 왕계에게 "양후는 대단히 머리가 좋은 분입니다. 조금 전에 그분은 마차 안에 혹 사람이 숨어 있지 않나 의심했습니다. 그러나 깜빡하고 마차를 수색하지 않았습니다. 양후께서는 이 일을 절대로 이 정도에서 끝낼 분이 아닙니다. 아마 마차를 수색하지 않은 것을 반드시 후회하고 있을 것입니다"라고 말했습니다. 이어 바로 10리를 뛰어 부리나케 달아났습니다. 과연 양후는 얼마 후 기병을 보내 마차를 수색했습니다. 당연히 사람을 발견하지 못했습니다. 양후는 그제야 의심을 풀었습니다. 왕계는 이마에 흐르는 땀을 닦으면서 가슴을 쓸어내렸습니다. 하지만 둘은 곧 함양으로 들어갈 수 있었습니다.

왕계는 사신으로 가서 활동한 상황을 소양왕에게 자세하게 보고했습니다. 또 기회를 틈 타 "신이 위나라에 있을 때 장록이라는 사람을 발굴했습니다. 첫눈에 봐도 대단히 뛰어난 인재입니다. 이 사람은 신에게 우리 진나라가 지금 대단히 위험한 처지에 놓여 있다고 말했습니다. 만약 자신의 전략을 채택하면 진나라가 위험에서 벗어나 안전해질 수 있다고도 주장했습니다. 이 사람은 이런 중요한 일은 얼굴을 보고 말해야지 편지로 해서는 안 된다고 했습니다. 그래서 신이 데리고 왔습니다"라고 말했습니다.

이때 소양왕은 이미 왕위에 오른 지 36년이나 됐습니다. 이 36년 동안 그의 무공武功은 혁혁하기 그지 없었습니다. 남쪽으로는 초나라의 영(郢. 초나라의 도성. 지금의 후베이湖北성 장링江陵)의 두 요충지를 탈취했습니다. 이때 초 회왕 역시 진나라에 끌려와 수형 생활을 하다 사망했습니다. 또 동쪽으로는 제나라를 격파했습니다. 이외에 일찍이 수차례에 걸쳐 한, 조, 위 삼국을 패퇴시켰습니다. 이로 인해 삼국의 상황은 아주 곤란해졌습니다.

군사적인 거대한 승리는 소양왕으로 하여금 유세객을 싫어하게 만들었습니다. 믿지 않는 것은 더 말할 필요도 없었습니다. 소양왕이 왕계의 말을 믿지 않은 것은 당연했습니다. 그러나 소양왕은 범저를 돌려보내지는 않았습니다. 마지못해 거뒀습니다. 하지만 대우는 형편없었습니다. 우선 거주하는 숙소가 수준 이하였습니다. 밥 역시 그냥 끼니만 해결할 정도로 형편없었습니다. 범저는 이때 다른 선택의 여지가 없었습니다. 그저 고개를 숙인 채 기다리는 게 최선의 방법이었습니다. 이런 인내는 효과가 있었습니다. 1년여 후에 드디어 기다리던 기회가 왔습니다.

이건 어떤 기회였을까요?

이때 진나라의 국상이던 양후 위염은 한나라와 위나라를 넘어 제나라를 공격할 생각을 하고 있었습니다. 자신의 봉지인 도(陶. 지금의 산둥山東성 딩타오定陶)의 땅을 넓히고 싶었던 것입니다.

범저는 이 사실을 알았습니다. 그래서 즉각 소양왕에게 편지를 올렸습니다. 그렇다면 범저는 제나라를 정벌하자는 양후의 건의에서 무엇을 발견한 것일까요? 확실한 사실을 발견했습니다. 양후가 개인적인 이익을 취하려 한다는 사실을 말입니다.

양후는 소양왕을 옹립하는 데 큰 공을 세웠습니다. 이건 정말 보통 큰 공이 아니었습니다. 다른 공 역시 없지 않았습니다. 명장 백기白起를 천거해 수차례 육국을 격파한 공이 대표적이지 않나 싶습니다. 이건 진나라가 천하를 통일할 수 있는 기초를 더욱 확실히 다진 공이었습니다. 그러나 양후는 이런 성공을 거둘 때마다 자신의 개인적인 욕망 역시 키워 나갔습니다. 예컨대 앞서 언급한 그의 봉지인 도 땅을 한번 봅시다. 바로 제나라 옆에 붙어 있었습니다. 그가 한나라와 위나라를 넘어 제나라를 공격하자고 왜 주장했는지는 분명해집니다. 제나라와의 전쟁을 통해 봉지를 넓히려는 생각이 아니라고 할 수 있겠습니까? 이건 양후 위염이 그동안 살아왔던 자신의 인생과 완전히 다른 방향으로 걷는 것입니다. 더 자세하게 말하면 그 첫걸음이었습니다.

범저는 진나라에서 1년여 은인자중하는 동안 세월을 그저 흘려보낸 것이 아니었습니다. 시종일관 진나라 정계의 일거수일투족을 지켜보고 있었습니다. 진나라가 취해야 할 전략에 대해 진지하게 연구했습니다. 양후가 자신의 개인적인 이익을 취하려는 계획이 그의 눈에 걸려들지 않을 수 없었습니다. 이를 통해 그는 육국을 병탄하는 전체적인 전략을 마련합니다.

범저는 진나라에 도착했을 때만 해도 정신이 없었습니다. 이런 전략을 생각할 시간 역시 없었습니다. 소양왕으로부터 냉대를 받은 1년여 동안은 정말 전화위복의 시간이라고 해도 과언이 아니었습니다. 양후 위염의 행동을 통해 육국을 멸망시킬 전략적 방향을 확실하게 깨달았으니까 말입니다. 어떻게 보면 안타깝기는 했으나 크게 긴 시간도 아니었습니다.

범저의 편지는 소양왕의 관심을 촉발시켰습니다. 그는 즉각 범저를 불러오라는 명령을 내렸습니다.

범저는 왕계의 강력한 추천을 받기는 했으나 1년여 동안 소양왕의 얼굴조차 보지 못했습니다. 하지만 그가 써서 올린 편지의 효과는 대단했습니다. 서둘러 불러오라는 명령이 소양왕의 입에서 떨어졌으니까요. 왜 그랬을까요? 도대체 편지 중의 무슨 내용이 소양왕의 마음을 이토록 움직이게 했을까요?

범저는 편지에서 두 가지 사실을 피력했습니다. 우선 보물을 식별하는 것이 지극히 어렵다는 사실을 강조했습니다. 이를 위해 그는 천하에 그 명성이 자자한 보물 화씨벽和氏璧을 예로 들었습니다. 세상 사람들이 모두 돌처럼 보는 것이 사실은 천하의 보물이라는 사실을 강조한 것입니다. 당신이 하찮게 생각하는 내가 사실은 보물일 수 있다는 주장이었습니다. 말하자면 물건을 사람에 비유해 자신이 인재라는 사실을 강조했습니다.

만약 나를 쓰지 않을 생각이면 더 이상 진나라에 머물 필요가 없다는 사실 역시 피력했습니다. 원문을 한번 보겠습니다. "대왕께서 만약 제 말이 맞는다고 생각하면 저를 쓰십시오. 그러나 틀린다고 생각하면 저는 여기에서 오래 머물러 있을 필요가 없습니다." 범저는 진나라에 이미 1년여 동안 머물렀습니다. 그러나 소양왕은 그를 단 한 번도 부르지 않았습니다. 그가 편지에서 공개적으로 이렇게 말할 수밖에 없었다는 생각도 들기는 합니다.

이 두 가지 사실을 과감하게 피력한 것은 확실히 소양왕이 범저를 부르게 만든 이유가 되었습니다. 그러나 범저는 독자의 심리를 대단히 잘 파악하는 능력이 있었습니다. 심지어 그는 편지에서 국군과 열후列侯의 관계에 대한 요점을 조목조목 짚어주면서 소양왕을 혹하게 만들었으나 머릿속에 든 생각을 모조리 다 얘기하지는 않았습니다. 게다가 그는 승부수도 과감하게 하나 날렸습니다. "저는 대단히 중요하고 비밀스런 생각도 있습니다. 그러나 편지에서는 쓸 수가 없습니다. 반드시 대왕을 만나 말씀을 드려야 합니다. 만약 제 말이 아무 의미가 없다면 저는 죽음도 불사할 생각입니다."

편지에서 보여준 그의 말솜씨는 정말 기가 막혔습니다. 과감하게 자신의 생각을 밝히는 것 같으면서도 때로는 숨겼습니다. 말을 하려다 그치기도 했습니다. 마치 신비스러운 용이 머리는 보여주고 꼬리는 보여주지 않는 것과 하나 다를 바 없었습니다. 소양왕은 범저가 말하려는 것이 무엇인지 알 것도 같았으나 궁극적으로는 몰랐습니다. 그를 부르지 않을 수 없었습니다.

소양왕은 범저를 부를 때 최대한의 격식을 차렸습니다. 우선 범저를 추천한 왕계에게 미안하다는 입장을 전했습니다. 그런 다음 자신의 전용 마차를 보내 범저를 불러들였습니다.

범저는 소양왕의 전용 마차를 타고 기세등등하게 진나라 궁전으로 들어왔습니다. 그는 이때 약간 더듬는 수를 두기도 했습니다. 내궁內宮으로 들어가는 통로를 모르는 척하면서 그쪽으로 들어가려고 했던 것입니다. 마침 이때 묘하게도 소양왕이 안에서 나오고 있었습니다. 이 모습을 본 환관은 화가 머리끝까지 나 그를 마구 밀어내면서 큰 소리로 "대왕께서 나오신다!"라고 말했습니다. 범저는 내친김에 다시 일부러 "진나라에 어디 대왕이 있다는 말인가? 진나라에는 태후와 양후 외에는 없지 않은가"라고 고함을 질렀습니다.

소양왕은 안에서 걸어 나오다 환관과 범저가 실랑이하는 소리를 들었습니다. 그래도 모르는 척하고 그를 맞으면서 "나는 진작 선생의 가르침을 받아야 했습니다. 그러나 마침 서융의 일이 긴박해 정신이 없었습니다. 아침저녁으로 태후의 지시를 들어야 했습니다. 그러나 지금 서융의 일은 완전히 마무리가 됐습니다. 이제 선생께 가르침을 청할 기회가 온 것입니다"라고 말했습니다.

　소양왕은 말을 마친 다음 주위의 시종들을 모두 물러가게 했습니다. 이어 범저에게 무릎을 꿇고 "선생은 무슨 가르침을 나에게 주시겠습니까?"라고 물었습니다. 범저는 이에 그저 "음, 음" 하는 소리만 냈습니다. 한참이 지났습니다. 소양왕은 다시 무릎을 꿇고 "선생은 무슨 가르침을 나에게 주시겠습니까?"라고 물었습니다. 범저는 다시 "음, 음" 하는 소리를 흘렸습니다. 소양왕은 다시 물었습니다. 세 번이나 연속해 물은 것입니다. 그래도 범저는 대답을 하지 않았습니다. 그러자 소양왕은 무릎을 꿇은 상태에서 "선생은 나에게 가르침을 주지 않을 생각입니까?" 하고 따졌습니다.

　범저가 한참을 침묵한 끝에 드디어 입을 열었습니다.

　"저는 그저 남의 나라에 와 있는 사람일 뿐입니다. 대왕과는 교류가 없었습니다. 깊은 얘기를 하지 못할 정도로 서먹서먹합니다. 그러나 제가 드리고자 하는 말은 국군을 보좌해 나라를 바로잡는 내용입니다. 더구나 제 말은 대왕과 대왕의 친인척들과 관련한 것들도 있습니다. 저는 정말이지 제 충심을 다해 말씀드리고 싶습니다. 그러나 대왕의 뜻이 어떤지를 모릅니다. 그래서 대왕께서 세 번이나 물으셨는데도 대답을 하지 않았습니다. 저는 무서워 말을 하지 않는 사람이 절대로 아닙니다. 설사 오늘 대왕에게 드린 말씀으로 인해 내일 사형을 당한다고 해도 절대로 두려워하지 않습니다. 만약 대왕께서 진짜 신의 말대로 하신다면 저는 내일 죽어도 좋습니다. 제가 가장 우려하는 것은 다른 것이 아닙니다. 천하의 사람들이 제가 충성을 다하고서도 죽은 것을 알고 다시는 진나라에 오지 않으려고 하지 않을까 걱정할 뿐입니다."

　소양왕이 여전히 무릎을 꿇은 채 말했습니다.

　"선생은 무슨 말을 하십니까! 진나라는 중원에서 멀리 떨어진 외진 곳에 있습니다. 나도 무능합니다. 그러나 불원천리하고 달려온 선생의 가르침은 충분히 받을 수 있습니다. 이건 하늘이 나에게 준 은혜입니다. 무슨 말이든지 다 하십시오. 위의 태후에서부터 아래의 대신들에 이르기까지 다 해도 괜찮습니다. 아무것도 남기지 말고 다 가르침을 주십시오."

범저는 그제야 소양왕에게 허리를 굽혀 예를 차렸습니다. 소양왕 역시 황급히 답례했습니다. 이어 범저가 다시 입을 열었습니다.

"대왕의 국가는 지세가 험합니다. 게다가 막강한 병력이 무려 100만 명에 이릅니다. 이런 진나라의 역량으로 제후들을 굴복시키는 것은 아무것도 아닙니다. 마치 사냥개가 다리를 저는 토끼를 잡는 것처럼 쉽습니다. 그럼에도 진나라가 이렇게 하지 못하고 있는 것은 외삼촌인 양후께서 진나라를 위한 전략을 내놓는 충성을 다하지 않기 때문이라고 해야 합니다. 물론 대왕께서도 실수가 있습니다."

소양왕이 "내가 어떤 부분에서 실수를 하고 있습니까? 듣고 싶습니다"라고 물었습니다. 범저가 즉각 대답했습니다.

"양후는 한나라와 위나라 두 나라를 넘어 제나라의 강綱과 수(壽. 지금의 산둥성 타이안泰安)로 공격하려고 합니다. 이건 좋은 전략이 아닙니다. 병력을 많이 출동시키면 제나라에게 별로 충격을 주지 못합니다. 파괴력이 없습니다. 또 병력을 너무 많이 출동시키면 진나라의 국력이 손상을 입을 수 있습니다. 대왕은 아마도 병력을 적게 출동시키기를 원하실 겁니다. 한나라와 위나라가 병력을 파견해 진나라의 정벌을 도와줬으면 하는 생각도 하실 겁니다. 그렇습니다. 한나라나 위나라는 진짜 진나라의 맹방일지 모릅니다. 그러나 대왕께서는 이들 국가를 넘어 제나라를 공격하는 것이 합리적이라고 생각하십니까? 그러는 것보다는 멀리 있는 나라와는 동맹을 맺고 가까이 있는 나라를 공격하는 것이 오히려 더 낫습니다. 이렇게 하면 한 치의 땅이라도 공격해 빼앗으면 대왕의 땅이 됩니다. 한 자의 땅을 공격해 뺏더라도 대왕의 땅이 됩니다. 그런데도 지금 가까운 땅을 버리고 멀리 있는 나라를 공격하려고 하니 정말로 한심한 일이 아니겠습니까."

소양왕은 범저의 말에 "나도 일찍이 위나라를 복속시키려고 했습니다. 그러나 위나라는 변화가 대단히 심한 나라입니다. 어떻게 하면 위나라를 복속시킬 수 있겠습니까?"라고 물었습니다. 범저는 지체 없이 "우선 좋을 말로 유인하십시오. 그 다음에 두둑한 선물을 보내십시오. 그래도 안 되면 땅이라도 떼어줘 꼬드기십시오. 이 역시 안 된다면 도리 없이 군대를 일으켜 공격해야 합니다"라고 대답했습니다.

소양왕은 더 이상 망설일 필요가 없었습니다. 즉각 범저를 객경으로 임명했습니다. 이후 그와 함께 군사 문제 같은 큰 현안들을 논의했습니다.

범저는 진나라에서 1년여 세월을 허송하다 각고의 노력 끝에 소양왕을 만나는 데 성공했습니다. 소양왕 역시 범저를 만나자마자 그의 의견을 받아들였습니다. 왜 그랬을까요? 범저가 이처럼 성공한 데에는 두 가지 이유가 있었습니다. 소양왕과 양후 위염의 관계를 이용한 것이 우선 결정적이었습니다. 진나라를 위해 천하 통일의 기본적인 전략을 제안한 것 역시 이유로 부족함이 없습니다.

소양왕은 위염에 의해 옹립됐습니다. 이건 부정할 수 없는 사실이었습니다. 게다가 위염은 소양왕의 외삼촌이었습니다. 또 30여 년 동안 정권을 주무르면서 세운 공 역시 탁월했습니다. 당연히 소양왕과의 관계 역시 시종일관 좋았습니다. 그러나 위염의 공훈은 소양왕의 시기와 질투 역시 유발할 수밖에 없었습니다. 솔직히 이 현상은 왕권과 상권(相權. 승상의 권력이라는 의미-옮긴이)이 충돌할 경우 발생하는 역사적 필연이었습니다. 소양왕으로서는 범저를 중용하려는 생각을 할 수밖에 없었습니다. 그를 통해 승상 위염을 견제하겠다는 결심을 했다는 얘기가 되겠습니다.

범저는 소양왕의 중용과 신임을 받은 다음, 날을 잡아 자신의 입장을 다시 피력했습니다.

"저는 과거 위나라에 있을 때 진나라에 선태후와 양후, 화양군, 고릉군, 경양군이 있다는 말을 들은 적이 있습니다. 반면 진나라의 왕이 있다는 말은 듣지 못했습니다. 이때 양후께서는 진나라의 상국 자리에 있었습니다. 또 화양군, 고릉군, 경양군은 돌아가면서 군권을 장악했습니다. 더구나 이들은 모두 자신들의 봉읍이 있습니다. 여기에 선태후의 총애도 받고 있습니다. 각자의 재산이 왕실의 창고에 있는 것보다 훨씬 더 많습니다."

범저의 이 말은 거의 정곡을 찔렀습니다. 소양왕 역시 이 말에 정신이 번쩍 들었습니다. 꿈에서 깨어났다고 하겠습니다. 그는 즉각 태후를 폐했습니다. 또 양후를 비롯해 화영군, 고릉군, 경양군 등을 모두 도성에서 쫓아냈습니다. 양후로부터는 승상의 인印까지도 회수한 다음 자신의 봉지인 도의 땅에 가서 살도록 했습니다. 그렇다면 승상의 자리는 누구 차지가 됐을까요? 그렇습니다. 범저가 임명됐습니다.

소양왕의 범저에 대한 대우는 극진했습니다. 우선 응(應. 지금의 허난성 바오평寶豊의 남쪽)의 땅에 그를 봉했습니다. 봉호封號는 응후應侯였습니다. 역사에서는 이 조치들을 뭐라고 할까요? 공자孔子가 강조한 바 있는 '강공실強公室, 두사문杜私門'이라고 합니다. 즉 왕권을 강화하고 측근 친인척들의 발호를 원천봉쇄하는 역사적으로 대단히 유명한 조치입니다.

소양왕은 이처럼 대단한 성과를 올린 군주였습니다. 범저를 등용한 후 왕태후를 폐하고 양후 위염 등을 몰아내는 데에서 그치지 않고 권력을 모조리 자신에게 집중시켰습니다. 대대적으로 중앙집권을 강화한 것입니다.

범저의 공헌은 두 가지로 볼 수 있습니다. 우선 소양왕으로 하여금 원교근공遠交近攻의 전략을 확정해 실시하도록 한 사실을 들 수 있습니다.

국군의 권력을 강화시킨 것 역시 나름의 평가를 해야 합니다. 특히 원교근공 전략은 대단한 전략이었습니다. 공헌이 지대하다고 해도 과언이 아닙니다.

원교근공 전략은 진나라가 천하를 통일할 수 있도록 해준 총체적인 전략이라고 해도 과언이 아닙니다. 외교와 군사를 유기적으로 결합시킨 전략이었습니다. 범저는 그저 총체적 전략을 내놓기만 한 것이 아니었습니다. 구체적인 실시 방안 역시 내놓았습니다. 우선 진나라와 국경을 맞대고 있던 천하의 중추인 한, 위 두 나라가 친진나라 정책을 추진하도록 압력을 가하는 것이 출발점이었습니다. 그런 다음 한과 위 두 나라의 이런 모습을 통해 초와 조나라를 협박, 굴복시켰습니다. 그 다음은 제나라를 굴복케 했습니다. 각 나라를 모두 정복한 다음에는 다시 진나라와 국경을 맞대고 있는 한과 위 두 나라에 대한 공격을 개시하는 방안을 제시했습니다. 특히 한나라를 먼저 공격했습니다. 한나라야말로 진나라와 가장 넓은 범위의 국경을 맞대고 있는 나라였으니까 말입니다.

이 방안은 실행하기가 대단히 좋은 전략이었습니다. 지역적으로 가까운 곳부터 손을 보는 구체적인 전략이었으니 말입니다. 한마디로 그 어느 때의 전략보다도 구체적인 계획이었습니다. 이런 전략의 마련은 또 진나라의 통일을 위한 전쟁이 이미 전략적으로 대단히 완벽한 단계에 들어갔다는 사실도 의미했습니다. 이제 실행만이 남았습니다.

범저는 은인자중으로 일거에 범죄자 신분에서 진나라의 승상이 됐습니다. 그러나 그는 이런 고속 출세가 순전히 자신의 능력 때문이었다고 생각하지 않았습니다. 《사기》의 〈범저채택蔡澤열전〉 제19를 펼쳐보면 어느 정도였는지 알 수 있습니다. "자신에게 밥 한 술 먹여준 은인의 은혜는 반드시 갚고 눈을 부라린 원수에게는 반드시 복수를 한다"라는 말로 범저의 인간됨을 묘사하고 있습니다. 실제로도 그랬습니다. 그는 성공한 이후 집에 있는 재산을 나눠 자신으로 인해 고생을 한 모든 사람들에게 나눠줬습니다. 보답을 한 것입니다. 자신을 구해주는 결정적인 은혜를 베풀어준 정안평에게는 더욱 큰 배려를 했습니다. 소양왕에게 적극적으로 천거해 장군이 되도록 했습니다. 자신을 알아봐준 왕계에게도 섭섭하지 않게 했습니다. 하동군河東郡의 태수太守 자리를 맡게 했습니다. 이뿐만이 아니었습니다. 태수로 부임한 이후 3년까지는 자신이 펴는 시책에 대해 전혀 보고하지 않아도 되는 일종의 특혜를 부여했습니다.

그렇다면 한때 은혜를 베풀었음에도 궁극적으로 범저의 원수가 된 수가는 어떻게 됐을까요? 그는 진나라가 위나라를 공격하려 했을 때 직접 달려와 이때까지 장록이라는 이름으로 있던 범저를 만나려고 했습니다. 당연히 장록이라는 승상이 범저라는 사실을 몰랐습니다. 그러나 범저는 옛 은원을 분명히 기억했습니다. 때문에 그에게 모욕을 안겨주기로 하고 과거의 과오를 힐책한 후 쫓아내 버렸습니다. 물론 위나라가 위제의 목을 바치지 않으면 군대를 일으켜 위의 도성인 대량으로 쳐들어간다는 협박도 함께 전했습니다. 범저와는 철천지원수인 위제는 졸지에 다급해졌습니다. 나중에는 이곳저곳으로 쫓기다 어쩔 수 없이 자살을 하게 됩니다.

소양왕은 무려 56년 동안이나 왕위에 머물렀습니다. 이 기간 양후와 범저의 도움으로 육국을 격파하는 실력을 길렀습니다. 진나라가 결국 천하를 통일하게 만드는 데 확실한 기초를 쌓았습니다. 따라서 그가 세상을 떠났을 때는 진나라가 천하를 통일할 분위기가 물씬 무르익고 있었다고 해도 좋겠습니다. 그는 반세기가 넘는 오랜 기간 왕위에 머물렀습니다. 이건 그의 태자에게 있어서는 거의 재앙이라고 해도 좋았습니다. 실제로 그의 장남은 아버지의 자리를 이어보지도 못하고 세상을 떠났습니다. 그러면 그의 사후 진나라의 정국에는 어떤 변화가 일어났을까요? 왕위를 이은 새로운 군주는 그가 거둔 것만큼의 성과를 거둘 수 있었을까요?

7강
왕을 만드는 자는 누구인가

소양왕은 무려 반세기 이상이나 왕의 자리를 굳건히 지켰습니다. 큰아들이 왕의 자리와는 인연도 맺어보지 못하고 세상을 떠났을 정도였습니다. 할 수 없이 소양왕의 사후 작은 아들인 안국군安國君이 아버지의 뒤를 이었습니다. 이 사람이 바로 진시황의 할아버지입니다. 둘째 아들이었던 그는 생각지도 않게 국군이 됐습니다. 인생이라는 것은 정말 모르는 법입니다. 안국군은 아들도 엄청나게 많았습니다. 20여 명이었습니다. 이중 진시황의 아버지인 이인은 중간이었습니다. 그것도 본처의 자식이 아니었습니다. 말하자면 서출이었습니다. 적장자를 왕위에 앉히는 것이 관례였던 당시 상황에서 이인은 태자가 될 가능성이 전혀 없었습니다. 그러나 조나라의 한단邯鄲에서 인질 생활을 하면서 전혀 주목을 받지 못했던 그가 뜻밖의 결과와 맞닥뜨리게 됩니다. 아주 가볍게 태자가 된 것입니다. 이 모든 것은 아주 재주가 뛰어난 사업가와 밀접한 관련이 있었습니다. 이 사업가는 자신이 가진 상당히 많은 재산을 걸고 확실한 배팅을 했습니다다. 요즘 말로 하면 벤처 사업에 투자했다고 하겠습니다. 한 가지 분명한 목표를 갖고 비즈니스적인 수단을 총동원해 이인에 대한 포장을 그럴듯하게 확실히 한 것입니다. 그 다음에는 선전과 홍보를 통해 그의 주가를 높였습니다. 싸게 사서 비싸게 파는 전형적인 비즈니스맨의 수법이 따로 없었습니다. 결국 자연스럽게 이인의 인생에 있어서 중요한 전환기가 마련될 수 있게 됐습니다. 이 사람은 도대체 누구였을까요?

신세가 처량한 왕손, 이인

이인은 어떻게 해서 진나라의 왕이 될 수 있었을까요? 딱 네 글자로 표현할 수 있겠습니다. 고심경영苦心經營, 다시 말해 죽어라 하고 노력했다는 말이 되겠습니다. 그는 태자가 될 자격이나 조건을 가지고 있지 못했습니다. 그저 진나라가 조나라에 보낸 별 볼일 없는 인질, 볼모에 지나지 않았습니다. 한마디로 신세 처량한 왕손이었습니다. 그런 그는 죽어라 노력만 할 팔자였습니다.

 이인이 태자로 올라설 가능성이 전혀 없었던 이유를 본격적으로 살펴보도록 하겠습니다. 우선 그가 조나라에 인질로 가 있을 때 그의 할아버지인 소양왕은 두 눈 멀쩡하게 뜬 채 살아 있었습니다. 아버지 안국군도 형으로 인해 태자가 되지 못한 상태였습니다. 그는 그저 왕의 손자인 왕손이었습니다. 왕자를 의미하는 공자도 아니었습니다. 신분의 차이가 대단히 컸습니다. 할아버지인 소양왕이 이역만리에 나가 있는 이 손자를 생각했을 것이라고는 감히 말하기 어려울 것 같습니다. 두 번째로 그의 아버지 안국군은 본처와 첩이 그야말로 한 무더기였습니다. 자녀가 구름 같았습니다. 아들만 20여 명이었습니다. 이인은 이중 가운데였습니다. 큰 아들이 아니었습니다. 태자의 조건을 전혀 갖추지 못했습니다. 그의 어머니가 처한 환경 역시 좋다고 하기 어려웠습니다. 총애를 받지 못한 탓에 1년에 한 번 정도나 남편의 얼굴을 볼까 말까 했습니다. 악조건은 고루 갖추고 있었던 셈입니다. 서출에다 환영받지 못하던 자식이었습니다. 아마도 할아버지인 소양왕과 아버지 안국군의 마음속에도 이 손자와 아들은 별로 중요하지 않았을 겁니다. 바로 이렇게 별 볼일이 없었기 때문에 그는 인질로 선출돼 한단에 머무르는 영광을 누릴 수 있었을지도 모릅니다. 어쨌든 고향을 떠나 한단에 머무르고 있던 이인은 진나라의 왕위와는 무관한 주변부의 왕손이 분명했습니다.

이제 전국 시대의 인질에 대해 한번 살펴보겠습니다. 당시 제후국들에게는 거의 공통적으로 공자들을 인질로 상대국에 보내는 관례가 있었습니다. 질자라고 하면 되겠습니다. 이 제도는 진나라에서도 관례였습니다. 당시는 상앙이 실시한 변법이 거의 완성 단계에 들어선 시기라고 할 수 있었습니다. 당연히 진나라 사람들은 모두 나라를 위해 공을 세우기를 원했습니다. 군공작제에 의해 공을 세우면 계급이 올라갈 수 있으니 이렇게 생각하지 않으면 오히려 그게 이상할 일인지도 모르겠습니다. 이 점에서는 국군의 아들들인 공자 역시 예외가 아니었습니다. 공을 세우고 싶어 했습니다.

그러나 공은 반드시 전쟁터에서만 세우는 것이 아니었습니다. 이들에게는 다른 나라에 인질로 가는 것이 나라를 위해 공을 세우는 일종의 방식이었습니다. 각국이 상호 동맹을 맺을 때 서로 성의를 보이기 위해 교환하는 인질은 표면적으로 볼 때는 괜찮을지 모릅니다. 아니 실제로 인질의 지위는 상당히 높았습니다. 하지만 역시 인질은 인질이었습니다. 만약 서로 얼굴을 붉히기 시작하면 가장 먼저 횡액을 당하는 게 인질이었습니다. 분을 풀기에는 인질보다 더 좋은 대상이 없었던 것입니다. 더구나 이 시대에는 제후국들 사이에 안면을 몰수하는 경우가 부지기수였습니다. 오늘 피로써 동맹을 맹세했다가 내일 부대를 휘몰아 어제 동맹국이었던 나라의 성 아래로 쳐들어가는 행동이 아무렇지도 않게 자행됐습니다.

물론 일부 국가에서는 인질이 된다는 게 반드시 나쁜 것만은 아니었습니다. 특히 태자가 인질이 되는 경우는 더욱 그랬습니다. 국력이 강한 나라에서 약한 나라로 간 태자는 적지 않은 환영을 받았습니다. 약한 나라 조정의 신하와 백성들이 이 인질과 가까워지려고 하는 경우가 많았기 때문입니다. 어떨 때는 대단한 귀빈으로 대우를 받기도 했습니다. 하지만 이인은 이런 최고의 대접을 받지 못했습니다. 진나라가 다른 나라와는 비할 바 없는 강력한 나라였는데도 그랬습니다. 왜 그랬을까요? 조나라가 이른바 합종 맹약의 우두머리 국가였기 때문입니다. 더구나 진나라는 시도 때도 없이 동진을 시도했습니다. 늘 육국을 병탄하려는 노력을 기울였습니다. 심지어는 전쟁도 종종 발생했습니다. 기본적으로는 동진 통일 정책을 단 하루도 포기한 적이 없었습니다. 이인으로서는 늘 칼이 목을 겨누는 환경에 놓여 있을 수밖에 없었습니다. 자칫 잘못 했다가는 자신이 제삿밥이 될 수 있었으니까요. 이 상황은 분명한 사실도 하나 말해줍니다. 진나라 왕실에서 이인의 지위가 별 볼일 없다는 사실입니다. 진나라가 그에 대해 별로 신경을 쓰지 않는 상태인데 조나라라고 신경을 썼겠습니까? 아니었습니다. 오히려 그를 더욱 우습게 알았습니다.

사실 당시 어느 나라를 막론하고 자국이 파견하는 인질이나 다른 나라에서 오는 인질에 대해서는 경제적으로 대우를 잘 해주는 것이 인지상정이었습니다. 자국의 체면을 생각해서, 내심 미안한 감정을 표시하려고 더욱 인질에 신경을 쓰는 것이 원칙이었습니다. 그러나 한단에 있던 이인은 이런 우대 조치를 전혀 경험하지 못했습니다. 그의 조나라에서의 생활은 궁색하기 이를 데 없었습니다. 위아래로 멸시를 당하는 상황이었으니 이럴 수밖에요.

결론적으로 신세가 처량한 왕손 이인은 진나라 태자의 자리와는 저 멀리 떨어져 있는 사람이었습니다.

그러나 세상사는 모르는 법입니다. 인연이라는 것은 천시(天時. 하늘이 주는 기회나 때), 지리(地利. 지리적인 이점), 인화(人和. 사람과의 관계-옮긴이) 등 외부 조건이 합쳐진 집합체가 아닙니까? 만약 이 새로운 요인이 사람의 인생에 개입이 되면 상황은 확 달라질 수 있습니다. 전혀 인연이 없을 것 같은 상황이 기이한 인연으로 변하기도 합니다. 전혀 자신의 몫이 아니던 현실도 달라질 수 있는 것입니다. 무엇보다 형의 죽음으로 인해 차남이었던 아버지 안국군이 예상 외로 왕위를 계승한 것이 그의 인생에 있어서는 기연이었습니다. 그렇다면 그의 두 번째 기연은 무엇이었을까요? 그는 이 기연을 아버지가 태자 자리를 계승한 때와 거의 비슷한 시기에 만나게 됩니다.

여불위, 될 성 부른 왕손 이인에게 배팅하다

이인의 인생은 두 번씩이나 전기를 맞이하게 됩니다. 이 두 번째 전기에서는 뛰어난 비즈니스맨이 중요한 역할을 하게 됩니다. 이 사람은 집안이 상당히 부유했습니다. 게다가 사업적 재능이 뛰어났습니다.

이 사람은 양적(陽翟. 지금의 허난성 위禹현 일대) 출신인 여불위였습니다. 여불위는 "싸게 사서 비싸게 사는 사업을 통해 수천금의 재산을 쌓았다"라는 기록에서 보듯 세상을 우습게볼 엄청난 재산이 있었습니다. 그러나 재산은 그에게 은행 계좌 속의 숫자에 불과했을 뿐입니다. 그에게는 더욱 큰 야망이 있었습니다. 그의 이 야망은 그가 자신의 아버지와 나눈 대화에서 엿볼 수 있습니다.

여불위는 한단에서 장사를 하고 있었다. 이때 진나라의 인질인 이인을 만났다. 그는 자신의 아버지에게 "농사를 지으면 이익이 몇 배나 나오나요?"라고 물었다. 아버지가 즉각 "열 배는 된다"라고 대답했다. 여불위가 다시 보석 등을 가지고 장사를 하면 몇 배의 이익이 남느냐고 물었다. 아버지는 또 즉각 100배는 남는다고 대답했다. 여불위가 다시 "주군을 세워 나라를 안정시키면 몇 배가 남나요?"라고 물었다. 아버지가 이루 헤아릴 수 없다고 대답했다.

여불위는 자신의 아버지에게 세 가지를 물었습니다. 바로 농사, 장사, 정치였습니다. 이중 가장 적게 이득을 올리는 것은 농사였습니다. 고작 열 배에 지나지 않았습니다. 반면 장사는 100배, 정치는 N배였습니다. 당연히 이들 각자의 일은 얻는 이익이 많은 만큼이나 일 자체가 고될 것입니다. 하지만 이윤은 기하급수적으로 늘 수 있었습니다. 당연히 끝 모를 이윤을 추구하는 욕망덩어리였던 이 부호 비즈니스맨은 그저 싸게 사서 비싸게 파는 일반 재계의 단순한 사업에 만족할 수가 없었습니다. 그는 급기야 자신의 비즈니스 원칙을 정계 쪽으로 넓히기로 결심합니다. 그리고 이 놀랍고도 예민한 정치적 후각의 방향을 인질 이인에게로 돌립니다.

그는 이인이 왕손이라는 사실을 우선 알고 있었습니다. 당연히 이인이 나중 진나라 왕이 될 기본적인 조건을 갖췄다는 사실을 모르지 않았습니다. 그의 입장에서는 충분히 도박을 해볼 필요가 있었습니다. 정치적으로 뛰어난 비즈니스맨의 선견지명에 투자할 필요가 있었던 것입니다. 여불위는 요즘 말로 하면 재벌이라고 할 정도로 재산이 많았습니다. 그러나 그는 각국의 정계 인사들과도 밀접한 관계를 맺고 있었습니다. 정치권을 컨트롤하는 기본적인 원리도 워낙 잘 알고 있었습니다. 더구나 자신이 뛰어난 모사꾼이라는 생각 역시 했습니다. 미다스의 손이라는 자신감이 있었습니다. 만약 자신의 이런 뛰어난 비즈니스적인 머리를 이용하면 진나라 왕이 될 후보자 한 명 정도 만들어내는 것은 아무것도 아니라고 자신했습니다.

자신이 관여하지 않는 분야는 사실 일반적으로 잘 모릅니다. 사업과 정치는 과연 두루 어울릴 수 있을까요?

사업은 자본 투자와 이로 인해 생길 이윤을 늘 생각해야 합니다. 주는 것이 있으면 받는 것이 있어야 합니다. 사실 이 원칙은 정치와 대단히 유사합니다. 그래서일까요. 《사기》는 이미 일찍이 이 상호 작용의 현실을 증명하는 매우 전형적인 사례에 대한 기록을 남겼습니다. 하나는 중국 역사상 최초의 정치인 출신 재벌인 범려范蠡, 다른 한 사람은 바로 여불위입니다. 출발점과 최종 도착 지점이 서로 달랐던 묘한 경우가 되겠으나 둘 모두 정치와 사업에서 성공한 것은 사실입니다.

그러면 여기에서 우리는 한 가지 의문을 가지지 않을 수 없습니다. 정치가가 사업에 투신해 성공하는 것이 과연 가능한가?

가능합니다! 정치가는 이미 설명한 대로 사업가로서의 독창적인 자질을 가지고 있으니까요. 그러나 최종적으로 성공하게 되느냐의 여부는 다른 요인도 있는 것 같습니다. 범려는 바로 이 전형적인 성공의 사례였습니다. 그렇다면 반대로 뛰어난 비즈니스맨이 정치에 투신해 성공하는 것이 가능하겠습니까? 마찬가지로 가능합니다! 독자 여러분께서는 비즈니스가 정치와는 전혀 상관이 없다고 생각할지 모릅니다. 그러나 사실 양자는 서로 최고의 경지에 이르게 되면 완전히 상통합니다.

세상의 어떤 집권당이라도 거쳐야 하는 역사적 과정이 있습니다. 이게 바로 작은 정당에서 큰 정당, 약한 정당에서 강력한 정당으로 커 가는 과정입니다. 그렇다면 이 발전 과정에서 가장 중요한 영향을 미치는 것은 무엇일까요? 세 가지 요인이 있습니다. 전략과 인재, 관리입니다. 처음에는 직원 몇십 명의 작은 회사에서 출발, 나중에는 누구도 범접 못할 초 다국적기업이 된 회사들의 성공 요인 역시 이것입니다. 결론적으로 뛰어난 정치가는 사업에 투신하는 것이 가능합니다. 성공한 비즈니스맨이 되는 것도 어렵지 않습니다. 반대로 뛰어난 비즈니스맨도 정치를 할 수 있습니다. 우수한 정치가가 될 수 있습니다.

여불위는 이미 뛰어난 성과를 일군 기업인이었으나 정치에 입문코자 했습니다. 범려와는 완전히 반대의 길을 걸으려 했습니다. 그러나 그의 성공은 처음에는 장담하기 어려웠습니다. 사람의 자질이 우수하다고 해서 다 정치나 사업에 뛰어들어 성공하는 것은 아니까 말입니다.

안국군은 주지하다시피 20여 명 이상의 아들이 있었습니다. 여불위는 더욱 가능성이 높은 다른 아들들을 선택할 수도 있었습니다. 그런데 왜 처지가 무인지경인 이인을 굳이 선택했을까요? 이인은 이로 인해 인생의 행로가 바뀔 수 있었을까요? 천덕꾸러기 돌덩어리에서 빛나는 황금이 될 수 있었을까요? 해답은 여불위의 경영 전략과 관계가 있습니다. 그가 당시에 내로라하는 재벌이 된 이유는 분명했습니다. 완전히 싸게 사서 비싸게 파는 투기 전략으로 일거에 일어섰습니다. 한마디로 그는 뛰어난 장사꾼의 안목이 있었습니다. 이런 그의 눈으로 볼 때 이인은 돌덩어리가 아니었습니다. 몸값이 치솟을 여지가 다분한 잠재력 높은 보물 같은 패였습니다. 때문에 그는 이인을 '가치가 치솟을 가능성이 높은 히든카드'로 불렀습니다. 이른바 쉽게 구하기 어려운 히든카드는 앞뒤 가리지 않고 먼저 사들여야 합니다. 크게 배팅을 해야 합니다. 그런 다음 가치가 올라가기를 기다려야 합니다. 그렇다면 이인은 자신의 이름처럼 정말 기인 같은 뛰어난 능력이 있었을까요?

여불위는 재계를 떠나 정계에 입문하려는 생각을 굳힌 다음 즉각 이인을 만났습니다. 이때 이인의 조나라에서의 생활은 보잘것없었습니다. 타고 다닐 마차 하나 없어 곤란할 정도였습니다. 살고 있던 집은 더 말할 나위가 없었습니다. 요즘 말로 생활고를 겪고 있었습니다. 이인은 일면식도 없는 대 자본가가 자신을 만나러 왔다는 소식에 놀랐습니다. 만나지 않을 까닭이 없었습니다. 상황으로 볼 때 이인에게는 희망이 생기게 된 것입니다. 비록 지금은 빌빌거리고 있으나 완전히 인생이 나락으로 떨어지지는 않을 것이라는 생각을 할 상황이었습니다. 역경 중에서도 돌파구를 찾을 수 있다는 기대를 가져도 무방하게 된 것입니다.

여불위는 이인을 만나자마자 단도직입적으로 말했습니다. "저는 그대의 문(門. 부귀영화와 권세 내지는 천자가 된다는 사실을 의미함-옮긴이)을 크게 열어젖힐 수 있소."

이인은 여불위의 말에 담담하게 "그대는 그대의 문이나 활짝 여시오. 그런 다음 내 문도 다시 여시기 바라오"라고 대답했습니다. 이 말은 무슨 뜻입니까? 비록 어려움에 처해 있기는 했으나 비굴해지기는 싫다는 의미를 담고 있습니다. 중국 고대 시대에 장사꾼은 지위가 대단히 낮았습니다. 그의 말을 좀 더 심하게 말하면 "너 여불위가 냄새 나는 돈이 좀 있는 모양인데 어디에서 감히 폼을 잡느냐? 이 몸은 비록 지금 빌빌대고 신세가 처량하지만 그래도 왕실의 자손이다. 네가 어떻게 감히 내 문을 운운하는가?"라는 의미를 아마도 가지고 있었을지 모릅니다.

여불위는 이인의 말을 듣고도 초조한 티를 내지 않았습니다. 화 역시 내지 않았습니다. 그저 아무렇지도 않은 태연한 자세로 다음 말을 입에 담았습니다.

"그대는 내 문이 그대의 문을 활짝 열어젖힌 다음에 열리게 된다는 사실을 모르는 것 같군요."

이 여불위 역시 대단한 사람이었습니다. 자신의 생사와 왕가의 운명을 이제 완전히 한 묶음으로 연결시키고 있었습니다!

한 명은 별 볼일이 없어 빌빌댔으나 결코 완전히 찌그러들고 싶어 하지 않는 왕손이었습니다. 또 다른 한 명은 영웅적인 기질이 다분함에도 대단히 현실적인 부호였습니다. 이런 남자 둘이 만나게 됐는데 어찌 세상이 뒤흔들리고 천지개벽할 큰일이 이루어지지 않았겠습니까?

이인은 이 말에 비로소 여불위가 예사 사람이 아니라는 사실을 확실히 깨달았습니다. 바로 거만한 태도를 버린 다음 "선생은 내가 어떻게 해야 하는지 알고 계십니까?"라고 물었습니다. 지혜가 넘치는 사람에게는 진짜 이렇게 해야 합니다. 여불위가 사람은 확실히 잘 봤습니다.

이후부터는 일사천리였습니다. 여불위는 이인의 귀가 솔깃할 만큼 일목요연하게 진나라 정국의 향배에 대해 분석해줬습니다.

그는 우선 안국군이 진나라 왕의 자리를 이을 것으로 봤습니다. 이때 소양왕은 이미 노쇠해 있었습니다. 안국군이 태자였으므로 아무리 늦어도 몇 년 내에는 그가 왕위를 이을 것으로 확신한 것입니다.

그는 이 과정에서 결정적인 역할을 할 인물이 화양부인華陽夫人이라고도 판단했습니다. 안국군은 본부인인 화양부인을 가장 총애했습니다. 하지만 애석하게도 그녀에게는 자식이 없었습니다. 대신 그녀에게는 막강한 권력이 있었습니다. 태자를 옹립할 권력 말입니다!

다음 분석은 다소 잔인한 말이었습니다. 이인의 상황이 다른 형제들과 비교할 수 없는 입장이라는 분석이었습니다. 틀린 말은 아니었습니다. 이인은 무려 20여 명의 형제가 있었습니다. 큰아들도 아니었습니다. 여기에 해외에서 인질 생활을 했다는 약점 역시 있었습니다. 만약 소양왕이 세상을 떠나고 안국군이 자리를 잇는다고 생각해보십시오. 안국군의 눈에 매일 얼굴을 보던 다른 형제들이 아닌 이인의 얼굴이 눈에 들어올 까닭이 있겠습니까?

여불위는 이인의 결정적인 약점 역시 들먹였습니다. 이인의 경제력이 충분하지 못해 자신을 포장할 능력이 없다는 얘기였습니다. 하기야 해외에서 고생하고 있는 입장에서 경제력이 있다면 그것도 이상할 일이기는 했습니다. 아무튼 이인은 진나라 조정의 실력자들과 인연을 맺을 방법이 없었습니다. 그들의 신뢰와 추대를 받는다는 것은 더 말할 나위가 없었습니다. 솔직히 상류사회는 그렇습니다. 경제적 능력으로 자신을 포장하지 못하면 정치적으로 발언권을 얻는다는 것이 사실상 원천적으로 불가능합니다.

여불위는 일련의 논리적인 말로 이인을 완전히 설득했습니다. 이뿐만이 아니었습니다. 그는 진나라 국내의 형세에 대한 분석을 완전히 끝마친 다음에는 이인에게 기가 막힌 전략도 은근하게 귀띔했습니다. 다름 아닌 적사(嫡嗣. 대를 잇는 본처의 큰 아들이라는 의미-옮긴이)가 될 수 있도록 노력하라는 권고였습니다. 안국군의 본처인 화양부인의 양자가 되라는 얘기가 되겠습니다. 이때 이인은 여불위가 대단히 뛰어난 세일즈 기획자라는 사실을 확실히 깨달았습니다. 그는 결국 여불위에게 확고한 어조로 "선생의 계책대로 하겠습니다. 만약에 내가 진나라를 얻게 되면 선생과 함께 영화를 누리도록 하겠습니다"라는 약속을 했습니다.

진과 한나라 시대에 천하를 얻은 영화를 함께 누리자는 말을 한 사람은 몇 되지 않습니다. 오로지 두 사람 외에는 없었습니다. 한 사람은 이인, 다른 한 사람은 훗날 등장하게 되는 유방입니다.

양천군陽泉君을 놀라게 하고 화양부인의 언니를 설득하다

이인은 EQ, 다시 말해 감성지수가 대단히 뛰어난 사람이었습니다. 장기적인 투자를 할 가치가 있는 인물이었습니다. 그는 하나를 배우면 열을 알 정도로 뛰어난 인물이기도 했습니다. 게다가 융통성이 뛰어났습니다. 그는 여불위의 지도를 받으면서 화양부인의 중요성을 너무나 절실하게 깨달았습니다. 내친김에 초나라의 복장을 한 채 화양부인을 만났습니다. 왜 이렇게 했냐고요? 화양부인이 초나라 사람이라는 것을 미리 깊이 생각했던 것입니다. 화양부인은 아니나 다를까 이인이 초나라 복장을 하고 나타나자 대단히 기뻐했습니다. 그에게 "나는 초나라 사람이다. 너를 아들로 생각하겠다"라고 말하면서 이름을 초楚라고 지어줬습니다. 이때부터 그의 이름은 자초子楚가 됐습니다.

《사기》에는 이인이 초나라 복장을 한 채 화양부인을 만난 일에 대한 기록은 없습니다. 《자치통감資治通鑑》에만 기록이 있을 뿐입니다. 이 일은 여불위가 시킨 대로 한 것일까요, 아니면 그 자신이 적극적으로 시도한 것일까요? 알 수 없습니다. 그러나 진실이야 어떻든 간에 처음으로 화양부인을 만났을 때 세세한 행동에 대해서까지 신경을 썼다는 것은 그가 쓸 만한 인재라는 사실을 충분히 설명해주지 않았나 보입니다.

화양부인은 여자였습니다. 그러나 늘 있기 마련인 궁정의 각축을 이겨냈습니다. 더 나아가 수백여 명에 이르는 왕의 여자들 중에서 마지막으로 선택받은 한 사람의 본처가 됐습니다! 이런 그녀가 과연 이 음흉하기 이를 데 없는 아들을 가볍게 받아들였을까요? 이인에게 친어머니가 없었던 것도 아니었습니다. 그런데도 기분 좋은 표정으로 젊고 예쁜 계모를 적모로 너무나도 적극적으로 받아들였습니다. 생모인 하희夏姬는 그렇다면 어떻게 대해야 했을까요? 그는 이렇게 해도 되는 것이었을까요?

사실 우리가 오늘날 보는 역사의 기록은 그저 문명이나 문화의 일개 파편에 지나지 않습니다. 종종 역사적 사건들의 후반 줄거리가 부정확한 것은 어쩔 수가 없습니다. 당연히 문헌에 기록이 없는 부분에 대해서는 추측이나 예단을 할 수밖에 없습니다. 그럼에도 우리가 충분히 긍정적으로 생각할 수 있는 부분은 있습니다. 그건 이인이 진짜 괜찮은 사람이었다는 사실입니다! 그는 우선 여불위와 돈독한 관계를 맺었습니다. 기연이라고 말해야 하는 인연을 가지게 된 것입니다. 게다가 두 명의 어머니를 모시는 수완을 보였습니다. 이건 정말 그의 뛰어난 능력이었습니다.

그가 이처럼 대단히 괜찮은 인물이라는 사실을 공개적으로 말할 수 있었던 사람은 누구였을까요? 당연히 여불위입니다. 여불위가 그를 괜찮다고 생각한 것은 정말 보통 일이 아니었습니다. 그의 일생의 운명을 완전히 바꿔놓았다고 해도 좋았습니다. 여불위에게는 자신만의 독특한 정치적 안목과 정치에 투신할 경제적 실력도 있었습니다. 여불위는 실제로 자신의 재산 절반인 500금(金. 500금은 지금 시세로 약 5,000만 원에 상당함. 그러나 이 정도 규모가 여불위 재산의 반이 될 수 없는 만큼 그저 엄청나게 많은 돈을 줬다는 의미로 봐야 할 듯함—옮긴이)을 뚝 떼어내 이인이 개인적으로 쓰도록 해줬습니다. 이인은 이 돈을 진짜 여불위의 의도대로 자신을 포장하는 데 썼습니다. 이를테면 조나라 정계 요인들과 각 나라에서 온 인질이나 사절들과의 광범위한 교제에 필요한 자금으로 썼습니다. 이로 인해 그는 조나라와 진나라에서 자신의 영향력을 확대하는 행보에 나설 수 있었습니다. 이인은 여불위가 제공한 자금을 자신의 이름을 널리 진나라에 퍼뜨릴 휘하의 빈객들을 광범위하게 받아들이는 데에도 사용했습니다. 이것이 여불위가 이인을 위해 내딛은 첫걸음이었습니다. 여불위는 다음 행보에 나섰습니다. 그는 자신의 나머지 재산 500금을 안국군과 화양부인을 만나기 위한 로비 자금으로 사용하기로 작정했습니다.

이인을 적서로 세우는 문제에 있어 가장 결정적인 권한을 가진 사람은 누구였을까요? 말할 것도 없이 화양부인이었습니다. 그녀가 안국군의 총애를 가장 많이 받던 본처였으니 이건 당연했습니다. 여불위가 그녀를 선택해 정면 돌파를 시도한 것은 정말 탁월한 선택이었습니다.

화양부인은 안국군의 총애를 받고는 있었으나 치명적 약점이 있었습니다. 자식이 없었습니다. 여불위가 노린 점도 바로 이 점이었습니다.

그는 자신의 전략을 본격적으로 실행시키기 위해 우선 많은 귀한 선물을 화양부인에게 안겨줬습니다. 이어 그녀에게 "이인은 정말 뛰어난 재주가 있는 사람입니다. 천하의 제후들과 광범위한 교류도 하고 있습니다. 더구나 그는 부인을 하늘처럼 여기고 있습니다. 항상 부인과 태자를 생각합니다"라고 사탕발림의 말을 건넸습니다. 화양부인은 여불위의 이 말에 당연히 기분이 좋아졌습니다. 여불위는 화양부인에 대한 공략에 성공한 다음에도 멈추지 않았습니다. 그녀의 언니, 동생 등에 대해서도 계속 강력한 공격을 가했습니다.

이에 대해서는 기록을 참고할 필요가 있겠습니다. 다시 《전국책》을 펼쳐보겠습니다. 여불위가 화양부인의 동생인 양천군을 일단 말로 공략한 사실이 기록으로 남아 있습니다.

"군은 군의 누나인 화양부인 때문에 지금의 부귀를 누리고 있습니다. 집 안에는 보물이 쌓여 있고 마구간에는 준마들도 있습니다. 군은 미녀들 역시 이루 헤아릴 수가 없습니다. 마음만 먹으면 언제든지 이 여자들과 즐길 수 있습니다. 심지어 태자(안국군의 장자를 의미함-옮긴이)보다도 재산이 많을지도 모릅니다. 그러나 왕(소양왕에 뒤이어 왕위를 이을 태자인 안국군을 의미함-옮긴이)께서는 지금 연로하십시다. 만약 세상을 떠나시기라도 하면 태자(안국군의 장자)가 바로 즉위하게 돼 있습니다. 태자가 즉위하면 군의 앞길은 어떻게 될지 모릅니다. 지금 좋은 세월을 보내고는 있으나 사실은 누란의 위기에 처해 있는 것인지도 모릅니다. 그야말로 위기가 사방에 잠복해 있다고 해도 좋습니다."

양천군은 여불위의 정곡을 찌른 협박성 분석에 깜짝 놀랐습니다. 등에서는 식은땀이 줄줄 흘러내렸습니다. 사실 그럴 수 있었습니다. 여불위가 입에 올린 내용은 솔직히 양천군의 아킬레스건이기도 했습니다.

여불위는 양천군의 사혈死穴을 찍기만 한 것은 아니었습니다. 미리 준비해둔 좋은 약도 그에게 주었습니다. 여불위가 말을 이었습니다.

"이인은 정말 뛰어난 인재입니다. 그러나 아깝게도 조나라에서 인질로 버림받고 있습니다. 만약 군의 누님이자 왕후가 될 화양부인께서 그를 거둬 적사로 세우면 어떻게 되겠습니까? 이인은 나라 없는 처지에서 나라를 갖게 되고 왕후는 아들이 없다 아들을 갖게 됩니다. 이게 서로 사는 상생의 길 아니겠습니까?"

여불위가 더 이상 사족을 달 필요조차 없었습니다. 양천군은 그의 말을 듣자마자 누나인 화양부인에게 달려갔습니다. 화양부인도 동생인 양천군의 말을 흘려들을 이유가 없었습니다. 여불위는 양천군을 완벽하게 제압한 다음에는 공격 방향을 화양부인의 언니에게 돌렸습니다. 이때도 그의 말은 청산유수였습니다.

"미색으로 남편을 섬기는 여자는 그 미색이 시들면 총애를 잃기 마련입니다. 화양부인께서 총애를 잃지 않은 지금 대책을 마련해야 합니다. 그게 바로 자신의 편이 될 적사를 확실하게 세우는 것입니다. 총애를 잃은 후 적사를 서둘러 세워봤자 무슨 소용이 있겠습니까? 이인은 형제 내에서의 서열이 중간입니다. 적사로 옹립될 가능성이 전혀 없습니다. 게다가 그의 어머니도 안국군의 총애를 얻지 못하고 있습니다. 만약 이때 화양부인이 그를 끌어들여 적사로 삼아보십시오. 그는 아마도 너무너무 감격해 하지 않겠습니까? 어찌 화양부인은 자신의 적사를 세우려 하지 않는 것일까요? 안국군이 세상을 떠나게 되면 화양부인의 적사는 왕이 될 것입니다. 영원히 권세를 잃지 않게 됩니다. 이것이 바로 한마디 말로 만세의 이익을 얻는다는 것이 아니겠습니까!"

여불위는 화양부인의 동생과 언니를 확실하게 설득했습니다. 양천군에게는 그 누구라도 버리기가 쉽지 않은 공명功名과 재물, 생존에 대한 위기를 역설, 공감을 얻었습니다. 또 언니에게는 화양부인과 친정 일가족의 아킬레스건인 장구하고도 안정적인 입지에 대해 역설했습니다. 사실 설득을 하더라도 남자와 여자에게 쓰는 무기는 각각 달리 해야 합니다. 여불위는 이 진리를 알았습니다.

결과는 당연히 좋았습니다. 화양부인의 동생과 언니는 여불위의 정확한 분석에 완전히 KO가 됐습니다. 그로서는 화양부인과 양천군, 화양부인을 차례로 각개격파, 이인을 정치적으로 급부상시킬 두 번째 행보를 훌륭하게 완수한 것입니다.

화양부인은 여불위에게 설득당한 다음에도 몇 번이나 더 그의 말을 생각했습니다. 그녀는 적당한 시간을 기다렸습니다. 그러다 안국군이 한가한 틈을 타 조급하지 않으면서도 정중한 자세로 그에게 "자초는 지금 조나라에 있습니다. 그러나 그는 대단히 유능한 아이입니다. 그 아이와 사귀어본 사람들은 하나같이 칭찬을 합니다"라는 결정적인 칭찬을 했습니다. 더구나 그녀는 결정적 한 방도 잊지 않았습니다. 당唐나라의 시인 백거이白居易의 시 〈장한가長恨歌〉에 나오는 '비를 머금은 듯한 봄철의 배꽃'마냥 갑작스레 울음을 터뜨린 것입니다. 그녀는 당연히 서럽게 우는 와중에도 자신의 입장만큼은 분명히 밝혔습니다.

"소첩은 지금까지 영광스럽게도 태자 전하의 총애를 입었습니다. 그러나 소첩은 불행하게도 자식을 낳는 영광은 가지지 못했습니다. 저는 그래서 자초를 적사로 세우기를 원합니다. 제 만년을 그 아이에게 의지하고 싶습니다."

안국군은 전혀 예기치 않은 화양부인의 울음에 적잖이 당황했습니다. 어떻게든 그녀를 만족시켜줄 방법을 찾아야 했습니다. 그녀의 요구를 즉각 들어줬다는 얘기입니다. 그는 그저 말로만 약속하지도 않았습니다. 아예 "내 옥으로 부절(符節. 왕을 상징하는 신표)를 파서 주겠소. 그걸 자초를 적사로 삼는다는 약속으로 하면 될 것 아니오"라고 말하기까지 했습니다. 그랬습니다. 이렇게 해서 화양부인은 이인의 적사 지위를 확실하게 손에 쥘 수 있었습니다! 이후 행보는 더욱 거칠 것이 없었습니다. 적극적으로 지지한다는 의미에서 이인에게 많은 재물을 보냈습니다. 완전히 이인을 자신의 호신에 필요한 부적으로 생각하게 된 것입니다.

여불위는 자신만 이인을 지지해서는 안 된다는 사실을 너무나 잘 알았습니다. 다른 사람, 보다 확실하게 말하면 화양부인이 괜찮다고 해야 비로소 입지가 선다는 사실을 절감했습니다. 결국 성공했습니다. 화양부인은 안국군 앞에서 이인이 훌륭한 인물이라는 사실을 강조했습니다. 이인은 화양부인에 의해 후대를 이을 군주 후보가 되었습니다.

여불위는 화양부인과 제휴해 이인을 전폭적으로 밀었습니다. 노력은 헛되지 않았습니다. 그를 역사의 무대로 확실히 올려놓았습니다! 마찬가지로 이인이 역사의 무대에 올라갔을 때 그 역시 같이 올라설 수 있었습니다. 역사의 무대로 말입니다. 안국군과 화양부인은 이인을 후계자로 확정한 다음 여불위에 대한 조치에도 나섰습니다. 이인을 추천한 사람이 그였으니까요. 그는 곧 이인의 스승이 됐습니다.

여불위는 이인을 역사의 무대에 올려놓은 다음 자신도 정계에 화려하게 등장하겠다는 열망을 실현시켰습니다. 이인에게 한 예언을 그대로 현실로 드러내 보였습니다. 그의 투자가 본격적인 선순환으로 진입하게 되는 계기는 바로 이렇게 찾아왔습니다.

안국군은 왕위를 잇고, 자초는 태자가 되다

진나라는 소양왕 50년(기원전 257년)에 대군을 휘몰아 조나라로 공격해 들어갔습니다. 조나라는 자초를 죽여 진나라에 보복하려고 했습니다. 이제 겨우 한숨을 돌리고 인생 역전을 노리던 자초는 다시 위기를 맞이하게 됐습니다.

다급해진 자초는 여불위를 불러 상의했습니다. 결론은 황금 600근을 성을 지키는 관리에게 뇌물로 제공하고 도망가는 것이었습니다. 다행히 계획은 성공했습니다. 자초는 무사히 조나라에서 빠져나와 안국군의 곁으로 돌아올 수 있었습니다. 화가 머리 끝까지 난 조나라 조정에서는 자초의 부인과 자녀들을 모조리 죽이려고 했습니다. 이중에는 나중 진시황이 되는 영정도 포함돼 있었습니다. 그러나 이들 역시 다행히 탈출에 성공, 화를 면했습니다.

기원전 251년 드디어 진나라 역사상 최장기 집권 군주였던 소양왕이 세상을 떠났습니다. 재위 56년만이었습니다. 태자 안국군은 예정대로 진나라 왕으로 즉위했습니다. 이 사람이 바로 효문왕孝文王입니다. 화양부인은 바로 왕후가 됐습니다. 자초 역시 순조롭게 태자가 될 수 있었습니다. 이때 조나라에서는 자초의 부인과 아들이 진나라로 돌아옵니다.

그러나 효문왕은 태자로 있었던 시간이 너무 길었습니다. 형이 그보다 더 오랫동안 태자로 있었는데도 그랬습니다. 당연히 아버지의 뒤를 이었을 때 나이가 상당히 많았습니다. 결국 그는 아버지의 상을 치른 다음 해인 기원전 250년 정식으로 즉위를 했으나 고작 3일 만에 세상을 떠나고 말았습니다. 천신만고 끝에 겨우 왕위에 오른 늙은 태자의 운명은 정말 안타깝기 이를 데 없었습니다!

자초는 자연스럽게 아버지의 뒤를 이었습니다. 이 사람이 바로 장양왕

莊襄王입니다. 솔직히 말해 그는 기연이 여러 번이나 찾아온 행운아였습니다. 우선 아버지가 형의 죽음으로 인해 뜻하지 않게 태자가 됐습니다. 이게 첫 번째 기연이었습니다. 여불위를 만나게 된 것은 그의 두 번째 기연이라고 하겠습니다. 화양부인과 안면을 적극적으로 익히고 지지를 얻은 것은 마지막 기연이었습니다. 결국 이로 인해 그는 진나라 국군의 보좌에까지 올랐습니다.

장양왕은 아버지의 뒤를 이은 다음 화양부인을 왕태후로 대우했습니다. 그녀의 투자는 성공했다고 하겠습니다! 몇 배의 수익률을 올렸다고 해도 괜찮을 듯합니다. 장양왕은 자신의 생모에게도 소홀히 하지 않았습니다. 하태후로 예우했습니다. 독자 여러분 한번 보십시오. 그를 이인이라고 불러도 진짜 괜찮습니다. 아니 개명한 이름인 자초로 불러도 좋습니다. 그도 아니면 장양왕이라고 해도 무방합니다. 어쨌거나 두 어머니 문제를 기가 막히게 잘 처리했습니다. 이게 그가 쓸 만한 인재라는 사실을 증명하는 것이 아닙니까? 여불위는 정말 투자 종목을 정확하게 골랐습니다.

장양왕은 왕위에 오른 해인 기원전 249년 원래의 약속을 지켰습니다. 여불위를 승상으로 임명했습니다. 또 문신후文信侯로도 봉했습니다. 낙양에 식읍 역시 10만 호나 하사했습니다. 여불위는 드디어 역사의 무대 뒤에서 전면으로 나오게 됩니다. 그것도 권력에 있어서는 다른 나라와는 비교가 안 되는 진나라의 승상이라는 타이틀을 달고서.

그러나 호사다마랄까 장양왕도 자신의 아버지처럼 왕위에 오른 지 고작 3년 만에 덜컥 중병에 걸렸습니다. 이어 손을 써 볼 틈조차 없이 세상을 떠나고 말았습니다.

이쯤에서 우리는 분명한 진리 하나를 깨달을 수 있습니다. 인생에서 성공을 하려거나 남 보기에 그럴듯하게 살려면 반드시 네 가지가 괜찮지 않으면 안 된다는 사실을 말입니다.

우선 자기 자신이라는 품질이 괜찮아야 합니다. 자초는 초창기에 역경에 처해 있었습니다. 돌파구를 찾아야 했습니다. 다행히 그는 사람을 알아보는 혜안이 있었습니다. 여불위를 중용합니다. 성공한 다음 천하의 영화를 함께 누리자는 제안을 과감하게 한 탓에 여불위의 적극적인 노력을 이용할 수 있었습니다. 이뿐만이 아니었습니다. 그는 화양부인의 중요성도 누구보다 잘 알았습니다. 여불위를 통해 적극적으로 그녀의 사랑을 얻어 결정적인 정치적 한 표를 얻은 것도 다 그 때문이었습니다. 자초는 정말 그 자신이 괜찮은 사람이었다고 단언해도 지나치지 않았습니다.

주변의 다른 사람도 괜찮다고 해줘야 합니다. 자초를 괜찮다고 처음으로 평가한 사람은 바로 여불위였습니다. 자초를 발견한 다음 국군이 될 기본적인 조건을 갖췄다고 긍정적으로 생각했습니다. 만약 그렇지 않았다면 여불위가 잘 하던 사업을 그만두고 그를 위해 그처럼 노력을 했을 까닭이 없습니다.

괜찮다고 말을 하는 사람 역시 괜찮아야 합니다. 화양부인과 안국군은 자초를 확실하게 인정했습니다. 안국군의 적사로 부족함이 없다는 입장을 가졌습니다. 이 두 사람은 누구였습니까? 한 사람은 태자, 한 사람은 태자가 총애하는 비妃였습니다. 정말 괜찮은 사람이었습니다. 자초를 태자의 적사로 결정하는 권한을 가지고 있던 사람이었습니다. 이런 너무나도 중요하고 괜찮은 사람들이 자초가 괜찮다고 하는데 그가 어떻게 적사가 되지 않을 수 있었겠습니까!

마지막으로는 괜찮은 사람의 건강 역시 괜찮아야 합니다. 자초는 괜찮아야 하는 모든 것들이 대체로 좋습니다. 그러나 유독 이 마지막 부분에서는 복이 없었습니다. 뭐가 그리 급한지 즉위한 지 겨우 3년 만에 저세상으로 쏜살같이 달려가고 말았습니다. 다른 모든 괜찮은 조건을 다 갖췄음에도 오로지 건강만이 좋지 못해 영광의 순간이 너무나도 짧았던 것입니다. 물론 그렇더라도 그는 태자가 못 된 다른 형들보다는 확실히 운이 좋았습니다. 그의 형들은 기본적으로 태자가 될 기회조차 없었습니다.

인생이 제대로 풀리려면 위의 네 가지 것 중에서 하나라도 빠져서는 안 됩니다. 특히 마지막 건강은 절대로 좋아야 합니다. 가장 중요한 것입니다. 만약 생명이라는 것이 없으면 나머지 괜찮은 조건들이 있어봐야 말짱 허사이기 때문에 그렇습니다.

장양왕 자초는 모르기는 해도 가슴속에 한을 품고서 저세상으로 가지 않았을까 싶습니다. 하지만 그의 아들인 영정은 여전히 남아 있었습니다. 진나라의 새로운 왕이 됐습니다.

이 사실을 보면 영정의 신분이 태자였다는 사실은 확실합니다. 그러나 그의 출신성분에 대해서는 뜨거운 논란이 없지 않습니다. 이중에서 가장 중요한 논란이 바로 그가 자초의 아들인가 여불위의 아들인가 하는 논란입니다. 이에 대해서는 《사기》의 〈진시황본기〉는 기록을 남기고 있지 않습니다. 그러나 묘하게도 〈여불위열전〉은 명확한 기록을 남기고 있습니다. 진시황이 여불위의 아들이라는 기록입니다. 때문에 한나라에서부터 위진남북조魏晉南北朝 시대를 거쳐 수당隋唐과 송원宋元 시대에 이르는 시기의 역사학계에서는 대체적으로 사마천의 이 〈여불위열전〉의 기록을 인정했습니다. 그러나 명청明淸 시대에 접어들면서부터는 적지 않은 학자들이 이에 대해 끊임없이 이의를 제기했습니다. 현대에 들어와서는 더 말할 나위가 없습니다. 한마디로 역사가 우리에게 남겨둔 영원한 미스터리라고 해도 틀리지 않을 것 같습니다. 그렇다면 진시황의 생부는 도대체 누구일까요?

2부
진시황, 황제가 되다

8강

생부의 미스터리

기원전 249년 자초는 여불위와 화양부인의 전폭적인 도움을 받아 드디어 진나라 국군의 보좌에 등극, 장양왕이 됐습니다. 그러나 3년 후 중천에 떠 있는 기세의 진나라와 고작 열세 살의 나이에 불과한 아들 영정만을 세상에 남겨놓고 세상을 떠나게 됩니다. 문제는 이 영정이 정치 무대에 등장하자마자 그에 대한 각종 의문이 끊이지 않고 일어났다는 사실이 아닌가 싶습니다. 그는 아버지 자초가 조나라에서 인질 생활을 할 때 태어난 아이였습니다. 그러나 출신성분은 명확하지 않았습니다. 복잡했습니다. 그는 도대체 누구의 아들이었을까요? 자초의 아들이었을까요? 아니면 여불위의 아들이었을까요? 이건 진나라 역사상의 미스터리만이 아닙니다. 역사학계 전체가 해결해야 할 난제입니다. 더불어 2000여 년 동안 사람들이 늘 거론하던 재미있는 화제이기도 합니다. 그러면 진시황의 출생은 왜 이처럼 불처럼 뜨거운 논쟁을 불러일으키는 것일까요? 이 논쟁은 어디에서 기인한 것일까요? 어떻게 이 미스터리를 해결해야 할까요?

중국 역사에서 신분이 귀한 사람들의 출신성분은 대단히 분명하게 기록되는 것이 일반적이었습니다. 특히 제왕의 경우에는 더욱 그랬습니다. 역사학자들이 절대로 소홀히 할 수 없는 것이었습니다. 그러나 진시황에 대해서만큼은 그렇지 않았습니다. 예외라고 하겠습니다. 《사기》의 진시황에 대한 기록은 앞뒤가 일치하지 않습니다. 매우 모순됩니다. 바로 이 때문에 일세의 황제인 그의 생부가 누구인지에 대한 의견은 일치하지 않습니다. 그러나 총괄적으로 말하면 이 두 가지 관점에서 벗어나지 않습니다.

여불위는 애첩을 바치고, 조희는 임신한 채 이인에게 시집을 가다

안국군의 적사가 된 후 이인과 그의 스승이 된 여불위와의 관계는 더욱 긴밀해졌습니다. 하루는 여불위가 자신의 집에서 성대한 파티를 열었습니다. 여불위와 이인 두 사람만의 행사였습니다만 주최자가 대단한 부호였던 만큼 규모가 장난이 아니었습니다.

주연이 본격적으로 무르익을 무렵이었습니다. 춤과 노래 공연이 뒤를 이었습니다. 처음 이 공연을 장식한 사람은 여불위의 애첩 조희趙姬였습니다. 그녀는 한단에서는 내로라하는 무희舞姬로 굉장한 미인이었습니다. 한번 보면 반할 수밖에 없는 여자였습니다. 게다가 뛰어난 특기도 하나 있었습니다. 춤 말입니다. 그녀가 한번 춤을 추면 한단이 진짜 떠들썩해졌습니다. 한마디로 재색을 겸비한 엄청난 미녀였습니다. 이런 여자가 남자의 총애를 받지 않으면 누가 받겠습니까?

이인은 조희를 대하자마자 눈이 번쩍 뜨였습니다. 칭찬을 금할 수 없었습니다. 여불위의 집에는 미녀가 구름처럼 많았습니다. 그러나 이때까지 이인은 이런 절세 미녀를 본 적이 없었습니다! 게다가 뛰어난 춤 솜씨까지 보게 되자 그는 눈을 어디에 둬야 할지 몰랐습니다. 피도 끓었습니다.

이인은 이때 천덕꾸러기에서 일약 적사로 신분이 격상된 처지였습니다. 지체하지 않고 여불위에게 술을 한 잔 따르면서 단도직입적으로 "저 여자 나한테 주시오!"라고 부탁을 했습니다.

여불위는 이인의 평소와는 다른 눈길을 통해 이미 짐작을 하고 있었습니다. 그가 대단히 흥분하고 있다는 사실을 말입니다. 그러나 여불위는 진나라 태자의 적사라는 사람이 이처럼 대담하게 자신의 애첩을 빼앗아 갈 것이라는 생각은 전혀 하지 못했습니다. 사실 이인은 조희가 여불위의 애첩이라는 사실을 알아야 했습니다. 또 조희가 이때 이미 여불위의 아이를 가진 여자라는 사실 역시 생각해야 했습니다. 그래서 여불위는 이 너무나도 매너 없는 이인의 부탁에 순간적으로 분노할 수밖에 없었습니다.

그러나 여불위는 오랜 인생 경험을 가진 노련하기 이를 데 없는 사람이었습니다. 순간적인 분노를 누르고 자신이 이인을 위해 이미 많은 가산을 탕진했다는 사실을 상기했습니다. 이인을 왕으로 세워 나라를 경영하려는 목적도 생각했습니다. 결국 노기 대신 웃음 띤 얼굴로 "좋아요. 좋습니다"라고 대답했습니다. 조희의 운명은 여불위가 이인에게 바침으로써 순간적으로 바뀌었습니다. 이인은 여불위의 말에 너무나 기뻐 그녀를 안고 바로 자신의 집으로 돌아갔습니다.

조희는 이인에게 진실을 말하지 않았습니다. 자신이 임신 중이라는 사실을 숨겼습니다. 그냥 그의 집으로 따라갔습니다. 조희는 12개월이 지나 아들을 낳았습니다. 아이의 이름은 정월에 낳은 탓에 정政이라고 했습니다. 또 이때 이인과 조희가 모두 조나라에서 생활하고 있었기 때문에 아이는 자연스레 조정趙政으로 불렸습니다. 중국 역사를 빛낸 진시황은 바로 이렇게 세상에 나왔습니다.

이 기록은 《사기》의 〈여불위열전〉에 나오는 내용입니다. 이 〈여불위열전〉에는 이들에 관한 많은 이야기가 실려 있습니다.

우선 조희의 신분입니다. 춤을 잘 추는 한단의 여자라는 사실을 분명하게 밝히고 있습니다. 여불위의 애첩이라는 사실 역시 보여주고 있습니다.

이인이 여불위의 사랑을 빼앗았다는 사실도 마찬가지입니다. 이인은 여불위가 베풀어준 파티에서 조희를 처음 만났습니다. 이어 첫눈에 반해 여불위에게서 그녀를 빼앗아갔습니다. 그러나 이인과 조희의 만남은 아무래도 이해하기 어려운 미스터리 하나를 안겨줍니다. 여불위의 집에서 마련한 잔치에서 만났다면 그가 만남을 주선할 뜻이 있었다고 할 수 있습니다. 여불위는 진짜 아무 생각 없이 그랬을까요?

이에 대해서는 "자초는 여불위에게 장수를 비는 술을 한 잔 올렸다. 이어 이 여자를 달라고 했다. 여불위는 화가 났다. 그러나 그는 곧 달리 생각했다. 이미 자초를 위해 상당한 재산을 썼다. 그는 좋은 물건을 낚을 기회라고 생각하고 이 여자를 바쳤다"라는 〈여불위열전〉의 기록을 보면 알 수 있습니다. 이 글 중에는 여불위가 화가 났다는 내용이 있습니다. 그가 절대로 흔쾌히 조희를 바치지 않았다는 사실을 알 수 있습니다. 그는 이인을 왕으로 세워 나라를 한 번 경영하겠다는 목적을 달성하기 위해 많은 돈을 투자했습니다. 그러나 그는 자신의 아들이 왕이 되는 것은 결코 원하지 않았습니다. 그는 분명 야심이 있었습니다. 하지만 이인이 아직 태자도 되지 않은 상황에서 자신의 아들이 왕이 되는 것을 원했을 정도라고 한다면 이건 좀 지나친 생각이 아닐까 판단됩니다.

일부 독자들은 아마도 여불위의 화가 가짜라고 말할지 모릅니다. 그러나 그의 화가 가짜이고 파티가 일부러 계략을 짜기 위해 연 것이라면 두 가지 문제를 분명히 짚고 넘어가야 합니다.

첫째 어떻게 태아의 성별을 알았을까 하는 문제입니다. 설사 여불위가 자신의 아들을 왕으로 만들고자 했다고 가정합시다. 그렇다면 임신을 한 조희는 아들을 낳을 수 있었을까요? 여불위는 전국 시대 말년에 살았던 인물입니다. 그 시대에는 초음파검사를 통해 조희가 임신한 태아가 남아인지 여아인지를 식별할 기술이 없었습니다. 당시 조희는 사뿐사뿐 춤을 출 수 있었습니다. 이인도 조희가 임신한 상태인지를 알 수 없었을 것입니다. 이는 조희가 이인과 만났을 때 막 임신한 상태라는 사실을 증명하기도 합니다. 의학이 발달한 오늘날에는 막 임신한 여자일지라도 태아가 남아인지 여아인지를 알 수 있습니다. 그러나 2000년 전에는 어떻게 알 수 있었겠습니까? 그래서 저는 여불위가 집에서 연 파티가 절대로 그의 의도적인 계략과는 무관하다고 판단합니다. 영원히 후세에 전해질 이 기가 막힌 드라마는 순전히 우연히 벌어진 일입니다.

두 번째 문제는 위험이 대단히 컸을 것이라는 얘기가 되겠습니다. 왕을 세워 국가를 경영하겠다는 여불위의 목표는 그에게 막대한 이득을 안겨 줄 가능성이 있었습니다. 이런 상황에서 그가 자신의 아이를 임신한 조희를 이인에게 굳이 바칠 필요가 있었겠습니까? 만약 탄로가 난다면 그의 인생은 완전히 절단이 납니다. 왕을 세워 국가를 경영하겠다는 목표는 완전히 사치스러운 꿈이 돼 버리는 것은 아니었을까요? 조희를 바쳐 이익을 얻기 위해서는 그녀가 이후 진나라 왕의 자리를 이을 아들을 낳아야만 했습니다. 만약 여자 아이를 낳는다면 여불위가 이전에 기울인 노력은 완전히 만사휴의가 되지 않을까요? 여불위는 이미 이인에게 투자를 하는 모험을 했습니다. 만약 계속 자신의 아들이 진나라 왕이 되는 것까지 생각하고 있었다면 그건 좀 제 정신이 아니라고 해야 합니다. 결론적으로 조희를 이인에게 시집을 보낸 것은 절대로 여불위의 음모가 아니었습니다.

지금까지 전해져 내려오는 역사 문헌은 역사적 진실을 불편부당하게 기록했다고 하기 어렵습니다. 그러나 《사기》의 〈여불위열전〉은 진시황의 아버지가 누구인가 하는 이 문제에 대해서만큼은 완벽하게 기록하고 있습니다.

〈여불위열전〉의 명확한 기록 이외에도 여불위가 진시황의 아버지라고 단정하는 중요한 문헌 기록은 둘이나 더 있습니다.

《한서》와 《자치통감》입니다. 모두들 〈여불위열전〉의 내용을 취하고 있습니다.

또 적지 않은 한나라 문헌들 역시 진시황이 여불위의 아들이라는 사실을 증명하고 있습니다.

대표적으로 《한서》의 〈왕상전王商傳〉이 그렇습니다. "진나라 승상 여불위가 왕에게 자식이 없는 것을 보고 진나라를 경영해볼 목적으로 좋은 여자를 구해 부인으로 바쳤습니다. 여불위는 이 여자가 임신 중인 것을 알았음에도 그대로 바쳤습니다. 결국 진시황을 낳았습니다. 신은 이 얘기를 들은 바 있습니다." 심지어 《한서》의 저자 반고班固는 동한東漢 명제明帝 17년에 올린 〈상명제표上明帝表〉에서도 자신의 입장을 밝혔습니다. "주周나라의 운명은 이미 다했습니다. 그러나 아들(한나라를 일컬음. 음양오행에서 주나라는 화火, 한나라는 목木이고 목은 화를 낳게 됨. 따라서 한나라는 주나라의 아들—옮긴이)은 어머니(주나라를 의미함)를 대체하지 못하는 법입니다. 그러나 진나라(진나라는 음양오행에서 목과 화 사이 제왕의 자리에 있음—옮긴이)는 이 자리를 차지할 수 있었습니다. 여정(呂政. 진시황을 의미함. 여불위의 아들이라는 의미에서 여정이라고 했음—옮긴이)은 잔혹했습니다." 《사기》의 〈진시황본기〉의 내용을 일부 인용하면서도 진시황이 여불위의 아들이라는 사실을 적극적으로 강조했습니다.

진시황의 생부가 누구인가 하는 문제에 대한 기록은 사마천의 《사기》가 가장 상세합니다. 다른 문헌들은 모두들 기록을 하지 않았습니다. 따라서 진시황의 생부가 누구인가 하는 판단은 오로지 《사기》에 근거할 수밖에 없습니다.

"진시황은 여불위의 아들이다"라는 학설이 가장 힘을 받는 이유는 아무래도 문헌의 기록 때문이 아닌가 싶습니다. 물론 일부 독자 여러분은 사마천의 기록까지 의심할 수도 있을지 모릅니다. 그러나 우리는 문헌의 기록에 의거하지 않은 채 사마천의 주장을 뒤집어엎을 수는 없습니다. 이렇게 볼 때 진시황의 생부는 여불위가 돼야 마땅합니다.

열두 달 만에 태어난 훗날의 진시황

진시황이 이인의 아들이라는 주장도 있습니다. 이런 주장을 펼치는 기록은 엉뚱하게도 같은 《사기》의 〈진시황본기〉입니다. 한번 보겠습니다.

> 진시황은 진나라 장양왕의 아들이다. 장양왕은 진나라를 위해 조나라에 인질로 갔다. 여불위의 첩 조희를 보고 기뻐 부인으로 얻었다. 이어 진나라 소양왕 48년 정월에 한단에서 시황제를 낳았다. 낳을 때 이름을 정, 성을 조라고 했다.

이 기록은 대단히 간단합니다. 그러나 눈여겨봐야 할 내용이 무려 셋이나 있습니다.

첫째 이인이 여불위의 첩을 부인으로 얻었다는 사실입니다. 두 번째는 여불위의 첩이 진시황을 낳았다는 내용입니다. 마지막은 진시황의 이름이 조정이라는 사실입니다. 조희가 임신한 채 이인에게 시집을 갔다는 가장 결정적인 내용은 없습니다.

다시 말하겠습니다. 사마천은 《사기》의 〈여불위열전〉과 〈진시황본기〉

에서 이인이 여불위의 애첩인 조희를 부인으로 맞아들여 진시황을 낳았다는 사실을 분명히 기록으로 남겼습니다. 반면 조희가 시집을 갔을 때 임신을 했는지의 여부에 대해서는 두 기록이 완전히 다릅니다. 하나는 분명히 기록으로 남겼습니다. 다른 하나는 기록이 없습니다.

〈진시황본기〉와 〈여불위열전〉의 기록은 서로 모순될까요? 예, 양자는 분명히 모순됩니다.

우선 〈진시황본기〉는 아예 조희의 임신 사실에 대한 기록을 남기지 않았습니다. 진시황을 조정으로도 불렀습니다. 여정이 아니었습니다.

이를 통해 우리는 사마천이 본 사료가 두 가지가 아니었을까 추측할 수 있습니다. 하나는 조정, 하나는 여정으로 기록한 사료입니다. 《사기》에서도 그가 두 가지 사료를 봤을 것으로 판단되는 증거가 있습니다. 《초세가楚世家》의 내용이 그렇습니다. "12년에 진나라의 소양왕이 세상을 떠났다. 초나라 왕은 춘신군春申君에게 진나라에 조문을 가도록 했다. 16년에 장양왕이 세상을 떠났다. 진나라 왕 조정이 뒤를 이었다."

만약 사마천이 오로지 조희가 임신한 채 이인에게 시집을 갔다는 내용을 기록한 사료만을 봤다면 어떻게 됐을까요? 아마도 《사기》의 모든 기록은 〈여불위열전〉과 같아야 합니다. 〈진시황본기〉의 "이름을 정, 성을 조라고 했다"라는 기록이나 《초세가》의 "장양왕이 세상을 떠났다. 진나라 왕 조정이 뒤를 이었다"라는 기록이 나올 까닭이 없습니다. 그의 이런 기록은 사마천이 서로 상이한 내용의 사료를 봤다는 사실과 그 진위를 단정할 수 없었다는 사실을 말해줍니다. 때문에 〈진시황본기〉와 〈여불위열전〉의 기록은 당시 두 가지 설이 있었다는 역사적 사실을 반영하고 있습니다.

만약 두 기록이 서로 모순된다면 우리는 어떤 것을 믿어야 할까요? 우리는 일단 두 가지 사실에 유의해야 할 것 같습니다.

첫째는 《사기》의 관례에 따를 때 본기本紀는 전체적인 윤곽이 조잡하고 본전本傳이 훨씬 더 자세하다는 사실입니다. 본기와 본전이 서로 모순되는 상황이라면 본전을 믿어야 하겠습니다.

다음으로 현재까지는 〈여불위열전〉의 기록을 반박할 문헌 사료가 없다는 사실입니다. 〈여불위열전〉에 점수를 더 많이 줘야 한다는 얘기입니다.

그러나 〈여불위열전〉에도 일찍이 사람들의 관심을 끈 기록이 있습니다. "조희가 대기大期에 이르러 아들 정을 낳았다"라는 게 바로 그것입니다.

'대기'는 어떻게 해석을 해야 할까요? '기期'라는 것은 충분히 일정한 시간을 채웠다는 사실을 의미합니다. 따라서 '대기'는 두 가지 해석이 가능합니다. 하나는 10개월입니다. 다른 하나는 12개월입니다. 하지만 어쨌든 조정이 달을 채우지 않고 세상에 태어나지는 않았다는 얘기가 성립됩니다.

만약 조희가 임신한 채로 이인에게 시집을 갔다고 합시다. 현대 의학의 상식에 따를 경우 그녀는 시집을 간 지 280일 이내에 아들을 낳았어야 했습니다. 10개월을 다 채우지 못하고 아이를 낳아야 했습니다. 그러나 〈여불위열전〉의 기록에 따르면 조희는 "대기에 이르러 아들 정을 낳았다"고 돼 있습니다. 달을 제대로 채웠습니다. 이 기록만 보면 조정이 여불위의 아들이라는 사실은 부정할 수 있습니다. 2000여 년 동안에 걸친 의혹을 가볍게 깨뜨리는 것이 가능합니다.

이 문제는 과거 사람들이 의혹을 가질 만했습니다. 그러나 오늘날 사람들은 의혹을 가지는 것이 불가능합니다. 다시 의혹을 품을 사람도 없을 것입니다. 조희가 여불위의 첩이었다가 나중 이인에게 시집을 간 것은 충분히 믿을 만합니다. 이에 반해 조희가 임신한 채 이인에게 갔다는 것은 그렇지 않습니다.

고대 사람들의 지식에 의하면 임신은 두 가지 경로를 통해 아는 것이 가능합니다. 하나는 생리의 정지입니다. 다른 하나는 임신의 초기 반응입니다. 그러나 임신의 초기 반응은 사람에 따라 다릅니다. 때문에 고대 사람들은 대체로 생리의 정지를 통해 임신 사실을 깨달았습니다. 또 생리가 정지됐다는 사실을 알기 위해서는 1개월 전후의 시간도 필요로 했습니다. 이에 근거해 계산해보면 조희는 이인에게 간 다음 고작 8개월 만에 조정을 낳아야 했습니다. 그러나 조희는 '대기'에 이르러 조정을 낳았습니다. 여불위와 진나라의 황족 간의 사이에는 오로지 지저분하게 얽힌 성관계만 있었을 뿐 혈연관계는 없었다고 해야 옳습니다.

그렇다면 12개월이 지난 다음 아이를 낳는 일은 어떻게 가능했을까요?

만약 어떤 여자가 2월 10일에 생리를 시작해야 한다고 합시다. 그런데 3월 10일이 됐는데도 생리가 없습니다. 그러면 이 여자는 자신이 임신을 했다고 생각할 수밖에 없습니다. 이 여자는 또 지난번 생리가 2월 10일이어야 하므로 보름을 거슬러 올라가 1월 25일경에 자신이 임신을 했다고 생각할 수 있습니다. 그러나 실제 이때 그녀는 임신을 하지 않았습니다. 그저 생리가 늦춰졌을 뿐입니다.

만약 생리가 진짜 2개월 정도 늦춰진다면 이 여자가 실제적으로 임신한 날짜는 3월 25일이 될 수도 있습니다. 그러나 이런 상황은 그녀 자신이 완전히 알기가 어렵습니다. 만약 이 여자가 3월 25일에 임신을 했다면 4월 10일에 와야 할 생리는 당연히 오지 않을 것입니다. 그러나 이 경우 그녀는 시종일관 자신이 1월 25일에 임신했다고 생각할 가능성이 있습니다. 그래서 10개월 후에 아이를 낳을 때 자신이 기억하는 임신 날짜가 2개월이나 차이가 나는 것이 가능하게 됩니다. 이렇게 되면 정상적으로 분만이 된 영아일지라도 12개월 만에 출생한 아이가 되는 것도 충분히 가능합니다. 이게 바로 12개월 만에 아들을 낳았다는 얘기가 가능하게 되는 이유가 아닌가 싶습니다.

그러나 사실 이건 아무것도 아닙니다. 사서에는 무려 14개월 만에 아이를 낳았다는 기록도 있습니다. 왜 이런 기록이 있을까요? 사서를 한번 들춰보겠습니다. 이에 따르면 한나라 때의 소제昭帝 유불릉劉弗陵은 어머니인 구익鉤弋부인이 임신 14개월 만에 낳은 아들이었습니다. 전설 속의 요堯임금이 14개월 만에 태어난 것과 완전히 일치합니다. 유불릉의 아버지 무제武帝는 이 때문에 구익부인을 기념하기 위한 문을 세우고 이를 요모문堯母門이라고 했습니다. 사서에서 10개월 이상의 임신 기간을 거쳐 태어난 인물들은 모두 군왕이었습니다. 위에서 언급했듯 요임금과 소제가 그랬습니다. 아마도 이는 이들을 신격화시키기 위해 그런 것이 아니었나 싶습니다. 절대로 고대 사람들이 14개월 만에 아이들을 낳았다는 사실을 증명하는 것이라고 할 수 없습니다.

여정, 조정 둘 중 과연 어떤 것이 진실일까?

조희와 여불위가 아들을 낳았다는 설은 〈여불위열전〉과 한나라 때의 문헌들에 기록으로 남아 있습니다. 그러면 조희와 이인이 아들을 낳았다는 문헌 기록은 없을까요? 있습니다!

우선 〈진시황본기〉에 있습니다. 또 한나라 때의 문헌들 중에도 진시황을 조정이라고 부른 기록은 있습니다. 이중 대표적인 사서는 서한西漢 때의 회남왕淮南王 유안劉安이 지은 고전《회남자淮南子》입니다. 〈인간훈人間訓〉에 "진나라 왕 조정이 천하를 병탄했으나 망했다"라는 기록이 있습니다. 유안은 유방의 손자였습니다. 서한 정권이 진시황의 정권을 대신한 것에 대한 합법성을 누구보다도 긍정적으로 인정할 수밖에 없는 사람이었습니다. 진시황을 나쁘게 평가해도 무방했습니다. 그럼에도 그는 진시황을 여정으로 부르지 않고 조정이라고 불렀습니다. 유안은 게다가 사마천과는 동시대 사람이었습니다. 아마도 그가 본 사료들은 영정을 이인의 아들로 분명히 기록하지 않았나 싶습니다. 그랬으니 그가 진시황을 조정이라고 불렀겠죠.

《회남자》는 이외에 〈태족훈泰族訓〉에서도 진시황을 여정이 아닌 조정이라고 불렀습니다. 원문을 한번 보는 것이 좋겠습니다. "조정은 낮에는 각종 소송을 판결하고 밤에는 공문서를 처리했다. 또 감찰어사를 각 군과 현에 파견해 시찰토록 했다. 정말 바쁘기가 이를 데 없었다. 게다가 병사들을 오령(五嶺. 월성越城, 도방都龐, 맹저萌渚, 기전騎田, 대유大庾 등의 다섯 개 령―옮긴이)에 파병해 월越 등의 오랑캐들을 방어했다. 만리장성을 쌓은 다음에는 호胡 등의 오랑캐를 막았다. 그러나 간신들이 잇따라 생겨나고 도적들이 창궐했다. 상황이 더욱 복잡하고 어려워졌다. 난이 도처에서 일어났다"라면서 조정이라는 말을 분명히 앞에 붙였습니다.

동한 때의 왕부王符가 지은 《잠부론潛夫論》 역시 《회남자》와 크게 다르지 않습니다. 권9의 〈지씨성志氏姓〉 편에서 진나라 흥망의 역사를 설파하면서 "그 후 제후들과 어깨를 나란히 했다. 오세 때까지는 계속 왕을 칭했다. 육세인 진시황은 한단에서 태어났다. 때문에 이름을 조정이라고 했다"라고 강조했습니다.

이로 볼 때 한나라 사람들 모두가 진시황이 여정이라는 설을 확신한 것은 아님을 알 수 있습니다. 양한兩漢의 대표적 학자들인 유안과 왕부가 모두 진시황을 조정이라고 칭했으니까요. 진시황이 이인의 아들이라는 증거가 아닌가 싶습니다.

이외에 〈여불위열전〉의 근간이 된 사료의 출처가 분명하지 않다는 사실도 조희가 여불위의 아이를 낳았다는 사실을 의심케 합니다. 더구나 선진(先秦. 진나라 이전의 시대를 의미함―옮긴이) 시대의 다른 중요한 역사학

2부 진시황, 황제가 되다 | 157

고전인 《전국책》 역시 조희가 임신한 채 시집을 갔다는 기록을 전혀 남기고 있지 않습니다.

마지막으로 조희가 임신했다는 사실이 논리적으로 이치에 맞지 않는다는 점을 기억해야 하겠습니다. 논리적으로 말할 때 실제로도 〈여불위열전〉의 문헌 기록은 모순된 부분이 너무나도 분명하게 보입니다.

이에 대해서는 명明나라 사람 왕세정王世貞이 엮은 〈독서후讀書後〉에서 주장한 내용이 일부 설명을 해줄 것 같습니다.

예부터 지금까지 술수로 부귀영화를 얻고 권세를 잡은 사람 중에서 여불위처럼 치사하고 비겁한 사람은 없었다. 그러나 그처럼 교묘한 사람도 없었다. 그의 계략은 어려운 시기에 공사를 한 것이었으나 결과가 있었다. 그것은 천행이었다. 하지만 그의 술수가 가져왔다고도 할 수 있었다. 그는 또 조희가 임신했다는 사실을 알고는 3월에 자초에게 들여보내고 대기에 이르러 정을 낳게 했다. 그러나 이는 이치로 볼 때 맞지 않는다. 그가 고의적으로 말을 해 진시황에게 슬쩍 흘린 것은 아닐까? 자신이 친아버지라는 사실을 알도록 해서 부귀영화를 오래도록 보장받고 싶어 했던 것은 아니었을까? 그도 아니라면 진나라에 의해 멸망한 육국의 유민들이 고의적으로 진시황을 욕되게 하기 위해 그런 것은 아니었을까? 만약 이렇게 하면 망한 육국의 유민들은 이 사실을 더욱 과장할 수 있었을 것이다. 천하 사람들로 하여금 육국보다 먼저 진나라가 망했다는 사실을 알리고자 했을 것이라는 말이다. 그렇지 않다면 여불위와 왕태후(조희)가 말을 하지 않는데 진시황이 영씨 집안의 사람이 아니라는 사실을 천하의 사람들이 어떻게 알 것인가?

영정이 이인의 아들이 아니라는 소문은 순전히 개인적인 사생활에 속했습니다. 그러나 사마천이 참고를 한 사료는 이 사실을 기록했습니다.

이 사생활을 아는 사람들이 있었다는 얘기입니다. 그러면 도대체 누가 외부 세계에 이 프라이버시를 까발렸을까요?

이 프라이버시에 개인적으로 관계된 사람은 오로지 네 사람밖에 없었습니다. 여불위와 조희, 이인, 영정입니다. 이인은 이중에서 가장 중요한 당사자였습니다. 그러나 그는 이 프라이버시를 알기 가장 어려운 입장에 있었습니다. 그러므로 그는 외부 세계에 이 비밀을 발설할 사람이 아닐 가능성이 가장 높았습니다.

영정은 이 프라이버시를 알 수가 없었습니다. 설사 그가 알고 있었다 해도 절대로 누설하지 않았을 것입니다. 누설했다가는 자신이 영씨 왕족의 혈통을 가질 수 없게 됐을 테니까 말입니다. 이 경우 왕위 역시 절대로 보존할 수가 없게 됩니다.

영정의 출신성분에 대해 가장 막강한 발언권을 가질 수 있었던 사람은 당연히 어머니 조희였습니다. 그러나 정치적 이익 앞에서 조희가 진상을 말한다는 것은 불가능했을 것으로 보입니다. 그녀는 정치를 몰랐습니다. 완전히 무의식중에 정치의 한가운데로 휩쓸려 들어갔을 뿐입니다. 하지만 자신의 아들 영정이 도대체 누구의 아들이냐 하는 이 중대한 문제에 대해서만큼은 그녀의 머리는 확실하게 깨어 있었습니다. 자신의 발언권이 가지는 파괴력이 대단할 것이라는 사실을 알고 있었습니다. 때문에 그녀는 진상을 밝힐 가장 확실한 자격이 있는 당사자였음에도 가장 입을 열기 어려운 사람이었습니다. 엄청난 정치적 압력이 있었다는 얘기도 되겠습니다. 결과적으로 조희의 침묵은 이 역사의 진상을 지금까지 불명확하게 만들어놓고 말았습니다.

일부 사람들은 그녀가 여불위를 위험에 빠뜨리게 하기 위해 이 사실을 발설하지 않았다고 추측하기도 합니다. 실제로 그녀는 여불위가 위험에 직면하게 됐을 때에도 아무런 말도 하지 않고 침묵을 지켰습니다.

이제 남는 것은 여불위밖에 없습니다. 그가 이 프라이버시를 널리 퍼뜨린 소문의 진원지라는 얘기가 될 수 있습니다. 더구나 그는 이 프라이버시를 공개할 때의 수혜자가 될 수 있었습니다. 그러나 역설적으로 바로 이렇기 때문에 그가 그랬다면 이 소문은 가장 믿기 어렵게 됩니다. 더불어 〈여불위열전〉이라는 이 문헌의 신빙성은 폄하될 수밖에 없습니다.

다른 하나의 가능성도 있기는 합니다. 조희가 여불위의 애첩에서 이인의 부인으로 신분이 바뀌었을 때 임신한 아이가 누구의 자식인지 자신도 몰랐을 것이라는 가능성입니다. 때문에 이 2000여 년 동안이나 내려오는 비밀을 풀려면 문헌의 기록에 의존해서는 안 됩니다. 현대 의학 지식에 의존해야 합니다!

우리는 또 하나의 요소도 고려해야 합니다. 후세 사람들이 진나라가 육국을 멸망시킨 것이냐 육국이 진나라를 멸망시킨 것이냐에 대해 대단히 관심을 많이 가지고 있었다는 사실입니다. 진시황을 여정으로 부르느냐 아니면 조정으로 부르냐에 대한 논쟁은 이 사실을 말해주는 징표라고 해도 과언이 아닙니다. 만약 여정으로 부른다면 실제적으로는 육국을 멸망시키기 전에 진나라가 먼저 멸망했다고 말하는 것이 됩니다. 반대로 조정으로 부른다면 진나라가 육국을 멸망시켰다는 사실을 승인하는 것이 됩니다.

원나라 때 사람인 진역陳櫟은 진이 이미 망했다고 보는 입장이었습니다. 자신의 저서 《역대통람歷代通覽》의 권1을 보면 잘 알 수 있습니다. "사람들은 진나라가 이세二世와 자영子嬴의 대에서 망하는 것을 봤다. 영씨의 진나라가 이미 여정이 왕위를 이으면서 망했다는 사실을 어찌 알까?"

명나라 때 학자인 양잠梁潛 역시 이런 사람이었습니다. 자신의 저서 《박암집泊庵集》 권6에서 "진나라가 망한 것은 여정에 의해서이다"라고 분명하게 강조했습니다.

이 두 기록이 말해주는 의미는 분명합니다. 육국이 이미 진나라를 멸망시켰다는 관점이 후세에도 상당한 다수 의견으로 유력하게 떠돌았다는 사실을 말해주지 않나 보입니다.

영정의 출신성분은 당시나 후세에 정치 투쟁을 일삼은 사람들에게 중요한 문제였습니다. 이 문제를 정치 투쟁의 도구로 활용하는 경우가 적지 않았으니까요.

영정과 여불위가 혈연관계가 있었다고 합시다. 이러면 당연히 영정은 진나라 왕조의 영씨 혈통이 아니게 됩니다. 이 경우 그의 정적은 반란을 일으킬 좋은 이유를 찾게 될 것입니다. 다음으로 여불위에게도 나쁠 것은 없었을 것입니다. 실제로 그는 나중 영정의 지지를 얻어 반란을 일으킨 장신후長信侯 노애嫪毒와 대항할 수 있었습니다. 마지막으로 육국을 조국으로 하는 사람들의 한도 풀어주게 되지 않았을까 보입니다. 그렇습니다. 여불위도 육국의 유민이었습니다. 이런 그가 자신의 아들에게 진나라의 천하를 강탈하게 만들었습니다. 이건 진나라가 육국보다 먼저 망했다는 사실을 증명하는 것이 아니고 무엇이겠습니까? 이 사실은 진나라에 의해 멸망한 육국 유민들로 하여금 심리적인 만족감을 느끼도록 하지 않았을까요!

진시황의 출신성분은 너무나 복잡합니다. 정말 어떻게 해결하기가 어렵습니다. 그래서 학계에서는 제3의 주장이 나오고 있습니다. 앞으로 DNA 검사를 하든 진시황의 아버지가 누구든 그건 중요하지 않다는 주장이 바로 이것입니다. 진시황이 누구의 자식이든 그에 대한 평가는 달라지지 않습니다.

지금까지는 진시황의 생부에 대한 미스터리를 얘기했습니다. 그러나 사실 생모인 조희도 결코 소홀히 할 사람은 아닙니다. 진나라의 역사에서 그녀는 진짜 적지 않은 뚜렷한 족적을 남겼습니다. 그러면 역사적으로 조희는 어떤 사람이었을까요? 그녀는 진나라가 천하를 통일하는 데 어떤 영향을 미쳤을까요.

9강

역사의 소용돌이에 휘말린 조희

거의 2000여 년 동안 진시황의 생부가 누구인지에 대한 논쟁이 끊이지 않았던 것은 상당 부분 진시황의 생모인 조희 때문이었습니다. 그녀는 여불위의 애첩으로 있다 답례품으로 이인에게 보내졌듯이 자신의 운명조차 자신의 뜻대로 할 수가 없었습니다. 매우 연약한 여자였습니다. 그러나 이인에게 시집을 가면서 그녀의 인생은 확 바뀌었습니다. 나중에는 진나라의 왕후가 됐습니다. 그녀의 인생은 아들 조정을 낳은 다음에는 더욱 자신이 컨트롤하기 어렵게 됐습니다. 중국 역사 발전에 적지 않은 영향을 끼치는 주인공까지 됐습니다. 그러나 한 나라의 왕후, 왕태후까지 된 이 여자에 대한 역사상의 평가는 별로 높지 않습니다. 그녀가 후세에 남긴 인상은 우선 음탕하다는 것이었습니다. 남첩男妾을 가까이 했습니다. 게다가 권력을 농단했습니다. 나라와 백성들을 잘못된 길로 이끈 전형적인 여자의 이미지를 남길 수밖에 없었습니다. 그러면 역사적으로 볼 때 조희는 어떤 여자였을까요? 여불위, 이인, 진시황 등과 같은 중요한 인물들과 인생이 한 묶음으로 엮여 있었던 그녀는 진나라가 육국을 통일하는 데 과연 어떤 영향을 미쳤을까요?

자초가 갑자기 세상을 떠나자, 조희는 옛 연인을 다시 찾다

소양왕 50년(기원전 257년) 진나라의 대군은 조나라의 도성인 한단을 맹렬하게 공격했습니다. 일거에 한단을 함락시킬 기세였습니다. 조나라를 멸망시킬 기세였다고 해도 좋았습니다. 조나라 군민軍民은 당연히 격렬히 저항했습니다. 비장하고 처절한 도성을 보위하기 위한 전투를 전개했습니다. 이때 조나라의 최고 당국자들은 자신들을 멸망시키려는 진나라의 폭거에 분노, 인질이었던 자초를 살해하기로 분연히 결의했습니다. 여불위는 이 소식을 들었습니다. 행동도 즉각 개시했습니다. 우선 무려 600금의 뇌물을 줘서 조나라의 관리들을 매수했습니다. 이어 신병을 확보한 자초를 데리고 진나라 대군에 의해 겹겹이 포위된 한단을 빠져나갔습니다. 그러나 이때 자초의 부인인 조희는 아들 조정을 데리고 남편과 여불위를 따라 도망가지 못했습니다. 때문에 조나라 당국은 자초가 조나라에서 도망을 간 다음 전력을 다해 조희와 조정을 체포하려고 했습니다. 조희는 아들을 데리고 사방으로 도망을 다닐 수밖에 없었습니다. 신세가 비참하기 이를 데 없었습니다.

　기원전 251년, 진나라 역사상 가장 오랜 56년 동안 재위했던 소양왕이 드디어 세상을 떠났습니다. 태자 안국군은 아버지의 뒤를 이어 진나라 왕이 됐습니다. 이 왕이 효문왕이었습니다. 그는 곧 자초를 태자로 세웠습니다.

　조나라는 자초가 태자가 됐다는 소식을 접했습니다. 더 이상 조희와 조정을 추격해 살해하겠다는 생각을 단념했습니다. 하기야 그게 당연했습니다. 진나라의 왕후와 왕위를 이을 태자가 될 사람들을 죽이는 것은 만용에 가까웠으니까 말입니다. 이 정도에서 그치지 않았습니다. 조나라는 조희와 조정을 찾아 극진한 예우를 다해 진나라로 보내주는 정성까지 보여줬습니다.

이로써 조희는 마침내 조나라에서의 악몽 같은 생활을 끝내고 남편 자초의 곁으로 돌아왔습니다. 아들 조정 역시 조나라에서의 무려 9년 동안에 걸친 어린 시절을 마감했습니다.

그러나 수십 년 동안을 기다렸다 왕위에 오른 효문왕의 건강 상태는 좋지 않았습니다. 나이 역시 대단히 많았습니다. 결국 정식으로 즉위한 지 겨우 3일 만에 세상을 떠나고 말았습니다. 이때 자초는 태자로서 즐길 만한 것도 제대로 맛보지 못한 상태였습니다. 자신이 그처럼 빨리 아버지의 뒤를 이어 왕이 될 줄도 몰랐습니다. 조희 역시 졸지에 왕후가 됐습니다.

조희는 정말 신세가 기가 막힌 여자였습니다. 죽을 고생을 한 끝에 진나라로 돌아와 왕후가 됐으나 이번에는 덜컥 남편이 세상을 떠나버렸습니다. 행복한 시간이 너무 짧았습니다.

기원전 247년, 왕위에 오른 지 고작 3년 만에 장양왕 자초는 아버지와 같은 길을 걸었습니다. 이때 조희는 혈기왕성한 여자였습니다. 그런데 졸지에 과부가 돼 버렸습니다. 그녀의 생활은 당연히 활력을 잃었습니다. 아무리 아들이 왕이 되고 자신이 왕태후가 되면 뭣합니까? 남편이 없는 생활이 행복하겠습니까?

바로 이때 한 남자의 그림자가 조희의 시야에 들어오게 됩니다. 그는 누구였을까요? 진나라 승상인 여불위였습니다. 옛 애인이었습니다.

자초는 여불위의 도움으로 성공을 하자 지체 없이 자신의 약속을 지켰습니다. 즉위와 동시에 여불위를 승상으로 임명하고 문신후로도 봉했습니다. 막말로 돈 푼깨나 있는 장사꾼에서 졸지에 정치가로 변신한 것입니다.

그러나 그의 활약은 장양왕의 죽음에도 불구하고 끝나지 않았습니다. 그는 영정 역시 진나라의 왕이 되도록 했습니다.

영정에게 있어 여불위는 영원히 빛날 황제로서의 역사적 지위를 만들어준 생명의 빛이었습니다. 솔직히 틀린 말은 아니었습니다. 만약 여불위가 조희를 자초에게 주지 않았다면 영정이라는 사람이 태어났겠습니까? 영정의 모든 것은 없다고 해도 좋았습니다.

때문에 영정은 자신이 즉위한 후에도 여불위를 상국으로 임명했습니다. 나아가 그를 중부(仲父. 작은 아버지라는 의미 – 옮긴이)로도 불렀습니다. 진나라의 관제官制에서 승상은 둘을 둬도 괜찮았습니다. 하지만 상국은 한 명만 둬야 했습니다. 둘 모두 지금으로 따질 경우 거의 같은 총리급의 직위이나 그래도 굳이 따지면 상국이 승상보다는 위라고 하겠습니다. 영정이 여불위를 승상에서 상국으로 바꿔 임명한 데에는 다른 이유도 있었습니다. 그의 나이가 문제였습니다. 왕으로 즉위했을 때 고작 열세 살에 불과했으니까요. 사실 이 나이에는 왕이 아무리 똑똑하다고 해도 직접 조정을 장악하기가 일반적으로 힘듭니다. 진나라의 국내 정치와 외교의 전권은 이로써 여불위의 손에 완전히 들어갔습니다.

여불위는 조희에게 있어서도 특별했습니다. 생리적인 욕구를 만족시켜줄 남자였습니다. 장양왕이 세상을 떠난 이후 조희는 얼마 동안이나마 홀로 살았습니다. 그러나 그녀는 왕태후의 신분임에도 적막한 생활을 감내할 여자가 아니었습니다. 남자가 있어야 했습니다. 정신과 육체 모두 신분의 억압에서 자유로웠다는 얘기가 되겠습니다. 더구나 조희의 옛 애인 여불위는 이때 상국이었습니다. 신분 역시 어느 정도 맞았습니다. 급기야 두 사람은 장양왕의 무덤 위 흙이 채 마르기도 전에 빈번한 밀회를 가지기 시작했습니다. 사통私通을 하게 된 것입니다.

이때 여불위는 인생의 최고 절정기를 맛보고 있었습니다. 무엇보다 권력이 일인지하, 만인지상인 상국에 이르렀습니다. 그는 별 볼일 없는 비즈니스맨이었을 때도 조희 같은 뛰어난 미인을 주변에 두고 즐겼습니다. 하지만 이때는 돈 외에도 권력이 있었습니다. 당연히 주변에 뛰어난 미인들이 엄청나게 많았습니다. 그런데도 왜 왕태후 조희와 사통을 하는 모험을 감행했을까요?

저는 가장 중요한 요인이 그가 왕태후에게 죄를 짓지 않으려고 했기 때문이라고 생각합니다. 영정은 이때 이미 열세 살의 아이였습니다. 조희가 아무리 젊었다고 해도 30세 이상은 됐을 것이 분명합니다. 모르기는 해도 여불위의 옆에는 조희보다 무려 열 몇 살 어린 젊은 미인들이 바글바글했을 것입니다. 그런데도 사통을 했습니다. 옛 정이 남아 있어 그런 것이 절대로 아니었을 것입니다. 아무래도 본인의 의지와는 관계없이 막강한 권력을 가진 왕태후에게 죄를 짓지 않아야겠다는 정치적 고려를 했을 수밖에요. 남자는 정치적 동물입니다. 특히 여불위는 사업을 하다가 정치에 뛰어들었습니다. 그것도 지위가 상국에 이르렀습니다. 아무래도 전략적 안목이 과거 한단에 있던 시절과는 분명하게 다를 가능성이 높았습니다.

조희는 여불위 주변의 빼어난 여자들과 비교했을 때 더 이상 젊지도 않았습니다. 하지만 그녀는 왕태후였습니다. 반면 여불위는 신하였습니다. 아무리 상국의 자리에 있고 중부로 불리면서 조정을 좌지우지하고 있었으나 기본은 어쩔 수 없었습니다. 군신君臣의 경중을 굳이 비교하자면 어떻게 될까요? 구구한 설명이 필요 없습니다. 여불위가 이때 그 자신의 자리에 이르는 길은 결코 평탄하다고 하기 어려웠습니다. 만약 태후에게 죄를 지을 경우 결과가 어떻게 될 것인지는 상상하기 어렵지 않습니다.

조희는 생리적 욕구를 해결하기 위해 그랬습니다. 여불위는 정치적 필요에 의해 그랬습니다. 서로 필요로 하는 바는 달랐습니다. 그러나 두 사람은 서로의 필요에 의해 기꺼이 한 몸이 됐습니다.

조희와 여불위, 그리고 노애의 삼각 스캔들

영정이 어렸을 때 여불위와 조희의 이런 비정상적인 관계는 숨길 수가 있었습니다. 그러나 영정이 성인이 되면 얘기는 달라집니다. 영정이 눈치를 채지 못할 까닭이 없었습니다.

여불위는 당연히 자신들의 비정상적인 관계가 영정에 의해 탄로가 나지 않을까 걱정했습니다. 이유야 어떻든 영정이 자신의 중부와 어머니의 치사한 관계를 받아들이려고 하지 않을 가능성이 높았기 때문입니다. 한마디로 두 사람의 사통이 발각되는 날은 그에게 대재난이 도래하는 날이라고 해도 좋았습니다. 그러나 조희는 계속 관계를 가지기를 원했습니다. 죽어라 하고 여불위를 꽉 잡고 놓아주지 않았습니다. 급기야 여불위는 머리를 쥐어짜내기 시작합니다. 어떻게 해서든 몸을 빼내야 목숨을 부지할 수 있을 테니까요.

그렇다면 어떻게 해야 안전하게 몸을 뺄 수 있을까요? 또 왕태후 조희가 눈치를 채지 않도록 할 수 있을까요?

여불위는 노심초사한 끝에 한 가지 절묘한 방법을 생각해냈습니다. 자신을 대신할 남자를 찾는 것이었습니다. 이 엑스트라 대역이 조희의 욕구를 원 없이 만족시켜줘야 그 자신이 벗어날 수 있을 테니까요.

결과는 어땠을까요? 지성이면 감천이라고 여불위는 드디어 한 남자를 찾아냈습니다. 그것도 여자들이 좋아할 이른바 터프가이였습니다. 이름은 앞서 언급한 바 있는 노애였습니다. 그는 노애를 바로 자신의 빈객으로 받아들였습니다.

이제 어떤 교묘한 방법으로 노애를 조희에게 바치느냐 하는 문제가 남아 있었습니다. 만약 일을 잘못 처리했다가는 음모가 백일하에 드러나지 말라는 법이 없었습니다. 여불위가 몸을 빼려 한다는 사실을 조희가 눈치채게 된다는 것이죠. 그렇게 될 경우 몸을 빼는 것은 고사하고 문책을 당하는 것은 예상 가능한 일이었습니다. 이건 여불위에게는 일대 재난이 될 수 있었습니다.

며칠을 노심초사하다 이 난제를 풀 절묘한 방법을 찾아냈습니다. 좋은 남자가 있다는 소문을 내는 것이었습니다. 그것도 폭발적인 파괴력을 가진 소문을 말입니다. 그렇지 않으면 구중궁궐에 있는 왕태후에게 이 소문이 전해질 턱이 없었습니다.

다시 난제가 생겼습니다! 당시에는 방송이라는 것이 없었습니다. TV는 당연히 없었습니다. 신문이라고 있을 턱이 있었겠습니까!

여불위는 다시 또 최종적인 방법을 찾아냈습니다. 그건 노애의 엄청난 성적인 능력을 보여주는 공연을 주최하는 것이었습니다. 조희로 하여금 자다가도 벌떡 일어나게 만들 아이디어였습니다. 일은 여불위의 생각대로 흘러갔습니다. 조희는 진짜 슈퍼 울트라라는 말이 과언이 아닐 정도였던 노애의 성적 능력에 대한 소문을 들었습니다. 자신의 남근으로 바퀴를 돌렸다는 노애를 옆에 두고 싶은 생각 역시 가졌습니다. 여불위는 기회를 놓치지 않았습니다. 바로 노애를 그녀에게 바쳤습니다.

대단한 정력의 소유자인 노애를 궁중으로 보내 왕후를 모시게 하려면 두 가지 문제를 해결해야 했습니다. 하나는 확실하게 성적 능력을 보증하는 것이었습니다. 이건 공연을 통해 이미 해결했습니다. 다른 하나는 주변의 비난을 받지 않아야 한다는 것이었습니다. 여불위는 과연 어떻게 이 난관을 돌파할 수 있었을까요?

노애를 환관의 신분으로 위장시켜 들여보냈습니다! 이렇게 하면 세상을 속이는 게 가능할 수 있었습니다. 또 완벽하게 노애를 조희의 옆에 보낼 수 있었습니다.

그러나 이 일을 어떻게 해야 할까요? 조희를 찾아가 의논하는 것이 제일 좋은 방법이었습니다.

여불위와 왕태후 조희는 두 가지 기가 막힌 방법을 생각해냈습니다. 하나는 사람을 시켜 노애가 궁형(宮刑. 남성의 성기를 거세하는 형벌. 부형腐刑이라고도 함-옮긴이)을 받아야 할 죄를 저질렀다는 고발하게 하는 것이었습니다. 그러고는 형이 집행될 때 조희가 나서서 뇌물을 주고 빼오는 것입니다. 관리는 당연히 뇌물을 받으면 좋아할 수밖에 없습니다. 궁형을 엉터리로 실시하는 것은 일도 아닙니다. 결론적으로 엉터리로 궁형을 받은 노애는 가볍게 환관의 신분을 얻어 궁에 들어가게 됩니다.

궁형을 받는 남자들은 이때부터 남성의 성징性徵이 완전히 사라집니다. 대표적으로 수염이 없어지게 됩니다. 엉터리로 궁형을 가하는 척하더라도 수염이 나도록 해서는 안 됐습니다. 형을 집행하는 관리는 노애의 수염을 모조리 깎아버렸습니다.

이렇게 해서 노애의 신분은 완전히 변했습니다. 환관이 됐습니다. 더불어 왕태후의 침실에 배치돼 자연스럽게 남총(男寵. 총애를 받는 남첩-옮긴이)이 될 수 있었습니다. 곧 조희는 노애의 아이도 임신하게 됩니다.

독수공방의 신세였던 왕태후가 임신을 했다고 한번 생각해보십시오. 궁중에 난리가 날 일이 아니었겠습니까? 그러나 몰래 사통을 하고 임신을 한 여자는 왕태후였습니다. 누가 감히 이 사실을 입에 올리겠습니까? 물론 설사 그렇다고는 해도 왕태후로서는 이 사실을 많은 사람이 모르도록 해야 했습니다. 특히 아들 영정이 알아서는 안 되었습니다. 그녀는 고심 끝에 꾀 하나를 생각해냈습니다. 자신의 처소가 불길하다는 가짜 점괘를 알리며 거주지를 옮겨야 한다는 말을 아들에게 했습니다. 그녀는 진나라의 고도인 옹(雍. 지금의 산시陝西성 펑샹鳳翔)에 있던 궁중으로 거처를 옮길 수 있었습니다.

영정이 즉위한 지 8년째 되던 해인 기원전 239년 노애는 장신후에 봉해졌습니다. 또 산양山陽의 땅도 봉지로 얻었습니다. 왕태후 조희가 특별히 내린 식읍이었습니다. 산양은 지금의 허난성 휘자獲嘉와 친양沁陽 일대였습니다. 그러나 노애는 봉지인 산양으로 가지 않았습니다. 사서는 당시 노애의 사치에 대한 기록들을 남기고 있습니다. "노애는 궁실과 마차, 옷, 화원, 사냥 등에서 누리지 못하는 것이 없었다."

노애는 왕태후의 총애를 바탕으로 엄청난 부도 쌓았습니다. 집 안에 노복만 수천여 명에 이를 정도였습니다. 이건 그래도 이해할 만합니다. 하지만 노애와의 친분을 바탕으로 관리가 되려는 야심을 실현시키기 위해 그의 집 빈객으로 있었던 사람이 무려 1,000여 명 이상에 이르렀다는 사실은 좀 불가사의하지 않나 싶습니다. 아무튼 그는 일거에 당시 최고의 권력을 구가하던 진나라 국상 여불위와 어깨를 나란히 할 권력 그룹의 수장이 됐습니다.

이건 왕태후가 노애를 총애했기 때문에 그런 것만이 아니었습니다. 그에게 국가의 대사를 간섭하도록 해줬기 때문에 가능했습니다. 실제 그는 나중에 태원군太原郡까지 봉국封國으로 받게 되는 영광을 누리게 됩니다. 왕태후를 등에 업은 그가 순식간에 국가의 크고 작은 일을 직접 처리하는 권력을 쥐게 된 것은 당연했습니다.

노애의 과욕으로 삼족이 죽고, 영정은 왕으로서의 위풍을 보이다

영정이 즉위한 지 9년이 되던 해인 기원전 238년, 누군가가 결정적인 정보를 그에게 올렸습니다. 노애가 가짜 환관일 뿐 아니라 왕태후와 사통하는 사이라는 사실을 말입니다. 그는 왕태후가 노애의 아이를 낳아 궁중에서 기른다는 사실 역시 작심하고 밝혔습니다. 심지어 노애가 만약 왕이 잘못되면 자신의 아들로 하여금 왕위를 잇게 하자는 모의를 왕태후와 했다는 사실도 낱낱이 고해 바쳤습니다.

서한의 유향劉向이 편찬한 《설원說苑》의 〈정간正諫〉편에는 이에 대한 보다 더 상세한 기록이 있습니다. 참고해봅시다.

"노애는 국사를 전횡했다. 교만하고 사치하기 이를 데 없었다. 하루는 노애가 궁중의 친한 관리들과 놀면서 술을 마셨다. 일단의 관리들이 이 와중에 술에 취해버렸다. 이 결과 노애와 한 관리 사이에 다툼이 생겼다. 노애는 이 사람에게 화를 크게 내면서 눈을 부라린 채 '나는 왕의 계부이다. 누가 감히 나에게 대항할 수 있다는 말인가?'라고 말했다. 노애와 싸우던 관리는 이 엄청난 말을 듣자마자 바로 영정에게 달려가 보고를 올렸다. 영정은 말도 안 되는 소리에 대노하고 말았다."

노애는 이 사실을 알았습니다. 영정이 자신을 죽이지 않을까 우려할 수밖에요. 가만히 앉아서 죽느니 차라리 먼저 난을 일으키는 것이 낫겠다는 생각도 했습니다. 이 생각은 현실로 옮겨졌습니다. 노애와 영정의 부대는 함양궁 근처에서 격돌했습니다. 결과는 노애의 패배였습니다. 영정은 전투 과정에서 사로잡은 그를 바로 거열의 형벌로 다스렸습니다. 이뿐만이 아니었습니다. 그와 왕태후가 낳은 두 명의 아들 역시 살해해버렸습니다. 왕태후 역시 무사하지 못했습니다. 즉각 부양궁賁陽宮으로 거처를 옮기게 한 다음 연금을 시켜버렸습니다.

《설원》은 〈사기〉보다 늦은 시기의 서한 시대에 편찬된 책입니다. 기록이 아무래도 정확하다고 하기 어렵습니다. 그저 참고할 만한 사료에 지나지 않습니다. 보다 정확한 기록은 역시 《사기》를 봐야 할 것 같습니다. 〈여불위열전〉의 내용입니다.

"진왕 영정 9년 어떤 사람이 노애와 왕태후가 오래전부터 사통하고 있다는 사실을 고발했다. 게다가 영정이 세상을 떠난 다음에는 노애의 아들에게 왕위를 잇게 하자는 약속을 한 모의도 알렸다. 영정은 분노했다. 즉각 노애를 잡아들여 조사하라는 명령을 내렸다. 이 사건의 모든 진상을 빠른 시간 내에 샅샅이 밝혀내라는 명령이었다. 영정은 9월에 노애의 삼족을 멸했다. 태후가 낳은 두 아들 역시 죽었다. 동시에 태후를 옹 땅에 보낸 다음 일거수일투족을 감시했다. 노애의 빈객들에게는 재산을 모조리 몰수한 다음 촉蜀 땅으로 보내는 형벌을 내렸다."

〈진시황본기〉의 내용은 〈여불위열전〉보다 더욱 상세하고 믿을 만합니다. 역시 "영정은 영정 9년 4월에 22세에 이르러 옹 땅으로 가서 관례(冠禮. 어른이 되는 것을 선포하는 의식─옮긴이)를 거행했다. 이어 허리에 보검을 차고 성인이 됐다는 사실을 내외에 천명했다"라는 내용으로 시작하는 원문을 봐야 합니다. 진나라 법 규정에 따르면 관례 의식을 치른 다음에는 왕태후나 상국의 수중에 있는 권력을 찾아올 수 있었습니다. 전면적으로 왕권을 행사하는 것이 가능했습니다.

이때 장신후 노애는 왕과 왕태후의 옥새를 위조해 군대를 동원하려 했습니다. 기년궁蘄年宮에 거주하고 있던 영정을 공격하기 위해서였습니다. 영정은 이 정보를 미리 입수했습니다. 즉각 상국 여불위 등에게 군대를 동원해 노애를 공격하라는 명령을 내릴 수 있었습니다. 쌍방은 함양성 내에서 일전을 벌였습니다. 결과는 반란군의 패배였습니다. 노애는 전투에서 패하자 도망을 갔습니다. 영정은 인정사정이 없었습니다. 누구라도 노애를 산 채로 붙잡으면 100만 전, 죽이면 50만 전을 현상금으로 준다는 수배령을 즉각 내렸습니다. 진나라 백성들은 거액의 현상금에 마음이 동했습니다. 너도 나도 혈안이 돼 벌떼처럼 그를 잡는 데 나섰습니다. 노애와 핵심 수하들이 체포되는 데는 그리 오랜 시간을 필요로 하지 않았습니다.

노애가 모집한 반란 그룹에는 당시 진나라 조정의 고관들도 많았습니다. 위위衛尉, 내사, 좌익(佐弋. 왕실의 사냥 행사를 관장하는 고위 관리-옮긴이), 중대부 등이 모두 포함돼 있었습니다. 이들이 누구입니까? 위위는 궁정의 경비 대장입니다. 요즘 말로 하면 국가 최고 지도자의 경호실장입니다. 내사는 도성의 행정을 책임지는 최고위 관료였습니다. 베이징北京 시장이라고 할 수 있었습니다. 노애가 조정의 고관들을 상당 부분 규합한 이 사실은 뭐를 말합니까? 노애의 세력이 엄청나게 빠른 속도로 발전했다는 얘기가 되겠습니다.

영정이 친정을 시작한 이후 처음 부딪친 일은 노애의 반란이었습니다. 그러나 그는 휘하 병사들을 동원해 이를 신속하게 잘 처리했습니다. 앓던 이 노애를 죽였습니다. 이에 필요한 시간은 고작 수개월에 지나지 않았습니다. 고작 22세에 불과한 영정은 이로써 과감하고도 결단력 있는 성격과 철완의 통치 능력을 확실하게 과시할 수 있었습니다.

그러면 노애는 왜 반란을 일으켜야 했을까요? 여러 가지 이유가 있겠습니다.

우선 조희가 정치를 너무 몰랐다는 사실을 들어야 하겠습니다. 그녀는 진나라 법에 따라 영정이 성인이 되기 전에 왕권을 대행했습니다. 법적인 최고 통치권자였습니다. 국정의 최고 결정권자이기도 했습니다. 그러나 이건 어디까지나 영정이 어렸기 때문에 어쩔 수 없이 실시했던 임시변통이었습니다.

그럼에도 그녀는 천하에 모범을 보여야 했습니다. 나라를 위해 율령 제정 등의 일도 적극적으로 해야 했습니다. 하지만 그녀는 너무나도 방종했습니다. 왕태후로서의 본연의 자세는 망각한 채 자신의 정욕을 채우기에만 급급했습니다. 처음에는 옛 애인 여불위를 찾아 즐겼습니다. 나중에는 노애로 하여금 그의 역할을 대신하게 했습니다. 독수공방을 하는 입장이었다는 사실을 감안한다면 그래도 이 정도의 문란한 사생활은 이해의 여지가 있다고 칩시다. 소양왕의 어머니 선태후 역시 일찍이 오랫동안 사통을 하지 않았습니까? 그러나 소양왕은 이에 신경을 쓰지 않았습니다. 반면 영정은 이에 대해 너무 진지했습니다. 같은 사안인데도 대하는 자세가 틀렸습니다. 물론 영정이 이런 자세를 보인 데에는 노애의 국정 간섭이 상당한 위협이었다는 사실에도 이유가 있기는 했습니다.

한 걸음 더 양보해서 은밀하게 즐길 대상인 남총을 뒀다고 칩시다. 그러면 숨을 죽이고 조심스럽게 해야 했습니다. 그저 노애를 남총으로 생각해야 했습니다. 그가 정치에 물들지 않게 해야 했습니다.

불행히도 조희는 이런 정치적 속성을 몰랐습니다. 자신이 왕태후라는 사실만 믿고 하고 싶은 대로 다 했습니다. 노애에게 부만 안겨줬으면 좋았으련만 귀하게도 만들어줬습니다. 도저히 꿈꿔서는 안 되는 꿈도 꿨습니다. 자신들의 아들을 영정의 후계자로 생각한 것입니다. 이건 단순한 국정 간섭이 아니었습니다. 진나라 국군의 전승에 대한 간섭이었습니다. 영씨가 아닌 사람을 진나라의 국군으로 세우겠다는 이 야심이야말로 진나라 왕실의 혈통을 끊어버리겠다는 심산이 아니고 도대체 뭐겠습니까? 영씨의 당당한 후계자인 영정으로서는 이것만큼은 도저히 묵과할 수 없었습니다.

왕태후 조희는 영정이 관례를 거행한 후 친정에 나섰을 때 시원스럽게 정권을 돌려줘야 했습니다. 이제 우리 세상은 끝났다고 생각하고 쥐 죽은 듯이 가만히 있어야 했습니다. 그러나 묘하게 이때 노애는 엉뚱한 길로 나아갔습니다. 도저히 승산 없는 싸움인 이 노애의 행동을 조희는 적극 지지했습니다. 노애와 왕태후 모두 정치적 타산에 관해서는 거의 초등학생 수준의 인식을 하고 있었다는 결론을 내려도 무방할 것 같습니다.

노애가 영정에게 피살될지도 모른다는 걱정을 한 것도 반란의 이유가 되겠습니다. 그는 왕태후와 분명 사통했습니다. 이뿐만이 아니었습니다. 영정이 세상을 떠날 경우 자신과 왕태후가 낳은 아들로 하여금 왕위 자리를 잇게 하겠다는 꿈을 꿨습니다. 더구나 그는 수년 동안 온갖 나쁜 짓을 다 저질렀습니다. 불법 아닌 일이 없었습니다. 이를 통해 방대한 정치 세력을 구축한 다음 조정을 농단했습니다. 때문에 노애는 영정이 일단 정식으로 권력을 물려받으면 가장 먼저 처리할 사람이 자신이라는 사실을 분명하게 알고 있었습니다. 가만히 앉아 죽음을 맞이하느니 차라리 반란을 일으키자 마음을 먹은 것입니다.

노애의 말로는 완전히 자업자득이었습니다. 스스로 멸망의 길로 뛰어들었습니다. 그를 위해 크게 아쉬워할 필요는 없습니다. 문제는 영정의 어머니 조희였습니다. 그녀의 총애는 노애의 죽음만 초래한 것이 아니었습니다. 자신 역시 연루돼 큰 피해를 입었습니다. 생떼 같은 아들 둘이 죽는 것을 목격하는 것도 모자라 자신은 도성에서 추방을 당했습니다. 왕태후의 신분으로 아들에 의해 연금되는 처지로까지 내몰린 것입니다. 정말 한심하다고 말하지 않을 수 없습니다.

노애의 모반 사건을 처리하는 과정을 보면 영정은 과단성이 있었습니다. 수법 역시 대단히 강경했습니다. 사실 노애가 음모를 통해 정권을 찬탈하려고 한 것은 죽어 마땅한 일이었습니다. 하지만 모후가 낳은 어린 두 아들까지 죽인 것은 좀 심했습니다. 어쨌거나 무고한 생명 아닙니까! 어머니를 연금시킨 것도 사려 깊었다고 하기 어려웠습니다.

10강
여불위의 죽음

영정은 과감한 군사 행동으로 노애 그룹의 반란을 평정한 다음 이들의 상당수를 주살했습니다. 과거 보기 어려운 젊은 군주였던 그는 갑작스런 돌발 사건을 처리하는 능력이 탁월할 뿐 아니라 박력이 있다는 사실을 분명하게 보여줬습니다. 그러나 이 사건은 다른 한 사람의 운명 역시 바꿔놓았습니다. 이 주인공은 다름 아닌 지위와 권한이 막강한 진나라의 상국 여불위였습니다.

기원전 235년, 여불위는 12년 동안이나 장양왕과 영정의 밑에서 천하를 좌지우지한 권력자답지 않은 신세에 처하게 됩니다. 상국의 자리에서 물러나 식읍인 낙양에서 한가하게 생활하고 있었습니다. 그러나 그는 곧 음독자살로 생을 마감합니다. 사업가로 자수성가한 후 진나라의 국정을 무려 12년 동안이나 장악하면서 이름을 천하에 떨쳤던 그답지 않은 최후였습니다. 그러면 그는 왜 자살이라는 극단적인 방법을 선택했을까요? 그의 죽음의 진실과 원인은 도대체 무엇일까요? 그의 죽음은 진나라의 정치에 또 어떤 영향을 미치게 됐을까요?

여불위가 낙양으로 갔으나 진시황은 죽음을 압박하다

이 일은 아무래도 영정이 치른 관례 의식에서부터 본격적으로 얘기를 시작해야 하겠습니다. 관례 이후 정권의 회수, 노애의 반란, 군대를 동원한 과감한 진압 등의 일련의 사태가 마치 파노라마처럼 전개됐으니까요.

문제는 노애의 반란이 여불위도 꼼짝달싹하지 못하게 옭아맸다는 사실이었습니다. 하기야 노애를 조희에게 헌상해 모든 사태를 촉발시킨 장본인이 바로 여불위 그였으니까요. 더구나 이 일은 철저한 조사를 통해 진상이 더욱 백일하에 드러났습니다. 여불위는 과연 이 사건의 처리 과정에서 몸을 뺄 수 있었을까요? 여불위는 노애와는 확실히 달랐습니다. 노애의 죄는 사실 극악무도했습니다. 게다가 신분이 왕태후의 남총에 지나지 않았습니다. 가볍게 죽여도 크게 문제가 없었습니다. 이에 반해 여불위는 영정을 포함해 진나라의 왕을 둘이나 섬긴 오랜 신하였습니다. 어찌 함부로 처리할 수 있었겠습니까?

영정은 재위 9년인 기원전 238년 9월에 거열의 형벌을 가해 노애를 죽였습니다. 그러나 여불위에 대한 처리는 이듬해 10월에야 이뤄졌습니다. 무려 13개월이나 걸렸습니다. 영정이 그만큼 이 사건의 처리에 고심했다는 얘기가 되겠습니다. 그러나 영정의 여불위에 대한 처리는 시간이 오래 걸린 만큼이나 노애와는 기본적으로 달랐습니다. 그렇게 혹독하지 않았습니다. 고작 그의 상국 자리를 빼앗는 벌을 가했을 뿐입니다. 또 식읍인 낙양으로 돌아가 한가롭게 여생을 보내도록 하는 후속 조치도 취했습니다.

어머니인 왕태후에게조차 연금이라는 혹독한 처벌을 내린 영정은 왜 여불위에게는 이처럼 관대했을까요?

《사기》의 〈여불위열전〉은 이렇게 관대하게 처리한 데에 대한 이유를 기록으로 남기고 있습니다. 내용은 간단합니다. 우선은 여불위가 선왕을 세운 공이 지대하다는 사실이 이유가 되겠습니다. 다음은 그를 위해 변명을 해주는 빈객들이 많았다는 사실을 들 수 있습니다. 당연히 전자는 여불위가 장양왕을 거의 만든 사실을 뜻합니다. 후자는 여불위가 광범위하게 인심을 얻고 있었다는 사실을 의미합니다. 바로 이 때문에 영정은 여불위에게 무조건적인 혹독한 벌을 내리기를 원하지 않았습니다. 그저 노애를 죽인 다음 해 10월까지 시간을 보내다 왕태후를 맞아들이면서 동시에 그의 상국 자리를 과감하게 박탈한 것입니다. 더불어 봉지로 돌아가도록 했습니다. 이 부분에서 우리가 잊지 말아야 할 중요한 사실이 있습니다. 여불위를 위한 변명을 해주는 빈객들이 많았다는 사실이 바로 그것이 아닐까요. 이는 그의 세력이 여전히 방대했다는 사실을 우선 의미했습니다. 또 자칫 그를 잘못 처리했다가는 변란이 일어날 가능성도 있었다는 사실을 의미했습니다.

이쯤에서 그의 봉지에 대해 한번 살펴봅시다. 장양왕은 그의 도움으로 왕위에 오른 다음 약속을 지켰습니다. 그를 승상으로 임명한 다음 낙양의 10만 호를 식읍으로 줬습니다. 그가 돌아간 식읍은 바로 이때 받은 낙양이었습니다.

표면적으로 볼 때 이 정도 되면 사건은 거의 마무리됐다고 해야 했습니다. 그러나 그렇지 않았습니다. 상황은 여전히 현재 진행형이었습니다. 여불위는 식읍으로 돌아간 다음에도 영정의 생각처럼 한가하게 지내지를 못했습니다. 거의 매일이다시피 육국의 사신들이 앞을 다퉈 그의 식읍으로 달려왔습니다. 이들은 그때마다 그에게 자신들이 일하는 나라로 가서 승상의 자리를 맡아 달라고 경쟁적으로 간청했습니다.

사실 이런 일은 당시의 관례였습니다. 진나라 대신들 역시 그랬습니다. 자리에서 물러날 경우 육국으로 가서 공직에 취임하는 사람이 적지 않았습니다. 하물며 여불위는 당당한 상국이 아니었습니까? 육국의 사신들이 그를 초청하기 위해 끝없이 달려온 것은 사실 지극히 정상적이었습니다. 그러나 이 일은 한 사람의 마음을 무척이나 부담스럽게 만들었습니다. 이 사람은 누구였을까요? 말할 것도 없이 영정이었습니다. 그는 도대체 무엇을 두려워했던 것일까요? 여불위가 반란을 일으키지 않을까 우려했습니다.

여불위는 재주가 뛰어난 사람이었습니다. 명망도 나름대로 대단했습니다. 영정은 아버지의 생존 시에 이 사실을 두 눈으로 똑똑하게 목도했습니다. 게다가 자신이 즉위한 13세 이후부터 9년 동안 정권을 좌지우지하면서 쌓은 그의 업적을 통해 이 사실을 절실하게 깨닫기도 했습니다. 영정의 걱정은 쓸데없는 기우가 아니었습니다.

영정은 대책을 강구하기 위해 머리를 한참이나 쥐어짰습니다. 그러다 여불위에게 편지를 썼습니다. 내용이 지독히도 박정한 편지였습니다. 한 번 보겠습니다.

"당신은 도대체 무슨 공로가 있소? 도대체 그 공이 무엇이기에 우리 진나라가 당신에게 하남의 식읍 10만 호를 내려준 것이오. 당신은 도대체 진나라와 무슨 관계가 있소? 도대체 왜 나는 당신을 중부라고 불러야 하는 거요? 나는 지금 당신과 당신 가족 모두가 촉으로 이주할 것을 명하는 바이오."

여불위는 영정의 편지를 보고 고민도 하지 않았습니다. 바로 독약을 먹고 자살했습니다. 그렇다면 영정의 편지는 어떻게 여불위의 자살을 가능하게 했을까요? 저는 두 가지 원인이 있다고 생각합니다.

하나는 여불위가 영정이 자신을 서서히 막다른 골목으로 몰아갈 것을 두려워했기 때문입니다. 결국 자신을 죽일 것임을 알았습니다. 당연히 이 편지를 보는 순간 극도의 공포를 느꼈습니다. 독을 탄 술을 마시지 않을 수 없었습니다.

여불위가 대단히 자존심이 강한 사람이라는 사실 역시 절대로 간과해서는 안 됩니다. 그는 영정이 자신에게 죽음을 명령할 때에야 비로소 죽는 것을 원하지 않았을 정도의 사람이었습니다. 물론 영정이 보낸 편지는 그에게 바로 자살하라는 편지는 아니었습니다. 하지만 그의 자존심을 여지없이 빼앗아갔습니다. 여불위에게 있어서는 죽음보다 더한 고통을 느끼게 한 행동이었습니다. 그로서는 자살하는 것이 최선의 선택이었습니다.

그러나 여불위의 사인은 진짜 〈여불위열전〉에서 보듯 이처럼 간단하게 이뤄졌을까요? 아니라고 해야 할 겁니다. 자세하게 한번 살펴봅시다.

영정, 여불위가 양성한 빈객 3,000명에게 추방령을 내리다

〈여불위열전〉은 여불위가 상국의 자리에서 파직돼 낙양으로 내려갔을 때의 기록이 있습니다. 이 기록을 보면 당시 낙양에는 그를 따라 내려간 빈객들이 대단히 많았음을 알 수 있습니다. 도성 함양에는 더 많은 빈객들이 있었다는 얘기도 되겠습니다.

이렇게 된 데에는 두 가지 중요한 원인이 있습니다. 우선 여불위가 원래 빈객을 좋아하고 키우는 사람이라는 사실이 결정적인 역할을 했습니다. 육국의 각 나라가 부국강병을 위해 경쟁적으로 인재들을 모으려는 노력을 기울였다는 사실 역시 감안해야 하겠습니다.

전국 시대에는 이에 적극적으로 나선 네 사람의 저명한 공자가 있었습니다. 바로 제나라의 맹상군孟嘗君, 초나라의 춘신군春申君, 조나라의 평원군平原君, 위나라의 신릉군信陵君 등입니다. 더 많은 인재들을 끌어들이기 위해 서로 치열한 경쟁을 마다하지 않을 정도였습니다. 요즘 말로 하면 엄청난 돈을 쓰면서 스카우트전쟁에 나섰다고 해도 좋겠습니다. 여불위 역시 당시의 분위기를 잘 읽고 있었습니다. 더구나 진나라는 다른 육국보다 강대했습니다. 그런데도 자신이 이른바 이 4공자보다 빈객이 적다는 것은 말이 안 되었습니다. 그는 이 생각이 들자 가만히 있을 수 없었습니다. 빈객을 양성하는 경쟁 대열에 보다 적극적으로 뛰어들었습니다. 한때 그의 문하에 3,000명의 빈객이 있었다는 설이 있을 정도로 적극적이었습니다.

그렇다면 여불위 휘하의 인재들은 그를 위해 무엇을 했을까요? 당연히 많은 일을 했습니다.

우선 책을 저술해 이론을 확립했습니다. 《여씨춘추呂氏春秋》가 바로 이런 책에 해당합니다. 여불위가 자신 휘하의 빈객들을 소집해 저술했습니다. 오늘날까지 춘추전국 시대 잡가雜家의 대표적 저술로 꼽히고 있는 책입니다. 실제로도 이 책은 선진 시대 제자백가의 집대성으로 유명합니다. 여불위 역시 이 책에 대한 자부심이 대단했습니다. 책을 완성하자마자 도성인 함양의 성문에 이 책과 상당히 묵직한 양의 금을 걸어놓은 채 "만약 이 세상에서 이 책의 내용을 한 자라도 고치는 사람이 있다면 1,000금의 상을 주겠다"라는 공언을 했을 정도였습니다. 그만큼 책이 완벽하다는 자신감을 가졌다는 얘기입니다.

솔직히 말해 이 세계에 단 한 자도 고치지 못할 책이 어디에 있겠습니까? 그럼에도 여불위는 감히 도성인 함양의 성문에 자신이 새로운 책을 지었다는 광고를 대대적으로 했습니다. 이건 완전히 자신의 능력을 과시하기 위한 홍보였다고 해도 과언이 아니었습니다.

다음으로 인재 풀 역할 역시 충실히 했습니다.

여불위의 빈객은 무려 3,000여 명을 헤아렸습니다. 당연히 이중에는 왕을 보좌할 능력이 있는 인재들이 적지 않았습니다.

그렇다면 영정은 여불위의 자신감 넘치는 자발적 선전과 널리 빈객들을 모집하는 이런 행보를 어떻게 봤을까요?

솔직히 영정에게 있어 이런 행동은 별로 기분이 좋을 수가 없었습니다. 반감을 부르는 것이 당연했습니다. 영정의 입장에서는 자신에 대한 일종의 정치적 위협이라고 봐도 틀리지 않았으니까요. 영정은 여불위가 양성한 빈객들 중에서 이사李斯라는 뛰어난 인재를 중용했습니다. 그러나 다른 빈객들은 쳐다보지도 않았습니다. 그렇다면 이들이 그에게 일종의 잠재적인 위협 세력이 되리라는 것은 당연한 전망일 수밖에 없었습니다.

우리는 영정의 여불위 휘하 빈객들에 대한 태도가 어땠는지에 대한 한 가지 사례를 살펴볼 수 있습니다. 여불위가 자살한 다음 진나라는 상국에 대한 최고의 예우인 국장을 거행하지 않았습니다. 그가 비정상적으로 사망했기 때문입니다. 빈객들은 도리 없이 민간의 일반적인 의식으로 그의 장례를 치렀습니다. 그것도 영정이 알까 두려워 몰래 지냈습니다. 하지만 이 일은 영정이 모를 까닭이 없었습니다. 그는 즉각 이들을 중벌에 처하라는 명령을 내렸습니다. 처벌의 내용은 무척이나 상세했습니다.

우선 여불위의 모든 빈객들에 대한 일률적인 유배 조치가 내려졌습니다. 이 조치는 조문의 여부와 관계없이 모두에게 적용됐습니다. 특히 조문을 감행한 한, 조, 위나라 삼국 출신의 빈객들은 일률적으로 진나라 밖으로 추방을 당하는 조치를 감수해야 했습니다. 진나라 출신은 녹봉이 600석(石. 1석은 중국 고대의 중량 단위로 계산하면 120근, 즉 60킬로그램 정도임. 따라서 쌀 600석은 3만 6,000킬로그램에 해당. 한 달 월급이 대략 3,000킬로

그램에 해당한다고 보면 될 듯함. 요즘 중국의 쌀값 시세로 환산할 경우 한화로 180만 원 전후-옮긴이) 이상 빈객인 경우 직위를 박탈당한 다음 방릉(房陵. 지금의 후베이성 팡房현)으로 유배됐습니다. 녹봉 500석 이하 빈객의 경우는 조문을 하지 않았더라도 방릉으로 쫓겨갔습니다. 다만 이들은 직위를 박탈당하지는 않았습니다.

향후 일어날지 모를 비슷한 사건에 적용할 처벌 내용 역시 발표됐습니다. 노애나 여불위처럼 국가 권력을 함부로 농단하는 중죄인의 가족들은 똑같은 죄인으로 다스린다는 내용이었습니다.

영정이 들이댄 처벌의 잣대는 가혹했습니다. 여불위의 빈객들에게만 적용한 잣대였습니다. 영정이 얼마나 빈객들을 양성한 여불위의 행위에 대해 언짢게 생각했는지를 알 수 있는 증거라고 하겠습니다. 기회가 온 김에 완전히 정리하려고 했다는 사실 역시 잘 말해줍니다. 영정은 여불위의 빈객들을 유배시키는 이 과정에서 나름의 의미 있는 조치 역시 취했습니다. 그건 촉 땅으로 유배됐던 노애의 빈객과 가신들에게 세금과 요역徭役의 의무를 완전히 면하게 해준다는 명령이었습니다. 아마도 노애가 이미 저세상 사람이 됐으므로 이들에 대한 관대한 처분을 내린 것이 아니었나 싶습니다.

이상의 내용들로 살펴볼 때 육국이 여불위를 경쟁적으로 초빙하려 했다는 〈여불위열전〉의 내용은 영정이 그를 죽이게 된 그저 표면적인 이유였을 뿐입니다. 그렇다면 영정이 여불위를 죽이지 않으면 안 됐던 배후의 원인은 또 어떤 것이 있었을까요?

여불위의 권력을 일벌백계한 영정의 터프함과 잔혹함

여불위는 무려 12년 동안이나 일인지상, 만인지하의 자리에 있었습니다. 영정이 왕위에 오른 열세 살 때부터 노애의 반란 사건에 연루돼 파직될 때까지였습니다. 권력이 그야말로 막강했습니다.

그의 막강한 권력은 단순히 그가 승상의 자리에 앉아 있었기 때문이 아니었습니다. 조희와의 특수한 관계 역시 그의 권력에 시너지 효과를 더해줬습니다. 더구나 그는 능력 역시 뛰어났습니다. 비즈니스맨으로서뿐 아니라 정치인으로서도 누구에 견주더라도 뒤지지 않는 사람이었습니다. 이런 그의 재능은 심지어 영정에게 대단한 두려움을 안겨주기도 했습니다. 그렇지 않았다면 막강한 국력을 자랑하는 진나라의 왕이라는 신분의 그가 어떻게 여불위가 반란을 일으키지 않을까 걱정을 할 수 있었겠습니까?

그렇다면 여불위가 재위 기간 중 이룩한 어떤 업적이 영정을 불안하게 만들었을까요?

무엇보다 군사적 공훈이 그랬습니다. 여불위는 재위 기간 중 계속해서 한, 조, 위나라 등의 삼국에 대한 집중적인 공격을 진행했습니다. 특히 영정 5년에는 몽오蒙驁에게 대군을 거느리고 위나라에 대한 공격에 나서도록 했습니다. 실적 역시 좋았습니다. 산조(酸棗. 지금의 허난성 옌진延津), 도인(桃人. 지금의 허난성 창위안長垣), 옹구(雍丘. 지금의 허난성 치杞현) 등 20여 개의 성을 공격해 점령했습니다. 이로 인해 진나라는 제나라에 가까운 위나라에 동군東郡을 설치할 수 있었습니다. 제나라와도 국경을 마주하는 군사적 업적을 일군 것입니다. 이 전공은 진나라가 위나라 도성인 대량에 대한 부채형 포위망을 구축하도록 해주는 의미만 있는 것이 아니었습니다. 이를 통해 관동의 제후국들에게 위협을 가하는 것도 가능하게 됐습니다. 여불위는 다음 해에도 계속 위나라에 대한 공격을 멈추지 않았습니다. 급기야 위나라 땅인 조가(朝歌. 지금의 허난성 치淇현)와 위衛나라의 복양(濮陽. 지금의 허난성 푸양濮陽)까지 점령했습니다. 이때 복양을 동군의 치소(治所. 행정 수도를 의미함–옮긴이)로 삼기도 했습니다. 동군의 설치는 의미가 간단하지 않았습니다. 무엇보다 합종으로 연합해 진에 대항하는 역할을 하던 제후국들의 중추 요지가 단절됐다는 사실을 의미했습니다. 육국이 남북으로 나뉘게 됐다는 얘기이기도 합니다. 여기에 제나라의 경우 그동안 멀리 진나라로부터 떨어져 유유자적했으나 이때부터는 이런 좋은 세월이 다 옛날 얘기가 돼 버렸습니다. 각 국은 당연히 공포에 떨었습니다. 이에 대한 내용은 《전국책》의 〈진책〉 권4에 자세하게 나와 있습니다.

여불위는 군사적인 공훈만 세운 것이 아니었습니다. 외교적인 성과 역시 많았습니다. 그는 이 성과를 올리기 위해 육국 사이의 모순을 늘 교묘하게 이용했습니다. 이른바 밀고 당기고 협박했다 어르는 수완이 정말 대단했습니다. 실제로 그는 피 한 방울 묻히지 않은 채 육국의 땅을 할양받는 실적을 올리기도 했습니다. 빈객인 감라甘羅를 조나라 왕에게 보내 다섯 개의 성을 가볍게 받아낸 것이 대표적입니다.

진나라는 상앙이 변법을 실시한 이후 줄곧 군사적인 공훈을 중시했습니다. 이후 이 공훈은 작위를 얻는 가장 기본적인 방법이었습니다. 개인적인 성망을 얻는 것은 말할 것도 없었습니다. 이 경우 권력은 자연스럽게 따라올 수밖에 없었습니다. 여불위의 군사적인 공훈은 영정에게 있어서는 한마디로 국가를 위한 큰 업적임과 동시에 자신을 위협하는 예리한 칼이었다고 해도 좋았습니다.

여불위가 차근차근 쌓아놓은 세력 내지는 권력 역시 영정을 불안하게 했습니다. 여불위는 자신이 원하지 않았더라도 운명적으로 권력을 손에 줄 수밖에 없는 상황이었습니다. 결과적으로도 그렇게 됐습니다. 두 왕을 연달아 12년 동안 보좌하면서 자연스럽게 진나라 최고 정치 파벌의 리더로 우뚝 서게 됐습니다. 물론 그는 의도했든 하지 않았든 자신의 세력을 확실히 뿌리 내리는 동시에 결정적인 착오도 두 가지나 범했습니다.

하나는 다른 정치 그룹의 탄생에 일조했다는 사실이 되겠습니다. 이건 말할 것도 없이 노애 그룹입니다.

여불위의 생각은 처음에는 괜찮았습니다. 자신이 조희라는 호랑이의 등에서 안전하게 내리려면 노애를 통해 생리적 욕구를 해결해줘야 했으니까요. 하지만 그는 두 가지를 생각하지 못했습니다. 우선 노애가 왕태후로부터 예상보다 엄청난 총애를 받을 것이라는 사실을 미처 생각하지 못했습니다. 왕태후가 그에게 부귀만 누리도록 하지 않고 정치에까지 간여하게 만들 줄도 몰랐습니다.

우리는 이미 앞에서 조희가 노애를 총애한 나머지 물불 가리지 않은 채 상을 내린 것에 대해 언급한 바 있습니다. 심지어 태원군까지 통째로 하사해 그가 권력의 짜릿한 맛을 보게 만들었습니다. 이건 거의 그에게 나라를 가져다 바친 것과 하나 다를 바 없었습니다.

여불위는 상황이 이 정도로까지 발전할 줄은 생각하지 못했습니다! 왕태후가 정치적으로 이렇게 멍청한지 정말 몰랐던 것입니다!

이제 본격적으로 노애의 정치적인 위상에 대해 말해보겠습니다. 이를 위해서는 무엇보다 《전국책》의 〈위책魏策〉 권4를 한번 봐야 하겠습니다.

"진나라가 위나라를 공격했다. 이때 위나라의 누군가가 위나라 왕에게 '전투에 져서 땅을 할양당하는 것보다는 차라리 싸우기 전에 먼저 땅을 바치는 것이 훨씬 낫습니다. 이게 더 쉬운 일입니다. 또 싸우다 죽는 것보다는 땅을 바치고 목숨을 부지하는 것이 훨씬 더 쉬운 일입니다. 물론 차라리 패한 다음에 땅을 할양당하고 말지 싸우기 전에는 땅을 빼앗기지 않겠다고 할 수도 있습니다. 싸우다 죽을지언정 먼저 땅을 바쳐 목숨을 부지할 수는 없다고 할 수도 있습니다. 그러나 이것은 일반인들이 가장 범하기 쉬운 잘못입니다. 지금 대왕은 이미 수백 리의 땅을 잃었습니다. 수십 곳의 성 역시 빼앗겼습니다. 그럼에도 위나라의 병환兵患은 가실 줄을 모르고 있습니다. 이것은 대왕께서 패한 다음에 땅을 할양당했으면 당했지 먼저 땅을 주지 않겠다고 생각했기 때문입니다. 그러나 지금 진나라는 막강한 국가입니다. 천하에 적수가 없습니다. 반면 우리 위나라는 약소국에 불과합니다. 전투에 패할 것이라는 결론은 이미 내려졌습니다. 만약 지금 대왕께서 저의 말을 듣는다면 나라는 땅을 손해 볼 것입니다. 그러나 국가의 기본적인 원기元氣가 손상되는 지경에까지는 이르지 않을 것입니다. 대왕께서는 자신만 조금 억울하시면 됩니다. 그러나 이렇게 되면 나라가 완전히 엉망진창이 돼 고난에 처하지는 않게 됩니다. 우리가 여불위를 우두머리로 하는 진나라 주전파의 진공을 충분히 막을 수 있기 때문입니다. 지금의 진나라는 일반 백성에서부터 조정의 대신들까지 모두들 단 한 가지의 문제만 생각하고 있습니다. 다름 아닌 누구를 지지할 것인가 하는 겁니다. 노애를 지지할 것이냐 여불위를 지지할 것이냐 하는 바로 그 문제입니다. 이럴 때 만약 대왕께서 땅을 진나라에 일부 떼어주시면 노애는 공을 세운 것이 됩니다. 대왕이 자기 자신을 굽히고 진나라를 받드는 것이 노애 때문에 그러는 것이라고 볼 수 있으니까요. 대왕이 이처럼 나라 전체를 가지고 노애를 지지한다면 그의 일파는 여불위 일파를 이기게 됩니다. 더불어 진나라의 왕태후 조희는 대왕을 굉장히 높이 평가할 것입니다. 또 감사를 표할 것으로 생각됩니다. 이 경우 대왕께서는 세상에서 가장 사귈 가치가 있는 친구를 사귀게 됩니다. 대왕이 이후 노애를 통해 진나라와 관계를 잘 맺으면 천하의 사람들은 모두 여불위를 버리고 노애를 지지할 것입니다. 상황이 이러한데 도대체 누가 여불위를 지지

할까요? 그러면 대왕은 여불위에게 수차례 침략당한 원수를 자연스럽게 갚게 됩니다'라는 전략을 건의했다."

　내용이 다소 장황합니다. 그런 만큼 이 기록은 많은 정보를 담고 있습니다. 가볍게 네 가지 정도를 꼽을 수 있겠습니다.

　우선 여불위 그룹과 노애 그룹이 진나라에서 상호 대립하는 양대 그룹이었다는 사실입니다. 두 번째는 양 그룹의 모순 관계를 많은 사람들이 알고 있었다는 사실이 되겠습니다. 다음은 여불위 그룹은 골수 주전파였으나 노애 그룹의 경우 반드시 그렇지는 않았다는 사실입니다. 마지막은 노애 그룹이 왕태후 조희의 전폭적인 지지를 받고 있었다는 사실입니다. 여불위 그룹보다는 실력이 더 강했다는 얘기이기도 하겠습니다.

　우리는 이 정보들을 통해 몇 가지 진실 역시 알 수 있습니다. 우선 여불위가 진나라의 천하 통일을 위해 적극적으로 전쟁을 벌인 진나라 정계의 대표적인 저명한 주전파였다는 사실입니다. 위나라가 자발적으로 진나라에게 땅을 바치려고 했던 것도 바로 이 때문이었습니다. 이 경우 반대되는 세력인 노애 그룹이 커질 수 있었으니까요. 따라서 만약 여불위를 골수 주전파라고 한다면 노애는 최소한 그랬지는 않아야 했습니다. 우리는 이 사실 역시 알 수 있습니다. 실제로도 그랬습니다. 노애는 기본적으로 무슨 정치라는 것을 이해할 만한 위인이 아니었습니다. 진나라의 이익을 위해 뭘 해야 하는지도 이해하지 못했습니다. 그는 그저 왕태후의 전폭적인 지지에 의존해 미친 듯이 자신의 권력을 확대하는 것만 알았을 뿐입니다. 여불위와 비슷한 길을 걷는 게 기본적으로 불가능했습니다.

　그러나 이들 양 그룹의 권력이나 세력이 막강했다고 칩시다. 영정이 과연 이걸 용납하려고 했겠습니까!

　관례 의식을 올린 이후부터 영정의 생각은 분명했습니다. 자신이 진나라 국정을 완전히 장악하기를 원했습니다. 그가 어찌 이 양대 정치 그룹이 자신의 권력을 나눠가지려 하는 것을 용인할 수 있었겠습니까?

이후 모든 상황은 진짜 이렇게 전개됐습니다. 조희를 등에 업은 채 막강한 권력을 쥐고 흔들었던 노애가 거열의 형을 받고 죽었으므로 여불위 역시 목숨을 내놓아야 했습니다. 한마디로 둘 모두 남겨둬서는 안 되는 영정의 정치적 라이벌이었던 것입니다. 여불위가 죽음을 맞이하지 않으면 안 됐던 것은 바로 이런 배경을 가지고 있다고 하겠습니다. 대단히 뛰어난 정치가이기는 했으나 그 역시 대부분의 다른 사람들과 마찬가지로 자신이 걸어가고자 했던 반대편의 운명을 받아들여야 했습니다. 그렇다고 진나라를 위해 천하 통일에 기여한 그의 공로가 폄하돼서는 안 되겠지만 말입니다.

여불위는 자신의 세력과 권력이 극에 달했을 때 의식적이었든 아니었든 두 번째 결정적 실수 역시 범했습니다. 노애를 키워준 데 뒤이은 그의 일생일대의 이 큰 실수는 과연 무엇일까요? 자신의 권력이 군권君權을 초과하는 것을 견제하지 못한 실수가 되겠습니다.

여불위는 영정이 왕위를 물려받았을 때 자신의 정치 생애에 대한 기본적인 프로그램을 마련해야 했습니다. 하지만 그는 전혀 이에 대해 생각하지 않았습니다. 혹자들은 여불위가 권력을 얻는 데에는 뛰어났으나 언제 이를 버려야 하는지에 대해서는 몰랐다고 말합니다. 사실 이게 수많은 정계 엘리트들이 가장 범하기 쉬운 실수이기도 합니다. 권력은 이용해야 합니다. 이에 연연해서는 안 됩니다. 제 위치를 찾아가야지 오버해서는 곤란합니다. 그러나 이게 쉽지 않습니다. 중간에서 어떤 선택을 하느냐 하는 것은 말이 쉽지 정말 어렵습니다. 진퇴는 더 말할 필요도 없습니다. 음미해볼 만한 덕목이 아닌가 싶습니다.

보통의 경우 간난신고의 온갖 노력을 기울여 권력을 획득한 사람이 이를 흔쾌히 버리는 것은 대단히 어렵습니다. 그러나 이건 권력을 획득한 그 어떤 사람이라도 반드시 배워야 하는 덕목입니다. 버릴 때가 되면 흔쾌히 버릴 줄을 알아야 합니다.

중국은 춘추전국 시대부터 권력이 점차 중앙집권으로 바뀌는 과정에 진입하게 됩니다. 이때 생긴 중대한 변화는 다른 것이 아니었습니다. 바로 국군이 나라의 유일한 최고 통치자가 되는 것이었습니다.

따라서 중앙집권적인 정치 제도 아래에서는 누구라도 권력이 군권을 넘어서서는 안 됐습니다. 만약 분수를 넘어 군권을 위협한다면 자신이 권력을 빼앗은 그 군왕으로부터 죽임을 당하는 것을 감내해야 했습니다.

여불위는 이미 앞에서도 수차례 살펴봤듯 외견적으로는 영정과 아무런 혈연관계가 없었습니다. 설사 있다고 하더라도 영정은 자신의 정치적 라이벌을 제거하려고 했을 것입니다. 솔직히 권력을 잡으려는 사람은 피도 눈물도 없는 법입니다. 우리는 이런 사례를 목공이 동쪽 중원으로 세력을 확장한 내용을 다룬 3강에서 이미 살펴봤습니다. 진晉나라의 문공인 중이가 자신의 조카인 회공을 죽이고 국군이 되지 않았습니까?

이 사실은 뭘 말해줄까요? 그렇습니다. 여불위는 영정이 왕위를 이은 다음에 바로 정권을 넘겨줘야 했습니다. 적절한 때를 노려 은퇴 역시 해야 했습니다. 어떻게든 몸을 굽혀야 했습니다. 자신의 실력을 감추고 은인자중하는 것이 그가 가야 할 단 하나의 길이었습니다. 더불어 전력을 다해 오랫동안 구축해왔던 자신의 정치적인 그룹을 해산시켜야 했습니다. 이렇게 했다면 아마 영정을 안심시켰을 것입니다. 당연히 목숨을 보전할 가능성이 컸습니다. 그러나 여불위는 이렇게 하지 않았습니다. 최소한 영정이 관례 의식을 거행한 후에는 스스로 잘못을 인정하고 사직하는 것이 도리였습니다. 은퇴한 다음 고향으로 돌아가야 했습니다. 하지만 그는 이렇게도 하지 않았습니다!

그렇다면 여불위는 영정이 자신을 낙양의 식읍으로 쫓아낸 다음에야 비로소 이 불후의 진리를 깨달은 것일까요? 절대로 아니었습니다! 어떻게 그걸 알았겠습니까?

〈여불위열전〉의 기록이 이 사실을 증명합니다. 육국 제후의 사신들이 경쟁적으로 달려와 여불위에게 자신들의 나라로 가서 승상을 맡아 달라고 요청했다는 내용이 바로 그것입니다. 이 기록은 여불위가 결정적인 순간에는 뒤로 물러나 고독을 즐길 줄 아는 사람이 아니었다는 사실을 증명하기도 합니다. 사실 이건 인간이라면 어쩔 수 없는 성향이기도 합니다. 일찍이 천하를 주름잡는 깃발을 날린 사람이 졸지에 아무도 쳐다보지 않는 별 볼일 없는 신세가 됐다고 조용히 고독을 즐기겠습니까? 이건 정말 어려운 일입니다!

그러나 어쨌든 육국의 사신들은 모두 여불위에게는 저승사자나 다름없었습니다! 영정으로서는 그들이 이렇게 달려드는 모습에서 잠시 내려놓았던 그에 대한 우려의 마음을 되살릴 수밖에 없었던 것입니다. 솔직히 제삼자의 입장에서도 이해는 됩니다. 만약 여불위가 육국으로 가서 승상이 된다고 합시다. 육국을 위해 전력을 다 기울이게 된다고 합시다. 그러면 진나라에는 어떤 영향을 미칠까요? 국면이 대단히 불리해지게 됩니다! 이처럼 대단한 정치가를 적국이 등용해 이용하는 것을 영정이 과연 용납할 수 있었을까요? 결국 영정은 여불위의 전 가족을 더욱 오지인 곳으로 보낸 다음 그에게 결정적인 마지막 한 방을 먹였습니다. 목숨을 빼앗은 것입니다!

여불위는 결정적인 두 가지 정치적 실책으로 죽음으로 걸어 들어갔습니다. 영정이 무척이나 두려워했던 그의 군사적인 공훈과 막강한 세력 역시 이에 크게 도움을 주기도 했습니다.

우리는 영정이 조희와 여불위에게 내밀었던 징벌의 주먹에서 몇 가지 사실을 알 수 있습니다. 그가 대단히 과감하고 잔인하기 이를 데 없었다는 사실입니다. 그는 정말 권력을 휘어잡는 데에는 타고난 재능이 있었던 철완의 정치가였습니다.

사마천은 이런 그의 성격을 어떻게 정의했을까요? 간단합니다. 의지가 굳고 강건하다고 표현했습니다. 요즘 식으로 하면 터프하다는 말이 되겠습니다. 정말 제대로 된 평가가 아닌가 싶습니다.

11강
이사, 정치 일선에 나서다

영정이 왕위를 물려받은 이후 9년 동안 진나라 조정을 좌지우지한 것은 여불위였습니다. 그러나 영정은 재위 12년이 되는 해에 여불위를 자살하도록 압박함으로써 능력 하나만큼은 대단했던 자신의 비서를 스스로 제거해버렸습니다. 이로써 그는 역사에 길이 남을 통일 대업을 완수하기 위해 자신의 마음에 맞는 비서를 다시 맞아들이지 않으면 안 됐습니다. 이런 상황에서 영정은 경전經傳에서는 본명을 찾아볼 길이 없는 이사를 기용하게 됩니다. 그는 이 이사의 보좌를 통해 점진적으로 제후 할거 국면을 타파해 나갔습니다. 최종적으로는 통일된 중앙집권 국가를 세울 수 있었습니다. 영정의 이전 35명 국군들의 열망이 마침내 실현된 것입니다. 이사는 영정의 통일 대업을 언급할 때 정말 빠져서는 안 되는 인물입니다. 이 사람은 원래 초나라 상채上蔡의 평범한 가정에서 태어난 하찮은 인물이었습니다. 이런 그가 어떻게 진나라의 정치 무대에 등장할 수 있었을까요? 그는 진나라의 통일 대업에 도대체 어떤 공을 세웠을까요?

창고의 쥐를 통해 인생의 오묘함을 깨닫고 진나라에서 두각을 나타내다

영정은 여불위를 자살하게 만든 후에 어쩔 수 없이 새로운 유능한 비서를 물색해야 했습니다. 이때 그의 눈에 띄어 발탁된 인물이 다름 아닌 이사였습니다.

이사는 원래 초나라 상채(지금의 허난성 상차이上蔡) 출신입니다. 당연한 얘기겠지만 젊은 시절에는 고향에서 미관말직의 자리에 앉아 있으면서 시간을 하염없이 죽였습니다.

어느 날 화장실에 앉아 볼일을 보는 그의 눈에 쥐 한 마리가 눈에 들어옵니다. 잘 먹지를 못해 삐쩍 마른 쥐였습니다. 게다가 이 쥐는 사람과 개를 동시에 보고는 놀라 정신없이 달아났습니다. 얼마 후 이사는 자신이 일하는 관청의 창고에 들렀습니다. 이곳에서도 그는 쥐를 만났습니다. 그러나 이 쥐의 신세는 화장실의 쥐와는 달랐습니다. 우선 넓은 집에 살고 있었습니다. 놀라거나 할 필요도 없었습니다. 게다가 먹기도 잘 먹었습니다. 이사는 이 광경을 목도하고 크게 깨달았습니다. "사람은 쥐하고 다를 게 하나도 없다. 큰일을 성취할 수 있느냐 없느냐는 어떤 물에서 노느냐 하는 것에 달려 있다. 큰물에서 놀아야 한다."

이것이 바로 이사의 저 유명한 '쥐 철학'이었습니다. 창고의 쥐가 되겠다는 이상이 현재에 안주하지 않고 앞으로 나아가고자 하는 그의 열망을 촉발시켰다는 얘기가 되겠습니다. 지금의 적지 않은 학자들은 이사의 '쥐 철학'에 대해 비판적인 입장을 견지하고 있습니다. 이기적인 철학이라는 것이죠. 그러나 대단히 정확한 것이라는 사실만큼은 부정할 수 없습니다. 게다가 이치가 전혀 없다고도 하기 어렵습니다. 노는 무대가 인생의 가치를 실현시키는 데 있어서는 대단히 중요하니까요.

'창고의 쥐'가 되고자 했던 이사의 이상은 당연히 그를 더 이상 미관말직에 안주하지 않게 만들었습니다. 그는 즉시 사표를 내고 제나라로 유학을 떠나 순경(荀卿. 흔히 荀子라고 부름-옮긴이)을 스승으로 모시고 공부했습니다. 순경은 당시의 유명한 유학자로 공자의 학설을 강의하는 것으로 정평이 나 있었습니다. 그러나 그의 강의는 공자의 정통적인 학설과는 조금은 달랐습니다. 당시의 정치 형세에서 출발해 약간의 개조를 했다는 점에서 나름의 특징이 있었습니다. 또 어떻게 보면 비교적 법가의 사상에 근접한 느낌도 풍겼습니다. 어떻게 하면 국가를 올바르게 다스리는가 하는 문제를 주로 연구했습니다. 이를테면 '제왕학'을 가르쳤다고 보면 되겠습니다.

이사는 학문을 다 이룬 다음 어느 나라로 가서 자신의 능력을 발휘해야 할지를 반복해서 생각했습니다. 이를 위해 각 나라의 정세를 나름대로 비교 분석하기도 했습니다. 그의 분석에 따르면 자신의 조국인 초나라 왕은 무능했습니다. 다른 각국의 왕 역시 크게 다르지 않았습니다. 험난한 고갯길을 걷는 것에서 크게 벗어나지 않았습니다. 그러나 진나라는 달랐습니다. 서쪽 변방에 자리를 잡고 있었으나 실력을 축적하면서 때를 기다리고 있었습니다. 그는 진나라로 가기로 결정을 내렸습니다. 그가 떠나기 전 스승인 순경이 "자네는 왜 굳이 진나라로 가려 하는가?"라고 물었습니다. 이사는 즉각 "큰일을 하려고 하는 사람은 시기가 항상 중요합니다. 지금 각 나라들은 서로 패주를 노리는 다툼을 하고 있습니다. 이 시기야말로 공명을 이룰 절호의 기회입니다. 더구나 진나라의 군주는 영웅심이 그득합니다. 육국을 병탄해 천하를 통일하려 하고 있습니다. 그곳에 가면 진짜 큰일을 한바탕 할 것 같습니다. 세상을 살다 보면 비천한 것만큼 치욕적인 것이 없습니다. 가난한 것만큼 슬픈 것도 없습니다. 사람이 비천하고 가난한 지경에 내몰리면 세상 사람들로부터 모욕을 당합니다"라고 자신감 넘친 어조로 대답했습니다. 이후 모든 그의 행동의 출발점과 귀착점 역시 이 대답에서 볼 수 있는 인생관과 밀접한 관계가 있었습니다. 적극적이고도 진취적인 노력, 때를 노려 공을 이룩하는 그의 추진력, 급기야는 그가 깊숙하게 빠져들어가 버린 죄악의 소굴은 모두 이 생각에서 유래했다고 보면 틀림이 없습니다. 그에게 있어 명리를 탐하지 않고 유유자적하는 노자나 장자의 여유 같은 것은 배운 사람이 행할 바가 아니었습니다.

그가 진나라에서 꿈을 펼치려 준비를 했을 때는 장양왕 자초가 재위에 있을 시기였습니다. 그러나 이사가 진나라에 도착했을 때 사정은 변해버렸습니다. 장양왕이 세상을 떠난 뒤였던 것입니다.

그에게 장양왕의 죽음은 불운이었습니다. 고작 열세 살에 불과한 후계자 영정이 그를 발탁할 능력이 있을 까닭이 없었으니까요. 더구나 영정은 권력조차도 여불위와 왕태후 조희의 손에서 되찾아오지 못하고 있었습니다. 그러나 똑똑한 이사의 좌절은 순간에 그쳤습니다. 그는 바로 대안을 생각했습니다. 여불위의 휘하에 들어가기로 합니다. 중부로 불렸던 당대 최고의 권력가인 상국 여불위의 빈객이 된 것입니다. 이사는 정말 재주가 뛰어난 인재였습니다. 이런 인재는 바로 눈에 띄는 법입니다. 절대로 다른 사람의 눈을 피하지 못합니다. 아니나 다를까 여불위는 이사의 능력을 순식간에 알아챘습니다. 당연히 중용했습니다. 직위가 시종인 낭랑에까지 오르게 됐습니다. 아무 실권이 없기는 했으나 어쨌든 왕인 영정을 이후 자주 접촉하는 기회를 가지게도 됐습니다. 하루는 그가 영정에게 작심하고 진언을 올렸습니다.

"무릇 큰일을 이루려는 사람은 시기를 잘 잡아야 합니다. 진나라는 목공 때에 대단히 강력했습니다. 그러나 통일이라는 대업을 이룩하지 못했습니다. 원인은 특별한 데 있었던 것이 아닙니다. 시기가 아직 성숙하지 않았기 때문입니다. 그렇다면 효공 이후에는 어땠을까요? 주나라 천자의 위신이나 실력이 날로 쇠락해갔습니다. 이로 인해 각 제후국들은 서로 패권을 차지하기 위해 해마다 전쟁을 벌입니다. 진나라 역시 이 틈을 통해 강대해지기 시작했습니다. 지금 진나라의 역량은 대단합니다. 대왕께서는 현명하고 덕이 있습니다. 육국을 멸망시키는 것은 부엌의 재를 쓸어버리는 것처럼 아주 쉬운 일입니다. 바로 눈앞에 제업帝業을 완성해 천하 통일을 할 좋은 때가 온 것입니다. 절대로 이 기회를 놓쳐 후회할 일을 만들지 마십시오."

그의 말은 영정이 듣기 좋으라고 한 아부의 말이 아니었습니다. 영정 역시 이 사실을 알았습니다. 기분이 좋아질 수밖에 없었습니다. 그는 곧 장사長史로 발탁되는 행운을 누리게 됩니다.

이사는 두 번째로 영정을 만났을 때에도 가만히 있지 않았습니다. 다시 건의를 올렸습니다.

"진나라의 육국에 대한 통일 전쟁에서는 두 가지 전략을 구사해야 합니다. 우선 진나라의 강력한 군사력을 사용해야 합니다. 또 다른 방면에서는 돈을 아까워하지 말고 육국의 군신들 관계를 완전히 이간시켜야 합니다. 매수, 뇌물 제공 등의 수법도 굳이 꺼릴 필요가 없습니다."

이사의 전략은 분명했습니다. 한쪽에서는 군사력을 동원하고 다른 한쪽에서는 돈을 사용하는 전략을 구사하면 천하의 통일은 시간문제라는 것이었습니다. 두 가지 무기를 동시에 사용하는 전략이라고도 하겠습니다. 굳이 요즘과 비교하면 미국이 잘 쓰는 당근과 채찍 전략이 아닌가 싶습니다. 이사는 2000여 년 전에 이미 이 전략을 생각해냈습니다. 정말 대단합니다. 영정은 지체하지 않고 그의 건의를 받아들였습니다. 전략은 주효했습니다. 이사는 다시 장사에서 객경으로 승진하게 됐습니다. 출세 가도를 달렸다고 하겠습니다.

그러나 세상은 기기묘묘한 법입니다. 이사가 객경의 신분으로 자신의 뜻을 본격적으로 펴려고 했을 때 갑자기 엉뚱한 사건이 발생합니다. 이게 다름 아닌 육국 출신의 인재들에 대한 추방령, 즉 축객령逐客令이었습니다.

간첩 정국鄭國이 진나라의 힘을 소모시키다

영정 재위 10년인 기원전 237년 상국 여불위는 노애의 반란 사건에 대한 문책을 당한 끝에 식읍인 낙양에서 시간을 죽이고 있었습니다. 바로 이 해에 영정은 갑자기 진나라에 있는 모든 육국 인사들에 대한 축객령을 내렸습니다. 이로 인해 진나라에 머무르고 있던 육국의 인사들은 마치 경쟁을 하듯 순식간에 진나라를 빠져나갔습니다.

영정이 이런 갑작스런 결정을 내린 것은 한나라와 관련이 있었습니다. 한나라는 진나라의 바로 이웃한 국가였습니다. 지금의 산시山西성 남부와 허난성 남부에 걸쳐 있었습니다. 한마디로 진나라가 동쪽으로 영토를 확장하기 위해서는 치워버려야 할 최고의 장애물이었습니다. 한나라는 바로 이런 지리적인 운명 탓에 범저가 소양왕에게 원교근공 전략의 통일 전략을 제안한 이후 부단히 진나라의 침략을 받았습니다. 이로 인해 국토의 면적도 날로 줄어들었습니다.

거의 빈사 직전의 절망 상태에 이르게 된 한나라로서는 대책을 강구하지 않을 수 없었습니다. 급기야 궁즉통이라는 말이 있듯 한나라는 진나라의 국력을 소모시키는 것이 최선의 방법이라는 생각을 하기에 이르게 됩니다. 이 방법은 과연 무엇이었을까요? 진나라로 하여금 대대적인 농업 수리 시설의 건설에 착수하게 만드는 것이었습니다.

전국 시대 후기는 철기 도구들이 이미 광범위하게 생산에 사용된 시기였습니다. 그러나 지금과 비교할 때는 아무래도 차이가 많았습니다. 도구 자체가 아주 간단하기 이를 데 없었습니다. 당연히 생산력 수준 역시 대단히 낮았습니다. 따라서 대규모 프로젝트를 추진한다는 것은 그야말로 한 나라의 국력을 총동원해야 하는 사업이라고 해도 과언이 아니었습니다. 대형 수리 프로젝트가 바로 이런 공사가 되겠습니다. 엄청난 인력을 비롯해 천문학적인 액수의 공사비, 물자 등이 필요한 것은 거의 기본이었습니다. 거국적으로 추진하는 데 매우 신중해야 했습니다. 그러나 한나라는 진나라가 이런 엄청난 역사를 마다하지 않을 나라라는 사실을 꿰뚫고 있었습니다. 아니 오히려 이런 멍청한 짓을 좋아라고 시도할 것이라고 아예 단정했습니다. 그들은 이런 단정 하에 이 공사를 부추길 간첩을 비밀리에 파견하기로 결정했습니다. 대규모 수리 프로젝트 추진에 본격적으로 나서도록 유인하는 전략을 수립한 것입니다.

이 계략을 위해 선택된 간첩은 과연 누구였을까요? 이름도 비교적 재미있습니다. 정국이라는 사람이었습니다. 한나라는 왜 정국이라는 사람을 진나라에 파견할 간첩으로 선택했을까요? 이유는 간단했습니다. 그가 대단히 유명한 수리 전문가였으니까요. 게다가 그의 설계와 시공은 대단히 합리적이었습니다. 긍정적인 측면에서 보면 완공 후의 정국 브랜드의 용수로는 진나라 부농정책의 빛나는 프로젝트로 성가를 드높일 가능성이 높았습니다. 영원한 업적으로 후세에 길이 빛나게 될 뿐 아니라 당시에도 이로울 대역사였던 것입니다. 영정으로서는 매력적인 사업으로 생각할 수밖에 없었습니다.

과연 그랬습니다. 영정은 정국의 제안에 눈이 번쩍 떠졌습니다. 바로 300여 리 길이의 대형 농수로를 건설하는 프로젝트에 동의했습니다. 그는 서쪽에서 동쪽으로 위수의 북쪽 고원을 가로지르는 이 농수로가 일단 건설되기만 하면 관중의 400여 만 무에 이르는 농지에 물을 댈 수 있을 것으로 생각했습니다. 더구나 이 경우 농수로는 대량의 진흙과 모래를 운반해 소금 성분이 다분한 농지를 덮을 가능성도 있었습니다. 가치가 별로 없는 농지가 하루아침에 훌륭한 땅으로 완벽하게 변신할 수 있게 되는 것입니다. 한마디로 경지 면적이 늘어나면서 관중이 진나라 최고의 기름진 땅이 될 개연성이 다분했습니다. 이 농수로가 바로 역사적으로 유명한

'정국거鄭國渠'였습니다.

그러나 정국거의 건설이 맹렬한 기세로 진행되고 있을 때 갑자기 정국의 신분이 탄로가 나고 말았습니다. 영정은 믿었던 정국이 한나라가 파견한 간첩이라는 소식을 듣자 대노했습니다. 바로 죽여 버리려고 했습니다. 하지만 정국은 전혀 당황하지 않았습니다. 무척이나 의연하게 "그렇습니다. 저는 처음에는 분명히 한나라의 간첩으로 진나라에 왔습니다. 그러나 이 농수로는 완공이 되기만 하면 틀림없이 관중의 농업에 엄청나게 긍정적 효과를 안겨줄 것입니다. 이건 진나라에 매우 유리한 공사입니다"라고 영정에게 말했습니다. 역시 전문가답게 프로 의식이 자신도 모르게 발휘되지 않았나 보입니다.

이에 대해서는 《사기》의 〈하거서河渠書〉 역시 거의 비슷한 평가를 하고 있습니다. "이렇게 해서 관중은 1,000리에 이르는 기름진 땅이 됐다. 이후부터 거의 자연 재해가 없었다. 진나라는 더욱 부강해졌다. 결과적으로 제후들을 병탄, 통일에 이르게 됐다"라고 기술하면서 정국이 강조한 정국거의 엄청난 효과를 부정하지 않았습니다.

다시 본론으로 돌아갑시다. 영정은 정국의 변명이 무척이나 그럴듯하다고 생각했습니다. 다시 그가 프로젝트를 계속 추진하도록 했습니다.

정국거의 공사는 이렇게 해서 계속됐습니다. 하지만 진나라 입장에서 정국이 간첩이었다는 사실은 그냥 조용히 흘려버릴 성질의 것이 아니었습니다. 앞에서 잠깐 언급한 것처럼 결국 엄청난 평지풍파를 일으키는 계기가 됐습니다. 이건 또 왜 이런 방향으로 흘러가야만 했을까요? 원인은 세 가지가 있었습니다. 무엇보다 과거의 꿈만 같았던 특권을 회복하려고 무진 노력을 경주한 진나라 구 귀족들의 시도와 관련이 있었습니다. 정국이 권력 투쟁을 가속화시킨 사실 역시 무관하지 않았습니다. 마지막으로 영정이 노애와 여불위를 극도로 증오했다는 사실을 들어야 하겠습니다.

진나라는 목공과 효공 이후부터 일관되게 인재를 적극적으로 등용하는 대 전략을 실시했습니다. 당사자가 인재이기만 하면 아무것도 묻지도 따지지도 않았습니다. 국적 역시 마찬가지였습니다. 재능만 있으면 과감하게 등용했습니다. 특히 상앙의 변법을 시행하고부터는 더욱 이렇게 됐습니다. 논공행상이 국시가 됐다고 해도 과언이 아니었습니다. 이 정책은 결과적으로 진나라를 부강하게 만들었습니다. 반면 진나라 구 귀족 세력의 특권은 여지없이 손상됐습니다. 귀족이라도 군공軍功이 없으면 그동안 누려온 각종 특권을 더 이상 맛보기 어렵게 된 것입니다. 결과는 어떻게 됐습니까? 육국의 인사들이 군공을 세워 고위층에 진출한 경우가 많아졌습니다. 진나라 구 귀족들의 울분은 더욱 쌓여만 갈 수밖에 없었습니다.

이러던 차에 간첩 정국 사건이 터졌습니다. 진나라 구 귀족들에게는 자다가 벌떡 일어날 정도의 반가운 소식이었습니다. 이 사건을 이용할 경우 우선 진나라의 고위직을 독차지하고 있던 객경들을 몰아내는 것이 가능할 것으로 보였으니까요. 자신들의 옛날 권세를 회복할지 모른다는 희망을 품게 된 것이죠. 이들은 이른바 이 그럴듯한 축객(逐客. 진나라의 고위직에 있는 객경들을 몰아낸다는 의미─옮긴이)의 음모 시나리오에 생각이 미치자 이 사건을 물고 늘어졌습니다. 대대적으로 여론을 환기시켰습니다. 이에 대해서는 이사가 영정에게 올린 〈간축객서諫逐客書〉의 첫 부분을 보면 잘 알 수 있습니다.

"진나라의 왕족과 대신들은 모두 진왕(영정을 의미함─옮긴이)에게 '제후 각 나라의 사람들이 진나라에 달려와 일하는 것은 대부분 자신들의 군주를 위해 유세하고 진나라를 이간시키려고 그러는 것입니다. 이들 육국 사람들을 모조리 쫓아내야 합니다'라고 진언하고 있습니다."

그렇습니다. 진나라의 구 귀족들은 이사의 말대로 육국의 사람들은 믿을 수 없는 사람들이라는 여론을 만들어냈습니다. 이들의 말을 들어서도 안 된다고 주장했습니다. 이들도 궁극적으로는 진나라 출신이 아닌 간첩 정국이나 노애, 여불위처럼 될 것이라는 주장을 펼쳤습니다. 진나라의 구 귀족들은 따라서 객경들만 몰아내서는 안 된다는 입장을 견지했습니다. 모든 육국의 사람들을 추방해야 한다고 입에 거품을 물었습니다. 물론 이들이 노린 공공의 적인 궁극적 사냥 대상은 당연히 고위직을 차지하고 있던 객경들이기는 했습니다.

문제는 축객령에 의해 진나라 백성들을 대신해 농사를 지으려고 이민을 왔던 한, 조, 위나라 출신 농민들의 입장이 애매해졌다는 사실이었습니다. 당연한 말이겠지만 이들은 진나라 구 귀족들의 이익과는 아무런 관계가 없었습니다. 아니 오히려 반대라고 해야 옳았습니다. 진나라에 대단한 공헌을 했습니다. 농업 생산성을 대대적으로 증진시켰으니까요. 그러나 일도양단식의 축객령 발동에 따라 이들 농민들 역시 수년 동안 죽도록 고생한 끝에 올리게 될 과실을 지키지 못할 위기에 봉착하게 됐습니다.

이때 영정의 입장은 어땠을까요. 충분히 짐작이 갑니다. 그는 노애 사건으로 홍역을 단단히 앓았습니다. 여기에 여불위 연루 사건에도 적지 않은 신경을 써야 했습니다. 이런 고비를 겨우 넘겼는데 또다시 한나라 간첩인 정국 사건이 터졌습니다. 그로서는 국가적 필요에 의해 정국거를 계속 건설하는 데에는 동의했으나 구 귀족들이 이 사건을 기화로 들고 일어나는 것을 어쩌지는 못했습니다. 정국 사건을 비롯한 일련의 모든 정치적 사건들이 사실 육국의 사람들 때문에 일어난 것이었으니까요. 그는 골치가 매우 아팠습니다. 결국 성질대로 갑작스런 축객령 반포를 단행했습니다.

영정은 솔직히 노애나 여불위 사건은 잘 처리했습니다. 순풍에 돛 단 듯했습니다. 처리하는 과정이 위풍당당하기까지 했습니다. 그렇다면 그의 축객령 역시 노애와 여불위를 제거하는 일처럼 그렇게 순조로웠을까요? 그렇지 않았습니다! 앞에서 언급한 이사가 올린 〈간축객서〉를 받은 것이 결정적이었습니다. 더구나 이사의 글은 매우 논리적이었습니다. 천하 통일을 노리는 그의 아픈 곳을 구석구석 찔렀습니다. 그는 즉각 축객령을 취소한다는 명령을 다시 내리지 않으면 안 됐습니다.

이사는 거의 마법을 부렸다고 해도 좋았습니다. 영정에게 올린 상주 한 통으로 축객령을 일거에 휴지조각으로 만들어버렸으니 말입니다. 그렇다면 이사는 왜 이 글을 써야 했을까요?

이사는 이때 진나라의 객경으로 막 임명됐습니다. 평소의 뜻을 기세 좋게 펼치려고 할 때였습니다. 그런데 엉뚱하게 축객령이 내려졌습니다. 능력을 채 펴보기도 전에 진나라를 떠나야 할 위기에 봉착하게 된 것입니다. 천신만고 끝에 올라간 객경의 자리에서 바로 내려와야 했던 것입니다. 가슴속의 울분이 터질 수밖에요. 사실 객경은 육국의 인재들에게는 대단히 중요한 자리였습니다. 이 고비만 넘기면 진나라의 중신이 되는 것은 일도 아니었습니다. 갑자기 쫓겨날 위기에 봉착한 이사가 가슴속의 분노를 저 유명한 《간축객서》에 담아낸 것은 그러므로 결코 이상한 일이 아니었습니다.

이사는 축객령의 부당함을 간하고 영정은 명령을 거두다

영정은 진나라의 구 귀족 세력의 눈물겨운 부활 노력에 현혹돼 축객 사건을 연출했습니다. 당연히 진나라 정계에서 활동했던 객경들에게는 엄청난 충격을 안겨줬습니다. 적지 않은 사람들이 보따리를 대충 챙겨 진나라를 떠나기도 했습니다. 이사 역시 육국 사람이었습니다. 자칫 하면 초나라로 돌아가야 할 액운에 봉착할 가능성이 높았습니다. 그에게는 그야말로 최고 위기의 순간이 도래했습니다. 당연히 가만히 있을 수 없었습니다. 결국 죽은 말도 살려야 한다는 의사의 심정으로 영정에게 글을 올렸습니다. 예상 외로 결과는 좋았습니다. 그러면 도대체 이사의 글에 어떤 내용이 들어 있었기에 영정은 자신의 확고부동한 생각을 바꿨을까요?

간단하게 말할 수 있습니다. 이사는 영정의 아킬레스건 세 군데를 건드렸습니다.

우선 객경들이 진나라에 큰 공을 세웠다는 사실을 강조했습니다. 또 축객은 보물만 중요하게 생각하고 사람은 가볍게 여기는 정책이라는 사실을 들먹였습니다. 마지막으로 진나라에서 쫓겨난 인재들이 육국을 도울 것이라는 끔찍한 현실 역시 입에 올렸습니다.

우리는 아무래도 하나씩 분석을 해봐야 하겠습니다. 우선 객경들이 공이 많았다는 사실을 강조한 첫 번째 주장을 봅시다. 이사는 우리가 이미 살펴본 목공 때의 백리해, 건숙, 유여, 효공 때의 상앙, 혜문왕 때의 장의, 소양왕 때의 범저 등을 객경의 사례로 들었습니다. 이어진 결론은 어렵지 않게 나왔습니다. 이들 네 명의 왕이 모두 객경의 보좌에 힘입어 진나라를 부강한 나라로 이끄는 기념비적인 업적을 쌓았다는 결론이었습니다. 만약 객경들이 없었다면 진나라의 부상도 없었다는 주장이었습니다! 객경이 없었다면 네 명의 탁월한 군주 역시 없었을 것이라는 단정이었습니다!

솔직히 이 사실은 영정 역시 인정하지 않을 수 없는 역사적 진실이었습니다. 축객령은 진나라에 와서 일하는 모든 육국의 인재들을 대상으로 했습니다. 하지만 이사의 주장을 참고하면 이들 육국의 인재들은 향후의 막강한 대국 진나라를 짊어질 대들보였습니다. 영정 집권기의 백리해, 건숙, 상앙, 범저 등이 될 수 있었습니다. 만약 이런 이들을 다 쫓아낸다면 진나라의 미래도 어려워지지 말라는 보장이 없었습니다.

다음으로 축객령이 보물만을 중요하게 생각하고 사람은 가볍게 여기는 정책이라는 주장을 봅시다. 이사의 주장에 의하면 영정은 육국의 보물들인 수후隋侯의 진주와 화씨벽 등을 대단히 좋아했습니다. 하지만 이 모든 보물들은 진나라에서 나온 보물들이 아니었습니다. 그럼에도 영정은 이걸 얻으려고 했습니다. 육국의 미녀들 역시 마찬가지였습니다. 영정은 국적을 가리지 않았습니다. 미모나 재주만 있으면 모두들 거둬들였습니다. 총애한 것은 말할 것도 없었습니다. 그러나 그는 유독 인재에 대해서만은 국적을 따지려고 했습니다. 진나라와 육국을 구별하려 했습니다. 이사는 이걸 따진 것입니다. 이게 얼마나 멍청한 일이겠느냐고 정면으로 들이받은 것입니다. 오로지 육국의 보물들만 귀하게 생각하고 인재들은 쫓아버린다면 이게 보물은 귀중하게 생각하고 사람은 가볍게 여기는 것이 아니냐고 준엄하게 꾸짖었습니다!

마지막으로 쫓겨난 객경들이 육국을 적극적으로 도울 것이라는 주장으로 눈을 돌려봅시다. 사실 인재라는 것은 어떤 시대에 있어서나 희귀한 자원입니다. 이때에도 아마 그랬을 겁니다. 진나라가 자국에 모인 천하의 인재들을 쫓아내는 데 어떤 나라가 가만히 있겠습니까? 결과적으로 축객령은 진나라가 자신의 실력을 스스로 약화시키는 것일 뿐 아니라 은연중에 육국을 돕는 이적행위였습니다. 더 극단적으로 말하면 일상생활에서 강도를 돕는 행위와 별 차이가 없다고 할 수 있지 않을까요? 때문에 이사는 이런 행위를 '안으로는 스스로 허약하게 만들고 밖으로는 제후들에게 원한을 불러일으키게 하는' 행위라고 했습니다. 그동안 숨죽이고 있던 육국들이 자신들이 강대해지고 진나라가 약해지면 적대감을 여실히 드러낼 것이라는 분석이었습니다. 이뿐만이 아닙니다. 인재는 성패成敗 역시 결정하는 귀중한 요인입니다. 진나라가 자국 사람이 아닌 인재들을 모두 쫓아내버린다면 진나라의 인재는 아마 급격하게 줄어들 것입니다. 반면 이들은 진나라에서 발휘하지 못한 능력을 육국에서 마음껏 발휘할 것입니다. 육국은 자연스럽게 강대해지고 진나라는 심각한 타격을 입을 수밖에 없습니다.

이사의 이런 주장들을 종합하면 결론은 분명해집니다. 진나라 사람이 아닌 육국의 사람들을 일률적으로 쓰지 않겠다고 하는 것은 천하 통일을 위한 정확한 길이 아니라는 결론입니다. 너무나도 논리적인 이 결론은 영정의 급소를 찔렀습니다.

이사는 자신의 글 중에서 결론을 뒷받침하는 결정적인 엄포를 영정에게 놓기도 했습니다. 원문을 보겠습니다. "폐하께서는 지금 백성(한, 조, 위나라에서부터 이민을 온 농민들을 일컬음―옮긴이)들을 버림으로써 적국을 도와주려고 하고 있습니다. 빈객들을 쫓아버림으로써 제후국들을 강대해지게 만들고 있습니다. 천하의 선비들을 진나라에서 내쫓아 감히 서쪽을 향하지 못하도록 하고 있습니다. 무서워서 진나라에 오지 못하게 하고 있습니다. 이것은 사람들이 흔히 말하는, 적에게 무기를 주고 강도에게 양식을 주는 행위입니다." 이건 절대로 말도 안 되는 엄포가 아니었습니다. 사실이었습니다. 진나라가 강력한 나라가 된 이유가 어디에 있었습니까? 육국으로부터 우수한 인재를 받아들인 게 무엇보다 결정적 요인으로 작용했습니다. 영정이 너무나도 구구절절이 옳은 상주서를 보고 과연 마음이 동하지 않을 수 있었을까요? 축객령을 고집할 수 있었을까요?

하지만 군주는 헛소리를 하지 않는 법입니다. 이미 내린 명령을 거둬들이는 것은 결코 간단한 일이 아니었습니다. 그러나 그는 했습니다. 이유가 어디에 있었을까요?

우선 원대한 포부를 들어야 하겠습니다. 그렇습니다. 만약 목마른 사람이 우물을 찾듯 인재를 찾으려는 포부나 천하 통일에 대한 기개가 없었다면 어떻게 피도 눈물도 없는 영정 같은 군주가 이미 내린 명령을 거둬들일 수 있었겠습니까?

　예리한 안목은 더 말할 필요가 없습니다. 이사의 간언은 논리가 정연했습니다. 특히 인재가 통일 대업과 밀접한 관계가 있다는 사실에 대해 언급한 부분은 더욱 그랬습니다. 만약 이런 안목과 이사 같은 인재를 알아보는 현명함이 없었다면 그가 어떻게 순순히 명령을 철회할 수 있었겠습니까?

　마지막으로 도량도 거론해야 하겠습니다. 명령을 철회하는 것은 실수를 인정하는 것입니다. 중국 고대의 군주에게 있어 이건 정말 곤란한 일이었습니다. 그러나 영정은 천하를 통일해 역사에 영원히 남을 제왕이 되고자 했던 대단한 인물이었습니다. 만약 그가 체면만 생각하는 도량이 좁은 군주였다면 아마도 그의 야심은 성공하지 못했을 것입니다.

　우리는 이 사실을 통해 이때 영정의 머리가 얼마나 깨어 있었던가를 알 수 있습니다. 또 품고 있던 꿈이 얼마나 대단했는지도 그리 어렵지 않게 알 수 있습니다. 이런 포부와 혜안, 잘못을 인정하는 도량을 가진 사람은 어떤 사람일까요? 큰일을 하게 되는 사람입니다. 마찬가지로 크게 될 사람은 이런 포부와 혜안, 도량이 없어서는 안 되지 않을까 싶습니다.

　영정은 축객령을 거둬들였습니다. 나아가 쫓겨날 위기에 처했던 이사를 등용하는 드라마틱한 반전까지 연출했습니다. 이사는 곧 정위에 임명됐습니다. 정위는 객경과는 완전히 질이 틀렸습니다. 실질적인 관직이었습니다. 요즘 말로 하면 사법 기능을 총괄하는 법무부 장관이었습니다. 이사는 이때부터 실질적으로 진나라 정계에서 두각을 나타내기 시작했다고 하겠습니다.

12강
영웅적인 대 전략

진나라는 나라를 세운 이후 35명에 이르렀던 국군의 노력을 통해 점점 강대국으로 떠오르기 시작했습니다. 특히 소양왕이 재위했을 때는 더욱 그랬습니다. 이어 혜문왕과 장양왕의 국정 운영을 통해서는 국력을 더욱 키워갔습니다. 날이 가면 갈수록 강대해진 것입니다. 영정이 정권을 완전히 이어받은 다음에는 아예 독보적이었습니다. 하늘 가운데에 떠 있는 해가 따로 없었습니다. 이때 진나라는 어떻게 육국에 대한 통일 전쟁을 시작했을까요? 먼저 어느 나라를 공격했을까요? 전쟁은 언제 발동했을까요? 이들 문제들은 모두 육국을 통일하기 위한 진나라의 영웅적인 대 전략과 밀접한 관계가 있었습니다. 또 이 전략은 조국을 구하기 위해 진나라에 사신으로 온 한나라의 공자 한비韓非의 죽음과 밀접한 관련이 있었습니다. 도대체 이 전략은 무엇이고 한비의 죽음과 도대체 어떤 관계를 가지고 있었을까요?

이사와 한비의 서로 다른 전략

영정은 노애와 여불위 등과 같은 주변의 걸림돌들을 완전히 해치우면서 정권을 장악한 다음에도 중대한 문제에 직면했습니다. 그게 바로 육국 통일 전쟁을 언제 시작하고 어떻게 이들을 공격하느냐 하는 문제였습니다. 이를테면 전쟁의 전체 판을 어떻게 짤 것인가 하는 문제였습니다. 한마디로 영웅적인 대 전략을 필요로 했다는 얘기가 되겠습니다. 다행히도 이 전략은 점차적으로 모양을 갖춰 갔습니다. 한비와 영정, 이사와 요가姚賈 등 네 사람의 복잡한 관계 속에서 말입니다. 다시 말하자면 이들 네 사람의 투쟁을 통해 서서히 형태를 갖춰 갔다고 해야 하겠습니다.

이들 네 사람 중 이 전략을 처음 거론한 사람은 다름 아닌 이사였습니다. 그는 이때 이미 여불위의 그늘에서 완전히 벗어나 진나라의 중앙 정부에 들어가 있었습니다. 낭에서 장사로 승진한 다음 다시 객경으로 초고속 출세를 하는 깃발 날리는 전성기를 보내고 있었습니다. 그야말로 득의양양이라는 표현도 그다지 과하지 않았습니다. 그랬으니 가슴속의 포부가 대단하지 않을 수 없었습니다. 실제로도 늘 천하 통일을 위한 계책을 영정에게 올리고는 했습니다. 문제는 언제 통일 전쟁에 나서느냐 하는 타이밍에 대한 것이었습니다. 그는 즉각 전쟁에 나서야 한다는 입장을 개진했습니다. 이유는 있었습니다. 그건 그의 스승인 순경으로부터 배운 제왕학과 큰 관계가 있었습니다. '기회를 잡으면 절대로 머뭇거려서는 안 된다'는 스승의 가르침을 언제나 가슴 깊이 새기고 있었던 것입니다.

이사는 이런 진리를 너무나 잘 알고 있었습니다. 그래서 통일 대업을 완수할 적합한 시기가 도래한 만큼 진나라가 지금 바로 전쟁을 일으켜야 한다고 주장했습니다.

영정은 이사의 이 의견을 즉각 받아들였습니다. 큰 줄기에서는 둘의 의견이 완전히 같았습니다. 영정은 내친김에 대단한 전략적 안목을 갖춘 이사를 바로 진나라 중앙정부의 장사長史로 임명했습니다.

이사의 적극적인 건의와 영정의 수용으로 육국을 병탄하는 통일 전쟁의 시기는 분명하게 확정됐습니다. 그러나 진나라가 아무리 강력하다 해도 육국을 한꺼번에 모조리 복속시킬 수는 없는 노릇이었습니다. 한 나라씩 서서히 복속시켜야 했습니다. 이제 어떤 나라를 먼저 공략하느냐 하는 문제가 남게 됐습니다. 그러면 전략적 안목을 갖추고 있었던 이사의 선택은 무엇이었을까요? 한비는 또 어떻게 이 통일 전쟁을 위한 전략과 관련한 논쟁에 휘말려 들어가게 됐을까요? "우선 한나라부터 공격해 멸망시켜야 합니다. 그래야 나머지 나라들이 겁을 먹게 됩니다. 이 경우 나머지 나라들을 병탄하기도 쉽습니다"라고 강조한 이사의 주장을 먼저 볼 필요가 있습니다.

영정이 이사의 건의를 받아들이지 않을 까닭이 없었습니다. 그러나 앞서 말한 대로 진나라에 사신으로 온 한비의 강력한 반대에 부딪치게 됩니다.

한비는 기본적으로 이사와는 달랐습니다. 이사는 자신의 출세가 무엇보다 중요했습니다. 조국인 초나라에도 아무런 호감이 없었습니다. 어느 곳이든지 자신을 필요로 하는 곳으로 달려가는 게 바로 이사였습니다. 그러나 한비는 한나라의 공자라는 출신 성분상 이럴 수 없었습니다. 큰아들이 아니었던 탓에 왕위를 계승하지는 못했으나 조국에 대단한 애정이 있었습니다. 한나라를 먼저 멸망시켜야 한다는 이사의 주장에 반대했습니다. 어떻게 반대의 주장을 펼쳤을까요? 그렇습니다. 그는 사신으로 올 때 영정에게 올린 주소奏疏를 이미 마련한 터였습니다. 조나라를 멸망시키고 한나라는 보존해야 한다는 것이 기본 내용이었습니다. 그는 왜 조나라는 멸망시키고 한나라는 존속시켜야 한다는 주장을 펼쳤을까요? 이유는 세

가지입니다.

우선 한나라가 이미 진나라의 일개 군현郡縣이나 다름없다는 사실을 이유로 들었습니다. 조나라가 줄곧 진나라에 대항하려는 입장을 견지한 나라라는 사실 역시 이유로 부족하지 않았습니다. 마지막으로 한비는 진나라가 생각하듯 한나라가 그렇게 쉽게 멸망할 국가가 아니라는 사실을 거론했습니다.

우선 첫 번째 사실에 대해 말해보겠습니다.

"한나라는 이미 충분히 약해져 있으며 작은 나라입니다. 더구나 진나라에 가까이 붙어 있기까지 합니다. 나라의 힘이 진나라와는 비교가 되지 않습니다. 때문에 한나라는 30여 년 동안 줄곧 진나라를 받드는 정책을 실시해오고 있습니다. 돗자리를 예로 들어보겠습니다. 만약 진나라가 집안의 돗자리라면 한나라는 깔개에 지나지 않습니다. 때문에 한나라는 진나라가 어떤 국가를 공격한다면 더불어 출병을 할 것입니다. 이러면 마지막에 이익은 진나라로 돌아가고 욕은 한나라가 먹을 가능성이 큽니다. 한나라가 천하의 제후들에게 죄를 짓게 되는 겁니다. 이 점에서 보면 한나라는 진나라의 신하 국가와 다름이 없습니다. 진나라의 군현이라고 해도 좋습니다."

이제 두 번째 이유에 대해 언급하겠습니다. 첫 번째 이유만큼이나 주장이 명료합니다.

"한, 조, 위나라 삼국 중에서는 조나라가 가장 막강합니다. 지금까지 줄곧 자신들의 군대를 확충해 왔습니다. 게다가 합종의 맹약에 참여한 국가들로부터 인재들도 대량으로 받아들이고 있습니다. 어디 이뿐이겠습니까? 천하의 제후들에게는 진나라가 약해지지 않으면 살아날 제후들이 없다는 사실을 계속 강조하고 있습니다. 이로 볼 때 조나라는 아마도 진나라와 일전을 준비하고 있지 않나 싶습니다. 조나라가 진나라의 가장 중요한 적이라는 사실은 이제 분명해집니다. 그런데도 지금 진나라가 한나라를 멸망시키려고 한다면 천하의 사람들은 어떤 결과를 보게 되겠습니까? 또 자신의 신하와 다름없는 나라를 멸망시키고 외부의 적은 방치하는 게 말이 됩니까? 진나라를 섬긴 결과가 진나라에 의해 멸망하는 것이라면 도대체 어떤 나라가 진나라와 좋은 관계를 맺고 싶어 하겠습니까? 천하의 사람들은 모두 조나라와 동맹맺기를 바랄 것입니다."

한비가 주장한 마지막 이유는 더욱 설득력이 있었습니다. 과연 이사보다 한 수 위의 능력을 가진 인재다웠습니다.

"설사 진나라가 한나라를 공격한다고 해도 그렇습니다. 한나라는 쉽게 망할 나라가 아닙니다. 그 이유를 말씀드리겠습니다. 한나라는 비록 작은 나라이나 사면에서 전쟁을 해야 하는 운명을 타고난 나라입니다. 동서남북 모든 방향에서 적에 대응해야 하는 나라이죠. 그러나 한나라는 이런 불리한 지리적 조건을 갖고 있음에도 100여 년 이상 동안 이웃 나라들과 전쟁을 치르면서 발전해왔습니다. 절대로 대왕께서 가볍게 멸망시킬 수 있는 나라가 아닙니다. 만약 대왕께서 한나라를 정 멸망시키려 한다면 한나라는 아마도 위나라와 동맹을 맺을 것입니다. 위나라 역시 한나라를 기꺼이 도울 것이 분명합니다. 한나라와 위나라의 동맹은 조나라에 대단히 유리합니다. 조나라는 원래부터 제나라와 동맹 관계에 있습니다. 여기에 한나라와 위나라의 동맹이 더해지면 대왕께서 조나라를 공격하는 것은 더욱 곤란해질 가능성이 큽니다."

한비의 주장은 처음부터 일관되었습니다. 무슨 수를 써서라도 우선 조나라를 멸망시켜야 한다는 얘기였습니다. 그러면 조나라는 어떻게 멸망시킬 수 있을까요? 한비는 이에 대한 구체적인 계획을 네 단계로 나눠 역설했습니다.

"첫 단계는 사신을 초나라에 보내는 것입니다. 거액의 뇌물을 들여 초나라의 중신들에게 조나라에 대한 험담을 하면 상황이 진나라에게 유리해집니다. 다음 단계는 위나라의 인질을 돌려보내는 것입니다. 세 번째 단계는 한나라의 병력을 함께 지휘해 조나라를 쳐들어가는 것입니다. 이때에는 설사 조나라가 제나라와 동맹을 맺고 있다 해도 방법이 없습니다. 걱정할 필요가 전혀 없습니다. 마지막 네 번째 단계는 당연히 조나라와 제나라를 가볍게 멸망시키는 것입니다. 조나라와 제나라를 멸망시킨 다음에는 반드시 한나라에 편지를 보내야 합니다. 그래야 한나라를 조용히 잠재울 수 있습니다. 이렇게 하면 조나라와 제나라는 단 한 번의 군사 행동으로 그다지 어렵지 않게 멸망시킬 수 있습니다. 초나라와 위나라 역시 자동적으로 굴복할 것입니다."

한비가 먼저 조나라를 멸망시키자는 제안을 한 가장 분명한 이유는 조국인 한나라를 구해내고 싶은 마음에서였습니다. 그러나 그의 주장은 구체적인 논거도 있었습니다. 게다가 모두 진나라의 입장에서 주장한 것입니다. 진나라의 입장을 이해했다고 할 수 있습니다. 그러면 영정은 이 주장에 대해 어떤 태도를 보였을까요? 왜 영정은 한비를 진나라의 통일 전략 논쟁 속으로 더욱 깊숙하게 몰아넣었을까요?

우리가 이미 앞에서 살펴봤듯 한비는 지독하게 말을 더듬는 장애인이었습니다. 기본적으로 달변의 조건을 갖추지 못했습니다. 하지만 글의 내공만큼은 대단했습니다. 특히 이해관계를 분석하는 능력이 아주 탁월했습니다. 이미 한나라를 공격하기로 마음을 굳혔던 영정이 그의 글을 읽고 즉각 판단을 내리지 못한 것도 바로 그의 글이 가진 힘과 큰 관계가 있었습니다. 영정은 고심 끝에 한비가 올린 글을 조정의 대신들에게 읽어보게 했습니다. 조회 중에 이에 대해 난상토론을 해보라는 의미였다고 하겠습니다. 드디어 조회 시간이 돌아왔습니다. 이사가 마치 기다렸다는 듯 가장 먼저 반대를 했습니다. 반대 이유는 두 가지였습니다.

"첫째, 모든 병은 반드시 병의 근원을 발본색원해야 합니다. 한나라는 진나라에 있어서는 마음속 깊숙이 숨어 있는 질병입니다. 이 병은 지금은 발작하지 않고 있습니다. 하지만 언젠가는 발작할 가능성이 있습니다. 만약 진나라에 돌발 사태가 생기면 어떻게 되겠습니까? 한나라는 믿을 만한 나라가 못 됩니다. 한마디로 한나라는 진나라에게 있어서는 반드시 제거해야 하는 마음의 병입니다. 둘째 이 병은 반드시 발작하게 됩니다. 지금은 이 병이 우리 진나라의 몸 깊숙이 숨어 있을 수도 있습니다. 아마도 1~2년 내에 발작을 하지 않을지도 모릅니다. 그러나 우리가 조나라와 제나라에 대응하기 위해 온 나라의 힘을 다 쏟아 부어야 하는 경우가 생긴다고 합시다. 이때 한나라라는 이 병은 발작할 수밖에 없습니다. 목공께서 출병을 했다가 효산에서 참패했을 때를 보십시오. 이 비극이 다시 나타날 수 있습니다. 때문에 반드시 한나라를 먼저 멸망시켜야 합니다."

이사의 말도 전혀 근거가 없지는 않았습니다. 그와 한비의 대립은 이제 정면충돌을 향해 달려가고 있었습니다.

이사는 한나라를 하루 속히 멸망시켜야 한다고 주장했습니다. 반면 한비는 진나라가 조나라를 먼저 손봐야 한다는 입장이었습니다. 누가 봐도 확실한 차이가 있었습니다. 이 차이는 무엇이었을까요? 어렵지 않게 결론이 나옵니다. 영정이 지향할 통일 전략의 노선 차이라고 해야 하겠습니다. 다시 말해 양자의 차이는 노선 투쟁을 의미한다고 봐도 좋았습니다. 당연히 본질은 진나라와 한나라 양국 국익의 충돌이었습니다.

네 나라를 평정한 요가와 그를 비난한 한비

당시 진나라는 이른바 전국 시대 칠웅 중에서 가장 막강한 나라였습니다.

요즘 말로 하면 유일무이한 슈퍼 파워였습니다. 하지만 진짜 완벽하게 통일을 하려면 군사력 이외에도 다른 절묘한 수단이 필요했습니다.

이사 역시 군사력 이외에 외교적 수단을 강구해야 한다는 사실을 너무나 잘 알고 있었습니다. 그는 즉각 영정에게 "저에게 한 가지 다른 방법이 있습니다. 우리는 일단의 사람들을 육국에 보내야 합니다. 이들에게 많은 돈을 줘 매수가 가능한 육국의 중신들을 매수해야 합니다. 권력을 쥔 이들 역시 모조리 우리 편으로 만들어야 합니다"라면서 자신의 의중을 은근히 밝혔습니다. 영정은 그의 말에 즉답을 하지 못했습니다. 뇌물을 써서 육국의 인재들을 매수하는 것이 가능할 것인가 하는 데에 대한 회의가 들었기 때문입니다. 그러자 이사가 다시 "만약 그 사람들이 청렴결백해 뇌물을 받지 않으면 어떻게 해야 하겠습니까? 당연히 암살을 해 버려야죠. 매수되지 않는 인간들은 모조리 죽여 버려야 합니다. 그런 다음 다시 대군을 파견하면 됩니다"라고 다그쳤습니다. 영정은 또 이사의 건의를 받아들였습니다. 이제 이사는 손에 두 개의 무기를 들게 됐습니다. 하나는 군사력이며, 다른 하나는 말할 것도 없이 매우 살상력이 높은 무기, 즉 돈이었습니다. 뇌물이었습니다.

이제 화제를 조금 돌려봅시다. 앞에 언급한 요가가 등장할 때가 됐으니까요. 영정은 이사의 건의를 대대적으로 받아들이기 직전에 아주 골치 아픈 일을 겪었습니다. 그건 다름 아닌 육국 중 네 나라가 연합해 진나라에 군사적으로 대항한 사건이었습니다. 이때 영정은 60여 명에 이르는 대신들을 소집해 이 문제에 대해 상의를 했습니다. 그러나 별 소용이 없었습니다. 대신들 역시 속수무책이었습니다. 이 위기의 순간 한 사나이가 등장합니다. 이름이 요가인 그는 "대왕께서는 저에게 돈을 주십시오. 그러면 제가 이 네 나라를 조용히 평정하겠습니다"라는 요지의 말로 영정을 안심시켰습니다. 영정은 너무나 기뻐 바로 그에게 거액의 활동비를 지원했습니다. 마차 역시 여러 대 줬습니다. 뇌물 역시 무려 1,000금이나 챙겨줬습니다. 요가는 이 전폭적인 지원으로 몇 년 동안이나 활동을 할 수 있었습니다. 나중에는 자신의 말대로 네 국가의 진나라에 대한 연합 공격을 막아냈습니다. 영정은 그가 공을 이루고 돌아오자 대단히 기뻐하며 1,000호에 이르는 상을 내리고 상경上卿으로 승진시켰습니다. 이 말을 들은 한비는 기가 막혔습니다. 바로 영정에게 글을 올려 요가를 강하게 통박했습니다. 한비는 왜 요가를 욕했을까요? 세 가지 범죄를 저질렀다고 생각한 것입니다. 우선 그는 요가가 공금을 횡령했다고 주장했습니다. 다음으로 공권력을 이용해 개인의 이득을 챙겼다고 봤습니다. 출신이 비천하다는 것도 한비에게는 못마땅한 요인이었습니다.

우선 첫 번째 주장부터 봅시다. 한비는 요가가 영정이 준 거액의 공금을 가지고 3년을 활동했다고 했습니다. 그러나 한비의 주장에 따르면 이 3년 동안 네 나라는 별로 외교적으로 가까워지려는 시도조차 하지 않았습니다. 그러니 대부분의 공금이 요가의 주머니로 들어갔다고 해도 좋았습니다. 명백한 공금 횡령이었습니다.

두 번째 주장 역시 그럴듯했습니다. 요가가 영정의 권력을 자신의 인맥 네트워크를 확충하는 데 이용했다는 주장이었습니다. 실제로 그는 영정의 백그라운드를 바탕으로 제후들과의 관계를 돈독히 했습니다. 개인의 이득을 챙기기 위해 공권력을 이용한 것이 맞습니다.

세 번째 주장은 개인적인 감정이 들어가 있었습니다. 요가는 원래 위나라 사람이었습니다. 아버지가 성문을 지키는 미관말직에 있었습니다. 출신이 정말 비천했습니다. 더구나 그는 위나라에서 일찍이 절도죄를 저질렀습니다. 위나라 공안 당국에는 이 관련 기록이 있었습니다. 한마디로 전과자였습니다. 이로 인해 그는 나중 조나라에 갔다가 쫓겨나는 신세가 됐습니다. 한비의 말을 요약하면 "그는 출신성분이 이렇게 형편없소. 게다가 여러 범죄를 저질렀소. 여러 나라에서도 쫓겨났소. 어떻게 당신은 이렇게 형편없는 인간과 국가 대사를 논하려고 하오. 그건 우리 여러 사람들의 얼굴에 완전히 흙칠을 하는 행동이 아니오?"라는 적극적인 항의였습니다.

영정은 한비의 이 글을 읽고 가만히 있기가 좀 그랬습니다. 바로 요가를 불러 "그대는 공금으로 여러 제후들과 결탁했는가?"라고 질문했습니다. 요가는 비굴하거나 거만하지 않은 태도로 "네"라고 대답했습니다. 영정은 대노했습니다. 그러고는 화제를 돌려 "웬 사람이 그대의 신분에 대해 제보한 것을 말하지 않을 수 없다. 그 사람은 그대가 성문 지키는 사람의 아들이라고 했다. 절도 전과도 있다고 주장했다. 조나라에서도 쫓겨났다는 얘기 역시 했다. 진짜 이런 일이 있었는가?"라고 다시 추궁했습니다.

요가는 "틀린 말이 아닙니다. 그런 일이 있었습니다"라고 솔직히 대답했습니다. 그러나 그는 자신을 위한 변명을 입에 올리는 것 역시 잊지 않았습니다.

"대왕께서는 역사적으로 큰 공과 업적을 세운 사람 중에 저 같은 사람이 얼마나 많은지를 아십니까? 주나라 문왕에게 도움을 준 강태공姜太公은 한창때 제나라에서 쫓겨나지 않았습니까? 제나라 환공桓公을 도와 패자를 칭할 수 있도록 도운 관중管仲은 또 어떻습니까? 원래 상인 출신이 아닙니까? 그러나 제 환공은 그를 중용했습니다. 마지막에는 천하의 패주를 자처하지 않았습니까? 또 있습니다. 진나라 목공 시대의 백리해는 다섯 장의 양가죽을 주고 얻은 인물이었습니다. 그러나 그는 목공을 도와 진나라가 강력한 국가로 부상할 수 있도록 돕지 않았습니까? 이 일련의 사람들 중에서 출신성분이 고귀한 사람이 누가 있습니까? 귀족 출신이 있습니까? 하지만 이들은 자신들의 주군을 도와 일생의 패업을 성취하지 않았습니까? 만약 대왕께서 출신을 따져 고귀한 신분의 인재를 쓰신다면 몇 가지 사례를 더 말씀드릴 수 있습니다. 상商나라 때에 변수卞隨라는 사람이 있었습니다. 그는 출신성분이 고귀했습니다. 그러나 상나라의 탕왕湯王이 하夏나라의 걸桀을 토벌하기 위해 그를 찾아 상의를 하려고 했을 때 어떻게 했습니까? 그는 탕왕이 한 나라의 군주를 멸망시키는 문제를 자신을 찾아와 상의하려고 한 것에 대해 치욕을 느꼈습니다. 그래서 강에 뛰어들어 자살했습니다. 이게 고귀한 신분의 사람입니다. 이런 사람을 어떻게 쓸 수 있습니까? 그는 대왕께서 자신과 상의를 하려 해도 아마 자살할 것입니다. 한 명 더 있습니다. 하나라 때의 무광務光입니다. 상나라의 탕왕이 하나라의 걸을 멸망시킨 이후가 되겠습니다. 탕왕은 자신의 자리를 무광에게 물려주려고 했습니다. 하지만 무광은 원하지 않았습니다. 그는 이 말을 듣자 바로 요수蓼水에 뛰어들어 자살했습니다. 이 두 사람은 우아한 인재였습니다. 하지만 한 사람은 정치적인 문제를 자신과 상의하겠다는 말에 자살했습니다. 다른 사람은 자신에게 왕 자리를 물려주려 한다고 자살했습니다. 이 사람들은 진짜 출신성분이 고귀했습니다. 덕행이나 행동거지가 고상했습니다. 그러나 이 사람들이 왕을 위해 봉사하려고 했습니까? 대왕은 지금 사람을 써야 할 때입니다. 사람을 쓸 때는 그 사람의 재능을 써야 합니다. 그의 도덕 수준이나 출신성분을 따져서는 절대로 안 됩니다. 출신성분이 고귀한 사람이라도 만약 공로가 없거나 하면 대왕께서는 함부로 칭찬하거나 해서는 안 됩니다."

요가의 말은 구구절절이 옳은 말이었습니다. 영정은 이 말을 듣고 나름의 논리가 있다고 생각했습니다. 더 이상 요가의 각종 문제에 대한 추궁을 하지 않았습니다. 그를 그대로 놓아줬습니다.

영정, 이사, 한비, 요가가 완성한 통일 대 전략

요가는 위기에서 벗어난 다음 누가 자신을 음해했는지를 알아봤습니다. 과연 누구였을까요? 그렇습니다. 한비였죠. 요가와 한비는 이제 불구대천의 원수가 됐습니다. 동시에 요가 역시 자연스럽게 통일 전략 논쟁에 휘말려 들어가게 됩니다.

한비는 한나라를 먼저 멸망시킬 것인가 말 것인가 하는 문제를 놓고 이사와 충돌했습니다. 그런데 이제 다시 한 사람이 더 이 논쟁에 뛰어들게 됐습니다. 요가입니다. 요가는 분명히 진나라를 위해 공을 세웠습니다. 그러나 한비로부터 비난을 들었습니다. 게다가 영정으로부터는 문책까지 당할 뻔했습니다. 한비에 의하면 요가는 세 가지 죄를 지었습니다. 이중 한 가지라도 성립이 되면 그는 죽어야 했습니다. 요가가 과연 한비를 증오하지 않을 수 있었을까요? 그렇습니다. 한비는 순식간에 만만치 않은 이 두 적수들을 만들어버리고 말았습니다.

결과 역시 그렇게 됐습니다. 얼마 후 막강한 적 둘로부터 엄청난 따돌림과 비난을 들은 끝에 자살로 생을 마감했습니다. 사실상 타살이었습니다. 《사기》의 〈노자한비열전〉의 기록을 보면 잘 알 수 있습니다.

이사와 요가는 한비를 비난했다. 급기야는 영정의 면전에서 "한비는 한나라 왕의 아들 중 한 명입니다. 지금 대왕께서는 각 나라들을 병탄하려 하고 있습니다. 그러나 한비의 입장은 분명합니다. 처음부터 끝까지 한나라를 도우려 하고 있습니다. 그는 절대로 진나라를 돕지 않을 것입니다. 사실 이건 인지상정입니다. 지금 대왕께서는 그를 쓰지 않고 있습니다. 그럼에도 진나라에 머무른 시간이 꽤나 됩니다. 다시 그를 한나라로 돌아가게 한다면 이건 우리 스스로 화근을 남기는 꼴이 됩니다. 그에게 죄를 뒤집어씌워 법에 따라 죽여야 합니다"라고 비난하면서 한비를 죽일 것을 주장했다. 영정은 이 말이 맞는 말이라고 생각했다. 결국 사법부 관리에게 죄를 뒤집어씌울 것을 명령했다. 이사는 감옥에 갇힌 한비에게 독약을 보내 그가 자살하도록 강요했다. 한비는 영정 앞에서 시시비비를 가려야 한다고 생각했다. 그러나 영정을 만날 길이 없었다. 영정은 나중에 한비를 감옥에 가둔 것을 후회했다. 사람을 보내 그에게 사면령을 내렸다. 그러나 애석하게도 한비가 이미 사망한 뒤였다.

이상의 기록으로 미뤄볼 때 한비를 죽여야 한다고 적극적으로 주장한 사람은 이사와 요가였습니다. 또 독약을 보내 한비를 자살하게 만든 사람은 이사였습니다. 자발적인 죽음이 아니었습니다.

한비가 죽은 이유는 분명했습니다. 그는 강력한 진나라의 말발굽 아래에서 국력이 약한 한나라를 지켜야 한다고 생각했습니다. 기록에서 보듯 이건 한나라 공자인 그가 가져야 할 인지상정이었습니다. 그러나 이런 생각은 진나라의 천하 통일 전략 논쟁으로 그를 몰아가 버렸습니다. 그의 죽음에는 세 사람이 연관돼 있습니다. 영정과 이사, 요가입니다. 그렇다면 한비의 죽음은 도대체 누가 책임을 져야 할까요? 영정입니까, 아니면 담합을 해서 그를 고발한 이사와 요가입니까? 또는 혹자들이 말하는 것처럼 진나라의 통일 전략에 휘말려 들어간 뒤 근본적으로 이를 막을 능력이 없었던 탓에 스스로 비명횡사한 것일까요?

사실 한비의 죽음은 이 네 사람에게 책임이 다 있습니다. 이사의 책임은 이미 앞에서 말했습니다. 그러므로 여기에서는 그저 단 한 마디만 언급해야 하겠습니다. 이사가 한비를 죽이자고 강력하게 주장한 것은 한비가 진나라의 천하 통일 전략을 방해할 것이라고 생각했기 때문입니다. 한마디로 한비는 육국을 멸망시키는 전략을 확립하는 데 있어 장애물이었습니다. 반드시 제거해야 했습니다.

그러면 요가는 어떻게 되는 겁니까? 그 역시 한비를 죽일 것을 주장했습니다. 원인은 두 가지가 되겠습니다. 첫째 이유는 역시 개인적인 원한이었습니다. 그는 정말 한비를 증오했습니다. 자신은 진나라를 위해 공훈을 세웠다고 생각했으나 한비는 오히려 세 가지의 죄상을 거론했습니다. 개인적인 원한을 가지는 것은 당연했습니다. 그러나 우리는 다른 관점도 가져야 합니다. 그게 바로 육국을 통일할 무기로 돈을 쓰자고 주장했다는 사실입니다. 더구나 그는 이 일도 멋들어지게 해냈습니다. 따라서 그가 한비를 죽여야 한다고 주장한 이유는 한비가 주창한 통일 전략과 그 자신의 통일 전략이 달랐기 때문입니다. 그를 육국을 통일하는 과정에서의 최대 장애물로 여겼다는 얘기가 되겠습니다.

영정은 책임이 없었을까요? 있습니다! 그것도 대단히 컸습니다. 한번 생각해봅시다. 가장 먼저 한비를 극찬한 사람이 누구였습니까? 영정이었습니다. 한비가 글을 써서 올렸을 때 이를 조정의 대신들에게 보여준 사람이 누구입니까? 역시 영정이었습니다. 이사와 요가의 건의를 비준한 후 한비를 체포해 감옥에 가두라고 한 사람이 누구입니까? 영정이었습니다. 물론 영정은 한비를 죽도록 직접 손을 쓴 사람은 아니었습니다. 독약을 보낸 이사 같은 악독한 짓은 하지 않았습니다. 그러나 하나 잊지 말아야 할 사실이 있습니다. 그건 한비가 죽은 다음에 영정이 그의 죽음에 대한 책임을 누구한테도 추궁하지 않았다는 점입니다. 만약 책임을 추궁하려 했다면 누가 배짱 좋게 한비를 죽이려고 했겠습니까? 만약 그랬다면 이사의 목은 무사하지 못했을 것입니다. 결론을 냅시다. 그는 최고 통치권자였습니다. 한비를 죽인 책임을 추궁하지 않았다는 것은 그의 묵시적 허락이 있었다는 얘기가 됩니다. 비록 그가 나중에 한비에 대한 사면을 단행하려 했지만 말입니다.

이상의 관점에서 볼 때 영정은 한비를 죽이는 데 동의했습니다. 그러면 그는 왜 또 사면을 하려 했을까요? 여기에는 모순이 있지 않습니까? 이건 참 좋은 의문이라고 하겠습니다. 영정은 한비의 법가 사상을 대단히 높게 평가했습니다. 그러나 영정은 한비의 정치적 주장에는 결코 동의하지 않았습니다. 한나라를 멸망시킬 것인가 아니면 존속시킬 것인가 하는 문제에 있어서는 이사의 주장 쪽으로 마음이 기울어 있었습니다. 군사적 수단과 금전 공세를 병행해 사용해야 한다는 요가의 주장에 대해서는 일찌감치 찬성했습니다. 결론을 말해보겠습니다. 영정은 통일 전략의 제정이라는 대 전제가 개입될 경우는 이사와 요가의 주장을 전폭적으로 지지했습니다. 개인적으로는 한비의 사상과 재능을 높이 평가했으나 국가 이익을 대표하는 입장에서는 한비를 죽여야 한다는 생각을 할 수밖에 없었습니다.

그렇다면 한비는 자신의 죽음에 책임이 없었을까요? 있습니다. 우리는 한비가 이사의 주장에 반대하면서 조나라를 먼저 멸망시키자고 한 이유를 충분히 생각할 수 있습니다. 그건 한나라에게 시간을 주기 위해서였습니다. 한나라의 안위를 위해 그랬다고 할 수 있습니다. 그는 개인의 안위도 돌아보지 않고 영정에게 글을 올렸습니다. 이것 역시 한나라를 위해서였습니다. 그는 돈을 무기로 활용해 육국을 격파하고자 했던 요가의 전략에도 반대했습니다. 돈이 얼마나 엄청난 위력을 가지고 있는지를 알았던 것입니다. 이에 대해서는 나중에 보다 자세하게 얘기하기로 합시다. 영정이 초, 제, 조나라를 비롯한 육국의 중신들에게 무지하게 많은 돈을 뿌리자 이들 국가의 간신들이 경쟁적으로 나타나 충신들을 마구 모함하여, 결국 나라를 망하게 했다는 사실을 말입니다. 영정은 육국을 멸망시키는 강력한 두 번째의 무기로 돈을 이용했습니다. 한비는 바로 이 전략의 위험성을 너무나도 분명히 알고 있었습니다. 그가 개인의 생사를 돌보지 않은 채 요가의 전략에 반대한 것은 당연한 일이었습니다.

한나라의 사신으로 진나라로 달려간 한비의 행동은 한나라를 위한 것이었습니다. 그러다 그는 천하 통일을 위한 진나라의 국가적 전략 수립 논쟁의 와중에 휩쓸려 들어갔습니다. 아쉽게도 역량이 미치지 못했습니다. 하지만 우리는 여기서 한비의 머릿속에 내재돼 있던 정신을 더 뚜렷하게 볼 수 있지 않나 싶습니다. 그건 한나라를 보존할 수만 있다면 자기 자신의 생명을 희생시켜도 무방하다는 조국애였습니다. 그는 자신이 한나라를 멸망시키려는 진나라의 행보를 막지 못할 것이라는 사실을 너무나 분명히 알고 있었습니다. 그럼에도 전력을 다 기울여 조국을 보호하려 했습니다. 그의 행동은 우리가 잘 알고 있는 굴원과 비슷한 일면도 없지 않습니다. 조국을 위해 자신의 생명도 아까워하지 않고 강에 빠져 죽는 그런 행동 말입니다. 한비는 실패했습니다. 그러나 그는 자신의 목숨을 희생함으로써 고국이 살아남을 수 있도록 최선의 노력을 기울였습니다.

영정의 천하 통일 전략은 다른 게 아니었습니다. 영정과 이사, 요가, 한비 사이에 전개됐던 사상 투쟁을 통해 점차적으로 형성된 전략이었습니다. 마지막에는 세 가지의 공통 인식도 이끌어내게 됐습니다. 첫째는 즉각 육국을 대상으로 하는 통일 전쟁을 벌여야 한다는 당위성이었습니다. 둘째는 최초의 목표는 한나라가 돼야 한다는 사실이었습니다. 마지막은 군사력과 금전적인 수단, 즉 뇌물 제공 전략을 동시에 병행해야 한다는 것이 되겠습니다.

秦始皇 講義

3부 천하통일을 이루다

13강
가장 강력한 장애물 진晉나라

진시황이 천하를 통일한 것은 중국 역사상의 대 사건이었습니다. 통일은 당연히 진나라가 급거 부상한 다음 강대국이 된 사실이 가져온 결과라고 해야 합니다. 그러나 더 자세하게 들어가면 진나라의 급부상에 따른 다른 제후국들의 쇠락과도 관계가 있었습니다. 한마디로 양자의 위상을 극명하게 가른 부상과 몰락의 결과라고 하겠습니다. 특히 이중 한 국가의 쇠락은 진나라에게 결정적으로 우세한 지위를 보장해줬습니다. 최종적으로는 진나라로 하여금 천하를 통일하도록 만들어줬습니다. 진나라가 급부상하는 와중에 진행된 이 제후국의 쇠락은 대단히 중요한 의의가 있었다고 단언해도 좋습니다. 이 나라는 다름 아닌 진晉나라였습니다. 진나라는 일찍이 대단히 강력한 국가였습니다. 하지만 내란으로 인해 한, 조, 위나라 삼국으로 분열됐습니다. 진晉나라는 진秦나라와는 국경을 맞대고 있었습니다. 진秦나라의 중원 진출을 방해하던 천연의 방어선이었습니다. 이 때문에 목공은 일세를 풍미한 훌륭한 군주였음에도 불구하고 동쪽 중원

진출에 성공하지 못했습니다. 나중에는 한을 품고 죽었습니다. 진泰나라의 동방에 강력하고 통일된 진晉나라가 있었기 때문입니다. 한마디로 진泰나라는 진晉나라라는 강력한 댐을 격파하지 않는 한 영원히 함곡관을 나설 수 없었던 것입니다. 그렇다면 진泰나라는 어떻게 이처럼 강력하고 견고한 대규모 댐을 격파할 수 있었을까요? 이 과정 중에 진泰나라의 한씨 경족卿族은 또 어떻게 강력해졌을까요?

진泰나라가 진晉나라라는 강력한 댐을 격파할 수 있었던 데에는 두 가지 큰 이유가 있었습니다. 하나는 진晉나라가 셋으로 나눠진 사실과 밀접한 관계가 있습니다. 다른 하나는 진泰나라가 놀랍도록 빠른 속도로 발전한 사실에서 찾아야 합니다.

진晉나라는 진泰나라와는 완전히 달랐습니다. 나라를 건국한 시조는 주 무왕의 아들이자 주 성왕의 동생이었습니다. 뿌리가 확실하고 쾌속 발전을 구가한 주나라 왕실의 정통파 후예였습니다. 반면 진泰나라는 근본이 틀렸습니다. 주나라 유왕을 구해준 공로가 있었던 탓에 제후로 봉해졌습니다.

한, 조, 위나라가 진晉나라를 삼분한 시기는 진泰나라 간공簡公 재위 때였습니다. 효공이 자리를 이어받은 때로부터 정확하게 42년 전이었습니다. 따라서 진晉나라가 세 나라로 나뉜 것과 효공이 역사의 무대에 등장하는 것은 앞서거니 뒤서거니 하면서 바로 이어진 사건들이 되겠습니다.

강력하기 그지없던 한 국가가 갑자기 무너져 내려 삼분된 다음 각각 영토와 국력이 상대적으로 빈약한 한, 조, 위나라로 다시 모습을 나타낸 이 사건은 진晉나라에게 있어서는 완전히 역사의 코미디였다고 해도 좋습니다. 반면 효공이 변법을 실시, 강대해지기 시작한 진泰나라에게 있어서는 다시 잡기 어려운 역사적인 기회였습니다. 이 세 나라가 쇠약해지는 틈을 타서 서서히 중원으로 진출해 결과적으로 중국을 통일했으니까요.

진晉나라는 왜 이전보다 훨씬 작은 삼국으로 분열됐을까요? 반면 진秦나라는 분열되지 않았을까요? 만약 진나라가 삼국으로 분열되지 않았다면 진秦나라는 과연 천하 통일을 할 수 있었을까요? 진秦나라는 이들 삼국을 멸망시키는 데 무려 200여 년의 시간을 투자했습니다. 만약 삼국으로 분열되지 않았다면 진秦나라는 과연 진晉나라를 멸망시키는 것이 가능했을까요?

바로 이런 의문 탓에 진시황이 천하를 통일한 사건을 분석할 때 우리는 하나의 중요한 화두에서 영원히 자유롭기 어렵습니다. 진秦나라가 중원으로 진출하는 데 있어 가장 강력한 장애물이었던 진晉나라는 왜 분열됐을까?

진나라의 몰락

결론부터 말하겠습니다. 진나라가 분열된 가장 큰 원인은 국군의 종친들인 공족公族이 헌공 때 갑작스럽게 약해진 것과 관련이 있습니다. 그렇다면 왜 하필 헌공 때 진나라 공족의 세력은 이처럼 약해졌을까요? 헌공이 씨를 말렸다고 해도 과언이 아닐 만큼 대대적으로 공족 구성원들을 도살했기 때문입니다. 그러면 헌공은 공족들을 왜 살해해야 했을까요?

진나라 헌공의 증조부는 곡옥환숙(曲沃桓叔. 어릴 때의 이름은 성사成師임-옮긴이)이라는 사람이었습니다. 진나라 국군인 목후穆侯의 어린 아들이었습니다. 이건 다른 얘기가 아닙니다. 목후의 큰 아들, 즉 적장자가 법적인 국군 계승자였다는 말입니다. 실제로 주나라 때의 종법제 규정에 의하면 태자는 국군의 적장자들이 계속 계승해야 했습니다. 이를 대종大宗이라고 했습니다. 반면 큰 아들을 제외한 다른 아들들의 후손들은 소종小宗으로 불렸습니다. 당연히 가족의 대표는 특별한 일이 없는 한 대종이 됐습니다.

목후가 세상을 떠난 다음 예정대로 진나라의 다음 국군의 자리는 태자가 계승했습니다. 이 사람은 역사에서 문후文侯라고 불립니다. 이때 문후의 동생이자 목후의 어린 아들은 곡옥(지금의 산시山西성 취위曲沃)에 봉해졌습니다. 위에서 언급한 곡옥환숙이 바로 이 사람입니다. 곡옥은 땅이 비옥했습니다. 게다가 그는 민심을 사는 것을 아주 중요하게 생각했습니다. 이와 관련해서는 "오랫동안 덕을 쌓자 58세 때에 진나라 백성들의 마음이 그에게로 많이 기울었다"라는 《사기》〈진세가晉世家〉의 기록을 참고할 수 있습니다. 이로 인해 그의 힘은 순식간에 커졌습니다. 이는 "진나라의 변란은 곡옥에서 일어나게 된다. 줄기가 근본보다 커지고 민심을 얻었는데 난이 일어나지 않으면 무엇이 일어나기를 기다릴 수 있겠는가!"라는 말이 당시에 유행했다는 사실만 봐도 잘 알 수 있습니다. 국군보다 더 우위에 서게 된 곡옥환숙은 진나라를 호시탐탐 노리게 됩니다. 국군의 자리를 탐냈다는 말이 되겠습니다. 물론 그의 열망은 자신의 대에서는 실현되지 않았습니다. 결국 아들인 곡옥장백曲沃莊伯과 손자인 곡옥무공曲沃武公에게 이 대업을 숙제로 남기고 세상을 떠났습니다. 그의 아들과 손자는 아버지와 할아버지의 유업을 잊지 않았습니다. 어떻게든 진나라 국군 자리를 차지하기 위해 부단한 노력을 기울였습니다.

곡옥환숙의 집안은 민심을 크게 얻기는 했습니다. 하지만 국군의 자리를 쉽게 탈취하지는 못했습니다. 이를 위해 3대에 걸쳐 무려 70여 년 가까운 세월을 바쳤음에도 그랬습니다. 게다가 이 동안에 주나라 천자는 두 차례나 이들의 노력에 찬물을 끼얹은 개입을 했습니다. 심지어 병력까지 파견해 간섭했습니다. 소종인 곡옥환숙의 집안이 대종을 물리치고 찬탈을 해서는 절대로 안 된다는 입장이었습니다. 이 점에서는 진나라 국내의 종법 세력들 역시 마찬가지였습니다. 곡옥환숙의 집안이 진나라의 도성으로 진입하는 것을 용납하지 않았습니다. 하지만 손자인 곡옥무공은 쉽게 포기하지 않았습니다.

그는 수차례에 걸친 실패를 통해 교훈을 얻었습니다. 왜 주나라 천자가 두 차례나 병력을 보내 간섭을 했는지도 알게 됐습니다. 그는 완전히 대종을 압도하는 군사력을 동원해 일단 진나라 도성으로 쳐들어가 진후晉侯 민緡을 살해했습니다. 그런 다음 주나라 천자인 리왕釐王에게 사신을 보내 보물 도자기들을 대량으로 바쳤습니다. 공개적으로 뇌물을 제공한 것입니다. 이 결정적 한 방은 정말 효과가 대단했습니다. 확실히 돈이 있으면 귀신에게도 연자방아를 돌리게 하는 것이 가능합니다. 리왕은 평상시와는 다른 태도를 보였습니다. 병력을 파견하지 않은 것은 물론이었습니다. 이어서 곡옥무공을 진나라의 국군으로 직접 봉하기도 했습니다. 이로써 소종의 일원인 곡옥무공은 대종의 집안을 대표하는 진후 민을 대신해 중앙 정부 주나라가 인정하는 진나라의 국군이 됐습니다. 할아버지 때부터 가슴에 간직해온 70여 년에 걸친 열망을 이룬 것입니다.

이 부분에서 우리는 재미있는 사실을 하나 발견하게 됩니다. 주나라 천자가 곡옥무공을 진나라의 국군으로 승인해준 게 결코 뇌물 탓만은 아니라는 사실입니다. 이때의 주나라는 솔직히 말해 어쩔 방법이 없었습니다. 천자는 이미 천하를 호령할 위치에 있지 않았습니다. 더구나 리왕이 승인을 하든 않든 곡옥무공은 이미 자신의 실력으로 진나라를 완벽하게 장악하고 있었습니다.

리왕의 승인은 한마디로 말해 동주의 종법제 체제 하의 사회가 전면적인 붕괴라는 곤란한 지경으로 달려가고 있다는 사실을 말해주었습니다. 문제는 주나라 천자의 이런 행보가 천자와 제후, 경대부 간의 질서 규칙을 완전히 무너뜨렸다는 사실입니다. 주나라 천자가 곡옥무공을 진나라의 국군으로 승인한 것도 다를 게 없습니다. 천하의 정치 윤리 질서의 마지노선을 돌파하도록 만들어준 것과 하나 다를 게 없었습니다. 이후부터는 못할 일이 없게 됐습니다. 실력만 있으면 누구나 괜찮았습니다. 규칙이라는 것은 사람이 만든 것입니다. 그러나 실력이 있으면 그 사람의 행동은 이를 뛰어넘습니다. 규칙보다도 더욱 일리가 있게 됩니다. 세상이라는 것은 이런 겁니다.

본의든 아니든 주나라 천자를 완전히 바보로 만들어버린 곡옥무공은 할아버지 때부터의 위업을 달성한 다음 세상을 떠납니다. 그의 자리는 자연스럽게 아들 헌공이 잇습니다.

진나라의 비극은 바로 이때부터 시작됩니다. 주지하다시피 헌공의 증조할아버지인 곡옥환숙은 진 문후의 동생이었습니다. 진나라 왕실의 소종에 속했습니다. 종법제의 원칙대로 하면 국군의 보좌를 계승할 자격이 없었습니다. 하지만 이들 소종은 자신들의 실력으로 국군의 자리를 이어오던 대종을 격파했습니다. 이어 전체 진나라를 탈취했습니다. 요즘 말로 하면 정통성이 전혀 없는 세력이 쿠데타를 일으키는 죄를 지은 것입니다. 그럼에도 이때 문후의 적계 자손들은 적지 않게 남아 있었습니다. 이들은 대체로 모두 공자였습니다. 종실과 대신들로부터도 좋은 평가를 받고 있었습니다. 헌공은 집권을 하고 있기는 했으나 이들의 세력이 부담스러웠습니다. 자신의 집안이 소종의 위치에서 쿠데타를 자행한 것처럼 다시 문후의 직계 자손들이 정권을 탈취해갈지 모른다는 걱정을 하지 않을 수 없었습니다. 급기야 재위 8년이 되는 해에 그는 용단을 내립니다. 대신들 일부가 공자들을 전부 주살해 국군의 보좌를 보전해야 한다고 간언을 하자 기다렸다는 듯 칼을 휘두른 것입니다.

진나라 공족의 구성원들은 자신의 국군 자리를 보전하기 위해 살육의 칼을 휘두른 헌공에게 완전히 박살이 났습니다. 이때부터 공족이 완전히 사라졌다고 해도 과언이 아니었습니다. 그러면 진나라에 공족이 사라졌다는 사실은 무엇을 의미할까요? 다른 성씨의 귀족들에게는 절호의 기회가 왔다는 사실을 의미했습니다. 공족은 전국 시대 최고의 계급이었습니다. 당연히 이들의 존재는 다른 성을 쓰는 귀족들에게는 치명적인 장벽일 수밖에 없었습니다. 귀족들로서는 운명적으로 넘어서기가 불가능한 이들이 자신들의 승진과 세력의 확장에 늘 제한을 가했으니까요. 그런데 갑작스럽게 공족이 사라져버렸습니다. 이건 분명 다른 성을 쓰는 귀족들에게는 발전의 공간과 기회를 제공해주는 일대 사건이라고 해도 좋았습니다.

여희驪姬를 총애한 헌공, 적자를 폐하고 서자를 태자로 세우다

오랫동안 강대국의 지위를 누려온 진나라는 내란으로 완전히 무너졌습니다. 소종이 대종을 완전히 멸망시켜버렸습니다. 진나라의 국군 자리 역시 가볍게 탈취했습니다. 그러나 대종에 대한 대 도살은 소종에게도 좋은 결과를 안겨주지는 않았습니다. 소종의 세력이 잠시 득세하는 기회를 주기는 했으나 결과적으로 같은 처지로 내몰렸습니다. 전체 진나라 공족 세력의 쇠락이라는 국면을 초래한 것입니다. 그렇다면 진나라 헌공이 도대체 어떻게 했기에 이런 상황이 벌어지게 됐을까요? 자세하게 한번 살펴보도록 합시다.

   헌공 5년 진나라는 여융(驪戎. 융족戎族의 일족임. 지금의 산시성 린퉁林潼현에 소재했음. 나중 진나라에 의해 편입됨–옮긴이)을 토벌했습니다. 여융은 전쟁에 패하자 황급히 여왕의 두 딸을 바치는 발 빠른 행보를 보였습니다. 성 상납을 통해 멸문의 화를 면하려 했던 것입니다. 이 여왕의 딸들은 기가 막히게 미인이었습니다. 헌공이 한번 보고 바로 반해버릴 정도였습니다. 그는 이후 진짜 정신없이 여희와 동생에게 빠져들었습니다.

헌공과 여희의 로맨스에 관해서는 《국어國語》의 〈진어晉語〉 권1에 자세한 기록을 남기고 있습니다.

"한번은 헌공이 잠을 잘 못 이뤘다. 다음 날 그는 이 사실을 한 대신에게 말했다. 대신은 이상한 생각이 들어 '대왕께서는 밤에 편하게 휴식을 취하지 못하시는 것이 아닐까요? 혹시 여희가 옆에 있지 않았습니까?'라고 물었다."

공자의 저서 《춘추》를 해석한 책인 《공양전公羊傳》에도 거의 똑같은 기록이 나옵니다. 7년 후인 헌공 12년 여희는 드디어 아들 해제奚齊를 낳았습니다. 여희의 동생 역시 보통 여자는 아니었습니다. 언니에게 어떻게 하면 뒤처지지 않을까 하고 각고의 노력을 한 끝에 역시 아들 도자悼子를 낳았습니다.

헌공은 이 자매에게서 아들 둘을 보기 전에 이미 태자 신생申生과 중이重耳, 이오夷吾를 포함해 모두 여덟 명이나 있었습니다. 이중 신생의 어머니는 아쉽게도 일찍 세상을 떠났지만 말입니다.

헌공은 똑똑하고 장성한 아들들이 있었음에도 불구하고 가장 총애하는 여희가 아들을 낳자 엉뚱한 생각을 했습니다. 그녀를 기쁘게 해주기 위해 태자 신생을 폐하고 해제를 태자로 삼으려고 한 것입니다. 그러나 해제는 태자가 될 인물이 아니었습니다. 어머니인 여희 역시 그를 임신했을 때 소제를 임신했던 구익 부인이 14개월 만에 출산하는 것과 같은 이적을 보이지 않았습니다. 또 꿈에 해를 품는 꿈을 꾼 후 임신한 한 무제의 어머니와 같은 신기한 경험도 하지 않았습니다. 경제는 이 때문에 적장자가 아닌 무제를 태자로 삼지 않았습니까! 이처럼 여희와 해제는 특별한 점이 없었습니다. 그렇다면 어떻게 해야 해제를 순조롭게 태자의 보좌에 앉힐 수 있을까요? 조건이 없으면 만들면 됩니다. 또 기회가 없으면 역시 만들면 됩니다. 만약 태자 후보가 해제 하나만 남으면 어떻게 되겠습니까? 이론적으로는 가능하나 다른 아들들을 없애버리는 뾰쪽한 방법이 없었습니다. 해치워버려야 할 공자는 여덟 명 중에서 태자 신생을 비롯해 중이와 이오 등 적자 세 명에 불과했으나 어쨌든 그랬습니다.

헌공은 자신의 생각을 은밀히 여희에게 말했습니다. 여희는 헌공의 말에 울면서 "이 일은 불가능합니다. 태자를 세운 일은 이미 제후들이 다 알고 있습니다. 게다가 태자는 군사를 거느리고 출병도 여러 차례 했습니다. 백성들이 모두 그를 추대하고 있습니다. 만약 저로 인해 적자를 폐하고 서자를 세운다면 저는 바로 자살하겠습니다"라고 대답했습니다. 기가 막힌 연극을 한 것입니다. 그녀의 이 수법은 다른 게 아니었습니다. 잡으려거든 우선 놓아줘야 한다는 교훈을 되새기게 하는 고단수였습니다. 헌공을 일단 기쁘게 하는 수이기도 했습니다. 헌공은 여희의 교묘한 말에 녹아버렸습니다.

여희는 헌공이 매우 총애하는 두 명의 대부가 있다는 사실을 일찍부터 알고 있었습니다. 그녀는 이들을 찾아가 도움을 청했습니다. 이들은 그녀의 열망을 저버리지 않았습니다. 바로 헌공에게 달려가 "곡옥은 선왕들의 종묘宗廟가 있는 곳입니다. 포읍蒲邑과 굴읍屈邑 역시 모두 변방의 중요한 요충지들입니다. 능력이 뛰어난 사람을 보내 지키게 하지 않으면 안 됩니다"라면서 매우 의미심장한 말을 건넸습니다. 헌공은 이 말에 귀가 번쩍 열렸습니다. 대단히 기쁘기도 했습니다. 태자 신생을 곡옥으로 파견하는 조치는 지체 없이 내려졌습니다. 공자 중이 역시 포읍으로 파견됐습니다. 이오는 굴읍으로 쫓겨가게 됐습니다.

태자 신생을 곡옥으로 보낸 것은 완벽한 조치가 아니었습니다. 그를 죽이는 것과는 상당한 차이가 나는 조치였습니다. 여희 역시 후환을 완전히 없애기 위해서는 어떻게든 그에게 악랄한 한 수를 써야 한다는 사실을 모르지 않았습니다. 그는 결국 신생에게 사람을 보내 "어제 저녁 대왕께서 꿈에 너의 어머니를 봤느니라. 그러므로 너도 너의 어머니를 모시는 제사를 올리도록 하라"라는 말을 하게 했습니다. 신생은 아주 충직하고 진실한 사람이었습니다. 그는 계모의 권고대로 곡옥에서 어머니 제사를 올렸습니다. 이어 규정에 따라 제사에 쓴 고기 복육福肉을 아버지 헌공에게 올렸습니다. 이때 마침 헌공은 사냥을 나가 있었습니다. 여희는 계획대로 후속 조치를 잊지 않았습니다. 복육에 몰래 독을 탄 것입니다. 이틀 후 헌공은 사냥을 마치고 돌아왔습니다. 왕궁의 주방장은 아무 의심 없이 복육을 즉각 바쳤습니다. 여희는 헌공이 막 복육을 먹으려고 할 때 짐짓 뭐가 생각났다는 듯 헌공에게 "복육은 멀리에서 온 것이니 맛을 보게 한 후 드시는 것이 어떻겠습니까?"라고 황급히 말했습니다. 주방장은 여희의 지시대로 복육을 땅에 떨어뜨렸습니다. 그러자 땅이 불쑥 솟아올랐습니다. 주방장은 다시 복육을 개에게 먹였습니다. 개는 바로 즉사했습니다. 놀란 주방장은 다시 복육을 환관에게 먹게 했습니다. 그 역시 바로 죽었습니다. 시나리오를 사전에 다 생각해놓았던 여희는 이 모습에 화들짝 놀라는 척했습니다. 이어 헌공에게 눈물과 콧물이 뒤섞인 얼굴을 한 채 "태자가 어떻게 이렇게 악독할 수가 있을까요! 자신의 아버지까지 죽일 생각을 하다니 말입니다. 이건 왕위를 빼앗으려 한 짓이 분명합니다. 자기도 나이가 많아지니까 급해진 거죠. 그러나 대왕은 이미 한 치 앞도 모를 만큼 연로한 지경에까지 이르렀습니다. 몇 년을 더 사시겠습니까? 그런데도 태자는 이걸 못 견디고 대왕을 죽이려고 했습니다! 태자의 이러한 행위는 아마도 저와 해제 때문이 아닌가 싶습니다. 이럴 바에야 우리 모자 차라리 다른 나라로 도망가서 살겠습니다. 아니면 일찌감치 자살하겠습니다. 절대로 우리 모자가 태자의 손에 죽도록 하지 않겠습니다. 당초 저는 대왕께서 태자를 폐하려고 할 때에 반대했습니다. 그러나 지금 생각해보니 제 생각이 완전히 잘못되지 않았나 싶습니다"라는 모함의 말을 했습니다. 헌공은 과연 이 말에 어떤 반응을 보였을까요? 혹시 대노하지 않았을까요? 굳이 구구한 말이 필요 없겠습니다.

태자 신생은 궁중에서 갑자기 일어난 이 사건에 대해 다행히 들어 알고 있었습니다. 당연히 깜짝 놀랐습니다. 뒤도 안 돌아보고 신성新城으로 황급히 달아났습니다.

헌공은 화가 무지하게 났습니다. 바로 태자의 스승인 두원관杜原款을 처형한 것은 그다지 놀랄 일도 아니었습니다. 다행히 궁중에는 여희의 편만 있지는 않았습니다. 태자의 편도 적지 않게 있었습니다. 이중 궁중의 내부 사정을 잘 아는 사람 하나가 급거 신생에게 달려가 "복육에 독을 넣은 사람은 여희입니다. 태자께서는 왜 직접 아버지에게 달려가 사정을 확실하게 설명하지 않습니까?"라고 말했습니다. 태자의 대답은 기가 막혔습니다. "내 아버지는 늙었습니다. 여희가 없으면 잘 주무시지도 못합니다. 밥도 잘 드시지 못할 겁니다. 만약 내가 전후 사정을 제대로 설명하면 내 아버지는 아마 무지하게 화를 낼 겁니다. 이렇게 되면 몸을 해치게 됩니다. 나는 불효한 아들이 될 수밖에 없습니다." 그러자 궁중에서 달려온 사람이 그에게 다시 "태자께서 만약 모든 사정을 시원스럽게 말씀하지 못하시겠다면 빨리 도망이라도 가십시오"라고 권고했습니다. 그러나 태자의 대답은 그다웠습니다. "나는 아버지를 죽이려 했다는 죄를 뒤집어쓴 사람입니다. 누가 감히 나를 받아주겠습니까? 죽는 것만이 사는 길인 것 같습니다." 결국 그는 신성에서 자살로 생을 마감하고 맙니다. 그러나 신생의 자살은 끝이 아니었습니다. 왜냐고요. 그에게는 여전히 유능한 두 동생인 중이와 이오가 있었으니까요. 이제 여희는 어떻게 해야 할까요?

태자 신생이 자살한 지 얼마 안 됐을 때였습니다. 묘하게 두 동생들이 진나라 조정으로 들어왔습니다. 아버지 헌공에게 그동안의 일에 대해 보고하기 위해서였습니다. 이때 여희는 궁중에 심어놓은 첩자로부터 "두

분 공자께서는 왕후께서 태자를 핍박해 죽인 것에 대해 불만을 품고 계십니다"라는 말을 들었습니다. 그녀는 만만치 않은 이들이 어떤 행동을 할지 몰라 무척이나 두려웠습니다. 이 두려움은 행동으로 옮겨졌습니다. 즉각 헌공에게 달려가 "두 아들들도 태자 신생이 복육에 독을 탄 것을 모두 알고 있었습니다"라면서 말도 안 되는 고자질을 한 것입니다.

중이와 이오는 이 말을 전해들었습니다. 도저히 사태를 걷잡을 수 없다는 판단도 내렸습니다. 둘은 아버지에게 작별 인사도 하지 못하고 자신들의 임지로 황망하게 돌아가야 했습니다.

헌공은 아들들이 총총히 도성을 떠났다는 소식에 더욱 의심을 굳혔습니다. 그는 둘을 토벌하기 위해 바로 출병에 나섰습니다. 중이는 아버지가 자신을 토벌하기 위해 온다는 소식에 너무나 놀라 담을 뛰어 달아나려 했습니다. 이 과정에서 그는 아버지가 보낸 자객에게 옷소매까지 잘리는 아슬아슬한 봉변을 당했습니다. 이후에도 19년 동안이나 해외에서 망명 생활을 해야 했습니다. 헌공은 이오 역시 가만 두지 않았습니다. 측근 장군을 보내 그가 관할하는 굴읍까지 토벌하도록 했습니다. 다행히 굴읍의 백성들은 충성스러웠습니다. 그를 위해 전력을 다해 방어에 나서 성이 함락되지 않게 했습니다.

여희는 막무가내인 헌공보다는 훨씬 더 노회했습니다. 이미 손 안에 들어온 아들의 태자 자리였으나 노골적으로 어린 서자를 태자로 세우는 것에 반대한 것입니다. 나중 연적인 여후(呂后. 유방의 부인-옮긴이)에 의해 비참한 신세로 내몰린 한 고조 유방의 애첩 척戚부인처럼 되고 싶지 않았던 모양입니다.

헌공은 원래 그렇게 멍청한 사람이 아니었습니다. 그러나 여희는 수단이 낮았던 척부인과는 완전히 달랐습니다. 헌공 앞에서 신생의 좋은 말만 했습니다. 적나라하게 드러내놓고 신생에 대한 핍박도 하지 않았습니다.

당연히 꼬투리를 만들지 않았습니다. 헌공으로서도 여희의 술수에 완전히 넘어간 것이 그렇게 이상한 일은 아니었습니다. 솔직히 아무리 총명한 사람이라도 자신이 사랑하는 여자가 이처럼 술수를 부리면 방법이 없지 않겠습니까. 완전히 넘어가 시시비비를 가리지 못하는 것이 그리 이상하지도 않습니다.

기원전 651년 무려 26년 동안이나 국군의 자리에 있었던 헌공은 세상을 떠납니다. 예정대로 여희의 아들인 해제가 아버지의 뒤를 잇습니다. 그러나 여희는 아들이 태자가 되는 것만 신경을 썼지 그 다음에 대해서는 전혀 조치를 취하지 않았습니다. 왕위에 오른 지 얼마 되지도 않았을 때 대신 이극里克에 의해 죽임을 당했으니까요. 그의 자리를 뒤이은 사람은 이복동생인 도자였습니다. 하지만 그 역시 이극에게 죽임을 당했습니다. 여희와 동생의 아들들이 잇따라 국군이 됐다가 대신에 의해 살해당한 이 사실은 뭘 말합니까? 예, 분명한 사실 하나를 증명합니다. 진나라의 종법제를 고수하려는 정통적인 세력이 적장자를 폐하고 서자를 태자로 세운 현실을 받아들이지 않았다는 사실을 말입니다.

그러나 이들이 아무리 현실을 받아들이지 않았다고 해도 진나라의 종법제는 이미 심각한 타격을 입은 상태였습니다. 헌공이 여희를 총애한 나머지 여러 공자들을 잇달아 주살했으니까요. 진나라에서 다른 성을 쓰는 경족卿族들이 득세하게 된 것은 오로지 헌공이 종법제를 파괴한 때문이라고 해도 크게 틀리지는 않습니다. 헌공이 진나라의 경족 세력에게 역사적인 발전의 기회를 제공한 일등공신이라는 말이 되겠습니다.

진나라의 이성異姓 경족 세력은 이후 발전을 거듭하면서 최종적으로 진나라를 삼등분해 한, 조, 위나라로 발전하게 됩니다. 이들은 결국 하나같이 전국칠웅의 일원이 됩니다. 이중 한나라는 진시황이 천하를 통일하는 과정에서 가장 먼저 멸망시키는 나라가 됩니다. 이는 한나라가 가장 약한

나라였다는 것을 증명하는 사실이기도 합니다. 그러면 한나라는 어떻게 발전을 거듭했을까요?

원한을 잊지 않았던 극극, 한껄의 전투로 일거에 권력을 손에 넣다

진나라의 공족 세력이 끊임없이 치명타를 입는 기회를 틈타 발전하기 시작한 귀족들 중에서 가장 막강한 세력을 구축한 이들은 한, 조, 위씨 집안이었습니다. 우리는 이중에서 한씨에 대해 먼저 알아봐야 하겠습니다.

한씨의 선조는 원래 성이 희姬였습니다. 그러다 나중 진나라를 섬기면서 공을 세워 한무자韓武子가 한원(지금의 산시陝西성 한청韓城)에 봉해지게 됩니다.

한씨의 선조 중에서 한나라를 세우는 데 가장 혁혁한 공로를 세운 이는 단연 한궐韓厥입니다. 전쟁에 참전해 큰 공을 세운 것을 인정받아 한씨를 진나라 육경六卿의 일원으로 우뚝 서게 했습니다.

진나라에는 상중하上中下의 삼군三軍이 있었습니다. 이 삼군에는 또 정부正副 사령관이 있었습니다. 상중하 삼군에 총 여섯 명의 사령관이 있었다는 얘기가 됩니다. 이 여섯 명의 사령관이 바로 진나라의 육경이었습니다. 육경은 진나라의 군대를 관장하는 위치에 있었습니다. 대단히 중요한 자리였다고 하겠습니다.

그러면 한궐은 어떤 공을 세웠기에 육경의 일원이 됐을까요? 앞에서 짧게 설명했듯 진나라와 제나라 사이에 벌어진 전쟁으로 인해 일거에 육경의 반열에 오르게 됐습니다.

한궐이 활동했을 때 중원은 줄곧 진나라와 초나라가 패권을 다투고 있었습니다. 당연히 전쟁도 발발했습니다. 그것도 두 차례나 벌어졌습니다.

최초의 전쟁에서는 진나라가 초나라를 대파했습니다. 그 다음 전쟁에서는 초나라가 진나라를 대파했습니다. 이후 초나라의 세력은 중원으로까지 뻗어갔습니다. 진나라의 입장은 상대적으로 곤란해졌습니다.

이때 중원의 패주 제나라는 패권을 점점 상실해가고 있었습니다. 환공桓公의 사망 이후 국력이 약해져가고 있었기 때문이 아닌가 보입니다. 그러나 부자는 망해도 최소한 삼대는 간다는 말이 있습니다. 진晉, 초, 진秦 나라 등의 세 강국을 제외할 경우는 그래도 여전히 무시하지 못할 역량을 갖춘 국가였습니다.

진나라는 두 번째 전쟁에서 초나라에게 대패한 다음 국력이 상당히 약해졌습니다. 그러자 한때 중원의 패주였던 제나라는 진나라와 자웅을 겨루고 싶은 야심이 소록소록 싹트는 것을 어쩌지 못했습니다. 이런 상황에서 주 정왕定王 15년(기원전 592년)에 진나라 경공景公은 대부 극극郤克을 제나라에 사신으로 보냈습니다. 제나라를 회맹會盟에 참가하도록 독려하기 위해서였습니다.

극극은 진나라의 대부이기는 했으나 약점이 있었습니다. 다리를 저는 장애인이었던 것입니다. 제나라 경공頃公은 곧 이 사실을 알았습니다. 그래서 다리를 저는 장애인을 찾아 그를 제나라 궁전의 대전으로 안내하는 일을 하게 했습니다. 당시 제나라에는 그 시간에 사신으로 간 다른 나라 사람들 두 명도 있었습니다. 한 사람은 조曹나라의 사신인 조공자수曹公子首로 등이 굽은 장애가 있었습니다. 경공은 그에게도 극극과 같은 조치를 취했습니다. 같은 장애를 가진 사람을 붙여줬습니다. 이들은 앞서거니 뒤서거니 하면서 제나라 궁전의 대전으로 올라갔습니다. 다른 한 사신은 위衛나라의 대부인 손량부孫良夫였습니다. 한쪽 눈의 시력을 잃은 사람이었습니다. 경공은 이 사람에게도 한쪽 눈이 없는 사람을 안내인으로 붙여줬습니다.

제나라 경공은 삼국의 사신들을 대전으로 부르기 전에 한 가지 조치를 취했습니다. 자신의 모후를 대전의 뒤에 특별히 모신 다음에 이들 사신들이 올라오는 광경을 보게 한 것입니다. 경공의 모후는 웃음을 참지 못했습니다. 그야말로 미친 듯 웃어젖혔습니다. 극극은 처음에는 아무것도 몰랐습니다. 그저 자신과 같은 장애를 가진 안내인이 있구나 하는 생각을 했습니다. 그러나 등이 굽은 사람 둘, 눈이 보이지 않는 사람 둘을 목격하고는 상황을 확실하게 깨달았습니다. 게다가 대전 뒤편에서는 미친 듯 웃어대는 여자의 웃음소리까지 들려왔습니다. 그는 무지하게 화가 났습니다. 그는 진나라로 돌아온 다음 제나라를 토벌하자는 주장을 강력하게 펼쳤습니다. 그러나 경공은 "그대 개인의 원한을 갚기 위해 어떻게 나라를 함부로 전쟁 속으로 몰아넣겠는가?"라는 말로 반대했습니다. 극극은 그저 원한을 마음속에 새겨두는 외에는 다른 방법이 없었습니다.

삼국에서 온 사신을 마음껏 희롱한 제나라 경공의 생각은 분명했습니다. 이들 나라들을 우습게본다는 뜻을 확실하게 표명한 것입니다. 특히 진나라에 대해서는 더 그랬습니다. 중원의 패주로 인정하지 않겠다는 입장을 밝혔다고 해도 무방합니다. 그럼에도 그의 이런 행동에 대해 진나라는 적절한 대응을 하지 않았습니다. 진나라와 자웅을 겨뤄보고 싶은 그의 야심은 더욱 커져만 갔습니다. 급기야 그는 이보다 더 나아가 진나라의 실력이 어느 정도인지 알아보겠다는 생각까지 하게 됩니다.

주 정왕 18년(기원전 589년) 봄 제나라의 경공은 병사들을 이끌고 노魯나라를 쳐들어갔습니다. 이때 위衛나라는 위기에 내몰린 노나라를 구하기 위해 나섰습니다. 하지만 제나라에 의해 패배하고 말았습니다. 다급해진 노와 위나라는 황급히 진나라에 도움을 요청했습니다. 이때 진나라의 중군원수中軍元帥로 있던 극극은 드디어 기회가 왔다는 생각에 제나라를 토벌해야 한다는 주장을 적극적으로 펼쳤습니다. 경공 역시 초나라와 제나라의 동맹을 막기 위해서는 제나라를 공격해야 한다는 입장이었습니다. 그는 곧 극극을 제나라를 토벌할 진나라의 사령관으로 임명했습니다. 한궐은 이때 출전하는 전차의 수만 해도 800대에 이르는 대군의 사마司馬로 임명됐습니다.

6월 16일 진나라 대군은 미계산(靡笄山. 지금의 산둥성 지난濟南시 첸포산千佛山)으로 이동, 제나라 대군과 대치했습니다. 곧 전투는 시작됐습니다. 안(鞌. 지금의 지난시 서쪽)이라는 곳에서였습니다.

전투가 시작되자 제나라 경공은 평소 야심만만하고 자부심이 강했던 자신의 성격을 그대로 드러냈습니다. 부하에게 "나는 이 진나라 오합지졸들을 완전히 쓸어버린 다음에 아침밥을 먹겠다!"라는 호언장담을 했습니다. 그는 진짜 말을 마치기 무섭게 말 위에 있는 갑옷도 입지 않은 채 적진으로 뛰어들었습니다.

경공의 호언장담은 헛소리가 아니었습니다. 전투가 시작되자마자 진나라의 사령관인 극극이 부상을 당했으니까요. 극극의 부상은 간단하지 않았습니다. 피가 흘러 신발을 적실 정도였습니다. 그러나 그에게는 제나라 경공에 대한 가슴에 품은 원한이 있었습니다. 사신으로 갔을 때의 모욕을 씻지 않으면 안 됐습니다. 그는 비록 부상을 입었으나 손에 잡은 전고(戰鼓. 전쟁할 때 치는 북-옮긴이)의 채를 놓지 않았습니다. 군사들의 전투를 계속 독려했습니다. 하지만 견딜 수 없을 만큼 힘들어지자 그는 자신의 부관에게 "나는 도저히 더 이상 버틸 수가 없네"라고 사정을 하소연했습니다. 그의 부관은 보통 군인이 아니었습니다. 하소연은 들어줄 생각도 하지 않은 채 그에게 "장군의 전고는 우리 진나라의 돌격 나팔과 하나 다를 게 없습니다. 또 장군의 전기(戰旗. 전투할 때 내거는 깃발-옮긴이)는 우리 군대의 표시입니다. 따라서 우리 진나라의 진퇴는 모두 장군의 명령에 달려 있습니다. 더구나 사령관의 전차는 단 한 사람만이 탈 수 있습니다.

국군이 부여한 중책을 완수하라는 의미가 있는 것이죠. 그런데 장군은 부상을 당했다고 국군이 부여한 이 중차대한 임무를 버리려 하십니다. 진짜 그래야 합니까? 전쟁터에 나오면 오로지 국가를 위해 희생될 것을 각오해야 합니다. 조금만 더 힘을 내시면 장군은 견딜 수 있습니다"라면서 준엄한 격려의 말을 건넨 것입니다. 그는 말로만 그런 것이 아니었습니다. 한 손으로는 전차의 고삐를 꽉 잡은 채 다른 한 손으로는 극극으로부터 건네받은 전고의 채를 쉬지 않고 마구 휘둘렀습니다. 결과는 격렬하게 다시 울리기 시작한 전고의 소리에 힘입은 진나라의 우세로 기울어지게 됐습니다. 극극의 전차는 이 여세를 몰아 앞으로 돌진했습니다. 진나라 병사들은 이런 사령관을 따라 진격해 나갔습니다. 제나라의 병사들은 진나라 병사들의 기세를 당해내지 못했습니다. 그야말로 궤멸이라는 말이 어울리는 패배를 당하고 말았습니다.

한궐 역시 이 전투에 참전했습니다. 하지만 그는 이때 이상한 경험을 하게 됩니다. 그가 전투에 참전하기 전날 저녁이었습니다. 꿈에서 아버지를 만났습니다. 아버지는 그에게 "내일 아침 전차를 몰 때 좌우(진나라 군대의 규정에 의하면 전차를 모는 기사는 가운데, 지휘관인 장군은 왼쪽에 자리 잡게 됨-옮긴이) 양쪽은 피하도록 하라"는 이상한 당부를 했습니다. 그는 아버지의 말을 그대로 따랐습니다. 왼쪽에 자리를 잡아야 함에도 전차의 중간에서 몬 것입니다. 전투에서 패해 도망가기 바빴던 제나라 경공을 바짝 추격할 때도 그랬습니다. 경공의 전차를 몰던 기사인 대부 병하邴夏는 이때 그에게 "뒤에서 전차를 몰고 추격해오는 저 가운데 진나라 병사를 쏴야 합니다. 저 병사는 제가 보기에는 장군 같습니다"라고 말했습니다. 하지만 경공은 "장군을 쏘는 것은 예에 부합하지 않는다"라고 말하면서 병하의 말을 듣지 않았습니다. 병하는 할 수 없이 한궐의 왼쪽과 오른쪽으로 화살을 발사했습니다. 한궐의 양 옆에 있던 병사들은 모두 화살을 맞고 쓰러졌습니다.

한궐은 끝까지 포기하지 않고 경공을 추격했습니다. 경공은 다급해졌습니다. 그러나 그의 경호원인 봉추보逢丑父는 태연했습니다. 그는 이때 이미 전차 내에서의 자리를 바꿔치기 하는 꾀를 생각해냈던 것 같습니다. 한궐이 허리를 굽혀 화살에 맞아 쓰러진 경호원을 부축하는 틈을 이용해 자신과 경공의 자리를 바꿨습니다. 당시 제나라의 전차에는 대체로 세 명만이 타는 것이 관례였습니다. 기사와 경호원, 사령관이 이들이었습니다. 보통 사령관은 전차의 뒤, 경호원은 오른쪽에 탔습니다. 그러나 자리를 바꾸게 되자 경공은 전차의 오른쪽, 봉추보는 뒤에 타게 됐습니다. 아무튼 경공이 타고 가던 전차는 한참을 달리다 길가의 큰 나무에 부딪쳤습니다.

이 절체절명의 순간 경공으로 위장한 봉추보는 경호원 자리에 있던 경공에게 강가에 가서 물을 떠오라는 심부름을 시켰습니다. 한궐은 원래 경공의 얼굴을 모르고 있었습니다. 때문에 물을 뜨러 가는 사람이 경호원인 줄만 알았습니다. 물을 뜨러 가든 말든 크게 상관할 필요가 없다고 생각했습니다. 경공은 이렇게 해서 겨우 위기를 벗어날 수 있었습니다. 물을 뜨러 가는 척하면서 다른 전차에 올라탄 다음 무사히 도망을 간 것입니다.

한궐은 생포에 성공한 포로인 경공, 아니 봉추보를 극극에게 인계했습니다. 극극은 바로 전후 사정을 알 수 있었습니다. 복수에 불타던 그로서는 화를 불처럼 낼 수밖에 없었습니다. 봉추보를 바로 죽이려고 한 것은 당연한 일이었습니다. 그러나 이때 봉추보는 전혀 기 죽지 않은 어조로 고함을 질렀습니다. "만약 나를 죽이면 앞으로 다시는 자신의 국군을 위해 죽을 사람은 나오지 않을 것이오. 나는 우리 국군을 위해 내 생명을 감히 버리려고 했소. 그런데 나를 죽이려 한다는 말이오." 극극은 봉추보의 말에 큰 감동을 받았습니다. 바로 그를 풀어주는 용단도 내렸습니다.

이 전투에서 한궐은 봉추보의 기지에 완전히 속아 제나라 경공을 사로잡지 못했습니다. 그러나 큰 공을 세운 것은 사실이었습니다. 전승을 거두고 극극과 함께 돌아오자마자 논공행상의 대상이 된 것은 당연했습니다. 이때부터 진나라의 군권 역시 장악하게 됐습니다. 전쟁 때는 사령관, 전쟁을 하지 않을 때는 육경의 일원이 된 것입니다.

한궐이 육경의 일원이 된 것은 의미가 분명했습니다. 한씨 경족이 진나라에서 본격적으로 세력을 확대하게 됐다는 사실을 의미했습니다. 그렇다면 졸지에 막강해진 한씨 경족은 이후 어떻게 한나라를 건국할 수 있었을까요? 또 한나라는 진시황의 천하 통일에 어떤 영향을 미쳤을까요?

14강
진나라가 세 개로 나뉘다

헌공 이후 진나라의 경족卿族은 공족 세력이 치명적 타격을 입는 틈을 타 세력을 급속도로 확대해갔습니다. 이 과정에서 경족 세력들은 권력 쟁탈을 위한 투쟁을 적지 않게 경험했습니다. 결과는 모두 여섯 개에 이르는 유력한 경족 세력이 네 개로 줄어들었습니다. 이들은 지知씨, 한씨, 조씨, 위씨였습니다. 이 네 가문 중에서 가장 강력한 가문은 단연 지씨였습니다. 그러나 놀랍게도 가장 강력했던 이 지씨는 마지막 순간 다른 세 가문에 병탄되고 말았습니다. 결과적으로 세 가문이 진나라를 분할하게 된 것입니다. 이것은 도대체 어찌 된 일일까요? 또 한나라는 어떻게 진나라에서 분리돼 나왔을까요? 어떻게 독립적인 제후국이 될 수 있었을까요?

욕심이 끝이 없는 지백과 진나라를 나눈 세 가문

헌공 즉위 이후 진나라는 하루라도 편할 날이 없었습니다. 대 도살이 끊임없이 일어났습니다. 이 결과 공족 세력은 완전히 쇠락해버리고 말았습니다. 죽어야 할 사람들은 다 죽었습니다. 남의 불행은 나의 행복이라는 말이 있듯 이런 공족 세력의 약화는 다른 성을 쓰는 경족 세력에게는 기회였습니다. 실제로 이들에게 발전을 위한 기회를 제공했습니다. 이 행운을 거머쥔 경족은 모두 여섯 개에 이르렀습니다. 이 여섯 대부 가문은 한씨, 위씨, 조씨, 범范씨, 지씨, 중행中行씨였습니다. 각자 진나라에 자신들의 기반과 무장력을 확실하게 갖추고 있었습니다. 당연히 서로 치고받는 각축을 벌였습니다. 이 결과 범씨와 중행씨가 멸망하게 됐습니다. 네 가족만 남게 된 것입니다.

　진나라에 네 경족이 남게 됐을 때 가장 강력한 세력을 자랑한 가문은 지씨였습니다. 이 가문을 주도한 이른바 종주宗主는 지백知伯이었습니다. 범씨와 중행씨의 두 경족을 멸망시킨 몇 년 후 그는 다시 한씨 가문에 집적거렸습니다. 사람을 한씨의 종주인 한강자(韓康子. 이름은 한건韓虔)에게 보내 땅을 요구한 것입니다. 땅은 무엇입니까? 백성과 재산을 보장해주는 기본적인 재화였습니다. 때문에 아무런 이유 없이 땅을 남에게 준다는 것은 자신의 몸을 잘라내 제공하는 것이라고 해도 절대 과언이 아니었습니다. 한강자는 지백이라는 사람을 너무나 잘 알고 있었습니다. 그 자신의 입장에서는 결코 좋은 인물이라고 하기 어려웠습니다. 더구나 범씨와 중행씨 두 경족의 비극이라는 사례도 있었습니다. 만약 이 문제를 잘못 처리하면 한씨 역시 지백에 의해 멸망을 당하는 경족이 되지 말라는 법이 없었습니다. 그러나 한강자도 호락호락한 사람은 아니었습니다. 그냥 앉아서 당하려고 하지 않았습니다. 이 핑계 저 핑계를 대면서 계속 지백의 몸을 닳게 만들었습니다. 이렇게 몇 번을 하다 그는 마지막에 지백의 요구를 거절하기로 과감하게 결정을 내렸습니다.

당시 한강자의 가신家臣 중에는 단규段規라는 사람이 있었습니다. 매우 머리가 뛰어난 사람이었습니다. 그는 한강자의 결정을 듣자마자 즉각 그러지 말라고 충고했습니다. "지백이라는 사람은 탐욕스러운 사람입니다. 또 대단히 흉폭한 사람입니다. 만약 주군께서 그의 요구 조건을 만족시켜 주지 못하면 즉각 한씨 가문에 시비를 걸 것입니다. 차라리 이렇게 될 바에야 땅을 주는 것이 낫습니다. 주군께서 그에게 땅을 주면 어떻게 되겠습니까? 좋아서 마구 맛볼 것입니다. 이 맛을 잊지 못한 그는 계속해서 이 나라 저 나라에게 땅을 요구할 것입니다. 아마 위씨나 조씨 양 가문에게도 우리에게 했던 것과 똑같은 요구를 할 것입니다. 지금으로서는 이들 두 가문이 그의 요구를 들어줄지에 대해서는 말하기 어렵습니다. 그러나 만약 그들이 요구 사항을 들어주지 않으면 지백은 결코 자신의 행보를 멈추지 않을 것입니다. 이 두 가문에게 손을 대지 않을까 싶습니다. 이렇게 하면 우리 한씨 가문은 병화兵禍를 면할 수 있게 됩니다. 동시에 가만히 산에 앉아서 호랑이들이 싸우는 모습을 구경할 수 있습니다. 나중에 지백을 물리칠 기회를 엿볼 수도 있습니다." 한강자는 단규의 말이 그럴듯하다고 생각했습니다. 그의 입에서 바로 "좋아, 그렇게 하기로 하지"라는 말이 튀어나왔습니다. 쇠뿔도 단김에 뺀다는 말처럼 그의 후속 조치는 시원스러웠습니다. 즉각 1만여 호에 이르는 큰 읍邑을 지백에게 주었습니다.

지백은 손쉽게 1만여 호에 이르는 큰 읍을 말 한마디로 손에 넣게 되자 그야말로 미칠 듯 기뻐했습니다. 이어 당초 예정대로 자신의 행보를 이어갔습니다. 사람을 위씨 가문에 보내 땅의 할양을 당당하게 요구한 것입니다. 사실 지백이라는 사람은 멍청한 사람이 아니었습니다. 당시 한, 조, 위씨 세 경족 중에서 가장 강력한 가문은 조씨였습니다. 반면 한씨는 가장 약했습니다. 지백은 이 사실을 분명히 인식했습니다. 또 행동으로도 옮겼습니다. 감을 먹을 때는 가장 말랑말랑한 것을 선택해 먹는 것처럼 가장 약체인 한씨를 먼저 집적거린 것입니다. 결과 역시 대단히 순조로웠습니다. 가볍게 1만여 호의 읍을 손에 넣었습니다. 지백이 내친김에 한씨 다음으로 세력이 약한 위씨에게 손을 뻗친 것은 이상한 일이 아니었습니다. 그는 정말 얄미울 정도로 영악했습니다.

위씨의 종주인 위선자(魏宣子. 이름은 위구魏駒)는 지백의 요구에 어떻게 나왔을까요? 그렇습니다. 한강자가 처음에 보인 것과 같은 반응을 보였습니다. 자신의 피와 살 같은 땅을 선뜻 내주려고 하지 않았습니다. 사실 이게 당연한 선택이었습니다. 당시는 땅이 거의 모든 것이라고 해도 과언이 아니었습니다. 목숨과도 같은 것이었습니다. 만약 어떤 한 가문이 가지고 있던 땅을 잃어버렸다고 합시다. 그러면 이 가문은 아무것도 아니게 됩니다. 그저 평범한 백성일 뿐입니다. 어떤 가문이 이렇게 되기를 원하겠습니까? 위선자가 절대로 땅을 내주지 않겠다고 한 것은 하나 이상할 것이 없었습니다. 그러나 위선자의 가신인 조가趙葭는 생각이 달랐습니다. 한강자의 가신 단규의 생각과 같았습니다. 그도 대단히 정치적인 머리를 가지고 있었다는 얘기입니다. 그 역시 위선자에게 "지백은 한씨 가문에 처음 땅을 요구했습니다. 한씨 가문은 땅을 줬습니다. 그러자 지백은 이제 우리 위씨 가문에게 땅을 요구하고 있습니다. 그런데 만약 땅을 주지 않으면 어떻게 될까요? 간단합니다. 지백에게 죄를 짓게 됩니다. 일단 지백에게 죄를 지으면 어떻게 될까요? 우리 위씨 가문에게 손쓸 가능성이 대단히 높습니다. 이렇게 되면 우리 가문은 완전히 지백의 눈엣가시가 되지 않겠습니까? 큰 손해를 보는 것도 당연할 수밖에 없습니다. 제 의견을 한번 말해보겠습니다. 간단합니다. 땅을 줘버리면 됩니다. 우리 위씨 가문에 대한 꼬투리를 잡지 못하도록 해야 합니다." 단규가 한강자에게 한 말과 비슷했습니다. 위선자가 듣고 보니 상당히 일리가 있는 말이었습니다. 이후 그의 행동은 한강자와 거의 똑같았습니다. 1만여 호의 큰 읍을 지백에게 바친 것입니다. 지백은 이번에도 위선자가 순순히 1만여 호의 땅을 바치자 환호작약하지 않을 수 없었습니다.

흥분을 억제하지 못한 지백은 즉각 한 술 더 떴습니다. 조씨 집안의 종주인 조양자趙襄子에게도 같은 말을 한 것입니다. 이번에는 아예 필요한 땅까지 꼭 짚어 지명했습니다. 그저 땅만 요구한 이전과는 다소 다른 점이었다고 하겠습니다.

그러나 조씨 가문의 수장인 조양자는 한씨나 위씨 가문의 종주들과는 기본적으로 성향이 달랐습니다. 더구나 그는 자신의 실력에 자신감도 있었습니다. 즉각 지백의 요구를 거절합니다. 지백의 말에 고개를 숙이고 귀를 갖다 대던 한강자나 위선자의 모습은 어디에도 보이지 않았습니다. 지백과 지씨 가문으로서는 한 방 제대로 먹었습니다. 사실 지백의 요구를 거절하는 것은 조씨 가문의 입장에서는 바로 전쟁을 하겠다는 결심과도 같았습니다. 그렇다면 조씨 가문 혼자의 힘으로 강대하기 이를 데 없는 지씨 가문을 상대하는 것은 가능했을까요?

체면을 완전히 구긴 지백은 후속 조치 마련에 나서야 했습니다. 즉각 한강자와 위선자 두 가문의 종주를 정중히 초청합니다. 자신의 집으로 달려와 조양자를 공격하는 문제와 관련한 논의를 좀 하자는 얘기였습니다. 두 사람이 초청을 거절할 이유는 없었습니다.

조양자는 만만치 않은 사람이었습니다. 머리도 나쁘지 않았습니다. 지백이 어떻게 나올지에 대해서도 미리 감을 잡고 있었습니다. 그는 자신의 가신인 장맹담(張孟談. 《사기》에는 장맹동張孟同으로 기록돼 있음. 이는 사마천이 자신의 아버지 이름인 담談을 피하기 위해 그런 것임. 이런 조치를 기휘忌諱라고 함―옮긴이)을 불렀습니다. 이 문제에 대한 상의를 하려고 한 것이죠. 그는 마치 기다렸다는 듯 달려온 장맹담에게 물었습니다.

"지백 이 작자는 겉으로는 다른 사람들에게 대단히 친절하게 대할지 모르오. 하지만 이 인간은 실제 대단히 음험한 사람이오. 이자는 이미 한씨와 위씨 양 가문에게 땅을 요구해 자신의 입장을 관철시켰소. 지금은 우리 집안에 땅을 요구하고 있소. 그러나 나는 땅을 주지 않을 생각이오. 이렇게 나오면 이자는 틀림없이 우리 조씨 가문에 대한 공격에 나설 것이오. 나는 그대에게 물어보고 싶소. 어떤 곳이 우리 조씨 가문이 오랫동안 버티면서 지백 이 인간에게 저항할 수 있는 곳이오."

장맹담은 한 치의 머뭇거림도 없이 "진양(晉陽. 지금의 산시山西성 타이위안太原)입니다"라고 대답했습니다. 조양자가 다시 "좋아, 그렇게 하지"라고 시워스럽게 말했습니다.

조양자는 결심을 내리기 무섭게 장군 한 명을 선발대로 먼저 진양으로 보냈습니다. 자신은 뒤를 따랐습니다. 그는 진양에 도착한 다음 성벽과 창고를 두루 시찰한 다음 장맹담에게 "진양성의 성벽은 대단히 견고하오. 창고 역시 꽉 차 있소. 오로지 하나 부족한 것은 화살인 듯하오. 어떻게 하면 좋겠소?"라고 물었습니다. 장맹담은 여유 있는 표정으로 "과거 진양성을 축조할 때였습니다. 이때 궁전의 성벽은 모두 갈대와 가시나무를 주위에 심어서 축조했습니다. 지금은 1장 이상의 높이로 자랐습니다. 이것들은 화살의 대로 충분히 이용할 수 있습니다"라고 대답했습니다. 조양자는 장맹담의 말대로 한번 시도해봤습니다. 과연 화살의 대 재료로는 그만이었습니다. 그는 기뻐 어쩔 줄을 몰랐습니다. 그러나 그것도 잠시였습니다. 그는 다시 장맹담에게 "우리에게는 구리가 적소. 어떻게 해야 화살의 촉을 만들 수가 있겠소?"라고 물었습니다. 장맹담이 다시 "저는 진양성을 축조할 때 궁전 기둥의 가장 아래 부분인 기주基柱를 구리를 녹여 만들었다는 말을 들은 바 있습니다. 이것들을 쓰면 충분히 화살의

족은 마련할 수 있을 것으로 봅니다. 그것도 아무리 사용해도 부족하지 않을 정도의 양이라고 생각합니다"라고 시원스럽게 대답했습니다. 조양자는 장맹담의 말에 연신 "좋았어!"라는 말을 입에 올렸습니다. 그는 즉각 성 전체에 전투 준비 명령을 내렸습니다.

지백은 조양자의 예상대로 공격해왔습니다. 자신 가문뿐 아니라 한씨와 위씨 가문의 병력까지 몰고 대대적으로 진양성을 공격했습니다. 그러나 3개월을 공격해도 진양성은 끄떡도 하지 않았습니다. 지백은 방법이 없었습니다. 병력을 풀어 진양성 주변을 완전히 포위하는 게 그저 유일한 방법이었습니다. 이른바 조양자에 대한 고사 작전을 펼쳤습니다.

당시 진양성 밖에는 물살이 비교적 느린 강이 하나 있었습니다. 진수(晉水. 지금의 펀허汾河)였습니다. 진양은 바로 이 진수의 북쪽에 자리 잡고 있었던 탓에 붙여진 이름이었습니다. 어느 날이었습니다. 진양을 함락시키지 못해 앙앙불락하던 지백은 유유히 흘러가던 이 강을 우연히 보고 있었습니다. 그러다 갑자기 기발한 생각을 떠올렸습니다. 진수의 물을 끌어다 진양성을 수몰시키면 되지 않겠느냐는 아이디어였습니다. 생각이 여기에 미치자 그는 바로 행동을 개시했습니다. 얼마 후 유유히 흐르던 진수의 물살은 흉흉한 모습으로 진양성을 향해 덮쳐갔습니다. 게다가 진수의 물은 계속 불어났습니다. 나중에는 진양성의 꼭대기에까지 이를 정도로 물이 솟아올랐습니다. 성벽을 넘는 것은 이제 일도 아니게 됐습니다.

지백은 자신의 생각이 들어맞자 흐뭇하기 그지없었습니다. 그가 위선자와 한강자를 대동한 채 위풍당당한 모습으로 전차에 앉아 물에 잠긴 진양성을 시찰한 것은 다 이런 자신감과 무관하지 않았습니다. 그는 곧 기쁨에 겨운 어조로 "나는 진짜 큰 물길이 한 국가를 멸망으로 이끌 수 있다는 사실을 몰랐다. 그러나 나는 오늘 분명히 깨달았다. 분수汾水는 충분히 안읍安邑을 수몰시킬 수 있다. 또 강수絳水 역시 평양平陽을 물에 잠기게 할 수 있다"라고 말했습니다. 그로서는 너무나 기뻐 이런 말을 할 수 있었을지도 모릅니다. 그러나 이건 그가 범한 치명적인 실수였습니다. 이렇게 단정하는 이유는 당연히 있었습니다. 지백이 입에 올린 안읍은 다른 곳이 아니었습니다. 바로 위씨 경족의 도읍이었습니다. 평양 역시 한씨 가문의 도읍이었습니다. 한강자와 위선자가 이 말을 듣고 기분이 어땠겠습니까? 아마도 마음속으로는 치를 떨었을 것입니다. 사실 조양자의 조씨 가문이 당하는 참상을 목도하고 있는 두 사람의 입장에서는 이게 당연했습니다. 동병상련의 비감한 심정이 들지 않을 까닭이 없었습니다. 위선자는 전차를 몰고 있었으면서도 지백의 말을 똑똑히 들었습니다. 그래서 의식적으로 팔꿈치를 이용해 한강자를 툭 쳤습니다. 한강자 역시 발로 위선자의 발을 꾹 밟았습니다. 두 사람은 약속이나 한 듯 서로의 눈을 바라봤습니다. 그야말로 이심전심이 따로 없었습니다. 조씨 가문이 지금 당하는 비극이 훗날 자신들이 당할 운명이 될지 모른다는 생각은 이후 두 사람의 머리를 꽉 채운 채 사라지지 않았습니다.

지백은 무려 3년이나 진양성을 포위했습니다. 성 안에는 물이 넘쳐 났습니다. 성 안의 백성들은 도리 없이 석기 시대 사람들처럼 나무 위에 올라가 생활해야 했습니다. 밥솥 역시 나무에 걸어 놓은 채 밥을 하지 않으면 안 됐습니다. 그렇다고 먹을 것이 많은 것도 아니었습니다. 식량이 떨어지는 것은 그야말로 시간문제였습니다. 병사들의 꼴 역시 말이 아니었습니다. 조양자는 더 이상 버티기가 어렵다는 판단에 다시 장맹담을 불렀습니다. 위기를 해결할 방법을 어떻게든 모색해야 했으니까요.

사실 장맹담도 이 문제의 해결 방법에 대해 일찍부터 생각을 하고 있었습니다. 가슴이 타들어가는 초조한 모습을 보이는 조양자에게 장맹담은 "제가 한씨와 위씨 양 가문의 종주를 만날 수 있도록 해주십시오"라고 요청했습니다. 이 상황에서 조양자는 과연 어떤 대답을 할 수 있었을까요.

그저 "좋소!"라는 말 외에는 다른 할 말이 없었습니다.

장맹담은 성에서 나오자마자 한강자와 위선자 두 사람을 찾아갔습니다. 이어 둘에게 "두 분은 순망치한이라는 말을 들어봤을 것입니다. 이 말의 뜻에 대해서는 제가 굳이 설명을 할 필요도 없습니다. 지금 조씨 가문은 곧 끝장이 날 상황에 처해 있습니다. 그러나 저는 조씨 가문이 망하면 두 분 집안 역시 똑같은 상황에 처할 것이라고 단언합니다"라는 내용의 말을 건넸습니다. 조양자와 협력해 지백을 타도하지 않겠느냐는 은근한 권유였습니다. 한강자와 위선자는 이에 "그 이치는 우리 모두 다 아는 것이오. 지백이라는 인간을 너무나 잘 알고 있소. 그러나 우리는 계획을 실행에 옮기기도 전에 지백이 이 사실을 알게 될까 두렵소. 그러면 우리는 완전히 끝장나는 것이오"라고 피치 못할 사정을 설명했습니다. 장맹담이 다시 "계획이라는 것은 두 분의 입에서 나와 제 귀로 들어오는 것입니다. 오로지 세 사람만이 알게 됩니다. 이 일을 알게 될 네 번째 사람은 없습니다"라면서 둘의 용기를 북돋아줬습니다. 한강자와 위선자는 이 상황에서 더 이상 비겁하게 나올 수는 없었습니다. 둘은 결국 장맹담과 어떻게든 상호 협력해 지백을 타도한다는 비밀 협약에 합의했습니다.

장맹담은 두 사람과의 비밀 협약을 타결시킨 다음 급거 진양성으로 돌아왔습니다. 당연히 협약의 내용을 조양자에게 자세하게 보고했습니다. 조양자는 감동한 나머지 연신 그에게 고맙다는 인사를 했습니다.

장맹담은 적정을 정탐하기 위해 또다시 지백의 군영으로 들어가는 모험을 감행했습니다. 이때 군영의 정문에서 우연히 지백의 가신이자 집안 사람인 지과知果를 만나게 됩니다. 지과는 장맹담과 마주친 다음 바로 지백에게 달려가 말했습니다. "한씨와 위씨 양 가문이 아무래도 곧 큰 변란을 일으킬 것 같습니다." 지백은 "어떻게 그게 가능하겠는가?"라고 반문했습니다. 지과가 다시 "우연히 군영의 정문에서 장맹담을 만났습니다.

그런데 이 작자 아주 기세가 등등하더군요. 오만하기가 정말 그지없을 정도였습니다. 그가 이렇게 나오는 데에는 다 이유가 있습니다. 제가 보기에는 십중팔구 그가 한씨와 위씨 가문에게 이상한 소리를 하지 않았나 싶습니다. 이를테면 공동으로 대항하자는 말 같은 것을 했을 수도 있습니다"라고 말하면서 장맹담에 대한 의심을 떨치지 못했습니다. 지백은 여전히 믿지 못하겠다는 투로 "어떻게 그럴 수가 있겠어? 나와 그들 양 가문은 이미 약속을 한 게 있어. 조씨 가문을 공략한 다음 세 집안이 공평하게 땅을 나눠 갖기로 했다고. 변고가 절대로 일어날 이유가 없어. 그대는 앞으로 절대로 그런 말을 하지 말게"라고 단정적으로 말했습니다.

지과는 지백의 영문을 나섰습니다. 이번에는 그의 눈에 한강자와 위선자가 들어왔습니다. 그는 바로 다시 지백의 영문으로 들어와 "한씨와 위씨 가문의 종주들의 얼굴색이 아무래도 이상합니다. 그들은 주군을 배반하려는 생각을 하고 있는 게 분명합니다. 빨리 그들을 처치해야 합니다"라고 주장했습니다. 그래도 지백은 지과의 말을 믿을 수가 없었습니다. 그의 입에서도 자연스럽게 "우리 세 가문의 병사들은 진양을 포위한 지가 이미 3년이나 됐네. 얼마 안 있으면 진양을 완전히 공략할 수가 있다고. 그러면 똑같이 전승의 과실을 나눌 수가 있어. 그들은 절대로 두 마음을 가질 이유가 없어"라는 말이 튀어나왔습니다. 지과가 다시 "만약 저 두 사람을 죽이지 않을 생각이라면 저들이 주군과 아주 가까운 사이라는 사실을 느끼도록 만드십시오"라고 권고의 말을 건넸습니다. 지백은 이해하기 어렵다는 표정으로 "도대체 뭘 가지고 그들에게 친근감을 느끼도록 할 수 있겠나?"라고 반문했습니다. 지과가 지체 없이 대답했습니다.

"위선자의 가신인 조가와 한강자의 가신인 단규는 모두 자신들의 종주를 설득시킬 수 있는 대단한 중신들입니다. 주군께서는 그들과 약속을 하나 하십시오. 만약 진양을 공격해 함락시킨다면 그들에게도 각각 1

만여 호의 현에 봉하겠다고 말입니다. 이렇게 하면 한강자와 위선자 두 종주는 자신들의 생각을 바꿀 수도 있을지 모릅니다. 이 경우 주군께서도 조씨 가문을 멸망시키겠다는 당초의 목적을 실현시킬 수 있을 것입니다."

지백은 지과의 말에 갑자기 머리가 복잡해지는 기분을 느꼈습니다. 원래 그는 조씨 가문을 격파한 다음 이들의 땅을 한씨 및 위씨 가문과 나눠 먹기로 약속했습니다. 그런데 만약 두 가신에게도 각각 1만여 호에 이르는 현을 떼어준다면 지씨가 먹을 땅은 대거 줄어들 수밖에 없었습니다. 파이가 크게 쪼그라들게 되는 것입니다. 솔직히 그의 입장에서는 이건 말이 안 되는 제안이었습니다. 지과는 지백이 자신의 의견을 받아들이지 않자 상황이 여의치 않게 돌아갈 것이라는 점을 직감했습니다. 지백에게 큰 화가 임박했다는 사실 역시 어느 정도 예감할 수 있었습니다. 그는 즉각 가족들의 성을 보輔씨로 바꾸는 조치를 단행했습니다. 지씨에서 스스로 탈퇴하는 행보에 나선 것입니다. 이후 그는 두 번 다시 지백을 만나지 않았습니다.

지백의 군영에 나름의 인맥을 가지고 있었던 장맹담은 이 일에 대해 전해 들었습니다. 그래서 즉각 조양자에게 건의를 할 수 있었습니다.

"저는 영문에서 우연히 지과를 만났습니다. 그를 척 보는 순간 저를 의심한다는 사실을 바로 깨달았습니다. 그러나 지과는 지백을 만난 다음 성을 보씨로 바꿨습니다. 이건 뭘 말하겠습니까? 그가 이미 우리가 모의하는 일에 대해 알고 있다는 사실을 말해줍니다. 만약 오늘 저녁 지백을 공격하지 않으면 기회를 잃지 않을까 싶습니다."

조양자는 장맹담의 말이 틀리지 않는다고 생각했습니다. 장맹담의 말이 끝나기 무섭게 그를 다시 한씨와 위씨의 종주들에게 보낸 것도 다 그래서였습니다. 이날 밤에 거병을 하자는 약속 역시 했습니다.

드디어 저녁이 됐습니다. 한씨, 위씨 가문의 연합군은 일제히 행동을 개시했습니다. 우선 진수의 대형 제방을 지키던 지백의 병사들이 피살됐습니다. 도도한 진수의 물길은 갑자기 방향을 바꿔 진양성이 아닌 지백의 군영으로 몰려갔습니다. 지백의 군영은 전혀 예상 못한 홍수의 내습에 완전히 아수라장이 됐습니다. 한씨와 위씨 가문의 양 대군은 좌우 양측에서 지백의 병사들에 대한 공격을 개시했습니다. 조양자 역시 자신의 병사들을 이끌고 성문을 나와 지백의 군영으로 돌격해 들어갔습니다. 지백의 대군은 이 전투에서 변명의 여지없는 대패를 당했습니다. 지백 자신은 조양자에게 붙잡혀 처형을 당했습니다. 지씨 가문의 다른 가족 역시 횡액을 면치 못했습니다. 거의 모조리 죽임을 당했습니다. 완전히 피비린내가 진양 땅에 진동했다고 해도 과언이 아니었습니다. 그러나 이 와중에도 지과 일족만은 성을 바꾼 덕에 살아남을 수 있었습니다. 지백의 땅은 자연스럽게 한씨, 조씨, 위씨 가문에 의해 삼분할 됐습니다.

지씨가 완전히 멸족된 이해는 기원전 453년이었습니다. 이때부터 진나라는 한씨, 조씨, 위씨 세 가문에 의해 통치되는 새로운 시기를 맞이하게 됐습니다.

이후 20여 년이 흘렀습니다. 이때 진나라의 국군은 유공幽公이었습니다. 그러나 그는 형식뿐인 국군이었습니다. 외형적으로도 전혀 세 가문에 대한 권위를 보여주지 못했습니다. 대신 세 가문에 대한 두려움에 이들의 종주를 섬기는 이상한 행태를 종종 보이고는 했습니다. 세 가문은 이렇게 되자 더욱 기고만장해졌습니다. 아예 내놓고 진나라의 땅을 나눠 가지는 행보에 적극적으로 나섰습니다. 나중에는 오로지 강(絳. 지금의 산시山西성 이청翼城)과 곡옥의 땅만을 진나라 유공에게 남겨두고 다른 땅은 모조리 나눠 가졌습니다. 이때부터 한, 조, 위씨는 삼진으로 불리게 됐습니다. 비로소 제후국으로 우뚝 서게 된 것입니다.

세 가문은 50년 후인 진 열공烈公 19년에 정식으로 주나라 천자에 의해 제후국에 봉해졌습니다. 이로써 한때 강력한 파워를 자랑했던 진나라는 정치 지도상에서 완전히 사라지게 됩니다. 한씨 경족 역시 드디어 당당한 전국칠웅의 일원이 되었습니다.

지백은 지혜가 모자라 망하고, 세 가문은 지혜로 진나라를 삼분하다

진나라의 세 가문이 지씨 가문을 멸망시킨 이후 진나라의 정권은 이들에 의해 좌지우지됐습니다. 진나라의 국군은 없는 것이나 마찬가지였습니다. 유명무실해졌다는 얘기가 되겠습니다. 기원전 403년 드디어 주나라의 천자 위열왕威烈王은 이 상황을 보고 대 용단을 내렸습니다. 이들 가문을 정식으로 제후국으로 인정한 것입니다. 이로써 진나라는 정식으로 삼분이 됐습니다. 이것이 바로 역사적으로 유명한 삼가분진三家分晉입니다.

일부 학자들은 이 역사적 사실에 대해 의문을 품을지 모릅니다. 어떻게 그토록 강력한 진나라가 멸망할 수 있느냐고 말입니다. 이들은 또 만약 진나라가 멸망하지 않았다면 이후에 천하를 통일할 나라도 진나라가 되지 않았을까 하는 생각 역시 할지 모릅니다. 그러나 역사는 가설을 용납하지 않습니다. 진나라가 삼분된 것은 당시의 거스를 수 없는 역사였습니다.

사람들은 나아가 한씨, 조씨, 위씨 등의 세 가문에 대해 고찰할 때면 일세를 풍미한 지백에 대해서도 생각할 수 있습니다. 그의 실력이었다면 다른 세 가문을 완벽하게 병탄하는 것이 가능하지 않았을까요? 그러나 역사는 어쨌든 그를 선택하지 않았습니다. 이건 또 왜 이렇게 됐을까요? 지금 우리는 삼가분진의 최대 실패자가 지백이라고 말할 수 있습니다. 또 최대의 승리자 중 한 명은 한강자라고 단언해도 괜찮습니다.

지백은 나머지 세 가문과 비교할 때 진짜 실력이 최강이었습니다. 그런데 왜 마지막에 실패자가 됐을까요? 한강자는 가장 약한 가문의 리더였음에도 어떻게 마지막에 승리자가 됐을까요?

우선 지백이 너무 오만방자했다는 사실을 들어야 하겠습니다. 그렇다면 그는 도대체 왜 오만방자하게 됐을까요? 역시 가문의 실력과 관계가 있었습니다. 달리 말해 객관적인 실력의 우세가 그로 하여금 신세를 망치는 오만방자함으로 이끌었다고 해야 하겠습니다.

그의 오만방자는 시종일관했습니다. 사례를 들면 이해가 쉽겠습니다. 한번은 지백이 연회를 열었습니다. 위선자와 한강자를 모두 초청하는 행사였습니다. 그러나 지백은 이 연회석상에서 해서는 안 되는 행동을 했습니다. 갑자기 한강자를 희롱한 것입니다. 또 한강자의 가신인 단규에게도 모욕을 줬습니다. 중국 고대 시대에 경대부의 봉지는 '가家'로 불렸습니다. 따라서 경대부의 신하는 가신으로 불렸습니다. 한마디로 지백은 주군까지 희롱한 것도 모자라 바로 이 가신에게까지 모욕을 준 것입니다. 지백의 가신인 지과는 그래도 양식이 있는 사람이었습니다. 그래서는 안 된다는 입장을 연회가 끝난 후에 지백에게 은근하게 전했습니다. "주군은 오늘 일에 대한 대가를 반드시 치러야 할 것입니다. 그래서 저는 이에 대한 대비를 일찌감치 해야 한다고 생각합니다." 지백은 정말 대책이 없는 사람이었습니다. 지과의 충언에도 계속 "변란은 모두 내가 일으키는 것이네. 만약 내가 변란을 일으키지 않으면 누가 감히 변란을 일으키겠나?"라고 오만방자하게 말했습니다. 그러나 지과는 지지 않았습니다. 다시 충언을 올렸습니다.

"그렇지 않습니다. 주군께서 만약 대비를 하지 않으면 변란은 필연적일 수밖에 없습니다. 주군께서는 이번 연회에서 두 사람에게 죄를 지었습니다. 한 사람은 한강자, 다른 한 사람은 단규입니다. 이게 소위 말하는 '한 잔치에서 두 사람의 주군과 신하를 모욕했다'라는 것입니다. 주군께서 만약 일찍부터 이에 대비하지 않으면 나중에 좋은 결과를 얻기 어렵다고 저는 생각합니다."

사실 지과는 충직한 가신이었습니다. 진양성의 전투에서는 두 번이나 지백에게 결정적인 진언을 하기도 했습니다. 두 번 중 한 번만 지백이 받아들였더라도 아마 그는 비참한 실패를 하지 않았을 것입니다. 자신 휘하의 종족들이 몰살되는 꼴은 보지 않았을 것입니다. 그러나 그는 그렇게 하지 않았습니다. 심지어 두 집안의 영향력 있는 가신들을 매수하자는 제의도 거절했습니다. 아무것도 듣지 않았습니다. 그가 시종일관 오만방자했듯 그의 실패는 이처럼 명약관화했습니다.

지백은 왜 이렇게 대책 없이 오만방자했을까요? 가장 중요한 이유는 아무래도 그의 양 가문에 대한 믿음과 무관하지 않을까요. 한씨와 위씨 가문이 절대로 자신을 배반하지 않을 것이라고 믿었다는 얘기가 되겠습니다. 그러면 그는 왜 양 가문이 자신을 배반하지 않을 것이라고 믿었을까요? 그렇습니다. 양 가문의 종주가 시종일관 그의 말을 들은 것과 밀접한 관련이 있습니다. 마지막 배반하는 순간까지 이들은 줄곧 지백에게 항명을 하지 않았으니까요. 이게 그가 양 가문이 자신을 배신하지 않을 것이라고 믿은 첫 번째 이유가 되겠습니다. 조양자가 이끄는 조씨 가문이 곧 멸망할 가능성이 높았던 현실은 그의 양 가문에 대한 믿음의 두 번째 이유가 되겠습니다. 솔직히 그랬습니다. 조씨 가문은 당시 백척간두의 위기에 놓여 있었습니다. 한씨와 위씨 양 가문 역시 이 점을 알고 있었습니다. 자신들이 곧 지씨 가문과 함께 곧 멸망할 조씨의 땅을 나눠 가질 것이라는 사실을 모르지 않았습니다. 3년 동안의 고생이 결실을 맺게 된 것입니다. 이런 상황에서 과연 어떤 나라가 다른 생각을 할 수 있을까요? 어떻게 보면 지백의 생각이 완전히 엉뚱했던 것은 아닙니다. 더구나 그는 양 가문이 자신의 말을 고분고분 들었다고 생각했습니다. 어쩔 수 없었던 탓에 땅을 바쳤다는 사실을 전혀 알지 못했습니다. 두 가문의 종주가 자신에게 엄청난 원한을 가슴속에 품고 있었다는 사실은 더더욱 몰랐습니다. 여기에 이들 가문의 종주가 느꼈던 동병상련 역시 무시해서는 곤란합니다. 조씨 가문이 멸망한 다음 자신들이 똑같이 당할 것이라는 공포는 솔직히 경험해보지 않으면 모릅니다. 지백은 전혀 몰랐습니다.

그의 오만방자는 기록으로도 확인이 가능합니다. 《국어》의 〈진어晉語〉 9편을 한번 보겠습니다.

"지선자知宣子가 지요(知瑤. 지백을 일컬음)를 후계자로 삼으려고 했을 때 지과는 적극적으로 나서서 반대했다. 지요가 지소知宵보다 인물이 못하다는 사실을 알았던 것이다. 그러나 지선자의 생각은 또 달랐다. 그는 지소가 너무 흉악하다고 생각했다. 지과는 이때 지선자에게 '지소가 흉악한 것은 얼굴에 나타나 있을 뿐입니다. 그러나 지요는 마음이 흉악합니다. 얼굴이 흉악한 것은 나라에 해를 끼치지 않습니다. 하지만 마음이 흉악한 것은 나라를 백척간두의 위기로 몰아갈 수 있습니다. 지요는 분명히 뛰어납니다. 수염이 멋있고 체격이 건장합니다. 또 전차를 잘 몹니다. 말을 잘하고 판단력이 좋습니다. 성격이 굳셉니다. 이외에도 좋은 점이 많습니다. 반면에 결점은 딱 하나입니다. 인애仁愛가 없다는 것입니다. 지요가 자신의 장점을 가지고 다른 사람과 경쟁하면 그는 확실히 뛰어난 사람이 될 수 있습니다. 그러나 오로지 부족한 한 가지, 즉 인애가 없다는 이 사실은 대단히 중요합니다. 모든 것을 완전히 망칠 수 있습니다. 만약 지요를 후계자로 세우게 되면 지씨는 좋은 꼴을 보기 힘들 것입니다'라고 진언을 올렸다. 그러나 지선자는 지과의 의견을 받아들이지 않았다. 계속 자신의 입장을 밀고 나가 전체 가족의 운명을 지요의 손에 맡겼다. 훗날 지씨가 멸망하는 씨앗을 뿌리고 말았다."

지백이 얼마나 위태로운 인물이었는지는 이 기록만 봐도 충분히 확인이 되지 않나 싶습니다. 그의 오만방자는 천성이었을지 모른다는 생각이 들기도 합니다.

지백이 멸망한 두 번째 이유는 한씨와 위씨 가문의 두뇌 싸움을 일방적으로 이끌었다는 사실에서 찾아야 하겠습니다. 한강자는 지백이 땅을 내놓으라는 윽박을 질렀을 때 처음에는 욱 하는 기분이 들었으나 곧 냉정을 찾았습니다. 자신의 역량이 지백에게 훨씬 못 미친다는 사실을 솔직하게 인정했습니다. 그래서 공개적으로 저항하지 않았습니다. 복종하는 척했습니다. 지백으로 하여금 자신이 강대하다는 허상을 가지도록 분위기를 만들어줬습니다. 그의 이런 전략은 어떻게 설명해야 할까요? 그렇습니다. 은인자중입니다. 상대를 일단 용인하면서 참고 양보하는 것입니다. 이 전략은 효과가 있었습니다. 이를테면 그의 은인자중은 지백을 더욱 오만방자하게 만들었습니다. 교만의 극을 달리게 만들었습니다. 이로 보면 지백의 멸망은 한강자가 자신의 역량을 보존한 것에서 찾는 것도 가능할 것 같습니다. 참고 참다 최후의 일격으로 도저히 일어나지 못할 치명타를 가했다는 얘기가 되겠습니다. 만약 그가 이렇게 하지 않았다고 생각해봅시다. 땅을 단 한 뼘도 주지 않겠다고 버티면서 처음부터 지백과 힘을 겨뤄보겠다고 의지를 다졌다고 합시다. 그는 아마도 지백과 전쟁을 벌여야 했을 것입니다. 이렇게 됐다면 그의 실력으로 지백에게 저항한다는 것은 거의 불가능했을 것입니다. 최종적으로 실패를 맛보는 사람은 그가 될 게 거의 틀림없었을 겁니다.

위선자 역시 만만치 않았습니다. 자신의 실력이 지백에게 훨씬 못 미친다는 사실을 깊이 인식하고 은인자중의 전략을 구사했습니다. 그는 이 점에서는 한강자로부터 많은 것을 배웠습니다. 한강자의 행동에서 계시를 받았다고 해도 좋겠습니다. 한강자에 이어 그까지 이렇게 나왔으니 지백이 어떻게 됐겠습니까? 더욱 오만방자해졌습니다. 더욱 교만해졌습니다. 실패는 돌이키기 어려운 현실로 달려가고 있었습니다.

자신의 몸에 불을 붙인 것은 지백이었습니다. 그러나 이 불을 그에게 가져다 댄 사람은 한강자였습니다. 그의 고도의 전략이 있었기 때문에 위선자의 은인자중이 잇따를 수 있었습니다. 또 마지막에 조씨 가문의 3년 동안에 걸친 저항 역시 빛을 볼 수 있었습니다.

지백이 멸문지화를 당한 마지막 이유는 조양자가 겸비했던 지혜와 용기에서 찾아야 하겠습니다. 진양의 전쟁은 무려 3년이나 끌었습니다. 조씨 가문이 이렇게 할 수 있었던 것은 아무래도 그의 능력과 무관하지 않았습니다. 생각해보십시오. 조씨 가문은 지씨 가문과는 상대가 되지 않는 약체 가문이었습니다. 게다가 지씨 가문은 나머지 두 경족의 역량까지 합쳐 공격해왔습니다. 조씨 가문은 이 공격에 무려 3년을 버텼습니다. 이게 어디 쉬운 일이었겠습니까? 엄청나게 어려운 일이었습니다. 그렇다면 어떻게 이처럼 잘 버틸 수 있었을까요? 이유는 여러 가지가 있습니다.

우선 장기 항전을 위한 근거지의 선택이 적절했습니다. 조양자는 지백이 한씨와 위씨 가문의 병력과 연합해 쳐들어온다는 소식을 들었을 때 가장 먼저 장기 항전에 효과적인 근거지를 찾고자 했습니다. 그의 가신들 역시 이런 생각을 하지 않은 것은 아니었습니다. 이들은 실제로 그가 진양을 선택하기 전에 두 군데의 성을 추천하기도 했습니다. 첫 번째는 장자長子였습니다. 다른 하나는 한단이었습니다. 가신들이 이 성들을 선택한 이유는 나름대로 합리적이었습니다. 이를테면 장자는 성벽이 완벽했습니다. 대단히 튼튼했습니다. 또 한단은 창고의 식량이 충분했습니다. 군량미 걱정을 하지 않아도 되는 곳이었습니다. 하지만 조양자는 이 건의를 다 거부했습니다. 왜 그랬을까요? 그의 거부에도 나름의 충분한 이유는 있었습니다. 우선 장자를 보겠습니다. 가신들이 주장한 대로 이곳의 성벽은 확실히 튼튼했습니다. 그러나 이 성은 백성들의 고혈을 쥐어 짜내 쌓은 곳이었습니다. 아무리 견고해도 장기 항전의 근거지로는 아주 부적절했습니다. 아무래도 이곳에서는 조씨 가문이 민심을 사지 못했다고 봐야 하니까요. 한단 역시 가신들의 주장대로 군량미가 충분했습니다. 하지만 이들 식량 역시 정상적인 것은 아니었습니다. 완전히 백성들에 대한 가렴주구를 통해 쌓아놓은 것이었습니다. 백성들이 조씨 가문을 위해 목숨을 바칠 것이라고 장담하기가 어려웠습니다. 이후 조양자는 고심에 고심을 거듭했습니다. 그러다 최종적으로 진양을 선택했습니다. 그러면 왜 진양을 선택했을까요? 간단합니다. 진양의 관리들이 정치를 잘했기 때문입니다. 민심이 조씨 가문을 향해 있었던 것입니다. 조양자는 장기 항전의 근거지를 선택할 때 다른 것은 보지 않았습니다. 오로지 민심이 어디에 있는가를 봤습니다. 조양자가 얼마나 머리가 깨어 있는지를 보여주는 대목이 아닌가 싶습니다.

온 힘을 다 기울여 전쟁에 대비한 노력 역시 조양자가 무려 3년이나 버티게 하는데 큰 도움을 줬습니다. 그는 진양에 도착한 다음 성벽을 살폈습니다. 병기 역시 준비했습니다. 모든 준비를 기가 막히게 잘 했습니다. 진양성이 진수의 물에 의해 잠기게 됐을 때도 마찬가지였습니다. 그는 최후까지 버티기 위한 준비를 냉철하게 했습니다.

사람을 잘 썼다는 사실도 거론해야 하겠습니다. 전체적으로 볼 때 진양을 보위하는 전투에서 조양자의 가신 장맹담의 역할은 대단했습니다. 거의 결정적인 역할을 했다고 해도 좋습니다. 우선 전쟁을 준비할 때 화살과 화살촉의 재료를 구할 방법을 내놓았습니다. 마지막 순간에는 한강자와 위선자를 만나 동맹을 구축하는 활약을 했습니다. 이때 둘에게 강조한 순망치한의 이론은 그였기 때문에 가능했다고 생각합니다. 결과적으로

난공불락일 것 같던 지백을 완벽하게 제압했습니다.

진양의 전쟁은 확실히 드라마틱한 요소가 많았던 전쟁이었습니다. 이 드라마에서 장맹담은 일인다역을 했습니다. 시나리오를 쓴 다음 감독까지 했습니다. 어떻게 보면 배우 역할도 했다고 볼 수 있습니다. 이 정도만 해도 최소한 일인삼역입니다.

우리는 당연히 이 부분에서 조양자의 사람을 알아보는 혜안을 더 높이 평가해야 합니다. 지백을 물리치는 전략의 수립과 집행은 분명 뛰어난 지략가인 장맹담의 손에서 이뤄졌습니다. 그러나 조양자는 이런 그의 능력을 발견한 후 중용했습니다. 또 실행에 옮기도록 전폭적으로 지지했습니다. 마지막에는 역사를 다시 쓸 수 있게 만들었습니다.

조양자가 지백을 타도함으로써 전체 국면은 누구도 예상 못한 방향으로 급작스럽게 변해버렸습니다. 진나라를 좌지우지하던 세력이 네 경족에서 세 경족으로 줄어들었습니다. 이 과정에서 진秦나라가 몽매에도 잊지 못하던 동진을 방해하던 세력인 최강의 국가 진나라는 완전히 분열되고 말았습니다.

만약 역사적 사실과는 반대로 지백이 조씨 가문을 멸망시켰다면 어떻게 됐을까요? 아마 한씨와 위씨 가문 역시 자신들을 보전하기 어려웠을 것입니다. 마지막에는 진나라가 지씨 일족의 나라가 됐을지도 모릅니다. 이렇게 됐다면 진나라가 삼분되지도 않았을 것입니다. 만약 진나라가 삼분되지 않았다면 진秦나라의 천하 통일 대업은 어떻게 됐을까요? 실현될 수 있었을까요? 당연히 이것은 현실에서는 입에 올리기 어려운 가설입니다.

과정이야 어찌 됐든 한씨, 조씨, 위씨 세 가문은 마지막에 지씨 가문을 멸망시켰습니다. 이로써 50년 후 한나라의 탄생은 그 기초를 다지게 됐습니다. 그러면 새로 일어난 한나라는 마지막에 어떻게 진시황에 의해 멸망하게 됐을까요?

15강
한나라의 멸망

영정은 재위 16년인 기원전 231년에 육국 통일 전쟁의 신호탄을 쏘아 올렸습니다. 대군을 휘몰아 한나라를 공격했습니다. 이때 그가 가장 먼저 공격한 곳은 한나라의 대표적 요충지였던 남양(南陽. 지금의 허난성 난양)이었습니다. 결과는 그의 예상대로였습니다. 별로 힘들이지 않고 가볍게 점령했습니다. 다음 해에는 내사內史 등(騰. 성은 알 수 없는 인물─옮긴이)에게 병력을 이끌고 남양을 출발해 공격을 계속하라는 명령을 내렸습니다. 역시 순조롭게 한나라의 도성인 신정(新鄭. 지금의 허난성 신정)을 빼앗았습니다. 이때 한나라 최후의 국군인 한안은 포로가 됐습니다. 한나라가 진나라에 병탄되는 최초의 국가가 된 것입니다. 영정은 후속 조치 역시 신속하게 실시했습니다. 점령한 한나라 땅에 진나라의 영천군潁川郡을 설치했습니다. 이로써 전국 시대 칠웅의 일원이었던 한나라는 역사의 판도에서 정식으로 사라졌습니다. 한나라가 멸망하는 과정을 종합적으로 개괄해보면 별게 없었습니다. 그저 상징적인 전투를 벌였다는 느낌 외의 다른 감흥을 받기는 어렵습니다. 진나라 대군이 황룡黃龍으로 진격해 한나라 도성을 바로 점령하는 별로 드라마틱하지 않은 과정을 보여줬으니까요. 그렇다면 국력이 약하기는 했어도 일찍이 진나라와 함께 전국칠웅에 속했던 한나라는 왜 이처럼 일격도 견디지 못하고 무너졌을까요? 왜 망하지 않으면 안 됐을까요?

영정은 육국을 병탄하기 위한 전략을 수립할 때 가장 먼저 어떤 나라를 멸망시킬 것인가를 결정했습니다. 또 어떤 방법을 강구할 것인가에 대해서도 결정을 내렸습니다. 이런 원칙 아래에 그는 한나라에 대한 공격을 감행했습니다. 한나라는 완전히 지리멸렬이었습니다. 하기야 국군인 한안이 포로로 잡혔으니 오죽했겠습니까?

그러나 썩어도 준치라는 말이 있습니다. 한나라는 망하기 전까지만 해도 당당한 전국칠웅의 일원이었습니다. 마지막까지 이처럼 버티고 있었던 데에는 다 그럴만한 이유가 있었습니다. 그런데도 왜 이때에는 이처럼 형편이 없었을까요? 조직적으로 저항하지도 못했을까요? 저는 원인이 세 가지 있다고 생각합니다. 하나는 한나라의 개혁이 힘을 받지 못했다는 사실입니다. 다음으로 지역적인 정치 환경이 너무 만연해 있었다는 사실을 들어야 하겠습니다. 마지막으로는 외교 전략이 부재했다는 사실이 되겠습니다.

개혁을 추진한 신불해申不害, 군주 자리 지키기에 급급한 소후

우선 첫 번째 이유부터 살펴보도록 합시다.

전국 시대에는 눈만 떴다 하면 병탄 내지는 겸병의 전쟁을 도처에서 볼 수 있었습니다. 아차했다가는 코 베임을 당하는 세상이었습니다. 이런 세상에서 살아남으려면 무엇보다 개혁이 필요했습니다. 각 나라가 열심히 개혁에 나섰던 이유 역시 바로 이런 현실을 직시했기 때문이 아닌가 보입니다. 실제로 이렇게 하지 않으면 아무리 강대한 나라라도 생존할 수가 없었습니다. 지씨 가문의 비극은 이런 진리를 너무나 잘 보여준 결과가 아닐까 싶습니다. 이런 개혁 시도 중에서 가장 성공적인 개혁은 어떤 것이었을까요? 그렇습니다. 진나라 효공이 실시했던 상앙의 변법이었습니다. 진나라가 변법의 실시 이후 국력이 막강해진 다음 급작스럽게 부상하게 됐으니까요.

한나라는 경후景侯가 나라를 세운 이후 소후昭侯 대에 이르기까지 총 여섯 명이 국군의 자리에 있었습니다. 그러나 이 기간 전혀 발전의 기회를 갖지 못했습니다. 발전에 대한 국군들의 의지도 생존에 대한 욕구만큼이나 치열하지는 못했던 것 같습니다. 그러나 소후는 조금 달랐습니다. 살아남기 위해 처절한 몸부림을 친 국군으로 기록되고 있습니다. 그는 기원전 362년부터 333년까지 국군의 자리에 있었습니다. 기원전 361년부터 338년까지 재위한 진나라 효공의 재위 시기와 거의 비슷합니다. 둘은 거의 동시대 사람이라는 점 외에도 닮은 점이 더 있었습니다. 당시의 대세에 따라 적극적으로 개혁을 실시했다는 사실입니다. 예컨대 진나라 효공은 기원전 356년에 상앙을 중용해 변법을 적극적으로 실시했습니다. 또 한나라 소후는 기원전 355년에 신불해를 기용해 변법의 추진에 나섰습니다.

원래 신불해는 정鄭나라 경읍(京邑. 지금의 허난성 정저우鄭州의 싱양滎陽) 사람이었습니다. 그러나 출신성분은 별로 좋지 않았습니다. 정나라의 미관말직에 있었으니까요. 그러나 한 애후哀侯 2년(기원전 375년)에 그의 신분에는 약간의 변화가 생깁니다. 한나라가 정나라를 멸망시킨 것입니다. 그는 타의에 의해 한나라 사람이 됐습니다. 하지만 신분은 여전히 큰 변화가 없었습니다. 이번에는 한나라의 하급 관리로 일하게 됐습니다. 이처럼 정나라와 한나라에서 계속 별 볼일 없이 빌빌대던 그가 갑작스레 부상하게 된 것은 전혀 예상치 못했던 한 돌발 사건과 관계가 있었습니다. 이 사건이 소후의 관심을 끌었던 것입니다.

소후 4년(기원전 359년) 위나라는 한나라에 대한 공격을 감행했습니다. 소후는 위나라 대군들이 도성의 성 아래에서 무력시위를 했던 이 위기의 순간에 정말 아무 대책이 없었습니다. 그야말로 속수무책이었습니다. 그에게 알량한 전략 하나 내놓는 대신들이 없었습니다. 이 절체절명의 순간 놀랍게도 한 사람이 마침내 나섭니다. 그가 바로 신불해였습니다. 이때 그는 처음부터 작심이라도 한 듯 구체적으로 자신의 생각을 밝혔습니다.

"우리는 절대로 비굴하거나 국가 존엄을 염두에 두지 않는 사람들이 아닙니다. 그러나 지금 우리는 국가의 위난을 해결해야 하는 입장에 있습니다. 이를 위한 가장 좋은 방법은 역시 약한 모습을 보이는 것입니다. 지금 위나라는 대단히 막강합니다. 우리에게는 선택의 여지가 없습니다. 대왕께서는 규(圭. 중국 고대 시대에 신하들이 천자를 만날 때 손에 잡는 일종의 옥기玉器)를 잡고 달려가 위나라 혜왕惠王을 배알하십시오. 솔직히 이 방법만이 지금 우리가 직면한 어려움을 해결해줄 수 있습니다. 이렇게 하면 위나라 혜왕은 아마도 내심으로는 아주 흐뭇하게 생각할 것입니다. 또 오만방자한 태도를 취하지 않을까 싶습니다. 당연히 다른 제후들의 불만을 살 수밖에 없습니다. 반면 우리 한나라는 동정을 받을 것입니다. 결과적으로 우리는 한 사람에게만 고개를 숙이나 천하의 지지를 얻게 되는 효과를 거둘 수 있습니다."

소후는 신불해의 의견을 받아들였습니다. 결과 역시 신불해의 예상을 크게 벗어나지 않았습니다. 한나라 전체가 한바탕 겪었을지도 모를 전쟁의 참화에서 가볍게 벗어난 것입니다. 이 기가 막힌 외교적 전략을 기획한 신불해는 당연히 소후의 눈에 들 수밖에 없었습니다.

소후 10년 위나라는 대 병력을 동원해 조나라를 공격했습니다. 공세는 위나라의 주력 부대가 조나라의 도성인 한단을 포위할 정도로 맹렬했습니다. 조나라 성후成侯는 절박한 상황에 내몰리자 제나라와 한나라에 도움을 요청했습니다. 이때 소후는 어떻게 해야 좋을지 결정을 내리지 못했습니다. 그저 신불해에게 어떻게 해야 하느냐고 물어보는 것이 고작이었습니다. 신불해는 이때 소후의 중용을 받고 있었습니다. 소후에게는 막강한 영향력을 가지고 있었습니다. 그러나 그는 자신의 의견이 소후의 생각과 맞지 않을 것을 우려했습니다. 자신의 앞날에 좋지 않은 영향을 미치지 않을까 걱정한 것입니다. 그는 한참을 생각하다 그저 "이건 국가의 안위와 관계되는 굉장히 중요한 일입니다. 저에게 조금 생각할 여유를 주십시오"라고 말할 수밖에 없었습니다. 그는 이어 조용한 어조로 한나라에서 말 잘 하고 판단력 뛰어난 것으로 유명했던 대신인 조탁趙卓과 한조韓晁에게 "신하된 사람은 충심을 다하면 그만입니다. 자신의 의견이 반드시 받아들여져야 하는 것은 아닙니다"라는 의미심장한 말을 건넸습니다. 그의 말은 두 사람에게 각자의 의견을 소후에게 개진하라는 격려와 다름이 없었습니다. 두 대신은 신불해의 권고대로 소후에게 자신들의 의견을 말했습니다. 신불해는 이때 소후의 태도를 면밀히 관찰했습니다. 그의 말과 얼굴 표정이 뭘 의미하는지를 분석했습니다. 그는 소후의 의중을 알아낸 다음 드디어 "마땅히 제나라와 연합해 위나라를 토벌해야 합니다. 조나라를 구해야 합니다"라면서 자신의 생각을 피력했습니다. 소후는 신불해가 자신과 비슷한 입장을 개진하자 대단히 기뻐했습니다. 소후는 곧 이어 신불해의 의견에 따라 대 부대를 동원해 제나라와 함께 위나라의 도성을 공격했습니다. 한단을 포위 공격하고 있던 위나라의 주력 부대가 황망히 철군하도록 윽박질렀습니다. 이렇게 해서 조나라 도성의 위기는 자연스럽게 풀렸습니다. 이게 바로 중국 군사사軍事史에서도 유명한 '위위구조 圍魏救趙', 즉 위나라를 포위해 조나라를 구한 스토리입니다.

'위위구조'의 성공은 소후로 하여금 신불해의 뛰어난 재능을 다시 보게 만들었습니다. 급기야 기원전 351년 소후는 그를 한나라의 상국으로 발탁했습니다. 변법을 통해 위나라를 강력한 나라로 만들고자 한 것입니다.

사실 신불해는 출신성분이 별 볼일이 없어 그렇지 저명한 사상가로 부족함이 없는 사람이었습니다. 실제로 훗날 한나라 출신의 대사상가로 추앙도 받게 됩니다. 그는 이런 능력을 바탕으로 15년 동안 한나라를 이끌었습니다. 이 시기는 한나라 역사상 가장 강성한 시기이기도 했습니다. 모두가 신불해의 뛰어난 능력과 무관하지 않았습니다. 기록으로 봐도 그가 승상을 맡고 있던 15년 동안의 한나라는 정말 대단했습니다. 나라가 잘 다스려진 것은 거의 기본이었습니다. 군사력 역시 막강했습니다. 제후 각국들이 한나라를 감히 침략할 생각조차 하지 못할 정도였습니다. '내부적으로는 정치와 교육을 대대적으로 부흥시키고 외부적으로는 15년 동안 제후들에 대응했다'라는 사서의 기록은 바로 그의 이런 치적을 말하는 것입니다. 그렇다면 신불해는 어떻게 이토록 대단한 개혁의 성과를 일궈냈을까요? 이 개혁은 왜 또 한나라가 멸망을 당하는 최종적인 운명을 바꿔놓지 못했을까요?

우리는 신불해의 이름에서 한 가지 분명한 사실을 알 수 있습니다. 이 이름이 권모술수를 지향한다는 의미에서 붙여진 이름이라는 사실을 말입니다. 신불해가 술수를 대단히 좋아했다는 말이 되겠습니다. 따라서 신불해의 개혁은 이 술수를 중시하는 것이라고 해야 하겠습니다. 여기서 권모술수는 나쁜 의미에서가 아니라 국군이 신하들을 통치하는 기술 정도라고 보면 되지 않을까요. 따라서 소후가 신불해를 승상으로 발탁한 다음 배운 것도 국군으로서의 기술이었습니다. 사례를 보면 알기가 쉬울 듯합니다.

한번은 소후가 외지에 사자使者를 파견해 자신 대신 민정 시찰을 하도록 했습니다. 소후는 사자가 돌아오자마자 "시찰 중에 그대는 무엇을 봤는가?"라고 물었습니다. 사자는 "무슨 특별한 것을 보지는 않았습니다"라고 대답했습니다. 소후는 다시 "무슨 특별한 것을 보지 않았더라도 길에서 본 모든 것을 말해보게"라고 했습니다. 사자는 한참을 생각한 다음 "국도의 남문 쪽으로 나갔을 때 누런 송아지가 길 좌측에서 논에 들어가 볏모를 먹는 것을 봤습니다"라고 대답했습니다. 소후는 사자의 말을 한참 동안 들었습니다. 이어 그에게 "자네는 오늘 내가 물어본 말에 대해 절대로 다른 사람들에게 말해서는 안 되네. 그 사람이 누구라도 말이야"라고 당부한 다음 볏모의 생장 기간 동안에는 소나 말이 논이나 밭에 들어가 벼 등을 먹도록 해서는 안 된다는 명령을 내렸습니다. 하지만 각 지방 정부의 주무 부처 관리들은 이 명령에 크게 신경을 쓰지 않았습니다. 설마 국군이 이런 것까지 일일이 챙기겠는가 싶었습니다. 때문에 이전처럼 계속 논이나 밭에 소와 말들이 들어가 볏모 등을 먹는 것을 적극적으로 막지 않았습니다. 소후는 이에 다시 명령을 내렸습니다. "각 지역에 소나 말들이 논밭에 들어가 볏모 등을 훼손한 사례가 있으면 바로 상부에 보고하도록 하라. 만약 보고가 완벽하지 않으면 중벌을 내릴 것이다." 각 지역 주무 부처의 관리들은 도리 없이 국군의 명령에 따라야 했습니다. 곧 소나 말이 볏모 등을 훼손한 일단의 사례를 조사, 보고했습니다. 소후는 보고서를 낱낱이 훑어봤습니다. 아니나 다를까 국도의 남문에서 소나 말 등이 볏모를 뜯어먹은 일을 지적한 보고는 없었습니다. 소후는 즉각 "아직도 빠진 사례가 있다"라고 조정의 관리들에게 말했습니다. 관리들은 다시 관련 사례를 수집해야 했습니다. 과연 국도의 남문 밖에서 누런 송아지가 볏모를 뜯어먹은 사례가 확인됐습니다. 관리들은 하나같이 깜짝 놀랐습니다. 소후가 관찰력이 대단할 뿐 아니라 관심을 가지는 어느 것 하나 소홀히 하는 사람이 아니라는 사실을 실감했습니다. 이후 한나라 조정이나 지방 정부의 관리들은 소후의 명령이 내려올 경우 절대로 어영부영하지 않았습니다. 이로 볼 때 소후는 신불해에게 배운 술수의 기술을 철저하게 활용했던 것 같습니다. 더불어 한나라의 행정 효율 제고에도 나름의 큰 기여를 했다고 봐도 좋을 듯합니다.

신불해는 술수를 강조했습니다. 하지만 전혀 법치에 대해 신경을 쓰지 않은 것도 아니었습니다. 한번은 소후가 신불해에게 "나는 법대로 하기가 너무나 어렵다는 것을 느끼오"라면서 자신의 어려움을 하소연했습니다. 이에 신불해는 자신감 넘치는 어조로 "법대로 하는 것은 별게 아닙니다. 다 원칙이 있습니다. 공이 있는 사람에게는 상을 주고 능력이나 재주가 있는 이는 관직을 주는 것입니다. 지금 대왕께서는 법대로 하려는 생각을 가지고 있을지 모릅니다. 그러나 구체적으로 법을 집행하려고 할 때는 늘 주변 사람들의 청탁에 휘말려 들어가게 됩니다. 때문에 대왕께서는 법대로 하기가 무척이나 어렵다는 것을 느끼는 것입니다"라고 대답했습니다. 소후는 신불해의 말에 크게 깨달았다는 듯 즉각 "나는 이제야 비로소 분명히 깨달았소. 어떻게 해야 법을 제대로 집행할 수 있는지를 말이오"라고 말했습니다.

얼마 후 신불해에게는 자신의 사촌 형을 위해 소후에게 청탁을 해야 할 일이 생겼습니다. 조정에 조그마한 자리라도 마련해줘야 했습니다. 하지만 소후는 그의 청탁을 일언지하에 거절했습니다. 신불해는 몹시 불쾌했습니다. 기분 나쁨이 얼굴에 그대로 드러났습니다. 이에 소후가 이유를 설명했습니다.

"이건 그대가 나에게 가르쳐준 것이 아니겠소? 내가 그대의 청탁을 들어주면 내가 제정한 원칙을 어기게 되는 거요. 어떻게 다른 사람들에게 원칙이나 법을 존중하라고 할 수 있겠소? 또 내가 어떻게 대신들과 백성들 앞에서 체면을 차릴 수 있겠소? 그대는 주변 대신이나 백성들에게 공훈의 크고 작음에 따라 관직을 주라고 나에게 교육했소. 그런데 지금 그대는 나에게 청탁을 하고 있소. 내가 어떻게 그대의 말을 듣겠소?"

신불해는 소후의 말에 즉각 자신의 죄가 큼을 깨달았습니다. "대왕께서는 정말 법을 잘 지키는 분이십니다!"라는 칭찬의 말도 잊지 않았습니다. 신불해가 자신의 사촌 형을 위해 관직을 부탁한 것이 진심이었는지 소후를 시험해보려고 그랬는지는 지금으로서는 알기가 어렵습니다. 그러나 이 에피소드를 보면 소후는 신불해의 개혁 정책을 확실하게 받아들였음이 분명합니다.

그러나 신불해의 개혁과 상앙의 개혁은 여러 면에서 달랐습니다. 상앙은 변법을 실시해 보다 전면적인 개혁을 단행했습니다. 또 부국강병을 위한 각종 실무적인 방법도 훨씬 더 중시했습니다. 한마디로 법을 확립해 권위를 확실하게 세웠습니다. 이에 반해 신불해의 개혁은 받쳐주는 힘이 부족했습니다. 법치를 잊은 것은 아니었으나 개혁의 중점은 법치가 아니었습니다.

소후의 행적은 사서의 기록에서 더 많이 볼 수 있습니다. 우리는 이를 통해 그가 어느 방면에서 얼마나 많은 영향을 신불해로부터 받았는지도 그리 어렵지 않게 알 수 있습니다.

어느 날이었습니다. 소후는 목욕을 하다 욕조 안에 깨진 기와들이 들어 있는 것을 발견했습니다. 일단 기분이 좋을 리가 없었습니다. 그는 곰곰이 생각해봤습니다. 그러자 목욕을 담당하는 내관이 이 정도까지 자신의 일을 소홀히 할 이유가 없다는 생각이 들었습니다. 틀림없이 누군가가 내관을 모함해 자신이 자리를 대신 차지하기 위해 이 일을 꾸몄을 것이라는 지레짐작을 한 것입니다. 그는 동요하지 않았습니다. 평상시처럼 목욕을 했습니다. 그런 다음 좌우의 내관들에게 "나는 목욕 담당 내관을 경질할 생각이네. 누가 그 친구를 대신해 이 일을 하겠는가?"라고 물었습니다. 목욕 담당 내관은 상당히 괜찮은 요직이었습니다. 소후의 주변 측근들이 이 기회를 놓칠 리가 없었습니다. 측근 한 명의 입에서 즉각 다른 내관의 이름이 나왔습니다. 추천을 한 것입니다. 소후는 즉각 이 내관을 불러 다짜고짜 "너는 왜 내 욕조에 깨진 기와 조각을 넣었는가?"라고 추궁했습니다. 내관은 깜짝 놀랐습니다. 하기야 소후가 자신이 한 일을 이미 알고 있었으니 그럴 수밖에요. 죄를 인정하는 외에는 달리 방법이 없었습니다. 내관은 "만약 목욕 담당 내관이 바뀌면 제가 그 자리를 대신할 가능성이 높다고 생각했습니다. 그래서 그랬습니다"라고 솔직하게 대답했습니다. 소후는 대단히 총명한 사람이었습니다. 그는 궁중 내의 내관들이 권력을 차지하기 위해 서로 모함을 일삼는 현실을 가볍게 간파할 정도로 능력이 있었습니다. 그러나 딱 여기까지였습니다. 그는 이런 재주와 능력을 신료들과 조정의 관리들을 컨트롤하는 데 썼습니다. 근본적으로 부국강병을 위해 사용할 생각을 전혀 하지 않았습니다. 그는 신불해로부터 권모술수만 배웠지 법치를 배우지는 않았습니다. 결론적으로 말해 효공의 변법이 부국강병을 위한 총체적 전략이었던 반면 신불해가 가장 역점을 뒀던 술수는 오로지 군신群臣들을 통제하고 부리는 기술에 지나지 않았습니다.

이랬으니 소후가 아무리 신불해의 개혁 정책을 실시했어도 대단히 큰 변화는 일어나지 않았습니다. 근본적인 부국강병의 기회를 잡지 못한 것입니다. 때문에 신불해의 사망과 동시에 개혁의 성과는 급전직하의 길을 걷게 됩니다.

신불해가 세상을 떠난 다음 한나라는 변법을 통해 부강해질 기회를 한 번 더 맞습니다. 한나라가 거의 망해갈 무렵에 전국 시대의 유명한 법가 사상가 한비가 나타났으니까요. 그러나 그는 단 한 번도 중용될 기회를 맞이하지 못했습니다. 그가 때를 잘못 만난 것입니다. 더구나 전국 시대 후기의 한나라는 이미 약해질 대로 약해져 있었습니다. 역사는 그에게 자신의 재주를 펼칠 기회를 주지 않았습니다. 그로서는 그저 선진 법가 사상이라는 문화유산을 집대성한 인물로 남을 수밖에요.

대신들을 통제하고 부리는 수단으로서만 기능한 신불해의 술수는 지극히 당연한 말이겠지만 한나라의 부국강병에 큰 영향을 미치지 못했습니다. 상앙의 변법처럼 부국강병을 위한 결정적인 근본을 건드리지 못했습니다. 한비 역시 자신의 능력을 펼칠 여지가 전혀 없었습니다. 한마디로 모두 2퍼센트가 부족했다고 하겠습니다. 때문에 소후가 세상을 떠난 다음 한나라는 급속도로 기울어갔습니다. 전국칠웅 중에서도 대표적인 낙제생이 됐습니다. 그러나 그저 이런 이유 때문에 한나라가 멸망했을까요? 다른 이유는 없었을까요?

생존 공간도 협소했던 강대국의 먹잇감 한나라

한나라가 멸망의 길로 내달리지 않으면 안 됐던 두 번째 이유는 환경이 열악했다는 사실입니다.

한나라가 위, 조나라 등과 함께 진나라를 삼분할 때 수중에 넣은 땅은 너무나 기가 찰 정도였습니다. 자세하게 살펴보면 고개가 더욱 끄덕거려집니다. 우선 서쪽으로는 진秦나라와 얼굴을 맞대고 있었습니다. 또 동쪽으로는 위, 제나라 등과 마주 보고 있었습니다. 남쪽은 초나라였습니다. 반면 전체 영토는 전국칠웅 중에서도 제일 적었습니다. 지금의 산시山西성 남부와 허난성 북부 및 허베이성의 일부에 걸쳐 있었을 뿐입니다. 당연히 국력 역시 별로 내세울 바가 못 됐습니다. 한마디로 발전 공간이 충분히 확보돼 있지 않았습니다. 이에 반해 한나라와 국경을 맞대고 있던 위나라와 진秦나라는 달랐습니다. 위나라의 경우는 전국 시대의 초기만 해도 가장 강력한 국가였다는 자부심이 있었습니다. 또 진나라는 목공 재위 시대부터 서융을 공략하기 시작, 영토를 무려 1,000리나 크게 늘렸습니다. 전체 국토의 면적이 두 배나 늘어날 정도였습니다. 조나라라고 명함을 내밀지 못할 정도는 아니었습니다. 무령왕 시대에 이르러 서북쪽으로 발전을 시작해 국력이 매우 강대해졌습니다. 초나라는 남방에 웅거해 있다는 사실이 장점이었습니다. 월越나라를 병탄하면서 영토를 부단하게 확대해갔습니다. 이들 나라들의 상황을 뇌리에 넣어둔 채 다시 한나라의 형세를 살펴봅시다. 유독 한나라만 강대국들에 둘러싸여 있으면서 어떤 발전 공간조차 확보하지 못했다고 해도 괜찮지 않을까요? 그렇습니다. 당시의 지역적 환경은 확실히 한나라가 강대해지는 것을 방해하는 최대의 문제였습니다.

한나라에게 특히 치명적이었던 현실 역시 거론해야 하겠습니다. 무엇보다 진나라가 바로 인접해 있었습니다. 더구나 양 국가의 영토는 마치 개 이빨이 서로 교차하듯 다닥다닥 붙어 있었습니다. 진나라의 중신들 대부분이 하나같이 한나라를 먼저 멸망시켜야 할 국가로 지목한 것은 정말이지 너무 당연했습니다. 대표적인 인물을 들어도 좋습니다. 이사가 바로 이런 사람이었습니다. 한나라가 진나라에게는 마음의 병이라는 생각을 초지일관했습니다. 물론 소양왕 시기에도 이사 같은 사람이 없었던 것은 아니었습니다. 범저가 원교근공이라는 총체적 국가 전략을 일찍이 주창했으니까요. 좌우지간 한나라는 진나라에게는 완전히 눈엣가시라고 해도 틀리지 않았습니다.

기원전 294년 급기야 진나라는 한나라에 대한 이런 국가적 전략을 실천에 옮겼습니다. 한나라에 대한 공격을 개시한 것입니다. 전황은 당연히 진나라의 의도대로 돌아갔습니다. 전투가 시작되기 무섭게 진나라 대군이 무시(武始. 지금의 허베이성 우안武安시 남쪽)와 신성(新城. 허난성 이촨伊川 서남쪽) 등을 가볍게 손에 넣은 것입니다. 당연히 한나라는 강력 반발했습니다. 이듬해인 기원전 293년에는 위나라와 연합해 진나라에 대항하기까지 했습니다. 하지만 결과는 처참하기 이를 데 없었습니다. 이궐(伊闕. 지금의 허난성 뤄양 동남쪽)에서 진나라의 장군 백기白起에게 대패하는 수모를 당했습니다. 이때 무려 24만 명의 병력을 잃었습니다. 기원전 290년 한나라는 패전의 대가를 톡톡히 치러야 했습니다. 진나라의 압박으로 무수(武遂. 지금의 산시山西성 위안垣曲 동남쪽)의 땅 200리를 진나라에게 내주지 않으면 안 됐습니다. 이로 인해 한나라의 영토는 더욱 줄어들었습니다. 국력은 말할 필요조차 없었습니다. 기원전 264년 진나라 장군 백기는 다시 한나라의 형성(陘城. 산시山西 성 장絳현)을 공략했습니다. 이때 진나라 병사들은 다섯 개의 성을 함락시키고 5만 명에 이르는 한나라 병사들의 목을 벴습니다. 백기의 활약은 여기에서 그치지 않았습니다. 기원전 263년에는 다시 태행산 이남 지역을 공격, 전과를 크게 올렸습니다. 이 부분의 기록은 《사기》의 〈한세가韓世家〉와 윈멍(雲夢. 후베이성 소재-옮긴이)에서 발견된 초나라 죽간竹簡인 〈편년기編年紀〉에 수록돼 있습니다. 이어 기원전 262년 진나라는 다시 야왕(野王. 지금의 허난성 친양沁陽)을 공격해 점령했습니다. 한나라는 이로 인해 상당군上黨郡을 잃게 됐습니다. 기원전 254년 《사기》의 〈진본기〉에 나오는 기록처럼 한나라 왕이 진나라 조정에 들어가 조공을 바친 것은 다 이런 현실과 관련이 있었습니다.

기원전 249년은 대단히 특별한 해였습니다. 바로 이해에 장양왕이 진나라의 국군이 된 것입니다. 여불위가 승상이 된 해이기도 했습니다. 어느 날 갑자기 욱일승천했으나 그는 준비된 승상이었습니다. 장양왕과 함께 이전까지 실시해온 원교근공 정책 역시 계속 실시했습니다. 그래서 성고와 형양 등의 요지를 잇달아 점령할 수 있었습니다. 이로써 공鞏에 수도를 뒀던 동주東周는 완전히 멸망하는 횡액을 당했습니다. 성고와 형양 두 곳은 원래 한나라가 의양宜陽에 뒤이은 최후의 보루로 생각하고 어떻게든 뺏기지 않으려고 노력한 전략적 요충지였습니다. 그러나 장양왕과 여불위에게는 아무리 그래봐야 소용이 없었습니다. 둘은 이 두 요충지를 가볍게 함락시킨 다음 순식간에 원래 점령하고 있던 서주의 땅과 합쳐 삼천군三川郡을 설치하는 기민함을 보였습니다. 이에 대해서는 《사기》의 〈범저채택열전〉이 아주 잘 묘사하고 있습니다. 당연히 이 삼천군의 역할은 단순하지 않았습니다. 오죽했으면 날카로운 칼에 비유할 수 있었겠습니까? 솔직히 틀린 말은 아니었습니다. 한나라의 영토 안으로 깊숙하게 들어갈 경우 진짜 치명적 위협이 될 가능성이 높았습니다. 이뿐이 아니었습니다. 삼천군은 진나라의 염원인 동방 진출의 근거지가 될 개연성 역시 다분했습니다. 실제 진나라는 삼천군을 설치한 이후 줄곧 동방 진출의 기회를 호시탐탐 엿보기도 했습니다.

이 점진적인 행보는 기원전 246년 영정이 장양왕을 이어 즉위한 다음 더욱 분명한 현실로 나타났습니다. 진나라가 그의 재위 3년 만에 한나라 13성을 탈취하는 전과를 올렸으니까요. 진나라는 내친김에 위나라까지 공격해 적지 않은 땅도 탈취했습니다. 이때 위나라 도성인 복양에 동군을 설치한 것은 이미 앞에서도 살펴본 바 있습니다. 문제는 동군이 서쪽으로 삼천군, 동쪽으로는 제나라 국경과 바로 연결된다는 사실에 있었습니다. 중원을 노리는 날카로운 검이 따로 없었습니다. 한나라와 위나라를 포위하는 모습도 더욱 확실하게 구축하게 됐습니다. 이후 상황은 진짜 예상대로 흘러갔습니다. 진나라의 계속적인 공격에 한나라의 영토는 날이 갈수록 쪼그라들었습니다. 국력은 거의 고갈 직전에까지 이르게 됐습니다. 진나라가 남양을 공격했을 때의 상황을 보면 모든 게 확연해집니다. 기본적으로 효과적인 저항을 하는 것이 불가능했습니다. 급기야 진나라가 남양에서 한나라의 도성인 신정을 공격했을 때는 완전히 망해버렸습니다.

우리는 한나라의 멸망을 통해 분명한 사실 하나를 알 수 있습니다. 서로 복잡하게 얽힌 내외의 요인들이 부정적인 시너지 효과를 가져왔기 때문에 망했다는 사실을 말입니다. 무엇보다 내부 개혁이 힘을 받지 못했습니다. 여기에 외부의 환경 역시 열악했습니다. 생존 공간이 너무 비좁았습니다. 어려움이 정말 한두 가지가 아니었습니다. 물론 이런 열악한 생존 공간 속에서도 100퍼센트 죽으라는 법은 없습니다. 실제로 역사의 발전은 한나라에게 생존의 조건과 기회를 주지 않은 것도 아니었습니다. 그럼에도 안타깝게 한나라는 계속 이 기회를 놓쳤습니다. 나중에는 돌이키기 어려울 상황에까지 이르렀습니다. 그렇다면 한나라는 도대체 어떤 기회를 놓쳐버렸을까요?

약한 국력과 외교 역량 부족, 그리고 뒤죽박죽인 합종 전략

한나라가 너무나도 빠르게 멸망의 길로 달려간 것은 괜한 일이 아니었습니다. 다 이유가 있었습니다. 가장 중요한 원인은 외교 역량의 결핍이었습니다.

한나라처럼 약한 나라가 진나라처럼 강력한 이웃 국가를 두고 있을 경우는 다른 방법이 없습니다. 무슨 수를 써서라도 부강해져야 합니다. 변법을 통하면 더욱 좋습니다. 그러나 신불해의 개혁은 상앙이 거둔 것과 같은 대단한 효과는 거두지 못했습니다. 나중에는 자신의 힘으로는 더 이상 강대해지기 어렵게 됐습니다. 이제 남은 길은 오로지 하나였습니다. 합종을 통해 살아남는 것 바로 그것이었습니다. 말하자면 외교력으로 목숨을 부지해야 했습니다.

당시 합종의 기본적인 목표는 간단했습니다. 막강한 진나라에 적절하게 대처하는 것이었습니다. 그러나 한나라는 시종일관 진나라에 대항하고자 했던 합종의 연합 전선에서 중심적인 역할을 수행하지 못했습니다. 그렇다고 다른 나라들과 합종의 연맹을 적극적으로 구축할 수 있었던 것도 아니었습니다. 물론 한나라처럼 곤란한 처지에 있는 나라들의 입장에서는 다른 제후들과 연합해 진나라에 대항하는 것이 쉬운 일은 아니었습니다. 마음 같아서는 진나라에 대항하는 연합 전선을 선뜻 구축하고 싶지만, 한편으로는 진나라를 받들 것이냐 아니면 저항할 것이냐의 선택의 기로에 있었다는 얘기가 되겠습니다. 한마디로 중심을 잡지 못한 채 이리저리 흔들렸다는 얘기입니다. 한나라가 대패한 두 차례의 전쟁을 보면 상황이 어느 정도였는지 쉽게 알 수 있습니다.

제일 첫 번째의 전쟁이 안문岸門의 전쟁이었습니다. 한 선혜왕宣惠王 16년(기원전 317년) 진나라 대군은 수어(修魚. 지금의 허난성 위안양原陽)에서 한나라 대군을 대파했습니다. 사령관을 포로로 잡을 정도의 대승이었습니다. 한나라는 다급해졌습니다. 상국 공중公仲은 왕을 보좌하는 최고 대신으로서 대책을 제안하지 않을 수 없었습니다.

"솔직히 맹방이라는 것은 믿고 의지할 대상이 못 됩니다. 더구나 진나라는 일찍부터 초나라를 정벌하려고 했습니다. 대왕께서는 그러므로 장의를 통해 진나라 왕과 강화를 모색하는 편이 훨씬 더 나을 것입니다. 강화의 방법은 특별할 게 없습니다. 우리 성을 하나 주는 것입니다. 또 진나라와 함께 초나라를 정벌하겠다고 하면 됩니다. 이렇게 하면 우리 한나라는 그저 성 하나를 잃을 뿐입니다. 그러나 좋은 점은 많습니다. 진나라의 계속적인 침략을 피할 수 있습니다. 더불어 초나라를 정벌하는 와중에 다른 소득도 얻을 수 있습니다."

선혜왕은 공중의 제안이 그럴듯하다고 생각했습니다. 그는 공중에게 즉각 강화를 논의할 사신으로 진나라로 갈 준비를 하라는 지시를 내렸습니다.

초나라 왕은 한나라가 진나라와 연합해 자국을 공격할 것이라는 소식을 곧 전해들었습니다. 초조하지 않는다면 그것이 이상할 일이었습니다. 그는 황급히 진진陳軫을 불러 대책을 물었습니다. 진진은 즉각 해결책을 제시했습니다.

"진나라는 일찍부터 우리 초나라를 공격하려고 했습니다. 만약 진나라가 진짜 한나라의 성을 얻은 다음 각종 전투 장비와 병력을 제공받은 상태에서 한나라와 함께 우리를 공격한다면 어떻게 되겠습니까? 우리 초나라는 엄청난 피해를 입을 수밖에 없습니다. 이건 진나라가 몽매에도 원하던 일이기도 합니다. 제 생각은 이렇습니다. 우선 전국에 경계 강화 명령을 내리는 게 좋을 것 같습니다. 이어 군사를 일으켜 한나라를 구하러 간다고 크게 떠들어야 합니다. 전차 등도 길가에 배치시키는 것이 좋을 것입니다. 한마디로 한나라를 구하러 간다는 분위기를 마구 띄우는 겁니다. 이게 끝은 아닙니다. 사신도 보내야 합니다. 그는 당연히 값나가는 선물 등도 많이 가지고 가야 합니다. 한나라로 하여금 대왕이 진심으로 자신들을 구하려 한다는 생각을 가지게 만들어야 합니다. 이렇게 하면 한나라 왕은 대왕에게 감격해 마지않을 것입니다. 진나라를 도와 우리 초나라를 공격할 이유가 없습니다. 설사 병력을 보내 참전하더라도 우리 초나라를 정벌하는 데 절대 전력을 다하지 않을 것입니다. 한나라는 또 우리의 제안을 받아들일 경우 진나라에게 제안했던 강화를 중지할 가능성이 큽니다. 당연히 진나라는 대노하겠죠. 두 나라의 서로에 대한 증오는 더욱 깊어질 수밖에 없습니다. 그럼에도 한나라는 우리 초나라와 맺은 동맹을 믿고 진나라에 대해 뻣뻣하게 나올 것입니다. 이게 바로 진나라와 한나라의 모순을 이용해 우리 초나라의 위난을 해결하는 방법입니다."

초나라 왕의 안색은 한참 동안이나 이어진 진진의 말에 활짝 펴졌습니다. 진진의 건의에 따라 명령을 내리는 그의 어조에는 어느새 자신감이 넘쳐 있었습니다. 이렇게 해서 초나라 전역에는 경계를 강화하라는 명령이 하달됐습니다. 한나라를 구원하러 간다는 분위기는 삽시간에 전 부대에 퍼졌습니다.

초나라의 사신은 자국 왕의 입장을 그대로 전했습니다. 한나라의 선혜왕은 초나라가 선물을 한 보따리나 가져오는 것과 더불어 대 부대를 파견할 준비까지 모두 마치고 한나라를 위해 전력을 위해 싸워주겠다는 말을 하자 완전히 흥분했습니다. 진나라로 가서 강화 협상을 하라고 공중에게 내린 지시를 철회했습니다. 공중은 기가 막혔습니다. 이건 도의적으로도 있을 수 없는 일이었습니다. 그는 목을 내놓을 각오로 자신의 입장을 밝혔습니다.

"이건 절대로 안 됩니다. 진나라는 무력으로 우리 한나라를 침범하려는 나라입니다. 반면 초나라는 말도 안 되는 헛소리로 우리를 구해주겠다고 하는 나라입니다. 이 말을 믿고 강력한 진나라와 절교한다면 큰 실수를 범하는 겁니다. 더구나 초나라는 한나라와 형제의 나라도 아닙니다. 맹방은 더군다나 아닙니다. 초나라는 지금 우리가 진나라와 연합해 자신들을 공격하려 하기 때문에 우리 한나라를 구원하겠다는 소문을 내고 있는 것입니다. 이것은 그저 수준 낮은 모략에 지나지 않습니다. 절대로 이렇게 해서는 안 되는 이유는 또 있습니다. 대왕께서는 이미 사람을 보내 진나라와 연합해 초나라를 공격하자는 통보를 했습니다. 그럼에도 그걸 후회하고 강력한 진나라를 기만한다면 후환을 두려워해야 합니다. 큰 손해를 볼 것입니다. 절대로 초나라를 가볍게 믿어서는 안 됩니다."

이미 초나라 사신의 말에 완전히 녹아버린 선혜왕은 공중의 권고를 들

3부 천하통일을 이루다

은 척도 하지 않았습니다. 다시 마음을 바꿔 진나라와 한 동맹 결성 약속을 어겼습니다. 진나라는 대노했습니다. 그대로 다시 병력을 휘몰아 한나라에 대한 공격을 감행했습니다. 초나라의 파병을 굳게 믿고 있었던 한나라는 이전처럼 겁을 먹지 않고 맞섰습니다. 그러나 초나라는 단 한 명의 구원병도 보내지 않았습니다. 이 결과 선혜왕 19년 진나라 대군은 안문에서 한나라의 대 부대를 완전히 궤멸시켜버렸습니다. 선혜왕은 아들인 태자 창倉을 진나라에 인질로 보내는 조치를 단행하고서야 겨우 강화를 맺을 수 있었습니다.

이 역사적 사실로 볼 때 한나라에게 있어 최대의 군사적 위협은 진나라라는 존재였습니다. 한나라로서는 당연히 다른 나라들과 연합해 대항해보자는 생각을 전혀 해보지 않은 것은 아니었습니다. 그러나 역량이 부족했습니다. 시종일관 연맹을 결성하는 능력을 보여주지 못했습니다. 한나라가 이렇게 될 수밖에 없었던 것은 그 자신에게 일차적 이유가 있었습니다. 선혜왕을 잘 보면 왜 이런 단정이 가능한지 알 수 있습니다. 그는 소후의 아들이었습니다. 그가 재위 중일 때는 그나마 신불해가 일궈놓은 변법의 기초가 완전히 사라지기 전이었습니다. 하지만 그랬음에도 효과적으로 동맹을 결성, 진나라에 저항하지 못했습니다. 이후의 군주들이 어떠했을지 상상하는 것은 별로 어렵지 않습니다. 당연히 외부 요인 역시 무시하기는 어려웠습니다. 제후 각 나라들마다 각자의 생각이 다 있었기 때문입니다. 예컨대 앞서 언급한 초나라를 대표적으로 꼽을 수 있습니다. 그저 진나라와 한나라의 동맹 결성을 와해시키는 데에만 신경을 기울였지 진정으로 한나라를 도울 생각은 하지 않은 것입니다.

아무튼 이렇게 해서 한나라는 진나라의 품속으로 빨려 들어가지 않으면 안 됐습니다. 진나라의 맹방이 된 것입니다. 말로만 그런 것이 아니었습니다. 선혜왕 21년에는 진나라와 함께 초나라를 공격했습니다. 이때 한나라는 초나라 장군 굴개屈丐를 격파한 다음 단양丹陽에서 초나라 병사 8만 명의 목을 베었습니다. 하지만 이 개가는 완전히 빛 좋은 개살구였습니다. 진나라의 이익만 배가시켜주는 결과로 나타나고 말았습니다. 이때 입은 타격으로 급전직하한 초나라의 국력이 궁극적으로는 진나라로 하여금 천하 통일의 고속도로를 더욱 빠른 속도로 내달리게 만들었으니까요.

두 번째 전쟁은 이궐의 전쟁이었습니다. 한나라는 리왕釐王 3년(기원전 293년) 위나라와 손을 잡고 진나라에 대항하는 전쟁을 벌였습니다. 자국 영토인 이궐에서였습니다. 이때 한나라와 위나라 연합군의 병력은 진나라에 비해 두 배나 많았습니다. 하지만 양 연합군은 병력만 많았지 종이호랑이였습니다. 서로 선발 공격대가 되지 않기로 작정했는지 선봉을 미루기만 했습니다. 눈치만 봤다는 얘기가 되겠습니다. 반면 진나라 장군 백기는 이 기회를 이용했습니다. 먼저 한나라보다는 상대적으로 전력이 우위에 있었던 위나라에 대한 맹공을 가했습니다. 그것도 두 연합국의 장군들과는 달리 솔선해서 선봉에 섰습니다. 위나라 대군은 단박에 박살이 났습니다. 한나라 대군 역시 싸워보지도 못하고 제풀에 패하고 말았습니다. 두 배나 되는 병력으로 적의 눈치만 본 피해는 막심했습니다. 두 나라를 합쳐 무려 24만여 명이라는 대 병력이 이 전쟁에서 전사한 것입니다. 전국 시대에 일어난 전쟁 중에서 두 번째로 많은 사상자가 나온 전쟁이었습니다.

아무리 생각해도 이 전쟁은 기가 막힌다는 표현이 적절했습니다. 두 나라가 연합해 진나라에 대항하자는 취지에서 병력을 합쳤습니다. 그러나 정작 전투에서는 서로 미뤘습니다. 절대로 선봉이 되고자 하지 않았습니다. 그런데 어떻게 전쟁에서 이기길 바라겠습니까? 이처럼 합종 전략이 성공할 수 없었던 이유는 분명했습니다. 각국이 힘을 합치지 않았기 때문입니다. 각자 계산이 따로 있었던 것입니다.

한나라는 이런 배경 하에서 진나라의 식민지나 다름없는 국가로 변질돼 갔습니다. 점점 약해졌습니다. 그저 국군과 대신들이 일신의 편안함만 돌아보는 국가 그 이상도 이하도 아니었습니다. 망하지 않는 것이 이상하다고 해야 하겠습니다.

이상에서 살펴본 바와 같이 한나라가 멸망한 원인은 분명했습니다. 무엇보다 주변 여러 나라들에 포위된 탓에 발전의 공간이 한계가 있었습니다. 변법을 통한 자강 노력이 진정한 결실을 보지 못했습니다. 진나라에 대항하는 동맹 역시 각 나라의 동상이몽과 이합집산으로 거의 효과를 발휘하지 못했습니다. 삼가분진을 통해 건국한 한나라는 이렇게 진나라의 통일 전쟁 과정 중에 멸망을 당한 최초의 국가가 됐습니다. 그러면 영정은 한나라를 멸망시킨 다음 그 자신의 날카로운 칼끝을 어느 나라로 향했을까요? 이 나라는 또 어떻게 해서 멸망에 이르게 됐을까요?

16강
진나라와 조나라의 전쟁

조나라의 발전 역사에서 혜문왕은 두 번째로 결정적인 역할을 한 국군이었습니다. 호복기사胡服騎射(오랑캐를 의미하는 호인의 복장을 한 채 말을 타며 활을 쏜다)의 개혁을 통해 조나라를 전국 시대의 강대국으로 우뚝 설 수 있게 토대를 마련했던 아버지 무령왕이 자신의 목숨을 잃어가면서까지 세운 국군다웠습니다. 그러면 혜문왕은 어떤 국군이었을까요? 그가 다스리는 동안 조나라는 무령왕이 일궈놓은 발전 동력을 계속 밀고나갈 수 있었을까요? 그의 진나라와의 투쟁은 진시황이 육국을 통일하는 데 어떤 영향을 미쳤을까요?

소양왕, 사기로 화씨벽을 탈취하려 했으나 인상여가 잘 지켜내다

진나라의 영정은 육국의 통일을 위해 멸망시켜야 할 두 번째 대상으로 조나라를 선택했습니다. 하지만 조나라는 대처하기에 결코 간단한 나라가 아니었습니다. 무령왕이 추진한 호복기사의 개혁이 조나라의 국력을 대거 제고시킨 때문이 아닌가 싶습니다. 더구나 조나라는 이미 일찍이 진나라를 멸망시켜야겠다는 야심과 행동을 공공연히 보여줬습니다. 진나라의 입장에서는 확실히 통일을 위한 최대의 장애물이었습니다. 그러나 강성대국을 향한 기초를 무령왕이 마련했듯 몰락의 전기 역시 그로 인해 초래됐습니다. 어린 혜문왕에게 왕위를 물려준 탓에 승승장구하던 조나라의 행보에 급브레이크를 건 것입니다. 영정의 증조할아버지인 소양왕이 이 기회를 놓칠 리가 없었습니다. 실제로도 그는 조나라에 대한 외교적, 군사적인 공격을 계속 감행하는 노력을 기울였습니다. 이 와중에 역사적으로 유명한 이른바 '완벽귀조(完璧歸趙. 화씨벽을 찾아 조나라로 무사히 돌아갔다는 의미—옮긴이)'의 사건도 발생했습니다. 그러면 천하의 귀한 보물로 지금도 사람들의 입에 오르내리는 화씨벽은 어디에서 온 것일까요? 화씨벽은 또 어떻게 진나라와 조나라가 전개한 투쟁의 최대 이슈가 됐을까요? 이 화씨벽의 다툼 외에 진나라와 조나라 양국의 사이에는 어떤 한 걸음 더 나아간 투쟁이 있었을까요? 소양왕은 최종적으로 진시황이 조나라를 멸망시키는 데 어떤 기초를 닦아줬을까요?

　무령왕의 죽음은 강대국으로 부상하려는 조나라의 앞길을 갑자기 가로막아 버렸습니다. 그러나 3년 가는 부자 없다는 말처럼 부자가 망해도 3대는 간다는 말도 있습니다. 호복기사 개혁의 성과로 인해 혜문왕 시기의 조나라가 여전히 동방의 강국 중 한 나라로 자처할 수 있었다는 얘기입니다. 게다가 혜문왕 재위 때에 조나라에는 염파廉頗와 인상여藺相如, 조사趙奢 등의 걸출한 인재들이 배출됐습니다. 말하자면 혜문왕은 아버지의 유산과 이들 명장, 명신들의 보좌를 발판 삼아 제후국들 사이에서 계속 강대국의 군주라는 명함을 내밀 수 있었습니다.

바로 이 혜문왕 재위 시절에 조나라는 초나라의 보물인 화씨벽을 얻었습니다. 진나라 소양왕은 이 소식을 듣고 즉각 사신을 파견해 편지 한 통을 전했습니다. 진나라의 15개에 이르는 성과 너무나도 유명한 이 보물을 맞바꾸자는 제안을 한 편지였습니다.

화씨벽은 이처럼 소양왕이 15개의 성을 흔쾌히 대가로 주겠다고 했을 정도의 보물이었습니다. 전설에 따르면 춘추 시대에 초나라의 변화卞和라는 사람이 발견했다고 합니다. 그는 어느 날 초나라의 산에서 옥박(玉璞. 가공하지 않은 상태의 아름다운 옥)을 하나 얻었습니다. 그는 즉각 이걸 초나라의 여왕厲王에게 바쳤습니다. 여왕은 보물의 정체가 미심쩍었는지 전문 감정사에게 감정을 하도록 했습니다. 결과는 보통의 돌이라는 쪽으로 나왔습니다. 여왕은 대노했습니다. 변화가 자신을 속였다고 생각했습니다. 변화는 졸지에 왕을 속인 죄를 받았습니다. 왼쪽 다리를 잘린 것입니다. 얼마 후 여왕이 세상을 떠나고 무왕武王이 즉위했습니다. 변화는 다시 이 옥을 무왕에게 바쳤습니다. 무왕 역시 이를 전문 감정사에게 감정을 맡겼습니다. 결과는 이전과 똑같았습니다. 무왕은 이번에는 변화의 오른쪽 다리를 잘랐습니다. 무왕이 세상을 떠난 후 문왕文王이 즉위했습니다. 변화는 옥박을 들고 초나라 산중에 들어가 대성통곡을 터뜨렸습니다. 무려 3일 밤낮을 울었습니다. 문왕은 이 얘기를 듣고 사람을 보내 "세상에 다리가 잘린 사람은 많네. 그 사람들은 그대처럼 통곡하지 않네. 그런데 왜 그대는 이토록 애절하게 슬퍼하는가?"라고 물었습니다. 변화의 대답은 마치 기다렸다는 듯 튀어나왔습니다.

"저는 다리가 잘린 게 슬퍼서 통곡하는 것이 아닙니다. 저는 사람들이 천하의 보물을 아무 짝에도 쓸모없는 돌이라고 하기 때문에 우는 것입니다. 충성스럽기 그지없는 저를 군주 기만의 죄로 다스렸기 때문에 우는 것입니다."

변화의 애절한 대답을 들은 문왕은 다시 사람을 보내 이 옥박을 쪼개 분석하도록 했습니다. 과연 옥박은 천하에 비할 바 없는 보물이었습니다. 보물은 즉각 화씨벽이라는 이름을 얻었습니다. 또 내력도 평범하지 않은 탓에 바로 세상에서 가장 진귀한 보물로 공인받았습니다. 진나라의 소양왕이 15개에 이르는 성도 아까워하지 않고 이 보물을 얻으려고 한 데에는 다 이유가 있었던 것입니다.

혜문왕은 대장군 염파와 여러 대신들을 불러모았습니다. 이 문제를 상의하기 위해서였습니다. 그가 먼저 "만약 이 보물을 진나라에 주면 진나라는 성을 우리에게 주지 않을지도 모른다. 우리는 멀쩡히 눈을 뜬 채 사기를 당하게 된다. 그러나 주지 않게 되면 진나라는 우리에게 군사 행동을 할 것이다"라는 요지의 말을 했습니다. 그는 난상토론 끝에 사자를 진나라에 파견하는 것이 좋겠다는 생각을 했습니다. 하지만 사자로 갈 만한 적임자가 없었습니다. 이때 환자령(宦者令. 환관들을 관리하는 책임자)인 무현繆賢이 "제 빈객 중에 인상여라는 사람이 있습니다. 이 사람이면 이 중요한 일을 충분히 감당할 수 있을 것 같습니다"라고 말했습니다.

혜문왕은 무현의 건의를 받아들였습니다. 즉각 인상여를 불러 "진나라 왕이 15개의 성과 우리의 화씨벽을 맞바꾸자고 하고 있네. 화씨벽을 줘야 한다고 생각하는가?"라고 물었습니다. 인상여가 "진나라는 강하고 조나라는 약합니다. 그렇게 하겠다는 대답을 해야 합니다"라는 요지의 대답을 했습니다. 다시 혜문왕이 "진나라 왕이 화씨벽을 가진 다음에 성을 주지 않으면 어떻게 해야 하나?"라고 물었습니다. 인상여는 자신 있는 어조로 "진나라가 15개의 성을 준다는 조건으로 화씨벽을 요구하는데 우리가 거절하면 논리적으로는 우리가 집니다. 반면 우리가 화씨벽을 주려 하는데도 진나라가 성을 주지 않으려 하면 진나라가 논리적으로 집니다. 그러므로 차라리 준다는 답을 하는 것이 낫습니다. 진나라가 논리에서 졌다는 오명을 뒤집어쓰게 하는 것이죠"라고 대답했습니다. 혜문왕이 조금 후 또 "누가 사신으로 가는 것이 좋겠는가?"라면서 은근히 인상여의 의중을 떠봤습니다. 인상여는 기다렸다는 듯 "대왕께서 사신으로 보낼 마땅한 사람을 찾지 못하셨다면 제가 화씨벽을 가지고 가겠습니다. 성을 주면 그때 화씨벽을 진나라에 주고 오겠습니다. 그러나 그렇지 않으면 화씨벽을 무사히 가지고 오겠습니다"라고 흔쾌히 대답했습니다. 혜문왕은 인상여의 시원시원한 말에 마침내 결심했습니다. 인상여에게 화씨벽을 준 다음 진나라 사신으로 파견한 것입니다.

소양왕은 장대(章臺. 진나라 궁전 안에 있는 누대─옮긴이)에서 인상여를 접견했습니다. 인상여는 예정대로 화씨벽을 그에게 바쳤습니다. 그는 대단히 기뻐했습니다. 주위의 비빈들과 시종들에게도 화씨벽을 돌려보도록 했을 정도였습니다. 이들은 약속이나 한 듯 "소양왕 만세!"를 소리 높여 외쳤습니다. 인상여는 이때 순간적으로 소양왕이 화씨벽을 위해 성 15개를 내놓으려는 의사가 전혀 없다는 사실을 깨달았습니다. 그는 여기에 생각이 미치자 즉각 앞으로 나가 "이 화씨벽에는 몇 가지 결점이 있습니다. 제가 대왕께 이 결점들을 보여드리겠습니다"라고 말했습니다. 그러자 소양왕이 화씨벽을 그에게 돌려줬습니다. 인상여는 이 기회를 놓치지 않고 뒤로 몇 걸음 물러선 다음 기둥에 몸을 기댄 채 노기 띤 어조로 소양왕을 힐책했습니다.

"대왕께서는 화씨벽을 얻고 싶어 했습니다. 그 때문에 우리 조나라 왕에게 편지도 보냈습니다. 조나라 왕은 전체 대신들을 불러모아 이 일에 대해 상의했습니다. 이때 모든 대신들은 '진나라는 탐욕스럽기 그지없습니다. 자신의 강력한 힘만 믿고 모든 것을 그냥 먹으려고 합니다. 우리는 진나라가 우리에게 준다고 한 성들도 아마 받지 못할 것입니다'라고 말했습니다. 모두들 진나라와 거래를 해서는 안 된다고 한 것입니다. 하지만 저는 '저잣거리의 비천한 백성들도 거래를 할 때는 서로를 속이지 않는데 어찌 진나라 같은 대국이 그렇게 하겠습니까? 하찮은 화씨벽 하나로 진나라를 불쾌하게 만들면 안 됩니다'라고 말하면서 반대했습니다. 우리 조나라 왕은 제 말에 5일 동안이나 목욕재계를 한 후 저로 하여금 이 화씨벽을 들고 오게 했습니다. 이때 우리 왕은 국서國書도 함께 보냈습니다. 그런데 제가 대왕의 나라에 와 보니 그저 보통의 누각에서 저를 접견했습니다. 솔직히 예의가 너무 없습니다. 제가 보건대 대왕께서는 우리 조나라 왕에게 15개의 성을 주려는 성의도 보이지 않고 있습니다. 그래서 저는 화씨벽을 가지고 돌아가고자 합니다. 대왕께서 만약 저를 핍박하신다면 저의 머리는 오늘 화씨벽과 함께 이 기둥에서 깨지고 말 것입니다."

인상여는 화씨벽을 손에 쥔 채 궁전의 기둥을 슬쩍 흘겨봤습니다. 기둥을 들이받을 준비를 하는 태도였습니다. 소양왕은 그가 진짜 자신의 말을 행동으로 옮길 것 같아 두려웠습니다. 화씨벽이 순식간에 깨져 사라져버릴 것이라는 생각 역시 들었습니다. 황급히 "그대는 절대로 그렇게 하지 말게"라면서 사과했습니다. 소양왕은 이어 진나라의 국토 안보 문제를 책임지는 관리를 불러 지도를 펼치게 했습니다. 15개의 성을 하나씩 일일이 찍어 땅을 주겠다는 입장을 피력한 것입니다. 그러나 인상여는 소양왕의 이런 행동을 믿지 않았습니다. 사기를 치는 것이라고 생각했습니다. 그는 조나라가 절대로 15개의 성을 얻을 수가 없다는 생각이 계속 들자 아예 대놓고 실행에 옮기기 쉽지 않을 요구 조건을 소양왕에게 내걸었습니다.

"화씨벽은 천하가 인정하는 보물입니다. 그럼에도 우리 조나라 왕께서는 귀국을 두려워해 이 보물을 주지 않을 수 없었습니다. 더구나 우리 조나라 왕께서는 이 보물을 보내시기 전에 무려 5일 동안이나 목욕재계를 했습니다. 그러므로 대왕께서도 5일 동안 목욕재계를 하셔야 합니다. 구빈九賓의 의식도 준비하십시오. 그래야 제가 이 천하의 보물을 바칠 수 있습니다."

소양왕은 인상여의 말에 천하의 보물을 완력으로 강탈하는 것이 어렵다는 사실을 실감했습니다. 어쩔 수 없이 5일 동안 목욕재계를 하겠다는 약속도 했습니다. 인상여에게는 시설 좋기로 유명했던 광성객사廣成客舍에 머물도록 했습니다. 하지만 인상여는 끝까지 소양왕을 믿지 않았습니다. 목욕재계 등의 약속을 하기는 했으나 지키지 않을 것이라고 생각했습니다. 수행원 중 한 명에게 몰래 화씨벽을 가지고 조나라로 돌아가게 한 것은 다 이 때문이었다고 하겠습니다.

소양왕은 5일 동안 목욕재계를 한 다음 궁전의 전당에서 구빈의 의식을 준비했습니다. 인상여를 정중하게 초대했습니다. 인상여는 궁전에 도착하자마자 소양왕에게 미리 준비한 말을 했습니다.

"진나라는 목공 이후 스무 명 이상의 군주들이 있었습니다. 단 한 사람의 군주도 맹약을 어긴 적이 없었습니다. 그러나 저는 대왕에게 속을 것을 우려했습니다. 우리 조나라 왕을 볼 면목이 없게 되지나 않을까 걱정이 됐습니다. 그래서 일찌감치 제 수행원 한 명에게 화씨벽을 주어 지름길로 귀국하도록 조치를 취했습니다. 진나라는 국력이 막강하고 조나라는 약합니다. 그래서 대왕께서 사신을 보내자마자 조나라는 화씨벽을 보낸 것입니다. 진나라는 국력이 강합니다. 그러므로 15개의 성을 조나라에 먼저 줘도 조나라는 대왕에게 죄를 짓지 못합니다. 어떻게 감히 화씨벽을 주지 않는 짓을 하겠습니까? 어쨌거나 저는 대왕을 속인 죄로 죽임을 당할 것으로 알고 있습니다. 원컨대 저를 삶아 죽이십시오. 대왕과 여러 대신들께서 이 점을 고려해줬으면 합니다."

소양왕과 진나라 조정의 군신群臣들은 인상여의 말에 어찌할 줄을 몰랐습니다. 그저 서로의 얼굴을 쳐다보기만 했습니다. 그래도 용기 있는 대신이 전혀 없는 것은 아니었습니다. 한 대신이 인상여를 당장 체포해 참수하자는 주장을 한 것입니다. 소양왕은 하지만 그의 건의를 받아들이지 않았습니다. 대신 "인상여를 죽이면 화씨벽을 얻지 못한다. 더구나 진나라와 조나라의 관계를 파괴시킬 가능성이 더 크다. 그를 잘 대해준 다음에 돌려보내는 것이 좋다. 조나라 혜문왕이 어찌 화씨벽 하나 때문에 우리 진나라를 속이겠는가?"라고 말하였습니다. 소양왕은 말을 마치자마자 바로 인상여를 접견한 다음 조나라로 돌려보냈습니다.

혜문왕은 인상여의 귀국에 뛸 듯이 기뻐했습니다. 사신으로 가서도 조나라를 욕되게 하지 않은 채 희대의 보물 화씨벽을 무사히 보존한 것이 무엇보다 흐뭇했던 것입니다. 그는 즉각 인상여를 상대부上大夫로 임명하는 파격적인 조치를 취했습니다.

진나라는 나중에 약속한 성을 조나라에게 주지 않았습니다. 조나라 역시 화씨벽을 줄 이유가 없었습니다. 이후 진나라는 조나라를 공격해 석성石城을 빼앗았습니다. 다음 해에도 또 공격을 퍼부어 조나라 병사 2만 여 명을 살해했습니다. 그러나 조나라는 거듭된 진나라의 공격에도 국력을 크게 손상당하지 않았습니다. 양국은 기본적으로 실력이 비슷했습니다.

혜문왕은 화씨벽 문제를 잘 처리했습니다. 인상여의 기지와 용맹을 잘 활용해 조나라의 존엄을 지켜냈습니다. 반면 진나라는 화씨벽 문제에 있어서만큼은 우위를 확보하지 못했습니다. 소양왕은 이 치욕을 견딜 수 있었을까요?

소양왕, 혜문왕을 희롱하니 인상여가 이를 만회하다

우리는 인상여가 빈객 출신으로서 특출한 능력을 발휘할 수 있었던 것과 관련해 중요한 사실 몇 가지를 발견하게 됩니다. 우선 혜문왕이 신하들의 간언을 잘 받아들였다는 사실이 아닐까 싶습니다. 그는 또 사람을 쓰는 데 있어서도 나름의 탁월한 재주가 있었던 것 같습니다. 이로 인해 진나라는 조나라와 외교 전쟁을 벌이면서 월등한 입지를 차지하지 못했습니다. 그러나 소양왕은 통일 대업을 위해 조나라에 대한 공격을 중지하지 않았습니다. 기원전 279년 소양왕은 민지澠池에서 혜문왕에 대한 두 번째 외교적인 공세에 나섰습니다. 그러면 이 속에 어떤 위기가 잠복해 있었을까요? 혜문왕은 또 어떻게 진나라의 이 도전에 대응했을까요?

진나라의 소양왕은 혜문왕 20년(기원전 279년)에 그를 민지에 초청해 양국 관계 개선을 위한 우호 회담을 거행코자 했습니다. 그러나 혜문왕은 소양왕이 두려웠습니다. 이 회맹會盟에 참가하고 싶지 않았습니다. 그는 고민을 거듭하다 염파, 인상여 등과 이 문제를 상의했습니다. 염파와 인상여는 이때 이구동성으로 말했습니다. "대왕께서 안 가시면 조나라의 연약한 모습을 보여주게 됩니다. 배짱이 두둑하지 못하다는 소리를 들을 수도 있습니다." 혜문왕은 두 대신의 적극적인 권유를 받아들였습니다. 즉각 회맹 장소인 민지로 향했습니다. 인상여는 수행원으로 그를 따라갔습니다.

염파 역시 혜문왕을 진나라 국경까지 수행했습니다. 헤어질 때는 혜문왕에게 "대왕의 이번 행차는 예법에 따라야 합니다. 왕복 30일을 넘을 수 없습니다. 만약 대왕께서 30일이 넘어도 돌아오시지 않으면 태자를 후임 왕으로 삼겠습니다. 이건 양해해주셔야 합니다. 그래야 진나라가 간교한 계획을 단념할 겁니다"라고 단호한 입장을 전달했습니다. 혜문왕은 이 건의를 흔쾌히 받아들였습니다. 그는 예정대로 민지에 도착했습니다. 주흥이 무르익은 어느 날이었습니다. 소양왕이 무슨 생각에서인지 갑자기 혜문왕에게 엉뚱한 제의를 하나 했습니다.

"저는 왕께서 음악을 대단히 좋아한다는 말을 들었습니다. 혹시 가야금 한 곡을 연주해주실 수 있나요! 들어보고 싶군요."

혜문왕은 소양왕의 강권에 떠밀렸습니다. 엉겁결에 연주를 하지 않으면 안 됐습니다. 혜문왕이 연주를 끝내자 진나라의 사관史官은 즉각 이 사실을 기록으로 남겼습니다. "모년모월모일에 소양왕이 혜문왕과 술을 마셨다. 소양왕이 혜문왕에게 가야금을 연주하게 했다." 인상여는 상황이 대단히 예사롭지 않게 돌아간다는 사실을 느꼈습니다. 즉각 나서서 소양왕에게 "우리 왕께서는 대왕이 진나라 악기인 부(缶. 토기로 만든 동이-옮긴이)를 잘 친다는 소리를 들었습니다. 제가 부를 드릴 테니 한번 연주해주셔서 흥을 돋우시기 바랍니다"라고 말한 것도 이 때문이었습니다. 소양왕은 인상여의 무례한 요청에 화가 크게 났습니다. 당연히 응하지 않았습니다. 인상여는 포기하지 않았습니다. 아니 오히려 한 걸음 더 나아가 부를 소양왕에게 바치면서 무릎을 꿇고 연주해줄 것을 다시 요청했습니다. 소양왕은 여전히 응할 생각을 보이지 않았습니다. 그러자 인상여가 "저와 대왕과의 사이는 고작 다섯 걸음입니다. 저는 지금 대왕의 목숨을 앗을 수도 있습니다!"라고 말하면서 결정타를 날렸습니다. 소양왕 주변의 진나라 대신과 환관들은 이 말에 모두들 소양왕을 구하기 위해 달려들었습니다. 인상여를 죽이려고 한 것입니다. 하지만 인상여의 기세는 꺾일 줄 몰랐습니다. 마치 이런 상황을 예견한 듯 두 눈을 부릅뜨고 소리를 질렀습니다. 소양왕 주변의 대신과 환관들은 깜짝 놀라 뒤로 물러서지 않을 수 없었습니다. 소양왕 역시 어쩔 도리가 없었습니다. 내키지는 않았으나 부를 연주해야 했습니다. 인상여는 소양왕의 연주가 끝나자 조나라의 사관에게 즉각 "모년모월모일에 소양왕이 혜문왕을 위해 부를 연주했다"라고 쓰도록 명령했습니다. 양측의 기싸움은 계속 이어졌습니다. 주흥이 더욱 무르익자 진나라의 대신들이 다시 "조나라의 15개 성을 우리 진나라의 왕에게 바쳐 예를 표하도록 하시오"라고 말하면서 도발적인 주문을 한 것입니다. 인상여는 이때에도 기가 죽지 않았습니다. 과감하게 "진나라는 귀국의 도성 함양을 우리 조나라 왕께 바쳐 예를 표하시오"라는 말로 맞받아쳤습니다. 얼마 후 주연은 끝났습니다. 그러나 진나라는 이 주연에서 시종일관 확고한 우위를 점하지 못했습니다. 진나라가 조나라를 공격하면 되는 것 아니냐고 생각할 독자들이 혹 있을지 모르겠습니다. 하지만 이때 조나라는 이미 병력을 대거 동원해놓고 있었습니다. 진나라와의 전쟁에 대비하고 있었습니다. 진나라로서는 염파가 사령관으로 있는 조나라의 군대가 사실 부담스럽지 않을 수 없었습니다. 끝내 경거망동하지 못했습니다.

  염파와 인상여가 어깨를 나란히 한 작전은 성공했습니다. 두 번째 벌어진 진나라와의 외교 전쟁에서 조나라를 패하지 않게 만들었습니다.

  민지의 회맹에서 혜문왕은 배짱이 두둑하지 못하고 나약하다는 인상을 남겼습니다. 반면 인상여는 뛰어난 지혜와 용맹으로 조나라를 위기에서 구해냈습니다. 조나라의 체면이 구겨지지 않게 했습니다. 조나라가 오로지 말과 행동이 두루 당당한 인상여 혼자의 힘에 의지해 강력한 진나라를 격퇴했다고 봐도 되지 않을까요? 이 배후에는 도대체 어떤 비밀이 숨어 있을까요? 또 혜문왕이 배짱 없고 나약하게 보인 것은 원래 성격 탓이었을까요, 아니면 조나라의 국력이 진나라에 미치지 못했기 때문이었을까요?

  이에 대해 자세하게 알기 위해서는 뒤로 조금 되돌아가야 합니다. 민지의 회맹 직전에 진나라는 동쪽의 다른 다섯 나라와 함께 제나라를 토벌할 계획을 세웠습니다. 결과는 예상대로였습니다. 동쪽의 제후국들 중에서 그나마 진나라에 대항할 수 있었던 힘을 가진 제나라는 철저하게 패배했습니다. 제나라의 패배는 조나라의 입장에서 보면 득실이 모두 있었습니다. 우선 득은 제나라의 제서(濟西. 지금의 산둥성 지난濟南의 서북쪽—옮긴이) 땅을 차지할 수 있게 된 것이었습니다. 이를 통해 조나라는 동쪽 국경의 안전을 보장받을 수 있게 됐습니다. 하지만 강력한 제나라가 패배한 탓에 조나라가 진나라의 주요 공격 대상이 된 것은 실이었습니다. 실제 양국의 모순은 제나라의 패배로 인해 이후 더욱 첨예하게 됐으니까요.

진나라는 민지의 회맹 직전인 기원전 280년에는 부대를 둘로 나눠 초나라에 대한 대대적인 공격을 단행했습니다. 초나라의 대군은 이때 완전히 궤멸했습니다. 진나라의 대군은 당연히 승승장구했습니다. 그러나 이로 인해 진나라의 대군은 초나라와의 전선에 묶여 있을 수밖에 없었습니다. 민지의 회맹이 열리던 279년에는 조나라를 돌아볼 여유가 없었습니다.

만약 진나라가 이때 조나라와도 안면을 바꿨다면 어떻게 됐을까요? 아마 무척 곤란했을 겁니다. 기본적으로 조나라와도 결전을 벌일 역량이 진나라에게는 없었습니다. 이 때문에 민지의 회맹은 진나라가 조나라를 가지고 놀려고 했던 장場이었다고 생각할 수도 있기는 합니다만 조나라가 기회를 틈타 진나라를 침공하지 못하게 하려고 했던 우호적인 회맹의 성격 역시 강했습니다. 조나라를 위무하려던 회맹이었음에도 소양왕이 혜문왕에게 모욕을 주는 행동을 했지만 말입니다. 물론 이때 인상여는 앞서 언급했듯 인상적인 활약으로 고비를 넘겼습니다. 하지만 진짜 소양왕이 경거망동하지 않은 이유는 따로 있었습니다. 예, 부언하겠습니다. 초나라 전선에 대군이 묶여 있었기 때문입니다. 어떻게든 조나라를 살살 달래서 동시에 남북의 전선에서 전쟁을 벌이는 불리한 국면을 만들지 않으려 했던 것입니다.

진나라는 두 차례에 걸친 조나라와의 외교전에서 우위를 점하지 못했습니다. 하지만 소양왕 시기는 진나라의 국운이 계속 상승하던 때였습니다. 반면 조나라는 무령왕의 횡액으로 인해 상승세가 주춤하는 상태에 있었습니다. 때문에 진나라가 초나라와의 전쟁에서 완전히 승리한 다음 어느 정도 몸을 빼게 되면 조나라를 가만히 놔둘 이유가 없었습니다.

혜문왕은 민지의 회맹에서 분명하게 진나라에 대한 두려움을 표출했습니다. 이는 그의 아버지 무령왕과는 완전히 반대되는 스타일 아닙니까? 그의 아버지는 사신으로 위장해 진나라의 실정을 염탐하는 등 과감한 행동을 보였습니다.

기원전 297년 소양왕에게 사기를 당한 끝에 진나라에 억류돼 있던 초나라 회왕懷王은 탈출을 감행했습니다. 다행히 모험은 성공했습니다. 그는 조나라로부터 초나라로 가는 길을 빌리려 했습니다. 혜문왕은 그런 회왕을 받아들이지 않았습니다. 결과적으로 회왕은 다시 진나라 추격병에 의해 체포되고 말았습니다. 이후 그는 진나라에서 객사했습니다. 상당 부분 혜문왕이 책임이 있다고 하겠습니다. 그가 어느 정도 비겁한 성격인지는 이 사실 하나에서도 충분히 엿볼 수 있지 않나 싶습니다. 지혜와 용맹이 넘쳤던 아버지가 어떻게 해서 이런 형편없는 아들을 낳을 수가 있었을까요? 어떻게 소중하기 이를 데 없는 왕의 자리를 이런 아들에게 넘겨줄 수가 있었을까요? 역사는 조나라에게 너무 심하게 장난을 친 게 아닌가 싶습니다. 또 너무나 진나라를 살펴줬다고 해도 과언이 아닐 것 같습니다.

진과 조는 알여에서 전투를 벌이고, 조사는 기묘한 전략으로 승리하다

혜문왕은 나약하고 배짱이 없는 국군이었으나 나름의 장점은 있었습니다. 허심탄회하게 신하들의 말을 잘 듣는 장점은 가지고 있었습니다. 염파와 인상여 같은 능력 있는 대신과 훌륭한 장군 등도 중용하는 혜안이 있었습니다. 게다가 무령왕이 물려준 나라가 초창기에는 나름대로 국력이 괜찮았습니다. 두 차례에 걸친 진나라와의 외교전에서 국가로서의 존엄을 지킬 수 있었던 것은 다 그래서였습니다. 그러나 전혀 예상하지 못한 황당한 일이 몇 년 후 벌어집니다. 나약하고 배짱 없는 것으로 유명한 혜문왕이 진나라에 도전을 한 것입니다. 결과는 양국 간의 전쟁으로 이어졌습니다. 이건 또 어떻게 된 일이었을까요? 진나라와 조나라 사이의 전쟁은 어떻게 결말이 났을까요?

혜문왕 29년(기원전 270년) 조나라는 공자 한 명을 진나라에 인질로 보냈습니다. 더불어 초(焦. 지금의 허난성 싼먼샤三門峽 부근), 여(黎. 지금의 허난성 쥔澄현), 우호牛狐의 땅을 줄 테니 진나라가 점령하고 있던 조나라의 영토를 돌려달라는 제의를 했습니다. 진나라는 약속을 지켰습니다. 약속했던 시간 내에 점령하고 있던 조나라의 땅을 돌려줬습니다. 그러나 조나라는 약속을 위반했습니다. 초와 여, 우호 지방을 주겠다는 약속을 지키지 않았습니다. 이때 혜문왕은 엉뚱하게도 "귀국이 돌려준 우리의 땅은 조나라에서 아주 멀리 떨어져 있소. 우리가 관할할 수가 없소. 우리의 선왕은 그렇게 먼 땅을 관리할 능력이 있었소. 하지만 나는 그런 능력이 없소. 땅을 주겠다고 약속한 것은 내가 아니오. 나의 신하가 했소. 나는 모르는 일이오"라고 변명했습니다.

소양왕은 당연히 화가 불같이 났습니다. 즉각 중경(中更. 일종의 작위이나 자세하게 알려지고 있지 않음)인 호상胡傷에게 대군을 인솔해 한나라의 상당上黨을 넘어 조나라의 요충지인 알여(關與. 지금의 산시山西성 허순和順의 서쪽)로 진공하라는 명령을 내렸습니다. 혜문왕은 바로 대장군 염파를 불러 "진나라는 알여를 공격하려고 하는 것 같소. 그러나 우리는 군사를 보내 도움을 주지 못할 상황이오. 어떻게 하면 좋겠소?"라고 물었습니다. 염파가 "알여는 멉니다. 게다가 대단히 협소하고 험준하기까지 합니다. 구하기가 쉽지 않습니다"라고 비관적인 대답을 했습니다. 혜문왕은 하지만 희망을 버리지 않았습니다. 다시 악승樂乘을 불러 알여를 구할 방법이 없는지를 물었습니다. 악승의 대답 역시 염파와 크게 다르지 않았습니다. 혜문왕은 마지막으로 조사趙奢를 불렀습니다. 조사는 조금 다른 대답을 했습니다. "그렇습니다. 알여는 길이 멀고 지세가 험준합니다. 협소하기까지 하죠. 이곳에서 전투를 벌이면 쥐 두 마리가 동굴에서 싸우는 것과 같게 됩니다. 틀림없이 용감한 쥐가 이기게 됩니다." 혜문왕은 조사의 대답에 즉각 그를 알여로 파견, 구원에 나서게 했습니다.

조나라 부대가 도성인 한단에서 약 30리 떨어진 곳에 이를 때였습니다. 조사가 "앞으로 부대 운용 문제에 있어서 진언을 올리는 자는 모두 사형에 처하겠다"라는 군령을 내렸습니다. 죽음을 각오하고 싸우라는 얘기였습니다. 이때 진나라 대군은 무안(武安 지금의 허베이성 우안武安 부근임)의 서쪽에 주둔하고 있었습니다. 이들의 사기는 드높았습니다. 전투를 격려하는 북소리와 병사들의 함성이 무안 성내 집들의 기와까지 들썩이게 만들 정도였습니다. 조나라 군영은 이 기세에 놀랐습니다. 결국 한 참모가 조사의 군령을 무시하고 "빨리 무안을 공격해야 합니다. 조금 더 놔두면 큰일이 납니다"라는 진언을 올렸습니다. 조사는 즉각 이 참모의 목을 베어 버렸습니다. 그의 전략은 간단했습니다. 영루營壘를 굳건하게 지키는 게 전략의 다였습니다. 이 상태로 28일이 흘렀습니다. 조사의 부대는 공격에 나서지 않았습니다. 영루를 더 보강한 다음 굳게 지키는 전략을 계속 썼습니다. 초조해진 진나라 병영에서는 첩자를 잠입시켰습니다. 조사는 모르는 척했습니다. 오히려 이 첩자에게 좋은 술과 고기 안주를 마련해 정성스레 대접하기까지 했습니다. 당연히 첩자는 모든 정황을 자국 부대의 사령관에게 보고했습니다. 진나라의 사령관은 첩자의 말에 "도성에서 30리 떨어진 곳에서 공격해 오지도 않고 영루를 계속 보강한다는 것은 다른 것을 말하지 않는다. 이제 알여는 조나라의 땅이 아니다"라고 호언

장담했습니다.

조사는 다 생각이 있었습니다. 진나라의 첩자를 보내놓은 다음 진나라를 속이려 한 자신의 목적을 이미 달성했다고 판단을 내린 것도 이런 생각의 연장선상이었습니다. 그는 즉각 병사들에게 갑옷을 벗고 편한 복장으로 갈아입으라는 지시를 내렸습니다. 이어 이틀 동안 쉬지 않고 알여로 달려갔습니다. 전선에 도착하는 즉시 그는 다시 활을 잘 쏘는 병사들에게 알여에서 50리 떨어진 곳에 병영을 꾸리라는 명령을 내렸습니다. 당연히 진나라 병사들은 조나라 병사들이 달려왔다는 사실을 알았습니다. 그들 역시 달려와 결전에 나서려고 했습니다. 이때 허력許歷이라는 참모가 조사에게 진언을 올렸습니다.

"진나라 대군이 오도록 가만히 놔두시죠. 저들은 우리가 이렇게 빨리 전선으로 달려올 줄을 생각하지 못했을 겁니다. 지금 저들의 달려드는 기세는 정말 놀랍습니다. 사기도 높습니다. 이럴 때 장군은 굳건하게 지키면서 기다려야 합니다. 그렇지 않으면 반드시 실패합니다."

조사는 흔쾌히 좋다고 했습니다. 허력이 다시 입을 열었습니다.

"장군은 누구라도 전투에 대한 건의를 올리는 사람이 있으면 죽이겠다고 했습니다. 지금 저는 사형을 당해야 하겠군요."

허력의 말에 조사가 "한단으로 돌아간 다음 집행을 하겠네!"라고 대답했습니다. 허력은 웃으면서 다시 "지금 상황을 볼 때 먼저 북쪽에 면한 산 정상을 점령하는 쪽이 이기게 됩니다. 늦는 쪽은 대패합니다. 먼저 산을 점령하십시오"라고 건의했습니다. 조사는 즉각 허력의 말을 들었습니다. 1만여 명의 병사들을 보내 전광석화처럼 북쪽의 산을 점령했습니다. 진나라 병사들은 한참 후에 달려왔습니다. 결과적으로 기선을 먼저 잡은 조나라 병사들을 당해내지 못했습니다. 결국 무수한 전사자를 내고 패전하고 말았습니다. 조나라 대군은 이 기회를 놓치지 않고 맹공을 가했습니다다. 진나라 대군은 완전히 대패했습니다. 사방으로 도주하기에 바빴습니다. 알여의 위기는 이로써 가뿐하게 해결됐습니다.

조사는 그야말로 개선장군처럼 귀국했습니다. 혜문왕은 크게 기뻐했습니다. 즉각 조사에게 마복군馬服君이라는 칭호를 하사하는 예우를 해줬습니다.

알여의 전투는 혜문왕 시기의 조나라에 염파와 이름을 나란히 할 또 한 명의 명장을 탄생시켰습니다. 이건 확실히 혜문왕에게는 축복이었습니다. 그러나 더 중요한 점은 진나라가 이로 인해 치명상을 입었다는 사실입니다. 실제 이 전투는 진나라와 조나라의 전쟁 역사에서도 거의 기념비적인 전쟁으로 기록되고 있습니다. 그렇다면 조사는 어떻게 해서 진나라 대군을 격파할 수 있었을까요? 이유가 많습니다.

우선 트릭으로 진나라 대군을 헷갈리게 만들었습니다. 완전히 머리를 마비시켜버렸다고 해도 좋습니다. 조사는 알여의 포위를 해소하기 위해 출전했습니다. 하지만 도성인 한단에서 30리 떨어진 곳에서 군영을 꾸렸습니다. 영루를 증축하기만 했습니다. 이게 바로 트릭입니다. 진나라 군대에게 조사가 두려워한다는 사실을 널리 홍보한 것입니다. 이 결과 진나라 대군은 조사의 부대에 대한 주의를 게을리 했습니다. 조사로서는 소기의 목적을 거둘 수 있었습니다. 그는 트릭을 쓰기 위해 전투에 대해서는 그 어떤 의견도 말해서는 안 된다는 엄명을 내렸습니다. 이건 장병들의 입을 막겠다는 생각과 관계가 있었습니다. 비밀을 지키기 위한 것이었습니다. 진나라 대군을 헷갈리게 하겠다는 계획을 노출시키지 않으려는 고육책이었습니다.

진나라 대군의 예봉을 피한 다음 고지를 선점한 것도 조나라가 승리한 요인이었습니다. 조사는 알여의 전투에서 대단히 냉정한 자세를 보였습니다. 게다가 참모들의 말을 잘 청취했습니다. 처음에는 그 어떤 건의도 용납하지 않겠다는 입장을 보였으나 진짜 전투가 시작됐을 때는 그렇지 않았습니다. 예컨대 허력은 두 번이나 진언을 올려 전투의 승리에 결정적인 기여를 했습니다. 조사가 마음을 비워 완전히 의견을 받아들이지 않았다면 불가능했을 일이었습니다.

확실히 혜문왕은 영웅의 풍모가 다분했던 아버지보다는 훨씬 못한 인물이었습니다. 하지만 그는 사람을 잘 썼습니다. 인상여와 염파, 조사 등을 발굴했습니다. 이들은 혜문왕의 연약함을 아주 잘 보완했습니다. 이를 통해 호복기사 이래의 기세도 유지할 수 있었습니다. 그러나 아무래도 무령왕 당시의 국력에는 못 미쳤습니다. 상승세가 점차 약화되고 있었습니다. 이 점은 역시 혜문왕의 영도력, 실행 능력, 배짱, 박력 등이 아버지 무령왕보다 훨씬 못했기 때문이 아닌가 보입니다.

혜문왕 시기의 조나라가 여전히 동방의 영웅으로 자칭할 수 있었던 데에는 다른 중요한 요인이 하나 더 있었습니다. 그건 조나라 내부 군신君臣 간의 단결이 잘 이뤄졌기 때문입니다. 대국을 중요하게 생각했기 때문이라고 해야 하겠습니다. 우선 국가를 앞세우고 나중에 개인을 내세운 정신이 주효하지 않았나 생각됩니다. 예를 들어봅시다.

인상여는 식객이었습니다. 그러다 조나라에 사신으로 가 화씨벽을 무사히 가지고 돌아온 덕분에 상대부로 승진했습니다. 이어 민지의 회맹에서 맹활약한 공로로 승상으로 임명됐습니다. 지위가 대장군 염파를 넘어설 정도였습니다. 염파는 처음에는 이게 기분이 나빴습니다. 내심으로는 받아들이지 못했습니다. 자신이 야전에서 나라를 위해 혁혁한 공로를 세울 때 인상여는 오로지 세 치 혀만 가지고 놀았다고 생각했습니다. 인상여의 공이 아무것도 없다고 생각했습니다. 그는 결국 인상여에게 모욕을 안겨줄 계획까지 짜기에 이르게 됩니다. 인상여는 이 말을 듣자 병을 핑계 삼아 조정에 나가지 않았습니다. 염파와 정면으로 만나는 기회를 될 수 있으면 피했습니다. 한번은 인상여가 외출할 때였습니다. 저 멀리서 염파의 모습이 눈에 들어왔습니다. 그는 얼른 마차를 돌려 염파를 피했습니다. 이 행동에 그의 가신들은 굴욕을 느꼈습니다. 일부는 그만두고 낙향하겠다는 말을 하기도 했습니다. 그는 이때 이들에게 "그대들은 염파를 진나라 왕과 한번 비교해보라. 누가 더 두려운 존재인가?"라고 물었습니다. 가신들은 "당연히 진나라의 왕이 더 두려운 존재이죠"라고 대답했습니다. 인상여가 다시 입을 열었습니다.

"그렇다. 진나라 왕은 위풍당당하다. 그럼에도 나는 진나라의 궁전에 들어가서 그를 질책했다. 그의 신하들을 욕보이기도 했지. 나 인상여라는 사람이 멍청하다고 하자. 그렇다고 내가 염파장군을 겁낼 정도의 사람이겠는가? 내가 이렇게 하는 것은 대국적인 견지에서 그러는 것이다. 진나라가 우리 조나라를 쳐들어오지 못하는 것은 뭣 때문이겠는가? 우리 두 사람이 있어서 그런 것이다. 만약 우리 둘이 서로 싸운다고 하면 절대로 공존하지 못한다. 내가 이렇게 하는 것은 우선 국가를 생각하고 개인을 나중에 생각하기 때문이다!"

염파는 이 말을 들었습니다. 부끄러움을 느끼지 않을 수 없었습니다. 급기야 인상여에게 용서를 빌었습니다. 이후 두 사람은 목숨을 나눌 정도의 친구가 됐습니다. 이것이 바로 저 유명한 '장상화(將相和. 명장과 명승상이 화해했다는 의미-옮긴이)'의 고사입니다. 이처럼 조나라의 명장과 명 승상이 힘을 합쳐 진나라의 영토 확장 야심을 방어하기 위해 나섰으니 어떻게 됐겠습니까? 비록 실력의 차이는 약간 났으나 그래도 양국 간의 세력 균형을 유지하는 데에는 적지 않은 도움이 됐습니다.

그러나 진나라와 조나라의 이 세력 균형은 장기적으로 유지될 수 있었을까요? 혜문왕의 아들 효성왕孝成王이 자리를 물려받은 다음에는 양국 간의 경쟁에 어떤 변화가 있었을까요?

17강
장평長平의 전쟁

진晉나라에서 갈라져 나온 조나라는 5개국 연합군이 나선 제나라 정벌과 호복기사의 개혁 후에 진나라가 꿈꿔온 천하 통일을 방해할 가장 강력한 상대가 됐습니다. 그러나 진나라와 조나라 양국 사이의 이런 세력 균형은 장기적으로 유지되지 못했습니다. 네 명의 국군이 자리를 차례로 이어가다 한 차례의 치명적인 전쟁을 통해 나름 강력했던 조나라가 강대국으로서의 지위를 잃어버렸기 때문이 아닌가 싶습니다. 멸망으로 향하는 길은 거의 피하지 못할 운명이 돼 가고 있었습니다. 이 네 명의 군주 중 가장 우선 꼽아야 할 사람은 무령왕이었습니다. 다음은 혜문왕, 세 번째는 효성왕이었습니다. 마지막은 조천趙遷이었습니다. 가장 치명적인 전쟁은 바로 이중 세 번째 왕인 효성왕 때 일어났습니다. 정확하게는 기원전 262년이었습니다. 양 국가의 대군이 사생결단으로 나서 싸운 이 전쟁이 벌어진 곳은 장평이었습니다. 이 전쟁에서 진나라 대군은 승리했습니다. 반면 조나라는 45만 명에 이르는 대군이 산 채로 매장되는 혹독한 대가를 치러야 했습니다. 결과적으로 이 전쟁은 양국의 실력을 확실하게 변화시켰습니다. 조나라가 일거에 약소국으로 전락하는 전기가 됐습니다. 그렇다면 조나라 대군은 왜 이처럼 처참하게 패했을까요? 또 이 전쟁은 진시황이 나중 천하를 통일하는데 어떤 영향을 미쳤을까요?

무령왕의 타계는 조나라의 급부상 행보에 브레이크를 걸었습니다. 그러나 그의 후임인 혜문왕은 비록 뛰어난 군주는 아니었으나 아버지가 이뤄놓은 업적과 염파, 인상여, 조사 같은 인재들의 보좌에 힘입어 그럭저럭 조나라를 이끌어갔습니다. 이런 혜문왕도 기원전 266년에는 세상을 떠났습니다. 그의 뒤는 효성왕이 이었습니다.

장평에 이는 전운에 합종合縱도 갑자기 사라지다

진나라는 조나라 효성왕 4년(기원전 262년)에 한나라의 야왕(野王. 지금의 허난성 친양沁陽)을 공격해 점령했습니다. 진나라가 야왕을 점령했다는 것은 의미가 간단치 않았습니다. 한나라의 상당군(上黨郡. 지금의 산시山西성 창즈長治)과 국도(지금의 허난성 신정新鄭) 사이의 유일한 통로가 진나라에 의해 단절됐다는 사실을 의미했습니다. 실제 이때부터 상당군은 완전히 고립무원의 땅이 됐습니다. 내 땅이기는 하나 남의 땅처럼 돼 버렸다고 해도 좋았습니다. 한나라로서는 이미 남의 땅처럼 돼 버린 상당군을 수비하는 것도 만만치 않았습니다. 도리 없이 이 땅을 진나라에 주고 강화를 구걸하는 수밖에 없었습니다. 인정에 호소했다고 봐도 되겠습니다.

이 사건은 분명 진나라와 한나라 사이에 벌어진 전쟁이었습니다. 그러나 이 전쟁은 조나라까지 끌어들였습니다. 거의 조나라를 넘어뜨렸다고 해도 틀리지 않았습니다. 한마디로 조나라를 급격히 쇠락하게 만드는 전기가 됐습니다. 이건 도대체 무슨 일이었을까요?

한나라가 도저히 감당하지 못할 상당군을 진나라에게 바치려고 했을 때였습니다. 상당군 태수인 풍정馮亭은 가신들을 불러 이에 대해 상의를 하지 않을 수 없었습니다.

"지금 도성으로 가는 길은 완전히 막혔소. 한나라의 백성이 되려고 해도 그러기가 어렵게 됐소. 게다가 진나라 병사들은 하루가 멀다 하고 상당군을 압박하고 있소. 나는 이럴 바에야 차라리 우리 상당군을 조나라에 주는 게 낫다고 생각하오. 만약 조나라가 우리를 받아들이면 진나라는 대단히 화를 낼 것이 분명하오. 틀림없이 조나라와 일전을 불사할 것이오. 또 조나라는 어려움에 처하면 한나라와 손을 잡아야 할 것이오. 나는 만약 한나라와 조나라가 연합을 하면 진나라 대군을 막아낼 수 있다고 생각하오."

풍정은 자신의 생각을 즉각 행동으로 옮겼습니다. 사람을 조나라에 보내 상당군을 바치겠다는 입장을 전달한 것입니다. 효성왕은 풍정의 말에 평양군平陽君 조표(趙豹, 혜문왕의 동생)와 평원군(平原君, 혜문왕의 동생) 조승趙勝을 불러 이 일에 대해 논의했습니다.

조표는 풍정의 제안을 받아들이지 말자는 입장을 개진했습니다. 공연히 이렇게 했다가는 진나라를 격노시킬 것이라는 생각이 들었던 것입니다. 그는 더불어 이 경우 진나라와의 전쟁도 불러올 가능성이 있다고 봤습니다. 득보다는 실이 많다고 봤다는 얘기입니다. 반면 조승은 완전히 달랐습니다. 공짜를 좋아하는 사람처럼 말했습니다.

"아무 이유 없이 한 개 군의 17개나 되는 성을 얻는다는 것은 하늘에서 호박이 넝쿨째 떨어지는 것이나 다름없습니다. 공짜는 거부하지 말아야 합니다. 받지 않으면 사라져버립니다. 이 제안은 받아들이지 않을 수 없습니다."

효성왕의 생각 역시 조승과 비슷했습니다. 남이 아무 조건 없이 준다는 것을 거부한 다음에 땅을 치지 말아야 한다는 생각이었습니다. 그는 조승의 손을 즉각 들어줬습니다. 이어 풍정을 화양군華陽君에 봉하고 상당군을 접수했습니다.

진나라에게 갈 것 같았던 상당군은 이렇게 갑작스레 조나라로 가고 말았습니다. 소양왕은 이 소식을 듣고 대노했습니다. 바로 대장 왕흘王齕을 보내 상당군을 공격하도록 했습니다. 상당군은 진나라에 의해 가볍게 점령됐습니다. 이로 인해 상당군의 백성들은 우르르 조나라로 피난을 가지 않으면 안 됐습니다. 이때 조나라의 장군 염파는 병사들을 이끌고 장평(지금의 산시山西성 가오핑高平)으로 달려가 주둔했습니다. 이때 염파는 영루를 굳세게 지키면서 진나라 대군과 대치하는 방어 전술을 구사했습니다. 아무리 진나라 군대가 공격을 해와도 굳세게 수비를 하면서 나오지 않는 전법을 이어갔습니다.

효성왕은 염파가 초전에서 실패를 한 다음 굳세게 수비하는 전략을 구사한다는 소식을 들었습니다. 염파가 겁쟁이라는 생각을 했습니다. 수차례에 걸쳐 염파의 수비 전술을 비난했습니다. 효성왕은 급기야 우경虞卿과 누창樓昌 등을 불러 대책을 논의했습니다. 우경은 원래 유세객이었습니다. 그러나 대단한 정치적 안목도 갖춘 사람이었습니다. 두 차례에 걸쳐 효성왕을 만나 상경上卿으로 발탁된 것은 다 그의 이런 정치적 식견과 관계가 있었습니다. 반면 누창은 효성왕 휘하의 전형적인 군인이었습니다. 효성왕은 다급한 나머지 단도직입적으로 물었습니다.

"지금 전황은 좋지 않소. 도위(都尉. 장군 밑의 계급. 국위國尉, 도위의 순으로 이어짐-옮긴이) 한 명도 잃었소. 나는 우리 조나라 군대가 진나라와 결전을 벌였으면 하는 생각이오. 그대들의 생각은 어떻소?"

누창이 먼저 "그건 좋지 않은 생각입니다. 중요한 위치에 있는 사람을 사신으로 보내 강화를 요청해야 합니다"라고 대답했습니다. 반면 우경은 누창보다 더 사려 깊은 생각을 했습니다.

"지금 강화냐 전쟁이냐의 선택권은 진나라에 있습니다. 우리 조나라에 있지 않습니다. 다시 말해 진나라가 전쟁을 벌이는 의도가 어디에 있는지를 봐야 한다는 겁니다. 진나라가 우리 조나라 군대를 완전히 격퇴시키려고 하는지의 여부를 대왕께서 분명하게 살펴봐야 한다는 얘기입니다."

효성왕이 우경의 말에 "진나라 병사들은 온 전력을 다해 전투를 하는 것 같소. 마지막 승부를 걸려고 한다는 말이 생각날 정도요. 아마도 우리 조나라에게 철저하게 이기려고 하는 것 같소"라고 대답했습니다. 우경이 그제야 비로소 속에 있는 말을 꺼냈습니다.

"이미 그렇게 생각하신다면 대왕께서는 빨리 사신들을 초나라와 위나라에 보내야 합니다. 이들에게는 세상에서 가장 귀중한 보물 역시 들려 보내야 하겠죠. 초나라와 위나라는 귀중한 대왕의 보물을 얻기 위해 우리 사신들을 받아들일 겁니다. 우리 사신들이 초나라와 위나라에 가게 되면 진나라는 틀림없이 천하의 제후들이 다시 연합해 진나라에 대당할 것이라고 의심을 할 것입니다. 아마 상당히 긴장도 할 겁니다. 이렇게 되면 평화 회담을 진행할 수 있습니다."

효성왕은 하지만 마지막에 우경의 건의를 받아들이지 않았습니다. 조표와 누창의 의견을 받아들이기로 결정했습니다. 이어 자신의 심복인 정주鄭朱를 진나라와의 강화를 위한 협상을 진행할 책임자로 파견합니다. 진나라 역시 정주를 받아들였습니다.

진과 조나라는 사령관을 각각 바꾸고 조괄은 탁상공론만 일삼다

염파는 진나라 대군에 소모전으로 맞섰습니다. 그의 이 전략은 놀랍게 적중했습니다. 진나라 대군은 수비로만 맞서는 조나라의 대군을 가볍게 처리하지 못했습니다. 이유는 있었습니다. 무엇보다 장평이 조나라에서 가까웠습니다. 병사들에게 필요한 군량미를 운송하는 것이 크게 어렵지 않았습니다. 게다가 병력 보충 역시 비교적 원활했습니다. 반면 진나라는 완전히 반대였습니다. 원정을 온 탓에 군량미를 제때 보급하는 것이 쉽지 않았습니다. 병력 보충은 더욱 곤란했습니다. 이 전쟁이 만약 장기 소모전으로 가면 결과는 진나라가 이긴다고 장담하기 어려웠습니다. 그러면 진나라 대군은 염파의 이 장기 소모전 전략에 어떤 방법을 동원해 대응했을까요? 어떻게 이 교착 상태를 타파했을까요?

장평이라는 곳은 당시 염파가 군량미를 쌓아둔 장소였습니다. 나중에는 미산米山으로도 불렸습니다. 명나라 때에는 어느 시인이 〈영미산咏米山〉이라는 시로 그를 추모하기도 했습니다. "눈이 산처럼 쌓인 곳에서 밤새도록 노래를 부르고 서로 술을 권하니, 염파 장군이 이곳에서 진나라를 격파할 전략을 세웠어라. 그러나 장군은 늙어 사라지고 삼군三軍도 흩어졌어라, 한밤의 청산靑山에는 흰머리만 무성하구나"라는 내용입니다. 이 시의 내용처럼 애석하게도 염파 장군의 필승 전략은 마지막에 현실로 나타나지 못했습니다. 그가 해임됐기 때문이었습니다. 이건 또 어떻게 된 일이었습니까?

당시 진나라의 상국 범저는 전황이 교착 상태에 빠지자 반간계(反間計, 이간 전략이나 혹은 이런 전략을 역이용하는 것-옮긴이)에 착안했습니다. 거액을 아끼지 않고 첩자들을 조나라에 보내 진나라가 가장 두려워하는 것은 조사의 아들 조괄趙括이 조나라의 사령관이 되는 것이라는 유언비어를 마구 퍼뜨렸습니다. 또 지금의 사령관인 염파는 상대하기 너무 편하다는 소문도 냈습니다. 게다가 염파가 조만간 진나라에 투항할 것이라는 거짓말 역시 퍼뜨렸습니다.

효성왕은 원래부터 염파에 대해 불만이 많았습니다. 병력 손실이 적지 않았을 뿐더러 싸웠다 하면 졌으니 그럴만도 했습니다. 게다가 나중에는 영루를 굳세게 지키기만 하고 나가 싸우지 않는 것에도 불만을 가졌습니다. 효성왕은 이런 상황에서 무수히 많은 다른 유언비어까지 들었습니다. 소문을 진짜로 믿을 수밖에 없었습니다. 그는 급기야 인사이동을 단행했습니다. 조괄을 염파 대신 조나라 대군의 사령관으로 임명한 것입니다.

조괄은 조사의 아들이었습니다. 어렸을 때부터 병서를 많이 읽었습니다. 궁술과 말 타기도 일찍부터 익혔습니다. 어른이 돼서는 더욱 비범해졌습니다. 언변 역시 대단했습니다. 그가 병법에 대해 말하면 모두들 머리를 끄덕거릴 정도였습니다. 아버지인 조사도 그의 앞에서는 당해내지 못했다면 더 이상 말이 필요 없지 않겠습니까! 더구나 그는 젊었습니다. 혈기가 방장했습니다. 이런 그가 전쟁터에서 지휘를 한다면 염파보다 반드시 못하라는 법도 없었습니다. 진나라는 반간계를 이용해 이 상대를 선택했습니다. 그렇다면 이 선택은 제대로 된 선택이었을까요? 진나라는 적절한 파트너를 선택한 것이었을까요?

진나라는 조괄이 염파를 대신해 조나라의 총사령관이 됐다는 소식을 듣자 역시 인사를 단행했습니다. 은밀히 백기白起를 보내 상장군上將軍으로 삼고 왕흘을 부장副將으로 삼은 것입니다. 더불어 군중에는 백기가 최고 사령관으로 임명됐다는 사실을 외부에 발설하지 말라는 엄명을 내렸습니다. 비밀을 발설하는 자는 모조리 사형에 처한다는 엄포까지 곁들이면서였습니다.

조괄은 임지에 도착한 다음 즉각 염파의 전략을 수정했습니다. 적극적으로 출병해 진나라 군과 전투를 벌였습니다. 진나라 부대는 이때 일부러 패전하는 전략을 썼습니다. 도망가는 척도 했습니다. 동시에 두 부대를 조나라 부대 근처에 비밀리에 바짝 배치, 매복시키는 전술 역시 잊지 않았습니다. 조나라 대군은 이것도 모르고 승세를 몰아 추격에 나섰습니다. 진나라 대군의 영루까지 바짝 추격했습니다. 그러나 진나라 영루는 대단히 견고했습니다. 조나라 부대가 아무리 기를 쓰고 공격을 해봐야 까딱도 하지 않았습니다. 매복했던 진나라의 2만 5,000명 병력의 부대는 바로 이 순간 위력을 발휘했습니다. 조나라 부대의 후방을 공격해 끊어버린 것입니다. 다른 한 부대인 5,000명의 기병 기동돌격대는 빠른 속도로 조나라의 영루 사이를 공격했습니다. 조나라의 전군과 후군 사이는 이로 인해 완전히 연결고리가 끊어졌습니다. 고립된 두 부대로 나뉜 것입니다. 당연히 군량미 수송로는 진나라 부대에 의해 완벽하게 끊어질 수밖에 없었습니다. 진나라 대군이 이 기회를 놓칠 까닭이 없었습니다. 기동력이 뛰어난 경무장한 정병들을 출병시켜 조나라 부대를 공격했습니다. 조나라 대군은 견뎌낼 재간이 없었습니다. 벽루壁壘를 구축해 완강하게 버티는 것이 최후의 수단이었습니다. 원병이 오기를 기다려야 했습니다. 진나라의 소양왕은 이때 조나라의 군량미 수송로가 끊어졌다는 소식에 환호작약했습니다. 직접 전선으로 뛰쳐나올 정도였습니다. 그는 너무나도 기쁜 나머지 전선에서 바로 논공행상 등의 후속조치에 들어갔습니다. 우선 전국의 진나라 백성들에게 작위를 1등급씩 올려줬습니다. 이어 진나라의 15세 이상 청장년들 전부를 장평의 전쟁터로 징발했습니다. 조나라의 군량미 수송로 회복 기대는 이로써 완전히 물거품이 됐습니다. 구원병을 기대한다는 것은 더욱 어려운 일이 됐습니다.

9월에 접어들었습니다. 장평에 고립돼 있던 조나라의 병사들은 무려

46일 동안이나 군량미를 공급받지 못하고 있었습니다. 조나라의 군중에서는 이미 몰래 살인을 저질러 배를 채우는 끔찍한 일까지 일어나고 있었습니다. 악에 받칠 대로 받친 이들은 결국 진나라 대군에 대한 맹렬한 공세를 전개하기 시작했습니다. 이래 죽으나 저래 죽으나 마찬가지라는 생각에 포위를 돌파하기로 생각한 것입니다. 전략도 그럴듯하게 짰습니다. 전체 대군을 4개의 부대로 나눠 번갈아가면서 4, 5차례에 걸쳐 공격에 나섰습니다. 하지만 소용없었습니다. 포위는 철통같았습니다. 조괄은 더욱 다급해졌습니다. 급기야 직접 갑옷을 입고 출전에 나섰습니다. 조괄은 정예 병력을 인솔하고 나섰으나 이미 진나라의 적수는 아니었습니다. 진나라 병사들에 의해 사살되고 말았습니다. 결과는 다시 조나라의 대패였습니다. 40만여 명에 이르는 병력이 선택할 길은 하나밖에 없었습니다. 항복이었습니다. 이때 진나라의 사령관 백기는 끔찍한 생각을 했습니다. "얼마 전에 우리 진나라 부대가 상당군을 점령했을 때 상당군의 백성들은 진나라의 신민民이 되기를 완강하게 거부했다. 모두들 조나라로 도주했다. 조나라 병사들 역시 마음이 변화무쌍하다. 이들을 모조리 살해하지 않으면 나중에 변란이 일어날 것이다." 백기는 진짜 자신의 생각대로 했습니다. 속임수를 써서 240명의 어린 병사들만 조나라로 돌아가게 한 다음 항복한 조나라의 전체 대군을 산 채로 매장했습니다. 조나라는 이로 인해 완전히 놀라 뒤집어졌습니다.

   진나라 대군은 이렇게 역사상 유례가 없는 조나라 병사들에 대한 야만적인 대 살육을 자행했습니다. 규모가 어마어마했던 장평의 전쟁 역시 조용히 막을 내렸습니다. 장평은 중국 역사상 가장 비극적인 현장이 되고 말았습니다.

장평대전이 보여준 조나라의 멸망 이유

조나라는 그리 호락호락하게 넘볼 나라가 결코 아니었습니다. 진나라가 장평대전 전에도 소양왕의 통치에 힘입어 이미 천하제일의 강국이 돼 있었으나 조나라 역시 육국 중 진나라와 일합을 겨룰 능력이 있었습니다. 하지만 장평의 전쟁에서 원기에 큰 상처를 입었습니다. 어떻게 역사가 이처럼 급변할 수 있을까요? 왜 진나라에 맞설 능력을 가진 조나라는 장평의 전쟁에서 이처럼 무력하고 비참하게 패할 수밖에 없었을까요? 도대체 어떤 원인이 조나라를 마지막에 실패자의 길로 이끌었을까요?

조나라의 상황에 대해 우선 얘기를 풀어나가야 하겠습니다. 장평의 전쟁에서 실패한 이유를 세 가지 확실하게 들 수 있습니다. 준비 부족, 승리에 대한 기본적인 신뢰 부족, 전쟁 수행 도중의 사령관 교체가 이유였습니다.

우선 첫 번째 원인인 준비 부족을 들어보겠습니다. 장평의 전쟁 후에도 무수히 많은 후세인들이 가장 많은 관심을 기울인 화제는 다른 것이 아니었습니다. 도대체 상당군을 받아야 하느냐 받지 말아야 하느냐의 문제였습니다. 조나라는 분명 이때 병사 한 명 동원하지 않고 가볍게 17개에 이르는 성이나 관할하는 상당군을 가질 수 있었습니다. 이치로 따져볼 경우 조나라로서는 마땅히 받아야 했습니다. 받지 않으면 허공으로 사라진다는 말은 이 때문에 나왔는지 모릅니다. 그러므로 효성왕이 상당군을 받아들인 것 자체는 잘못이 아니었습니다. 그렇다면 실수는 어디에서 나왔을까요? 조나라가 상당군을 받아들인다는 것은 진나라와 필연적으로 대대적인 전쟁을 해야 한다는 불가피성을 의미했습니다. 그것도 악전고투, 생사결전이었습니다. 더구나 진나라는 천하 통일을 항상 꿈꾸던 나라가 아니었습니까? 물론 조나라가 45만 명의 병력을 전쟁에서 잃었기 때문에 상당군을 받지 말았어야 했다는 비난을 받아야 할 것도 같습니다. 그러나 조나라가 상당군을 받지 않았다고 해도 진나라와의 결전을 피하는 것은 과연 가능했을까요? 이 결전은 장평에서 일어나지 않아도 다른 곳에서 충분히 터질 개연성이 다분했습니다. 그러므로 조나라가 상당군을 받은 이 사건의 본질은 맞느냐 틀리느냐의 문제가 아니었습니다. 맞느냐 틀리느냐를 결정하는 것은 조나라가 진나라와의 결전을 잘 준비했느냐에 달려 있었다는 얘기입니다. 이를테면 심리적 준비와 전쟁 준비가 되겠습니다. 전쟁 준비는 또 사령관 선택과 군량미 준비 등을 포함하겠죠.

승리에 대한 기본적인 신뢰 부족은 조나라가 참패한 두 번째 중요한 이유가 되겠습니다. 이는 무엇보다 초전에 패한 다음 강화를 준비한 사실에서 두드러지게 나타났습니다. 물론 전투를 할 때는 전투를 하고 싸우기 어려울 때는 강화를 모색해야 합니다. 하지만 어느 때 강화를 모색하느냐, 어떻게 진행하느냐 하는 문제는 결코 간단한 일이 아닙니다. 우경이 강력하게 즉각 강화를 논의하는 데 반대한 것도 바로 이 때문이었습니다. 초전에 패한 다음 강화를 논의할 경우 실패할 확률이 컸으니까 말입니다. 더구나 초나 위나라와 연합해 진나라에 외교적 압력을 가하는 전략을 강구하자는 우경의 생각은 틀린 것이 아니었습니다. 나름의 논리도 있었습니다. 이랬다면 성공했을지도 모릅니다. 육국이 다시 한 번 합종의 전략으로 진나라에 대항하는 기회를 가졌을 수도 있었습니다. 하지만 효성왕은 이 대단히 좋은 기회를 놓쳤습니다. 초전에 패한 데 놀라 강화에 급급했습니다.

조나라가 장평의 전쟁에서 참패한 세 번째 이유는 결전에 임박해서 사령관을 교체한 행동이었습니다. 효성왕이 이런 행동을 단행한 이유는 딱 세 가지였습니다. 염파가 초전에서 패배한 것이 우선 이유였습니다. 굳건하게 수비하는 전략이 무력함을 보여주는 것이라는 생각 역시 이유로 부족함이 없었습니다. 진나라의 반간계에 당한 것은 더 말할 나위가 없었습니다.

이때에도 우여곡절은 있었습니다. 효성왕이 조괄을 신임 사령관으로 임명한다는 결정을 내리자 두 사람이 결사적으로 반대했습니다. 한 사람은 인상여였습니다. 다른 한 사람은 조괄의 어머니였습니다. 인상여는 조나라의 중신이었습니다. 장평의 전쟁이 폭발했을 때 이미 중병에 들어 있었습니다. 그러나 그는 효성왕이 조괄을 중용하려 한다는 소식을 들은 다음에는 더 이상 가만히 있을 수가 없었습니다. 즉각 글을 올려 조괄을 사령관으로 교체한 조치에 격렬하게 반대했습니다.

"대왕께서는 조괄의 명성만 듣고 중용하려고 합니다. 이건 신중하지 못한 조치입니다. 조괄은 그저 책으로만 병법을 익힌 사람입니다. 병법을 한가하게 논하는 사람입니다. 전혀 임기응변을 모르는 책상물림이라고 해도 과언이 아닙니다. 그런데 어떻게 이런 사람을 강력한 진나라 대군에 맞서야 하는 사생결단의 전쟁에 사령관으로 기용할 수 있습니까? 이건 대단히 경솔한 일입니다. 거의 조나라의 운명을 가지고 장난을 하는 것과 마찬가지라고 해도 좋습니다."

다른 한 사람인 조괄의 어머니 역시 인상여와 입장이 비슷했습니다. 조괄의 아버지는 주지하다시피 혜문왕 시대에 진나라 대군을 무찌른 명장 조사였습니다. 염파의 뒤를 이은 명장이라고 해도 좋았습니다. 그러나 장평의 전쟁이 발발했을 때 조사는 이미 세상을 떠난 뒤였습니다. 아들인 조괄은 아버지를 닮아 병법에 밝았습니다. 그러나 이는 그저 탁상공론이었을 뿐입니다. 탁상공론이라는 고사성어가 조괄의 비극에서부터 시작됐다는 사실을 감안하면 어느 정도인지 알 수 있지 않나 싶습니다.

조금 더 들어가 봅시다. 조괄은 어릴 때부터 병법을 배웠습니다. 그래서였는지는 몰라도 세상에 말로 그를 이길 사람은 없었습니다. 심지어 그의 아버지인 조사조차도 말로는 아들에게 상대가 되지 않았습니다. 그러나 조사는 늘 아들이 병력을 거느리고 전투를 치러서는 안 되는 인물이라고 생각했습니다. 말로 용병을 하는 것과 실전은 차이가 많은 법이었으니까요. 조괄의 어머니는 남편의 이런 태도가 이상했습니다. 당연히 왜 그러는지를 물었습니다. 조사로서는 부인에게 숨길 게 뭐 있었겠습니까? "전쟁이라는 것은 목숨이 왔다 갔다 하는 큰일이오. 그럼에도 저 아이는 전쟁을 저렇게 쉽게 말하고 있소. 만약 조나라가 저 아이를 크게 쓰지 않으면 별 일이 없을 것이오. 그러나 만약 저 아이를 장군으로 임명한다면 얘기는 달라지오. 조나라 대군을 패배로 몰아넣을 사람은 저 아이가 될 것이오"라고 너무나도 솔직하게 대답했습니다. 조괄의 어머니는 아들이 전선에 나서려고 했을 때 분연하게 나섰습니다. 남편의 말을 되살려 효성왕에게 글을 올린 것입니다. 편지에서 그녀는 "조괄은 장군 감이 아닙니다"라고 과감하게 주장했습니다. 세상에 어디 이런 어머니가 있을 수 있나요? 자신의 아들이 나라를 위해 사나이답게 나서는데 말릴 어머니 말입니다.

표면적으로 볼 때 효성왕이 결전이 임박한 상태에서 부대의 사령관을 교체한 것은 진나라가 전개한 반간계에 넘어갔기 때문이었다고 볼 수 있을지 모릅니다. 하지만 기본적으로는 사람을 보는 안목이 없었다고 해야 합니다. 그랬으니 반간계에 완전히 넘어간 것이겠죠.

이제 진나라 입장에서 장평의 전쟁을 한번 보도록 합시다. 진나라는 이 전쟁에서 이기지 않으면 안 되는 이유가 있었습니다.

우선 교묘하게 반간계를 사용했습니다. 염파는 전쟁터를 무수하게 누빈 백전노장이었습니다. 처음 교전에서 실패한 후 아예 적극적으로 출병을 하지 않는 전략으로 나왔습니다. 때문에 장평의 전쟁은 무려 3년이나 끄는 지루한 장기 소모전이 되었습니다. 이 정도 되면 조나라도 견디기 어려워지지만 진나라 역시 똑같이 괴로워지는 게 당연합니다. 아니 어떻게 보면 저 멀리에서 원정을 온 진나라에게 더욱 불리했다고 단언해도 좋습니다. 그럼에도 효성왕은 전세 파악을 제대로 하지 못한 채 범저의 반간계 사기에 넘어갔습니다.

또 한 번의 사기를 역시 거론해야겠습니다. 우리는 조나라가 강화를 논의할 사신을 진나라에 보냈을 때의 상황에 대해 이미 알아봤습니다. 이때 진나라는 사신에게 특별한 답도 주지 않으면서 시간을 질질 끌었습니다. 효성왕에게 강화에 대한 일종의 환상을 버리지 못하게 한 것이죠. 만약 효성왕이 줄곧 이런 생각을 하지 않았다면 장평의 전쟁은 상황 자체가 달라졌을지도 모릅니다. 조나라 대군이 생사를 거는 대결전이 임박했다는 임전무퇴의 정신으로 무장한 채 싸웠을 것이라는 얘기입니다. 이 경우 진나라의 손쉬운 대승은 아마도 가능하지 않았을지도 모릅니다.

다시 백기를 중용한 사실 역시 간과해서는 안 됩니다. 백기는 진나라의 명장이었습니다. 45만여 명에 이르는 조나라 병사들을 산 채로 파묻은 장본인이었습니다. 그러나 이때 그가 가한 타격은 진나라에게는 너무나 효과적인 마지막 한 방이었습니다. 백기가 성격은 잔인했으나 진나라의 천하 통일에는 불세출의 큰 공을 세웠다는 얘기가 되겠습니다. 사실 그를 사령관으로 은밀히 교체한 소양왕의 선택은 탁월했습니다. 더구나 그는 조나라 대군이 지레 겁을 먹고 결전을 의도적으로 회피할 것이라고 판단, 이 사실을 끝까지 숨겼습니다. 결과도 좋았습니다. 조괄을 완전히 농락한 후에 대군을 몰살시켰습니다. 탁상공론의 사령관인 조괄에 비하면 그는 완전히 지휘 예술의 진수를 보여줬다고 해도 과언이 아니었습니다.

우리는 이상으로 진나라와 조나라 쌍방이 벌인 장평 전쟁의 승리와 패배의 이유들을 알아봤습니다. 그러나 아무래도 승패를 가른 가장 결정적인 요인은 이 전쟁에 대한 양측의 인식 차이에 있다고 해야 할 것 같습니다.

우선 조나라의 전쟁 최고 당사자였던 효성왕의 인식을 한번 보겠습니다. 그는 장평의 전쟁이 진나라가 온 나라의 힘을 다 기울인 전쟁이라는 사실을 결코 모르지 않았습니다. 이는 그가 우경과의 대화에서 언급한 "진나라 병사들은 온 전력을 다해 전투를 하는 것 같소. 마지막 승부를 걸려고 한다는 말이 생각날 정도요. 아마도 우리 조나라에게 철저하게 이기려고 하는 것 같소." 그러면 이때 진나라의 소양왕은 어떻게 했을까요? 그는 더했습니다. 심지어 직접 전선에 나타나 15세 이상의 장정에 대한 총 동원령까지 내렸습니다. 그는 왜 이때 이처럼 흥분했을까요? 그 역시 이 전쟁이 총 동원령을 내리지 않으면 안 되는 전쟁이라고 인식했던 것입니다. 하지만 효성왕의 현실 인식과 행동은 완전히 달랐습니다. 여전히 화전和戰의 사이에서 왔다 갔다 했습니다. 기본적으로 마음의 갈피를 잡지 못했습니다. 생사의 대결전이 앞에 다가왔습니다. 그런데도 최고 지도자는 확고한 입장을 정하지 못하고 갈팡질팡했습니다. 게다가 상대국의 최고 지도자처럼 전 백성 총 동원령을 내리지도 못했습니다. 조나라가 이길 수 있었겠습니까? 이런 국군이 어찌 진나라에서도 당당한 군주로 불렸던 소양왕의 적수가 될 수 있겠습니까?

장평의 전쟁이 끝난 다음 해 진시황은 조나라 도성인 한단에서 태어납니다. 이때 조나라 모든 백성들의 뇌리에는 진나라와 진나라 군대, 진나라 사람들에 대한 원한이 가득 차 있었습니다. 하지만 이건 그에게는 행운이었습니다. 이 사실은 천하 통일의 길을 가로막을 최고 강력한 장애물인 조나라가 그의 증조할아버지에 의해 회복불능의 타격을 받았다는 사실을 의미했으니까요. 한마디로 장평 전쟁 이후 양 강대국이 대립하던 구도는 초강대국인 진나라가 약소국인 조나라를 강력하게 압박하는 구도로 완전히 바뀌어버렸다고 하겠습니다.

육국을 통일한 사람은 누가 뭐래도 진시황, 즉 영정이었습니다. 하지만 그에 앞선 진나라의 여러 국군들의 피땀 어린 노력이 없었다면 쉽게 가능하지 않았을 것입니다.

　장평의 전쟁이 끝난 다음 조나라의 군사력은 완전히 고갈됐습니다. 조나라의 멸망은 이제 완전히 시간문제였습니다. 그러면 진나라는 어떻게 장평의 전쟁에서 패한 조나라를 대했을까요? 계속 연명해가도록 했을까요, 아니면 일거에 멸망시켰을까요?

18강
한단의 전쟁

효성왕은 완전히 시리즈로 실수를 했습니다. 이로 인해 조나라가 장평의 전쟁에서 지불한 대가는 컸습니다. 거의 온 나라의 군사력을 잃었다고 해도 과언이 아닐 정도였습니다. 원기를 회복하기 힘든 치명상을 입었습니다. 한때는 진나라에 대항해 큰 소리를 칠 수 있었던 일등 국가의 명성 역시 일거에 삼류 국가의 그것으로 급전직하해버렸습니다. 그러나 승리를 거둔 진나라는 공격의 행보를 멈출 생각을 하지 않았습니다. 소양왕 48년 (기원전 259년) 장평의 대전을 승리로 이끈 진나라 군대는 내친김에 새로운 공세를 전개했습니다. 이때 진나라의 사령관은 장평의 대전에서 용맹을 떨친 백기였습니다. 공격은 두 방향으로 전개됐습니다. 왕흘이 인솔한 부대는 피뢰(皮牢. 지금의 산시山西성 이청翼城 동쪽)와 무안(지금의 허베이성 우안 부근)을 공격했습니다. 또 사마경司馬梗이 이끈 부대는 태원군(太原郡. 지금의 산시山西성 중부)을 집중 공략했습니다. 이후 백기는 진나라로 잠시 돌아가 군량미만 충분히 공급해주면 일거에 조나라를 멸망시킬 수 있다는 호언장담을 했습니다. 장평의 전쟁에서 치명상을 입은 조나라는 이 진나라의 거센 공격을 과연 막아낼 수 있었을까요?

조나라 사신은 평화를 구걸하고, 진나라는 공격에 실패하다

이때 조나라를 즉각 멸망시킬 필요가 있느냐에 대한 진나라 내부의 의견은 엇갈렸습니다. 조나라를 완전히 궤멸시키기는 했으나 진나라 역시 엄청난 상처를 입었기 때문이었습니다. 이는 "진나라 병사들의 과반수가 죽거나 부상했다. 국내가 텅텅 비었다"라는 기록으로도 확인이 됩니다. 소양왕 역시 이런 진나라의 상황을 우려하는 입장이었습니다. 조나라를 즉각 멸망시키려는 결단을 내리지 못하고 망설였다는 얘기입니다.

국군이 결단을 내리지 못하자 조정 대신들의 논쟁은 격렬해졌습니다. 사실 논쟁이 이처럼 유난스럽게 심화된 데에는 다른 이유도 하나 있었습니다. 그게 이른바 권력 내부의 파벌 다툼이 되겠습니다.

백기는 장평의 전쟁을 비롯한 여러 전쟁에서 공을 세웠습니다. 그러나 그는 진나라의 전 승상이었던 위염魏冉이 기용했던 인물이었습니다. 더구나 이때 위염은 이미 정치 무대에서 내려와 있었습니다. 당연히 위염을 몰아내고 화려하게 신임 승상으로 등장한 범저는 백기에 대해 좋은 생각을 하지 않았습니다.

이런 의심과 경계는 결국 조나라에게 틈을 허용하게 됐습니다. 조나라의 조야는 장평의 전쟁이 끝나기가 무섭게 다시 진나라의 대군이 공격을 해오자 완전히 공황 상태에 빠졌습니다. 그러나 사람이 찍 소리도 못하고 죽으라는 법은 없습니다. 조나라의 수도 한단이 바람 앞의 등불 신세가 된 이때 효성왕은 유세객인 소대(蘇代. 소진의 동생-옮긴이)를 사신으로 진나라에 보내는 특단의 결정을 내립니다. 그의 변설을 통해 백기와는 대립 관계에 있던 범저의 마음을 어떻게든 움직여 보고자 한 것입니다. 효성왕이 보낸 소대는 일단 뇌물에 가까운 푸짐한 선물을 범저에게 안겼습니다. 이어 단도직입적으로 "진나라는 지금 한단을 포위해 공격하려는 것입니까?"라고 물었습니다. 범저가 "그렇다"고 대답했습니다. 소대는 기가 죽지 않았습니다. 아니 그는 이후 범저의 약점을 확실하게 잘 잡았습니다. 무엇보다 백기의 공훈이 범저를 훨씬 능가한다는 사실을 강조했습니다.

"한단이 일단 포위가 되면 조나라는 틀림없이 멸망할 것입니다. 조나라가 멸망하면 진나라의 왕은 아마도 천하의 패주를 자처할 것입니다. 그러면 백기 장군은 어떻게 되겠습니까? 아마도 조나라를 멸망시킨 공로로 삼공(三公. 승상의 반열을 의미함─옮긴이)에 임명될 것입니다. 그는 이미 전쟁에서 탈취한 성이 70여 개에 이르고 있습니다. 또 남쪽으로는 초나라의 언鄢과 영郢, 한중漢中 지구를 평정했습니다. 조나라 조괄의 45만 대군도 물리쳤습니다. 주공(周公. 주나라를 개창한 문왕文王의 아들이자 무왕武王의 동생. 조카 성왕成王을 보좌해 주나라의 기틀을 닦았음)과 소공(召公. 주공의 동생. 형을 도와 성왕을 도왔음), 여상(呂尙. 흔히 강태공姜太公으로 불리는 태공망太公望을 일컬음. 주공, 소공과 함께 주나라를 반석 위에 올렸음─옮긴이) 등이 아무리 공훈이 대단하다 하나 그를 넘지 못할 것입니다. 만약 진짜 조나라가 멸망하면 제 말대로 그가 삼공이 되는 것은 의심의 여지가 없습니다. 승상은 그 사람 밑에서 어찌 고개를 숙이겠습니까? 설사 그렇게 하지 않으려 해도 그 사람의 공훈이 이처럼 대단한데 어떻게 그러지 않을 수 있겠습니까! 승상께서는 백기 장군이 진나라의 공훈을 독차지하는 것을 막아야 합니다."

소대의 말은 틀린 말이 아니었습니다. 그는 내친김에 범저가 우려하고 있던 진나라의 약점까지 공격했습니다.

"진나라는 일찍이 한나라를 공격한 적이 있었습니다. 이때 형구刑丘를 격파하고 상당을 점령했습니다. 그러자 상당의 백성들은 모조리 조나라에 귀부해버렸습니다. 천하의 백성들이 진나라의 신민이 되고자 하지 않았던 것입니다. 이렇게 된 것은 하루 이틀의 일이 아닙니다. 만약 조나라가 멸망하면 북쪽의 땅들은 연나라 땅이 될 가능성이 큽니다. 또 동쪽 땅은 제나라에 합쳐지지 말라는 법이 없습니다. 남쪽 땅 역시 마찬가지입니다. 한나라와 위나라에 떨어질 것입니다. 그러면 진나라가 얻을 백성들은 얼마 되지 않을 것입니다. 그러므로 조나라를 멸망시키기보다는 조나라에 땅을 할양해 강화를 논의하는 편이 낫습니다."

소대의 마지막 말은 완전히 범저의 급소를 때렸습니다. 범저로서는 가만히 있을 수 없었습니다. 바로 소양왕에게 달려가 "진나라 병사들은 장평의 전쟁을 치르느라 지금 몹시 피곤한 상태에 있습니다. 지금 상태에서는 조나라에 땅을 할양해주고 강화에 나서는 것이 더 낫습니다"라고 말했습니다. 소양왕 역시 범저의 말을 들어줬습니다. 일거에 조나라를 멸망시키자는 백기의 주장을 물리쳤습니다. 이게 뭘 말합니까? 간단합니다. 승상이 장군을 모함한 것입니다.

조나라의 원기가 크게 타격을 입은 채 흔들리는 틈을 타 한단을 공격하자는 백기의 주장은 "철군하라"는 소양왕의 말 한마디로 각하됐습니다. 백기는 기분이 나빴습니다. 그러나 왕명은 따르지 않을 수 없었습니다. 그는 철군하는 길에 철수 명령이 범저의 주장에 따라 내려진 것이라는 사실을 알았습니다. 이때부터 두 사람의 사이는 더욱 벌어졌습니다.

이해의 9월이 됐습니다. 소양왕은 수개월 동안에 걸친 공백기를 가진 다음 대장 왕릉王陵에게 병력을 이끌고 한단을 다시 공격하게 했습니다. 이때 백기는 몸이 아파 누워 있었습니다. 출정에 나서지 못했습니다.

왕릉은 소양왕 49년(기원전 258년) 정월에 한단에 대한 본격적인 공격에 나섰습니다. 처음에는 상당한 전과도 있었습니다. 소양왕은 끝을 보기 위해 왕릉에게 병력을 증파시켜 지원했습니다. 그러나 왕릉은 이어진 전투에서 실패했습니다. 적지 않은 병력과 장군들을 잃었습니다.

이때 백기의 병은 거의 나았습니다. 왕릉의 실패에 화가 난 소양왕은 즉각 백기를 보내 그의 역할을 대신하게 하려 했습니다. 백기는 이전의 경험도 있었던 터라 이 상황에서 한마디 하지 않을 수 없었습니다.

"한단은 함락하기 결코 쉬운 곳이 아닙니다. 게다가 제후국들의 구원병이 대단히 빨리 도착할 수 있습니다. 더구나 그들은 우리 진나라에 대해 깊은 원한을 품고 있습니다. 우리 진나라는 장평의 전쟁에서 조나라의 대군을 궤멸시킨 바 있습니다. 그러나 우리 진나라 역시 피해가 만만치 않습니다. 장평에서 전사한 병사가 전체의 절반이 넘습니다. 국내의 병력이 텅 비어 있을 정도입니다. 또 전쟁터도 꽤 멀리 떨어져 있습니다. 이뿐만이 아닙니다. 조나라는 성 안에서 죽어라 하고 저항에 나설 것입니다. 한단이 수도이니 반드시 그럴 것입니다. 이 상태에서 제후국의 병력이 성 밖에서 공격을 하면 우리 진나라는 양쪽에서 공격을 받게 됩니다. 우리의 패배는 명약관화하게 됩니다. 이 전쟁은 정말 해서는 안 됩니다. 이길 수 없습니다."

소양왕은 말로 백기의 출병을 설득시키기는 어려울 것이라는 판단을 했습니다. 도리 없이 범저에게 백기를 설득시키도록 했습니다. 그러나 백기는 완강했습니다. 하기야 단숨에 조나라를 멸망시키는 것이 좋겠다는 몇 개월 전의 자신의 주장이 범저에 의해 저지된 쓰라린 기억이 아직 남아 있는 상태에서 그가 흔쾌히 출병하려고 했겠습니까? 백기의 완강한 거부에 소양왕은 화가 머리끝까지 났습니다. 백기에게는 즉각 유배 처분이 내려졌습니다. 졸지에 진나라 서북의 음밀(陰密. 지금의 간쑤甘肅성 링타이靈臺 일대)로 떠나지 않으면 안 됐습니다. 백기로서는 이때 당연히 소양왕에 대한 원망의 감정을 가지고 있었을 겁니다. 소양왕은 이에 대해서도 들었던 모양입니다. 지체 없이 백기에게 검을 보내는 조치가 이어졌습니다. 백기는 소양왕의 명령대로 두우杜郵에 이르렀을 때 자살로 생을 마감했습니다.

백기는 출정을 거부했습니다. 소양왕으로서도 어쩔 수가 없었습니다. 그저 왕흘을 왕릉 대신 파견해 한단 전선의 총사령관으로 임명하는 후속 조치를 취해야 했습니다. 이후 한단의 전쟁은 8, 9월까지 이어졌습니다. 그러나 한단은 함락되지 않았습니다.

진나라의 최고 지도자인 소양왕은 조나라를 완전히 멸망시켜야 한다는 결단을 내리지 못하고 망설였습니다. 또 승상 범저는 명장 백기를 은근히 모함했습니다. 전선의 사령관과 장군들은 무능력했습니다. 세 가지나 되는 이런 부정적 요인이 교차해 작용을 했는데 진나라가 한단의 전쟁을 어떻게 치를 수 있었겠습니까?

그랬습니다. 결과는 전망을 빗나가지 않았습니다. 진나라의 대군은 완전히 포위 공격을 단행했음에도 조나라 병사들의 필사항전에 부딪쳐 한단을 함락시키지 못했습니다. 물론 군사력이 완전히 반의 반 토막이 난 탓에 조나라 부대는 진나라의 대군에 그 어떤 치명적인 타격을 가하지는 못했습니다. 자연 양측은 지루한 대치 국면을 지속하지 않으면 안 됐습니다. 또 조나라의 멸망 가능성 역시 완전히 사라지지는 않았습니다. 한단이 무너지기만 하면 바로 멸망의 구렁텅이로 떨어져야 하는 위급한 상황에 조나라가 계속 직면해 있었으니까요. 그렇다면 조나라는 어떤 방법으로 이 한단의 포위를 풀려고 했을까요?

노중련은 진나라의 칭제를 힐난하고, 신릉군은 병부를 훔쳐 조나라를 구하다

조나라는 결사 항전을 계속하면서 다른 한편으로는 적극적인 합종 전략을 추진 전개했습니다. 이 노력은 두 방향으로 이뤄졌습니다. 각각 위나라와 초나라에 구원을 요청하는 것이었습니다.

조나라의 평원군 조승은 부인이 위나라 공자 무기(無忌. 신릉군信陵君. 당시 위나라 왕이었던 안리왕安釐王의 동생—옮긴이)의 누나였습니다. 다급해진 조나라 조정은 그에게 황급히 부탁을 했습니다. 무기에게 긴급 원조를 요청하라고요. 위나라 왕은 무기의 보고를 들은 다음 즉각 대장 진비晉鄙에게 10만 병력을 이끌고 가서 조나라를 구하라는 명령을 내렸습니다. 소양왕은 이 소식을 들었습니다. 역시 미리 준비하고 있었다는 듯 "나는 순식간에 조나라를 공격해 멸망시킬 생각이오. 제후 중에 감히 누가 조나라를 구원하려 한다면 나는 조나라를 멸망시킨 다음에 우선적으로 그를 멸망시킬 것이오"라고 말하면서 자신의 의중을 안리왕에게 전달했습니다.

안리왕은 이런 강경한 소양왕의 구두 메시지에 깜짝 놀랐습니다. 언제 호기롭게 구원병을 출병시키라고 했는가 싶게 서둘러 사람을 보내 진비에게 진공을 중지하라는 명령을 내렸습니다. 진비는 왕명을 받자마자 명령대로 병력을 조나라와 위나라의 국경 부근에 주둔시켰습니다. 명의상으로는 조나라를 구원하는 출병에 나선 것이었으나 실제로는 전혀 그렇지 않았습니다. 그저 진나라와 조나라의 전투를 구경하겠다는 속셈이었습니다.

안리왕은 진비에게 진공을 멈추라는 명령만 내린 것이 아니었습니다. 다른 한편으로는 장군 신원연辛垣衍도 한단으로 잠입시켜 효성왕을 만나게 했습니다. 이때 안리왕은 신원연의 입을 통해 효성왕에게 아주 묘한 말을 했습니다.

"진나라와 제나라는 일찍이 서로 칭제(稱帝. 왕에서 한 걸음 더 나아가 제왕으로 호칭하는 것을 의미함. 전국 시대 말기까지는 오로지 천자의 나라인 주나라만 이렇게 할 수 있었음—옮긴이)를 했습니다. 그러나 얼마 지나지 않아 각 나라의 압력으로 모두 이를 철회했습니다. 지금 제나라는 이미 국력이 매우 쇠약해졌습니다. 더 이상 칭제를 할 수 없습니다. 오로지 진나라만이 이렇게 할 수 있습니다. 따라서 나는 진나라가 한단을 공격하는 것이 핑계라고 생각합니다. 진나라의 진정한 의도는 조나라가 솔선수범해 진나라 왕을 제왕이라고 부르도록 하겠다는 것이 아닌가 싶습니다. 만약 조나라가 진나라 소양왕을 제왕으로 공경하면 진나라는 대단히 기뻐할 것입니다. 한단의 포위는 곧 저절로 풀리지 않을까 생각됩니다."

효성왕과 평원군은 어리둥절하지 않을 수 없었습니다. 안리왕의 말이 너무나도 미묘했던 탓이었습니다. 둘은 한참이나 얼굴을 맞대고도 결정을 내리지 못했습니다.

이때 마침 한단의 성 내에는 노중련魯仲連이라는 제나라의 의사義士 한 명이 체류하고 있었습니다. 그는 이 말을 듣기 무섭게 평원군을 찾아왔습니다. 이어 평원군의 소개로 신원연을 만났습니다. 그가 말했습니다.

"진나라는 예의를 논하지 않고 살인과 전쟁만 추구하는 국가라고 해야 합니다. 일단 우리가 진나라 왕(소양왕)을 제왕이라고 칭하면 틀림없이 천하의 백성들이 치명적인 재앙을 입을 것입니다. 그러나 위나라 왕(안리왕)은 진나라 왕을 제왕으로 받들게 될 때의 위험성을 모르고 있습니다. 조나라 왕(효성왕)에게 이렇게 하도록 권하는 것을 보면 진짜 그런 것 같습니다. 하지만 위나라 왕이 이 위험성을 알게 된다면 절대로 진나라를 제왕으로 받들지 않을 것입니다. 게다가 조나라를 적극적으로 도우려 할 것입니다. 진나라 왕을 제왕으로 받들면 어떤 나쁜 점이 있다고 생각하십니까? 진나라 왕은 일단 칭제를 하면 제후의 대신들을 모조리 교체할 명분을 얻게 됩니다. 현명한 이들을 무능한 이들로 바꿔버릴 것입니다. 또 무능한 자들은 현명한 대신이라는 칭찬을 받게 됩니다. 심지어 진나라 왕은 자신의 궁녀들을 제후들의 비빈으로 삼을지도 모릅니다. 첩자로 제후들의 침궁에 심어놓는 것이죠. 만약 위나라 왕의 비빈들이 전부 진나라가 파견한 여자 정보원들이라고 생각해보십시오. 위나라 왕이 하루라도 편할 날이 있겠습니까? 장군이 위나라 왕의 총애를 받을 수 있겠습니까?"

정말 논리정연한 말이었습니다. 신원연은 다시 효성왕에게 소양왕을 제왕으로 받들라는 권고를 하지 못하게 됐습니다. 이로 인해 진나라를 천자의 나라로 받들지는 않을 수 있었습니다. 그러면 당장 발등의 불처럼 화급한 한단의 포위는 어떻게 풀 수 있게 됐을까요? 이 부분에서는 신릉군의 기지가 기가 막히게 발휘됐습니다.

평원군은 한단이 포위된 다음 수차례에 걸쳐 처남인 신릉군에게 편지를 보냈습니다. 하나같이 조나라를 구원할 방법을 세워보라는 독촉 편지였습니다. 신릉군 역시 최선을 다했습니다. 자신이 직접 안리왕에게 권한 것에서도 모자라 수하의 빈객까지 파견해 조나라를 구원할 것을 독촉했습니다. 하지만 진나라에 대한 두려움을 시종일관 떨치지 못했던 안리왕은 진비를 국경 부근에서 더 나아가지 못하게 했습니다.

평원군은 이런 위나라의 현실을 알 턱이 없었습니다. 위나라 구원 부대가 어영부영한 채 오지를 않자 더욱 몸이 달았습니다. 매일이다시피 신릉군에게 편지를 보냈습니다. 게다가 이번에는 신릉군이 대단히 난처할 말들까지 마구 해댔습니다.

"그대는 우리의 위급함을 구해주는 사람이오. 지금 한단은 조만간 진나라의 공격에 의해 점령당할 위기에 처해 있소. 그런데도 위나라의 구원 병력은 오지 않고 있소. 이런 상황이니 그대 말고 우리가 누구를 믿는다는 말이오? 그대는 나를 우습게볼지 모르오. 조나라를 도와주지 않을 생각일 수도 있소. 그러나 어찌 그대의 누나를 돕지 않으려 할 수 있겠소?"

신릉군은 편지를 받고 몸이 달았습니다. 그러나 아무리 그가 유세객을 보내 설득해도 안리왕은 여전히 요지부동이었습니다. 신릉군은 최후의 카드를 빼들었습니다. 자신이 직접 빈객들과 함께 100여 량의 전차를 휘몰아 구원에 나서려 한 것입니다. 위나라의 도성인 대량의 성문을 지날 때였습니다. 신릉군은 갑자기 옛 빈객인 후생侯生을 뇌리에 떠올렸습니다. 그는 후생을 만나자마자 자신의 안타까운 현실과 결사 항전을 벌이겠다는 결심을 밝혔습니다. 후생은 이 말에 냉정하게 "공자께서는 혼자 좋으실 대로 하십시오. 제가 전송해드리지 못하는 것을 용서하십시오"라고 대답했습니다. 할 수 없이 신릉군은 몇 리를 더 갔습니다. 그러다 가슴속에서 솟구치는 기분 좋지 않은 감정을 억제하지 못했습니다.

"내가 평소에 저 친구에게 잘 대해준 사실은 세상이 다 아는 것 아닌가? 그런데 저 친구는 지금 전쟁터로 달려가는 나를 보고도 전송의 말 한 마디를 하지 않았다. 내가 도대체 무슨 섭섭할 일을 했기에 저 친구가 저렇게 기분 나빠 하는가?"

신릉군은 몹시 기분이 언짢았습니다. 그는 즉시 말머리를 돌려 다시 후생을 찾지 않을 수 없었습니다.

후생은 신릉군이 돌아오는 모습을 보고는 가가대소했습니다. 미리 뭔가를 생각하고 있었던 것 같았습니다. 그가 입을 열었습니다.

"저는 공자께서 반드시 돌아올 줄 알았습니다. 공자께서는 줄곧 저에게 잘 대해줬습니다. 그런데 저는 오늘 공자께서 사지로 가시는데 잘 가시라는 말 한마디 하지 않았습니다. 공자께서 유감이라는 생각을 가질 만합니다. 그래서 돌아오시리라고 생각했습니다."

신릉군은 후생의 생각을 알 것 같았습니다. 그래서 서슴없이 계책을 물을 수 있었습니다. 후생이 대답했습니다.

"저는 진비가 가지고 있는 병부(兵符. 왕이 병력을 지휘하도록 준 신표. 부절符節과 같은 뜻임-옮긴이)와 똑같은 다른 병부가 위나라 왕의 침실 안에 있다는 얘기를 들었습니다. 또 침실에는 오로지 가장 신임하는 애비愛妃인 여희如姬만이 들어갈 수 있다는 말도 들었습니다. 그녀만이 이 병부를 훔쳐낼 수 있다는 얘기가 되겠습니다. 여희가 누구입니까? 아버지가 다른 사람에 의해 살해당한 여자입니다. 이때 위나라 왕은 직접 수사를 진두지휘해 흉수를 체포하려 했습니다. 하지만 성공하지 못했습니다. 그러다 나중에 공자께서 여희를 대신해 복수를 해줬습니다. 이후 여희는 공자에게 이 은혜를 갚을 기회를 계속 엿보고 있었습니다. 그러나 아쉽게도 기회가 없었습니다. 지금 공자는 입을 열기만 하면 됩니다. 여희는 틀림없이 공자를 위해 병부를 훔쳐내 줄 겁니다. 이렇게 하면 진비의 병력을 탈취하는 것이 가능합니다. 조나라를 구할 수 있습니다."

신릉군은 후생의 말에 크게 기뻐했습니다. 은밀히 조정으로 다시 돌아가 여희에게 도움도 요청했습니다. 여희는 과연 병부를 훔쳐내 신릉군에게 줬습니다. 신릉군이 다시 후생과 작별했을 때였습니다. 후생은 미리 준비한 계책을 그에게 단단히 일러줬습니다.

"전쟁터에서는 군주의 명령이라도 받아들이지 않을 수 있습니다. 공자께서 설사 진비에게 병부를 보여주더라도 그가 병권을 완전히 넘겨주지 않을 가능성은 있습니다. 만약 진짜 진비가 위나라 왕에게 지시를 내려달라고 청원을 하게 된다면 상황은 복잡해집니다. 저에게는 백정 출신의 빈객이 한 명 있습니다. 주해朱亥라는 사람입니다. 이 사람과 함께 가십시오. 힘이 장사라 쓸모가 있습니다. 만약 진비가 병권을 내놓으면 큰 문제가 없습니다. 하지만 병권을 넘겨주지 않으려 하거든 현장에서 죽여 버리십시오."

신릉군이 병부를 지닌 채 출발하려고 할 때였습니다. 후생이 그에게 다시 "저는 이미 늙었습니다. 공자를 모시지 못합니다. 저는 제 앞길을 결정했습니다. 공자께서 진비의 군대가 있는 곳에 가게 될 때 저는 북쪽을 향한 채 자살하게 될 겁니다. 죽음으로 공자를 전송하겠습니다"라고 말했습니다.

신릉군은 예정대로 무사히 진비의 군영에 도착했습니다. 진비는 이상한 느낌이 들었는지 병부를 자세하게 살펴봤습니다. 이상이 없었습니다. 그러나 그는 시종 불안했습니다. 결국 신릉군에게 "저는 지금 10만 명의 대군을 통솔하고 국경에 주둔하고 있습니다. 국가를 위해 중책을 짊어지고 있습니다. 그러나 지금 공자는 달랑 혼자 전차를 타고 나타나서는 저를 대신하려고 합니다. 제가 어떻게 해야 하겠습니까?"라고 물었습니다. 신릉군을 수행했던 주해는 진비의 말에 사전 시나리오대로 미리 옷소매에 숨겨온 40근짜리 철퇴를 꺼내 들었습니다. 진비는 찍 소리 한 번 못한 채 그대로 살해당하고 말았습니다. 신릉군은 병권을 탈취하자마자 병사들을 위무하기 위한 군령을 내렸습니다.

"부자가 함께 출정한 경우는 아버지가 집으로 돌아갈 수 있다. 또 형제가 함께 군영에 있는 경우는 형이 돌아가도록 한다. 형제가 없는 독자들은 모두 집으로 돌아가도록 하라."

병사들의 사기에 적지 않은 긍정적 영향을 줄 수밖에 없는 정령政令이 발표되자 군중의 병사들은 그야말로 환호작약했습니다. 군중에 남게 된 나머지 병사들의 경우는 더욱 전의를 다졌습니다. 위나라의 8만 명 구원병은 이렇게 당당히 진군했습니다. 신릉군이 지휘하게 될 이들은 과연 한단의 포위를 풀 수 있을까요?

무명의 모수가 맹약을 이끌어내니, 평원군은 재산을 쏟아 적을 물리치다

신릉군은 절묘한 시점에 만난 옛 빈객 후생의 코치에 따라 병부를 훔쳐 조나라를 구하고자 했습니다. 이때 진나라 대군으로부터 겹겹의 포위를 당하고 있던 조나라는 위나라만 쳐다볼 한가한 입장이 아니었습니다. 물에 빠진 사람은 지푸라기라도 잡는다고 가능한 모든 방법을 강구해야 했습니다. 평원군이 직접 초나라에 구원을 요청하기 위해 나서려 한 것이 대표적인 경우가 되겠습니다. 이런 와중에 위나라의 구원병이 왔습니다. 그러면 과연 조나라는 초나라의 구원병까지 얻을 수 있을까요?

평원군은 초나라로 떠나기에 앞서 자신의 빈객 중에서 수행원을 직접 선발했습니다. 원래는 20명을 뽑으려 했으나 최종적으로는 19명을 선발했습니다. 딱 한 사람의 차이가 났으나 어쨌든 원래 뽑으려 한 수에는 미치지 못했습니다.

바로 이때였습니다. 자신이 부족한 나머지 한 명의 머리를 채우겠다고 자청한 사람이 나타났습니다. 모수毛遂라는 빈객이었습니다.

평원군은 모수를 잘 알지 못했습니다. 그래서 "선생은 내 문하에서 몇 년을 있었소?"라고 간단한 질문을 하지 않을 수 없었습니다. 모수는 별로 부끄러운 기색 없이 "3년이 됐습니다"라고 대답했습니다. 평원군이 다시 "뛰어난 선비는 자루 속의 송곳과 같다고 했소. 송곳이 날카로운 탓에 자루를 뚫고 나오는 것과 같은 이치라는 얘기요. 선생은 내 문하에서 3년을 있었다고 하나 나는 한 번도 들어본 적이 없소. 이는 선생이 뛰어난 재능이 없다는 사실을 말해주는 증거라고 할 수 있소"라면서 전혀 관심을 두지 않는다는 어조로 말했습니다. 모수는 지지 않았습니다. 다시 "오늘 저를 자루에 넣어 보십시오. 만약 저를 조금 일찍 자루에 넣었더라면 저는 두각을 나타냈을 겁니다"라고 자신만만한 태도를 보였습니다. 이게 바로 저 유명한 고사성어들인 모수자천毛遂自薦과 탈영이출(脫穎而出. 두각을 나타낸다는 의미-옮긴이)의 유래가 되겠습니다.

평원군은 결국 모수의 입장을 존중해줬습니다. 그를 수행원의 일원으로 선발했습니다. 당연히 나머지 수행원 19명은 그를 별로 대단하게 생각하지 않았습니다. 모수 역시 이 사실을 모르지 않았습니다. 그러나 이들 19명의 수행원들은 출국 후 초나라에서 모수의 말을 듣다가 그만 깜짝 놀랍니다. 무엇보다 그의 말 한마디 한마디가 대단히 뛰어난 논리를 담고 있었습니다. 그제야 빈객들은 모수에게 진심으로 존경의 뜻을 표하게 됐습니다. 이후에는 더욱 그랬습니다. 대표적인 사례를 들어야 하겠습니다. 평원군이 초나라의 고열왕考烈王과 합종 전략으로 진나라에 대항하는 문제를 상의할 때였습니다. 이때 두 사람은 아침부터 점심까지 거의 반나절이나 의견을 교환했습니다. 하지만 무슨 그럴듯한 결론을 이끌어내지 못했습니다. 그러자 19명의 빈객들이 모수에게 "선생이 올라가 보십시오"라고 권했습니다. 모수는 두 말 하지 않고 칼을 찬 채 천천히 계단을 밟으면서 초나라 궁전의 전당으로 올라갔습니다. 이어 모수가 평원군의 면전에서 입을 열었습니다.

"합종의 이해득실은 단 두 마디의 말로 설명해도 충분합니다. 그럼에도 아침부터 해가 중천에 떠 있는 지금까지 시원스런 결과를 만들어내지 못하고 있습니다. 도대체 이유가 뭘까요?"

이 당돌한 질문에 초나라 고열왕은 기가 막혔는지 평원군을 바라보면서 "이 사람은 누구입니까?"라고 물었습니다. 평원군은 "제 빈객입니다"라고 솔직하게 대답했습니다. 고열왕은 평원군의 말에 소리를 내질렀습니다. "빨리 전당 밑으로 내려가지 못하겠는가! 내가 그대의 주군과 일을 논의하고 있다. 어디 감히 참견을 하려고 하는가!"

모수는 고열왕의 호통에도 전혀 기가 죽지 않았습니다. 대신 날카로운 검을 어루만지면서 말했습니다.

"대왕께서 지금 저에게 질책의 말을 퍼붓는 것은 대왕이 주위에 대신들과 호위병들이 있다는 사실에 그러는 것입니다. 그러나 주위에 아무리 많은 사람이 있어도 열 걸음 이내에는 당장 올라올 수 없습니다. 이걸 아셔야 합니다. 대왕의 목숨은 저 모수에게 달려 있습니다. 또 지금 저의 주군이 앞에 있습니다. 대왕께서는 뭘 믿고 저를 꾸짖으시는 겁니까? 천천히 한번 말해보겠습니다. 대왕께서는 초나라가 너무 무능하다고 느끼지 않습니까? 초나라는 사방 5,000리의 땅을 가지고 있습니다. 병력은 100만 명을 헤아립니다. 패왕이 될 국력을 보유하고 있습니다. 그러나 백기라는 어린 아이가 수만의 군사를 이끌고 와서 공격했을 때 어땠습니까? 첫 번째 싸움에 언鄢과 영郢을 함락당했습니다. 다음 싸움에서는 이릉夷陵이 완전히 불탔습니다. 세 번째 전투에서는 초나라 조상들이 모욕을 당했습니다. 이것은 초나라의 입장에서는 백세百世에 걸쳐서도 씻지 못할 원한입니다. 우리 조나라 사람들조차 부끄러워하는 일입니다. 하지만 대왕께서는 전혀 수치를 느끼지 않습니다."

모수는 고열왕의 아픈 곳을 절묘하게 골라 찔렀습니다. 고열왕의 기세는 서서히 누그러졌습니다. 모수의 말은 계속됐습니다.

"합종을 하고자 하는 것은 초나라를 위한 것이지, 우리 조나라를 위한 것이 절대로 아닙니다."

고열왕은 너무나도 논리정연한 모수의 말에 거의 넋을 빼앗겼습니다. 백기가 초나라를 쳐들어왔을 때의 난감한 상황 역시 그의 뇌리를 스쳤습니다. 그로서는 합종을 수락한다는 말을 하지 않으면 안 됐습니다.

평원군은 모수가 초나라에서 활약하는 모습을 그야말로 생생히 목격했습니다. 그를 좋아하지 않을 수가 없었습니다. 조나라로 돌아오자마자 그를 상객上客으로 삼아 극진히 대접했습니다.

이때 한단의 형세는 상당히 심각했습니다. 게다가 위나라와 초나라의 대군은 아직 도착하지 않은 상태였습니다. 설사 대군을 휘몰아 온다 해도 당시의 교통 상황으로는 시간이 상당히 필요했습니다. 진나라에게 항복하는 문제를 공공연하게 논의하는 것이 전혀 이상하지 않았던 것은 다 이유가 있었습니다. 그렇다면 이 위기의 순간에 평원군은 구원을 기다릴 수 있는 시간을 어떻게 벌었을까요?

마침 이 무렵 한단의 한 객사에서는 웬 관리의 아들인 이담(李談.《사기》에는 이동李同으로 나옴. 사마천이 아버지의 이름을 피하기 위해 이렇게 했던 것으로 보임)이라는 젊은이가 평원군을 만나고 있었습니다. 그는 이때 평원군에게 "공자께서는 조나라가 멸망할 것을 두려워하지 않으십니까?"라고 단도직입적으로 물었습니다. 평원군 역시 솔직하게 "조나라가 망하면 나도 포로가 될 텐데 어찌 두렵지 않겠는가?"라고 대답했습니다. 이담이 다시 말을 이었습니다.

"한단성의 백성들은 지금 뼈를 장작으로 삼아 밥을 짓고 있습니다. 서로 자식을 바꿔 먹고도 있습니다. 형세가 대단히 위중하다는 얘기입니다. 그러나 공자의 후궁은 그렇지 않습니다. 처첩과 시녀 수백 명이 비단 옷을 입고 있습니다. 고기와 식량은 남아돈다고 합니다. 다시 말하겠습니다. 백성들은 몸을 가릴 옷조차 제대로 입지 못하고 있습니다. 배불리 먹지도 못합니다. 무기는 다 떨어졌습니다. 그러나 공자의 금은보화는 조금도 축나지 않았습니다. 만약 진나라의 대군이 조나라를 격파하면 공자는 이들 재산을 지킬 수 있겠습니까? 반대로 조나라가 온전하게 나라를 보전할 수 있게 된다면 공자께서는 이들을 잃을까 염려할 필요가 있을까요? 공자께서는 지금부터 부인 이하의 모든 사람들을 조나라 부대에 편입시키고 성을 지키는 임무를 맡기십시오. 또 보유하고 계신 모든 것들을 풀어 병사들에게 먹이십시오. 그러면 병사들이 이 위급한 순간 정말로 감읍하게 될 것입니다."

평원군은 이담의 너무나도 당돌한 지적에도 화를 내지 않았습니다. 아니 오히려 그의 말이 옳다고 보고 건의를 받아들였습니다. 재산을 털어 3,000명의 결사대도 조직했습니다. 이담은 이 결사대를 이끌고 진나라 병영으로 돌진했습니다. 진나라 대군은 이때 너무나 놀라 무려 30리나 후퇴한 다음에야 겨우 정신을 차렸습니다. 안타깝게도 이담은 이 전투에서 장렬하게 전사했습니다. 그러나 그가 이끈 결사대는 조나라에게 정말로 황금 같은 시간을 벌어줬습니다.

위와 초나라의 구원병이 달려온 것은 조나라가 이담의 뛰어난 활약에 힘입어 겨우 한숨을 돌리고 있을 바로 이때였습니다.

한 번 된통 혼이 난 진나라 대군은 위와 초나라의 연합군의 공격을 당해내지 못했습니다. 나중에는 진나라 장군 정안평(鄭安平. 앞서 범저의 활약에 대해 얘기했을 때 이미 등장한 인물. 이때 장군이었음)이 2만 명의 병력을 거느리고 투항하기도 했습니다. 역사적으로 장군 계급의 진나라 고급 장교가 육국에 투항한 경우는 거의 드물었습니다. 이런 점에서 보면 이때 조, 위, 초나라의 삼국 연합군은 기적을 창조했다고 해도 좋을 듯합니다.

군민軍民의 필사적인 저항과 위, 초나라의 구원에 힘입어 한단의 포위는 드디어 풀렸습니다. 조나라는 일시적이나마 망국의 횡액에서 벗어날 수 있게 됐습니다. 그러나 진나라가 이 실패를 과연 순순히 받아들였을까요?

19강
조나라의 멸망

조나라는 진나라가 육국을 병탄, 천하 통일을 이룩하기 위해서는 반드시 넘어야 할 최대 장애물이었습니다. 때문에 전 국력을 총동원해 조나라에 대한 군사적 타격을 가했습니다. 중국 역사에서도 대단히 큰 규모의 전쟁으로 불리는 장평의 전쟁과 한단의 전쟁은 이 과정에서 발발했습니다. 결과적으로 이 두 차례의 대전에서 조나라의 국력은 크게 훼손됐습니다. 다시는 떨치고 일어나기 어려울 만큼 치명적인 상처를 입었습니다. 진나라가 조나라를 멸망시키는 것은 그야말로 시간문제였습니다. 기원전 229년 진나라의 대장 왕전王翦은 영정의 명령에 따라 다시 한 번 조나라의 도성 한단에 대한 대대적 공격을 가했습니다. 그는 이 전쟁을 1년여의 시간을 투자해 진행했습니다. 마지막에는 조나라의 마지막 국군인 조천趙遷을 사로잡았습니다. 이때 조천의 태자였던 조가趙嘉는 대代 땅으로 겨우 도망가서 왕을 칭했습니다. 그러나 7년 후인 222년에는 그 역시 진나라 군대에 의해 생포됐습니다. 조나라는 이로써 완전히 멸망했습니다. 조천은 조나라를 멸망으로 이끈 네 번째의 국군이었습니다. 그렇다면 그는 어떤 군주였을까요? 또 조나라를 멸망으로 이끈 요인들에는 어떤 것들이 있었을까요?

영정은 조나라 정벌에 나서고, 조왕은 이목李牧을 참해 멸망으로 달려가다

기원전 235년 조천이 조나라의 왕위를 계승했습니다. 진나라의 왕 영정이 재위에 오른 지 12년일 때였습니다. 영정은 이때 진나라의 대권도 4년째 확실하게 장악하고 있었습니다.

조천왕 2년(기원전 234년) 여불위 사건을 완전히 해결한 영정은 조나라에 대한 대대적인 공격을 결행했습니다. 결과는 조나라의 참패였습니다. 무엇보다 사령관이 전사했습니다. 잃은 병력만 10만 명이었습니다. 45만 명이 피살된 장평의 전쟁에 뒤이은 엄청난 패전이었습니다. 이로 인해 새로운 세대의 군사력을 발판으로 서서히 힘을 키워가고 있던 조나라는 거의 궤멸에 가까운 타격을 받았습니다.

영정은 조천왕 3년에 다시 한 번 대군을 한단에 보냈습니다. 이때는 상당군에서 태행산을 넘었습니다. 상황은 위급했습니다. 조천은 서둘러 북부 국경 지대에서 이목을 대장으로 불러들여 진나라 대군에 저항하게 했습니다. 놀랍게도 이목은 진나라 대군을 격파했습니다. 진나라 장군 환의(桓齮. 일설에는 환의가 번어기라는 설이 있음)는 전투에 진 데 대한 문책이 두려워 연나라로 도주했습니다.

3년 후 진나라 대군은 번오番吾를 공격했습니다. 이목은 다시 출병에 나서 진나라 대군을 격파했습니다. 진나라는 다시 한 번 이목에게 치욕을 당했습니다.

그러면 이목은 어떤 사람이었을까요? 그는 원래 조나라 북부 국경 지대의 장군이었습니다. 주로 대군代郡과 안문군雁門郡에 주둔하면서 흉노족의 침략을 방어하였습니다. 조나라의 오합지졸을 이끌고 무적의 진나라 대군을 두 번이나 무찌른 데에서 보듯 그는 훌륭한 장군이었습니다. 부대를 지휘하는 세 가지 원칙도 남달랐습니다. 우선 병사들에게 상을 많이 주는 것을 원칙으로 했습니다. 당연히 병사들의 생사나 복지에 대해 관심을 많이 기울였습니다. 매일 소 몇 마리씩을 잡아 병사들이 먹게 할 정도였습니다. 휘하의 각급 지휘관들에게는 이보다 더했습니다. 온 힘을 다 기울여 국경 수비에 나선다는 원칙 역시 다른 사람의 귀감이 되기에 충분했습니다. 실제 그는 평소 병사들에게 활쏘기나 말 타기 교육을 시키면서도 봉화대를 살피는 것을 게을리 하지 않았습니다. 척후병들을 보내 적정을 살피는 노력은 더 말할 필요조차 없었습니다. 마지막으로 죽어도 나가 싸우지 않는다는 원칙 역시 예사롭지 않았습니다. 이건 거의 철칙이었습니다. 때문에 과감하게 맞서자는 주장을 하는 장교들이 나타날 경우는 읍참마속의 심정으로 목을 베기까지 했습니다. 이렇게 했으니 흉노가 일단 침략에 나섰다 하면 빨리 영루에 들어가 방어에 나서는 것이 어렵지 않았습니다.

흉노족의 입장에서는 이목의 이런 수비 위주의 전략이 비겁한 것으로 보일 수 있었습니다. 그의 휘하였던 조나라 병사들까지 자신들의 사령관이 비겁하고 배짱이 없다고 봤으니까요. 급기야 효성왕은 이런 그에게 몇 번이나 질책을 했습니다. 그래도 이목은 동요하지 않았습니다. 드디어 효성왕은 인내의 한계에 이르렀습니다. 그를 소환하고 다른 장군을 대신 보내는 조치를 과감하게 시행했습니다. 이목은 이때 아무 변명도 하지 않았습니다. 그저 집으로 돌아가 쉬었습니다.

이후 1년여 동안 흉노가 침략할 때마다 북부 국경 수비대의 신임 사령관은 과감하게 나가 싸웠습니다. 결과는 참담했습니다. 손실이 그야말로 막심했습니다. 효성왕은 달리 방법이 없었습니다. 그를 다시 불러야 했습니다.

그러나 이목은 이에 응하지 않았습니다. 병이 있다는 핑계를 대고 죽어라고 사양했습니다. 효성왕도 지지 않았습니다. 계속 임지로 가도록 강권했습니다. 이목은 그제야 비로소 "대왕께서 저를 다시 쓰시려면 제가 세운 과거의 세 가지 원칙을 인정해줘야 합니다"라고 말하면서 효성왕을 압박했습니다. 효성왕은 이목의 요구를 흔쾌히 들어줬습니다.

이목은 다시 국경 지역으로 돌아갔습니다. 여전히 수비 위주의 전략으로 흉노족에 맞섰습니다. 흉노족은 수년 동안이나 침략을 해왔으나 소득이 없었습니다. 나중에는 이목의 화를 촉발시키기 위해 비겁한 작자라고 무수히 욕을 했습니다. 물론 효과는 없었습니다. 현지 관원들은 매일 이목이 주는 상을 받았습니다. 그러나 이들에게는 자신들의 힘을 과시할 현장이 필요했습니다. 모두들 통쾌하게 한 번 전투를 해보고 싶다는 생각을 늘 한 것은 당연할 수밖에요.

이목은 이때 드디어 흉노족과 결전을 벌일 시기가 왔다고 생각했습니다. 그는 곧 흉노를 격퇴할 3단계 전략을 세웠습니다. 그 첫 단계는 성능이 우수한 전차 1,300량, 좋은 말 1만 3,000필, 용감한 병사 5만 명, 명사수 10만 명을 선발하는 것이었습니다.

다음 단계는 약한 모습을 보이는 전략이었습니다. 흉노족은 처음에는 적은 병력으로 공격을 개시했습니다. 그럼에도 이목은 거짓으로 패전하는 척했습니다. 흉노족의 왕 선우單于는 이 의외의 전과에 잔뜩 고무됐습니다. 계속 공격하는 것이 유리하다고 판단했는지 대규모 병력을 이끌고 이목의 군영에 대한 공격을 개시했습니다.

다음 단계는 대대적인 전투를 벌이는 것이었습니다. 이목은 본격적인 전투가 벌어지자 처음과는 완전히 다른 모습을 보여줬습니다. 정면에서 맞받아쳤습니다. 흉노족의 주력 부대를 완전히 패퇴시켰습니다. 살해한 흉노족 병사가 무려 10여 만 명에 이를 정도였습니다. 일부 흉노족 부락은 항복하기까지 했습니다. 흉노의 선우 역시 상황이 여의치 않자 황급히 도주했습니다. 이 전투에서 흉노족은 도저히 단기간에 회복하지 못할 큰 타격을 입었습니다. 이후 10여 년 동안 흉노족이 조나라 국경에 얼씬도 하지 않은 것은 크게 이상한 일이 아니었습니다.

이목은 이처럼 방어 전략도 뛰어났으나 적을 격파하는 능력 역시 대단히 뛰어났습니다. 기원전 244년 도양왕悼襄王이 그를 연나라로 진공시킨 것은 다 이런 역량을 간파한 때문이 아닌가 싶습니다. 그는 이때 연나라의 두 개 현을 공격해 점령했습니다.

조천왕 7년(기원전 229년) 진나라는 대장 왕전을 보내 조나라를 공격했습니다. 조나라는 명장 이목과 사마상司馬尙을 보내 이들의 공격을 막게 했습니다. 이목은 기대를 저버리지 않았습니다. 때문에 명장 왕전이 진나라의 대군을 지휘했음에도 조나라를 멸망시키기 위한 전쟁은 무려 1년여 이상이나 끌 수밖에 없었습니다.

진나라는 이목이 있을 경우 전쟁에 승리하기 어렵다는 판단이 섰습니다. 그를 제거해야 조나라를 멸망시키는 것이 가능하다는 판단도 내렸습니다. 왕전은 진나라의 특기인 반간계를 사용하기로 했습니다. 이를 위해 조천의 총신인 곽개郭開에게 거액의 뇌물을 제공했습니다. 곽개는 뇌물에 완전히 눈이 뒤집혔습니다. 끊임없이 유언비어를 유포하는 것에서도 모자라 조천 앞에서 이목에 대해 좋지 않은 말도 내뱉었습니다. 사마상과 함께 곧 반란을 일으킬 것이라는 게 유언비어와 모함의 핵심 요지였습니다.

조천은 멍청한 군주였습니다. 곽개의 말에 속아 이목을 다른 장군으로 교체하려고 했습니다. 이목은 명령을 거부했습니다. 조천은 얼마 후 이목이 방심한 틈을 타 그를 체포했습니다. 이어 곧바로 처형해버렸습니다. 사마상에게는 계급을 박탈하는 처벌을 내렸습니다. 3개월 후 왕전은 대대적 공격에 나서 조나라 대군을 격파했습니다. 가볍게 조천도 포로로 잡았습니다.

조천의 태자 조가는 이때 대代 땅으로 도망갔습니다. 이를테면 망명 정부를 세운 셈입니다. 그러나 그 역시 7년 후인 기원전 222년에는 아버지처럼 사로잡히는 신세가 되고 맙니다.

참언을 믿고 명장을 죽이니 패망의 길이 빨라지다

조나라는 기원전 403년에 건국해 기원전 228년에 멸망했습니다. 일찍이 지금의 허베이성과 산시山西성의 경계 지역을 중심으로 휘황찬란한 역사와 문화를 창조해 후세에 남겼습니다. 조나라는 이런 역사와 문화만 있었던 것은 아닙니다. 사람들에게 칭송받는 정신도 있었습니다. 이게 바로 적극적인 저항 정신입니다. 아마도 조나라는 전국 시대 육국 중에서 진나라에게 가장 적극적으로 저항하고 장렬하게 저항한 나라일 겁니다. 그러나 역사는 조나라를 선택하지 않았습니다. 이것은 역사적인 필연성입니다. 하지만 이렇게 된 데에는 다른 이유가 있었습니다. 이 요인들은 무엇이었을까요?

조나라가 역사의 선택을 받지 못하고 멸망한 데에는 네 가지 요인이 있었습니다. 용인用人에 있어서의 실수, 정치적인 부패, 일의 본말을 분명하게 가려내지 못한 무능력, 영토의 급감 등이 바로 이것입니다.

우선 용인의 실수를 보겠습니다. 조나라에는 인재가 그야말로 구름같이 많았습니다. 그러나 국군들은 이들 인재를 잘못 썼습니다. 대신 공족公

族 같은 친인척이나 귀족 등은 능력을 불문하고 중용했습니다. 대표적 사례도 볼 수 있습니다. 예컨대 조나라의 운명을 판가름할 대 결전의 장인 장평의 전쟁 때 그랬습니다. 이때 효성왕은 누구와 전략을 의논했을까요? 한 사람은 평양군 조표였습니다. 다른 한 사람은 평원군 조승이었습니다. 둘 다 공족 출신의 친척이었습니다. 염파 같은 천하의 명장들이나 인상여 같은 일단의 명신들은 이 반열에 들어가지도 못했습니다. 이때 조표는 상당군을 받아들일 필요가 없다는 주장을 펼쳤습니다. 반면 조승은 받아야 한다는 입장이었습니다. 두 사람의 입장은 완전히 달랐습니다. 하지만 두 사람 모두 상당군을 받아들일 경우 진나라와의 생사를 건 대 결전을 불러일으킬 것이라는 사실은 의식하지 못했습니다. 당연히 효성왕에게 이 사실을 분명하게 깨우쳐주지 못했습니다. 효성왕은 바로 이 때문에 땅만 생각했지 이로 인한 생사결전이나 악전고투 등은 전혀 생각하지 못했습니다.

조천 역시 효성왕과 크게 다르지 않았습니다. 나라가 누란의 위기에 내몰려 있었는데도 참언만 들었습니다. 이어 조나라를 그나마 지탱할 수 있도록 해준 명장 이목을 살해하는 실수를 저질렀습니다. 이건 자신의 방어선을 스스로 허물어버리는 것과 크게 다르지 않았습니다. 3개월 후에 진짜 그는 포로가 됐습니다. 이목이 피살되지 않았을 경우 조나라가 과연 연명을 할 수 있었을 것인가에 대해서는 자신하기 힘듭니다. 그러나 최소한 조나라를 3개월 만에 멸망의 길로 이르도록 하지는 않았을 겁니다. 한마디로 그의 피살은 조나라의 멸망을 필연적인 현실로 만들었다고 하겠습니다. 조천은 죽음에 임박해서도 엉뚱하게 명장을 누명 씌워 죽였습니다. 이건 정말 평범한 사람이 생각해도 이해하기 어려운 일이었습니다.

정치 부패에 대해서도 분석을 해봐야겠습니다. 조나라의 정치적인 부패는 대단했습니다. 어느 정도인지는 곽개라는 사람만 봐도 알 수 있습니다. 그는 대신이었습니다. 문헌이 없는 탓에 그가 맡은 일이 무엇이었는지는 알 길이 없습니다. 하지만 그래도 그에게 조나라의 멸망을 초래한 큰 책임이 있다는 사실은 부인하기 어렵습니다.

전국 시대에는 이른바 사대 명장이 있었습니다. 백기와 왕전, 염파, 이목이 바로 이 주인공들입니다. 이중 염파와 이목이 조나라 사람이었습니다. 무려 두 명이나 있었습니다. 하지만 이목은 곽개의 모함에 의해 죽었습니다. 염파 역시 그의 입에 의해 크게 횡액을 당했다고 해도 좋습니다.

효성왕은 장평의 전쟁 때 큰 실수를 했습니다. 염파를 해임하고 조괄을 사령관으로 임명해 45만 정예 병력을 잃고 말았습니다. 이후 그는 어느 정도 염파의 중요성을 인식하게 됩니다. 염파에게 다시 군대 지휘권도 넘겼습니다. 염파는 기대에 어긋나지 않고 수차례 공을 세웠습니다.

효성왕이 세상을 떠난 다음 자리를 계승한 도양왕도 염파를 불신하기 시작했습니다. 나중에는 악승에게 염파의 역할을 대신하게 했습니다. 염파는 화가 머리끝까지 난 나머지 악승을 죽이려 했으나 실패했습니다. 그는 결국 위나라의 수도인 대량(大梁. 지금의 허난성 카이펑)으로 달아났습니다.

염파는 위나라에서는 완전히 찬밥이었습니다. 위나라 조정에서는 그를 쓸 생각조차 하지 않았습니다. 그 역시 언제나 조나라로 돌아가야겠다는 생각만 했습니다. 마침 이때 도양왕은 염파 대신 악승을 중용한 것이 실수였다는 것을 깨닫기 시작했습니다. 다시 염파를 중용하겠다는 생각을 한 것은 당연했습니다. 그러나 그는 염파의 몸 상태가 어떤지를 잘 몰랐습니다. 사람을 위나라에 보내 염파의 소식을 탐문하려 한 것은 바로 그래서였습니다. 곽개는 조정의 중신이었던 만큼 이 소식을 바로 들을 수 있었습니다. 후속 조치 역시 신속했습니다. 위나라로 떠날 사람에게 뇌물을 준 것입니다. 염파가 조나라로 다시 돌아오지 못할 조치를 강구하라는 얘기였습니다. 도양왕의 사신은 위나라에서 염파를 만났습니다. 그의 눈에 비친 염파는 식사량도 많았고 힘 역시 여전했습니다. 갑옷을 입은 채 말을 타는 것은 아무 문제가 없을 것처럼 보였습니다. 그러나 그는 곽개의 뇌물을 받은 입장이었습니다. 조나라로 돌아온 다음 도양왕에게 제대로 된 보고를 하지 않았습니다. "염장군은 이미 늙었으나 식사량은 여전히 대단했습니다. 그러나 저와 함께 있으면서 화장실을 몇 번이나 갔습니다"라는 엉뚱한 말을 했습니다. 도양왕은 염파가 진짜 늙어 노망이 들었다고 생각했습니다.

곽개는 염파가 조나라에 얼마나 중요한 사람인지를 너무 잘 알고 있었습니다. 그러나 그는 뛰어난 인물들을 질투하는 속 좁은 인간이었습니다. 결과적으로 조나라에 반드시 필요한 명장을 잃게 만들었습니다. 나중 초나라는 염파가 위나라에서 세월을 죽이고 있다는 소식을 들었습니다. 염파는 이렇게 해서 요즘말로 초나라에 스카우트됐습니다. 장군이 됐습니다. 그러나 무슨 특별한 전공을 세우지는 못했습니다. 늘 조나라 병사들을 휘하에 거느리고 작전을 하고 싶다는 말을 한 것을 보면 왜 그랬는지를 알 것 같습니다. 그는 결국 초나라에서 객사하고 말았습니다.

조나라의 역사를 보면 명장이 적지 않았습니다. 하지만 애석하게도 이 명장들의 말로는 항상 좋지 않았습니다. 비참했습니다. 그러나 염파가 돌아왔거나 이목이 죽지 않았더라도 조나라의 멸망은 막지 못했을 것입니다. 그저 어느 정도 진나라가 야욕을 실현시키는 것을 지연시켰을 뿐입니다. 그 정도로 조나라의 정치적인 부패는 이미 조나라를 깊은 수렁으로 몰아넣고 있었습니다.

일의 본말을 분명하게 따지지 못한 무능력에 대한 분석도 필요합니다. 조나라는 진나라의 거대한 군사적 압력에만 늘 놓여 있었던 것이 아니었습니다. 북쪽으로 마주 보고 있던 연나라 역시 끊임없이 골치를 썩였습니다다. 연나라는 약소국이었습니다. 국력으로만 보면 조나라와는 비교하기조차 어려웠습니다. 그러나 조나라가 멸망하는 과정에서 연나라는 확실히 중요한 역할을 했습니다.

연나라와 조나라 두 나라는 원래 순망치한의 관계에 있었습니다. 조나라가 진나라의 연나라 침략을 막아주는 장벽 역할을 했다고 보면 됩니다. 이 사실만 놓고 보면 연나라는 당연히 조나라를 도왔어야 합니다. 진나라의 공격을 함께 막아야 했습니다. 하지만 현실은 반대였습니다.

한단의 전쟁이 아직 끝나지 않았을 때인 조나라 효성왕 7년 무원(武垣. 지금의 허베이성 쑤닝肅寧현 동남쪽)의 현령인 부표傅豹는 조나라에게 엄청난 타격을 가하는 매국적인 행동을 했습니다. 무원 땅에 살고 있던 백성들과 함께 연나라에 투항한 것입니다. 이로 인해 조나라와 연나라 간 갈등의 씨앗은 본격적으로 싹트기 시작했습니다.

이어 효성왕 10년인 기원전 256년 진나라가 다시 조나라를 공격했습니다. 이때 진나라는 조나라의 20여 개 현을 점령했습니다. 9만 명에 이르는 조나라의 병력 역시 몰살시켰습니다. 이에 놀란 조나라 조정은 악승을 보내 진나라의 신량(信梁. 왕흘을 일컬음—옮긴이)의 부대를 격파했습니다. 이때의 연나라는 완전히 노골적이었습니다. 조나라를 도와 진나라와 싸우지 않은 정도가 아니었습니다. 조나라가 진나라와 전쟁을 하는 기회를 틈타 조나라의 창성(昌城. 지금의 허베이성 지저우冀州)을 공격해 점령하는 파렴치한 짓을 했습니다. 양국의 모순은 더욱 격화될 수밖에요.

효성왕 15년인 기원전 251년 연나라 왕 희喜는 승상인 율복栗腹을 조나라에 사신으로 파견했습니다. 이때 율복은 500금에 해당하는 각종 선물을 효성왕에게 바쳤습니다. 그러나 율복은 귀국하자마자 희에게 "조나라의 청장년층 백성들은 모두 장평의 전쟁에서 사망했습니다. 지금은 어린 아이들밖에 없습니다. 이들이 아직 크지 않은 지금 기회를 노려야 합니다. 이 기회를 노리면 충분히 조나라를 정벌할 수 있습니다"라고 말하면서 엉뚱한 제안을 했습니다.

귀가 솔깃해진 연왕 희는 중신 악간樂間을 불러 의견을 물었습니다. 악간은 부정적으로 대답했습니다. 그러자 희가 다시 "많은 병력으로 공격하면 될 것 아니오. 두 배의 병력으로 공격하면 안 되겠소?"라고 물었습니다. 악간은 이번에도 부정적으로 대답했습니다. 희는 기분이 나빠졌습니다. 울컥 하는 심정으로 "그러면 다섯 배의 병력으로 조나라를 정벌하는 것은 어떻겠소?"라고 다시 물었습니다. 악간은 지지 않았습니다. 또 "아마도 안 될 것입니다"라고 말했습니다. 희는 드디어 화를 폭발시켰습니다. 주위의 대신들은 왕이 화를 내자 너도 나도 한 목소리로 할 수 있다고 아부했습니다. 악간은 완전히 이성을 상실한 왕 앞에서 더 이상 아무 말도 하지 않았습니다.

연왕 희는 대군을 둘로 나눠 조나라로 진공케 했습니다. 전차도 무려 2,000량이나 동원했습니다. 한 부대는 율복을 사령관으로 해서 호(鄗. 지금의 허베이성 가오이高邑) 지역으로 진격했습니다. 다른 부대는 경진卿秦을 사령관으로 해서 대(代. 지금의 허베이성 웨이蔚현) 땅으로 진격해갔습니다. 조나라 역시 병력을 둘로 나눠 맞섰습니다. 한 부대는 염파가 사령관을 맡아 율복의 부대와 맞섰습니다. 다른 부대는 악승이 맡아 경진의 부대와 맞아 싸웠습니다. 결과는 조나라의 대승이었습니다. 전쟁을 일으킨 전범인 연나라 승상 율복을 살해했을 뿐 아니라 경진과 악간을 포로로 사로잡았습니다.

연나라는 기본적으로 조나라를 도와 진나라에 대항해야 했습니다. 이렇게 했다면 조나라는 계속 연나라를 위한 장벽이 됐을 겁니다. 연나라가 진나라의 침략을 받는 변고를 당하지는 않았을 것으로 보입니다. 그러나 연왕 희는 시야가 좁았습니다. 쥐처럼 크게 보지 못했습니다.

그렇다면 이때 조나라의 효성왕은 어떻게 하고 있었을까요?

이때 그가 연출한 장평의 전쟁은 거의 조나라를 멸망의 문턱에까지 이끌었습니다. 당연히 그는 조나라의 가장 강력한 적이 연나라가 아닌 진나라라는 사실을 알아야 했습니다. 그러나 그 역시 연왕 희와 크게 다르지 않았습니다. 전체적인 국면을 보지 못했습니다. 연나라를 격파한 다음 바로 양국 관계를 개선해야 했습니다. 전력으로 진나라에 대항해야 했습니다. 하지만 반대의 길을 걸었습니다. 이후 수년 동안 주력 부대를 동원해 연나라를 공격했습니다. 그것도 연속 3년 동안이나 그랬습니다. 효성왕 16년의 경우 염파를 보내 공격했습니다. 17년에는 연나라의 도성을 포위했습니다. 이어 18년에는 위나라와 공동으로 연나라를 공격했습니다.

진나라로서는 이 좋은 기회를 놓칠 이유가 없었습니다. 양국이 신나게 싸우는 동안 여유만만하게 공격의 깃발을 올렸습니다. 우선 조나라 초창기의 도성인 중요한 전략적 요충지 진양을 공격, 점령했습니다. 이어 유차(榆次. 지금의 산시山西성 위츠榆次)를 비롯한 37개의 성읍을 공격해 가볍게 점령했습니다. 진나라는 진양을 점령한 후 더욱 좋은 상황을 맞이했습니다. 산시성으로 향하는 관문을 활짝 열어젖힌 것입니다. 이후 진나라의 조나라 공격은 훨씬 쉬워졌습니다. 유차를 비롯한 37개 성읍을 점령한 것도 의의가 보통은 아니었습니다. 조나라의 영토 상당 부분이 진나라의 수중에 들어간 것을 의미했습니다. 효성왕은 이때서야 비로소 자신의 정책이 틀렸다고 자각했습니다. 그래서 기원전 247년에 연나라와 강화를 논의한 다음 점령하고 있던 쌍방의 땅을 서로 교환했습니다. 양국의 모순은 이로써 점차 완화되는 전기를 맞이했습니다.

효성왕은 일의 본말을 분명하게 파악하지 못했습니다. 장평의 전쟁과 한단의 전쟁 이후에는 백성들을 편안히 쉬게 하고 실력을 길러야 했습니다. 대외적으로는 외교의 지평을 넓혀야 했습니다. 연나라의 치사한 공격은 응징해야 했으나 그래서는 안 된다는 교훈을 준 다음에는 그 상태에서 그쳐야 했습니다. 연나라와 4년 동안이나 전쟁을 치르지 말아야 했습니다.

연나라는 확실히 치사하게 남의 위기를 틈탔습니다. 남의 불행이 나의 행복이라고 죽어가는 개구리에게 돌을 던졌습니다. 전체적은 국면을 읽지 못했습니다. 그러나 효성왕만큼은 이러지 말아야 했습니다. 진나라가 어부지리를 얻게 하지 말아야 했습니다. 정말 큰 실책을 저질렀습니다. 결과적으로 그나마 남아 있던 병력이 더욱 고갈됐습니다. 영토는 급격하게 줄어들었습니다. 더욱 빠르게 망국의 길로 달려갔습니다.

이제 마지막으로 영토의 급감에 대해 살펴보겠습니다. 조나라의 영토가 빠른 속도로 줄어든 것은 효성왕 시기였습니다. 주지하다시피 영토는 나라의 근본입니다. 영토를 잃으면 국가는 당연히 멸망합니다. 그런데 왜 효성왕 시기에 조나라의 영토는 눈에 띄게 격감했을까요?

중요한 원인은 두 가지입니다. 우선 진나라의 공격에 의해 점령당했습니다. 중요한 땅에 공을 세운 타국의 실력자들을 분봉한 것도 영향을 미쳤다고 봐야 합니다.

우선 진나라가 조나라 땅을 공략한 전반적인 상황에 대해 알아봅시다. 장평의 전쟁 이후 진나라 대군은 조나라의 무안武安, 태원太原을 공격해 가져갔습니다. 이는 조나라가 자국의 서부와 남부에서 영토의 상당 부분을 잃었다는 사실을 의미했습니다. 이어 앞에서 이미 말했듯 진양과 유차를 비롯한 37개 성읍을 빼앗아갔습니다. 다음 해에는 전체 상당군을 점령해 태원군을 설치했습니다. 조나라로서는 서부의 영토를 대부분 잃어버렸다고 해도 좋았습니다.

이제 타국의 중요한 인사들에게 분봉한 사실에 대해 살펴봐야 하겠습니다. 효성왕은 진나라의 거대한 압력에 직면해 있었던 군주였습니다. 조나라를 무슨 수를 써서라도 구해내야 했습니다. 이렇게 하려면 주변의 마음을 얻어야 했습니다. 어쩔 수 없이 땅을 나눠줘야 했다는 말이 되겠습니다. 이 분봉은 대체로 두 형태로 이뤄졌습니다. 첫째는 진나라의 비위를 맞추는 조치의 일환으로 이뤄졌습니다. 또 공이 있는 이들에게 상으로 내리는 경우도 적지 않았습니다. 전자의 경우는 효성왕 17년에 여불위가 진나라에 의해 문신후로 봉해진 것과 관련이 있었습니다. 조나라는 이때 여불위의 권력이 하늘까지 닿을 기세를 보이자 비위를 맞추기 위해 서둘러 하간河間 땅에 그를 봉했습니다. 이 조치는 단기적으로 효과가 있었습니다. 여불위가 무척이나 기뻐했으니까요. 그러나 땅을 팔아 평화를 얻는 이런 근시안적인 조치들은 궁극적으로는 나쁜 점이 더 많았습니다. 조나라의 쇠락을 더욱 가속화시켰습니다. 후자의 경우는 신릉군을 봉한 것이 대표적으로 꼽힙니다. 한단의 전쟁 이후 효성왕은 병부를 훔쳐 조나라를 구한 신릉군의 행동에 보답하기 위해 그에게 조나라의 요충지인 호鄗 땅에 그를 봉했습니다. 그것도 탕목읍(湯沐邑. 세금 등을 국가에 바치지 않는 사적인 봉지)으로 줬습니다.

하간이나 호 등의 땅을 잃었다는 것은 특수 상황 때문이라고 할 수도 있었습니다. 어쩌지 못할 측면이 있었습니다. 그러나 아무리 상황이 어려웠다고 해도 이런 중요한 땅에 타국 유력 인사들을 봉했다는 것은 역시 대단한 실수였습니다. 더 심하게 말하면 황당하다고 해도 좋습니다.

예를 더 들어 비교하면 이해가 훨씬 쉽습니다. 효성왕 원년 연나라는 대대적으로 조나라에 대한 공격에 나섰습니다. 효성왕은 이때 조나라 병사들이 목숨을 바쳐 점령한 제동삼성(濟東三城. 지금의 산둥성 일대)을 일찍이 연나라 대군을 격파한 경험이 있는 제나라 장군 전단田單에게 주겠다는 언질을 줬습니다. 연나라를 공격해 물리쳐야 한다는 전제가 붙기는 했지만 말입니다. 그러나 제동삼성은 대단히 중요한 땅이었습니다. 성읍만 해도 무려 57개였습니다. 이건 조나라 병사들이 목숨을 걸고 점령한 영토를 그대로 제나라에게 바치는 것과 다름이 없었습니다.

당연히 조나라 내부에는 이에 반대하는 목소리가 있었습니다. 조사가 주인공이었습니다. 그는 당시 조나라 국정을 거의 주도하던 평원군 조승을 찾아가 준엄하게 따졌습니다.

"우리 조나라는 지금 병사들과 장군들을 희생해서 탈취한 57개의 성읍을 제나라에 바치려 하고 있습니다. 그것도 전단 한 사람의 도움을 얻기 위해서입니다. 이게 과연 가치가 있는 일입니까? 조나라에는 이렇게도 사람이 없다는 말입니까? 왜 이 조사에게는 병력을 이끌고 나가 싸우라는 말을 하지 않는 겁니까? 나 조사는 일찍이 연나라에서 죄를 저질러 그곳에 머문 적이 있었습니다. 이때 연나라는 나를 상곡(上穀. 지금의 베이징 화이러우(懷柔) 군수(郡守)에 임명했습니다. 나는 연나라의 지형에 대해서는 훤합니다. 만약 나를 기용하면 100일 내에 연나라를 평정할 수 있습니다. 그러나 전단을 기용할 경우 병력을 모으는 데에도 시간이 걸릴 것입니다."

평원군은 조사의 질책성 질문에 마땅히 대답할 말이 없었습니다. 그저 부연 설명을 하는 것이 그가 할 수 있는 모두였습니다.

"장군은 따지지 마십시오. 이 일에 대해서는 나는 이미 대왕과 말을 다 끝냈습니다. 왕께서도 이미 좋다고 하셨습니다. 장군은 더 이상 이 일에 대해 말하지 마십시오."

그래도 조사는 물러서지 않았습니다. 계속 추궁했습니다.

"공자께서는 너무 심하게 일을 처리하셨습니다. 공자께서 대량의 땅으로 전단을 기용하려고 하는 이유는 분명합니다. 전단이 연나라와 원수지간인 제나라의 장군이기 때문이 아닙니까? 그러나 저는 그렇게 생각하지 않습니다. 만약 전단이 멍청하다면 그는 기본적으로 연나라 대군을 물리칠 수 없습니다. 또 그가 총명한 사람이라면 절대로 조나라 부대를 이끌고 연나라 부대와 교전하지 않을 것입니다. 아마도 결과는 둘 중에 하나가 될 것입니다. 더구나 전단은 제나라의 장군입니다. 그가 어떻게 조나라가 강대해지기를 원하겠습니까? 그렇게 하고도 제나라가 패주를 칭할 수 있을까요? 전단은 아마도 우리 조나라 군대를 지휘하면서 소모전으로 나갈 겁니다. 연나라와 조나라 부대 모두를 지치게 만들겠다는 전략이죠."

평원군은 더욱 궁지에 몰렸습니다. 그러나 고집을 꺾지는 않았습니다. 나중 상황은 진짜 조사의 우려대로 됐습니다.

전단은 명장이기는 했습니다. 일찍이 화우진(火牛陣. 소꼬리에 불을 붙여 진격하는 전략-옮긴이)을 이용해 연나라 대군을 대파한 일이 있었습니다. 그러나 이 사실은 연나라 대군을 물리칠 장군이 그밖에 없다는 사실을 의미하는 것은 아니었습니다. 실제로 그랬습니다. 이때 조나라에는 염파와 조사 등 일단의 명장들이 있었습니다. 그러나 효성왕은 이들 중 그 누구도 기용하지 않았습니다. 조나라를 위해 전력을 다하지 않을 전단에게만 눈길을 돌렸습니다. 효성왕이 정말 제 정신이면 이렇게 했겠습니까?

이렇게 된 이유는 평원군에게서 찾아야 합니다. 그는 한단의 전쟁이 살얼음판을 걷고 있을 때 신릉군에게 구원을 요청했습니다. 이때 성공을 거뒀습니다. 또 자신의 가산을 털어 전비로 썼습니다. 확실히 조나라를 위해 많은 공을 세웠습니다. 그러나 이 일만큼은 명석한 평소의 그와는 달리 이상하게 처리했습니다. 정말 한심한 생각이 아닐 수 없었습니다. 게다가 조사가 기를 쓰고 따졌는데도 자신의 잘못을 인정하지 않았습니다. 반대로 효성왕의 핑계를 대고 조사의 주장을 물리쳤습니다. 자신의 말을 바꾸면 체면은 손상될 가능성이 있었습니다. 하지만 조나라의 땅을 보전하는 실리는 챙길 수 있었습니다. 그러나 그는 끝까지 체면을 지키려 했습니다. 실리를 돌아보지 않았습니다. 정말 멍청하지 않습니까?

우리는 조나라가 멸망한 원인을 이렇게 네 가지로 나눠 따져봤습니다. 이처럼 네 가지 이유가 한꺼번에 나타났으니 조나라가 아무리 한때 강성했으면 뭐 합니까? 사실 이 네 가지 원인은 딱 한 가지로 귀결된다고 해도 좋습니다. 군주가 멍청했다는 결론입니다.

조나라에는 총 13명의 국군이 있었습니다. 이중에서 진정으로 조나라 역사에 큰 족적을 남긴 국군은 오로지 무령왕이 유일했습니다. 이 전후의 다른 국군들은 대부분 멍청하고 무능한 군주들이었습니다. 하지만 이런 무령왕도 초기에는 뛰어난 족적을 남겼으나 후반기에는 멍청한 짓을 많이 했습니다. 그것도 끝까지 고치지 못했습니다. 마지막에는 자신의 생명조차 보전하지 못했습니다. 따라서 아무리 좋게 봐야 50퍼센트 명군明君이었다고 할 수밖에 없습니다. 우리는 무령왕을 흥업(興業. 나라를 융성시켰다는 의미-옮긴이)의 군주, 혜문왕을 수업守業의 군주, 효성왕을 훼업毁業의 군주, 조왕 천을 망업亡業의 군주라고 불러야 하겠습니다.

조나라는 멸망했습니다. 그렇다면 영정의 다음 목표는 어떤 국가에 맞춰지게 될까요?

20강

위나라를 수공으로 공략하다

기원전 228년 영정은 드디어 가장 완강하게 저항하던 조나라를 멸망시켰습니다. 그의 야심은 조나라가 멸망한 다음 더욱 커졌습니다. 그는 다음 공격 목표를 위나라로 정했습니다. 사실 그에게 있어 조나라는 가장 상대하기 어려운 적이었습니다. 따라서 나머지 국가들을 공격해 멸망시키는 것은 아무 일도 아니었습니다. 아주 자연스러운 일이었습니다. 영정은 자신의 재위 22년(기원전 225년)에 대장 왕분王賁에게 위나라에 대한 공격 개시 명령을 내렸습니다. 왕분은 공격을 개시하기 전에 위나라의 도성 대량의 지세를 살폈습니다. 이 결과 지세가 움푹하게 파였다는 사실을 알았습니다. 그는 변하汴河의 물을 끌어들여 대량에 쏟아 넣으면 된다는 사실을 깨달았습니다. 실제 이렇게도 했습니다. 대량은 3개월 동안이나 물에 잠기자 버티지를 못했습니다. 성벽이 먼저 무너졌습니다. 성 밖에서 병사들을 쉬게 하면서 힘을 비축했던 진나라 병사들은 드디어 밀물처럼 대량으로 공격해 들어갔습니다. 위나라 왕 가假는 항복하는 외에는 다른 방법이 없었습니다. 위나라는 멸망했습니다. 영정에 의해 세 번째로 멸망하는 제후국이 됐습니다. 위나라는 전국 시대 전기와 중기에는 나름 대단했습니다. 가장 강력한 제후국 중 하나였습니다. 그런데 왜 이처럼 가볍게 진나라에 의해 멸망했을까요?

위나라는 기원전 403년에 삼가분진에 의해 건국된 제후국이었습니다. 전국 시대 전기와 중기에 가장 강력한 제후국 중 하나였습니다. 이처럼 강대해질 수 있었던 데에는 두 가지 이유가 있었습니다. 하나는 위나라가 전국칠웅 중 가장 먼저 변법을 실시한 것과 관계가 있었습니다. 이 변법을 적극 실시한 주인공은 개국 군주인 위 문후文侯였습니다. 그는 재위 기간이 무려 50년이었습니다. 오래 왕위에 있었던 만큼 업적 역시 많았습니다. 이회李悝와 오기吳起를 중용해 변법을 실시했습니다. 이로 인해 전국 시대 제후국 국군 중에서 가장 먼저 변법을 실시한 군주가 됐습니다. 당연히 국력은 빠르게 신장됐습니다. 두 번째는 삼가분진 때 지리적으로 가장 유리한 자리의 땅을 차지한 것과 관계가 있었습니다. 조나라가 북쪽, 한나라가 남쪽을 차지한 반면 위나라는 정중앙을 차지했습니다. 그러면 왜 이런 지리적인 이점을 보유하면서 한때 강성함을 자랑하던 위나라가 진나라의 공격에 속수무책으로 당했을까요? 왜 수공 한 번에 가볍게 멸망의 길로 걸어갔을까요? 솔직히 답은 간단합니다. 이때 위나라의 국력이 대단히 약했습니다. 그러면 위나라는 어떻게 하다 이처럼 약해졌을까요?

위나라가 약해진 이유는 여러 가지가 있었습니다. 그러나 가장 중요한 원인은 역시 인재의 대량 유실이라고 해야 하겠습니다.

이 시기에 제후국들은 인재들을 많이 배출했습니다. 한나라의 경우 신불해와 한비라는 사상가를 낳았습니다. 또 조나라는 염파, 조사, 이목 등의 명장을 배출했습니다. 위나라는 인재 배출이라는 면에서 이들 국가보다 훨씬 우위에 있었습니다. 명장들도 있었을 뿐 아니라 사상가들도 있었습니다. 또 정치가와 모략가들도 있었습니다. 그러나 위나라의 인재 전략은 대단히 엉망이었습니다. 결과적으로 실패했습니다.

이때의 인재들은 각자 조국의 국력 상승기와 전성기 때 주로 자신이 가진 역량을 쉽게 발휘할 수 있었습니다. 반면 반대의 경우는 능력을 발휘하기 어려웠습니다. 예를 들어봐야 알기 쉽습니다. 한비는 전국 시대 법가의 가장 걸출한 대표적 학자였습니다. 사상이 상앙에 비해서도 훨씬 완벽하고 심오한 사람이었습니다. 그러나 상앙은 진나라의 상승기에 출현했습니다. 때문에 진나라를 위해 역량을 최대한도로 발휘하는 것이 가능했습니다. 이에 반해 한비는 한나라가 멸망하기 직전에 출현했습니다. 아무리 사상이 상앙보다 완벽하고 심오하더라도 기울어가는 나라를 살릴 힘이 없었습니다.

공숙公叔은 참언을 올리고 오기는 초나라로 떠나다

위나라가 놓친 가장 중요한 인재는 역시 오기였습니다. 그는 위나라 전기의 가장 우수한 인재였습니다. 명장이자 정치가였습니다.

그는 명장답게 전투에 대단히 능했습니다. 자세하게 살펴보도록 하겠습니다. 그는 위 문후 초창기에 위나라로 왔습니다. 문후가 인재를 아낀다는 말을 들었기 때문에 기꺼이 달려왔습니다. 그러나 문후는 오기를 이해하지 못했습니다. 도리 없이 이극(李克. 이회李悝로도 불렸음)에게 오기에 대해 물었습니다. 이극은 즉각 "오기는 재물을 탐하고 여색을 밝힙니다. 그러나 전투에는 대단히 능합니다. 설사 춘추 시대 제나라의 명장 사마양저司馬穰苴가 살아 돌아오더라도 그를 이기지 못할 겁니다"라고 대답했습니다. 문후는 이극의 말에 오기를 바로 장군으로 임명, 진나라를 공격하게 했습니다. 과연 오기는 대단한 전략가였습니다. 일거에 다섯 개의 성이나 공격해 함락시켰습니다. 문후는 이 다섯 개의 성에 서하군(西河郡. 지금의 산시陝西성과 산시山西성의 경계 지점)을 설립했습니다.

오기는 어떻게 해서 이처럼 강력한 진나라의 대군을 격파할 수 있었을까요?

오기는 부대를 지휘할 때 특별한 원칙이 하나 있었습니다. 병사들과 동고동락한다는 것이 바로 그것이었습니다. 우선 사병들과 같은 옷을 입고 같은 음식을 먹었습니다. 잘 때도 이불과 요를 사용하지 않았습니다. 행군할 때 역시 전차나 말을 타지 않았습니다. 눈물 나는 감동적인 에피소드를 낳는 것은 당연할 수밖에 없었습니다. 한번은 병사 한 명이 독창毒瘡이 생겼습니다. 오기는 직접 그의 상처를 치료하기 위해 고름을 빨아줬습니다. 이 병사의 어머니는 이 일에 대해 들었습니다. 그녀는 갑자기 대성통곡을 터뜨렸습니다. 당연히 주변 사람들이 왜 그러느냐고 물었습니다. 그녀가 대답했습니다.

"우리 남편이 출정을 했을 때도 오기 장군은 그 사람의 고름을 직접 빨았어요. 얼마 후 남편은 전쟁터에서 전사했어요. 지금 오기 장군은 또 내 아들의 상처를 고쳐주기 위해 고름을 빨았어요. 나는 내 아들이 어떤 전쟁터에서 죽을지 모르게 생겼어요! 이 때문에 나는 눈물을 참을 수가 없어요."

오기는 이 정도로 병사兵事에 대해서는 뛰어났습니다. 휘하 장군이나 병사들의 신망이 두터울 수밖에요. 문후 역시 이 사실을 잘 알았습니다. 그를 서하군의 군수로 임명, 진나라와 한나라의 침략에 대비하게 한 것은 당연한 선택이었습니다.

위 문후가 세상을 떠난 다음 아들인 무후武侯가 자리를 이었습니다. 어느 날 그는 오기와 함께 황하黃河에 배를 띄운 채 주변 산천을 유람했습니다. 얼마 후 그가 도도한 황하를 보면서 오기에게 "산천이 이처럼 험난하고 장대하오. 이건 우리 위나라의 보물 아니겠소!"라고 말했습니다. 오기가 즉각 대답했습니다.

"국가 정권의 공고함은 백성들에게 덕을 베푸는 데에 있습니다. 지세가 험난한 것에 있지 않습니다. 하夏나라 걸桀의 영토는 왼쪽에 황하와 제수濟水를 바라보고 있었습니다. 또 오른쪽으로는 태산泰山, 남쪽으로는 이궐산伊闕山을 의지하고 있었습니다. 북쪽으로는 양장판(羊腸坂. 양의 창자처럼 구불구불하다는 의미—옮긴이)도 보유하고 있었습니다. 그러나 인정仁政을 베풀지 않은 탓에 상(商. 은殷이라고도 함—옮긴이)나라의 탕湯이 그를 몰아냈습니다. 상나라 주紂의 영토 역시 왼편으로는 맹문산孟門山, 오른편으로는 태행산이 있었습니다. 또 북쪽으로는 상산常山, 남쪽으로는 황하가 있었습니다. 그러나 인덕仁德을 베풀지 않았던 탓에 무왕이 그를 멸망시켰습니다. 그러므로 국가의 공고함은 지세가 험준한 것에 있지 않습니다. 백성들에게 은덕을 베푸는 것에 있습니다. 만약 주군께서 덕을 베풀지 않는다면 같은 배를 타고 있는 사람일지라도 적이 될 수 있습니다!"

오기의 이 말에 무후는 "좋은 말이야!"라면서 그의 생각을 높이 평가했습니다.

사실 그렇습니다. 이런 말은 명장의 입에서 나오기 쉽지 않은 말이었습니다! 전국 시대의 사대 명장인 백기, 왕전, 염파, 이목조차도 이런 말을 한 적이 없었습니다. 어떻게 보면 그는 명장이기는 했으나 정치가에 더 적합한 인물이 아니었을까 싶습니다.

위나라는 승상과 명장의 능력을 보유한 인재를 가졌습니다. 정말 국가적인 복이라고 하지 않을 수 없었습니다. 그러나 애석하게도 위나라는 이런 복을 오래도록 누리지 못했습니다. 이건 또 왜 그랬을까요?

무후가 즉위한 다음 국군 못지않게 중요한 자리인 승상은 누가 맡았을까요? 바로 위나라의 공주와 결혼한 공숙公叔이었습니다. 그러나 그는 나라를 생각하는 사람이 아니었습니다. 뛰어난 능력을 가진 오기를 중용하지 않고 오히려 그의 재능을 시기하고 두려워하기만 했습니다. 나중에는 그를 쫓아버릴 생각을 했습니다. 공숙의 수하 중 한 명이 이런 공숙의 생각을 일찍이 간파했습니다. 나중에는 그에게 "그건 어려운 일이 아닙니다"라고 은근하게 말했습니다. 마음이 혹해진 공숙이 "어떻게 하면 그렇게 할 수 있겠나?"라고 물었습니다. 수하는 지체 없이 평소 생각을 털어놓았습니다.

"오기는 기개가 있고 명망이 있는 사람입니다. 승상께서는 기회가 되면 무후에게 '오기는 현명한 인재입니다. 그러나 주군의 나라는 대단히 작습니다. 또 강력한 진나라와 국경을 맞대고 있습니다. 저는 오기가 위나라에 오래 머물러 있지 않으려 할 것이라는 생각을 합니다'라고 말하십시오. 무후께서는 틀림없이 '그러면 어떻게 하는 것이 좋겠는가?'라고 물을 것입니다. 그때 주인께서는 무후에게 '공주를 시집보내서 한번 시험해보십시오. 만약 오기가 오랫동안 위나라에 머무를 생각이라면 분명히 공주를 부인으로 맞을 것입니다. 그러나 만약 위나라에 오래 머무를 생각이 없다면 반드시 고사할 것입니다. 이렇게 하면 오기의 생각을 알 수 있습니다'라고 말하십시오. 무후가 대답을 한 다음에는 승상께서 기회를 봐서 오기를 그 공주와 함께 승상부로 초청을 하십시오. 승상부에서는 고의적으로 공주의 화를 돋우십시오. 가능하면 승상을 멸시의 눈으로 보도록 하십시오. 오기는 이렇게 오만한 공주의 모습을 보면 결혼하고 싶은 생각이 없어질 것입니다."

공숙은 수하의 말이 그럴듯하다고 생각했습니다. 그대로 실행에 옮겼습니다. 오기는 진짜 공주가 한 국가의 승상에게 오만방자하게 나오자 공주와 결혼하는 것이 어떻겠느냐는 무후의 요청을 완곡하게 거절했습니다. 무후는 이때부터 오기를 의심하기 시작합니다. 더 이상 그를 믿지 않았습니다. 오기 역시 상황이 좋지 않다는 사실을 직감했습니다. 가만히 있다가는 화를 입을 것이 분명했습니다. 그는 곧바로 위나라를 떠나 초나라로 가야하겠다는 생각을 굳혔습니다.

이때는 오기가 서하군의 태수로 있을 시기였습니다. 그러던 어느 날이었습니다. 무후가 드디어 사람을 보내 그를 불렀습니다. 그는 위나라를 떠나겠다는 생각을 실행에 옮겼습니다. 자신이 정열을 다 바친 나라를 떠난다는 것이 몹시 가슴이 아팠습니다. 결국 얼마 가지 못해 마차를 세운 후 서하군을 뒤돌아봅니다. 눈에서는 어느덧 하염없이 눈물이 흘러내렸습니다. 오기의 수행원은 평소와는 너무나도 다른 그의 모습이 이상하다고 생각했습니다. "장군은 천하를 포기하는 것도 신발을 버리듯 하십니다. 대단히 대범하십니다. 그런데 오늘 서하를 떠나면서 왜 이토록 눈물을 흘리십니까?"라고 물은 것은 다 이유가 있었습니다. 오기가 지체 없이 대답했습니다.

"너는 잘 몰라. 위 무후가 만약 나로 하여금 서하에서 능력을 마음껏 펼치게 한다면 나는 그를 왕으로 불리도록 할 수 있다. 하지만 그는 지금 참언을 믿으면서 나는 믿지 않는다. 아마도 서하 이 땅은 조만간 진나라의 수중으로 떨어질 것이다. 그러면 위나라의 국력은 급속도로 약해질 수밖에 없다."

오기는 초나라에 도착한 다음 도왕悼王이 변법을 실시하도록 도왔습니다. 초나라는 빠른 속도로 강력한 국가로 변신해 갔습니다. 반면 위나라는 정말로 중요한 인재를 잃어버리고 말았습니다. 얼마 안 있어 불행 역시 현실로 나타났습니다. 오기의 예언대로 서하군이 진나라의 수중에 떨어진 것입니다. 오기는 위나라에 대해 좋은 감정을 가지고 있었습니다.

위나라를 떠나기 싫어했습니다. 그러나 모함을 받고 떠나지 않으면 안 됐습니다.

그렇다면 위나라가 진나라에 의해 멸망한 것은 오로지 오기 한 사람만이 다른 나라로 밀려서 떠났기 때문일까요? 아니면 다른 이유가 있었을까요?

손빈, 방연의 살수를 피해 제나라로 달아나다

위나라는 인재 보유에 관한 한 거의 완벽한 국가였습니다. 모신謀臣과 훌륭한 장군들이 그야말로 비구름 같았습니다. 그러나 애석하게도 위나라는 이런 인재들을 지키지 못한 국가로도 유명합니다.

이들 인재들 중에서 우리는 손빈孫臏을 기억해야 합니다. 그 역시 위나라가 배출한 걸출한 인재였습니다.

손빈은 주지하다시피 걸출한 군사가인 손무孫武의 후손이었습니다. 일찍이 방연龐涓과 함께 위나라에서 병법을 공부했습니다. 둘 중 먼저 출세한 사람은 방연이었습니다. 공부가 끝나기 무섭게 위나라 혜왕에 의해 장군으로 임명됐습니다. 그러나 그는 자신의 재능이 손빈에게 미치지 못한다는 사실을 너무나도 잘 알고 있었습니다. 그래서 언젠가는 손빈이 나타나 자신의 자리를 위협하지 않을까 우려했습니다. 여기에 생각이 미치자 그는 손빈을 찾아 나섰습니다. 급기야는 죄를 뒤집어씌워 그가 빈형(臏刑. 무릎의 연골을 제거해 두 다리를 못 쓰게 하는 형벌을 의미함-옮긴이)을 받게 했습니다. 또 얼굴에 글을 새기는 형벌까지 가했습니다. 장애인으로 만들어 세상 밖으로 나오지 못하게 하겠다는 심사였습니다.

손빈이 망가진 몸을 한탄하면서 앙앙불락하고 있을 때였습니다. 제나라 사신이 마침 이때 대량을 방문했습니다. 어떻게든 재기의 발판을 마련하고자 했던 손빈은 이 기회를 놓치지 않았습니다. 은밀히 제나라 사신을 만났습니다. 제나라 사신은 몇 마디 대화를 나눠본 후 무릎을 쳤습니다. 손빈이 군사 방면에 관한 한 천하의 천재라는 사실을 깨달은 것입니다. 그는 마차를 몰래 이용해 손빈을 제나라로 데리고 갔습니다. 다행히 제나라에는 인재를 알아볼 줄 아는 안목을 갖춘 사람이 있었습니다. 장군 전기田忌가 이런 인물이었습니다. 손빈을 마음에 들어 했습니다. 상객上客으로 극진하게 모실 정도였습니다.

전기는 늘 귀족 자제들과 경마를 하는 특이한 취미를 가진 장군이었습니다. 판돈도 대단히 크게 걸었습니다. 손빈은 전기에게 자신의 능력을 가볍게 한번 보여줘야겠다는 생각을 했습니다. 우선 전기의 말과 다른 사람들의 말을 자세하게 살폈습니다. 즉각 말들의 실력이 크게 차이가 없다는 사실을 발견했습니다. 당시 경마에 나서는 말들은 실력에 따라 대체로 상, 중, 하의 세 등급으로 나뉘었습니다. 하루는 그가 제나라 위왕威王과 내기에 나선 전기에게 "이번에 크게 한번 거십시오. 제가 장군이 이기도록 하겠습니다"라고 자신 있게 말했습니다. 전기는 원래부터 손빈에 대한 신뢰가 대단했던 터였습니다. 손빈의 말대로 1,000금이라는 막대한 판돈을 걸었습니다. 경주가 시작되기 전 손빈은 드디어 비장의 필승 전략을 입에 올렸습니다.

"장군의 말 중 가장 실력이 처지는 말과 왕의 최고 수준 말과 경주를 시키십시오. 이어 장군의 최고 수준의 말은 왕의 중간 수준의 말들과 겨루게 하십시오. 마지막으로 장군의 중간 수준의 말은 왕이 가진 말 중 가장 처지는 것으로 하십시오."

모두 세 차례인 경주가 곧 끝났습니다. 전기는 손빈의 말대로 한 탓에 한 번은 지고 두 번은 이겼습니다. 위왕이 건 판 돈 1,000금도 가볍게 땄습니다.

전기는 손빈의 재능에 혀를 내두를 수밖에 없었습니다. 손빈을 정중하게 위왕에게 천거하는 것은 거의 정해진 수순이었습니다. 위왕 역시 사람을 보는 눈이 있었습니다. 손빈을 높이 평가했습니다.

얼마 후 위나라가 조나라를 공격했습니다. 조나라는 제나라에 도움을 요청했습니다. 위왕은 손빈을 사령관으로 임명해 조나라를 구원해야겠다고 생각했습니다. 이때 손빈은 "저는 죄를 지어 벌을 받은 사람입니다. 사령관이 될 수 없습니다"라고 정중하게 사양했습니다. 위왕은 도리 없이 전기를 사령관, 손빈을 군사軍師로 삼았습니다. 전차 안에 앉아 전략을 대부분 입안하고 실행하는 것이 그의 역할이라고 보면 됩니다.

전기는 경마를 좋아하는 데에서 보듯 성격이 급했습니다. 앞뒤 돌아보지 않고 조나라로 달려가려 했습니다. 손빈은 이때 제동을 걸면서 말했습니다.

"헝클어진 실을 풀려면 마구 잡아당겨서는 안 됩니다. 싸움을 말릴 때도 마찬가지 아닌가 싶습니다. 그 싸움에 휘말려들어가 주먹을 휘둘러서는 안 됩니다. 우리가 결정적인 급소를 잡아야 합니다. 지금 위나라와 조나라는 분명 온 국력을 다 기울여 전쟁을 하고 있습니다. 위나라의 정예 병력은 당연히 거의 모두 전선에 나와 있을 겁니다. 또 노약자와 부상병은 틀림없이 국내를 지키고 있을 것입니다. 때문에 장군은 병력을 휘몰아 신속하게 대량으로 진격하는 것이 더 낫습니다. 위나라의 교통 요충지를 점거하면 됩니다. 가장 허약한 곳에 대한 공격을 가하면 모든 것이 해결됩니다. 위나라는 아마도 국내의 위기를 해결하기 위해 철군할 것입니다. 이렇게 하면 우리는 조나라에 대한 포위를 가볍게 풀게 될 뿐 아니라 위나라를 무척이나 피곤하게 만들 수 있습니다."

전기는 손빈의 의견에 따랐습니다. 위나라 대군은 과연 철군을 했습니다. 제나라 대군은 이 부대를 기다렸다 계릉(桂陵. 지금의 산둥성 허쩌菏澤)에서 격파했습니다.

13년 후가 됐습니다. 이번에는 위나라와 조나라가 연합해 한나라를 공격하게 됐습니다. 한나라는 황급히 제나라에 도움을 요청했습니다. 이번에도 전기가 제나라의 지원군 사령관에 임명됐습니다. 그는 군대를 휘몰아 대량으로 진격했습니다. 위나라의 장군 방연은 이 소식을 들었습니다. 과거의 아픈 경험도 있었으므로 급거 군대를 돌려 귀국길에 올랐습니다. 그러나 이때 이미 제나라 부대는 국경을 넘어 서진 중이었습니다. 손빈은 다시 한 번 전기에게 자신의 전략을 개진했습니다.

"위나라 군사들은 원래 거칠고 용맹스럽습니다. 아마도 우리 제나라 병사들을 경멸하고 있을 겁니다. 배짱이 없고 겁쟁이라고 말입니다. 이런 상황을 우리에게 유리하도록 이용해야 합니다. 병법에는 이런 말이 있습니다. '100리 밖 먼 곳에서 승리하기 위해 급히 서두르면 상장군을 잃게 된다. 또 50리 밖에서 이기려고 급히 진격하면 전체 병력의 절반밖에 전선에 이르지 못한다. 나머지는 낙오한다'라는 말입니다."

손빈은 부대가 위나라 땅에 진입한 첫날 병사들의 취사용으로 10만 개의 아궁이를 만들라고 명령했습니다. 이어 다음 날에는 5만 개, 그 다음 날에는 3만 개를 만들게 했습니다. 방연은 철군한 지 사흘째 되는 날 손빈이 만든 제나라 부대의 아궁이들을 모두 목도했습니다. 기분이 좋아질 수밖에 없었습니다. 제나라 병사들이 전선이 가까워오자 줄줄이 탈영했다고 생각한 것입니다. 기분이 너무나 좋아진 그는 보병은 놔둔 채 정예 병사들만 거느리고 밤을 낮 삼아 추격에 나섰습니다. 이때 손빈은 방연의 추격 속도도 계산해봤습니다. 이날 밤 정도면 마릉馬陵에 도착할 것이라는 계산이 나왔습니다. 마릉은 길이 대단히 협소한 곳이었습니다. 게다가 양쪽 지역이 험준했습니다. 매복하기에는 더 없이 좋은 요충지였습니다.

그는 병사들을 불러 큰 나무 하나의 껍질을 벗기게 했습니다. 이어 하얗게 드러난 나무의 속살에 "방연은 이 나무 아래에서 죽을 것이다"라는 글을 쓰게 했습니다. 그는 다시 1만 명의 궁수弓手를 이곳 마릉의 양 옆쪽에 매복시킨 다음 "밤에 나무 아래에서 불빛을 볼 경우 일제히 화살을 날려라"라는 명령을 내렸습니다.

방연은 이날 밤 과연 껍질을 벗겨낸 나무 아래에 도착했습니다. 손빈의 말대로 하얀 나무껍질 안에 씌어 있는 글을 발견했습니다. 그러나 너무 어두워 잘 보이지 않았습니다. 그는 병사들을 불러 불을 밝히라고 했습니다. 그의 눈에 들어온 글은 기가 막혔습니다. 깜짝 놀란 것은 당연했습니다. 이때 제나라 병사들은 양쪽에서 화살을 무수하게 발사했습니다. 위나라 부대는 대 혼란에 빠졌습니다. 방연은 더 이상 어떻게 해볼 방법이 없다고 생각했습니다. 패전은 이미 정해진 수순이었습니다. 그는 칼을 꺼내 자결하기 직전 "아! 이렇게 해서 이 자식의 명성을 더욱 드높여주게 됐구나!"라는 말을 유언으로 남겼습니다.

제나라 병사들은 승세를 놓치지 않고 위나라 대군을 추격, 완벽하게 궤멸시켰습니다. 심지어는 위나라의 태자 신申까지 잡아 귀국길에 올랐습니다. 이것이 바로 중국 군사상에서도 너무나 유명한 마릉의 전투입니다. 마릉의 전투에서 위나라의 10만 대군은 완전히 섬멸됐습니다. 위나라의 국력은 그대로 낭떠러지로 급전직하했습니다.

손빈은 원래 자신이 가진 뛰어난 재능을 위나라를 위해 쓰려고 했습니다. 그러나 위나라는 방연을 통해 그에게 씻을 수 없는 상처를 안겨줬습니다. 방연도 이때까지는 항상 자신의 콤플렉스를 자극했던 친구에 대한 승리를 자신했습니다. 그러나 마지막 결과는 엉뚱하게 나타났습니다. 방연으로서는 제 무덤을 자신이 판 꼴이 됐습니다. 게다가 위나라에게도 도저히 치유 불능의 타격을 입혔습니다.

만약 위나라가 손빈을 극진하게 예우했다면 어떻게 됐을까요? 모르기는 해도 손빈과 방연이 동문수학한 천생의 인연을 계속 이어갔다면 아마 위나라의 역사는 다시 썼어야 했을 겁니다. 아니 중국의 역사를 다시 썼을 가능성도 있습니다. 그러나 역시 역사에는 가정이 없습니다.

오기와 상앙, 손빈, 범저 등은 모두 뛰어난 인재들이었습니다. 누구 하나 인재 아닌 사람이 없습니다. 그러나 이들은 너 나 할 것 없이 위나라에서 인정을 받지 못했습니다. 오히려 박해받았습니다. 심지어 반죽음에까지 이른 인재들도 있었습니다. 그들은 이후 진나라를 비롯해 제나라, 초나라로 각각 발길을 돌렸습니다. 하나같이 자신들이 선택한 나라의 동량이 됐습니다. 이들 인재들이 위나라에서 다른 나라로 갔다는 사실이 의미하는 것은 분명합니다. 위나라가 엄청난 상처를 입었다는 결론이 되겠습니다. 이제 더 이상 사족은 달지 말아야 하겠습니다.

동생을 질투할 정도로 무능한 위나라 군주들

반세기 동안이나마 패주를 자처했던 위나라는 나라를 세운 지 170여 년 만에 완전히 역사의 무대 저편으로 사라졌습니다. 오기를 비롯해 상앙, 손빈, 범저 등의 유명한 인재들도 하나씩 위나라에서 모습을 감췄습니다. 우리는 이들 인재들의 운명을 통해 확실한 사실 하나를 알 수 있습니다. 위나라 국군들의 명청함과 무능함이 어느 정도였는지를 말입니다. 그러나 더 놀라운 사실도 있습니다. 동생의 뛰어난 재능마저 용납하지 못한 국군도 있었다는 점입니다. 그렇다면 이 국군의 동생은 누구였을까요?

그는 바로 전국 시대의 사대 공자 중 한 명으로 그 이름도 유명한 신릉군 위무기魏無忌였습니다. 우리는 한단의 전쟁에 대해 살펴보면서 신릉군이 병부를 훔쳐 조나라를 구원한 사실에 대해 알아본 바 있습니다.

신릉군은 소왕昭王의 아들이자 안리왕의 이복동생으로 대단히 재주가 많았던 사람입니다. 일화를 들먹이면 아마 고개가 끄덕거려질 겁니다.

하루는 안리왕이 동생인 신릉군과 바둑을 두고 있었습니다. 이때 갑자기 국경 지역에서 화급한 보고가 날아들었습니다. 조나라 대군이 위나라 국경으로 쳐들어오고 있다는 소식이었습니다. 안리왕은 화들짝 놀랐습니다. 바둑을 멈출 수밖에요. 조정 대신들을 불러모아 사태 해결 방안을 논의하려 한 것은 너무나 당연했습니다. 그러나 신릉군은 달랐습니다. 조용히 형을 제지하면서 "그건 우리를 공격하려고 나선 군대가 아닙니다. 조나라 왕의 사냥 행차입니다"라고 말했습니다. 그는 말을 마친 다음에는 아무 일도 없다는 듯 침착한 태도로 계속 바둑을 뒀습니다. 그러나 안리왕은 그러지를 못했습니다. 조나라 군대가 국경을 넘어 공격을 해올까 걱정이 돼 바둑알을 만지지도 못했습니다. 얼마 후 다시 국경 지역으로부터 연락이 왔습니다. 조나라 왕이 진짜 사냥을 나왔다는 보고였습니다.

안리왕은 보고를 듣고 크게 놀랐습니다. 동생 신릉군에게 "자네는 어떻게 그렇게 조나라 왕의 소식에 대해 잘 알고 있소?"라고 묻지 않을 수 없었습니다. 신릉군은 아무렇지도 않은 어조로 "제 문하의 빈객들은 조나라 왕의 일거수일투족을 하나도 빠짐없이 다 알 수 있는 사람들입니다. 조나라 왕이 무슨 일을 하면 바로 저에게 연락이 오게 돼 있습니다"라고 대답했습니다. 안리왕은 더욱 크게 놀랐습니다. 이때부터 그는 신릉군의 재주를 두려워하기 시작했습니다. 나중에는 국가 대사를 전혀 맡기지 않았습니다.

신릉군이 여희를 이용해 병부를 훔친 사건은 사실 동전의 양면과 비슷한 측면이 있었습니다. 조나라는 이로 인해 위기를 넘기고 한숨을 돌린 반면 신릉군 본인은 안리왕에게 죄를 지었으니까요. 그것도 평소에 자신의 능력을 시기, 질투하는 형에게 말입니다. 신릉군으로서는 조국인 위나라로 돌아오기가 여의치 않았습니다. 실제로도 그는 내친김에 조나라에 오랫동안 머물렀습니다. 무려 10년이었습니다. 이 기간 그는 단 한 번도 위나라로 돌아오지 못했습니다.

천하 통일의 야심을 가지고 있는 진나라가 이런 절호의 기회를 놓칠 이유가 없었습니다. 신릉군이 돌아오지 못하는 상황이 장기화되자 드디어 위나라 정벌의 기치를 높이 들어 올린 것입니다. 다급해진 것은 안리왕이었습니다. 그는 신릉군이 없는 상태에서 위기를 해결한다는 것은 불가능한 일이라는 사실을 절감했습니다. 수차례에 걸쳐 사신을 파견, 신릉군의 귀국을 독촉한 것도 이런 이유에서였습니다. 그러나 신릉군은 안리왕의 자신에 대한 분노가 아직 가시지 않음을 우려했습니다. 그래서 수하의 빈객들에게 "누구라도 안리왕의 사신과 연락을 취하는 자가 있으면 바로 처형하겠다"라는 경고를 내렸습니다. 신릉군의 빈객들은 대부분 위나라에서 조나라로 온 사람들이었으므로 주인의 명령을 따르지 않을 수 없었습니다. 결과적으로 단 한 명도 그에게 귀국을 권유하지 않았습니다. 이때 신릉군이 평소에 대단히 존경하던 조나라의 모공毛公과 설공薛公이라는 사람이 찾아와 물었습니다.

"공자께서는 천하에 자신의 이름을 떨친 이유가 무엇이라고 생각하십니까? 위나라가 있기 때문이라고 해야 합니다. 지금 진나라는 위나라의 수도 대량을 공격하고 있습니다. 상황이 대단히 위급합니다. 그런데도 공자께서는 위나라의 생사와 존망은 전혀 생각지 않고 있습니다. 만약 진나라가 위나라의 도성인 대량을 함락시키면 어떻게 되겠습니까? 위나라 선조들의 조묘祖廟를 훼손하면 어떻게 되겠습니까? 공자께서는 과연 하늘을 쳐다볼 체면이 남아 있겠습니까?"

신릉군은 과연 똑똑한 사람이었습니다. 두 사람의 말이 채 끝나기도 전에 자신이 어떻게 해야 하는지를 깨달았습니다. 그는 하얗게 변한 안색을 고칠 사이도 없이 바로 귀국길에 올랐습니다.

안리왕은 무려 10년 만에 신릉군을 대하자 형제의 정이 끓어오르는 것을 느꼈습니다. 동생의 머리를 끌어안고 마구 울음을 터뜨렸습니다. 이어 동생을 상장군에 임명했습니다.

신릉군은 안리왕 30년(기원전 247년) 제후들에게 사발통문을 보낸 끝에 연합군을 구성하는데 성공했습니다. 또 자신은 연, 조, 한, 초, 위나라 등 다섯 나라의 연합군을 이끌고 진나라 토벌에 나섰습니다. 결과는 좋았습니다. 장군 몽오蒙驁가 이끄는 진나라 대군을 격파하고 함곡관으로 진격하기까지 했습니다. 진나라 대군은 이후 감히 출병할 생각을 하지 못했습니다.

전국 시대의 제후들은 오랫동안 합종 전략을 채택한 바 있었습니다. 그러나 이 경우처럼 합종 전략이 기가 막히게 성공한 사례는 거의 찾아보기 힘듭니다. 신릉군이 얼마나 뛰어난 전략가인지를 말해주는 대목이라고 하겠습니다.

신릉군이 제후 연합군을 이끌고 대항에 나서자 진나라 장양왕은 당황했습니다. 상응하는 대응 전략을 모색해야 했습니다. 고심 끝에 한 가지 전략을 마련했습니다. 그게 진나라의 전매특허인 반간계였습니다. 그는 이를 위해 1만 금에 이르는 거액을 휴대한 첩자를 위나라에 침투시켰습니다. 그런 다음 신릉군이 이른바 '절부구조(竊符救趙. 병부를 훔쳐 조나라를 구원한 일을 의미함—옮긴이)'를 할 때 억울하게 죽은 진비의 빈객들을 찾아갔습니다. 이들에게 신릉군을 모함하도록 시키기 위해서였습니다. 장양왕의 계략에 넘어간 이들은 안리왕의 면전에서 신릉군에 대한 험담을 마구 늘어놓았습니다.

"공자 신릉군은 해외에서 망명 생활을 10년이나 했습니다. 지금은 돌아와 우리 위나라의 대장군으로 있습니다. 천하 제후의 장군들이 모두 그의 지휘를 받고 있습니다. 그러나 이건 말이 안 됩니다. 제후들은 신릉군만 알지 우리 대왕께서 계신다는 것을 모르고 있습니다. 신릉군 역시 이 기회를 빌려 왕을 칭하려 할지도 모릅니다. 제후들은 이에 한술 더 뜨고 있습니다. 신릉군을 두려워한 나머지 그를 위나라의 왕으로 옹립하려 하고 있습니다."

장양왕은 이런 반간계를 몇 번 더 사용했습니다. 나중에는 사신까지 보내 신릉군에게 왕위 계승을 대대적으로 축하했습니다.

이 정도 되면 당연히 난리가 난다고 해야 합니다. 더구나 안리왕은 처음부터 신릉군을 별로 신임하지 않았습니다. 그저 형세에 밀려 어쩔 수 없이 부른 것뿐이었습니다. 이런 입장에서 상황이 엉뚱하게 변했으니 그로서도 동요하는 것이 이상할 게 없었습니다. 급기야 신릉군을 상장군의 자리에서 파면시킨 다음 장군으로 강등시켰습니다. 신릉군은 대번에 모든 상황을 알아차렸습니다. 다시 한 번 보이지 않는 적의 암수에 걸린 것입니다. 그는 이후 칭병을 하고 조정에 나가지 않았습니다. 그저 매일 빈객들과 함께 밤새워 술을 마시는 것이 일이었습니다. 곁에는 미인들 역시 많았습니다. 이런 생활을 아마 4년쯤 했을 겁니다. 그는 결국 앙앙불락하다 병으로 생을 마감했습니다. 같은 해 안리왕 역시 세상을 떠났습니다.

영정 5년(기원전 242년) 진나라는 신릉군이 마침내 병사했다는 소식을 들었습니다. 정권을 잡고 있던 여불위는 즉각 신릉군에게 비참하게 패한 치욕의 경험이 있던 몽오에게 위나라를 공격하게 했습니다. 몽오는 일거에 위나라의 12개 성을 점령했습니다. 이어 이곳에 동군東郡을 세웠습니다. 이후 진나라는 위나라를 야금야금 점령해가는 이른바 잠식 정책을 실시했습니다. 결국 18년 만에 위나라의 마지막 왕 가를 생포, 완전히 멸망시켰습니다. 이때 도성인 대량에 대한 대 도살 역시 자행됐습니다.

위나라 멸망의 원인은 무수히 많습니다. 그러나 저는 시종일관 인재 문제를 거론하고 싶습니다. 국가든 민족이든 간에 모든 단위의 경쟁력의 핵심은 인재이니까 말입니다. 한마디로 위나라는 인재가 유출되면 어떤 결과가 나타나는지를 가장 잘 보여준 훌륭한 역사적 사례라고 하겠습니다.

위나라의 멸망은 한, 조, 위의 삼진三晉이 완전히 멸망했다는 사실을 의미했습니다. 또 삼진의 멸망은 진나라의 천하 통일의 행보가 급속도로 빨라지게 됐다는 사실을 실제적으로 예시하기도 했습니다. 이해는 기원전 225년, 영정 22년이었습니다. 그러면 영정의 다음 목표는 어느 국가가 됐을까요?

21강

연나라의 멸망

기원전 228년 진나라 대군이 조나라의 도성 한단을 점령함에 따라 연나라로 향하는 길은 활짝 열렸습니다. 연나라 입장에서는 정말 불행한 일이었습니다. 우려는 현실이 됐습니다. 진나라 대군은 곧 연나라 국경 지역에 보란 듯이 진을 쳤습니다. 연나라는 건국 이후 최대 위기에 봉착했습니다. 이 위기의 순간 진나라에 한때 인질로 가 있었던 태자 단은 영정의 공격을 막을 방법을 적극적으로 모색하게 됩니다. 이렇게 된 것은 인질로 가 있을 때 진나라로부터 냉대를 받은 사실과 어느 정도 관계가 있었습니다. 그게 국가적인 원한이든 개인적인 것이든 별로 중요한 것은 아니지만 말입니다. 결국 그의 생각은 실천에 옮겨졌습니다. 천고에 길이 빛날 형가의 진시황 암살 사건이 발생한 것입니다. 결과는 비장했습니다. 장사 형가는 다시는 돌아오지 못했습니다. 암살 계획은 실패로 돌아갔습니다. 태자 단의 목적은 분명했습니다. 암살을 통해 연나라를 구하려 했습니다. 그러나 이 계획은 반대로 영정의 분노를 촉발시켰습니다. 급기야는 1년 후에 진나라가 연나라를 멸망시키는 빌미가 됐습니다. 송나라 때 대문호 소순蘇洵이 《육국론六國論》에서 형가의 암살 미수가 화를 불러 연나라의 멸망이 가속화됐다고 주장한 것은 따라서 전혀 사실무근의 비난이 아니었습니다. 그러면 도대체 누가 연나라의 멸망에 책임을 져야 하는 것일까요? 연나라는 나라가 망해가는 이 위기의 순간에 어떻게 대응했을까요?

거사가 실패하니 애꿎은 피만 흩날리다

진나라 왕인 영정을 감히 암살하려고 했습니다!

누가 이 대단한 암살 계획을 마련했을까요?

어려울 것 없습니다. 주지하다시피 연나라 마지막 왕인 희의 아들 태자 단이었습니다.

영정은 일반인이 아니었습니다. 가장 강력한 제후국 중의 하나인 진나라의 국군이었습니다. 이런 인물을 암살하는 거사를 준비하는 것은 결코 간단한 일이 아니었습니다. 하루 이틀에 이뤄질 일이 아니었습니다. 그런데 태자 단은 이런 경천동지할 일을 너무나도 쉽게 준비해냈습니다.

그는 어릴 때부터 조나라에 인질로 가 있었습니다. 이때 조나라에서 태어난 영정과 소꿉동무처럼 지냈습니다. 그러나 그의 신세는 영정처럼 좋지 못했습니다. 영정이 왕위를 이은 다음에는 진나라에 인질로 보내졌으니까요. 문제는 이후에 영정이 단에게 잘 대해주지 않았다는 사실입니다. 그래서 그는 기원전 232년 인질 신분에서 연나라로 도주하는 선택을 했습니다. 《사기》의 〈자객열전〉에 나오는 내용입니다.

태자 단이 연나라로 달아난 3년 후인 기원전 230년 한나라가 멸망했습니다. 이어 조나라가 누란의 위기에 내몰렸습니다.

바로 이때 전투에서 패하는 죄를 지은 진나라 장군 번어기가 평소 친분이 있던 태자 단을 찾아 연나라로 도망왔습니다. 단은 그를 받아줬습니다. 이로써 진나라와 연나라의 관계는 더욱 긴장 국면으로 진입하게 됐습니다.

단의 스승인 국무鞠武는 이 사실을 안 후 번어기를 흉노족이 웅거하고 있는 북쪽 지역으로 추방해야 한다고 주장했습니다. 그의 주장은 나름 일리가 있었습니다. 이럴 경우 진나라와의 갈등을 피하면서 침공 구실을 주지 않을 수도 있었으니까요. 하지만 단은 스승의 의견을 받아들이지 않았습니다. 아마도 그는 친구가 어려움에 빠졌는데 모른 척할 수 없다는 인정을 절박하게 느끼지 않았나 싶습니다.

국무는 단이 자신의 의견을 받아들이려 하지 않자 분명하게 느꼈습니다. 단이 진나라와의 갈등을 피하려고 하지 않는다는 사실을 말입니다. 아니 어쩌면 더한 생각까지 하고 있다는 사실을 직감적으로 느꼈습니다. 그는 곧 은사隱士 전광田光을 천거하면서 말했습니다.

"우리 연나라에는 전광 선생 같은 뛰어난 사람이 있습니다. 지모가 뛰어날 뿐 아니라 용감하고 침착한 사람입니다. 그와 함께 상의하면 이 세상에 못할 일이 없습니다."

국무는 자신이 천거한 사실을 전광에게도 알려줬습니다. 전광은 곧 단을 만났습니다. 단은 너무나도 극진하게 전광을 맞이했습니다. 이어 "우리 연나라와 진나라는 양립하기 어려운 상황에 있습니다. 선생은 이 사실을 분명히 생각해줬으면 좋겠습니다"라면서 자신의 솔직한 심정을 밝혔습니다. 진나라에 대응할 아이디어를 내달라는 부탁이었습니다. 전광은 단이 자신을 부른 이유를 듣고 가만히 있을 수 없었습니다. 바로 "태자께서는 제가 젊은 시절 날린 명성만 들은 것 같네요. 저는 이미 나이가 들었습니다. 쓸모가 별로 없는 사람입니다. 그러나 저에게는 방법이 하나 있습니다. 태자의 일을 형가에게 맡기십시오"라고 정중하게 대답했습니다. 단은 전광을 전송할 때 목소리를 죽여 "제가 선생에게 말한 내용이나 선생이 저에게 말한 것은 모두 국가 기밀에 해당합니다. 절대로 다른 곳에 누설해서는 안 됩니다"라고 당부했습니다.

전광이 추천한 형가가 누구인지 다시 한 번 알아볼 필요가 있겠습니다. 그는 원래 제나라 사람이었습니다. 나중에 위衛나라로 갔다가 다시 연나라로 발길을 돌렸습니다. 이때 연나라 사람들에게 형경荊卿으로 불렸습니다.

그는 연나라에 도착한 다음 세 사람의 친구를 사귀기도 했습니다. 한 사람은 개를 잡아 생활하던 이른바 개백정이었습니다. 다른 한 사람은 앞서 언급한 바 있는 축의 고수 고점리였습니다. 마지막이 바로 단에게 그를 적극 추천한 전광이었습니다. 이 친구들 중에서 가장 형가를 높이 평가한 사람은 전광이었습니다. 형가가 절대로 평범한 사람이 아니라고 생각했습니다.

하지만 형가는 능력 면에서는 크게 뛰어나지 못했던 것 같습니다. 책 읽기를 좋아했으나 후세에 무슨 대단한 저술을 남기지 않았습니다. 검술도 좋아했으나 대단한 실력은 아니었습니다. 또 남들과 교류하는 것은 좋아했으나 두루 폭넓은 사귐을 가진 것 같지도 않습니다. 정치에 입문할 생각이 있으나 이 또한 마음먹은 대로 되지 않았던 것 같습니다.

다시 본론으로 돌아가겠습니다. 전광은 단을 만난 다음 형가를 찾아가 말했습니다.

"우리의 관계는 그 어떤 관계보다 돈독하오. 전체 연나라에서 아마 모르는 사람들이 없을 거요. 내가 그래서 말씀을 드리오. 태자 단은 나를 불러 우리 연나라와 진나라는 함께할 수 없는 사이라고 했소. 나에게 이에 대한 의견을 구했소. 그러나 나는 몸이 마음 같지 않다고 했소. 또 그대를 태자에게 추천했소. 그대는 빨리 궁중으로 달려가 태자를 만나시오."

전광의 말에 형가는 꼭 그렇게 하겠다고 대답했습니다. 전광이 다시 입을 열었습니다.

"태자는 나와 헤어질 때에 내가 자신과 나눈 얘기를 절대로 발설해서는 안 된다고 했소. 이건 태자가 나에 대해 마음을 놓지 못하기 때문인 것 같소. 그대는 태자를 보거든 내가 이미 죽었다고 말해주시오."

전광은 말을 마치자마자 자살했습니다. 비밀을 지키겠다는 의지를 목숨까지 바쳐 보여줬다고 하겠습니다.

전광이 자살하는 모습을 본 형가는 직감적으로 깨달았습니다. 단이 자객을 필요로 한다는 사실을 말입니다. 그는 당장 궁중으로 달려가 태자를 만났습니다. 단은 형가가 도착하자 대단히 정중하게 대했습니다. 무엇보다 전광의 죽음을 애도했습니다. 형가에 대한 예우 역시 극진했습니다. 나중에는 두 사람 사이에 못할 말이 없게 됐습니다. 마침내 단의 입에서 영정을 암살하는 계획까지 튀어나왔습니다. 단은 이때 형가에게 차례로 두 가지 임무를 해달라는 요구를 했습니다.

일단 암살을 하기 전에 협박할 것을 요구했습니다. 협박을 통해 진나라가 침략 전쟁에 의해 점령한 제후국들의 땅을 돌려주도록 하라는 얘기였습니다. 이 요구가 받아들여지면 암살은 없던 일이 될 수도 있었을 것 같습니다.

만약 협박이 성공하지 못하거나 영정이 대답하지 않을 경우는 원래 계획대로 찔러 죽이라고 요구했습니다. 이렇게 되면 진나라에 내란이 일어나지 말라는 법이 없었습니다. 또 이런 다음에는 각 제후국들이 합종 전략으로 진나라를 격파하는 게 가능할 수 있었습니다.

형가는 단의 계획을 듣고 한참을 생각했습니다. 얼마 후 그의 입에서는 "이건 국가적인 대사입니다. 저한테는 그런 능력이 없습니다. 감당할 자신이 없군요"라는 거절의 말이 흘러 나왔습니다.

사실 인간적인 차원에서 보면 그의 거절은 크게 이상할 것이 없었습니다. 전광이 죽은 다음 그의 뇌리에 떠올랐던 생각대로 단이 요구하는 것은 완수하기가 거의 불가능한 임무였으니까요. 한마디로 성패 여부는 고사하고 살아 돌아온다는 희망조차 거의 없는 임무였습니다.

형가의 거절에 단은 끊임없이 고개를 숙였습니다. 몇 번이고 도와달라는 부탁을 했습니다. 형가는 이 모습에 감동, 드디어 간청에 응했습니다. 형가는 연나라와는 아무 연고도 없는 사람이었습니다. 게다가 연나라에 와서도 별로 중용을 받지 못했습니다. 연나라가 생존하든 말든 아무 상관하지 않고 방관해도 괜찮은 사람이었습니다. 또 얼굴을 붉히지 않고 단과 헤어질 수도 있었습니다. 아예 처음 그랬던 것처럼 시원스럽게 거절하거나 승낙을 하는 것처럼 하다 나중에 조용히 몸을 빼도 됐습니다. 그러나 그는 이렇게 하지 않았습니다. 정중하게 응했습니다. 그러면 그는 왜 마지막에 이 위험한 암살 임무를 맡으려고 했을까요? 또 그는 이 임무를 완수하기 위해 어떤 준비를 했을까요?

형가가 진왕을 암살하겠다는 대답을 한 데에는 두 가지 이유가 있었을 것 같습니다. 하나는 정치에 투신하고 싶어 하는 욕망이고, 다른 하나는 그의 협객 성향을 꼽아야 하겠습니다.

태자 단은 그의 욕망을 일단 해결해줬습니다. 즉각 그를 상경上卿으로 삼았습니다. 또 연나라에서 가장 호화로운 객사에서 머물 수도 있도록 해줬습니다. 이 정도에서 그치지 않았습니다. 최고급 수준의 음식과 호화로운 마차, 눈부신 미모의 여자들도 제공했습니다. 실제로 형가가 뭔가를 요구하면 단은 거절하는 법이 없었습니다.

사람이 향락에 젖으면 게을러지는 법입니다. 그가 딱 그런 유형의 사람이었습니다. 아니나 다를까 그는 몸을 움직일 생각조차 하지 않았습니다.

하지만 그는 이때 그냥 놀고먹는 생활에 완전히 푹 젖어 있었던 것은 아니었습니다. 어떻게 하면 영정에게 접근할지를 계속 생각하고 있었습니다.

드디어 기원전 228년 진나라는 조나라를 멸망시킨 여세를 몰아 병력을 연나라 국경 지역까지 휘몰아 갔습니다. 이제 단으로서도 더 이상 가만히 앉아 있을 수가 없었습니다. 직접 형가를 찾아가 결단을 내리라고 재촉하는 것이 유일한 방법이었습니다. 형가는 이에 조건을 내걸었습니다.

"진나라에 맨손으로 가면 안 됩니다. 반드시 진나라 왕의 마음을 움직일 물건을 가지고 가야 합니다. 그렇지 않을 경우 진나라 왕을 만나는 것조차 불가능할지 모릅니다. 제 사명을 완수하지 못하게 되는 것이죠. 지금 진나라 왕의 마음을 움직일 물건은 딱 두 가지밖에 없습니다. 하나는 번어기의 목, 다른 하나는 독항의 지도입니다."

형가의 말은 틀린 것이 아니었습니다. 번어기는 영정이 가장 죽이고 싶어 하는 진나라의 반장叛將, 독항은 진나라 대군이 연나라를 공격할 때 필수불가결한 지도였으니까요. 하지만 그런 만큼 이것들은 연나라 입장에서도 함부로 내줄 성질의 것이 아니었습니다. 단은 망설였습니다. 그러자 형가가 직접 번어기를 찾아가 단도직입적으로 물었습니다.

"진나라 왕과 장군은 원한이 서로 구천에 맺힐 정도로 큽니다. 장군의 부모와 처자는 모조리 진나라 왕에 의해 살해당했습니다. 더구나 지금 진나라 왕은 장군의 목에 현상금으로 금 1,000근을 걸었습니다. 또 봉읍도 1만 호나 걸었습니다. 장군은 어떻게 복수를 하려고 하십니까?"

번어기의 입장에서 형가의 말은 대단히 아픈 것이었습니다. 거의 급소를 찔렀다고 해도 좋았습니다. 번어기는 순간적으로 감정이 격해졌는지 눈물을 비처럼 흘리면서 "나는 지금 복수를 할 뾰쪽한 방법이 없습니다"라고 대답했습니다. 형가는 쾌재를 불렀습니다. 이어 "지금 한 가지 계책이 있습니다. 이 계책을 쓰면 연나라의 위기와 장군의 복수를 동시에 해결할 수 있습니다"라고 다시 말했습니다. 귀가 솔깃해진 번어기는 바로 무슨 계책이냐고 물었습니다. 형가는 준비해둔 대답을 술술 풀어냈습니다.

"제가 만약 장군의 목을 가지고 가서 진나라 왕을 만나려 한다고 합시다. 그러면 진나라 왕은 반드시 저를 만나줄 겁니다. 그때 제가 왼손으로 그의 옷소매를 잡고 오른손으로 그의 가슴을 찌르는 겁니다. 이렇게 하면 장군이 한스러워하는 불구대천의 원수는 갚을 수 있습니다. 나아가 연나라 역시 그동안 받은 능욕을 시원하게 씻을 수 있습니다. 장군의 의향이 어떤지 모르겠네요?"

번어기는 기가 막혔습니다. 그러나 형가의 제안이 황당하다고는 생각하지 않았습니다. 그는 한참을 생각한 후에 "내가 매일 밤낮으로 생각하는 것은 어떻게 복수를 할 것인가입니다. 오늘 나는 비로소 복수할 방법을 찾았습니다"라고 말하면서 바로 자살했습니다.

이로써 형가는 진나라 궁정 입장을 보장해주는 확실한 입장권을 얻었습니다. 다음은 그야말로 일사천리였습니다. 우선 독항의 지도를 단으로부터 받은 다음 천하의 최고 브랜드 비수인 서부인까지 챙겼습니다. 이어 진무양이라는 비서 겸 조수까지 지원받았습니다. 그러나 거사는 주지하다시피 마지막에 극적으로 실패했습니다.

진시황은 형가의 암살 기도를 도저히 참을 수가 없었습니다. 즉각 왕전에게 암살을 사주한 연나라에 대한 총 공격 명령을 내렸습니다. 영정 20년(기원전 226년) 진나라 대군은 예상대로 연나라의 주력 부대를 격파했습니다. 이어 21년에는 연나라의 도성인 계(薊. 지금의 베이징)를 점령했습니다. 이때 연왕 희는 요동遼東 지방으로 도주를 선택했습니다. 그러나 영정 25년에 진나라 병사들은 요동까지 점령했습니다. 이 상황에서는 희도 더 이상 어떻게 할 방법이 없었습니다. 포로로 잡혀 멸망한 연나라의 마지막 국군이 돼야 했습니다. 하지만 더욱 비극적인 것은 희가 영정의 비위를 맞추기 위해 요동으로 도주한 다음 자신의 아들 단을 살해해버렸다는 사실이었습니다. 그럼에도 망국의 운명은 피하지 못했지만 말입니다.

형가는 영정을 암살하려다 그의 분노를 촉발시켰습니다. 그러나 만약 형가가 영정을 찌르지 않았다면 진나라는 연나라를 멸망시키지 않았을까요? 사실 태자 단이 형가를 자객으로 보내지 않았더라도 영정이 연나라를 멸망시키는 것은 거의 정해진 수순이었습니다. 연나라의 입장에서 볼 때도 그렇습니다. 그 자신의 멸망은 단 때문에 그런 것이 아니었습니다. 형가가 영정을 찌른 것은 그저 도화선이었을 뿐입니다. 영정은 희가 단을 살해한 다음에도 예정대로 연나라를 멸망시키려 하지 않았습니까? 그렇다면 연나라를 멸망으로 이끈 진정한 원인은 무엇이었을까요?

어리석은 선양이 부른 내란과 제나라의 침략

저는 진짜 연나라를 멸망으로 이끈 원인이 완전히 다른 데에 있다고 생각합니다. 그것도 세 가지나 된다고 봅니다. 나라를 내란으로 몰아넣은 선양禪讓이 우선 가장 먼저 생각해볼 수 있는 원인입니다. 다음은 제나라를 멸망시키려다 오히려 상황을 지정학적으로 불리하게 만들어간 것이라고 하겠습니다. 조나라를 피곤하게 만들다 스스로 약해진 것 역시 주요 원인입니다.

조나라의 무령왕은 왕성한 나이에 혜문왕에게 자리를 물려줬습니다. 이로 인해 사구에서 굶어죽는 자신의 불행을 불러왔습니다. 놀랍게도 연나라에도 자발적으로 권력을 내려놓은, 선양과 비슷한 보기 어려운 경우가 있었습니다. 아니 연나라의 경우는 보다 더 황당했다고 해도 좋습니다.

이 황당한 드라마를 연출한 사람은 쾌였습니다. 그는 왕위에 오른 다음 나라의 상국으로 자지子之를 임명했습니다. 문제는 이 자지라는 사람이 대단히 야심이 많은 사람이었다는 사실입니다. 쾌가 자신을 중용하도록 하기 위해 갖가지 방법을 다 쓸 정도였습니다. 특히 이 두 가지 방법은 기가 막혔습니다.

하나는 제나라 선왕宣王의 중신인 소대蘇代를 이용하는 방법이었습니다. 한번은 소대가 연나라에 사신으로 온 적이 있었습니다. 이때 연왕 쾌가 이미 자지의 뇌물에 넘어간 소대에게 "제나라 왕은 어떤 사람이오?"라고 물었습니다. 소대는 "패주를 자처할 수 없는 사람입니다"라고 대답했습니다. 당연히 쾌는 "왜 그렇소?"라고 물었습니다. 소대는 자지의 부탁대로 "우리 제나라 왕께서는 자신의 중요한 대신들을 전혀 신임하지 않습니다"라고 대답했습니다. 쾌는 소대의 말을 듣고 자지를 더욱 신임하게 됐습니다. 자지는 나중에 소대에게 사례비로 금 100일鎰을 줬습니다.

다른 하나는 측근을 이용해 쾌에게 유세하도록 만드는 방법이었습니다. 이 임무를 담당한 자지의 측근은 녹모수鹿毛壽라는 사람이었습니다. 어느 날 그는 드디어 자지의 부탁대로 연왕 쾌에게 간언을 올렸습니다.

"대왕께서는 지금 당장 나라를 상국인 자지에게 선양하십시오. 옛날에 요堯는 성현으로 칭송받았습니다. 왜 그랬습니까? 천하를 허유許由에게 양보하려고 했기 때문에 그랬습니다. 천하를 양보하려 했다는 미명 역시 얻었습니다. 그러나 요는 결코 천하를 잃지 않았습니다. 만약 지금 대왕께서 연나라를 상국인 자지에게 주려 하신다면 그는 틀림없이 받지 않을 것입니다. 이 경우 대왕께서는 요와 같은 칭송을 들을 수 있습니다."

쾌는 총명한 것과는 거리가 한참이나 멀었습니다. 재위 불과 3년 만인 기원전 318년에 소대와 녹모수의 교묘한 말과 표정에 속아 국정의 실권

3부 천하통일을 이루다 | 383

을 자지에게 완전히 넘겼습니다. 이 정도에서 그쳤다면 그나마 다행이었을 겁니다. 하지만 그렇지 않았습니다. 자지가 조정의 실권을 완전히 장악했는데도 어느 날 또 어떤 사람이 쾌에게 간언을 올렸습니다.

"지금 대왕께서는 나라를 자지에게 맡겼다고 말씀하고 계실지 모릅니다. 하지만 지금 조정의 관리들은 모두 태자의 측근들입니다. 명의상으로는 대왕께서 나라를 자지에게 맡겼는지는 모르겠으나 실제적으로는 아직 태자가 실권을 장악하고 있습니다."

쾌는 이 말에 다시 300석 이상의 녹봉을 받는 관리들의 인신(印信. 도장이나 관인을 총칭하는 말-옮긴이)을 모두 자지에게 시원스럽게 줘버렸습니다. 이로써 자지는 남쪽으로 바라보고 앉으면서 당당한 연나라 왕으로서의 권력을 행사할 수 있게 됐습니다. 반면 쾌는 나이가 많았다고는 하나 국정을 처리하지 못하는 신하 신세가 돼 버렸습니다. 조정의 모든 권력이 자지의 손에 좌지우지된 것입니다.

자지는 이렇게 3년에 걸쳐 연나라의 정권을 농단했습니다. 당연히 나라는 대혼란에 빠졌습니다. 문무백관들이 공포에 떤 것은 하나 이상할 게 없었습니다.

연왕 쾌의 작태는 고스란히 태자 평平의 피해로 돌아갔습니다. 견디다 못한 그는 기원전 314년 장군 시피市被와 함께 자지를 제거하기 위한 음모를 은밀하게 추진하려는 생각을 굳히게 됩니다. 이때 제나라의 민왕 역시 연나라의 상황을 어느 정도 파악하고 있었습니다. 신하들이 "연나라는 지금 대 혼란에 휩싸여 있습니다. 이 기회에 출병해야 합니다. 그러면 연나라를 굴복시킬 수 있습니다."라고 말하면서 그를 자꾸 부추기고는 했으니까요. 그는 진짜 얼마 후 측근들의 권유에 따라 행동에 나섰습니다. 평에게 사신을 보내 "우리 제나라는 그대를 지지한다"라면서 자지 타도를 위한 동맹을 권유한 것입니다. 이제나 저제나 기회를 노리던 태자

평은 제나라 사신의 말에 이제 때가 왔다고 생각했습니다. 이 생각은 곧 시피를 보내 왕궁을 포위하는 행동으로도 이어졌습니다. 그러나 장군 시피는 왕궁을 공격하다 말고 조정의 문무백관들과 함께 다시 창끝을 평에게 돌렸습니다. 결과는 피비린내 나는 연나라 내부의 내란으로 이어졌습니다. 이 과정에서 시피를 비롯한 수만여 명이 희생됐습니다. 백성들은 너 나 할 것 없이 모두 두려움에 떨었습니다. 문무백관들 역시 마음이 연나라 조정에서 멀어지고 있었습니다.

민왕은 이 기회만큼은 놓치지 않았습니다. 직접 대군을 보내 연나라를 공략했습니다. 내전으로 지칠 대로 지친 연나라 군대는 완전히 엉망이었습니다. 나와 싸우려 하지 않은 것은 그렇다 하더라도 도성의 성문까지 활짝 열어놓은 것은 좀 그랬습니다. 제나라 병사들은 가볍게 연나라의 도성으로 진공해 들어가 연왕 쾌와 자지를 죽여 버렸습니다. 제나라는 정확하게 100일 만에 전체 연나라를 점령할 수 있었습니다.

이후 제나라는 연나라를 2년여 동안 식민지로 점령했습니다. 당초 연나라 백성들은 순진하게도 제나라가 자신들에게 평화와 행복을 가져다 줄 것으로 믿어 의심치 않았습니다. 그러나 제나라 군대는 점령군이었을 뿐입니다. 수시로 살인과 종묘宗廟에 대한 파괴, 금은보화 등에 대한 약탈을 자행했습니다. 결국 제나라 군대의 횡포는 연나라 백성들의 반감을 불러일으켜 곧 폭동으로 비화됐습니다. 이렇게 해서 기원전 312년 제나라 군대는 2년여 동안 점령하고 있던 연나라에서 철수하지 않으면 안 됐습니다. 이어 연나라 백성들은 평을 태자로 세우는 후속 조치의 단행에 나섰습니다. 이 사람이 바로 소왕昭王이었습니다.

소왕의 인재 등용과 진시황의 동진

연나라의 소왕은 출발부터 불운할 수밖에 없었습니다. 멍청하기 이를 데 없는 아버지가 말도 안 되는 선양을 단행해 완전히 나라를 엉망진창의 상황에 빠지게 만들어버렸으니까 말입니다. 실제로 그가 즉위했을 때의 연나라는 꼴이 말이 아니었습니다. 그러나 소왕은 좌절하지 않았습니다. 나라를 진흥시키기 위해 사방에서 인재들을 끌어모으는 노력을 기울였습니다. 그는 과연 어떤 절묘한 방법으로 인재들을 확보했을까요? 연나라는 어쨌거나 이런 노력을 통해 점점 강력해졌습니다. 나중에는 한때 강력했던 제나라까지 신하 국가를 자칭하게 만들 정도가 됐습니다. 그러나 이때 연나라의 국력은 다시 서서히 기울기 시작하고 있었습니다. 이건 또 도대체 어떻게 된 일이었을까요? 연나라가 멸망하지 않으면 안 됐던 이 두 번째 원인을 자세하게 한번 살펴봅시다.

제나라의 점령군이 철수한 다음 즉위한 소왕은 제나라의 식민지로 있었다는 치욕을 하루라도 빨리 씻고 싶었습니다. 복수도 하고 싶었습니다. 이를 위해서는 천하의 인재들을 구해야 했습니다. 하루는 그가 대신 곽외郭隗에게 어떻게 하면 유능한 인재를 찾을 수 있는지 물었습니다.

곽외는 소왕의 당연한 열망 피력에 "천하의 인재들은 대왕께서 목마르게 인재를 구한다는 소식을 들으면 바로 달려올 것입니다"라고 상식적으로 대답했습니다. 소왕이 다시 잘 이해하지 못하겠다는 듯 "내가 어떻게 하면 되겠소?"라고 물었습니다. 곽외가 드디어 진지한 어조로 대답했습니다.

"저는 옛날 얘기 하나를 우연히 들은 적이 있습니다. 옛날에 천리마를 좋아하는 국군이 있었다고 합니다. 그러나 이 국군은 3년을 찾아 헤맸는데도 명마를 찾지 못했습니다. 그러자 청소를 담당하는 그의 한 신하가 무려 500금을 투자해 죽은 천리마의 머리를 사 왔습니다. 이 국군은 기분이 굉장히 나빴습니다. 그러나 신하는 태연자약했습니다. 아니 오히려 '천하의 사람들은 대왕께서 죽은 말 머리를 많은 돈을 주고 샀다는 소리를 들으면 부르지 않아도 천리마를 대동하고 나타날 겁니다'라고 자신만만하게 말했습니다. 과연 그의 말대로 천리마 몇 마리를 가볍게 손에 넣을 수 있었습니다. 만약 대왕께서 천하의 유능한 인재들을 얻으려면 우선 곽외 저부터 중용해보십시오. 저 같은 인물조차 대왕께서 중용한다는 소리를 들으면 1,000리 밖에 떨어져 있는 인재들도 달려올 것이 아니겠습니까?"

소왕은 곽외의 말이 그럴듯하다고 생각해 그대로 실행에 옮겼습니다. 그에게 화려한 누각을 지어주고 존현당尊賢堂이라는 이름까지 붙여줬습니다. 스승으로 모신 것은 말할 것도 없었습니다.

곽외의 말대로 소왕이 인재에 몹시 목말라 한다는 소문은 곧 전 중원에 퍼졌습니다. 이 소식을 듣고 천리를 멀다 하지 않고 위나라에서부터 달려온 인재도 있었습니다. 그가 바로 악의樂毅입니다! 군사 분야에 관한 능력이 뛰어난 사람으로 곽외라는 평범한 인물도 중용하는 연나라에서 자신의 능력을 마음껏 펼쳐보고 싶어 했습니다.

소왕은 악의가 달려오자 빈객의 대우로 그를 대접했습니다. 악의는 처음에는 사양하는 척했으나 나중에는 적극적으로 소왕을 보좌하고 싶다는 의지를 피력했습니다. 소왕은 그를 즉각 아경亞卿에 임명했습니다. 소왕은 원하던 우수한 인재를 마침내 얻었습니다. 하지만 연나라의 국력은 여전히 약했습니다. 제나라를 공격해 패배시킨다는 것은 여전히 쉬운 일이 아니었습니다.

어떻게 해야 했을까요? 소왕은 눈만 뜨면 거의 매일이다시피 복수만 생각하고 있었는데 말입니다. 그는 생각 끝에 두 가지 방법을 쓰기로 작정했습니다. 첫째 방법은 기회를 기다리는 것이었습니다. 두 번째는 만드는 것이었습니다. 기회를 기다리는 것에 만족하지 않고 적극적으로 만들겠다는 의지라고 할 수 있었습니다. 이런 노력의 결과는 헛되지 않았습니다. 드디어 기회가 온 것입니다.

제나라는 당시 국력이 강대했습니다. 때문에 줄곧 주변의 송宋나라를 병탄할 생각을 하고 있었습니다. 기원전 287년 한, 조, 위魏, 제, 초나라 등의 다섯 나라가 진나라 공격에 나섰을 때였습니다. 제나라는 이때 다른 나라들과는 달리 진나라 공격에만 나서지 않았습니다. 평소 마음에 두고 있던 이웃의 송나라를 동시에 공격, 병탄에 성공했습니다. 이로 인해 부수적으로 영토를 무려 1,000리나 얻는 성과도 얻었습니다. 다른 나라들이 전쟁에 여념이 없는 틈을 타 가볍게 송나라를 취한 것입니다.

당연히 송나라를 혼자 병탄한 제나라의 조치에 한, 조, 위魏, 초, 진나라 등은 강력하게 반발했습니다. 자신들이 제나라에 의해 송나라 꼴이 나지 않을까 불안하기도 했습니다. 이들 각국은 급기야 서로 빈번하게 셔틀 외교를 전개하면서 제나라를 공격할 기회를 모색하기 시작했습니다. 특히 당시 진나라의 승상으로 있던 위염은 이런 생각을 더욱 적극적으로 가졌습니다. 제나라를 정벌한 다음 당시 최대의 상업 도시인 도陶를 봉지로 얻겠다는 생각이었던 것입니다. 소양왕 역시 위염의 이런 생각에 동의, 제나라를 정벌하는 전쟁에 참가한다는 결정을 내렸습니다.

기원전 285년 진나라 장군 몽오는 대군을 이끌고 제나라를 공격했습니다. 이 전투에서 그는 제나라의 9개 성을 함락시켰습니다. 이후 각국 사이에는 다시 일련의 외교전이 전개됐습니다. 공동의 화제는 계속 제나라를 함께 정벌한다는 약속을 어떻게 실현하는가 하는 것이었습니다. 이때는 제나라에 한이 맺혀 있던 연나라의 소왕 역시 적극적으로 외교 활동을 전개했습니다.

기원전 284년 제나라 정벌 전쟁의 막이 올랐습니다. 소왕은 이 전쟁에서 주도권을 쥐기 위해 전국에 총동원령을 내렸습니다. 악의를 상장군으로 임명하기도 했습니다. 조나라 역시 상국의 대인大印을 그에게 잠시 맡겼습니다. 그가 연합군의 실직적인 사령관으로 지휘를 맡았다는 얘기가 되겠습니다.

　다섯 나라의 연합군은 제수濟水에서 제나라 대군과 일전을 벌였습니다. 결과는 굳이 길게 설명할 필요가 없습니다. 연합군이 대승을 거뒀습니다. 각 제후국들은 전쟁에서 승리를 거두자 제나라에 대한 공격을 중지하고 철군했습니다. 그러나 제나라에 원한을 갖고 있었던 연나라 군대는 그럴 수가 없었습니다. 악의의 지휘 하에 패주하던 제나라 부대와 계속 피비린내 나는 혈전을 벌였습니다. 나중에는 제나라의 도성인 임치(臨淄. 지금의 산둥성 쯔보淄博 린쯔를 말함)까지 쳐들어갔습니다.

　악의는 이때 전력을 다 기울여 임치를 공략했습니다. 이 결과 일거에 임치를 함락시킨 다음 제나라의 진귀한 보물과 종묘의 제사에 사용하는 제기들을 노획해 모두 연나라로 운반했습니다. 소왕은 이 소식을 듣고 너무나 기뻤습니다. 직접 제수로 달려가 주연을 열고 병사들을 위로하기까지 했습니다. 악의는 이 공로로 창국군昌國君에 봉해졌습니다.

　소왕은 하지만 전리품을 대거 연나라로 가져온 것에 만족해하지 않았습니다. 계속 악의로 하여금 남은 다른 제나라의 성읍을 공격하게 했습니다.

　악의는 소왕의 명령에 따라 제나라에서 무려 5년 동안에 걸친 전쟁을 벌였습니다. 공도 많이 세웠습니다. 70여 개의 성읍을 함락시켰습니다. 이곳에는 모두 연나라의 군현郡縣을 설치했습니다. 이제 제나라의 영토는 오로지 거(莒. 지금의 산둥성 쥐莒현)와 즉묵(卽墨. 지금의 산둥성 핑두平度)만 남게 됐습니다.

제나라는 이렇게 거의 전 국력을 쏟아 부은 연나라의 공격을 5년 동안이나 받았습니다. 하지만 완전히 멸망하지는 않았습니다. 끝까지 버텼습니다. 결국 5년 후에는 다시 연나라 병사들을 모두 몰아내고 잃었던 땅을 되찾는 기염을 토했습니다.

제나라는 확실히 연나라에게는 불구대천의 원수였습니다. 연나라는 불행히도 이런 제나라에만 주의를 기울였습니다. 연나라에게 외면적으로 계속 우호적인 자세를 보였던 진나라에 대해서는 소홀히 했습니다. 마음속으로는 자신을 멸망시킬 생각을 버리지 않고 있다는 사실을 망각했습니다. 결과적으로는 진나라가 제나라에 못지않은 원수 국가였는데도 말입니다.

물론 이로 인해 연나라 소왕은 딱 5년 동안이기는 했으나 제나라를 멸망시켜 복수를 하겠다는 원망은 실현했습니다. 제나라 역시 국력을 회복하지 못한 채 일류 강대국에서 천길 나락으로 떨어졌습니다. 제나라의 이런 쇠락은 연나라에 대한 위협을 대대적으로 감소시키는 효과 역시 줬습니다.

그렇다면 제나라의 쇠락에 따른 이득은 누가 봤을까요? 앞에서도 언급했듯 연나라가 봤다고 할 수 있으나 진나라 역시 대단한 이득을 본 국가였습니다.

그랬습니다. 연나라가 제나라를 잠시나마 점령하고 있던 것은 분명 양날의 칼이었습니다. 연나라에게는 설욕을 씻게 해줬으나 제나라의 국력은 급전직하시키는 부정적인 영향을 가져왔습니다. 제나라는 원래 전국 칠웅 중에서도 진나라와 충분히 자웅을 겨룰 수 있는 국가였습니다. 제나라의 강력함으로 인해 진나라의 삼진에 대한 잠식 전략이 브레이크가 걸릴 정도였습니다. 진나라로서는 삼진에 대한 행동에 나서려고 할 때마다 항상 제나라의 태도를 의식하지 않으면 안 됐으니까요. 사실 삼진이 제나라의 지지를 받고 있을 때는 진나라가 이들 국가에 대한 전략을 펼치기가 대단히 곤란했습니다. 최소한 함부로 군사 행동을 하지는 못했습니다. 그러나 이제 제나라가 쇠락한 만큼 진나라가 삼진에 창부리를 돌리는 것은 그다지 어렵지 않게 됐습니다. 문제는 제나라의 쇠락으로 촉발될 삼진의 쇠락이 다시 연나라의 대문을 활짝 열게 됐다는 사실이었습니다. 실제로 연나라의 멸망은 한, 조, 위나라가 잇따라 멸망한 다음에 현실로 나타났습니다. 이때 진나라로서는 아무 거리낌 없이 연나라에 대한 공격을 감행할 수 있었던 것입니다. 연나라 역시 속수무책으로 당했습니다. 한마디로 자업자득이었습니다. 이제 이 문제에 대한 결론을 내려 보겠습니다. 연나라가 제나라를 잠시나마 멸망시킨 것은 정말 대단한 실수였습니다. 제살 깎아먹기, 제 눈 찌르기에 다름이 아니었습니다. 제나라를 쇠락시키지 않았다면 삼진의 쇠락, 이에 따른 연나라의 속수무책 멸망이 상당히 지체됐을 가능성도 진짜 있었을 테니까요.

물론 연나라로서도 도저히 어쩌지 못할 고충은 있었습니다. 제나라를 괴롭힌 것이 자국에게 치명상을 줄 것이라고 생각한다는 것이 말처럼 그렇게 쉬운 일은 아니었다는 얘기입니다. 제나라는 연나라에게는 불구대천의 원수였습니다. 당연히 응징해야 했습니다. 이건 연나라 자국의 이익에서 보더라도 대단히 현명한 조치였습니다. 하지만 제나라에 대한 공격의 강도에 한계를 분명하게 둘 필요가 있었습니다. 한계를 넘지 못하면 제나라는 연나라에 대한 위협이 될 수 있었습니다. 반면 한계를 넘으면 제나라의 쇠락이 다시 진나라의 연나라에 대한 위협이 될 수 있었습니다. 그러나 소왕은 이런 전략적 식견을 전혀 갖지 못했습니다. 한계를 어디에 둬야 할지를 잘 몰랐습니다. 중용 내지는 중도가 가장 확실하고 절묘한 답인데도 말입니다.

조나라를 멸망의 길로 내몬 연왕 희의 조나라 공격

조나라를 피곤하게 만들어 스스로 멸망에 이르게 했다는 세 번째 원인에 대해 알아봅시다. 이른바 조나라를 피곤하게 만들었다는 것은 다른 사실을 의미하는 것이 아닙니다. 진나라와의 전쟁을 치르면서 완전히 나라가 박살이 난 조나라로 하여금 휴식을 통해 전열을 재정비할 여유를 주지 않고 공격했음을 의미합니다.

연나라는 연합군이 제나라를 공격한 기회를 이용해 제나라만 무려 5년 동안이나 점령한 것이 아니었습니다. 다른 한편으로는 한단의 전쟁에서 궤멸적인 타격을 입은 조나라를 공격하겠다는 야욕을 구체화했습니다. 우리는 이미 앞에서 이에 대해 충분히 살펴본 바도 있습니다. 괜히 대군을 보내 조나라를 공략했다 염파와 악승에게 대패하는 횡액을 당했던 것이죠. 이때 조나라 대군은 내친김에 연나라 도성에까지 쳐들어가기도 했습니다. 이들은 이어 기원전 250년과 249년 두 차례에 걸쳐 연나라 도성을 다시 공격했습니다. 연나라로서는 정말 숨 돌릴 틈조차 없을 정도였습니다. 그러나 장평의 전투에서 패한 이후 조나라가 가장 필요로 했던 것은 연나라를 공격하는 것이 아니었습니다. 바로 휴식을 통한 전력의 재정비였습니다. 절대로 연나라의 침입에 대비하기 위해 바쁘게 설쳐서는 안 됐던 것입니다. 한마디로 연나라가 기회를 틈타 조나라를 공격한 것은 견디지 못할 정도로 조나라를 피곤하게 만들었다고 해도 좋았습니다.

조나라는 삼진 중에서는 그래도 유일하게 진나라와 당당하게 맞설 수 있는 나라였습니다. 더구나 전국 시대 후기에는 조나라에 못지않던 진나라의 라이벌인 제나라도 고개를 숙인 채 보신 정책을 취하고 있었습니다. 진나라가 원교근공 전략을 본격적으로 실시한데다 연합군에 대패한 뼈아픈 경험을 교훈 삼아 더 이상 진나라와 삼진 간의 투쟁에 간섭을 하지 않았던 탓이었죠. 따라서 이 시기 중원의 전쟁터에서 진나라의 동진 정책을 저지할 노력을 기울일 유일한 나라는 바로 조나라였습니다. 또 조나라 혼자 진행한 진나라의 원교근공 전략 저지 노력의 수익 국가는 연나라와 제나라라고 단언해도 좋습니다. 조나라의 고군분투가 두 나라에게 평화를 안겨주었던 것입니다. 그러나 이런 조나라의 전략적인 위상과 작용에 대해 연나라는 전혀 인식하지 못하고 있었습니다.

진짜 그랬을까요? 연나라의 군신群臣들은 이런 전략적 안목이 정말 없었을까요? 그렇습니다. 전혀 없었습니다. 연나라는 당시 완전히 천하의 흥망을 판단하는 종합적인 전략적 안목이 없었습니다. 바로 이 때문에 조나라를 피곤하게 만드는 것이 궁극적으로는 자국을 약화시키는 것이라는 사실을 전혀 이해하지 못했습니다.

전력을 미처 재정비하지 못한 조나라는 진나라에 의해 멸망했습니다. 조나라가 멸망했는데 연나라가 어찌 조나라의 피와 땀으로 맞바꾼 평화를 누릴 수 있었을까요?

연나라가 멸망하게 된 중요한 이유는 제나라를 잠시나마 멸망시킨 실책과 조나라를 피곤하게 만든 멍청한 전략 등과 결정적으로 관계가 있었습니다. 이는 모두 연나라가 전혀 전략적 안목이 없다는 사실을 설명해줍니다. 연왕 희는 기본적으로 이 중요한 사실들을 간과했습니다. 게다가 요동으로 도망간 다음에는 애꿎은 태자 단까지 죽였습니다. 그러나 다 부질없는 일이었습니다. 연나라는 망할 운명을 받아들여야 했습니다.

이렇게 해서 영정은 마치 손바닥 뒤집듯 가볍게 연나라마저 집어삼켰습니다. 연나라 다음에는 어떤 나라들이 남아 있게 됐을까요? 겨우 목숨만 유지하고 있던 제나라와 초나라였습니다. 영정은 이제 무시무시한 죽음의 칼을 과연 어떤 국가를 향해 먼저 휘둘렀을까요?

22강

초나라의 멸망

영정은 한, 조, 위, 연나라 등의 중원 네 나라를 잇달아 멸망시킨 다음 공격의 창끝을 남방의 초나라로 돌렸습니다. 초나라는 무엇보다 땅이 넓었습니다. 또 역사도 장구했습니다. 무려 800여 년을 자랑했습니다. 당연히 영정은 일찍부터 이런 초나라에 군침을 흘렸습니다. 그러나 초나라는 만만치 않았습니다. 불과 100여 년 전만 해도 북으로는 황하, 남으로는 민월(閩越. 지금의 푸젠福建성과 광둥廣東성-옮긴이)의 영토를 아우르는 국가였습니다. 또 동으로는 지금의 저장浙江, 서로는 파촉巴蜀의 땅을 통제하고 있었습니다. 땅만 놓고 보면 전국칠웅 중 단연 최고였습니다. 군사력 역시 이에 비례했습니다. 때문에 당시만 해도 중원을 휩쓸면서 패주를 자처할 능력까지 갖추고 있었습니다. 게다가 초나라에는 대단히 뛰어난 명장이 있었습니다. 이 사람은 다름 아닌 서초패왕西楚霸王 항우의 할아버지 항연項燕이었습니다. 진나라는 바로 이 명장 때문에 초나라를 일시적으로 어떻게 하지 못했습니다. 그러나 영정이 대장 왕전을 보내 진공을 한 다음에는 갑자기 양국의 이런 대치 상황이 대변화의 국면을 맞게 됐습니다. 결국 3년 만에 강력한 초나라가 진나라에 의해 멸망하게 된 것입니다. 그러면 진나라가 초나라를 멸망시킨 전략은 무엇이었을까요? 초나라 멸망의 원인은 도대체 무엇이었을까요?

진나라, 더욱 힘을 길러 초나라를 무너뜨리다

영정은 초나라 왕 부추負芻 4년(기원전 224년)에 왕전과 몽무蒙武에게 60만 대군을 인솔해 초나라를 공격하라는 명령을 내렸습니다. 이때 왕전은 출정 직전 패상에서 영정에게 "대왕께서는 저에게 좋은 땅과 집, 정원 등을 상으로 내려주셔야 합니다"라면서 생뚱맞은 요구를 했습니다. 영정은 이에 "장군은 지금 출정에 온 신경을 다 써야 하오. 만약 공을 세우게 되면 짐은 당연히 후한 상을 내릴 것이오. 그런데 왜 하필이면 지금 나중에 빈곤해질 것을 굳이 우려하는 것이오?"라고 물었습니다. 왕전은 거침없이 "저는 대왕의 장군으로 출정을 합니다. 그러나 제가 아무리 대단한 무공을 세워도 후로 봉해지기 어렵습니다. 그래서 대왕께서 저를 중용하는 지금 기회를 틈타 이런 요구를 하는 겁니다. 자손들을 생각하지 않을 수 없습니다"라고 대답했습니다. 영정은 하하! 하고 웃음을 터뜨렸습니다. 왕전은 함곡관에 이르렀을 때쯤 전령을 진나라 조정에 무려 다섯 차례나 보냈습니다. 그러자 부하 한 명이 "이렇게 자꾸만 논밭이나 집, 별장 등을 요구하는 것은 좀 지나친 것 아닙니까?"라고 물었습니다. 왕전은 그제야 솔직하게 자신의 속내를 밝혔습니다.

"자네는 모르는 것이 있네. 나의 행동은 당연히 옳지 않아. 그러나 대왕은 성격이 너무 거칠고 의심이 많아. 지금 대왕은 나 한 사람에게 전국에서 동원한 모든 병사들을 지휘하도록 했네. 만약 내가 많은 상을 내려 달라고 부탁하지 않거나 자손들을 생각하지 않는 것처럼 보이면 대왕은 공연히 나를 의심할 것일세."

왕전은 이런 사람이었습니다. 영정이 대군을 지휘할 자신에 대한 불안을 떨쳐버리지 못한다는 사실을 알고 일부러 안심시키기 위해 탐욕스러운 척했습니다. 대단히 정치적인 사람이었습니다.

왕전은 대군을 이끌고 계속 진격하다 진읍陳邑과 평여平輿의 일대에서 행군을 멈췄습니다. 벽루를 구축한 다음 굳건한 수비에 나서기 위해서였습니다. 이때 초나라 역시 전국의 병력을 총동원했습니다. 결사항전에 나서려는 의지를 다졌다고 하겠습니다. 양 대군이 맞닥뜨렸을 때 적극적으로 공세에 나선 쪽은 초나라 대군이었습니다. 그러나 아무리 초나라 병사들이 싸움을 걸어도 진나라 병사들은 꿈쩍도 하지 않았습니다. 그렇다고 왕전과 진나라 병사들이 겁을 집어먹은 것은 아니었습니다. 오히려 그 반대였습니다. 특히 왕전은 더 여유가 있었습니다. 병사들에게 목욕을 하고 쉬게 한 다음 거의 매일이다시피 병사들과 함께 먹고 마시는 파티를 열었을 정도였습니다. 나가 싸우는 것은 아예 생각조차 하지 않았다고 해도 좋았습니다. 어느 날 한바탕 연회를 베풀고 난 다음 왕전이 "병사들은 지금 무엇을 하고 있나?"라고 물었습니다. 좌우의 부관들은 "지금 누가 돌을 멀리 던지는지를 가리는 놀이를 하고 있습니다"라고 대답했습니다. 왕전은 속으로 흐뭇한 미소를 지었습니다. 이 정도 여유를 가지고 있다면 나가 싸울 수 있겠다는 생각을 한 것입니다.

전투도 아니고 휴전 상태도 아닌 이런 지루한 대치 국면은 무려 1년 가까이 이어졌습니다. 이건 영정이 통일 전쟁을 발동한 이후의 진나라 입장에서는 거의 기적이었습니다. 처절한 전투를 벌일 줄 알고 잔뜩 전의를 불사르던 초나라 대군은 헛물만 잔뜩 켜자 병력을 동쪽으로 이동하는 조치를 취했습니다. 왕전은 드디어 기회가 왔다고 생각했습니다. 바로 대부대를 움직여 이동 중인 초나라 대군을 공격했습니다. 결과는 당연히 진나라 대군의 승리였습니다.

기원전 223년 왕전과 몽무는 승리의 여세를 몰아 초나라 최후의 보루인 도성 수춘(壽春. 지금의 안후이安徽성 서우壽현)으로 진격해 들어갔습니다. 이변은 일어나지 않았습니다. 둘은 가볍게 초나라 마지막 왕 부추를 사로잡았습니다.

초나라는 바로 멸망하지 않았습니다. 살아남기 위한 저항이 계속되었습니다. 이 저항의 중심에는 장군 항연이 있었습니다. 그는 부추가 사로잡힌 다음에도 재기를 위해 회남淮南에서 창문군昌文君을 초나라 왕으로 옹립한 다음 진나라에 계속 저항(이 부분은 《사기》의 〈진시황본기〉의 내용. 그러나 이 기록에서는 창문군을 창평군昌平君으로 표기하고 있음. 양관楊寬의 《전국사(戰國史)》는 창평군이 창문군의 잘못임을 고증했음. 또 《사기》의 〈초세가〉와 〈왕전열전〉, 〈육국연표(六國年表)〉 등은 모두 항연이 전투에 패해 피살됐다고 기록하고 있음)했습니다. 진나라 장군 왕전과 몽무는 이들을 회남에서 대파했습니다. 이때 창문군은 전사, 항연은 자살로 생을 마감했습니다. 이로써 비로소 초나라는 멸망했습니다. 진나라는 이 초나라 땅에 구강군九江郡과 장사군長沙郡을 설치했습니다. 왕전은 내친김에 기원전 222년에는 강남의 땅을 평정하고 월족越族 군주의 항복을 받아냈습니다. 이 땅에는 회계군會稽郡이 설치됐습니다.

진나라가 초나라를 궁극적으로 멸망에 이르게 만든 전쟁은 중국 역사상에서도 보기 드문 전쟁의 전형이라고 할 수 있었습니다. 바로 적을 피곤하게 만들어 제압한 전쟁이었습니다. 계속 힘을 키우면서 적을 기다렸다 격퇴한다는 것이 전략의 요체였다고 하겠습니다.

이처럼 왕전이 거의 혼자 시작해서 끝냈다고 해도 좋은 이 전쟁은 진나라가 초나라를 멸망시키는 결정적인 전기가 됐습니다. 그러면 광대한 영토에다 한때 진나라에 필적할 정도로 강력했던 초나라는 왜 고작 3년 만에 멸망의 길을 걸어야 했을까요? 저는 최소한 세 가지 이유가 있다고 봅니다. 하나는 개혁이 힘을 받지 못했다는 사실이며, 여기에 정치 부패와 대세를 읽지 못하는 지도층의 안목 부족 역시 이유로 들어야 하겠습니다.

초나라, 변법으로 군림했으나 도왕이 사망하여 혼란으로 내몰리다

초나라에서는 기원전 401년부터 381년까지 재위한 도왕悼王이 위나라의 문후 같은 국군이었습니다. 그의 재위 때에 위나라의 명장 겸 정치가인 오기는 문후를 뒤이은 무후의 시기를 견디지 못하고 초나라로 도망했습니다. 초나라에 도착한 그는 우선 국경 지방의 군수를 맡았습니다. 도왕은 오래지 않아 곧 그의 출중한 재능을 알아챘습니다. 그를 영윤(令尹. 승상에 해당―옮긴이)에 임명한 다음 변법을 실시한 것은 자연스런 수순이었습니다.

오기의 변법은 상앙의 변법보다 무려 20여 년 정도 빨랐다고 볼 수 있습니다. 전국칠웅 중에서도 상당히 일찍 변법을 실시했습니다. 주요 내용은 대략 네 가지였습니다.

우선 상앙이 답습한 세경, 세록을 세습하는 관습의 폐지를 들어야 하겠습니다. 세경, 세록은 기본적으로 종법제의 부산물이었습니다. 정권이 세습된 탓에 작위와 봉록 역시 대대로 세습될 수밖에 없었습니다. 전국 시대가 정치, 경제 공동체였던 만큼 정치적으로 작위만 세습된 것이 아니라 경제적으로 봉록까지 세습됐다고 보면 됩니다. 이 세경, 세록 제도는 귀족이나 공신들에게는 정말 괜찮은 시스템이었습니다. 태어나면서부터 제공되는 일종의 엄청난 특혜 같은 것이었으니까요. 하지만 이 제도는 재능이나 공훈이 있는 일반 평민 자제들에 대한 조정의 봉상封賞은 완벽하게 막는 결정적인 약점이 있었습니다. 물론 귀족이나 공신들의 후손들은 모두들 아무런 재능이나 공훈이 없어도 풍부한 작위와 봉록을 보장받을 수 있었습니다.

그렇다면 나중에 공훈을 세우는 사람들은 어떻게 해야 하는 걸까요? 그렇습니다. 이 제도의 최대 폐단은 나라를 위해 공훈을 세워야겠다는 인재들의 생각을 완벽하게 틀어막는다는 데에 있었습니다. 그러나 인재들이 나라를 위해 공을 세워야겠다는 생각을 소극적으로 하면 어떻게 되겠습니까? 국가는 강대해지기 어려울 수밖에 없었습니다. 바로 이 때문에 오기는 이 황당한 제도부터 손을 봤습니다. 이에 대해서는 《설원》의 〈지무指武〉편이 잘 설명을 하고 있습니다. "선대에는 공을 세웠으나 후손들의 공이 없는 경우 작록爵祿은 모두 몰수해 공을 세운 이들에게 상으로 내렸다." 이른바 균작평록均爵平祿 제도를 실시한 것입니다.

구체적으로는 어떻게 집행했을까요? 오기가 실행에 옮긴 방법은 간단했습니다. 선대에 공을 세워 군君에 봉해졌더라도 3대가 지나면 작록을 회수할 수 있도록 했습니다. 당연히 3대에 가서도 다시 공훈을 세우면 예외가 됐습니다. 이렇게 해서 세경, 세록 제도는 사실상 폐지됐습니다.

회수한 작록은 어떻게 했을까요? 당연히 전쟁에서 공을 세운 병사들이 우선 혜택을 받도록 사용했습니다. 초나라의 군사력은 이로써 날이 갈수록 증강될 수밖에 없었습니다.

다음으로 관료들을 대상으로 적극적으로 실시한 이른바 구조 조정도 거론해야 하겠습니다.

관료 정치는 국가 운영의 기본이었습니다. 오기는 이 사실을 누구보다 잘 알았습니다. 당연히 이에 대한 구조 조정도 절실히 필요하다는 점 역시 깨닫고 있었습니다. 추진은 주로 두 가지 방향에서 했습니다.

우선 대신의 수를 줄였습니다. 또 봉읍을 받는 귀족을 의미하는 이른바 봉군封君의 수 역시 과감하게 축소했습니다. 오기는 초나라의 문제가 "대신과 귀족의 권력이 너무 막강하다"라는 기록에서 보듯 대신과 귀족들에게 있다고 봤습니다. 이들이 위로는 국군을 위협하고 아래로는 백성들을 못살게 군다고 본 것입니다. 또 이 상황을 개혁하지 못하면 초나라의 미래는 없다고 판단했습니다. 강력해지기 어렵다고 결론을 내린 것입니다. 그는 실제 자신의 생각대로 이들에 대한 정리를 나뭇가지 치듯 차례로 해나갔습니다.

쓸모없는 관리들 역시 대거 잘라냈습니다. 동서고금을 막론하고 관리들 중에는 확실히 무능하고 아무짝에도 도움이 안 되는 사람들이 있기 마련입니다. 오기의 구조 조정 방법은 복잡하지 않았습니다. 무능한 관리와 아무 짝에도 도움이 안 되는 이런 관리들은 솎아내는 것이었습니다. 초나라는 이 방법을 통해 불필요한 지출을 대거 줄일 수 있었습니다. 국고가 튼튼해지는 것은 자연스런 결과가 될 수밖에 없었습니다.

농사와 전투력 제고 장려 역시 변법의 주요 내용으로 부족함이 없었습니다. 고대에 백성과 나라를 부유하고 부강하게 만드는 기본적인 방법으로는 두 가지가 있었습니다. 하나는 농업을 중시하고 다른 하나는 전투력을 제고하는 것이었습니다. 이를 위해 오기는 이곳저곳을 유랑하면서 빈둥거리는 백성들이 없게 했습니다. 가능하면 농사에 전력을 기울이는 농민이 되거나 병사가 되도록 장려했습니다. 이 조치는 농업과 전투력 제고라는 면에서는 대단한 효과도 있었습니다.

오기가 추진한 변법의 마지막 중요한 내용은 광범위한 영토를 개간하는 것이었습니다. 초나라는 원래 땅이 광대했습니다. 게다가 이에 만족치 않고 끊임없이 주변의 작은 나라들에 대한 겸병을 실시했습니다. 초나라는 이로 인해 농사를 짓지 않고 방치한 땅이 대단히 많았습니다. 오기는 이 사실에 주목했습니다. 곧 이어 도왕에게 귀족들을 보내 이 땅들을 개간하도록 하는 방안을 제시했습니다. 이 일은 당연히 무척 피곤한 일이었습니다. 때문에 이 땅들에 파견된 귀족들은 대단히 고통스러워했습니다.

오기의 변법은 실시 기간이 길지 않았음에도 엄청난 효과를 가져왔습니다. 나중 범저를 이어 진나라의 승상이 되는 채택蔡澤이 "군사력이 천하에 진동해 그 위력이 제후들을 복종시켰다"라고 평가했을 정도였습니다.

그러나 오기의 변법은 진나라의 상앙이 추진한 변법만큼 그렇게 엄청난 성공은 거두지 못했습니다. 원인은 어디에 있었을까요? 무엇보다 도왕이 덜컥 세상을 떠난 것이 결정적이었습니다. 여기에 초나라 내부의 반대파 세력이 막강했다는 사실 역시 부정적으로 작용했습니다.

오기가 변법을 추진했을 때는 이미 도왕이 인생의 황혼기를 맞이하고 있을 때였습니다. 젊은 효공이 상앙을 중용해 변법을 추진했던 것과는 비교하기가 어려웠습니다. 당연히 도공의 오기에 대한 지지 강도는 효공의 상앙에 대한 것과도 상당히 차이가 났습니다. 확실히 개혁을 추진하는 데 있어서는 국군의 잔여 수명이 중요했던 모양입니다. 도왕이 사망하자 진짜 상황은 어려워졌습니다. 오기의 변법 추진으로 기득권을 완전히 박탈당하는 손실을 입었던 종실 대신들이 도왕의 영구를 모신 영당靈堂 안에서 반란을 일으켜 오기를 죽이려 한 것입니다. 오기는 상황이 묘하게 돌아간다는 사실을 직감했습니다. 바로 도왕의 시신 옆으로 달려가 그 위에 눕는 궁여지책을 강구하지 않으면 안 됐습니다. 반란을 일으킨 종실 대신들은 차라리 잘 됐다는 심정으로 화살로 오기를 쏴버렸습니다. 화살들은 자연스럽게 도왕의 시신 위에도 날아가 꽂혔습니다. 도왕의 장례가 끝난 다음 태자가 즉위했습니다. 그는 나름 효자였던 모양입니다. 아버지가 당한 횡액을 잊지 않고 오기를 모살할 때 아버지의 시신에 화살을 쏜 종실 대신들을 모두 찾아내 처형했습니다. 이때 주살된 인원은 무려 70여 명에 이르렀습니다.

진나라의 변법은 상앙의 사후에도 폐지되지 않고 혜문왕이 계속 추진했습니다. 그러나 도왕의 사후 초나라는 달랐습니다. 오기의 변법 중 극히 일부가 남아 여전히 영향력을 발휘하기는 했으나 거의 대부분 정책은 폐지되고 말았습니다. 이후 초나라에는 오기의 변법과 같은 대규모의 개혁 정책이 단 한 번도 실시되지 못했습니다.

초나라가 멸망한 원인으로는 여러 가지를 꼽을 수 있습니다. 그러나 역시 개혁이 힘을 받지 못한 탓에 국력이 더 이상 증강되지 못하고 쇠락한 게 가장 기본적인 이유가 되겠습니다.

승상이 된 지 25년 만에 호사를 일삼다 멸문지화를 당하다

한 국가의 흥망성쇠에는 분명 여러 요인들이 있습니다. 그러나 역사를 깊숙하게 들여다보면 멸망의 가장 큰 요인 중 단연 으뜸은 정치 부패입니다. 초나라 역시 마찬가지가 아니었나 싶습니다. 비록 그 어떤 나라보다도 일찍이 변법을 추진했으나 정치 부패라는 이 고질적 병폐에서 자유롭지 못했습니다. 특히 전국 시대 말기에는 더욱 그랬습니다. 이른바 전국 시대 4공자라는 별칭에 빛나는 춘신군(春申君. 황헐黃歇)은 바로 초나라의 이런 정치 부패를 대표하는 사람이었습니다. 그를 통하면 초나라 국내의 정치 부패가 적나라하게 보인다고 해도 좋을 정도였습니다.

그렇다면 초나라가 정치적으로 부패했다는 사실은 어디에서 먼저 알 수 있을까요? 인재 기용의 스타일에서 알 수 있습니다. 초나라 전기의 왕족에 해당하는 공족 일원들은 장기적으로 왕의 비호를 받았습니다. 이후

굴屈, 소昭, 경景 등 3대 성의 일족이 초나라 정계를 완전히 장악했습니다. 또 말년에는 춘신군이 왕의 각별한 총애를 받았습니다. 이런 용인 제도의 결함은 분명했습니다. 공족이거나 3대 성씨의 일원이 아닐 경우는 아무리 재능이 뛰어나도 기본적으로 두각을 나타낼 수 없었으니까요.

춘신군은 초나라 경양왕頃襄王의 동생이었습니다. 일찍이 초나라 태자 웅완熊完과 함께 진나라에 인질로 가 있었습니다. 진나라는 당시 태자 웅완을 계속 억류하려 했습니다. 아예 돌려보낼 생각이 없었습니다. 그러다 경양왕이 갑자기 병이 들었습니다. 태자 웅완은 이제는 정말로 돌아가야겠다고 생각했습니다. 경양왕이 잘못되면 자신이 즉위해야 한다는 판단을 한 것입니다. 그러나 진나라는 여전히 그를 놓아줄 생각을 하지 않았습니다.

웅완은 다행히 이때 진나라의 상국으로 있던 범저와 개인적으로 좋은 관계를 유지하고 있었습니다. 춘신군은 웅완의 귀국을 위해 범저를 만났습니다. 그가 솔직하게 말했습니다.

"지금 우리 왕의 병환이 위중합니다. 유사시에 태자가 바로 즉위할 수 있게 진나라는 빨리 태자를 귀국시켜야 합니다. 만약 태자가 초나라의 왕이 된다면 우리는 귀국을 허락해준 상국의 은덕에 감사하고 보답할 것입니다. 태자가 초나라로 돌아가는 것과 진나라에 계속 머무는 것은 그야말로 천양지차입니다. 태자가 만약 초나라로 돌아가면 왕이 될 수 있습니다. 그러나 계속 진나라에 볼모로 붙잡혀 있으면 포의(布衣. 평범한 백성이라는 의미-옮긴이)에 불과하게 됩니다. 만약 태자가 돌아갈 수 없게 되면 초나라는 왕이 죽은 다음에 다른 사람을 왕으로 세울 것입니다. 태자 아닌 사람이 왕이 되면 진나라에게 과연 공경하게 대할까요? 상국께서는 어떻게 하는 것이 진나라에 유리할지를 고려해주시기 바랍니다."

범저는 춘신군의 말이 정말 이치에 맞는다고 생각했습니다. 한참을 생각한 후 그는 소양왕을 만났습니다. "태자를 돌아가게 하십시오"라는 말이 그의 입에서 나왔습니다. 소양왕은 호락호락하지 않았습니다. "먼저 태자의 수행원을 귀국하게 해서 초나라 왕의 병세를 보도록 하시오. 그때 가서 그를 돌려보낼지 여부에 대해 결정을 내려도 늦지는 않을 것이오"라고 조건을 달았습니다. 춘신군은 이 소식을 듣자마자 태자 웅완에게 달려가 말했습니다.

"만약 태자께서 제때에 귀국하지 못한다면 큰일입니다. 대왕이 돌아가시면 다른 사람을 왕으로 추대할 겁니다. 태자께서는 지금 진나라에 와 있는 우리 초나라의 사신과 함께 몰래 도망을 가는 게 현재로서는 최선의 선택입니다. 저는 남아서 뒤처리를 하도록 하겠습니다."

태자 웅완은 춘신군의 말을 따랐습니다. 초나라 사신의 마부 복장으로 위장한 다음 몰래 진나라를 빠져나갔습니다. 춘신군은 시치미를 뚝 뗀 채 그대로 진나라에 계속 머물렀습니다. 이때 그는 태자가 병이 나 드러누웠다는 그럴듯한 핑계를 만들어 진나라 관리들이 들이닥치는 것을 막는 절묘한 계책도 썼습니다. 태자가 도망을 친 지 며칠이 지났습니다. 춘신군은 이 정도면 진나라가 아무리 추격을 해도 태자를 따라잡지 못할 것이라는 판단을 내렸습니다. 소양왕을 만나 사실을 고해도 괜찮다고 생각했습니다. 그는 소양왕에게 달려가 "태자는 이미 귀국했습니다. 저 황헐은 대왕을 속였습니다. 죽어 마땅합니다"라고 이실직고했습니다. 소양왕은 춘신군의 말에 대노했습니다. 즉각 그를 죽이려고 했습니다. 그러나 춘신군에게는 범저라는 바람막이가 있었습니다. 그를 위해 그야말로 변명을 절묘하게 했습니다.

"황헐은 신하의 입장에서 개인의 안위를 돌보지 않고 태자를 보호했습니다. 만약 태자가 즉위를 하게 되면 이런 그를 중용하지 않을 수 없을 것입니다. 차라리 이렇게 된 바에야 그를 귀국시키는 것이 낫습니다. 그에게 친 진나라 정책을 실시하도록 하는 게 우리에게 더 도움이 된다는 말입니다."

소양왕은 범저의 말을 곰곰이 되씹어 봤습니다. 확실히 일리가 있었습니다. 그는 분노를 누르고 춘신군을 돌아가도록 했습니다.

경양왕은 춘신군이 귀국한 지 얼마 되지 않아 곧 세상을 떠났습니다. 당연히 태자 웅완이 뒤를 이어 왕이 됐습니다. 이 사람이 바로 역사에서 고열왕으로 불리는 국군입니다. 고열왕은 즉위한 다음에 은혜를 잊지 않았습니다. 춘신군을 바로 상국으로 임명했습니다.

하지만 고열왕에게 행운은 이때까지였습니다. 이후부터는 인생이 크게 행복하지 못했습니다. 가장 큰 불행은 자식이 없다는 사실이었습니다. 춘신군 역시 이 사실이 가슴 아팠습니다. 곳곳에서 규수들을 찾아 그에게 헌납한 것은 다 이 때문이었다고 하겠습니다. 그러나 소용이 없었습니다.

이때 조나라 출신인 이원李園이라는 사람이 초나라에 와 있었습니다. 자신의 아름다운 동생을 고열왕에게 바칠 생각을 갖고 있었습니다. 그러나 그는 초나라에 들어와서야 고열왕이 자식을 낳을 능력이 없다는 사실을 알았습니다. 솔직히 자신의 동생이 자식을 낳지 못해 고열왕의 총애를 잃을 가능성에 대해 그는 고민했습니다. 얼마 후 그는 꽤나 엉뚱한 계책을 생각해냈습니다. 그는 이 계책의 실행을 위해 우선 춘신군의 문하에 빈객으로 투신하는 계획을 실행에 옮겼습니다. 빈객이 된 지 얼마 되지 않았을 때였습니다. 그에게 휴가가 돌아왔습니다. 그는 이때 고의적으로 휴가 기간을 넘겼습니다. 돌아왔을 때에는 또 일부러 춘신군을 만나러 갔습니다. 춘신군은 그에게 "왜 휴가 기간을 넘겼소?"라고 물었습니다. 그는 이 기회를 놓치지 않고 미리 준비한 말을 읊조렸습니다.

"저에게는 대단히 미모가 뛰어난 여동생이 있습니다. 제나라의 왕이 이 사실을 어떻게 알았는지 사람까지 보내 저에게 청혼을 했습니다. 이 일을 처리하느라 며칠을 어쩔 수 없이 쓰게 됐습니다."

춘신군은 이원의 말에 구미가 당겼습니다. "그래 시집은 가게 됐소?"라는 단도직입적인 질문이 바로 튀어나올 수밖에 없었습니다. 이원은 쾌재를 부르면서 "아닙니다"라고 대답했습니다. 춘신군이 다시 "내가 그대의 여동생을 한번 볼 수는 없겠소?"라고 은근히 부탁했습니다. 이원은 미리 준비해둔 시나리오대로 흔쾌하게 "왜 안 되겠습니까?"라고 대답했습니다. 이원은 말을 마치기 무섭게 동생을 데려와 춘신군에게 보여줬습니다. 춘신군은 그녀를 보는 순간 첫눈에 반해버리고 말았습니다. 이원은 기다렸다는 듯 춘신군에게 그녀를 바쳤습니다.

이원의 여동생이 임신을 하는 데에는 오랜 시간이 필요하지 않았습니다. 그녀는 임신을 하자 당초 시나리오대로 춘신군에게 은밀하게 말했습니다.

"초나라의 대왕은 승상을 대단히 신임해요. 자신의 형제들보다 더 신임한다고 해도 좋아요. 지금 승상이 초나라에서 무려 20여 년 동안이나 승상을 지낸 것은 다 이런 신임 덕분이라고 할 수 있어요. 대왕은 불행히도 자식이 없어요. 만약 대왕이 세상을 떠나게 되면 다른 형제들이 왕이 될 가능성이 높아요. 또 진짜 이런 가능성이 현실화되면 새로 왕이 되는 사람은 자신이 좋아하는 측근들만 중용할 거예요. 이 경우 승상의 자리는 과연 오랫동안 보존할 수 있을까요? 지금 저는 승상의 아이를 임신하고 있어요. 하지만 저는 승상과 함께한 시간이 별로 길지 않아요. 외부 사람들이 우리의 상황을 전혀 몰라요. 저는 이 기회를 이용해야 한다고 봐요. 저를 대왕에게 바치라는 것이죠. 대왕은 승상을 대단히 신임하고 있어요. 만약 승상께서 저를 대왕에게 바치면 대왕은 틀림없이 받아들일 거예요. 이어 나중에 제가 아들을 낳게 되면 어떻게 될까요? 승상의 아들이 왕위를 계승하게 되지 않겠어요? 이렇게 되면 초나라는 승상의 나라가 되는 겁니다. 승상의 앞날을 걱정할 필요가 과연 있을까요?"

춘신군은 이원의 여동생 말에 깜짝 놀랐습니다. 그러나 가만히 생각해 보니 대단히 일리가 있는 말이었습니다. 그는 부랴부랴 다음 행동으로 돌입했습니다. 이원의 여동생을 객사에 투숙시킨 후 고열왕에게 적극적으로 추천한 것입니다. 고열왕은 그의 말대로 그녀를 불러들였습니다. 보는 즉시 마음도 동했습니다. 바로 받아들인 것은 당연한 조치였습니다. 얼마 후 이원의 여동생은 아들을 낳았습니다. 어쨌거나 공식적으로는 천신만고 끝에 자신의 아들을 본 고열왕이 가만히 있을 턱이 없었습니다. 누가 뭐라고 할 틈도 없이 아들을 태자, 이원의 여동생을 왕후로 봉했습니다. 처남 이원은 당연히 중용됐습니다.

이원은 자신의 여동생이 날이 갈수록 승승장구하자 불안해졌습니다. 춘신군이 언제 비밀을 폭로할지 모른다는 생각을 한 것입니다. 그는 급기야 몰래 일단의 자객들을 양성하기 시작했습니다. 기회가 왔다 하면 바로 춘신군을 제거할 생각이었습니다.

춘신군은 경양왕의 동생이었습니다. 공족이었습니다. 이 정도면 만족할 줄 알아야 했습니다. 그러나 중간에 이원 남매의 음모가 없었던 것은 아니었으나 그는 자신의 더 큰 출세를 위해 자신의 손을 거친 여자를 조카인 고열왕에게 바치는 황당한 일을 자행했습니다. 이건 누가 뭐래도 그의 일생일대의 최대 패착이었습니다. 이 일로 인해 초나라의 정권 교체가 이뤄졌을 뿐 아니라 그 자신의 가문은 멸문의 액운을 입었으니까요. 더구나 이 일은 피할 수도 있었습니다. 그러면 춘신군은 왜 마지막에 이런 돌아오지 못할 다리를 건너는 황당한 짓을 했을까요? 너무 욕심이 지나쳤습니다.

이제 그의 비극에 대해 얘기해봅시다. 그가 초나라의 상국 자리를 차지한 지 25년째 되던 어느 날이었습니다. 갑자기 고열왕이 앓아눕기 시작했습니다. 이때 그의 빈객 중 한 명인 주영朱英이 그에게 이해하기 쉽지 않은 묘한 말을 은근하게 건넸습니다.

"이 세상에는 생각지도 않은 복이 간혹 오기도 합니다. 또 전혀 예기치 못한 화도 옵니다. 승상은 지금 생사가 무상한 세상에 살고 있습니다. 또 희로애락이 죽 끓듯 하는 군주를 모시고도 있습니다. 그러니 전혀 예상하지 못한 사람이 오지 말라는 법이 어디 있겠습니까?"

춘신군은 다소 황당한 주영의 말에 "뭐가 생각지도 않은 복이라는 것이오?"라고 질문을 던지지 않을 수 없었습니다. 주영이 기다렸다는 듯 대답했습니다.

"승상은 이 자리에 있으신 지 벌써 20년이 넘었습니다. 명색은 상국이나 사실은 초나라의 왕이나 다름이 없습니다. 지금 왕은 병이 들어 있습니다. 그야말로 오늘 내일 합니다. 승상은 지금 두 가지 선택을 해야 합니다. 하나는 곧 즉위할 어린 왕을 대신해 정권을 장악하는 것입니다. 이 경우 승상은 이윤伊尹이나 주공周公처럼 왕이 장성한 다음에 대권을 다시 돌려주면 됩니다. 다른 하나는 승상께서 아예 시원스럽게 왕이 되는 것입니다. 이게 바로 생각하지도 못했던 복이 온다는 것입니다."

춘신군은 다시 "무엇이 예기치 못한 화라는 거요?"라고 물었습니다. 주영 역시 시원스럽게 대답했습니다.

"이원은 지금 국정을 장악하고 있지 않습니다. 그러나 명색이 국군의 처남입니다. 그는 또 군사 문제에 관여하고 있지 않습니다. 하지만 적지 않은 자객들을 기르고 있습니다. 만약 왕이 세상을 떠나거나 하면 그는 반드시 먼저 궁에 들어가 정권을 탈취하려고 할 겁니다. 더불어 승상을 죽여 입을 막으려 할 것입니다. 이게 바로 제가 말한 전혀 예기치 못한 화입니다."

춘신군은 마지막으로 "전혀 예상하지 못한 사람이 온다는 건 또 뭐요?"

라고 물었습니다. 주영은 망설이지 않고 대답을 쏟아냈습니다.

"승상께서는 저를 왕의 경호 부대에 들어가게 해주십시오. 그러면 왕이 세상이 뜰 경우 정권을 탈취하기 위해 궁으로 들어오는 이원을 승상 대신 처단할 수 있습니다. 이게 바로 전혀 예상하지 못한 사람입니다."

춘신군은 이때까지만 해도 진지하게 주영의 말을 들었습니다. 그러나 그 다음 그의 말은 매우 실망스러웠습니다.

"그대는 그렇게 말하지 마시오. 이원은 유약하기 이를 데 없는 친구요. 나는 그 친구에게 아주 잘했소. 그가 어떻게 그럴 수가 있겠소!"

주영은 바로 깨달았습니다. 춘신군이 자신의 건의를 받아줄 생각이 전혀 없다는 사실을 말입니다. 그는 자신에게도 화가 미칠 것이라는 사실을 직감하지 않을 수 없었습니다. 말을 끝내자마자 바로 줄행랑을 친 것은 이 때문이었습니다.

17일 후 고열왕은 마침내 세상을 떠났습니다. 주영의 말대로 과연 이원은 먼저 궁으로 들이닥쳤습니다. 이어 궁전 문 안에 자신이 양성한 자객들도 매복시켜 놓았습니다. 이들은 춘신군이 궁으로 들어오자 즉각 살해해버렸습니다. 여기에서 그치지 않았습니다. 내친김에 춘신군의 전 가족을 모조리 살해했습니다. 멸문을 시켜버린 것입니다. 사실상 초나라의 국군 역할을 했던 춘신군의 부재는 이원의 행보에 날개를 달아줬습니다. 동생의 아들을 유왕幽王으로 옹립하는 조치는 쏜살같이 이어졌습니다.

춘신군이 사망한 해는 영정의 즉위 9년째 되는 해, 즉 기원전 238년이었습니다. 영정이 통일 전쟁을 개시하기 딱 8년 전이었습니다.

춘신군이 임신한 자신의 첩을 고열왕에게 바친 광경은 어디에서 본 것 같지 않습니까? 그렇습니다. 여불위가 조희를 이인에게 바친 것과 완전히 똑같았습니다. 그러나 저는 여기에서 더 이상 깊이 다루지 않겠습니다. 다만 몇 가지 사실만 언급하겠습니다.

무엇보다 춘신군이 이원의 여동생을 고열왕에게 바친 것이 진짜라는 사실입니다. 당연히 이건 초나라 후기의 정치가 얼마나 부패했는가를 잘 말해주기도 합니다. 춘신군은 확실히 나라나 고열왕을 위해서라기보다는 자신 개인의 부귀영화를 위해 엉뚱한 짓을 했습니다.

또 춘신군이 이원의 손에 죽은 것이 그가 얼마나 정치적 투쟁의 경험이 없었는가를 말해줍니다. 주영은 이원이 자객들을 양성해 그를 죽일 것이라는 사실을 분명히 말해줬습니다. 하지만 그는 전혀 믿지 않았습니다. 그는 무려 25년 동안 고열왕 때의 초나라 정치를 담당했습니다. 그럼에도 정치를 완전히 이해하지 못했습니다. 이는 초나라의 정치가 엉망이었다는 사실을 말해주는 현실이 아닌가 싶습니다.

우리는 화제를 돌려 무능한 정치인의 표본인 그가 얼마나 화려하게 살았는지에 대해서도 알아봐야 하겠습니다. 그는 고열왕 원년(기원전 262년)에 왕을 옹립한 상으로 회북淮北의 12개에 이르는 현을 받았습니다. 그러나 15년 후 왕에게 "회북 지역은 제나라에 인접해 있습니다. 중요한 국경 지대라고 할 수 있습니다. 그러니 이 땅에 군郡을 설치하고 통치하십시오. 대신 저에게는 강동江東의 땅을 하사해 이곳에 봉해주십시오"라고 청원을 올렸습니다. 고열왕은 이 청원을 받아들여 과거 오吳나라의 땅인 강동에 그를 봉했습니다. 그는 곧 이 땅에 성보城堡를 쌓은 다음 자신의 도읍으로 삼았습니다. 어느 정도로 호화스러운 삶을 살았을지 감이 확실히 오는 것 같습니다. 실제 왕의 궁전과 별반 다르지 않은 그의 대 저택은 대단히 화려했다고 합니다. 이에 대해서는 사마천도 《사기》의 〈춘신군열전〉에 "나는 초나라로 향했다. 그곳에서 춘신군이 지은 옛 성의 궁실을 봤다. 대단했다!"라는 기록으로 남긴 바 있습니다. 사마천은 전국 시대보다 100년도 더 이후인 서한 시대의 인물입니다. 그런 그가 이처럼 화려한 춘신군의 저택을 봤다면 춘신군이 현존했던 당시에는 얼마나 더 대단했겠습니까!

한번은 조나라의 평원군이 측근을 사신으로 보내 평소 친하게 지내던 춘신군을 예방했습니다. 춘신군은 이들 일행을 극진하게 대접했습니다. 숙소도 초일류 객사를 마련해줬습니다. 그러나 이런 극진한 대접에도 불구하고 평원군의 측근 사신들은 조나라가 초나라보다 훨씬 더 잘사는 국가라는 사실을 괜히 과시하고 싶었습니다. 이런 쓸데없는 자존심은 이들에게 머리에 대모잠(玳瑁簪. 바다거북 껍질인 대모로 만든 남성용 비녀-옮긴이)을 꽂고 칼집에는 보석 장식을 하는 객기를 부리도록 만들었습니다. 그러나 이들은 춘신군을 만날 때 3,000여 명에 이른다는 그의 수하 빈객들 상당수가 보석이 장식된 신발을 신고 있는 모습을 목격했습니다. 자신들이 더 초라해 보이는 것 같은 자괴감은 이후 이들의 뇌리를 계속 맴돌았습니다. 우리는 춘신군의 빈객들이 평원군 사신들의 화려한 모습을 어느 정도로 인식했는지는 잘 모릅니다. 하지만 춘신군 식객들이 신은 신발은 확실히 지나치게 호화스러웠습니다.

춘신군은 초나라 말기에 대권을 움켜쥔 채 농단했습니다. 생활은 대단히 화려했습니다. 그러나 그저 눈앞의 편안함만 추구했지 나라를 위한 성과는 그다지 올리지 못했습니다. 오히려 정치적인 부패 분위기만 야기했습니다. 이랬으니 초나라가 멸망의 길로 걸어가지 않을 수 있었을까요? 그러나 이런 현상은 어느 날 갑자기 나타난 것이 아니었습니다. 역사적인 연원도 깊었습니다. 이는 초나라에 나타났던 적지 않은 인재들이 제대로 중용되지 못한 현실만 봐도 잘 알 수 있습니다. 이를테면 열정을 가득 품고 달려온 오기, 재능이 지나치게 넘쳤던 굴원 등이 그랬습니다. 모두들 정치적인 부패로 인해 횡액을 당했습니다.

23강
싸우지 않고 항복하다

영정이 육국을 멸망시키기 위한 전쟁의 서막을 연 기원전 230년부터 그의 칼끝이 향하는 곳은 모두 추풍낙엽이 됐습니다. 전국칠웅으로 일컬어지던 한, 조, 위, 초, 연나라 등이 힘 한 번 못 쓰고 차례로 연기처럼 사라졌습니다. 이제 진나라의 대군을 맞이해야 할 마지막 남은 상대는 제나라였습니다. 제나라는 영토가 넓은 나라였습니다. 전국칠웅 중에서는 초나라 다음으로 영토가 넓었습니다. 그럼에도 제나라는 진나라와는 인접해 있지 않았습니다. 이런 탓에 진나라가 추진한 원교근공 전략의 혜택을 입었습니다. 오랫동안 휴식을 취하면서 국력을 기를 수 있었습니다. 수십 년 동안 큰 전쟁도 겪지 않았습니다. 때문에 진나라 대군이 공격해 들어왔을 때에도 제나라는 여전히 1,000리 이상의 영토와 수십만 명의 정예 병력을 보유하고 있었습니다. 하지만 영정은 육국을 통일하는 마지막 전쟁에서 병사 한 명 희생시키지 않았습니다. 사실 곤경에 몰린 짐승들도 생사가 달린 마지막 순간에는 몸부림을 칩니다. 그런데 왜 제나라는 명색이 국가가 돼 가지고 진나라 대군이 쳐들어오자 싸워보지도 않은 채 온 나라가 항복을 해버렸을까요?

진나라 대군이 쳐들어오자 싸워보지도 않고 항복하다

기원전 221년 진나라 장군 왕분은 연나라를 멸망시켰습니다. 이어 북에서 남으로 기수를 돌려 제나라를 공격했습니다. 제나라 왕 전건田建은 한, 조, 위, 초, 연나라 등이 전부 진나라 대군의 말발굽에 멸망했다는 사실을 모르지 않았습니다. 그런데 이제 다시 대군이 자신의 나라로 칼끝을 겨눈 채 달려들었으니 순간적으로 당황하지 않을 수 없었습니다. 이때 전건은 무려 44년 동안이나 왕위를 지키고 있었습니다. 그러나 그는 이 기간 동안 이런 끔찍한 상황을 접해본 적은 없었습니다. 그는 고민했습니다. 만약 저항하면 수십 년 동안이나 아무런 준비를 하지 않았으므로 성공을 장담하기 어려웠습니다. 그렇다고 저항을 하지 않자니 그대로 앉아 죽는 것 외에는 다른 방법이 없었습니다. 전건이 안절부절못하고 있을 때 영정의 사신이 도성인 임치에 도착했습니다. 전건으로서는 복잡하게 머리를 굴려야 했습니다.

"만약 진나라 왕 영정이 진짜 우리 제나라를 멸망시키려고 한다면 어찌 사신을 보내겠는가? 아마도 그렇게는 하지 않을 것이다. 이미 사신을 보냈다는 것은 상황이 전환될 수도 있다는 것을 의미한다. 내가 수십 년 동안이나 진나라를 섬긴 결과가 없기야 하겠는가?"

그는 이런 생각이 들자 임치의 궁전에서 특별히 성대한 사신 환영 행사를 벌였습니다. 진나라 사신은 전건에게 "대왕께서 투항하기를 원하시기만 한다면 우리 진나라는 준비가 다 돼 있습니다. 왕을 500리의 땅에 봉하겠습니다"라면서 영정의 최후통첩을 단도직입적으로 전했습니다. 전건은 나름 괜찮은 영정의 제안에 흥분했습니다. 아마도 '중원의 다섯 나라는 이미 잇따라 멸망했다. 이들 국군들은 모두 죽거나 감옥에 갇혀 있다. 유독 나에 대해서만 500리의 땅에 봉하겠다는 것은 상당히 괜찮은 대우가 아니겠나'라고 생각했는지 모르겠습니다. 그는 지체하지 않았습니다. 바로 시원스럽게 좋다는 대답을 했습니다. 이어 전국에 진나라에 투항하라는 명령을 내렸습니다.

전건은 단 한 방울의 피도 흘리지 않은 채 항복한 다음 곧바로 진나라로 압송됐습니다. 그러나 영정은 약속과는 달리 그를 다시 공(共. 지금의 허난성 후이輝현) 땅의 어느 송백松柏 숲속으로 보내 안치했습니다. 그렇다고 영정이 그를 특별 대우했다고 생각해서는 안 됩니다. 안치하는 순간부터 그에게 제공돼야 할 모든 먹을 것을 완벽하게 차단했으니까요. 그는 가만히 앉아서 숲속에서 굶어죽어야 했습니다.

진나라에 의해 멸망한 육국 중에서 가장 격렬한 저항에 나선 나라는 조나라였습니다. 하기야 조나라는 천하의 명장들이 많았습니다. 조사, 염파, 이목 등 그야말로 쟁쟁했습니다. 어떻게 저항하지 않을 수 있었겠습니까? 반면 제나라를 제외하고는 연나라의 저항이 가장 미약했습니다. 그러나 연나라는 형가를 보내 영정을 찌르려는 시도는 했습니다. 어찌 됐건 몸부림은 쳤습니다. 이런 사실에 비춰보면 제나라는 거의 목을 내놓고 칼을 기다리는 사형수와 같았습니다. 가장 멍청하게 망했다고 해도 좋을 듯합니다.

제나라는 이처럼 멍청하게 멸망했으나 역사는 결코 한심하지 않았습니다. 아니 일찍이 그 어느 나라보다도 휘황찬란한 역사를 가지고 있었습니다. 한창때는 춘추오패 중의 한 나라로 명성을 떨치기도 했습니다.

춘추오패의 리더에 해당하는 제 환공桓公은 일찍이 관중管仲을 등용해 개혁을 실시했습니다. 이후에도 현명하고 유능한 인재들을 계속 등용, 나라를 부강하게 만들었습니다. 군사력과 경제력이 모두 차고 넘치는 시대였습니다. 이뿐만이 아니었습니다. 환공을 뒤이은 선왕宣王과 위왕威王 시대에도 일찍이 전국칠웅 중 단연 으뜸의 국력을 자랑했습니다. 민왕愍王 때에는 더욱 기가 막힌 일이 벌어졌습니다. 당시 진나라의 소양왕은 서제(西帝. 서쪽 지역의 제왕-옮긴이)가 되고 싶은 생각이 강렬했습니다. 그러나 핑계가 없었습니다. 그는 고심을 거듭하다 동쪽 저 멀리의 제나라를 끌어들이는 것이 좋겠다는 생각을 하는 데 이르렀습니다. 이렇게 해서 민왕은 소양왕에 떠밀려 동제東帝를 칭하게 됐습니다. 제나라의 전국칠웅 중에서의 지위나 국력의 수준을 말해주는 사실이 아닌가 합니다. 하지만 전국시대 후기에 제나라는 독자적으로 송나라를 공격해 멸망시킨 탓에 중원 연합군의 공격을 자초했습니다. 이로 인해 제나라의 원기는 크게 손상됐습니다. 과거의 휘황찬란한 위상은 완전히 역사가 돼 버렸습니다. 제나라는 이처럼 말년에 크게 쇠락했으나 여전히 1,000리 이상 되는 광대한 영토와 수십만 명의 병력은 보유하고 있었습니다. 불행히 진나라가 공격해 들어왔을 때 아무런 저항도 하지 않고 투항을 해버렸지만 말입니다. 이건 도대체 어떻게 된 일일까요? 왜 이렇게 속절없이 허망하게 무너졌을까요?

진나라를 섬겼으나 국책의 실수로 멸망에 이르다

제나라가 멸망한 근본적인 중요한 원인은 두 가지라고 할 수 있습니다. 하나는 국책의 실수였습니다. 또 하나는 정치적인 부패였습니다.
　제나라의 국책 실수는 후기에만 있었던 것이 아니었습니다. 중기에도 중대한 국책의 실수는 있었습니다.

민왕 초기 제나라의 국력은 여전했습니다. 상당히 강력했습니다. 그러나 이때의 민왕은 이에 만족하지 못했습니다. 자국에 인접한 송나라를 어떻게 해서든 멸망시켜야겠다는 욕망을 억누르지 못했습니다. 송나라는 도성이 휴양(睢陽. 지금의 허난성 상추商丘)으로 공격해 점령할 경우 제나라의 영토는 대거 늘어날 가능성이 다분했습니다. 더구나 이때의 송나라 국군인 강왕康王 언偃은 포악무도한 폭군이었습니다. 하기야 오죽했으면 송나라 백성들이 그를 걸송桀宋이라고 불렀을까요? 아마도 불만이 대단하지 않았나 보입니다.

민왕의 이런 욕망에 기름을 부은 사람도 있었습니다. 그는 진나라의 사신 소대였습니다. 진나라의 라이벌인 제나라의 국력을 약화시키기 위해 전력을 다 기울여 민왕에게 송나라를 멸망시킬 것을 은근하게 권유했던 것입니다. 민왕은 소대의 사탕발림에 혹하고 말았습니다. 송나라를 멸망시켜야겠다는 갈망이 더욱 커질 수밖에 없었습니다. 그러다 호시탐탐 노리던 기회가 왔습니다. 그건 중원 다섯 국가의 연합군이 공동으로 진나라를 공격할 때였습니다. 민왕은 이 틈을 노려 순식간에 송나라를 멸망시켰습니다.

당연히 제나라의 이 치사한 행보는 제후 각국의 반발을 불러일으켰습니다. 이때 소대는 다시 제나라의 불구대천 원수 국가인 연나라로 달려가 소왕에게 유세를 했습니다.

소대가 연 소왕에게 달려간 목적은 다른 게 아니었습니다. 제나라를 정벌하고자 하는 소왕의 욕망을 자극하는 것이었습니다. 굳이 진나라까지 적극 나서게 하지 않겠다는 심산이었습니다. 천하의 유세객 소진의 동생 소대의 말은 확실히 효과가 있었습니다.

제 민왕은 오로지 송나라를 멸망시킨 이후에 얻을 이익과 확장 가능한 영토에 대해서만 생각했습니다. 그 이후의 엄청난 후폭풍에 대해서는 전혀 고려하지 않았습니다. 전국 시대의 중기와 후기는 사실 천하 통일의 추세가 분명해지던 때였습니다. 따라서 각 제후국들은 어느 한 나라가 특별하게 강력해지는 것을 원하지 않았습니다. 이 경우 이 나라가 천하 통일을 완성할 제후국이 될 가능성이 높아질 수밖에 없었으니까요. 합종의 전략 역시 이런 현실과 깊은 관계가 있었습니다. 당시 육국에 가장 위협적인 나라는 진나라였습니다. 그러므로 일반적으로 합종 전략의 주요 타킷은 진나라라고 말해도 크게 틀리지는 않습니다. 그러나 엄밀하게 따지면 오로지 진나라 한 국가만 타킷이 됐다고 하기는 어렵습니다. 그 어느 국가라도 다른 국가에 위협이 되기만 한다면 바로 공동의 적이 될 수 있었다는 얘기입니다. 그러나 제나라의 민왕은 당시의 이런 국제 정세를 제대로 파악하지 못했습니다. 오히려 송나라를 멸망시킴으로써 각국 사이의 힘의 불균형을 야기할 수도 있는 엉뚱한 일을 저지르고 말았습니다. 큰 금기를 저지른 것입니다. 새로운 일련의 저항은 도저히 피하지 못하게 됐다고 하겠습니다.

　각국의 이해관계 역시 이 상황과 완전히 맞아떨어졌습니다. 우선 진나라의 경우 기회가 오면 언젠가는 제나라를 공격하겠다는 생각을 하고 있었습니다. 연나라는 더 말할 나위가 없었습니다. 항상 복수만 생각하고 있었으니 말입니다. 한, 조, 위나라 등의 삼진 역시 크게 다르지 않았습니다. 민왕이 송나라를 침략해 독식한 것에 대해 무척이나 불쾌해하고 있었습니다. 한마디로 송나라를 멸망시킨 행보는 제나라를 완전히 공공의 적으로 만들어버렸습니다. 어쨌거나 민왕은 위왕과 선왕이 일궈놓은 강력한 국력을 아무 생각 없이 마구 사용하다 진나라를 비롯한 다섯 나라의 군사적 간섭을 초래한 끝에 패가망신했습니다. 자신 역시 피살당했습니다. 더불어 제나라를 천길 나락으로 떨어뜨렸습니다. 이후 다시는 이전의 국력을 회복하지 못했습니다. 제나라의 멸망은 이로써 완전히 시간문제가 돼 버리고 말았습니다.

국책은 한 나라의 근본적인 큰 계획입니다. 국가의 흥망과 직접적인 관계가 있습니다. 그러나 민왕은 이 기본적인 진리를 망각한 채 기고만장했습니다. 무력을 함부로 사용해 나라를 멸망의 전 단계인 쇠락으로 이끌었습니다. 다행히도 민왕의 다음 세대들은 멍청한 선대가 남겨준 교훈을 마음에 깊이 새겼습니다. 우선 양왕襄王의 경우 전성기의 국력을 회복하기 위해 적지 않은 노력을 기울였습니다. 하지만 쉽지 않았습니다. 상황을 되돌리지 못했습니다. 그럼에도 군왕후(君王后. 양왕의 왕후이자 전건의 어머니-옮긴이)와 마지막 왕 전건은 이 길을 계속 갔습니다. 과거와는 달리 다른 것들은 아예 쳐다보지도 않고 오로지 진나라만 받들었습니다. 이 결과 군사력은 더욱 약해졌습니다. 나라를 보위하기에 충분할지 의문스러울 정도였습니다. 한마디로 빈껍데기가 돼 가고 있었습니다.

이제 제나라 후기에 실시했던 이런 국책에 대해 보다 자세하게 알아봅시다. 이때의 국책은 '진나라를 공경하게 받들고 제후들과는 신의 있게 지낸다'라는 말로 요약할 수 있습니다. 그렇다면 이 국책을 입안하고 집행한 사람은 누구였을까요? 앞서 언급한 군왕후로 제나라의 국정을 무려 10여 년 이상 동안 장악했던 여자였습니다. 시기적으로 보면 한 고조 유방의 황후인 여후呂后보다도 앞서 정치를 좌지우지했다고 볼 수 있습니다. 물론 그녀에 대해 언급하는 후세인들은 크게 많지는 않습니다. 그러나 이 여자는 한번 거론해볼 만한 충분한 가치가 있습니다. 이 여자는 도대체 어떤 사람이었을까요?

우리는 이미 앞에서 진나라를 비롯한 한, 조, 위, 연나라 등의 다섯 국가가 기원전 284년에 연합군을 구성해 제나라를 공격한 사건에 대해 여러 번 자세하게 살펴봤습니다. 이때 애매한 송나라를 멸망시켰던 제나라의 민왕은 피살됐습니다. 다행히 이 와중에도 그의 아들 법장法章은 겨우 목숨을 건졌습니다. 그러나 그는 목숨을 유지하기 위해 민간으로 숨어들었습니다. 성도 이름도 모조리 다 바꿨습니다. 이랬으니 먹고살기가 쉽지 않았습니다. 결국 그는 생존을 위해 거莒씨 성을 쓰는 대부(거 땅을 통치하는 지방관. 현지의 땅에 봉해졌음─옮긴이)의 집에 머슴으로 들어갔습니다. 무슨 일이 되려고 그랬는지 이 대부에게는 너무나도 소중한 딸이 한 명 있었습니다. 좋은 집안의 딸답게 그녀는 대단히 뛰어난 안목을 갖추고 있었습니다. 대번에 이 머슴이 보통 사람이 아니라는 것을 간파해냈습니다. 그녀의 마음속에서는 자연스럽게 법장에 대한 사랑이 자리 잡기 시작했습니다. 남몰래 그에게 맛있는 음식과 좋은 옷을 가져다 먹이고 입히는 것 역시 일상사가 됐습니다. 썩어도 준치라고 아무리 땅에 떨어진 봉황이라도 닭은 될 수 없었던 것 같습니다. 법장 역시 그녀의 호의를 모르지 않았습니다. 아니 분에 넘치는 호의에 감격했다고 해야 하겠습니다. 그녀가 나중 지극정성으로 돌봐주는 것에서도 모자라 몸까지 허락했을 때 눈물을 흘리면서 받아들인 것은 다 그래서였습니다. 법장과 그녀의 사이는 이제 떼려야 뗄 수 없는 사이가 되고 말았습니다. 중국 고대 소설에는 흔히 신세가 처량하게 된 왕자와 사대부 집안 딸의 로맨스가 종종 나옵니다. 두 사람의 관계로 미뤄볼 때 이런 스토리는 모두 다 스토리텔링에 뛰어난 작가들이 지어낸 황당무계한 로맨스만은 아닌 듯합니다.

민왕이 피살된 다음 제나라 역시 엉망진창이 돼 있었습니다. 거莒와 즉묵 양 지역만이 제나라 군민軍民에 의해 겨우 굳건히 지켜지고 있었을 뿐입니다. 연합군의 공격을 받고 사방으로 도망쳤던 제나라의 대신들과 거 땅의 신민들은 조금 숨을 돌릴 수 있게 되자 당연히 민왕의 아들 법장을 찾으러 나섰습니다. 그를 왕으로 옹립하기 위해서였습니다. 법장은 이때 이 사실을 알고 있었습니다. 하지만 무슨 돌발 사태가 터질지 모르는 시국에서 함부로 내가 공자라는 말을 하기는 어려웠습니다. 그러나 그는 계속 상황의 진전을 예의 주시하는 것은 잊지 않았습니다. 얼마 후 그는 제나라의 대신들이 위해를 가하기 위해서가 아니라 왕으로 옹립하기 위해 자신을 진심으로 찾는다는 것을 알았습니다. 그는 그제야 비로소 모습을 나타냈습니다. 자신이 민왕의 아들이라는 사실을 세상에 공표했습니다. 제나라의 대신들이 그렇다고 함부로 그의 존재를 인정할 수는 없었습니다. 곧 복잡한 신분 확인 절차가 이어졌습니다. 결과는 합격이었습니다. 그는 곧 제나라의 합법적 왕위 계승자로 인정을 받고 왕위에 올랐습니다. 이 사람이 바로 양왕입니다.

공자 법장이 양왕으로 즉위한 것은 거대부의 딸에게는 완전히 호박이 넝쿨째 떨어진 행운이었습니다. 하지만 그녀는 별로 기쁨을 내색하지 않았습니다. 법장의 신분에 관계없이 진정으로 그를 사랑했기 때문이 아니었나 싶습니다. 법장 역시 치사한 인간은 아니었습니다. 상황이 바뀌었다고 그녀를 배신하거나 하지 않고 흔쾌히 왕후로 받아들였습니다. 이 사람이 바로 역사적으로도 대단히 유명한 군왕후입니다. 그녀는 왕후답게 아들도 하나 낳았습니다. 나중에 제나라 마지막 왕이 되는 전건입니다. 그녀는 사랑을 몰래 키워갈 때에는 전혀 예상치 못한 이런 행복을 누리게 됐으나 정작 그녀의 아버지는 심사가 뒤틀렸습니다. 전후 사정을 알고는 딸의 결혼을 인정하지 않으려 했던 것입니다. 심지어 그는 "중매쟁이를 통하지 않고 자유롭게 연애를 하는 것은 내 자식이 해야 할 일이 아니다. 그건 우리 집안의 가풍을 욕되게 하는 짓이다"라면서 노골적으로 화를 내기도 했습니다. 그는 진짜 자신의 말대로 죽을 때까지 딸을 보지 않았습니다. 그러나 아버지의 태도야 어떻든 군왕후가 양왕의 왕후인 것은 부인하기 어려운 사실이었습니다. 그녀는 기특하게도 아버지의 이런 태도를 이해했습니다. 또 아버지가 자신을 백안시했다고 딸로서의 예의 역시 잃지 않았습니다. 평소대로 부모를 공경했습니다. 천하의 사람들이 모두 그녀를 효녀라고 칭송한 것은 이상할 게 없었습니다.

제 양왕은 거 땅에서 5년이나 은거했습니다. 다행히 마지막 5년째에는 대장 전단이 혜성처럼 나타나 맹활약을 했습니다. 급기야 즉묵에서 연나라 대군을 격파하는 기염을 토했습니다. 그는 이 기세를 몰아 연나라 군대를 완전히 제나라 땅에서 몰아냈습니다. 내친김에 거 땅에 있던 양왕도 도성인 임치로 맞아들였습니다. 그러나 양왕은 운이 좋은 것만큼이나 명이 길지는 못했습니다. 고작 재위 19년 만에 세상을 떠났습니다. 그가 떠난 후 당연히 그와 군왕후의 아들인 전건이 순리대로 마지막 제나라 왕으로 즉위했습니다.

《전국책》의 〈제책〉 권6은 이 당시의 시국과 관련한 재미있는 일화를 하나 전하고 있습니다. 전체 내용을 한번 살펴볼 만한 가치가 있습니다.

"진나라 소양왕이 사신을 보내 한 쌍의 옥고리를 군왕후에게 선물했다. 사신은 그녀에게 '제나라에는 머리가 대단히 좋은 사람이 많다고 들었소. 이 옥고리를 어떻게 푸는지 알겠소?'라는 소양왕의 질문을 전했다. 군왕후는 옥고리를 쳐다본 다음 즉각 사람을 불러 철퇴로 내리치게 했다. 옥고리는 바로 박살이 났다. 군왕후는 박살이 난 옥고리를 바라보면서 사신에게 웃음 띤 얼굴로 '풀었네'라고 말했다."

이 기록에 나오는 옥고리가 뭘 말하는지는 알기가 어렵습니다. 문헌에 자세한 기록이 없습니다. 그러나 머리를 써야 하는 장난감이라는 사실은 분명한 듯합니다. 옥고리를 푼다는 것은 때문에 지혜와 인내를 요구하는 게 분명할 터였습니다. 소양왕이 이런 옥고리를 보낸 목적 역시 그랬습니다. 군왕후를 골리려 한 게 아닌가 여겨집니다. 그러나 군왕후는 철퇴로 이 문제를 간단히 풀었습니다. 얼마나 지혜롭고 대가 센 여자인지를 알 수 있지 않나 싶습니다.

제왕 건 16년(기원전 249년) 이런 천하의 여걸인 군왕후가 세상을 떠나게 됐습니다. 그녀는 임종 직전 아들인 전건을 불러 "대신 중에 한 명은 쓸 만하다"라는 묘한 말을 했습니다. 이 말에 아들 전건이 황급히 "그 사람을 글로 써주십시오"라고 부탁했습니다. 군왕후는 좋다고 말했습니다. 그러나 전건이 필기도구를 가지고 오자 군왕후는 다시 "잊어버렸어"라고 말했습니다. 장장 15년 동안이나 아들과 함께 국정을 장악했던 그녀가 뭘 말하려다 그만뒀는지에 대해 사서는 기록을 남기지 않고 있습니다.

그러나 아무리 생각해도 이 총명한 여자가 자신을 대신해 국정을 담당할 능력을 갖춘 뛰어난 대신을 잊어버리지는 않았을 것 같습니다. 그럼에도 마지막에 이 대신의 이름을 말하지 않기로 결정했습니다. 아들이 이 대신을 중용하지 않도록 해야겠다는 생각을 한 것입니다. 이건 또 무슨 이유에서일까요? 그녀가 사심이 있어 그랬다고 해야 합니다. 무슨 사심일까요? 동생 후승后勝이 자신의 사후 정권을 잡도록 하고 싶었던 겁니다. 다시 말해 자신이 유능하다고 생각했던 대신이 중용되면 자신의 동생이 실권을 잡지 못할 것이라고 생각한 것입니다. 실제로 그녀의 사후 후승은 제나라의 승상이 돼 실권을 완전히 장악했습니다.

군왕후는 사람을 보는 눈이 뛰어났습니다. 남의 집 머슴살이를 했던 법장을 알아봤을 뿐 아니라 대신 중에 누가 뛰어난 인물인지도 분명히 파악했습니다. 게다가 옥고리 사건이 보여줬던 것처럼 과감한 지혜까지 갖추고 있었습니다. 그러나 안타깝게 그녀는 사심이 대단히 많았습니다. 국가의 대사는 당연히 재능 있고 충직한 대신에게 맡겨야 했는데도 사심 때문에 동생에게 권력이 돌아가도록 했습니다. 이런 사실에서 보듯 그녀의 시각은 한계가 있었습니다. 그녀는 이런 시각을 복잡다단한 육국 사이의 문제들을 처리할 때 분명히 보여주기도 했습니다. 한마디로 그녀는 진나라가 천하를 통일할 수밖에 없는 대세 속에서 어떻게 하는 것이 제나라가 자신을 최대한으로 보호하는 길인지를 알지 못했습니다.

제왕 건 3년(기원전 262년) 진나라와 조나라 사이에 장평의 전쟁이 발발했습니다. 이때 조나라는 3년 동안 진나라에 맞섰습니다. 그러나 3년 동안의 전쟁은 조나라의 군량미를 완전히 바닥나게 만들었습니다. 막다른 골목에 내몰린 조나라로서는 제나라에 원조를 요청하지 않을 수 없었습니다. 그러나 제왕 건은 수수방관하겠다는 생각이 더 강했습니다. 그러나 제나라의 모든 신민臣民이 전건과 같은 생각을 한 것은 아니었습니다. 결국 한 신하가 그에게 간곡하게 권고를 합니다.

"만약 우리가 조나라의 어려움을 수수방관하게 되면 진나라는 소기의 목적을 달성할 것이 분명합니다. 이렇게 되면 우리 제나라와 초나라는 위험해집니다. 제나라와 초나라의 입장에서는 조나라는 외침을 막아주는 자연적인 장벽입니다. 그러므로 우리 제나라가 조나라를 원조하는 것은 자신을 보호하는 것과 크게 다르지 않습니다. 순망치한이라는 말입니다. 만약 오늘 조나라가 멸망하면 내일은 제나라와 초나라가 멸망하는 날이 될 것입니다. 더구나 조나라를 구하는 것은 의로운 행동입니다. 진나라를 패퇴시키면 우리의 명성도 날리게 됩니다. 이런 일을 하지 않고 어떤 일을 하려고 하십니까?"

그러나 전건은 정곡을 찌른 이 말을 듣지 않았습니다. 당연히 조나라는 장평의 전쟁에서 대패했습니다.

장평의 전쟁이 발발했을 때 제나라의 대권을 한 손에 움켜쥔 실력자는 누구였을까요? 다름 아닌 군왕후였습니다. 그녀가 이때 진나라에 대해 취한 전략은 분명했습니다. '진나라를 공경하여 받들고 제후들과는 신의 있게 지낸다'라는 국책에서 보듯 진나라를 받들었습니다. 제후들과 신의 있게 지내는 것은 트릭이었으나 이건 정말이었습니다. 왜 이렇게 볼 수 있을까요? 군왕후가 대권을 쥐고 있을 때 진나라의 국군은 소양왕, 효문왕, 장양왕 등이었습니다. 진나라가 점진적으로 천하의 패자를 자처할 때였습니다. 부단히 육국에 대한 겸병 전쟁을 벌이던 시기이기도 했습니다. 이런 상황에서 군왕후가 진나라를 공경하여 받들면서 제후들과 신의 있게 지내는 것이 과연 가능했을까요? 그렇지 않았습니다. 제나라가 제후들과 신의 있게 지내는 것은 진나라를 공경하여 받드는 것과는 상호 모순되는 것이었습니다. 진나라 국군들의 격노를 불러일으킬 만한 사안이었습니다. 이는 장평의 전쟁에서 제나라가 조나라의 군량미 원조 요구를 거절한 것이 무엇보다 잘 증명해줍니다.

다 좋습니다. 이럴 수밖에 없는 이유가 있다고 칩시다. 더 심각한 문제는 제왕 건이 정치적 능력이 그다지 뛰어나지 못했다는 사실에 있지 않나 싶습니다. 군왕후가 사망한 다음 제나라의 대권은 상국인 후승의 수중에 들어갔습니다. 후승은 대단히 탐욕스러웠습니다. 진나라가 이런 그를 대처하는 것은 일도 아니었습니다. 뇌물을 쓰면 모든 것이 해결됐으니까요. 진짜 그랬습니다. 진나라는 액수를 가리지 않았습니다. 후승에게만 엄청난 뇌물을 준 것도 아니었습니다. 그의 빈객들에게도 거침없이 뇌물 공세를 퍼부었습니다. 후승과 그의 빈객들은 엄청난 뇌물을 받게 되자 당연히 진나라를 위해 좋은 말을 할 수밖에 없었습니다. 틈만 나면 제왕 건에게 진나라와 전쟁을 하지 말라는 말을 합니다. 달리 말해 다른 중원의 다섯 나라를 돕지 말라는 얘기가 되겠습니다. 제왕 건은 거의 매일 이런 사람들에게 포위돼 있었습니다. 어떻게 자신의 주관을 세울 수 있었겠습니까?

제왕 건은 투항파라고 해도 좋을 이런 사람들의 종용으로 인해 한때는 영정을 배알하고 싶은 생각까지 하게 됐습니다. 이때 옹문사마(雍門司馬. 옹문 지방의 군정軍政 책임자로 보면 될 듯─옮긴이)라는 직위의 한 신하가 이 사실을 간파했습니다. 그는 "우리 제나라의 신민臣民들이 대왕을 왕으로 옹립한 것은 국가 사직을 위해서였을까요, 아니면 그저 단순히 왕을 세우기 위해서였을까요?"라고 한마디 하지 않을 수 없었습니다. 전건은 "당연히 사직과 제나라의 강산을 위해서가 아니겠소"라고 대답했습니다. 옹문사마는 계속해서 "대왕께서는 사직과 나라를 위해서라고 하면서 왜 자신의 나라를 떠나 진나라로 가려고 합니까?"라고 물었습니다. 제왕 건은 이 말에 비로소 진나라로 향했던 마차의 말머리를 돌렸습니다.

제왕 건은 이처럼 신하의 만류에 영정을 배알하려는 계획을 포기했습니다. 하지만 그의 국책은 기본적으로 변하지 않았습니다. 이때 즉묵대부(卽墨大夫. 이름은 없어졌음-옮긴이)가 제왕 건이 옹문사마의 권고를 듣고 진나라 왕의 배알 계획을 포기했다는 소식을 들었습니다. 그는 당연히 제나라의 국책에 변화가 생겼다고 생각했습니다. 너무나 기뻐 달려와 제왕 건을 배알한 것도 그래서였습니다. 그가 전건에게 말했습니다.

"제나라 땅은 수천 리에 이를 정도로 광대합니다. 용맹한 병사들 역시 수십만 명에 이릅니다. 지금 한, 조, 위나라는 멸망했습니다. 하지만 망국을 받아들이지 않는 삼진三晉의 대부들은 아직도 수백여 명이나 됩니다. 그것도 모두 제나라 땅에 몰려 있습니다. 만약 대왕께서 이들에게 10만 명의 병력을 주신다면 이들은 한, 조, 위나라의 옛땅을 다시 수복할 것입니다. 초나라 역시 망했습니다. 그러나 초나라의 멸망을 원하지 않는 초나라의 대부들은 많습니다. 이들 역시 대부분 우리 제나라 땅에 있습니다. 만약 대왕께서 이들에게도 10만 명의 병력을 주신다면 이들 역시 초나라의 옛땅을 찾을 수 있습니다. 만약 한, 조, 위, 초나라 등이 잇달아 자신들의 나라를 찾는다면 우리 제나라의 세력은 막강해질 수 있습니다. 잘하면 진나라도 멸망시키는 것이 가능합니다."

즉묵대부의 말은 너무 과장되지 않았나 싶습니다. 그러나 진나라가 계속 압박을 하는 상황에서 제나라 관리라면 충분히 해야 하는 말이었습니다. 제왕 건은 당연히 이 제안을 일언지하에 거절했습니다. 그동안의 자세에 비춰본다면 먹혀들어가는 것이 이상했을 겁니다. 그렇다면 군왕후와 제왕 건은 왜 이처럼 진나라를 받드는 국책을 일관되게 추진했을까요?

우선 죄를 지어 진나라에 밉보이지 말아야겠다는 생각이 강했습니다. 진나라를 받드는 제나라의 국책은 어떻게 보면 범저가 강력하게 추진한 진나라의 원교근공 정책과 쌍생아라고 해도 좋았습니다. 제나라의 위치로 볼 때 자연스럽게 진나라의 원교 대상이 될 수밖에 없었으니까요. 이 국책은 처음에는 괜찮았습니다. 그래서 삼진이 근공의 희생양이 돼 고생을 죽어라 하고 있을 때 제나라는 평화를 구가하는 것이 가능했습니다. 하지만 표면적인 평화가 원하는 대가는 가혹했습니다. 삼진이 멸망했을 때 급기야 이 대가는 분명히 모습을 드러냈습니다. 삼진의 멸망이 제나라의 멸망도 임박했다는 사실을 확실하게 보여주기 시작했던 것입니다.

진나라가 원 없이 뿌린 비자금에 완전히 녹아버린 현실 역시 무시하기 어려울 것 같습니다. 진나라를 받드는 제나라의 국책이 사실은 진나라의 금전 전략과 밀접한 관계가 있었다는 얘기입니다. 진짜 그렇습니다. 진나라는 거액의 비자금을 동원해 후승과 그의 빈객들을 완전히 매수했습니다. 이런 꿀맛을 알게 된 벌레 같은 인간들이 감히 진나라를 받드는 정책을 중지하자는 주장을 할 수 있었겠습니까! 결과적으로 제왕 건 역시 완전히 귀와 눈이 다 안 들리고 멀게 돼 버렸습니다.

중원의 다섯 나라가 연합해 제나라를 공격한 사건 역시 거론해야 하겠습니다. 당시 조나라도 이에 참가했습니다. 제나라는 이를 늘 가슴에 새기고 있었습니다. 때문에 조나라가 진나라의 공격으로 완전히 사경을 헤맬 때 제나라는 구원의 손길을 내밀지 않았습니다. 아무리 주변 신하들이 순망치한이라는 불후의 진리를 들먹여도 소용이 없었습니다. 정말 대국을 이해하지 못했다고 해도 과언이 아니었습니다. 이후 제나라는 다시는 조나라가 진나라를 막아주면서 가져다준 잠깐 동안의 평화와 안락함도 누리지 못했습니다.

제왕 건이 진나라를 공경하여 받은 국책은 한마디로 말해 대단히 우둔한 전략이었습니다. 결과도 그랬습니다. 중원의 다섯 나라를 멸망시키자마자 진나라가 바로 제나라에 대한 압박을 시작한 것입니다. 이후 제나라는 500리에 봉하겠다는 감언이설에 속아 싸워보지도 못하고 항복하는 한심한 작태를 다시 보였습니다.

편안함을 탐하다가 멸망하다

제나라가 중기와 말기에 취한 국책은 제나라의 생존에 대단히 불리했습니다. 우리는 이 사실을 분명히 알고 있습니다. 이를테면 민왕은 무력을 남용, 재난을 불렀습니다. 중원 연합군의 침략을 불러왔습니다. 말기에는 군왕후와 제왕 건이 다른 극단적인 정책을 썼습니다. 이로 인해 눈을 뻔히 뜬 채 다른 나라들이 멸망하는 것을 바라만 봤습니다. 나중에는 자신을 진나라의 말발굽 아래에 드러내지 않으면 안 됐습니다. 망국으로 가는 길을 스스로 가속화시켰다고 해도 과언이 아닙니다. 국책 실수가 제나라 멸망의 원인이라는 사실은 변명의 여지가 없습니다. 그러면 제나라가 멸망한 데에는 다른 원인은 없을까요?

왜 없겠습니까? 마지막으로 정치 부패를 거론하지 않을 수 없습니다.

제나라는 삼진과 달랐습니다. 삼진은 독립한 다음 하나같이 개혁을 모색했습니다. 무령왕의 경우 호복기사를 단행했습니다. 또 위 문후는 이회의 변법을 실시했습니다. 한나라는 신불해를 붙잡았습니다. 모두가 살기 위한 현실적인 필요에 의해 그렇게 했습니다. 제나라는 진나라와도 달랐습니다. 진나라는 중원과는 달리 서부 외곽의 귀퉁이에 자리 잡고 있었습니다. 자연적으로 중원의 제후국들로부터도 괄시를 받을 수밖에 없었습니다. 그래서 늘 동진을 생각했습니다. 개혁은 불가분의 선택이었습니다. 그러나 제나라는 달랐습니다. 삼진과도 달랐고 진나라와도 달랐습니다. 제나라는 역사가 유구했습니다. 땅이 넓고 물산이 풍부했습니다. 생존 조건이 다른 나라들보다 훨씬 우월했습니다. 그랬으니 걱정이 없었습니다. 또 훌륭한 재상이나 명장, 뛰어난 군주가 없었던 것도 아니었습니다. 굳이 진나라가 추진했던 군공작제 등과 같은, 공을 세운 사람들의 이익을 보장해줄 제도적 장치를 크게 필요로 하지 않았습니다. 이런 자세는 중원의 연합군에 의해 호된 시련을 당한 후에도 마찬가지였습니다. 계속 개혁과 같은 진취적인 생각은 하지 않았습니다. 당연히 정치 부패에 대해서는 관대한 입장을 취했습니다. 군왕후나 제왕 건 때 이런 현상은 최고조에 이르게 됐습니다. 더구나 후승이 정권을 장악한 다음부터는 아예 노골적으로 진나라의 비자금을 받아 쓰는 황당한 상황까지 발생했습니다. 정치적인 부패가 만연한 상태에서 어떻게 강력한 진나라에 대항할 수가 있었겠습니까?

영정이 제나라를 멸망시킨 전쟁은 이긴 쪽에서 볼 때는 가장 바람직한 모범적인 전쟁의 사례가 될 수 있습니다. 싸우지 않고 적을 굴복시켰으니 말입니다. 이에 대해서는 아이러니컬하게도 제나라 출신의 저명한 군사 전략가인 손무가 자신의 병서인 《손자병법孫子兵法》에서도 확실하게 언급한 바 있습니다. 바로 〈모공謀攻〉편에 나오는 "싸우지 않고 적을 굴복시키는 것은 최상 중의 최상의 전략이다"라는 말입니다. 제나라는 자신의 망국을 통해 이런 사실을 너무나도 분명하게 증명했습니다. 다시 한 번 말하지만 정말 역사의 아이러니입니다.

지금까지 우리는 진시황이 천하를 통일하는 과정을 여러 강으로 나눠 살펴봤습니다. 이 과정을 단 한 마디로 정의한다면 아마도 파죽지세가 아닌가 싶습니다. 이로써 당나라 시인 두목杜牧이 읊었던 "진시황이 육국을 휩쓸어버리니…… 육국이 멸망하고 천하가 통일됐구나"라는 《아방궁부阿房宮賦》의 내용은 진짜 현실로 나타났습니다. 영정의 천하 통일은 왜 이렇게 일사천리였을까요? 그는 또 이후 어떻게 광대한 통일국가를 다스렸을까요?

4부
진시황, 국가를 다스리다

24강

육대에 걸친 선조들이 남긴 공적

영정은 기원전 230년부터 통일 전쟁을 시작했습니다. 통일에는 10년의 세월을 바쳤습니다. 대단한 업적인 것은 분명합니다. 그러나 사실 전국 시대 후기의 전국칠웅 중에서 그 어떤 나라에게도 진나라와 같은 가능성과 기회는 주어져 있었습니다. 최종적으로 진시황이 1만 리도 집어삼킬 기세를 보여주면서 육국을 휩쓸었지만 말입니다. 모든 역사 교과서는 이처럼 나머지 국가들을 제치고 유독 진나라가 육국을 멸망시키고 통일을 이룩한 위업에 대해 공통의 관점을 가지고 있지 않나 싶습니다. 그게 바로 진나라의 천하 통일이 역사 발전의 대 추세라는 시각입니다. 맞는 얘기라고 할 수도 있겠습니다. 그러나 사람들은 이렇게 생각은 하면서도 한 가지 문제만큼은 소홀히 하고 있지 않나 싶습니다. 왜 진나라의 천하 통일이 역사 발전의 대 추세냐는 게 바로 이 의문이라고 하겠습니다. 또 이게 역사의 필연이냐 아니면 일시적 우연이냐 하는 문제에 대해서도 간과하고 있지 않나 합니다. 과연 진나라의 천하 통일은 역사의 필연이었을까요, 또는 일시적인 우연이었을까요?

육대에 걸친 선조들이 남긴 업적을 크게 떨쳐 제후들을 멸망시키다

이 문제에 대한 분명한 답을 얻으려면 우리는 아무래도 무엇이 역사 발전의 대 추세인지에 대해 명확히 알아야 하겠습니다. 역사 발전의 대 추세는 무슨 특별히 대단한 키워드가 아닙니다. 역사 발전의 기본 동향입니다. 이 기본 동향은 두 가지가 공동으로 작용해 나타나는 것입니다. 하나는 역사적인 필연성입니다. 또 하나는 역사적 우연성이 아닌가 합니다.

혹자들은 진시황이 육국을 겸병한 다음 천하를 통일한 것이 역사적 필연이라고 말합니다. 역사가 통일이라는 중요한 임무를 진나라에게 줬다는 것입니다. 이런 단정이 가능한 것은 영정이 자신의 할아버지들이 닦아 놓은 통일을 위한 기본적인 유업을 이어받았기 때문이 아닌가 보입니다. 이런 유업이 있었던 탓에 최종적으로 통일이라는 사명을 완수하게 됐다는 얘기입니다.

이 문제를 보다 자세하게 알아보려면 우리는 우선 진나라의 역사를 거슬러 올라가야 합니다. 진나라는 건국한 이후 영정에 이르기까지 약 600여 년 동안 36명에 이르는 국군들의 역사를 보유하고 있었습니다. 이중 육국을 겸병한 다음 통일에 이르게 하는데 가장 큰 영향을 미친 군주는 7명이라고 할 수 있습니다. 효공孝公, 혜문왕惠文王, 무왕武王, 소양왕昭襄王, 효문왕孝文王, 장양왕莊襄王, 영정이 바로 주인공들입니다.

진나라의 천하 통일이 필연적이었다는 사실은 우선 이들 7명의 군주들이 평균적으로 범상치 않은 사람들이었다는 사실에서 알 수 있을 것 같습니다. 거의 대부분 진나라의 천하 통일을 위해 자기가 짊어져야 할 역사적 사명을 마다하지 않았습니다. 그렇다면 이들은 어떤 역할을 수행했을까요?

우선 효공을 보겠습니다. 주지하다시피 진나라의 부상은 효공이 실시한 변법과 큰 관계가 있었습니다. 진나라는 건국이 다른 제후국들보다 비교적 늦었습니다. 게다가 중원에서 멀리 떨어진 서부 외곽에 자리 잡고 있었습니다. 이로 인해 전국 시대 중반까지만 해도 종합적인 국력이 비교적 약한 제후국 중 하나였습니다. 만약 변법을 통해 강력한 국가로 부상할 전략을 마련하지 못한다면 통일을 운운하는 것은 미친 사람의 잠꼬대일 수 있었습니다. 효공은 바로 이 사실을 간파했습니다. 그래서 제 발로 걸어 들어온 상앙을 과감하게 등용, 변법을 실시했습니다. 이로 인해 진나라는 과거 보지 못했던 쾌속 발전을 이룩할 수 있었습니다.

혜문왕 역시 나름의 인정을 받을 만합니다. 비록 상앙을 거열의 형벌로 죽이는 실수를 하기는 했으나 그가 남긴 법령들은 거의 폐지하지 않았으니까요. 진나라의 부상이 계속 이어질 수 있었다는 얘기입니다. 한 사람 때문에 기존의 법령을 폐지하지 않은 그의 이런 조치는 얼핏 보면 크게 대단한 것 같지 않습니다. 하지만 감정의 동물인 사람이 이렇게 하기는 쉽지 않습니다. 혜문왕은 확실히 보통 사람은 아니었습니다.

이제 무왕을 봅시다. 진나라가 부상하는 역사를 보면 그의 역할은 크게 중요하지 않았다고 해도 좋을지 모릅니다. 재위 기간이 겨우 3년으로 너무 짧았기 때문입니다. 그러나 이렇게 유성처럼 사라져버린 국군이기는 하나 훗날 진나라의 통일에 아무 공헌을 하지 않은 것은 아니었습니다.

그는 유명한 말도 남겼습니다. 앞에서도 언급한, "나는 낙양洛陽으로 가는 길을 뚫고 싶다. 마차 한 량이 근근이 통과하는 길이라도 좋다. 그렇게 해서 주나라 도성을 볼 수 있다면 죽어도 여한이 없을 것이다"라는 말입니다. 그렇습니다. 그는 진짜 황하黃河, 낙하洛河, 이하伊河 등을 일컫는 이른바 삼천三川을 다 건너 주나라의 도성으로 가고 싶어 했습니다. 그러나 그가 낙양으로 가고 싶다고 한 것은 결코 관광을 위해서가 아니었습니다. 천자의 도성을 그저 한번 보고자 한 것이 아니었습니다. 주나라를 대신해 천하를 통일하고 싶다는 열망을 이렇게 표현했을 뿐입니다. 죽어도 여한이 없다는 말 역시 크게 다르지 않습니다. 그의 열망이 얼마나 원대하고 큰지를 보여준다고 해도 틀리지 않습니다.

무왕은 왜 이런 말을 했을까요? 이때의 상황이 이른바 동방 중원으로 진출하는 가장 좋은 시기였기 때문입니다. 시기를 놓쳐서는 안 된다는 생각을 했다는 얘기입니다. 다시 말해 그가 자신에게 부여된 역사적 사명을 당당하게 지려고 했다는 사실을 의미합니다. 사실 이때 진나라는 중원으로 진출할 능력을 갖추고 있었습니다. 중원으로 진출할 것이냐 말 것이냐는 완전히 무왕의 역사적인 과제였던 것입니다. 결론적으로 말해 선대의 왕들처럼 그 역시 통일이라는 대업을 위한 정확한 답을 생각해냈다고 해도 좋았습니다.

무왕은 겨우 3년의 재위 기록을 남긴 청년 군주였습니다. 그러나 진시황이 이룩한 통일 대업에 나름의 기여는 했습니다. 통일 공훈록에 자신의 이름을 분명히 새겼습니다. 자신의 역사적 사명을 완수한 것입니다.

이제 진나라 역사상 최장의 재위 기간을 자랑하는 소양왕에 대해 알아봐야 하겠습니다. 그는 재위 기간에만 행운을 누린 것이 아니었습니다. 그의 시대에는 진나라의 국력 역시 막강했습니다. 다른 육국에 비해 단연 압도적 우세를 보였습니다. 때문에 동진 정책을 계속해야 했습니다. 그럴 역량 역시 충분히 있었습니다. 더 심하게 말하면 그의 시기는 통일을 위한 충분한 준비를 해야 할 시기였습니다. 소양왕에게는 바로 이런 역사적 사명이 주어졌습니다. 그는 이 역사적 중책을 마다하지 않았습니다. 수차례에 걸쳐 위염魏冉을 승상에 발탁하고 백기를 사령관으로 임명하는 조치를 통해 지속적으로 삼진三晉에 대한 공격을 가했습니다. 백기는 그의 기대에 완벽하게 부응했습니다. 우선 이궐伊闕의 전쟁에서 진나라의 막강한 위력을 보여줬습니다. 한나라와 위나라의 연합군 24만 명을 몰살시켰습니다. 또 장평의 전쟁에서는 조나라 대군 45만 명을 무주고혼으로 만들었습니다. 이때 조나라는 사실상 멸망의 길로 접어들었습니다. 조나라가 이 당시에 유일하게 진나라에 대항할 국가였으므로 소양왕으로서는 통일이라는 역사적인 대 추세를 더욱 진일보시켰습니다.

효문왕은 영정의 할아버지인 안국군安國君이었습니다. 정식으로 왕위에 있었던 기간이 3일밖에 되지 않습니다. 당연히 무슨 특별한 정치적 업적이 있을 수가 없었습니다. 물론 그렇다고 엉망으로 나라를 다스릴 수도 없었지만 말입니다. 길게 설명할 필요는 없을 것 같습니다. 그럼에도 영정과 연결고리가 있는 만큼 명군明君이라고는 해야 하겠습니다.

장양왕은 영정의 아버지 이인이었습니다. 여불위에 의해 잘 포장돼 높은 가격에 팔렸습니다. 일거에 볼모에서 왕이 된 것입니다. 그의 재위 기간은 비운의 주인공인 아버지만큼은 짧지 않았습니다. 그러나 무왕보다 길지도 못했습니다. 딱 3년 왕위에 있었습니다. 하지만 그는 결코 쉬운 사람이 아니었습니다. 또 그 자신이 짊어져야 했던 임무 역시 가볍지 않았습니다. 진나라의 발전이라는 대업을 지속적으로 이어가야 했습니다. 진나라에 의한 천하 통일의 대 추세도 공고히 해야 했습니다. 궁극적으로는 이렇게 했습니다.

이제 마지막 통일의 주역 영정을 봅시다. 성인 의식인 관례冠禮를 행한 다음 그가 먼저 해결해야 할 일은 뭐였을까요? 두 말이 필요 없었습니다. 자신의 권력을 공고히 하는 것이었습니다. 당연히 노애 그룹과 여불위 그룹을 제거하는 것이 가장 시급했습니다. 실제로 그렇게 했습니다. 노애를 제거한 다음 기원전 237년에는 여불위에게서 상국의 지위를 박탈했습니다다. 이로써 자신의 권력을 공고히 하는 그의 임무는 일단 막을 고했습니다. 이후의 일은 앞에서 자세하게 말했습니다.

효공에서부터 영정에 이르기까지의 일곱 국군 가운데 멍청한 사람은 단언컨대 단 한 명도 없었습니다. 3일 동안 왕위에 있었던 효문왕도 태자 때의 행적을 보면 상당히 괜찮았습니다. 이건 쉬운 일이 아니었습니다. 진나라는 기본적으로 왕위의 적장자嫡長子 계승 제도를 실시했습니다. 적자에 큰 아들이어야 왕위를 물려받을 수 있었습니다. 물론 드물게 형이 잘못 돼 동생이 물려받은 경우도 없지는 않았습니다. 대표적 사례를 들 수도 있습니다. 효문왕이 된 안국군이 그랬습니다. 장남인 형이 죽은 탓에 차남이면서도 후계자가 됐습니다. 한마디로 이런 시스템 하에서는 뛰어나거나 현명한 인물을 선택하는 것이 불가능했습니다. 그러면 이렇게 후계자가 된 군왕들은 우수했을까요? 자신에게 주어진 역사적 사명을 완수할 수 있었을까요? 모두가 자신이 명군明君, 현군賢君이라는 사실을 보증할 수 있었을까요? 사실 이렇게 되는 것은 결코 쉽지 않은 일입니다. 변수가 많을 수밖에 없는 요구 사항이니까요. 그러나 진나라는 이에 대해 걱정할 필요가 없었습니다. 효공 이후 총 7명의 국군 중에 한심한 국군은 단 한 명도 없었습니다. 이건 하늘이 진나라를 굽어 살핀 것이라고 말할 수밖에 없습니다.

통일은 우연하게 찾아오기도 한다

진나라가 육국을 멸망시킨, 논쟁이 필요 없는 사실은 역사가 됐습니다. 사서에 관련 내용 역시 무수히 나옵니다. 당연히 이런 내용들을 보면 의문을 가져야 하지 않을까요? "진나라가 아무리 욱일승천의 기세를 올리고 있었다고 해도 일개 제후국이었을 뿐이다. 이에 반해 육국은 영토와 인구, 인재가 진나라보다는 몇 배나 많았다. 육국이 하나씩 차례대로 진나라에 의해 병탄되지 않을 수도 있었다"라는 주장을 하기도 합니다. 그러나 사실은 그렇지 않았습니다. 이 불가능했어야 할 일들이 마치 하나씩 무대에 오른 연극처럼 현실이 됐습니다. 후세인들에게 왜 육국이 멸망했을까 하는 미스터리를 남겨줍니다. 당나라 후기의 대시인 두목杜牧은 아예 이런 생각을 《아방궁부阿房宮賻》에 기록으로 남겼습니다. "육국을 멸망시킨 주역은 진나라가 아니었다. 바로 육국 자신이었다"라는 내용을 보면 잘 알 수 있습니다. 정말 기가 막힌 답입니다. 그러면 진짜 두목의 이런 주장은 일리가 있는 것일까요? 진나라가 육국을 병탄하게 된 이유 중에는 이들 육국의 잘못도 있지 않았을까요?

그렇습니다. 우리는 진나라가 육국을 병탄한 후 통일을 이룩한 것이 역사의 필연성이라고 말할 때에도 역사의 우연성을 간과해서는 절대로 안 됩니다. 그렇다면 이 우연성은 어떤 내용을 포함하고 있을까요? 하나는 육국이 저지른 실수와 관계가 있습니다. 또 진나라가 직면해야 했던 자체의 우연성과도 일정한 연결 고리가 있습니다.

육국이 저지른 멍청한 실수는 정말 한두 가지가 아니었습니다. 하나씩 얘기해봅시다.

우선 세 가문이 진晉나라를 셋으로 나눈 이른바 삼가분진三家分晉과 진秦나라의 동진을 허용한 실수에 대해 얘기해봅시다. 우리는 앞에서 이에 대해 살펴본 바 있습니다. 진시황이 천하를 통일한 것이 우연한 것이었다는 사실을 설명하기 위해서였습니다. 이때 만약 세 가문이 삼가분진을 하지 않았다면 어떻게 됐을까요? 아마도 지백이 진나라의 패주가 됐을 겁니다. 이렇게 됐다면 강력하고 통일된 진晉나라는 진秦나라의 동쪽에 계속 가로로 놓여 있게 됐을 겁니다. 이 경우 진秦나라가 과연 가볍게 함곡관을 넘어 출병을 할 수 있었을까요? 쉽지 않았을 겁니다. 강력한 진晉나라는 진나라로 하여금 동진에 나서지 못하도록 했을 가능성이 큽니다. 또 육국을 겸병하기 어려웠을 것이라는 사실은 더 말할 나위 없었겠죠. 그러나 역사는 강력하고 통일된 진晉나라를 사라지게 했습니다. 만약 삼가분진三家分晉이 아니고 삼가분진三家分秦이 됐다고 해봅시다. 이 경우 누가 마지막에 중국을 통일했을까요? 굳이 답을 말할 필요도 없습니다.

만약 진秦나라처럼 분열되지 않았거나 제나라처럼 국군이 그저 강姜씨에서 전田씨로 바뀌기만 했다면 아마도 진晉나라는 완벽한 통일 국가로 남아 있었을 겁니다. 또 이 진晉나라가 계속 남아 있었다면 진秦나라가 천하를 통일하는 것이 마치 연극을 무대에 올리는 것처럼 가능했을까요? 이른바 삼가분진은 진晉나라가 범한 가장 큰 실수였습니다. 이로 인해 진秦나라가 대업을 이루게 되었으니 말입니다.

조나라를 쇠락하게 만든 것은 두 번째 실수가 되겠습니다. 삼가분진은 진나라의 동진 전략의 장애물을 완전히 없애게 만들었습니다. 이 정도로도 육국의 실수는 적지 않다고 할 수 있었습니다. 그러나 역사의 비극은 여기에서 끝나지 않았습니다. 비극의 화살은 한, 위, 조나라 등의 삼진 중에서도 가장 강력한 국가였던 조나라에게 향했습니다. 사실 당시 조나라는 진나라의 동진을 저지할 만한 저력이 있었습니다. 그러나 조나라 역사상 가장 뛰어난 국군이었던 무령왕은 엉뚱한 실수를 저지릅니다. 어린 아들의 미래를 위한답시고 한참 팔팔한 나이에 정치 이선으로 물러난 것입니다. 만약 이때 그가 물러나지 않았거나 나라를 둘로 쪼갤 생각을 하지 않았다면 어떻게 굶어 죽는 비극을 당했겠습니까? 무령왕이 저지른 수준 낮은 실수의 가장 큰 수혜 국가는 당연히 진나라였습니다. 무령왕의 손자 효성왕 역시 한심했습니다. 만약 간신의 참언을 믿지 않고 염파를 신임하거나 중용했다면 진나라가 어떻게 장평의 전쟁에서 조나라의 45만 대군을 몰살시킬 수 있었겠습니까? 만약 이때 조나라가 45만 명에 이르는 병력을 보존할 수 있었다면 진나라의 천하 통일이라는 대 추세의 국면이 형성될 수 있었을까요? 다 좋습니다. 나중에 망국의 국군인 조왕 천遷이 이목을 믿었거나 중용했더라도 상황은 달라졌을 것입니다. 그러나 그는 이목을 죽였습니다. 조나라를 너무나도 빨리 멸망의 길로 내몰았습니다. 역사는 진나라에게 두 번째 미소를 보냈습니다.

세 번째의 실수는 한나라의 비극에서 볼 수 있습니다. 한나라의 비극은 걸출한 인재인 한비韓非가 때를 잘못 만난 불운에 기인합니다. 그는 단언하건대 상앙보다도 더 위대한 법가의 대표적 인물이었습니다. 만약 그가 정상적인 상황에서 한나라 왕의 신임을 받았다면 어떻게 됐을까요? 자신의 재주를 마음껏 펼칠 무대를 가졌을 것입니다. 단정하기는 어려워도 한나라를 어느 정도는 강력한 국가로 만들었을 겁니다. 그러나 안타깝게도 한비가 출생했을 때는 이미 진나라가 기염을 토하고 있었습니다. 이에 비해 한나라의 국력은 보잘것없었습니다. 역사는 그에게 자신의 능력을 마음껏 펼칠 시간과 공간을 허락하지 않았습니다. 결론적으로 말해 이런 천재가 망국의 시기에 나타났다는 것은 불행이었습니다. 한비의 비극이자 한나라의 비극이었습니다. 당연히 진나라의 입장에서 보면 가슴을 쓸어내릴 일이었습니다.

국력 신장의 좋은 기회를 놓친 위나라의 불운 역시 진나라의 위업을 부추긴 대표적 실수로 부족함이 없습니다. 위 문후文侯는 위나라의 초대 국군이었습니다. 이회를 일찌감치 등용해 그 어느 나라보다도 먼저 변법을 실시했습니다. 위나라는 전국 시대 초기의 가장 강력한 국가로 발돋움할 수 있었습니다. 진나라보다는 적어도 반세기 정도 발전이 빨랐습니다. 만약 이런 식으로 발전을 했다면 위나라는 아마 진나라에 앞서 천하 통일을 이룩했을지도 모릅니다. 그러나 위나라는 계릉桂陵의 전쟁과 마릉馬陵

의 전쟁에서 처절한 실패를 경험하고 말았습니다. 이후 국력이 급전직하했습니다. 더욱 중요한 사실은 걸출한 인재들의 끝없는 외부 유출이었습니다. 대강만 봐도 오기吳起, 상앙, 손빈孫臏, 범저 등이 있었습니다. 마치 약속이나 한 듯 경쟁적으로 위나라를 떠났습니다. 그럼에도 기원전 247년에는 좋은 일이 있었습니다. 신릉군信陵君이 중원 다섯 나라의 연합군을 이끌고 진나라 대군을 대파한 것입니다. 영정이 즉위한 것은 바로 그 다음해였습니다. 그러나 이렇게 유능했던 신릉군은 마지막에 중용되지 못했습니다. 형인 안리왕에 의해 파면돼 세월을 죽였습니다. 급기야는 앙앙불락하면서 주색으로 일관하다 4년 후에 세상을 떠났습니다. 유능한 신하를 이렇게 대하는 국군이 어떻게 망국의 국군이 되지 않을 수 있었겠습니까? 어찌 나라가 멸망을 향해 달려가지 않을 수 있었겠습니까? 이로써 진나라는 천하 통일로 가는 길에 놓인 장애물을 또 하나 가볍게 치웠습니다.

넓고 크게 보는 눈이 부족했던 연나라의 안목 역시 실수로 불러도 무방하겠습니다. 연나라는 약소국이었습니다. 전국칠웅 중에서는 가장 대국大局과 무관했습니다. 그럼에도 진나라가 추진한 국책인 원교근공의 혜택은 입었습니다. 동시에 진나라의 천하 통일에도 큰 도움을 줬습니다. 이건 도대체 무슨 말입니까? 어디에서부터 얘기를 해야 할까요?

두 가지 사실을 언급할 수 있습니다. 하나는 제나라의 국력을 약화시킨 실책입니다. 제나라는 동방의 대국이었습니다. 진나라가 천하 통일을 방해할 최대의 라이벌 중 하나라고 할 수 있었습니다. 그런데 연나라는 이런 제나라를 연합군으로 정벌하자는 엉뚱한 전략을 입안, 성사시켰습니다. 이 전략을 통해 5년 동안이나 제나라를 점령하기도 했습니다. 사적으로는 원수를 시원스럽게 갚았습니다. 하지만 진나라의 천하 통일에 최대의 장애물이 될 가능성이 컸던 나라를 멸망의 길로 이끌었습니다.

조나라를 피곤하게 만든 불찰 역시 거론해야 하겠습니다. 조나라는 연나라에게 있어서는 천혜의 장벽이었습니다. 진나라의 연나라에 대한 침공을 막아주는 역할을 했습니다. 하지만 연나라의 국군은 정말 한심한 사람이었습니다. 이런 대국적인 생각을 전혀 하지 못했습니다. 그저 장평의 전쟁 이후에 휴식을 취하면서 역량을 키워야 했던 조나라를 공격하기에 급급했습니다. 이로 인해 조나라는 연나라와 3년에 걸친 전쟁을 치러야 했습니다. 이 기간 진나라는 당연히 조나라의 영토를 야금야금 잠식해 갔습니다.

제나라는 완전히 약체 국가가 돼 버렸습니다. 또 조나라는 피곤에 지쳐 버렸습니다. 연나라를 진나라의 침략으로부터 보호해줄 장벽이 사라져버린 것입니다. 연나라가 이러고도 멸망하지 않을 수 있었을까요? 멸망의 시간은 바로 코앞에 와 있었습니다.

사람들은 종종 자신의 이익을 돌아볼 때가 있습니다. 대체로 이것들은 자기 자신의 직접적인 이익, 눈앞의 이익인 경우가 많습니다. 그러나 한 사람의 개인적 이익은 종종 다른 사람의 이익과 관계가 밀접합니다. 눈앞의 이익 역시 장기적인 이익과 긴밀하게 연결돼 있는 경우가 많습니다. 따라서 오로지 눈앞 이익과 직접적 이익을 최대화하려고 할 경우 결국에는 큰 손해를 볼 경우가 많습니다.

연나라는 바로 이런 경우에 해당했습니다. 자신의 이익만 도모하려는 단견적短見的인 행동을 하다 급기야 자신의 무덤을 파고 말았습니다.

여섯 번째 실수는 초나라가 범했습니다. 초나라는 육국 중에서 영토가 가장 넓었습니다. 게다가 국력 역시 강대국으로 손색이 없었습니다. 그러나 초나라는 정치를 몰랐습니다. 너무 우둔했습니다. 여기에 뛰어난 국군들을 별로 배출하지 못했습니다. 나중에는 이원李園까지 나타나 나라의 멸망을 더욱 부추겼습니다.

마지막 실수는 제나라의 역사적 착오라고 해야 합니다. 제나라는 비교적 일찍 건국한 나라였습니다. 게다가 진나라와 국경을 맞대고 있지 않아 입지 조건이 대단히 좋았습니다. 영토가 넓고 국력이 강성했던 것은 굳이 들먹일 필요가 없겠습니다. 그러나 제나라는 삼진三晉, 진나라 등과는 많이 달랐습니다. 변법을 통해 강력한 국가가 되는 길을 모색하지 않았습니다. 반면 엉뚱하게 연나라를 점령했다가 서로 불구대천의 원수가 되는 한심한 일을 적지 않게 저질렀습니다. 갑작스럽게 인접한 송宋나라를 병탄한 것 역시 이런 작태의 연장선상이었습니다. 다섯 나라 연합군의 공격을 받고 무려 5년 동안이나 시달리는 횡액을 감수해야 했습니다. 다행히 전단田單의 활약으로 주권을 되찾아오기는 했으나 그것뿐이었습니다. 다시는 이전의 위용을 회복하지 못했습니다. 이때부터 제나라는 완전히 변했습니다. 그저 진나라의 원교근공 전략이 가져다준 꿀맛 같은 단기간의 평화만 즐겼습니다. 명철보신하기에 바빴습니다. 결과적으로 한, 조, 위나라가 잇달아 망하는데 간접적이나마 일조했습니다. 그러나 육국 중에서 다섯 개 나라가 망해버린 상황에서는 방법이 없었습니다. 싸워볼 생각도 하지 않고 그대로 나라를 진나라에 갖다 바쳤습니다. 제왕 건은 굶어죽는 횡액까지 당했습니다.

중원의 육국은 하나 예외가 없었습니다. 너무나 엉뚱한 역사적인 착오들을 범했습니다. 어찌 망하지 않을 수 있었겠습니까? 그러나 이런 실수들은 영정의 입장에서 볼 때는 하늘이 내려준 더할 바 없는 선물이었습니다.

우리는 이제 진나라가 직면했던 우연성에 대해 알아봐야 하겠습니다. 영정이 왕위에 올랐을 때 진나라의 천하 통일은 거의 역사적 필연이었습니다. 그러나 무수한 역사적 우연 역시 적지 않았습니다. 말하자면 그가 그 이전 35명의 국군들이 필연처럼 보이는 우연을 통해 닦아놓은 기틀을 기반 삼아 통일을 일궈냈다는 얘기가 되겠습니다. 그는 역사의 총아였습니다. 게다가 운도 대단히 좋았습니다. 우연이기는 하겠지만 선대들이 모두 요절했습니다.

물론 아무리 많은 우연이 있었다 해도 영정이 천하를 통일한 것은 영원히 변하지 않을 진리입니다. 그렇다면 그는 또 어떻게 역사상 전례가 없었던 이 강력한 제국을 경영했을까요?

25강
전권을 한 손에 쥔 황제

영정은 마침내 역대 진나라 왕들이 짊어졌던 역사적 사명을 완수했습니다. 육국을 겸병해 천하를 통일했습니다. 중국 5000년 역사에서 가장 찬란한 한 페이지를 열었습니다. 이때 일련의 법령들 역시 시의 적절하게 제정, 반포했습니다. 이 얼마나 대단한 기세였습니까! 그러나 이게 다가 아니었습니다. 그의 앞에는 새로운 문제도 놓여 있었습니다. 다름 아닌 그의 호칭 문제였습니다. 전국 시대 중엽까지만 해도 왕이라는 호칭은 주나라 천자만이 칭할 수 있었습니다. 확실히 과거에는 유아독존의 호칭이라고 단언해도 좋았습니다. 그러나 그의 시대에 이르러서는 확 달라졌습니다. 각 나라의 국군들이 너도 나도 당당하게 왕을 칭하고 있었습니다. 그것도 아주 오래전부터였습니다. 과연 그가 이 호칭에 만족할 수 있었을까요? 광대한 천하를 통일한 입장에서 말입니다. 게다가 이 업적은 과거 그 누구도 이루지 못한 휘황찬란한 업적이었습니다. 그랬습니다. 너도 나도 다 칭했던 왕이라는 호칭은 아무래도 대 제국 국군의 풍모나 호방함에는 어울리지 않았습니다. 그의 위엄이나 독존獨尊을 나타내기에도 부족함이 많았습니다. 자존심이 그야말로 배 밖으로 나와 있었던 이때의 영정에게는 아무래도 새로운 호칭이 필요했습니다. 영정 역시 이를 절실하게 느꼈습니다. 이렇게 해서 마침내 새로운 호칭이 탄생했습니다. 이게 바로 황제였습니다. 그렇다면 이 황제라는 호칭은 무엇을 의미할까요? 막 통일의 위업을 달성한, 해야 할 일이 산처럼 쌓여 있는 상황에서 그는 왜 자신에 대한 호칭을 이처럼 서둘러 바꿨을까요?

황제라는 호칭으로 명분을 세운 후 신비감을 덧칠하다

기원전 221년의 어느 날이었습니다. 영정은 득의양양한 표정으로 진나라의 도성인 함양의 궁전 대전에 앉아 있었습니다. 정말 득의양양하다는 표현이 어울렸습니다. 원래 이때 진나라는 통일을 위한 마지막 전쟁을 제나라와 치를 준비를 하고 있었습니다. 하지만 제왕 건은 500리에 봉해주겠다는 감언이설에 속아 적극적으로 저항하기를 포기하고 항복하고 말았습니다. 이 소식이 급거 영정에게로 날아들었으니 이런 태도를 보인 것은 어쩌면 당연했습니다. 대전에 모여 있던 군신群臣들은 너 나 할 것 없이 환호성을 올렸습니다. 일제히 영정을 위한 만세도 불렀습니다. 영정은 이런 군신들의 앞에서 뭔가를 잠깐 생각하다 엄숙하게 입을 열었습니다.

"지금 비로소 천하는 안정됐소. 그러므로 내 호칭도 마땅히 바꿔야 할 거요. 만약 다시 진나라 왕이라고 불린다면 어떻게 우리 대진大秦 제국이 이룩한 휘황찬란한 위업을 과시할 수 있겠소? 더구나 어떻게 청사靑史에 그 이름을 남길 수 있겠소? 여러 대신들은 이 문제를 한번 토론해보시오. 내 호칭을 무어라 하면 좋을지 말이오?"

대신들은 갑작스런 영정의 말에 잠시 할 말을 잃었습니다. 참새 소리조차 들리지 않을 정도였습니다. 하기야 육국을 겸병한 다음에 가장 먼저 해야 할 일이 호칭을 고치는 것이라고 영정이 말할 줄 전혀 예상하지 못했으니 그럴 수밖에요. 얼마 후 승상 왕관王綰과 어사대부御使大夫 풍겁馮劫, 정위廷尉 이사 등은 진지한 토론을 벌였습니다. 이어 함께 대전에 올라가 입을 열었습니다.

　"과거 오제(五帝. 황제黃帝, 전욱顓頊, 제곡帝嚳, 요堯, 순舜)의 영토는 고작 1,000리에 지나지 않았습니다. 이때 어떤 제후들은 조정에 들어와 이들을 알현하는 예의를 차렸습니다. 그러나 알현하지 않은 제후들도 있었습니다. 그럼에도 오제는 이들 천하의 제후들을 통제할 방법이 없었습니다. 지금 대왕께서는 정의의 군대를 일으켜 천하를 평정했습니다. 전국에 군현郡縣을 일괄 설치했습니다. 법령 역시 통일했습니다. 이건 지금까지 없었던 일입니다. 오제도 사실 따지고 보면 대왕과는 비교할 수도 없습니다. 고대에는 천황天皇과 지황地皇, 태황泰皇이 있었습니다. 이중 태황이 가장 존귀한 칭호였습니다. 그러므로 대왕도 마땅히 태황으로 불러야 할 것입니다. 또 대왕께서 발표할 정령政令은 제서制書, 조서詔書로 불러야 하겠습니다. 대왕께서 스스로를 부르실 때는 짐朕이라는 호칭을 쓰는 것이 좋을 듯합니다."

　승상과 어사대부, 정위가 영정에게 올린 존호尊號는 당연히 최고 수준의 존귀함을 보여주는 호칭이었습니다. 하기야 그러지 않는 것이 이상하지 않겠습니까? 그러나 영정은 만족하지 못했습니다. 과거 사람들이 이미 썼던 용어를 자신에게 다시 쓰라고 하는 것은 자신의 위대함을 나타내는 것과는 거리가 멀다고 생각했습니다. 참신하고 창의적인 용어를 원했다는 얘기가 되겠습니다. 그는 얼마 후 다시 명령을 내렸습니다.

　"태황에서 태자는 빼고 황자만 남겨두시오. 여기에 상고 시대에 썼던 제帝자를 붙여 황제라고 하시오. 다른 칭호들은 그대들이 상의해 정한 것을 그대로 쓰도록 합시다."

이 말로 볼 때 영정은 아마도 자신의 호칭에 대해 가장 큰 관심을 두지 않았나 합니다. 어쨌거나 중국 역사에서 역대 왕조의 최고 통치자를 황제로 부른 것은 이때가 시초였다고 보면 됩니다.

대신들이 이날의 조의(朝議. 조정의 회의-옮긴이)가 끝났다고 생각할 때였습니다. 영정이 다시 자신의 생각을 개진했습니다.

"과거 군왕이 세상을 떠나면 뒤를 이어 즉위한 군왕과 대신들은 모두 선군先君에게 시호諡號를 줬소. 이건 후대의 군왕이 선대의 군왕을 평가하는 것에 다름 아니오. 아랫사람이 윗사람에게 무례를 범하는 것이라는 말이오. 그러니 나부터는 아예 시호를 폐지하겠소. 짐은 이제부터 시황제始皇帝라고 하겠소. 다음부터는 이세二世, 삼세三世라고 하면 되오. 이렇게 만세萬世까지 이어질 수 있도록 합시다."

영정이 천하를 통일한 다음에 해야 할 일은 많고도 많았습니다. 급히 해야 할 일만 해도 손으로 다 헤아릴 수가 없었습니다. 그런데 왜 영정은 자신의 호칭 문제에 이토록 신경을 썼을까요? 이걸 무엇보다도 먼저 해결하려고 했을까요? 조금만 생각해보면 쉽게 이해가 됩니다. 그가 이렇게 한 것은 그의 야심이 극도로 팽창하고 있었다는 사실을 의미했습니다. 머리에 이미 열이 잔뜩 올라왔다는 얘기가 되겠습니다. 결론적으로 그는 자신의 덕이 삼황(三皇. 중국의 전설 속 황제들. 신농, 복희, 여와를 일컬음-옮긴이)과 비슷하고 공훈이 오제를 덮는다고 생각한 것이 분명했습니다. 황제라는 칭호가 오로지 자신만이 가질 수 있다고 생각했습니다. 그는 이후 대신들의 의견을 받아들여 황제와 관련이 있는 일련의 제도들 역시 확정했습니다. 이를테면 황제의 명령인 문건을 제制나 조詔 등으로 한다는 결정이 그랬습니다. 이뿐만이 아니었습니다. 백성들이 황제를 부를 때 쓰는 폐하라는 호칭도 이때 결정했습니다. 황제의 친인척들에 대한 호칭 역시 눈여겨봐야 할 것 같습니다. 황제의 아버지를 태상황太上皇, 어머니를 황태후皇太后, 부인을 황후皇后로 한다는 원칙 역시 결정되었습니다. 진시황은 이외에 황제와 관련이 있는 의례儀禮 등도 제정했습니다. 그러나 사료의 결핍으로 인해 이것들의 기본적인 면모를 알기는 어려울 것 같습니다.

진시황이 자신의 호칭과 관련한 일에 이처럼 많은 관심을 기울인 것은 왜였을까요? 간단합니다. 그는 그 어느 것보다 자신의 명분을 바로 세우는 것을 절실히 필요로 했습니다. 명분을 바로 세운다는 것, 즉 정명正名은 다른 것이 아니었습니다. 정권의 합법성과 관계가 있는 일이었습니다. 영정은 아홉 살에 진나라로 돌아온 다음 태자 이인의 적자가 됐습니다. 이건 그가 훗날 대통大統을 이어받아 진나라 왕이 된다는 사실을 의미했습니다. 이 때문에 그는 아홉 살 이후부터 좋은 교육을 받을 수 있었습니다. 왕으로서의 문화적인 수준을 구비하기 위한 준비에 나서는 게 가능했습니다. 물론 이 방면의 직접적인 자료는 없는 탓에 확인할 길은 없습니다. 그러나 영정의 어린 아들 호해胡亥는 문자학자로 법전에 정통했던 조고趙高로부터 줄곧 가르침을 받았습니다. 이런 정황으로 미뤄볼 때 영정이 받은 교육 수준 역시 크게 차이가 없었을 것이라는 추론이 가능합니다. 만약 이런 추론이 틀리지 않는다면 좋은 교육을 받고 자란 영정은 명분을 바로 세우는 것에 대한 중요성을 충분히 이해했을 가능성이 큽니다. 이 때문에 영정은 자신의 호칭에 대해 의논할 때에 명분을 바로 세우는 호칭을 선택하기를 원했을 겁니다. 사실 이처럼 명분을 바로 세우는 것을 중요하게 생각한 것은 그뿐만이 아니었습니다. 선진 시대의 경우는 제자백가諸子百家의 학자들 대부분이 그랬습니다. 오죽했으면 공자까지 "반드시 명분을 바로 세워야 하지 않겠는가?"라고 말을 했겠습니까. 말이 나온 김에 공자의 말을 조금 자세하게 들여다봐야 할 것 같습니다. 《논어論語》

의 〈자로子路〉편에서 "명분을 바로 세우지 못하면 말이 순조롭지 못하고 말이 순조롭지 못하면 일이 이뤄지지 않는다. 일이 이뤄지지 않으면 예악禮樂이 흥성하지 못하게 된다. 예악이 흥성하지 못하면 형벌이 제대로 이뤄지지 못한다. 형벌이 제대로 이뤄지지 못하면 백성들이 손발을 둘 곳이 없어진다"라면서 명분을 바로 세우는 것의 중요성을 역설했습니다. 이처럼 영정은 사회질서의 안정과 유지를 위해서는 무엇보다 정명이 중요하다는 사실을 알았습니다. 또 백성들을 통치하는 데 있어서도 대단히 중요하게 작용한다는 사실 역시 간파했습니다. 그가 왜 자신의 정명을 위해 적극적으로 나섰는지 이제 충분히 이해가 되지 않았나 싶습니다.

영정이 자신의 호칭에 각별하게 신경을 쓴 것은 자신의 신격화와도 관계가 있었습니다. 신격화가 최고 통치권자의 막강한 권위를 세워주는 지름길이니까요. 황제, 짐, 제서, 조서 등의 단어들을 다시 한 번 보십시오. 그저 입에 올리기만 해도 왕을 신격화하는 용어들이라는 느낌이 들지 않습니까? 이로 볼 때 확실히 그는 이런 형식의 단어들을 통해 자신이 일반인들과 엄격하게 구별되는 유일무이한 절대자로 인정받을 수 있다고 생각한 것 같습니다. 영정이 생각에만 그치지 않고 적극적으로 신격화에 나설 수 있었던 데에는 다 이유가 있었습니다. 우선 그는 한비의 학설 중에서 권(權. 대신들과 백성들을 다스릴 수 있는 책략 내지는 권모술수를 의미함)과 술(術. 대신들과 백성들을 다스리는 객관적인 조건을 의미함-옮긴이)에 영향을 받았습니다. 또 정치적인 면에서 자신에게 꼭 필요하다고 판단했습니다. 자신이 신성불가침이라는 사실을 대신이나 신하들에게 알리기 위해서는 신격화라는 수단이 필요했으니까 말입니다.

그렇다면 황제 칭호는 정말로 신격화의 냄새를 물씬 풍기는 용어일까요? 그렇습니다. 우선 황皇이라는 글자가 그렇습니다. '하늘이 낸 사람의 통칭'입니다. 태황은 그러니 더 말할 나위도 없습니다. 그럼에도 영정은 그저 황만 취했습니다. 당연했습니다. 황 자체만 해도 존귀하기 이를 데 없는 단어였으니까요. 제帝 역시 크게 다르지 않습니다. '천호天號'라고 해야 합니다. 황제가 어느 정도로 신격화된 단어인지 감이 잡히지 않을까 싶습니다.

신격화는 신성화神聖化로도 자연스럽게 연결됩니다. 이 역시 영정에게 권위를 부여해줄 중요한 조건이었다는 얘기가 되겠습니다. 이제 분명해집니다. 영정이 왕의 칭호를 폐지하고 황제를 칭했다는 것은 기본적으로는 자신의 성공을 칭송하고 이를 후세에 길이 빛내려 했다는 사실을 의미합니다. 자신의 휘황찬란한 공덕을 기리기 위해 그랬습니다. 하지만 더욱 중요한 이유는 신격화와 신성화에 있었습니다. 자신이 천하의 모든 우상들의 대표라는 생각을 신민臣民들에게 가지도록 하려 했다는 얘기가 되겠습니다.

신격화와 신성화는 이처럼 황제의 기본 의식이었습니다. 진시황은 앞에서 살펴본 대로 이런 기본 의식이 대단히 농후했습니다. 구체적으로 어떤 면에서 그랬을까요?

우선 마음 상태만 봐도 잘 알 수 있습니다. 그의 황제라는 호칭에는 또 다른 호칭의 단어도 숨어 있었습니다. 그게 다름 아닌 용龍이라는 단어입니다. 용은 선진 시대에 신물神物로 알려진 가상의 동물이었습니다. 또 민간에서는 오랫동안 황제라는 호칭의 속칭俗稱으로도 통했습니다. 그러면 진짜 그의 황제라는 호칭에 용이라는 다른 호칭이 숨어 있는지 증명해보겠습니다. 진나라의 신민들이 진시황을 조룡(祖龍. 처음 황제가 된 사람이라는 의미임. 진시황을 의미함-옮긴이)이라고 호칭했다는 사실이 결정적 증거가 되겠습니다. 원문은 《사기》의 〈진시황본기〉입니다. 어떤 신인神人이 "금년에 조룡이 아마도 죽을 것이다"라는 말을 했다는 기록이 나옵니다. 진시황이 죽을 것이라는 의미였습니다. 진시황은 이때 이 말을 들어 알고 있었습니다. 그러나 믿고 싶지 않았습니다. 두려웠던 것입니다. 그래서 자신과는 관계없는 죽은 사람이라며 "조룡은 사람의 조상이다"라고 말했습니다. 이로 볼 때 그도 조룡이 자신을 의미한다는 사실을 알고 있었던 것이 분명합니다.

스스로를 황제라 칭했던 영정은 모든 것을 마음대로 농단했습니다. 짐이라는 단어는 원래 선진 시대에는 일인칭의 통칭이었습니다. 누구라도 마음대로 사용해도 괜찮았습니다. 그러나 그의 시대에 이르러서는 그가 이 짐이라는 글자를 독점했습니다. 자신의 전유물로 사용하면서 다른 사람들은 아예 입에 올리지도 못하게 했습니다. 이건 그가 얼마나 독점욕이 강한가를 말해주는 분명한 사실이 아닐 수 없습니다. 황제 제도는 한 사람이 모든 권력을 점유하는 시스템입니다. 때문에 그가 짐이라는 글자조차도 자신만이 사용하는 전유물로 했다는 사실은 분명한 사실을 말해줍니다. 그가 자신이 천하제일의 지존이라는 사상을 죽을 때까지 버리지 못했다는 사실을 말입니다.

정명과 신격화, 신성화 등의 근본 목적은 하나입니다. 현실 정치를 강화하는 데 있습니다. 진시황이 건국한 진나라는 전대미문의 방대한 대제국이었습니다. 신민들을 철저하게 통제하지 않으면 안 됐습니다. 더구나 전쟁을 통해 정복한 육국의 신민들은 더욱 그래야 했습니다. 이건 진시황이 건국 초창기부터 확정한 기본 방침이었습니다. 따라서 이런 각도에서 보면 그가 황제를 칭하고 짐이라는 글자를 독점한 것은 모두가 천하를 통제하기 위한 어쩔 수 없는 수단이었습니다. 그가 이런 수단을 통해 천하를 잔뜩 주눅 들게 만든 목적은 분명했습니다. 천하가 자신의 통치에 완전히 복종하지 않을 것이라는 사실을 너무나 명백하게 알았던 것입니다.

황제 제도의 존재와 이것의 실현은 당연히 물질적 역량에만 의존하지 않았습니다. 사회 구성원들의 보편적 인정도 필요로 했습니다. 이런 보편적 인정은 주동적인 것입니다. 반면 진시황이 자신을 위해 신민들에게 지키도록 강요했던 복종은 피동적인 것이었습니다. 너무나 극단적이기는 하나 진시황에게는 이 둘이 모두 필요했습니다. 양자가 결합해야만 거대한 역량으로 이어질 수 있다고 봤으니까요.

이제 시호를 폐지한 조치에 대해 알아봅시다. 이건 후세들의 선조들에 대한 평가를 금지한 것이라고 해야 합니다. 다시 말해 후세들의 평가 권한을 박탈한 것이라고도 할 수 있습니다. 중국 역사에서 선왕이 세상을 떠나면 새로운 국군은 대신들과 고인에 대한 평가를 하는 것이 관례였으므로 이렇게 말해도 무방하겠습니다.

어쨌거나 진시황의 이런 조치는 상당한 의미를 가집니다. 우선 이 조치는 진나라가 영원히 존속할 것이라는 진시황의 자신감을 대변한다고 볼 수 있었습니다. 시호를 쓰지 않고 진짜 그의 염원대로 만세까지 내려왔다면 진나라는 아마도 지금까지 존속하고 있지 않았을까요? 다음으로 아랫사람이 윗사람을 평가하는 시스템을 용납하지 않겠다는 그의 의중을 반영하는 의미도 있었습니다. 또 있습니다. 후세에 전임 황제에 대한 그 어떤 비판의 출현도 철저하게 막을 것이라는 의지 역시 웅변한다고 볼 수 있었습니다. 영정은 후대의 왕과 대신들이 전대 왕에 대한 시호를 결정하는 관례를 '아들이 아버지를 평가하고 신하가 군주를 평가하는 부도덕한 범죄' 정도로 보지 않았나 싶습니다. 또한 그가 비판을 절대로 용납하지 못하는 성격이라는 사실을 말해주는 조치가 아닌가 싶습니다.

환호작약해도 괜찮을 때에 영정은 엉뚱하게 시호를 폐지한다는 결정을 내렸습니다. 황제를 자칭하겠다는 선포 역시 했습니다. 만세까지 내려가는 가보家譜에 대한 의지는 더욱 분명하게 보였습니다. 어떻게 보면 다소 살벌한 풍경이 이때 나타났다고 하겠습니다. 그러나 결코 이렇게만 생각해서는 안 됩니다. 그건 그의 뛰어난 정치적 예술을 보여주는 조치였습니다. 그의 정치적인 컨트롤 기술, 즉 권술權術을 그대로 웅변한 구체적인 조치였다고 해도 좋았습니다. 그는 이를 통해 사후 자신에 대한 그 어떤 갑론을박의 평가도 용납하지 않겠다는 의지를 분명히 했습니다. 재임 중에 그가 얼마나 자신에 대한 신민들의 평가를 금지시켰는지는 굳이 설명이 필요 없을 것 같습니다. 우리는 각종의 중국 사서에서 자신의 사후를 대비해 갖가지 법을 무수히 마련한 유능한 전제 군주들을 수없이 봐왔습니다. 이들 중에서 진시황은 단연 뛰어난 군주입니다. 그는 자신이 제정한 법령을 '영원히 변하지 않을 철칙'으로 반복해서 선포했습니다. 대대손손 준수해야 한다고 엄명을 내렸습니다.

분봉을 폐지하고 군현을 설치해 황권을 강화하다

역사는 단언컨대 진보, 발전합니다. 하지만 이 과정에서 거대한 관성慣性을 가지기도 합니다. 진시황이 통일을 완수한 해인 기원전 221년에도 크게 다를 바가 없었습니다. 승상 왕관을 비롯한 대신들은 관례대로 진나라에 겸병된 연, 제, 초나라에는 왕을 봉해 지켜야 한다고 생각했습니다. 진나라에서 너무 먼 탓에 그렇게 하지 않으면 통치가 안 된다고 생각한 것입니다. 여러 황자皇子들을 왕으로 봉해 이들 지역을 지키게 해야 한다고 주장한 것은 다 이 때문이었습니다. 실질적으로 황자들을 다시 제후왕으로 봉하라는 건의를 진시황에게 한 것입니다.

    진시황은 이 건의를 그대로 물리치지 않았습니다. 조정의 대신들에게 논의하도록 했습니다. 대신들은 일방적으로 승상 왕관의 건의를 지지했습니다. 그러나 반대한 사람이 전혀 없었던 것은 아닙니다. 딱 한 사람 있었습니다. 그는 정위 이사였습니다. 이사는 자신의 입장도 당당하게 밝혔습니다.

　진시황은 이사의 말에 연신 고개를 끄덕였습니다. 그러다 그의 말이 끝나기 무섭게 입을 열었습니다.

　"천하가 통일되기 전까지만 해도 천하의 신민들은 모두 전쟁으로 고생들을 했소. 해마다 전쟁이 그치지 않았던 탓이오. 이건 다 저들 제후왕들이 서로 싸웠기 때문이라고 생각하오. 지금 나는 조상들의 신령스러운 힘 덕택에 천하를 안정시켰소. 만약 다시 제후들을 세운다면 이건 다시 전쟁이 일어나도록 만드는 것과 하나 다를 게 없소. 이러면 어찌 천하의 백성들이 다시 곤란한 지경에 빠지지 않겠소? 정위의 말이 맞소."

　진시황은 예상대로 이사의 주장을 적극적으로 지지했습니다. 아마도 이때 이미 군현제를 전국적으로 추진하겠다는 생각을 굳힌 것 같습니다. 그는 곧 군현제 시행에 대한 지시를 내렸습니다.

　군현제는 원래 전국 시대의 진晉나라에서 처음 실시된 제도입니다. 《전국책》의 〈초책楚策〉 권1에는 이에 대한 조간자趙簡子의 말이 기록으로 남아 있습니다. "적을 물리쳐 승리한 자는 상을 받는다. 상대부上大夫는 현, 하대부下大夫는 군을 받는다." 이로 볼 때 초기의 군은 아마도 현의 아래에 있었던 것 같습니다. 군은 또 주로 변방의 중요 요충지에 설치됐습니다. 어쨌거나 전국칠웅은 모두 군현을 두고 있었습니다.

　군현제가 진시황의 독창적인 제도는 아니었으나 그에 의해 꽃을 피웠습니다. 전국적으로 추진했으니까요. 그것도 아주 빠르게 시행되었습니다. 군현제는 진시황의 입장에서는 정말 괜찮은 제도였습니다. 권력을 독점하려 했던 그의 입맛에 딱 들어맞았습니다. 기원전 221년 진나라는 전국을 36개의 군으로 나눴습니다. 일설에는 이게 나중에 40개, 46개로 늘어났다고도 합니다. 군의 장은 수守로 불렸습니다. 현의 장은 영숙이었습니다. 모두 진시황에 의해 임명됐습니다. 이로써 진나라에는 중앙-군-

현으로 이어지는 완벽한 형태의 행정 기구가 탄생합니다. 그저 탄생한 것도 아니었습니다. 강력한 중앙 통치 체제에 큰 힘을 실어줬습니다.

진시황이 군현제를 실시한 이유 중의 하나는 앞서 살펴본 대로 전쟁과 관계가 있었습니다. 전쟁과 분열을 어떻게든 피해 나라를 굳건하게 유지하고자 했던 것입니다. 실제로 이후 진나라의 군수와 현령은 황제에 의해 임명돼 전쟁을 생각하지도 못하게 됐습니다. 독립을 위한 기본적인 자산인 토지가 이들에게는 존재하지 않았기 때문입니다.

진시황이 황제 제도의 정치적인 기초인 군현제를 실시한 중요한 이유는 이외에도 또 있습니다. 앞서 조금 언급한 것처럼 황제 제도와 가장 잘 어울리는 제도였습니다. 진시황은 자신 한 사람에 의한 독재 정치를 실시하고 싶어 했습니다. 그러나 봉건제로는 이렇게 할 수가 없었습니다. 이 경우 황제의 권력이 봉군封君 등으로 인해 필연적으로 약해질 수밖에 없었습니다. 하지만 군현제는 이렇게 될 염려가 없었습니다. 최대한도로 황제 개인의 절대적인 권력, 더 나아간다면 천하에는 오로지 하나의 정권, 한 명의 천자가 있다는 사실을 보장해주는 것이 가능했습니다.

제도라는 게 효력을 발휘하기 위해서는 위아래가 조화가 잘 돼야 합니다. 진시황은 이 사실을 너무나 잘 알았습니다. 그래서 군현제를 채택하면서 중앙정부에는 이른바 삼공구경제三公九卿制를 도입했습니다. 삼공은 승상과 어사대부, 태위를 일컬었습니다. 그렇다면 구경은 뭘까요? 봉상奉常, 종정宗正, 낭중령郎中令, 위위衛尉, 태복太僕, 정위廷尉, 전객典客, 소부少府, 치속내사治粟內史 등이었습니다. 진시황은 위아래의 제도를 이처럼 절묘하게 마음 먹은 대로 운용했습니다. 전권을 자신의 손아귀에 쥐는 일은 이제 여반장이었습니다.

진시황은 자신을 신격화, 신성화했습니다. 각종 방법으로 자신의 위대함을 마음껏 과시했습니다. 목적은 진 제국의 합법성을 강조하기 위해서였습니다. 또 자신이 무력으로 정권을 강탈한 데 대한 핑계도 찾고 싶었습니다. 여기에 자신의 권위를 극도로 고양시키고 싶었던 것도 이유가 되겠습니다. 그렇다면 진시황은 합법성을 획득한 이후에는 어떤 위대하고도 원대한 계획을 실천에 옮겼을까요?

26강
제도의 통일

영정은 황제를 칭했습니다. 시호도 금지했습니다. 분봉 역시 폐지한 다음 군현제를 실시했습니다. 태산과 양보산에서 봉선도 지냈습니다. 정치 제도와 각종 제도의 마련을 통해 정권의 합법성을 증명하려고 노력했습니다. 또 황제의 자리가 봉천승운(역성혁명으로 왕이 된 군주는 반드시 태산에서 봉의 의식을 치른 후 양보산에서 선의 의식을 치러야 한다. 천제에게 성공을 고해야 한다)의 결과라는 정당성 역시 어떻게 해서든 증명하려 기를 썼습니다. 이를테면 자신의 권위를 신격화, 신성화해 진나라의 통치를 공고하게 했습니다. 진시황은 동시에 문화와 경제 정책에서도 일련의 조치를 취했습니다. 예컨대 문자와 도량형, 거궤(車軌. 마차 바퀴 간의 거리-옮긴이)의 통일 등이 그것이었습니다. 그는 왜 이렇게 했을까요? 어떤 효과를 얻었을까요?

문자와 정령의 통일

사서의 기록에 의하면 진시황은 소전(小篆. 대전大篆을 간략하게 변형해 만든 글씨체-옮긴이)을 채택해 문자를 통일했습니다. 그러나 우리는 근래 출토된 간독(簡牘. 종이가 없던 시절에 글씨를 쓰던 대쪽과 얇은 나무쪽-옮긴이)을 자세하게 살펴보다 보면 이상한 사실을 하나 발견하게 됩니다. 많은 글씨들이 진나라의 예서隸書라는 사실이 바로 그것입니다. 이건 또 왜 이렇게 됐을까요?

문자를 통일한다는 것은 정말 보통 일이 아니었습니다. 중국 문화사文化史에 있어서의 대 사건이었습니다. 그런 만큼 최소한 세 가지 문제에 대해 의문을 가져야 하겠습니다. 우선 진시황은 왜 문자를 통일하려 했을까? 두 번째 의문은 진시황은 어떤 방식으로 문자를 통일했는가? 세 번째는 그의 문자 통일을 어떻게 봐야 하는가?

우선 왜 문자를 통일하려 했는지에 대해 알아봐야 하겠습니다. 겸병된 육국의 문자가 서로 달랐기 때문이었습니다. 교류에 영향을 줬다는 말이 되겠습니다. 이건 사실 대단히 곤란한 문제였습니다. 서로 다른 문자가 나라의 정령政令을 전국적으로 널리 반포시키는 데 장애물로 작용했으니까요. 진나라가 거대 제국을 건설한 다음 직면한 문제는 뭐였을까요? 바로 어떻게 하면 넓디넓은 전 국토에 정령을 널리 시행하느냐였습니다. 그런데 이런 장애물이 있으면 되겠습니까? 그건 정말 상상만 해도 끔찍한 일이었습니다.

당시 육국의 문자는 정말 혼란스러웠습니다. 이렇게 된 데에는 여러 사람의 책임이 있었습니다. 우선 주나라 천자의 책임이 무엇보다 컸습니다. 국력의 쇠퇴로 규범이 되는 문자를 생각할 겨를이 없었습니다. 다른 육국의 왕들 역시 마찬가지였습니다. 문자를 통일할 능력이 없었습니다. 더구나 분열 상태가 오래 지속되다 보니 문자가 규범화되기는커녕 더욱 복잡해졌습니다. 서로 뜻과 의미 등이 다른 글자가 빈번하게 나타나는가 하면 간단하게 사용되는 문자 역시 횡행했습니다.

문자의 통일은 교류를 원활하게 하기 위해서만 추진된 것이 아니었습니다. 정령의 통일이라는 필요성 때문에 추진되기도 했습니다. 아니 진시황으로서는 정령의 통일이 더 절실했을지도 모릅니다. 대 제국의 정령이 통일되지 못한다는 사실을 생각해보십시오. 그게 얼마나 큰일이겠습니까? 실제로 칠웅이 할거했던 전국 시대에는 그랬습니다. 문자가 틀린 것에서 한참 더 나아가 서법書法 역시 크게 달랐습니다. 일정한 체제나 구조의 원칙이 없었습니다. 한 마디로 제멋대로였습니다. 이때는 그래도 견딜만했습니다. 그러나 통일 이후 놀라울 만큼 확충된 영토를 가지게 된 제국에서는 곤란했습니다. 정령이 통일되지 않으면 통치가 이뤄질 수가 없었습니다. 예를 들어 진시황의 조령詔令이 지방에 내려갔다고 합시다. 이때 지방의 관리가 이걸 제대로 이해하지 못하면 어떻게 되겠습니까? 나라가 엉망진창이 되지 않겠습니까? 실제 사례도 있었습니다. 통일의 위업을 이룬 지 얼마 안 됐을 때 진시황은 계림桂林에 조서를 보낸 적이 있었습니다. 그러나 이때 이 지방의 백성들은 이걸 제대로 이해하지 못했습니다. 이제 답을 내려봅시다. 진시황은 진나라 35명의 국군들이 몽매에도 그리던 통일을 위해 10년의 세월을 바쳤습니다. 또 제국을 건설한 다음에는 쉽지 않은 천하의 안정을 위해 일련의 조치들도 취했습니다. 정령의 통일은 바로 이 중에서 가장 중요한 일이었습니다. 그가 문자를 통일하려고 했던 목적은 분명해진다고 하겠습니다.

그러면 진시황은 어떤 방식으로 문자의 통일을 실현시켰을까요? 두 방면에서 진행을 시켰다고 보면 됩니다. 우선 전국적인 표준을 설정했습니다. 그 다음으로 표준과 부합하지 않는 육국의 문자를 폐기했습니다.

이런 구체적인 진행 상황은 동한東漢의 허신許慎이 쓴《설문해자說文解字》의 서문에 기록으로 아주 명확하게 남아 있습니다. 한번 보겠습니다.

"진시황이 천하를 통일한 다음 승상 이사는 언어와 문자가 혼란스러운 상황을 타파하기 위해 모든 것을 통일해야 한다는 건의를 했다. 그러고는 진나라 문자와 부합하지 않는 문자들은 모두 폐기했다. 이렇게 해서 이사가《창힐편(倉頡篇. 모두 7장임)》을 지었다. 또 중거부령中車府令 조고趙高는《원력편(爰歷篇. 모두 6장임)》, 태사령太史令 호무경胡毋敬은《박학편(博學篇. 모두 7장임-옮긴이)》을 지었다. 모두 사주대전(史籀大篆. 사주는 주周나라 선왕宣王 때의 사관을 일컬음. 사주대전은 이 사관의 필체에서 따온 대전을 의미함-옮긴이)을 취한 다음 생략하거나 고쳤다. 이것이 이른바 소전이다."

이 기록을 보면 통일 문자의 표준은 확실히 소전이었습니다. 이를 보급하기 위한 구체적 조치도 있었습니다. 진나라 문자 외의 다른 글은 모두 폐기하는 것이었습니다.

이 기록을 통해 우리는 진시황이 문자를 통일하는 과정에서 세 사람의 도움을 받았다는 사실을 알 수 있습니다. 한 사람은 이사, 다른 두 사람은 조고와 호무경이었습니다. 승상은 국가의 기본적인 정무를 총괄하는 사람이었습니다. 때문에 이사는 진나라 문자로 통일하자는 주장만 하는 데 그치지 않고 진나라 문자와 다른 육국의 문자를 완전히 폐기해야 한다는 입장을 분명히 밝혔습니다. 나아가 직접《창힐편》7장을 지었습니다. 이게 바로 소전의 교본이 됐습니다. 이때 조고는 진시황의 마차나 말을 관리하는 중거부령이었습니다. 관직이 높지 않았습니다. 하지만 그는 진시황의 신임을 두텁게 받고 있었습니다. 게다가 궁중을 자유롭게 출입하는 것이 가능한 직위에 있었습니다. 당시 관직에 중中자가 들어가는 사람은 이런 권한이 있었습니다. 태사령 호무경은 사관이었습니다. 황제의 측근이었습니다. 그는 아마도 직업적 이유 때문에라도 문자 통일이 더욱 절박하다고 생각한 것으로 보입니다.

그러나 일부 학자들은 여기에서 더 나아갑니다. 진시황이 소전으로 문자를 통일했을 뿐 아니라 예서로 문자의 서체 역시 통일했다고 주장합니다. 이유는 앞에서도 살펴봤듯 지금 우리가 볼 수 있는 진나라 때의 간독에 쓰여 있는 글자들이 소전이 아니라 예서체의 형식을 띤 고예古隸이기 때문이 아닌가 싶습니다.

이 주장은 문제를 복잡하게 만듭니다. 이 주장을 인정하면 진시황이 어떤 글자체로 문자를 통일했는가에 대한 의문이 생길 수 있으니까요. 그러면 진시황은 문헌에 기재된 대로 진짜 소전으로 문자를 통일했을까요? 아니면 출토 문헌에 나오는 것처럼 예서로 했을까요?

이 의문을 확실하게 해결하기 위해서는 우선 소전과 예서를 모두 이해해야 합니다. 소전과 예서는 완전히 다른 서체입니다. 소전은 획이 복잡합니다. 전체적으로 조화를 잘 이룹니다. 쓰고 나면 글자 모양이 그림처럼 아름답습니다. 그러나 쓰기는 아주 골치 아픕니다. 반면 예서는 획이 소전보다는 간결합니다. 소전의 둥근 모양이 네모로 바뀐 것이라고 보면 됩니다. 조금 넓고 평평해 보이기도 합니다. 잠두연미(蠶頭燕尾. 처음은 누에머리처럼 뭉툭하고 끝 부분은 제비 꼬리처럼 날렵하다는 의미-옮긴이)를 염두에 둔 글자라고 하겠습니다. 그러면 진시황은 문자를 통일할 때 통일 표준을 도대체 소전으로 했을까요, 아니면 예서로 했을까요?

한나라 때의 저명한 문자학자인 허신의 주장에 따르면 진시황은 분명히 소전을 통일 문자의 표준으로 했습니다. 저 역시 진시황이 문자를 통일할 때 이용한 표준이 예서가 아니라 소전이라고 생각합니다. 제 주장의 근거는 무엇일까요? 하나씩 들어보겠습니다.

우선 진시황은 문자의 통일을 기하기 위해 모두 세 부의 글을 지었습니다. 앞서 언급한 글들이었습니다. 모두 소전을 이용해 지은 글들로 이 사실은 《한서漢書》의 〈예문지藝文志〉에도 기록이 있습니다.

다음 근거는 글을 새겨넣은 돌인 이른바 각석刻石이 되겠습니다. 진시황은 통일 이후 모두 다섯 차례에 걸쳐 전국 순유巡遊에 나선 바 있습니다. 이때 가는 곳마다 각석을 남겼습니다. 내용은 통일을 이룩한 그의 업적을 찬양한 것이 대부분이었습니다. 그런데 이런 각석들이 모두 소전으로 기록돼 있습니다. 지금 우리가 임본(臨本. 복제품을 의미함-옮긴이)이나 탁본을 통해 볼 수 있는 역산嶧山, 지부之罘, 회계會稽 등의 각석만 그런 것이 아닙니다. 실물이 아직 남아 있는 태산泰山, 낭야대琅琊臺의 각석 역시 소전으로 기록돼 있습니다.

세 번째 근거는 허신의 저작인 《설문해자》 서문의 기록입니다. 다 아시겠지만 《설문해자》는 문자학의 기초를 쌓은 중국 문자학의 경전입니다. 허신이 소전을 언급했다면 맞다고 보면 됩니다. 절대로 허튼소리가 아닙니다.

그렇다면 우리가 요즘 볼 수 있는 진나라의 간독은 왜 그처럼 많은 예서로 쓰여 있을까요?

두 가지 면에서 가능성을 생각해볼 수 있습니다. 하나는 진시황이 예서를 문자 통일을 위한 서체의 하나로 삼았을 것이라는 가능성입니다. 또 하나는 소전을 이용한 문자 통일이 성공하지 못했을 것이라는 얘기가 되겠습니다. 그러나 위에서 이미 열거한 세 가지 근거는 처음의 가능성을 성립하지 못하게 합니다. 그러면 두 번째 가능성이 남습니다.

중국의 문자 변화에 대한 학설은 대체로 통일돼 있습니다. 상나라 때는 갑골문甲骨文을 썼고 주나라 때에는 대전을 사용한 것으로 알려져 있습니다. 또 전국 시대에는 대전, 한나라 때에는 예서가 유행했습니다. 이런 서체 중에서 대전은 비교적 혼란스럽게 사용된 서체에 해당합니다.

이사가 진나라 문자로 천하의 문자를 통일하자고 한 것은 크게 이상할 것이 없었습니다. 그게 승리자의 권리였으니까요. 그러나 전제 조건이 하나 있어야 했습니다. 진나라 문자가 천하에서 가장 좋은, 선진적인 문자여야 한다는 겁니다. 그러나 실제적으로는 그렇지 못했습니다. 소전은 결코 가장 우수한 문자가 아니었습니다.

문자의 기능은 사람들의 교류를 원활하게 해주는 데 있습니다. 그래서 문자의 형체는 실용적인 측면을 고려해야 합니다. 실용성이 없는 문자는 생명력이 없습니다. 널리 쓰일 수가 없습니다. 문자의 가장 중요한 기능이 교류에 있다면 사람들은 어떻게 해서든 가장 간단한 서체를 만들어 사용하려고 했을 겁니다. 그러나 이처럼 민간에서 문자를 만들어 사용할 경우는 장단점이 있습니다. 장점은 문자 서체의 변화에 엄청난 에너지를 제공한다는 것이 되겠습니다. 단점은 문자를 사용하는 데 있어서의 혼란을 야기하게 된다는 것입니다.

진나라의 문화는 전국칠웅 중에서 결코 선진적이었다고 하기 어려웠습니다. 다른 육국이 발 벗고 달려들어도 따라잡기 어려울 만큼 군사, 경제 방면의 역량이 강대했을 뿐입니다. 하지만 문화가 선진적이지 못했던 진나라의 통일은 역사의 필연이었습니다. 사실 이런 일은 중국 역사에서 늘 발생했던 일이라고 해도 좋습니다. 수隋나라의 통일이나 몽고蒙古 철기병 鐵騎兵들의 중원 정복이 사례가 되겠습니다. 모두 문화적으로는 약했으나 군사적인 강력함으로 승리를 거머쥐었습니다. 제나라나 초나라 등에 비해 훨씬 뒤떨어진 진나라가 천하 통일을 했으니 어떻게 됐겠습니까? 진나라의 문자 역시 전국 시대의 최고로 우수한 문자라고 하기 어려웠습니다. 쓰기에 편리하고 실용적이지 못했습니다.

물론 진나라의 문자인 소전은 아름다웠습니다. 깔끔했습니다. 눈으로 즐기기에는 대단히 좋았습니다. 그러나 소전의 최대 결점은 쓰기에 불편하다는 점이었습니다. 전국 시대에는 무수한 종횡가들이 활약했습니다.

그들은 종종 하루에도 수천 자에 이르는 문장을 써서 군왕들을 설득해야 했습니다. 그런데 소전으로 이 문장들을 쓰는 것은 보통 힘든 일이 아니었습니다. 그렇다면 당시에 가장 많이 사용되던 서체는 무엇이었을까요? 소전에서 발전해 나온 더욱 간편한 서체인 예서였습니다.

우리가 오늘날 볼 수 있는 진나라의 예서가 대량으로 존재한다는 사실은 한 가지 진실을 분명히 말해줍니다. 진시황이 소전을 이용해 문자를 통일한 조치가 실패했다는 사실을 말입니다. 다시 말해 간단하게 쓰기 편한 예서가 진시황이 강제로 통용시킨 소전을 대체했다는 얘기가 되겠습니다. 그러나 이 사실을 가지고 진시황이 예서로 문자를 통일했다고 단정을 해선 안 됩니다. 이건 역사적 사실에 반하는 것입니다.

예서에 대해 자세하게 한번 알아볼 필요도 있을 것 같습니다. 여러 가지 의문이 나올 수 있습니다. 우선 예서는 도대체 무엇인가 하는 의문이 되겠습니다. 또 누가 예서를 만들었는가 하는 의문도 제기될 수 있습니다. 진시황이 왜 예서로 문자를 통일하지 않았나 하는 의문 역시 크게 다르지 않습니다. 마지막 의문을 하나 더 들어보겠습니다. 예서가 아닌 소전으로 문자를 통일한 것은 어떤 장단점이 있었을까요?

우선 예서가 무엇인지에 대해 알아봅시다. 예서의 예隸자는 예속된다는 의미를 가진 글자입니다. 어떤 서체의 간편한 글씨체라는 얘기가 되겠습니다. 그렇다면 이 서체는 뭘까요? 서주와 동주 시대에 사용된 서체는 대전이었습니다. 예서가 당연히 대전을 이용해 간단하게 만들어낸 서체였다는 얘기입니다. 더 자세하게 말하면 고예서가 되겠습니다. 또 필기체라는 말도 성립이 됩니다. 이 서체는 어디에 주로 사용됐을까요? 그렇습니다. 돌이나 비석에 글을 새겨 넣기 전에 사용했습니다. 당시에는 돌이나 비석에 글을 쓸 때 직접 일필휘지 하지 않았습니다. 우선 관련 글자를 보존하기 쉽지 않은 재료들인 목간木簡이나 죽간竹簡에 적어 넣은 다음에 이걸 기초로 해서 썼습니다.

누가 만들었는가 하는 두 번째 의문에 대해 설명해보겠습니다. 사서에는 진시황 때 정막程邈이 만들었다고 돼 있습니다. 이 기록은 서진西晉 때의 서론가(書論家. 서체 연구 전문가—옮긴이)인 위항衞恒의 《사체서세四體書勢》에 가장 먼저 보입니다. 관련 내용을 한번 보겠습니다. 진나라 때 정막이라는 노예가 있었습니다. 어느 날 이 사람이 죄를 지어 감옥에 갇혔습니다. 그는 이때 옥리獄吏가 사용하기 불편한 전서篆書로 글을 쓰는 것을 목격했습니다. 특별히 감옥에서 할 일도 없었던 그는 이 전서를 개조하기 시작했습니다. 복잡한 것을 간단하게, 둥근 것을 네모나게 고쳤습니다. 결국은 하나의 새로운 서체를 만들어냈습니다. 우연한 기회에 진시황이 이 글자를 보게 되었는데 대단히 마음에 들었습니다. 그는 즉각 정막의 죄를 사면해줬습니다. 게다가 어사로도 봉해줬습니다. 새로운 글씨체는 주로 감옥 주변에서 사용됐습니다. 이를테면 노예나 죄수들의 노역 같은 일과 관련해 필요한 경우에 사용되었습니다. 이 글씨체가 예서라고 불리게 된 것은 바로 이 때문입니다.

위항의 이런 주장은 이후 광범위하게 퍼졌습니다. 영향력 역시 대단했습니다. 그러나 이 학설은 이론적으로 맞지 않습니다. 동시에 실제 상황과도 부합하지 않습니다. 이론적으로 말할 때 어떤 문자의 서체는 한 사람에 의해 만들어질 수 없습니다. 글을 쓸 줄 아는 무수히 많은 사람들의 공동 작품이라고 해야 합니다. 이렇게 돼야 많은 사람들의 인정을 받을 수 있습니다. 사상의 교류에 필요한, 이른바 서체로서의 위력도 발휘하는 것이 가능합니다. 또 실제적으로도 현존하는 출토 문헌들은 이 사실을 잘 증명해주고 있습니다. 대표적으로 진 무왕 2년(기원전 309년)에 쓰인 청천 목독青川木牘이 그렇습니다. 당시의 상국이었던 감무가 촉蜀을 평정한 다음 토지 관리에 관한 내용을 공개적으로 발표한 이 목독에는 적지 않은 예서체의 글자들이 보입니다. 이는 당시의 진나라 관가에서 이미 진나라의 예서를 사용했다는 사실을 확실히 말해줍니다. 그것도 진시황이 천하를 통일한 기원전 221년보다 무려 80년 전의 증거입니다.

진시황이 천하를 통일하기 80년 전에도 진나라 관가의 문서에는 예서가 많이 사용됐습니다. 이로 볼 때 예서는 절대로 진시황 때 정막 혼자 만든 것이 아닙니다. 예서의 진정한 창조자는 바로 진나라의 어느 이름 없는 문리(文吏. 문서를 담당하는 관리-옮긴이)들이었습니다. 이들은 아마도 장기간 글을 쓰는 과정에서 소전의 불편을 절감했을 겁니다. 그래서 대전을 소전으로 간소화시킨 것에서 보듯 소전도 예서로 간소화시켰습니다. 실제 일을 할 때 간편한 문자가 절실했다는 얘기가 되겠습니다.

그러면 진시황은 왜 예서로 문자를 통일하지 않았을까요? 이론적으로 보면 예서로 문자를 통일하는 것은 대단히 효과적인 방법이었습니다. 그러나 진시황은 이렇게 하지 않았습니다. 이유는 있었습니다. 소전은 화려하면서 아름답고 가지런했으나 쓰기에 불편했습니다. 그럼에도 진시황은 소전을 선택했습니다. 이 조치는 그가 글자체가 화려한 소전에 애정을 가지고 있었다는 사실을 확실하게 증명합니다. 동시에 그가 문자라는 것이 간단하고 세속적이어야 한다는 두 가지 기본 원칙을 이해하지 못했다는 사실 역시 의미합니다. 심하게 말하면 그는 형식미만 추구하는 사람이었습니다.

이제 마지막 의문에 대해 답을 내려봅시다. 진시황이 소전으로 문자를 통일한 조치를 어떻게 평가해야 할까요? 진시황의 문자 통일은 나름의 업적이라고 해야 합니다. 공적이 잊혀서는 안 됩니다. 물론 그가 문자 통일을 한 동기는 자신의 통치를 강화하기 위한 희망 사항과 관계가 있었습니다. 정령의 집행을 원활하게 하자는 의도 역시 있었습니다. 그러나 어쨌든 문자의 통일은 객관적으로 사상의 통일과 문화 교류의 촉진에 편리한 조건을 만들어줬습니다. 결과적으로 이를 통해 다민족 통일 국가가 형성될 수 있었습니다. 국가의 발전과 연착륙에도 나름의 적지 않은 도움을 줬습니다. 나중에는 중국이라는 나라를 통일하는 무형의 문화적 역량이 될 수 있었습니다.

중국은 방언이 대단히 많은 국가입니다. 이 경우 사람들 간의 문화 교류나 소통은 악영향을 받게 됩니다. 진시황 시대에는 더욱 그랬습니다. 진시황의 문자 통일 조치는 이 문제를 해결해줬습니다. 서면 언어와 서체의 통일은 획일적인 규범을 마련해줬습니다. 시공時空을 초월해 문화를 전승하게 만드는 역할도 했습니다. 나중에는 중국인들의 마음과 문화를 통일하는 데에까지 도움을 줬습니다. 중국인들의 단결력을 증강시키는 역할을 한 것입니다. 이건 정말 긍정적으로 평가해야 합니다.

그러나 진시황은 당시 이미 널리 쓰이고 발전 가능성이 무한했던 예서를 가지고 문자 통일을 하지 않았습니다. 화려하나 쓰기에 불편한 소전으로 했습니다. 불행히도 그가 이처럼 보급에 진력한 소전은 광범위하게 쓰이지 못했습니다. 이렇게 된 데에는 원인이 있었습니다. 진나라가 고작 15년이라는 짧은 기간 존속했던 것이 무엇보다 가장 중요한 이유가 되겠습니다. 하지만 다른 이유도 있습니다. 원래 문자가 유행하려면 문자 그 자체가 강력한 힘이 있어야 합니다. 간편하고 실용적이어야 합니다. 그래야 생명력이 생깁니다. 그러나 소전은 이 표준을 충족시키지 못했습니다. 때문에 진시황의 강력한 권위와 강력한 대 제국의 국가 기관을 총동원해 전국적으로 사용하도록 독려하는 조치도 소용이 없었습니다. 소전은 중국 문자 발전 역사상 가장 단명한 문자로 기록되는 불명예를 안고 말았습니다. 이를 대체해 강력하게 부상한 서체는 예서였습니다.

오늘날 우리는 이사와 조고, 호무경 등이 《창힐편》, 《원력편》, 《박학편》을 지을 때 썼던 소전의 표준 글씨체를 볼 수 없습니다. 그러나 다른 곳에서는 진시황이 통일 문자로 삼은 소전의 풍모를 엿볼 수 있습니다. 태산의 각석(지금 10자만 남아 있음)과 낭야대의 각석(86자 남아 있음)이 주인공입니다. 이사가 직접 쓴 소전의 원형이 이 각석에 그대로 남아 있습니다.

이왕 말이 나온 김에 태산 각석에 대해 설명을 더 해봅시다. 봉태산비(封泰山碑)로도 일컬어지는 이 각석은 진시황 28년(기원전 219년)에 태산에 올랐을 때 이사가 처음 쓴 것입니다. 돌의 높이가 4척 5촌으로 사면에 글을 새긴 것이 특징입니다. 이중 삼면은 진시황의 조서, 다른 한 면은 진이세 원년(기원전 209년)의 조서와 그를 따라갔던 신하들의 이름이 새겨져 있습니다. 모두 22행으로 한 행이 12자로 돼 있습니다. 이 돌은 원래 태산의 정상인 옥녀지玉女池에 있었습니다. 그러다 나중에 태산 아래의 대묘岱廟로 옮겨졌습니다. 이후 전란을 수없이 겪으면서 지금은 겨우 10자만 남게 됐습니다. 물론 탁본도 남아 있습니다. 이 탁본에 남아 있는 글자는 모두 136자입니다.

지금 현존하는 한나라 시대의 비석과 목간, 죽간은 무척 많습니다. 이것들을 한번 살펴볼 필요가 있습니다. 특히 한간漢簡은 더욱 잘 살펴봐야 합니다. 가장 많이 나타나는 글자가 진시황이 강력하게 보급했던 소전이 아니라 쓰기 쉽고 읽기 쉬웠던 한나라 때의 예서이니까 말입니다. 이를 통해 우리는 진정한 중국의 통일 문자는 예서라는 사실을 알 수 있습니다. 또 진시황의 서동문 조령詔令이 진짜 시행된 것은 한나라 때라는 사실 역시 가볍게 파악이 가능합니다. 선진적인 수준의 문자의 위력은 대단합니다. 일단 완성되기만 하면 도저히 저항하기 어려운 힘을 발휘하게 됩니다. 이를테면 진晉나라 때 완성된 해서楷書가 그렇습니다. 1000년 이상이 흘렀는데도 아직까지 한자의 주요 서체로 남아 있습니다.

이런 현상이 출현하게 된 이유는 분명합니다. 필기도구의 발전이 무엇보다 크게 기여했습니다. 중국의 고대에 가장 널리 쓰인 필기도구는 모필

毛筆, 즉 붓이었습니다. 모필은 기본적으로 유연합니다. 잠두연미가 특징인 예서를 쓰기에 아주 좋습니다. 진간秦簡이나 한간에 예서가 많이 남아 있는 것도 바로 이 때문이라고 단언해도 좋습니다. 이처럼 필기도구의 발전은 서체의 변화를 가능하게 했습니다. 그러나 이 서체도 쓰기에 편하고 실용적이어야 했습니다. 이 사실을 소전과 예서의 운명이 보여주지 않습니까?

대체적으로 진시황이 내린 서동문의 조치는 대단한 역사적 의의가 있습니다. 그러나 그는 소전을 서동문의 국가 표준으로 정하는 우를 범했습니다. 이렇게 하면 절대로 안 되는데 말입니다. 게다가 진나라의 수명은 매우 짧았습니다. 바로 이 때문에 서동문의 효과는 후세 사람들이 생각하듯 그렇게 크지 않았습니다.

화폐의 통일을 통한 경제 장악

진시황은 문자만 통일한 것이 아니었습니다. 경제 방면에서도 중대한 조치를 실시해 화폐 역시 통일했습니다.

전국 시대 각 제후국들이 서로 치열한 전쟁을 한 것에서도 볼 수 있듯 모든 것이 많이 달랐습니다. 화폐도 당연히 같지 않았습니다. 그렇다면 당시 통용된 화폐로는 어떤 것들이 있었을까요? 모두 네 종류가 있었습니다. 하나는 포폐(布幣. 화폐로 통용되던 돈-옮긴이)였습니다. 모양이 마치 농기구인 호미처럼 생겼다고 보면 됩니다. 주로 삼진三晉, 즉 한, 조, 위나라에서 통용됐습니다. 다음으로는 도폐(刀幣. 칼 모양의 화폐-옮긴이)를 꼽아야 합니다. 주로 제, 연, 조나라 등에서 사용됐습니다. 세 번째는 원전(圓錢. 원형의 청동 화폐-옮긴이)입니다. 진나라를 비롯해 서주, 동주, 조나라 등과 진나라 근처인 위나라 연하沿河 지역에서 통용됐습니다. 영원(郢爰. 황금 화폐-옮긴이)과 동패(銅貝. 청동을 조개 모양으로 만든 화폐-옮긴이)도 거론해야 하겠습니다. 오로지 초나라에서만 유통됐습니다. 각 제후국들이 모두 자체의 화폐를 가지고 있었다고 봐야 하겠습니다. 하기야 개인도 화폐를 만들었을 정도였으니 국가는 당연하지 않았나 싶습니다. 그러나 이처럼 화폐가 많았어도 널리 쓰인 것은 두 가지 종류였습니다. 동폐銅幣와 금폐金幣였습니다. 물론 모양은 다양했습니다. 당연히 진시황은 이런 다양한 종류의 화폐에 불만이 많았습니다. 정치는 이미 통일이 됐는데 경제적으로는 통일이 되지 않았다는 생각을 한 것입니다.

진시황이 화폐를 통일한 기본적인 목적은 정치적인 통합을 확고히 하기 위해서였습니다. 사실 그의 생각이 맞는 것인지도 모릅니다. 정치 통일과 부합하는 경제 시스템을 만들려면 화폐의 통일이 반드시 필요했으니까요.

그렇다면 진시황은 어떻게 화폐를 통일했을까요? 두 가지 조치를 취해서 했습니다.

우선 국가가 화폐를 주조하도록 했습니다. 개인이 만드는 것은 엄벌로 다스려 금지시켰습니다. 이로써 화폐의 주조권이 완전히 국가의 수중에 들어가게 됐습니다.

두 가지 종류의 화폐를 유통시킨 것도 유의해야 할 조치였습니다. 고액권으로는 황금 화폐를 발행했습니다. 이 경우는 일鎰을 단위로 했습니다. 1일은 20량이었습니다. 동전은 이름 그대로 동전이었습니다. 저액의 화폐였습니다. 반량半兩을 단위로 했습니다. 주조할 때 반량이라는 단어를 동전에 분명하게 새기기도 했습니다. 모양은 둥근 형태로 하면서 가운데 구멍을 뚫었습니다. 일반 백성들에게는 진반량秦半兩으로 불린 동전이었습니다. 과거 유통되던 육국의 화폐들은 진짜 사라지는 비운의 운명을 감수해야 했습니다. 주옥珠玉, 귀패龜貝, 은석銀錫 등이 주인공이었습니다. 이건 《사기》의 〈평준서平準書〉에 나오는 내용들입니다.

진시황은 행정 수단을 총동원해 화폐의 통일을 적극적으로 밀어붙였습니다. 실제로 효과도 있었습니다. 혼란스러웠던 국면이 바로 통제될 수 있었습니다. 문자를 통일한 조치보다도 훨씬 효과가 컸습니다. 원인은 있었습니다. 원칙에 부합했기 때문입니다. 육국의 화폐는 크기가 제각각이었습니다. 무게 역시 달랐습니다. 형태는 더 말할 것이 없었습니다. 가치라고 다를 까닭이 없었습니다. 통일이 무엇보다 시급했던 것입니다. 진나라의 화폐는 안으로는 네모, 밖은 둥근 내방외원內方外圓 모양으로 휴대에도 대단히 편리했습니다. 유통에 더욱 좋을 수밖에 없었습니다. 오수전(五銖錢. 한나라의 무제 때 통용하던 동전. 무게가 5수로 1수는 한 냥의 24분의 1임-옮긴이)이 진반량을 모체로 태동할 움직임을 보인 것은 어쩌면 당연했다고 하겠습니다. 한마디로 진반량의 경우는 중국 고대 2000여 년에 걸친 화폐의 역사에 큰 족적을 남겼다고 해도 틀리지 않습니다.

진시황이 통일시킨 화폐들의 형태는 중국 고대의 철학 사상과도 일치하는 측면이 있었습니다. 자세하게 알아봅시다. 원래 중국 고대 시대에는 하늘은 둥글고 땅은 네모나다는 이른바 천원지방天圓地方이라는 우주관이 유행했습니다. 선진 시대의 수많은 학자들 역시 이렇게 생각했습니다. 진나라의 화폐는 바로 이런 우주관에 부합했습니다. 게다가 대단히 실용적이었습니다. 이를테면 안의 네모난 부분은 꿰서 가지고 다니기에 편리했습니다. 바깥의 둥근 부분은 마모가 잘되지 않는다는 장점이 있었습니다. 자 정리를 해봅시다. 화폐가 중국의 고대 철학 사상을 담고 있었습니다. 게다가 휴대하기에도 편리하다는 장점이 있었습니다. 사용하기에도 편리한 장점이 있었습니다. 이런 화폐가 널리 쓰이게 되는 것은 필연적인 일이 아니었을까요?

전국 시대 중, 후기에는 경제가 발전한 지역들이 몇 군데 있었습니다. 이들 지역은 제후국들과도 공존했습니다. 당연히 서로 무역을 했습니다. 이랬으니 화폐의 통일은 진나라가 통일을 이룩하기 전에 해결해야 할 현안이었습니다. 진시황이 화폐를 통일한 것은 바로 이런 상황을 잘 알았기 때문이라고 해야 합니다. 그의 조치는 성공할 수밖에 없었습니다.

도량형과 거궤의 통일

도량형의 통일 역시 진시황이 경제 분야에서 이룩한 큰 성과이자 사건이라고 해도 무방합니다. 전국 시대 각국의 도량형은 눈이 어지러울 정도였습니다. 무척 혼란스러웠습니다.

당시 도량형은 세 가지의 기구였습니다. 우선 도度는 길고 짧은 길이를 재었습니다. 양量은 체적을 측량하는 기구였습니다. 마지막으로 형은 중량을 재는 기구였습니다.

우선 도에 대해 얘기해보겠습니다. 도는 네 개의 동척銅尺이 지금까지 전해지고 있습니다. 이중 낙양의 금촌金村 동척은 23.1센티미터입니다. 또 안휘 수현壽縣의 초나라 동척은 22.5센티미터, 장사長沙의 초나라 동척 두 개는 각각 22.7센티미터와 22.3센티미터입니다. 가장 적은 경우는 0.3센티미터, 가장 많은 경우는 0.8센티미터나 차이가 납니다. 심지어 초나라 동척들까지 길이가 서로 다릅니다. 전국 시대의 분열상이 도량형의 혼란까지 조성했다고 단언해도 좋지 않을까 싶습니다.

양에 대해서도 언급하겠습니다. 우선 위나라입니다. 이 나라의 양 제도는 익益, 두斗, 곡斛의 단위로 돼 있었습니다. 제나라의 경우는 승升, 두豆, 구區, 부釜, 종鍾을 단위로 했습니다. 이중 제나라의 강姜씨 정권 때의 경우를 한번 봅시다. "4승을 두로 한다. 이어 차례로 네 배씩 더해 구와 부로 한다. 또 부 10을 종으로 한다"라는 기록이 《좌전左傳》의 〈소공삼년昭公三年〉편에 나와 있습니다. 다시 말해 4승이 1두이고, 4두가 1구, 4구가 1부, 10부가 1종이라는 말이 되겠습니다. 그러나 전田씨 경족은 강씨를 대체해 제나라의 정권을 잡은 다음부터 민심을 사기 위해 이 도량형을 바꿨습니다. 5승을 1두로 했습니다. 이렇게 해서 5두가 1구, 5구가 1부, 10부가 1종이 됐습니다. 각 나라의 양의 표준이 어느 정도였는지를 알 수 있지 않나 싶습니다.

마지막으로 형입니다. 우선 조나라의 경우를 보겠습니다. 근釿과 일鎰을 표준으로 했습니다. 또 초나라는 천평天平 저울을 사용했습니다. 단위는 수銖, 양兩, 근斤이었습니다. 그렇다면 무게 표준은 어느 정도가 됐을까요? 초나라 묘에서 출토된 저울로 측량을 하면 분명해집니다. 근의 경우는 평균치가 260.798그램이었습니다.

도량형의 혼란은 당연히 좋을 이유가 없었습니다. 두 가지 점에서 특히 그랬습니다. 우선 환산이 어렵게 됐던 탓에 상품의 교환이나 매매가 순조롭게 진행되기가 어려웠습니다. 세금 수입이 균등하지 않았습니다.

진나라의 경우는 상앙이 변법을 추진했을 때 도량형의 단위를 제정했습니다. 지금의 상하이上海 박물관에는 상앙이 당시 중천(重泉. 지금의 산시陝西성 웨이난渭南시 소재-옮긴이)에 반포한 표준 되가 소장돼 있습니다. 표면에 명문銘文이 새겨져 있는 네모난 되입니다.

진시황 26년(기원전 221년)에는 바로 이 진나라 제도에 근거해 조서를 내려 도량형을 통일했습니다. 동시에 이 조서를 국가에서 제조한 표준 도량형 기구와 일상생활에 사용하는 기구에 새겨 넣었습니다.

또 룽겅(容庚. 현대의 저명한 고문자학자-옮긴이) 선생이 《진금문록석문秦金文錄釋文》을 통해 판독한 내용은 다음과 같습니다.

(진시황) 26년에 천하의 제후들을 겸병해 통일했다. 백성들이 평화와 안녕을 되찾았다. 황제의 칭호도 마련했다. 이어 조서를 내려 승상 외장隗狀과 왕관에게 일치하지 않는 도량형을 명확하게 하나로 통일하게 했다.

이제 진시황이 통일시킨 도량형의 표준을 알아봐야 하겠습니다. 이에 따르면 1척은 23.1센티미터였습니다. 또 1승은 201밀리그램, 1두는 2010 입방미터(2010cc와도 통함-옮긴이)였습니다. 이외에 1근은 256.25그램, 1석(120근)은 30.75킬로그램이었습니다.

진시황이 문자와 도량형을 통일한 목적은 분명했습니다. 진나라의 통치를 공고히 하기 위해서였습니다. 이 목적을 이루기 위해서는 다른 또 하나의 조치도 강구해야 했습니다. 이게 다름 아닌 마차의 거궤였습니다. 진시황은 진짜 이것도 통일했습니다. 이렇게 해서 각 마차의 바퀴는 전국 어느 곳의 도로에나 적합하게 됐습니다. 중국 서북 지역의 드넓은 땅은 솔직히 말해 좋은 땅이라고 하기 어렵습니다. 종횡으로 뻗어 있는 도로들이 두텁고 부드러운 황토에 침식되는 피해를 예로부터 많이 입었습니다. 따라서 거궤를 통일하는 이 조치가 얼마나 중요했는지는 의심할 여지가 없겠습니다.

진시황은 문화와 경제 방면에서 대대적인 통일을 추진했을 때에도 한시도 잊지 않은 일이 있었습니다. 그것은 바로 영토에 대한 강력한 장악이었습니다. 그렇다면 진시황은 이 방면에서는 또 어떤 조치를 실시했을까요?

27강
만리장성

진나라는 다민족 국가인 중국을 처음으로 통일했습니다. 청사에 길이 빛날 위업을 남겼습니다. 거대한 통일 제국 진나라를 만든 진시황 역시 후세에 불후의 황제로 불리게 됐습니다. 분봉제 폐지와 군현제 설치를 통해 중앙집권 제도를 개창한 것은 분명히 대단한 업적이었습니다. 또 서동문과 거동궤(車同軌. 마차 바퀴 간의 거리를 일정하게 한다는 의미-옮긴이) 조치를 실행에 옮겨 문명을 통일한 것도 간과해서는 안 됩니다. 그러나 무려 1만 리나 면연하게 이어지면서 사람들의 눈을 휘둥그렇게 만드는 만리장성을 쌓은 일에 대한 평가만큼은 조금 다릅니다. 사람들의 찬사와 비난이 정확하게 각각 절반으로 엇갈립니다. 혹자들은 만리장성이 중국 문명의 상징이라고 극찬합니다. 외적의 침입을 막기 위해 쌓은 것에서 보듯 일반 백성들의 평화와 안녕을 보장해줬다고도 말합니다. 반면 그를 비판하는 사람들은 만리장성이 그가 행한 폭정의 증거라고 주장합니다. 만리장성 벽의 주재료인 벽돌 한 장 한 장에 모두 백성들의 피와 땀이 배어 있다고 강조합니다. 또 우리가 종종 밟는 만리장성 통로의 거석巨石들이 모두 그가 백성들을 유린하고 개똥처럼 여겼다는 증거이자 역사의 흔적이라고 비판합니다. 진나라가 행한 폭정에 대한 백성들의 통한痛恨을 말해준다고 단언해도 좋습니다. 하지만 만리장성의 건축 원인은 우리가 생각하듯 그렇게 복잡하지 않았습니다. 사서의 기록에 따르면 한 사람의 딱 한 마디 말에 의해 건축이 결정됐습니다. 진실은 무엇일까요? 진시황은 왜 막대한 인력과 물력, 재력을 동원해 만리장성을 쌓아야 했을까요? 만리장성은 현대의 우리에게 어떤 의의가 있는 유물일까요?

노생의 참언이 만리장성으로 이어지다

진시황은 순유를 무척이나 좋아했습니다. 황제가 된 이후 12년 동안 다섯 차례나 전국을 돌았을 정도였습니다. 기원전 215년의 어느 날이었습니다. 그는 이때 네 번째 순유에서 막 돌아왔습니다. 그런데도 쉬지 않고 아침 일찍부터 초조하게 누군가를 기다리고 있었습니다. 선약(仙藥. 신선이 먹는다는 약초-옮긴이)을 구해오라고 보낸 노생盧生이 그가 기다리는 사람이었습니다. 노생은 그가 굉장히 신임하는 방사(方士. 도교에서 말하는 신선의 도를 닦는 사람-옮긴이)였습니다. 그가 네 번째 순유에 나서기 직전에 선약을 구해오라고 파견한 사람이었습니다. 진시황은 초조하고 불안했습니다. 노생이 자신의 사명을 과연 완수했는지 여부를 알 길이 없었던 탓이었습니다. 노생은 진시황이 이렇게 초조해하고 있을 때 대전으로 올라왔습니다. 드디어 그가 선약을 구하러 갔던 일에 대해 입을 열었습니다.

"저는 도록(圖錄. 인간의 길흉화복에 대한 예언을 의미하는 도참圖讖과 하늘이 제왕이 될 만한 사람에게 내리는 상서로운 조짐인 부명符命을 기록한 책-옮긴이)을 한 권 구했습니다. 안에 이상한 글이 하나 쓰여 있더군요. '진나라를 망하게 할 자는 호(胡. 진시황은 이 호를 흉노족이라고 에둘러 생각했으나 사실은 자신의 아들 호해胡亥임—옮긴이)다'라는 글이 그것입니다."

진시황은 전혀 예상치 못한 노생의 엉뚱한 말에 깜짝 놀랐습니다. 안색이 즉각 변했습니다. 하기야 노생이 선약을 구해오지도 못한 데에서 더 나아가 진나라가 망한다는 소식을 가지고 왔으니 그럴만도 했습니다. 선약은 나중에 구할 기회가 있다 해도 나라가 망하면 다시 되살리는 것이 불가능하지 않습니까? 선약은 더 이상 그의 큰 관심 사항이 아닐 수밖에요. 그는 과연 호가 누구를 의미하는지 머리를 한참이나 굴려 생각했습니다. 얼마 후 그는 호가 흉노족을 의미한다는 결론을 내렸습니다. 결론이 내려지자 대처도 빨라졌습니다. 즉각 대장 몽염을 대전으로 올라오게 해 두 가지 명령을 내렸습니다. 그가 이때 내린 명령은 두 가지였습니다. 30만 대군을 이끌고 출정해 북쪽의 흉노족을 공격하라는 것과 곧바로 만리장성의 건축에 착수하라는 것이었습니다.

그렇다면 진시황이 만리장성을 건축하기 시작한 것은 진짜 노생의 한 마디 말 때문이었을까요?

노생은 진시황이 가장 신임하는 방사였습니다. 진시황은 그가 자신의 최대 열망인 장생불사의 꿈을 이뤄줄 것으로 굳게 믿어 의심치 않았습니다. 자신을 신선으로 만들어줄 것이라고 기대했습니다. 더구나 이때 진시황은 이미 스스로를 황제로 칭하고 천하를 복속시켰습니다. 막강한 권위를 가지고 있었습니다. 그것도 무려 6년 동안 이런 무소불위의 권위를 누렸습니다. 그럼에도 천하의 사방, 팔방에 군림하는 권위를 자랑하는 그 역시 죽음은 어쩔 수 없는 것이었습니다. 자신이 개똥처럼 천하게 생각한 일반 백성들과 크게 다를 바가 없었습니다. 그에게도 최대로 보장된 수명은 고작 수십 년이었습니다. 당연히 불로장생을 염원할 수밖에요. 그런데 노생은 장생불사를 보장하는 선약은커녕 실망과 분노를 잔뜩 안겨주는 엉뚱한 소식만 가지고 돌아왔습니다. 진시황이 이걸 어떻게 참겠습니까? 오로지 참언을 미연에 산산조각 내는 외에는 다른 방법이 없었습니다. 순식간에 흉노족을 지구상에서 사라지게 해 가슴속 분노와 한을 풀고자 한 것은 그래서였습니다. 몽염에게 무려 30만 대군을 거느리고 출정하라고 명령한 것은 너무나 당연한 조치였습니다.

그러나 단순하게 노생의 말에 발끈해 몽염에게 30만 대군을 주고 죽어라 만리장성을 쌓으라는 명령을 내렸다고 보는 것은 너무 과도한 측면이 있습니다. 노생이 전해준 참언이 유일한 원인이라고 하기는 어렵다는 얘기입니다.

그렇다면 진시황이 온 나라의 국력을 다 기울여 만리장성 축성에 나선 데에는 다른 이유가 있었을까요? 있었습니다.

변방에서 발생할지 모를 화를 미연에 방지하겠다는 생각이 또 다른 이유였습니다. 당시 중원의 북쪽 변방에는 다양한 소수민족들, 이를테면 오랑캐들이 있었습니다. 이들은 군사력 역시 만만치 않았습니다. 대표적으로는 진시황이 아예 박멸하려고 한 북방의 유목민족인 흉노가 그랬습니다. 이들은 전국 시대 당시에는 연, 조, 진나라 이북 지역에서 살았습니다. 주로 부락을 위주로 연맹을 결성해 살면서 왕에 해당하는 우두머리를 선우라고 했습니다. 기원전 3세기 말에는 인근의 각 오랑캐들을 정복, 몽고고원을 통일하기도 했습니다. 자연스럽게 유목민족의 국가를 건국하게 됐습니다. 이 시기는 묘하게도 진시황의 시대와 맞아떨어졌습니다. 진시황이 천하 통일을 한 때가 흉노족 역시 막 세력을 확장할 때였습니다. 천방지축이라는 말이 어울릴 정도로 사방을 공격하면서 인근 민족이나 진나라의 백성들과 재물을 약탈했습니다. 진나라의 입장에서는 정말 골치 아픈 존재였습니다. 심적인 부담 역시 컸습니다.

그러나 이들은 만만치 않았습니다. 유목민족답게 모든 병사들이나 백성들이 어릴 때부터 말 타기나 활쏘기를 즐겨 하나같이 매우 용맹했습니다. 철기로 만든 재래식 무기를 쓰던 고대에는 말을 탈 줄 아는 기병을 보유한다는 것은 대단한 일이었습니다. 기본적으로 보병보다 훨씬 우세한 전투력을 발휘하는 게 가능했으니까요. 상황이 이랬으니 연, 조, 진나라의 북방에서 호시탐탐 침략을 노리던 이들의 존재는 정말 골치가 아플 수밖에 없었습니다. 결국 이들 세 나라는 흉노의 침략을 막기 위해 장성을 쌓기 시작했습니다. 장성을 가장 효과적인 군사 방어 수단으로 생각했던 셈입니다.

우리는 이들 나라 중에서 진나라의 상황을 대표적으로 살펴볼 필요가 있겠습니다. 당시 진나라에게는 흉노 외에 서융西戎도 골치 아픈 존재였습니다. 소양왕 때 그의 모후 선태후가 수십 년 동안 내연의 관계를 맺었던 정부 의거융왕義渠戎王을 살해한 것은 다 이유가 있었습니다. 이후 진나라는 서융을 크게 격파한 다음 흉노의 남하를 막기 위해 부랴부랴 장성을 쌓았습니다. 서융에 시달렸던 그동안의 교훈을 통해 하루 빨리 흉노를 견제해야겠다는 생각이 작용한 조치였습니다.

그러나 진나라는 중원의 통일을 위해 10년 세월을 보내는 동안 흉노족을 돌아볼 여유가 없었습니다. 국가가 생사존망에 몰린 연, 조나라만 정신이 없었던 것이 아니었습니다. 흉노는 이 기회를 놓치지 않았습니다. 10년 동안 빠른 남하를 거듭, 음산陰山과 하투河套 지역을 점령하는 전과를 올렸습니다. 흉노는 이제 대진 제국의 골수에까지 침투해 들어간 악성 바이러스가 되었습니다.

하지만 진시황에게는 육국을 휩쓸어버리고 통일을 달성한 막강한 군사력이 남아 있었습니다. 육국을 향했던 진나라 병사들의 창끝이 흉노족을 격파할 군사적 기초가 됐다는 애기가 되겠습니다. 이와 관련해서는《사기》의 〈진시황본기〉의 기록을 참고하면 좋을 듯합니다. 기록에 따르면 흉노족에게 공격을 개시한 것은 진시황 33년(기원전 214년)이었습니다. 이어 34년(기원전 213년)에는 대대적인 장성의 축성에 나섰습니다. 즉, 진시황이 엄청난 역사인 만리장성 축성 프로젝트 추진에 나선 것은 확실히 노생의 한 마디 말 때문만은 아니었습니다. 만리장성은 4년(기원전 213년~기원전 210년) 동안에 걸친 노력의 결과 그 모습을 드러냈습니다.

사실 몽염이 고작 4년 동안의 기간에 1만 리에 이르는 장성을 쌓은 것은 거의 기적에 가까웠다고 해도 과언이 아닙니다. 그러면 그는 어떻게 이처럼 짧은 시간에 엄청난 프로젝트를 성공으로 이끌었을까요? 그가 도깨비 방망이라도 휘두른 걸까요. 진나라를 포함해 조, 연나라 등이 남긴 장성을 충분히 활용했기 때문에 가능했습니다. 이것들을 보수하거나 연결해 쌓았다는 얘기입니다. 이를테면 서쪽 구간은 전국 시대 진나라 소양왕이 쌓은 장성을 십분 활용했습니다. 중간 구간과 동쪽 구간은 조나라와 연나라의 장성이 주로 이용됐습니다. 이렇게 해서 지금의 간쑤성 민岷현 일대인 임조臨洮에서 시작해 하란산賀蘭山, 음산陰山을 따라 요동에 이르는 1만 리의 장성은 기본적으로 완성됐습니다. 이건 《사기》의 〈몽염열전〉에 나오는 내용입니다. 진나라를 포함해 조, 연나라의 장성이 기본적으로 존재하지 않았다면 가능하지 못했을 프로젝트라고 하겠습니다.

이상의 사실들로 미뤄보면 만리장성이 진시황 때문에 후세에 이름이 널리 알려지게 된 것은 두말이 필요 없는 진실이라고 해야 합니다. 더불어 그가 장성을 쌓은 유일한 사람이 아니라는 사실 역시 분명해집니다. 실제로 장성은 전국 시대 훨씬 이전인 춘추 시대부터 모습을 나타냈습니다. 예컨대 초나라의 경우 방성方城을 쌓은 것으로 각종 사서에 기록돼 있습니다. 그것도 그 어느 왕조보다 이른 시기에 쌓았습니다. 뒤이은 전국 시대에 이르러서는 거의 대부분 제후국들에 의해 건설됩니다. 제, 연, 조,

위, 진秦나라 등이 방어 시스템 용도나 국경선 획정 용도로 서로 경쟁적으로 쌓았습니다. 통일 제국 진나라가 나중 자국의 장성 외에 적극적으로 활용한 다른 육국의 장성은 연과 조나라의 것이기는 했지만 말입니다.

만리장성은 진나라를 계승한 한나라에서부터 명나라에 이르기까지의 역대 왕조들 역시 계속 보수하고 증축하는 등 신경을 많이 기울였습니다. 우리가 지금 보고 있는 장성은 대체로 명나라 때 보수, 증축된 것이라고 보면 됩니다.

이처럼 춘추전국 시대와 이후 각 왕조들이 건설한 장성들의 길이를 합할 경우 아마도 10만 리를 넘어서지 않을까 여겨집니다. 가히 "고대 이후 2000여 년 동안 종횡 10만 리에 이르는 성을 쌓았다"라는 말도 할 수 있겠습니다. 그만큼 이 장성은 기적이라는 말이 어울리는 위대한 프로젝트였습니다. 중요한 사실은 이처럼 일렬로 우뚝 솟은 채로 면연이 이어지는 이 긴 성벽을 단순히 효율적인 군사 방어 시스템이었다고만 말할 수 없다는 점입니다. 건설에 들어간 인력과 물력이 엄청났다는 말도 이제는 해야 한다는 말입니다.

역사적인 공헌은 종종 역사에 길이 남을 죄악과 일란성 쌍둥이라고 해도 틀리지 않습니다. 만리장성만 봐도 그렇습니다. 중국의 발전에 엄청난 기여를 했다고 해서 진시황의 만리장성 건설에 대한 절대적 당위성을 증명한다고 말하기는 어렵습니다. 구구하게 이유를 설명할 필요도 없습니다. 통일 전쟁을 끝낸 지 얼마 되지도 않은 시점에서 백성들을 동원해 이처럼 거대한 공사를 진행했다는 사실 하나만으로도 그렇습니다. 정말 전쟁의 참화를 10년 동안이나 겪은 백성들에게 너무나 많은 부담을 줬습니다. 엄청난 경제적인 부담은 차치할 수도 있습니다. 장성의 건설에 동원된 수많은 백성들이 공사 현장을 무덤으로 삼게 됐다면 얘기는 어떻게 되겠습니까? 진짜 그랬습니다. 당시 진나라 법은 너무나 가혹해 공사에 동원된 인부들이 조금만 실수를 해도 가차 없이 목숨을 빼앗았습니다. 이때의 만리장성 건설은 백성들의 목숨을 빼앗은 이른바 생명 박탈 프로젝트라고 불러도 크게 무리가 없습니다. 기록을 보면 더욱 처절했던 당시의 상황을 목도하는 게 가능합니다. 바로 5세기경 활약한 북위北魏의 지리학자 역도원酈道元이 지은 《수경주水經注》의 〈하수河水〉 권3의 기록입니다.

양천(楊泉. 서진西晉 시대의 유명한 철학자)의 저서 《물리론物理論》은 "진시황이 몽염에게 장성을 쌓도록 명령했다. 이로 인해 사망자가 속출했다. 이 때문에 민간에서는 '앞으로는 아들을 낳으면 절대로 키우지 말아야 하나, 딸을 낳게 되면 고기 등의 산해진미를 먹여 키워라! 그대는 장성의 아래에 산더미처럼 쌓여 죽어 있는 사람들이 서로 어우러져 한 더미를 이루는 것을 모르는가?'라는 노래가 나왔다"라고 말하고 있다.

원래 중국인들은 전통적으로 남자를 중시하고 여자는 하찮게 생각했습니다. 그러나 이 기록이 보여주는 바는 다릅니다. 여자를 중시하고 남자를 홀대하는 내용입니다. 왜 이런 노래가 나왔을까요? 장성의 축성에 동원된 인부들이 거의 대부분 남자였다는 사실을 감안하면 답이 나옵니다. 장성을 쌓으러 가야 하는 남자를 낳을 바에야 키우지 않는 게 낫다고 생각한 것입니다. 얼마나 당시 백성들의 마음이 절절했으면 이랬겠습니까? 이제는 이들의 심정을 충분히 이해할 수 있지 않을까요? 만리장성은 역사에 길이 남을 위대한 유산이었으나 당사자들에게는 이루 말할 수 없는 부담이었던 것입니다.

백성들의 백골로 쌓은 만리장성과 진나라 통곡에 무너지다

사료의 기록에 의하면 장성은 거의 100만 명에 이르는 노동력을 동원해 쌓았다고 합니다. 무려 당시 전 인구의 20분의 1에 가까운 백성을 징발했으니, 백성들에게 엄청난 부담을 줬습니다. 더구나 당시에는 노동 강도를 덜어줄 어떠한 기계나 장비도 없었습니다. 작업 환경은 더욱 열악했습니다. 높은 산과 험한 골짜기, 깊은 계곡이 거의 다반사였습니다. 그 작업의 고통이 어떠했는지 충분히 상상하는 게 가능합니다. 하기야 오죽했으면 만리장성을 쌓은 것 자체가 진시황이 백성을 유린한 움직이기 어려운 증거라는 말을 하겠습니까? 이런 사실을 웅변해주는 항간의 장삼이사들이 모두 아는 민간의 전설도 있습니다. "맹강녀가 장성에서 통곡했다"라는 고사입니다. 당시 백성들의 비참한 환경이 어느 정도였는지를 여실히 보여주는 고사입니다. 이 고사는 진나라 제국의 폭정에 대한 통한과 정권을 뒤엎어야 한다는 백성들의 강렬한 열망 역시 잘 보여주고 있습니다. 그러면 당시 백성들이 진시황을 폭정의 우두머리로 꼽았다는 사실을 보여주는 움직이지 못할 명확한 증거인 "맹강녀가 장성에서 통곡했다"라는 이 고사는 어떻게 민간에 끊임없이 전승돼 왔을까요?

이 사실을 알아보기 전에 우선 이 고사가 어느 정도로 대단한지에 대해 알아봐야 하겠습니다. 우선 이 고사는 모르는 사람을 손으로 꼽아야 할 정도입니다. 영향력 역시 대단합니다. 요즘에도 국가 차원의 무형 문화유산으로 꼽히고 있습니다. '견우와 직녀', '백사전白蛇傳', '양축(梁祝. 양산백梁山伯과 축영대祝英臺의 사랑 이야기―옮긴이)' 등과 어깨를 나란히 하는 중국의 4대 전설이라고 하면 어느 정도인지 알만 하지 않습니까? 전해져 내려오는 기간 역시 장구하다는 말이 어울립니다.

이 고사의 원형은 《좌전》의 〈양공襄公 23년〉의 기록에서 찾을 수 있습니다. 기원전 550년 제나라의 대부인 기량(杞梁. 기식杞殖이라고도 함)이 전쟁에 출전해 전사했습니다. 전쟁이 끝난 다음 제의 장공莊公은 귀국 도중에 우연히 기량의 부인을 만나게 됩니다. 그는 미안한 마음에 그녀에게 조의를 표하고자 했습니다. 하지만 그녀는 야외에서 조의를 표하는 것은 예의에 어긋난다며 그의 성의를 에둘러 거절했습니다. 그로서는 기량의 집에 들어가서 정식으로 조의를 표하는 수밖에 없었습니다. 이 고사에서 기량의 부인은 그저 예의범절을 지킨 모델일 뿐이었습니다. 무슨 특별한 일은 없었습니다.

200년 후의 《예기禮記》의 〈단궁檀弓〉편에도 이 내용은 나옵니다. 이때에는 내용이 많이 다릅니다. 증자曾子가 기량의 부인이 "길에서 남편의 관을 맞이해 슬피 울었다"라고 말하면서 그녀의 행실을 찬양하는 내용입니다. 그녀가 남편의 죽음에 얼마나 슬퍼했는지를 보여준다고 하겠습니다.

맹강녀의 고사가 민간의 전설로 출현한 것은 아마도 서한 후기가 아닌가 보입니다. "남편 기량의 죽음을 슬퍼해 울다 장성을 무너뜨렸다"라거나 "남편을 따라 죽었다"라는 새로운 내용으로 등장하게 됩니다.

이런 변화는 다름 아닌 유향劉向의 붓 끝에서 나왔습니다. 그는 서한말의 대학자였습니다. 그러나 그는 혜제惠帝 시절 엉뚱한 명령을 수행해야 했습니다. 당시 혜제는 민간으로부터 책들을 널리 수집했습니다. 일부는 기증을 받기도 했습니다. 이러다 보니 책이 황궁에 산더미처럼 쌓이게 됐습니다. 누군가가 정리를 하지 않으면 안 됐습니다. 유향은 혜제로부터 바로 이 임무를 부여받았습니다. 하지만 그는 대학자답게 단순하게 책을 정리만 하지 않았습니다. 이 기회를 이용해《설원說苑》과 《열녀전烈女傳》을 편찬한 것입니다. 바로 이 두 책에 기량 부인의 고사가 고스란히 실렸습니다.

우선 《설원》의 〈입절立節〉편을 보겠습니다. 기존에 전승돼 내려오는 기량 부인의 고사를 다루면서 "남편의 죽음을 슬퍼해 울다 장성을 무너뜨렸다"라는 새로운 내용을 추가했습니다.

《열녀전》의 〈제기량처齊杞梁妻〉편 역시 마찬가지입니다. "남편을 따라 죽었다"라는 내용이 첨가됐습니다.

《열녀전》은 원래 열녀에 대한 선양을 목적으로 지은 책입니다. 당연히 기량의 부인이 남편에게 보인 충절을 기리고 있습니다. 이건 이해하기에 어렵지 않습니다.

하지만 한나라를 거치면서 이 고사는 묘하게 변질돼 갔습니다. 맹강녀 고사의 기본 프레임을 애정 위주로 바꿔버린 것입니다. 이 진일보의 변화는 당나라 때 이르러 발생했습니다.

이 변화 중 하나는 기량 부인의 고사와 진시황이 쌓은 만리장성을 연계시키는 것이었습니다. 예컨대 기량이 장성 축성 노역에 동원되지 않으려고 맹강녀의 집으로 도망을 간다는 내용 등이 그렇습니다.

두 번째의 변화는 수많은 새로운 내용이 나타났다는 사실입니다. 기량이 공사 현장에서 맞아죽고 시체가 축성 중인 장성에 묻혔다는 내용이 대표적입니다.

세 번째의 변화는 통속 문화의 새로운 형식, 이를테면 연극, 민요 등의 다양한 장르로 이 내용이 발전했다는 것입니다. 그것도 수백여 종이나 됩니다. 그야말로 엄청납니다.

이 통속 작품들 중에서 가장 공헌을 많이 한 것은 단연코 돈황곡자사(敦煌曲子詞. 돈황에서 발견된 중국 고대 민간의 가사를 의미함-옮긴이)가 되겠습니다. 지금까지 남아 있는 작품에 맹강녀의 이름이 분명히 나옵니다. '맹강녀, 즉 기량의 부인이 연산燕山으로 떠나 돌아오지 않았다'라는 내용입니다. 게다가 이 작품은 맹강녀와 기량의 부인을 동일시했습니다. 더불어 남편 기량을 위한 방한복을 가져다주기 위해 장성 축성 현장으로 떠났다는 새로운 내용까지 추가했습니다. 돈황곡자사의 발견이 대단히 중요한 것은 바로 이 부분에 있습니다. '맹강녀'라는 이름이 최소한 당나라 때에는 이미 출현했다는 사실을 우리에게 처음으로 말해주니까 말입니다.

맹강녀의 고사는 전설일 뿐입니다. 그럼에도 이를 역사 문헌으로 보려고 한다면 문제가 많이 발생합니다. 이중 가장 중요한 문제는 두 가지가 됩니다.

하나는 사서에 기록이 없다는 사실이 되겠습니다. 사서의 경우는 오로지 《좌전》의 기록 외에는 없습니다. 그것도 장성에서 통곡한 고사와는 엄청난 차이가 납니다.

다음은 사람의 울음에 의해 장성이 허물어질 까닭이 없다는 사실에서 찾을 수 있습니다. 한나라 사람인 왕충王充은 자신의 저서인 《논형論衡》의 〈감허感虛〉편에서 이 사실에 대한 근본적인 의문을 던집니다. 내용은 초등학생도 이해할 만큼 유치합니다.

"장성을 향해 울었다는 것은 사실이다. 그러나 장성이 허물어졌다는 것은 말도 안 된다. 무릇 풀이나 나무, 물과 불은 흙과 다를 바가 없다. 그러므로 기량의 부인은 성을 무너뜨릴 수 없었다. 이것이 분명한 진실이다."

그러나 민간에 널리 퍼진 고사들은 대단한 생명력을 가지고 있습니다. 진시황이 만리장성을 쌓은 것과는 아무런 관련이 없는 역사가 점점 발전하더니 그의 폭정을 말해주는 것이라는 식으로 엉뚱하게 변질된 것입니다.

도대체 왜 이렇게 된 것일까요?

민간의 고사는 기본적으로 민간 여론의 산물입니다. 또 민간 여론은 관방官方의 여론이나 학술 평가와도 완전히 다릅니다. 따라서 맹강녀의 고사가 이처럼 강인한 생명력을 갖게 된 것은 이런 기본적인 민간 여론을 반영한다고 하겠습니다. 그것도 세 가지나 반영한다고 해야 합니다.

하나는 진시황이 폭군이라는 여론입니다. 두 번째는 만리장성을 건축한 것이 진시황의 폭정 중 하나라는 것입니다. 마지막은 백성들의 폭정에 대한 강력하고도 소리 없는 항의의 여론을 반영합니다.

유구한 중국의 봉건 사회에서 보통 백성들은 발언권이 전혀 없었습니다. 언론의 자유 역시 없었습니다. 더욱 불행했던 것은 이들 통치자를 직접 공격할 조건이나 능력이 없었다는 사실이 되겠습니다. 따라서 민간의 고사는 이들의 마음을 완곡하게 표현하는 수단이 될 수밖에 없었습니다. 바로 이런 이유로 인해 민간의 각종 장르는 이 맹강녀 전설이라는 소재의 한 부분을 택해 고사를 만들었던 것입니다. 중국의 봉건 사회에는 각양각색의 폭정이 존재했습니다. 백성들은 당연히 황제를 우두머리로 하는 이런 봉건 폭정에 어떻게 할 방법이 없었습니다. 그렇다면 맹강녀 고사는 이들에게는 자신의 입장을 호소하는 일종의 무대를 마련해주지 않았을까요? 이 고사가 더욱 널리 퍼져나가고 내용이 풍부해진 게 당연하다는 결론은 어렵지 않게 내려질 수 있습니다. 또 이 경우 진시황은 역사상의 진시황과는 아무 관계도 없는 사람으로 그려질 수밖에 없었을 것 같습니다.

진시황은 일종의 문화 코드였습니다. 역사적인 폭군의 통칭이었습니다. 이 점에 있어서는 장성의 축성 역시 마찬가지가 아닌가 싶습니다. 역사적으로 이뤄진 모든 폭정의 종합판이었다고 해도 과언이 아닙니다. 맹강녀라고 다르지 않습니다. 무수한 백성들의 폭정에 대한 저항 심리를 나타낸 것이었습니다.

아직도 건재한 만리장성, 공과와 시비도 제각각

맹강녀가 통곡한 만리장성은 제후국 진나라가 쌓은 장성이 아니었습니다. 진나라에서 한참이나 떨어진 제나라의 장성 건축 현장이었습니다. 사실상 맹강녀의 고사는 진시황과는 직접적인 관계가 없었습니다. 뭐 아무래도 좋습니다. 역대의 봉건 왕조들이 백성들에게 가한 과중한 부담에 대한 백성들의 분노와 항의를 반영하는 이런 민간 전설을 굳이 외면해도 크게 문제는 없습니다. 경천동지할 일은 생기지 않습니다. 그러면 역사적으로 만리장성을 어떻게 봐야 할까요?

우선적으로 만리장성 건축과 흉노족에 대한 공격이 육국을 겸병한 다음 더욱 완벽한 통일을 이룩하기 위해서는 반드시 필요한 진일보적인 조치였다는 관점에서 봐야 합니다.

진시황이 무려 30만 병력을 동원해 흉노족 정벌에 나선 것은 결코 단발성의 사건이 아니었습니다. 이는 북방의 흉노족을 공격하기 위해 병력을 동원하기 전인 진시황 30년(기원전 217년)에 대규모로 백월百越에 대한 공격에 나섰다는 사실이 무엇보다 잘 말해줍니다. 백월은 지금의 저장浙江, 푸젠福建, 광둥廣東, 광시廣西 등에 널리 퍼져 살던 소수민족으로 이때 이들의 정벌을 위해 동원된 병력은 무려 50만 명이었습니다.

백월 공격은 통일 전쟁의 연속선상에서 이뤄졌습니다. 이 사실은 분명한 점 하나를 말해줍니다. 초나라를 멸망시킨 것이 진나라의 세력이 전국에 미쳤다는 사실을 의미하지는 않는다는 점을 말입니다. 다시 말해 지금의 저장 등이 아직 진시황의 수중에 들어오지 않았다는 사실을 말해준다고도 할 수 있습니다. 그러나 진시황의 야심은 진정한 천하의 통일에 있었습니다. 육국만이 아니라 전체 중국을 자신의 손아래에 두고 싶어 했던 것입니다. 그는 더불어 제국의 영토 최남단이 바닷가에까지 이르러야 한다고 생각했습니다. 바다를 끼고 있는 백월 지역이 진시황이 호시탐탐 노렸던 육국 다음의 먹잇감이 됐던 것은 이로 보면 하나 이상할 것이 없었습니다.

진시황은 이때 50만 명을 동원한 남방 원정이 순조롭게 진행되도록 보급에 특히 신경을 많이 썼습니다. 지금의 광시 싱안興安현에 운하인 영거靈渠를 건설한 것은 이 생각과 밀접한 관계가 있었습니다. 이 운하는 효과가 있었습니다. 상강湘江의 물을 이강漓江에 끌어들여 장강長江과 주강珠江의 양대 수계水系를 이을 수 있었습니다. 남방 원정군의 군량미를 수로로 운송하는 길이 확실하게 보장된 것입니다.

그럼에도 백월을 평정하는 전쟁은 일사천리는 아니었습니다. 무엇보다 백월의 저항이 완강했습니다. 전쟁은 무려 4년이나 끌어서야 비로소 끝이 났습니다. 백월 지역을 드디어 완전히 장악하게 됐습니다.

이로 볼 때 진시황이 장성을 건설한 것 역시 단발성의 고립적인 사건은 아니었습니다. 완벽하게 전국을 통일하는 전쟁의 일환이었습니다. 진 제국을 더욱 공고히 하기 위한 결정적인 거보였다고 해야 합니다.

진시황은 만리장성을 쌓는 와중에도 이른바 직도直道를 건설하는 역사 역시 잊지 않았습니다. 직도란 지금의 초고속도로와 비슷하다고 보면 됩니다. 진나라 때의 직도는 우선 교통에 절실히 필요한 도로였습니다. 감천궁(甘泉宮. 지금의 산시陝西성 춘화淳化현 소재)에서 시작해 북쪽으로 향하는 도로였습니다. 중간에 내몽고 중부의 오르도스鄂爾多斯 초원을 경유해 최종적으로는 구원군九原郡의 치소(治所. 각급 행정구역의 수도. 구원군의 치소는 지금 네이멍구內蒙古의 바오터우包頭-옮긴이)까지 이르렀습니다. 직도는 이외에 군사적 목적으로도 사용 가능하다는 장점이 있었습니다.

관점을 알아봤으므로 이번에는 만리장성 건축에 대한 구체적인 분석을 행해봐야 하겠습니다. 진시황을 한마디로 말하면 각종 건설 프로젝트 추진에 거의 미쳐버린 황제라고 해도 좋습니다. 속된 말로 삽질 황제였습니다. 이 별명이 어색하지 않게 그는 진짜 중국을 통일한 다음 각종 프로젝트의 추진에 나섰습니다. 이를테면 황릉皇陵, 궁전, 장성, 직도, 치도(馳道. 전국 통일 규격의 고속화도로. 바퀴의 규격을 통일한 수레 등이 다닐 수 있었음-옮긴이) 등의 건설이 이에 속했습니다. 병이 들어 세상을 떠날 때까지 단 1년이라도 쉰 적이 거의 없었습니다. 당시의 진나라가 거대한 공사 현장이었다는 얘기는 그래서 크게 틀린 말은 아닙니다.

당연히 위에서 열거한 공사들을 완전히 한 묶음으로 봐서는 안 됩니다. 이유를 설명해보겠습니다. 황릉, 궁전의 건축은 엄청난 인력과 물력, 재력이 투입됐던 프로젝트였습니다. 게다가 백성을 무척이나 괴롭게 만들었습니다. 백성들의 안녕이나 국가적인 인프라 구축이라는 명분과도 관계가 멀었습니다. 오로지 자신의 생전과 사후의 부귀영화만을 노린 욕망의 결과물이었습니다. 그러나 장성과 직도, 치도는 달랐습니다. 백성들의 고생과 엄청난 재정의 부담이 없지는 않았으나 진 제국의 통치를 공고히 하기 위한 중요한 조치라는 명분이 있었습니다. 게다가 후대에 국가적인 유산으로 남겨졌습니다.

그렇다면 직도와 치도는 언제 또는 어디에 만들어졌을까요? 직도는 진시황 35년(기원전 212년)에 건설이 시작돼 37년(기원전 210년)에 완공됐습니다. 남북을 잇는 양 끝이 직선이었다고 해서 직도라는 이름으로 불렸습니다.

치도는 진나라의 도성인 함양을 중심으로 사통팔달 이어지는 거대한 교통 네트워크였습니다. 주요 도로로는 낙양으로 통하는 동방대도東方大道, 남양으로 통하는 무관도武關道, 태원, 하동군河東郡으로 통하는 임진도臨晋道 등이 있었습니다. 또 한중과 촉군蜀郡으로 이어지는 진촉잔도秦蜀棧道, 농서군隴西郡으로 통하는 서방대도西方大道 등도 주요 도로로 부족함이 없었습니다. 치도는 직도처럼 군사적인 목적으로 사용되기도 했습니다. 진시황이 군대를 동원할 때 편리하도록 만들었다는 얘기입니다. 당연히 치도의 존재는 각 지역 물자 등의 상호 교류에도 유리했습니다.

마지막으로 장성이 어떤 문화 코드를 가지고 있는지에 대해 알아봐야 하겠습니다. 진시황은 정권을 한 손에 거머쥔 강력한 전제 군주, 삽질 군주이기도 했으나 중국 역사상에서 유명한 문제 황제이기도 했습니다. 2000년 전에 건설한 만리장성으로 인해 21세기 사람들에게도 떠들썩한 난상토론을 자주 촉발시키고 있으니까요. 실제로 부정적인 시각을 가진 일부 학자들은 장성이 문을 꽁꽁 걸어 잠근 중국 봉건 사회를 상징하는 괴물이라고 주장합니다. 이런 주장을 불러온 직접적인 원인은 복잡하지 않습니다. 중국 근대 사회의 낙후했던 국면이 근대 중국의 수많은 학자들의 갖가지 사고를 촉발시켰기 때문이 아닌가 합니다. 바로 이 때문에 장성은 문을 걸어 잠그고 쇄국으로 나아갔던 정책의 속죄양이 될 수밖에 없었습니다. 그러나 이 주장은 대단히 공평타당하지 못한 것입니다.

중국 근대가 낙후한 원인을 탐구하는 것은 대단히 중요한 과제입니다. 단 한마디로 개괄할 수 없습니다. 단 한 번의 강의로 다 하지도 못합니다. 한 학문으로만 완전히 시원하게 결론을 내리기도 어렵습니다. 그건 여러 학문을 넘나드는 상호 교차되는 과제입니다. 장성은 중국 근대의 낙후를 가져온 원인이 절대로 아닙니다. 장성을 중국 근대의 낙후를 상징하는 괴물로 봐서는 더더군다나 안 됩니다. 중국 근대의 낙후는 여러 방면의 복잡한 원인이 어우러져 이뤄진 것입니다. 어찌 2000여 년 전에 건축된 장성에 그 책임을 지워야 하겠습니까?

더구나 장성을 처음 쌓은 주역은 진시황이 아니었습니다. 전국 시기 북방의 흉노족과 운명적으로 접촉을 해야 했던 진, 조, 연나라 등의 국군들도 모두 쌓았습니다. 또 장성은 딱 하나가 아니었습니다. 진시황이 한 일은 이들을 그저 하나로 연결한 것뿐입니다. 이 정도에서 그치지 않습니다. 진나라 이후에도 원나라를 제외하고는 모든 왕조의 황제들은 장성에 관심을 기울였습니다. 이들이 한족의 황제이든 소수민족의 황제이든 그것은 관계가 없었습니다. 크고 작은 보수 공사는 다 했다고 해도 좋습니다. 따라서 진시황에게 장성과 관련한 부정적인 결과에 대한 책임을 다 지게 하는 것은 바람직한 자세라고 하기 어렵겠습니다.

　진시황은 천하를 통일한 다음 대규모의 완벽한 통일 전쟁을 다시 한 차례 더 진행했습니다. 그러나 통일을 공고히 하려는 그의 여러 조치들은 모두 다 전체 대신들의 전폭적인 이해를 얻지는 못했습니다. 심지어 일부 조치들은 대신들의 반발을 샀습니다. 모순이 발생했다는 얘기가 되겠습니다. 특히 방사들과 모순을 야기했습니다. 이 모순들은 이후 끊임없이 격화돼 마지막에는 역사를 뒤흔드는 대 사건으로 이어졌습니다.

28강
불로장생을 향한 꿈과 현실

진시황은 천하를 통일한 다음 모든 것을 장악했습니다. 과거 왕조 시대의 모든 것을 역사의 뒤안길로 날려버렸습니다. 그러나 그렇다고 그에게 고민이 없었던 것은 아니었습니다. 그것은 무엇이었을까요? 죽어야 한다는 현실이었습니다. 그는 이때 이미 인간이 누릴 만한 것은 다 누리고 있었습니다. 자신의 수중에서 좌지우지되는 광대무변한 천하를 우선 지겹도록 돌아다녀봤습니다. 또 무수히 많은 화려한 옷과 맛있는 음식도 입고 먹어봤습니다. 지고무상의 권위는 말할 것도 없었습니다. 당연히 인간으로서 누릴 수 있는 이 모든 것이 영원하기를 바라 마지않았습니다. 그러나 인간은 생로병사를 겪어야 하는 존재입니다. 이것은 피하지 못할 운명입니다. 진시황 역시 예외가 될 수 없었습니다. 자신의 엄청난 성공을 비롯해 더는 높아지기 어려운 권위를 뒤로한 채 흙으로 돌아가야 했습니다. 하지만 그는 그러기가 정말 싫었습니다. 불로장생하고 싶었습니다. 신선이 되고자 했습니다. 자신만은 생사 문제에서 천지개벽의 기적을 낳아야 한다고 생각한 것입니다. 그래서 아마도 어마어마한 연극의 막을 올리게 됐을 겁니다. 그러면 이건 도대체 어떤 시끄러운 연극이었을까요? 이 연극의 주연은 누구였을까요? 이 연극의 서막은 어떻게 올랐을까요?

선약을 구하러 방사들을 보내다

진시황 28년(기원전 219년)은 천하 통일이 이뤄진 지 딱 2년이 되는 해였습니다. 이해에 진시황은 2차 순유에 나섰습니다. 목적지 중 한 곳은 봉선 의식을 행할 과거 제나라 땅인 태산이었습니다. 그는 이 제나라 땅에서 자신의 후반기 생애에 상당히 중요한 영향을 미칠 한 사람을 우연히 만났습니다. 이 사람은 다름 아닌 서복徐福이었습니다. 그는 진시황을 만난 이후 줄기차게 도교의 중심 사상인 불로장생의 사상을 불어넣었습니다. 게다가 신선을 만나고 선약을 구하기 위해 사방을 돌아다녔습니다. 진시황은 서복을 만난 이후 새로운 세상을 만난 것 같은 느낌을 받았습니다. 불로장생의 꿈 역시 그의 가슴을 마구 뛰게 만들었습니다. 흥분한 그는 계속해서 바다로 나아가 불로장생의 선약을 구해오도록 서복에게 경비를 제공했습니다. 이것이 바로 저 유명한 서복의 동도(東渡. 선약을 구하기 위해 동쪽 바다로 나아간다는 의미-옮긴이)의 스토리입니다. 서복에게는 항해가라는 미명을 선사한 황당한 짓이었습니다. 하지만 서복은 진시황의 불로장생 열망을 실현시키지 못했습니다. 계속해서 진시황을 속이기에 급급했습니다.

마지막에 이 떠들썩한 대소동은 진시황이 특별한 고질병 없이 병사하는 비극으로 끝났습니다. 그러면 서복은 왜 황당한 사기극을 당당히 펼쳤을까요? 진시황에게 왜 사기를 쳤을까요? 또 진시황이 추구한 불로장생의 길에는 도대체 어떤 이야기의 연극이 상연됐을까요?

　의문을 확실하게 풀기 위해서는 이 서복이라는 사람에 대해 우선 살펴봐야 하겠습니다. 그는 진시황의 만년 정치에 엄청난 영향을 미친 제나라의 방사였습니다. 이른바 방사는 신선의 방술을 이해하는 사람이었습니다. 어떻게 하면 장생하는지를 아는 것으로 알려지고 있습니다. 서복은 《사기》의 〈진시황본기〉와 〈회남형산열전淮南衡山列傳〉에 서불徐市과 서복이라는 이름으로 각각 나옵니다. 불이 복인 셈입니다.

　그렇다면 일개 방사인 그가 어떻게 진시황에게 그토록 엄청난 영향을 미칠 수 있었을까요? 말년의 진시황이 대단히 절박하게 불로장생에 매달렸기 때문입니다. 당연히 서복의 입에서 나오는 신선 운운하는 말들이 매혹적일 수밖에요. 그는 바로 새로운 신선 사상에 확 빠져 들어가고 말았습니다.

　신선 사상은 무엇일까요? 방사들의 말을 들어보면 간단하게 이해가 됩니다. "천지간에는 영원히 죽지 않는 신선이 존재할 수 있다. 보통 사람도 만약 선약을 먹으면 신선이 되는 것이 가능하다. 이 경우 불로장생한다."

　더구나 이 사상은 진시황으로서는 이전에는 들어보지 못한 완전히 참신한 사상이었습니다. 원래 신선 사상은 전국 시대에 유행했습니다. 특히 지금의 산둥성 연해인 제나라에서 크게 유행했습니다.

　진시황은 통일을 이룩한 다음 인간이 누릴 법한 모든 부귀영화를 다 누렸습니다. 그야말로 지존무상이었습니다. 그러나 그로서는 유감이게도 죽음만은 피하지 못할 운명이었습니다. 천하를 통일한 무소불위의 황제에게도 죽음이라는 그림자는 머리 위를 겨누는 예리한 검이었던 것입니다. 그래서 봉선을 행한 태산에서 제나라의 신선 문화를 알게 됐을 때 그는 눈이 갑자기 환하게 밝아지는 것 같은 기분을 느꼈습니다. 자신이 그렇게도 바라던 불로장생의 희망이 현실로 나타날 가능성이 있었으니까요.

완전히 신선 사상에 빠진 진시황은 신속하게 행동에 나섰습니다. 신선이 되기 위한 노력을 본격적으로 기울이기 시작한 것입니다.

우선 그는 바다에서 신선을 만나 선약을 구하겠다는 서복의 요구를 즉각 들어줬습니다. 전후 전개 상황을 다시 한 번 자세하게 알아봐야 하겠습니다.

때는 진시황 28년(기원전 219년)이었습니다. 서복은 진시황에게 "발해 바다 위의 삼신산에는 선인들이 거주하고 있습니다. 만약 목욕재계를 하고 동남동녀童男童女를 보낸다면 선약을 구해올 수 있습니다"라고 작심하고 말했습니다. 진시황은 즉각 그의 말을 들었습니다. "서복에게 동남동녀 수천 명을 주고 바다로 가서 신선을 만나 선약을 구하도록 했다"라는 기록은 이렇게 해서 생겨났습니다.

서복이 떠난 다음 진시황은 또다시 잇달아 노생과 한종韓終, 후생侯生, 석생石生 등의 방사들을 만났습니다. 말할 것도 없이 이들에게도 무한한 신임을 보냈습니다. 서복의 다음 타자들이라고 해야 하겠습니다. 물론 진시황은 서복을 철석같이 믿고 있었으므로 이때만 해도 이들을 바다로 파견하려는 생각은 크게 갖지 않았습니다.

그러나 서복은 떠난 이후 감감 무소식이었습니다. 다시는 돌아오지 않을 분위기였습니다. 애가 탄 진시황은 다시 자신이 두 번째로 신임하던 연나라 사람 노생을 갈석산碣石山으로 보냈습니다. 흉노족에 대한 공격을 감행하고 만리장성을 쌓도록 진시황을 부추긴 그 노생이었습니다. 물론 그의 말이 전적으로 진시황의 머리를 확 돌게 만든 것은 아니었지만 말입니다. 진시황 32년(기원전 215년)의 일이었습니다. 진시황은 이 정도에서 그치지 않았습니다. 내친김에 한종과 후생, 석생에게도 모두 선약을 찾아오라는 임무를 부여해 전국 곳곳으로 파견했습니다. 이들 역시 서복과 노생처럼 진나라 정부의 재정 보조를 확실하게 받았습니다.

이상의 사실에서 보듯 노생이 진시황의 신임을 받고 있을 때 일단의 방사들이 있었습니다. 이들의 목적은 분명했습니다. 진시황의 호주머니를 털겠다는 것이었습니다. 더구나 이들은 서복이 진시황의 호주머니를 마치 제 것인 양 털어 한몫 단단히 챙긴 다음 바다로 나아가는 것을 분명히 목도했습니다. 자신도 서복처럼 일거에 횡재를 할 수 있다는 생각을 당연히 했습니다. 한마디로 진시황이라는 주식 시장에서 한몫 단단히 챙기자는 결심을 한 것입니다. 이들은 당연히 서복의 전철을 밟아서는 안 된다는 사실도 알았습니다. 각각 특색 있는 신선 학설들을 마련해 진시황의 호주머니를 공격했던 것은 바로 이 때문이었다고 하겠습니다.

진시황은 이때 찾아드는 방사들은 말리지 않았습니다. 노생이 찾아왔을 때도 의심하지 않고 깊은 신뢰를 보여줬습니다. 신선 사상에 완전히 경도됐다는 사실을 말해주는 증거가 아닌가 싶습니다. 이런 단정을 증명해주는 사실은 적지 않습니다. 구구하게 거론할 필요 없이 단 하나만 말해봅시다. 진시황이 이때부터 스스로를 진인眞人으로 불렀다는 사실이 그렇습니다.

진시황은 자신만이 최고라는 독단적인 생각이 농후한 사람이었습니다. 통일 이후 자신에 대한 호칭인 '짐'을 황제만 써야 한다고 명령을 내린 일이 무엇보다 이런 그의 성격의 일단을 잘 보여주지 않나 싶습니다. 하지만 진시황 35년(기원전 212년)에 갑자기 상황이 바뀌게 됩니다. 그가 "나는 진인을 흠모한다. 앞으로는 나를 진인이라고 하겠다. 짐을 칭하지 않겠다. 앞으로는 이렇게 부르도록 하라"는 명령을 내린 것입니다. 짐을 칭한 이후부터 진인으로 호칭을 변경할 때까지의 기간은 정확하게 9년이었습니다. 이 정도면 호칭이 입에 익을 만도 했습니다. 그러나 그는 과감하게 바꿨습니다. 이건 또 왜 그랬을까요?

노생이 모든 원인을 제공했다고 보면 됩니다. 그는 진시황 앞에서 장황하게 많은 말을 늘어놓지 않았습니다. 그러나 진인이라는 말을 할 때는 아주 진지하게 자신의 생각을 밝혔습니다. 마치 학설에 대해 얘기하는 것 같았습니다. 진시황으로서는 주도적으로 자신의 호칭을 바꿔야겠다는 생각을 했을 수도 있다는 판단이 됩니다.

그렇다면 노생의 진인 운운의 말은 어떻게 진시황에게 강력한 믿음을 줬을까요? 진시황은 절대로 멍청한 사람이 아니었습니다. 저능아는 더군다나 아니었습니다. 육국을 겸병한 다음 천하를 통일하는 과정에서 어떤 기본적인 실수를 범한 적조차 없는 사람이었습니다. 한마디로 용맹하고 지모가 있는 군주였습니다. 그러면 노생은 진시황을 어떻게 속였을까요?

노생은 세 가지 말로 진시황을 현혹시켰습니다.

우선 진인이 신선이라고 주장했습니다. "진인은 물에 빠져도 젖지 않습니다. 불에 들어가도 뜨거움을 느끼지 않습니다. 또 구름과 안개를 타고 천지와 함께 영원히 죽지 않습니다"라고 그럴듯하게 사기를 쳤습니다.

다음은 나중에 잘못 됐을 경우 빠져나올 근거가 돼야 할 그럴듯한 변명과도 연결되는 말이었습니다. 노생은 진시황이 몇 년 동안이나 선약을 구하는 성과를 올리지 못하자 도리 없이 핑계를 댔습니다. 우선 무슨 물건이나 물질이 방해를 한다고 주장했습니다. 일련의 사람들이 진인을 보지 못하도록 진시황을 방해한다는 그럴듯한 핑계였습니다. 아무리 선약을 구하려 애써도 자꾸 실패하는 원인으로는 아주 그만이었습니다.

마지막으로 대 제국의 군주인 진시황이 악귀를 피해야 진인을 볼 수 있다고 사기를 쳤습니다. 그의 말에 의하면 천지간에는 진인과 악귀가 동시에 있습니다. 그는 때문에 진인을 만나지 못하게 만드는 악귀를 피하기 위해서는 진시황과 관련한 모든 것을 비밀에 붙여야 한다고 강조했습니다.

숙소가 어딘지를 비롯한 모든 정보를 다른 신민(臣民)들이 알지 못하도록 해야 한다는 얘기였습니다. 만약 신민들이 이를 알게 되면 진인이 놀라 달아나게 된다고도 엄포를 놨습니다. 하여간 그 누구도 진시황이 있는 곳을 몰라야 불로장생의 선약을 얻는 것이 가능하다고 못을 단단히 박았습니다.

진시황은 천하를 통일한 다음 부족함을 느껴본 적이 없었습니다. 자신이 하고 싶은 것은 무슨 일이 있어도 했습니다. 모든 욕망을 실현에 옮겼습니다. 그러나 불로장생에 대해서는 그도 어쩔 수가 없었습니다. 그로서는 그러면 그럴수록 이에 대한 욕구가 강렬해질 수밖에 없었습니다. 이런 상황에서 노생의 말을 들었으니 그가 어떻게 됐겠습니까? 망치로 머리를 한 대 맞은 것 같은 충격을 받았다고 해도 좋았습니다. 그것도 기분 좋은 신선한 충격이었습니다. 그는 즉각 세 가지 명령을 내렸습니다.

첫 번째 명령은 앞에서 언급한, 짐을 진인으로 바꿔 부르도록 하라는 명령이었습니다. 그 다음은 도성인 함양의 모든 궁전을 하나로 연결하라는 기가 막힌 명령이었습니다. 당시 함양과 그 주변 200여 리 안에는 모두 270여 개의 궁전이 있었습니다. 그의 명령은 거의 300여 개에 이르는 이 궁전들에 모두 다 해당됐습니다. 실제 그렇게도 됐습니다. 궁전을 복층으로 만들어 공중의 통로가 생기도록 한 것입니다. 모든 궁전을 하나로 연결하는 문제는 자연스럽게 해결됐습니다. 이후 진시황은 가급적 땅을 피했습니다. 오로지 공중으로 연결된 통로를 통해 270개의 궁전을 돌아다녔습니다. 잠 역시 대신들 모르게 마음 내키는 대로 잤습니다. 세 번째 명령은 대담하게 자신의 거처를 발설하는 사람은 모조리 처형한다는 것이었습니다.

이처럼 진시황은 진인을 만나고 불로장생의 선약을 구하기 위해 그 어떤 대가도 아까워하지 않았습니다. 이로 인해 급기야 세 가지 사건이 일어나고야 말았습니다.

첫 번째 사건은 위에서 언급한 세 가지 명령을 하달한 지 얼마 안 돼 일어났습니다. 어느 날이었습니다. 진시황은 어느 행궁의 높은 전각에서 저 멀리 보이는 어떤 행렬을 발견했습니다. 그건 승상 이사의 방대한 마차 행렬이었습니다. 그는 몹시 불쾌했습니다. 곧 욕 비슷한 불만의 말이 터져나왔습니다. 이 말을 환관 한 명이 들었습니다. 그는 깜짝 놀라 즉각 이사에게 달려가 조용히 상황을 전했습니다. 이사는 이 말을 들은 후 즉각 조치를 취했습니다. 자신의 행렬을 따르는 수행원들의 수를 대거 줄인 것입니다. 얼마 후 진시황은 다시 행궁의 전각에서 이사의 행렬을 목격했습니다. 이전과는 비할 바 없는 간소한 행렬이었습니다. 진시황은 즉각 자신의 주변에 있던 누군가가 지난번에 했던 말을 발설했을 것이라는 사실을 깨달았습니다. 화가 나지 않을 수 없었습니다. 그는 즉각 그날 자신의 주변에 있던 전체 환관들에 대한 심문에 착수했습니다. 그러나 이사에게 진시황의 분노의 말을 부리나케 고자질했던 환관은 겁이 난 나머지 자신의 잘못을 인정하지 않았습니다. 당연히 확실한 처벌을 하기가 곤란했습니다. 진시황은 그럼에도 물러서지 않았습니다. 바로 당일 자신을 따랐던 환관들 전원을 사형에 처했습니다. 이때부터 궁중에는 진시황과 관련한 정보를 발설하는 사람이 하나도 나오지 않게 됐습니다. 진시황의 행적은 드디어 문무백관 그 누구도 모르는 진정한 비밀이 됐습니다.

우리는 진시황이 비밀을 누설한 사건을 처리하는 과감하고 잔혹한 행동을 통해 그가 노생의 말을 얼마나 신뢰하고 그대로 따랐는지를 분명하게 알 수 있습니다. 또 이 사실을 통해 진시황에게 영향을 미칠 사람이 과연 누가 있었는지에 대한 파악도 가볍게 할 수 있습니다. 오로지 방사 외에는 없었습니다. 방사들이야말로 그가 몽매에도 원하는 불로장생의 선약을 가져다줄 구세주였으니까요. 그렇지 않다면 그가 그들의 말에 왜 귀를 기울였겠습니까?

4부 진시황, 국가를 다스리다

두 번째 사건은 진시황 36년(기원전 211년)에 발생했습니다. 이해는 진시황이 세상을 떠나기 바로 1년 전이었습니다. 그는 이때 수차례 선약을 구하는 일이 수포로 돌아가자 마음이 대단히 울적했습니다. 그래서 조정의 한 박사에게 〈선진인시仙眞人詩〉라는 노래를 작곡하게 했습니다. 그런 다음 천하를 순행할 때 도처에서 이 노래를 부르게 했습니다. 지금 이 노래는 문헌의 기록이 없는 탓에 가사를 알기 어렵습니다. 그러나 제목으로 미뤄볼 때 선약을 구하려는 열망을 담은 노래라는 사실은 어렵지 않게 알 수 있습니다.

세 번째 사건은 진시황 31년(기원전 216년) 12월에 일어났습니다. 이해는 진시황이 갑자기 납월臘月을 가평으로 고친 해였습니다. 납은 무엇일까요? 고대에는 12월에 하늘에 제사를 지냈습니다. 이것을 납이라고 했습니다. 그런데 진시황이 이를 가평으로 고쳐 불렀습니다. 왜 그랬을까요? 이에 대해서는 배인裵駰의 《사기집해史記集解》가 인용한 고사 하나를 보면 이해가 쉽습니다.

태원太原의 진인 모영(茅盈. 동진東晉 시대에 신선으로 불린 방사—옮긴이)은 《내기內紀》에서 말했다. 내용은 다음과 같다. 진시황 31년 9월 경자庚子에 영(盈. 유영을 말함—옮긴이)의 증조할아버지 몽(蒙. 모몽茅蒙을 의미하며 자는 초성初成—옮긴이)은 화산華山으로 들어가 구름에 올라 용을 타고 백일白日에 하늘로 올라갔다. 이 이전에 그 동네에서는 이런 노래가 불렸다. "신선이 된 사람은 모초성이요, 용을 타고 하늘로 올라가 태청(太淸. 도교에서 이르는 선경仙境. 신선들이 사는 곳—옮긴이)에 들어갔구나. 이때에 현주(玄洲. 유명한 신선)는 적성(赤城. 신선들이 사는 선경—옮긴이)에서 놀았으니, 대를 이어 우리 영(盈. 모영을 일컬음—옮긴이)에게까지 가겠구나. 황제는 만약 이를 배우려면 납월을 가평이라 해야 할 것이니"라는 내용의 노래였다. 진시황은 이 노래를 들고 그 까닭을 물었다. 동네의 백성들은 모두 "이것은 신선의 노래입니다"라고 했다. 아울러 그에게 장생의 도술을 배우도록 권했다. 그래서 진시황은 흔쾌히 대답했다. 신선을 찾을 생각을 한 것이다. 이로 인해 납월도 가평이라고 했다.

《사기집해》의 이 고사는 진실성에 약간의 문제가 있습니다. 하지만 진시황이 이해에 납을 가평으로 고친 것은 분명한 사실입니다. 그가 신선을 만나거나 선약을 구하고자 한 의지를 말해줍니다. 또 그의 진인에 대한 태도가 얼마나 진지했는지도 잘 말해주지 않나 싶습니다.

진시황이 짐이라는 호칭을 진인이라고 분명하게 고친 것은 그의 재위 35년 때였습니다. 그러나 그는 재위 31년에 이미 진인이라는 호칭에 대해 마음이 많이 쏠려 있었습니다.

이상의 세 가지 명령과 세 가지 사건은 뭘 설명할까요? 진시황이 노생이 입에 올린 진인이라는 말에 완전히 빠져 죽을 때까지 자신이 속았음을 깨닫지 못했다는 사실을 설명해줍니다.

선약에 집착하다 끝까지 헤어나지 못하다

진시황은 재위 37년(기원전 210년)에 마지막 순유에 나섭니다. 그가 과거의 제나라 땅에 도착했을 때였습니다. 수천 명의 동남동녀를 데리고 선약을 찾으러 바다로 나아갔던 서복이 그야말로 갑작스레 나타났습니다. 떠난 지 9년 만이었습니다. 당연히 이 9년 동안 그는 행방이 묘연했습니다. 아무 소식도 전해오지 않았습니다. 이른바 불로장생의 선약 역시 찾지 못했습니다. 사실 그건 당연했습니다. 이 세상에 그런 약은 원래 없습니다. 그러나 그는 진시황의 엄청난 자금을 썼습니다. 또 장구한 시간 역시 허비했습니다. 과연 그는 진시황에게 어떻게 보고를 할 수 있었을까요?

하지만 서복은 선약을 구하고 싶어 하는 진시황의 절절한 마음을 누구보다 잘 알고 있는 방사였습니다. 그는 미리 준비한 말도 있었던 모양입니다. 진시황 앞에서 아주 시원스럽게 입을 열었습니다.

"저는 봉래산 위의 선약을 진즉에 찾았습니다. 그러나 바다에는 큰 물고기(상어나 고래로도 해석할 수 있음—옮긴이)가 있었습니다. 하나같이 골치를 아프게 하는 놈들이었습니다. 그래서 산에 올라가지를 못했습니다. 선약 역시 수중에 넣을 수 없었습니다. 황제께서는 일단의 명사수들을 저에게 주십시오. 그러면 다시 가서 말썽을 부리는 그것들을 노전(弩箭. 화살을 연속으로 발사가 가능한 활—옮긴이)으로 연발 쏴 죽이겠습니다. 이렇게 하면 선약을 얻을 수 있습니다."

진시황은 떠난 지 9년 만에 돌아온 서복의 말을 믿을 수 있었을까요? 저는 그가 서복의 말에 반신반의했을 것이라고 생각합니다.

우선 진시황이 서복을 벌하지 않았다는 사실을 들어야 하겠습니다. 《사기》의 〈진시황본기〉에는 진시황이 서복의 말을 믿었는지의 여부에 대해서는 자세한 기록이 없습니다. 그러나 서복의 보고를 들은 다음 그를 벌하지 않은 것은 사실입니다.

두 번째 이유는 진시황이 직접 병사들을 이끌고 큰 물고기를 잡았다는 사실이 말해줍니다. 진시황은 서복을 접견한 다음 날 꿈을 꿨습니다. 자신이 사람과 똑같이 생긴 해신海神과 싸우는 꿈이었습니다. 진시황은 잠에서 깨어난 다음 해몽 전문가인 박사를 불러 물었습니다. 박사가 그에게 대답했습니다.

"해신은 볼 수가 없습니다. 그러나 해신은 종종 큰 물고기나 교룡蛟龍을 길잡이로 보내기는 합니다. 지금 황제께서는 신에 올리는 제사를 대단히 잘하고 계십니다. 이런 악신惡神은 즉각 제거하지 않으면 안 됩니다. 만약 이 악신을 제거하면 선신善神은 바로 모습을 나타냅니다."

진시황은 박사의 말이 끝나기 무섭게 큰 물고기를 잡을 도구를 마련하라는 지시를 내렸습니다. 자신은 직접 노전을 사용해 이 물고기를 사살하기로 했습니다. 준비를 모두 마친 그는 그길로 북쪽으로 올라갔습니다. 그러나 물고기를 발견하지 못했습니다. 그가 소기의 목적을 달성한 것은 지부之罘에 이르렀을 때였습니다. 드디어 그의 눈앞에 물고기가 나타났습니다. 그는 자신이 직접 이 물고기를 사살했습니다.

진시황이 공개적으로 서복을 비난했음을 알 수 있습니다. 진시황은 뒤에 살펴보겠지만 선비들을 산 채로 묻은 이른바 분서갱유焚書坑儒의 악행을 저지른 것으로 유명합니다. 이 끔찍한 일을 자행했을 때 그는 서복의 일에 대해 대단히 중요한 말을 했습니다. "서복은 셀 수 없이 많은 재물을 사용하고도 끝내 선약이라는 기약奇藥을 얻지 못했다. 내 귀에는 그저 자신들끼리 불법적으로 이익을 꾀하고 서로 고발한다는 소식만 들려왔을 뿐이다"라는 말이었습니다. 〈진시황본기〉에 실려 있는 내용입니다. 이로 볼 때 진시황은 여러 유생들을 파묻어 죽여버리겠다는 결정을 내렸을 때 확실히 서복에 대한 강력한 불만을 표시했습니다. 그러나 진시황이 죽인 여러 유생 가운데에는 서복이 없었습니다.

그렇다면 서복의 이후 행적은 어떻게 됐을까요? 〈진시황본기〉에는 이에 대한 기록이 없습니다. 그러나 〈진시황본기〉와는 달리《사기》의 〈회남형산열전〉에는 있습니다. 내용을 자세하게 볼 필요가 있겠습니다.

"(서복은 선약을 구하지 못했다.) 그래서 돌아와서는 진시황에게 '저는 바다에서 해신을 봤습니다. 해신은 저에게 그대는 서쪽 나라 황제의 사신인가라고 물었습니다. 저는 그렇다고 대답했습니다. 해신이 다시 그대는 어떤 물건을 구하러 왔는가? 하고 물었습니다. 저는 불로장생의 선약을 구한다고 했습니다. 해신은 그대들의 진왕은 예물이 대단히 인색한 사람

4부 진시황, 국가를 다스리다 | 505

이야. 선약은 구경만 할 수 있지 가질 수는 없다고 말했습니다. 저는 해신을 따라 동남쪽의 봉래산으로 들어갔습니다. 그곳에서 영지靈芝로 쌓은 궁전을 봤습니다. 광채가 하늘을 비칠 정도였습니다. 저는 해신에게 재배를 하면서 물었습니다. 무슨 예물을 바쳐야 합니까? 라고요. 그러자 해신이 양가良家의 동남동녀와 백 가지 기술을 가진 장인들을 보내면 선약을 얻을 수 있다고 말했습니다'라고 거짓말을 했다. 진시황은 서복의 말에 크게 기뻐했다. 즉각 동남동녀 3,000명과 오곡의 종자, 장인들을 뽑아 서복에게 줬다. 서복은 다시 바다로 나아갔다. 그러다 항해 도중 광활하고 비옥한 땅을 발견했다. 그는 그곳에서 정착해 살면서 왕을 칭했다. 다시는 돌아오지 않았다."

《사기》의 〈진시황본기〉와 〈회남형산열전〉의 기록은 완전히 다릅니다. 하지만 같은 점은 하나 있습니다. 진시황이 죽을 때까지 불로장생의 선약을 구하는 것을 포기하지 않았다는 사실입니다.

서복은 두 번이나 출항했습니다. 마지막에는 돌아오지 않았습니다. 때문에 그가 두 번째 출항을 했을 때 어디로 갔는가 하는 문제 등은 지금까지 중국과 해외 교통사의 중요한 미스터리가 되고 있습니다. 이중 세 가지 의문이 가장 비중이 크지 않을까 싶습니다. 하나는 왜 두 번째 출항을 했는가 하는 의문입니다. 두 번째는 어느 곳에서 바다로 나아갔는가 하는 의문입니다. 마지막은 어디로 갔는가 하는 의문이 되겠습니다.

서복이 왜 다시 바다로 나아갔는가 하는 의문에 관해서는 두 가지 설이 있습니다. 하나는 진짜 선약을 구하러 갔다는 설입니다. 다른 하나는 곧 진나라에 휘몰아칠 겁난劫難을 피해 도망을 갔다는 설이 되겠습니다. 이 아주 새로운 설을 주장하는 사람들의 생각은 그에 대해 굉장히 호의적입니다. 대략 이런 말이 되겠습니다.

"그는 선약을 구하고 싶어 하는 진시황의 열망을 이용해 대규모의 해외

이민을 치밀하게 계획했다. 그의 치밀한 준비는 두 방면에서 이뤄졌다. 하나는 사람, 다른 하나는 물자였다. 특히 3,000명의 동남동녀는 심혈을 기울여 선발했다. 미래의 인구 번창을 위해 이들이 꼭 필요했던 탓이었다. 게다가 이들은 선약을 구하기 위해 반드시 필요한 순결한 젊은 남녀라는 조건에도 딱 부합했다. 진시황의 의심을 사지 않을 수 있었다. 서복은 배, 장인, 오곡 등 물자의 준비에는 더욱 큰 신경을 썼다. 생존에 반드시 필요했기 때문이었다. 그는 이런 준비를 한 끝에 바다를 건너 무사히 정착을 할 수 있었다."

그렇다면 서복은 어느 곳에서 바다로 나아갔을까요?

지금 서복의 출발지라고 일컬어지는 곳은 엄청나게 많습니다. 북으로는 친황다오秦皇島, 남으로는 렌윈강連雲港, 랑예琅琊, 간위贛榆 등이 있습니다. 모두들 서복의 출항과 관련한 전설도 간직하고 있습니다.

서복이 마지막에 어디로 갔는가 하는 의문은 가장 주목해야 할 화제가 아닌가 보입니다. 가장 설득력이 높은 설은 일본으로 갔다는 설입니다. 논쟁 역시 뜨거운 핫이슈입니다. 이 설을 따르게 되면 일본인들의 상당수는 서복의 후예들이 됩니다.

서복에 관한 연구는 많습니다. 그러나 이는 우리가 지금 얘기하고자 하는 진시황과는 약간 거리가 있습니다. 이 얘기는 이 정도에서 그만 마쳐야 하겠습니다.

진시황은 간단한 사람이 아니었습니다. 우둔한 것과는 진짜 한참이나 거리가 멀었습니다. 그러나 진시황은 똑똑한 그답지 않게 사기꾼 서복을 눈이 빠져라 기다리다 세상을 떠났습니다. 그러면 이제 진시황의 죽음에 대해 얘기를 해봅시다. 그는 정말 사람이 죽는다는 사실을 몰랐을까요? 자신 역시 죽을 것이라는 사실 정도는 알지 않았을까요? 그는 도대체 죽음을 어떻게 생각했을까요?

그는 당연히 알고 있었습니다. 이유는 무려 다섯 가지나 됩니다.

첫 번째 이유는 그가 자신의 능릉陵을 대대적으로 조성했다는 사실입니다. 그것도 열세 살의 나이로 아버지의 뒤를 이어 왕위에 오른 직후부터 그렇게 했습니다.

시호를 내리는 원칙을 폐기한 것 역시 이유로 봐야 합니다. 만약 자신이 진짜 만수무강할 것이라고 봤다면 그는 절대로 시호를 폐지하지 말아야 했습니다.

세 번째 이유는 항간의 소문에 대한 무리한 해석이 되겠습니다. 그는 "금년에 조룡祖龍이 아마도 죽을 것이다"라는 말을 들었을 때 '조룡'이라는 단어를 자의적으로 무리하게 해석했습니다. '조룡은 사람의 조상이다'라면서 조룡이 자신을 의미하지 않는다고 강조했습니다. 만약 자신이 죽지 않으리라는 걸 자신했다면 어떻게 이처럼 죽음을 피하고자 했겠습니까?

선약을 열심히 구하려 했다는 사실도 간과해서는 안 됩니다. 중국의 역대 왕조에서 선약을 구하려 노력한 군주는 그뿐만이 아니었습니다. 이후에도 무수히 많은 황제들이 난리법석을 떨었습니다. 그러나 그는 이들 중에서도 가장 극성을 부린 황제였습니다. 만약 죽을 것이라는 사실을 몰랐다면 이렇게 했을 까닭이 없었습니다.

다섯 번째 이유는 선조들이 모두 세상을 떠났다는 사실과 관계가 있습니다. 그의 증조할아버지와 할아버지, 아버지는 차례로 세상을 떠났습니다.

이상의 이유들만 꼽아 봐도 무소불위의 전제 군주 진시황은 죽음이 그 누구도 피하지 못할 운명이라는 사실을 너무나도 잘 알고 있었습니다. 사실 이래야 공평한 것 아니겠습니까. 만약 가난하고 비천한 사람만 죽고 부자와 귀한 사람이 죽지 않는다면 죽는 사람들은 억울해서 어떡합니까?

그러면 그는 죽음 앞에서도 태연할 수 있었을까요?

그는 대대적으로 선약을 찾는 일을 벌였을 때에도 결코 자신이 묻힐 여산릉驪山陵을 건조하는 프로젝트를 멈추지 않았습니다. 이 능은 규모가 엄청났습니다. 화려하기가 사치라는 말로는 부족할 정도였습니다. 오죽했으면 그가 죽은 다음에야 겨우 완공이 됐을까요. 이는 그가 선약을 먹고 신선이 되겠다는 생각을 하는 와중에도 자신의 죽음을 준비하고 있었다는 얘기가 되겠습니다. 그렇습니다. 그는 생과 사의 갈림길에서 전혀 의연하지 못했습니다. 갈팡질팡했습니다. 인생은 짧은 것으로 정해져 있습니다. 선약을 구해봐야 불로장생은 하기 어렵습니다. 인생의 최대 성공은 누가 뭐래도 죽을 때 여한이 없어야 하는 것입니다. 절대로 불로장생을 추구해서는 안 됩니다.

진시황은 황제를 칭한 지 얼마 되지 않아서부터 수단과 방법을 다해 불로장생하고자 했습니다. 정말 열심히도 그렇게 했습니다. 그러나 그는 이로 인해 국사를 완전히 엉망일 정도로 만들지는 않았습니다. 선약을 열심히 구하는 다른 한편으로는 방대한 대 제국을 통치하는 일에도 게을리 하지 않았습니다. 당연히 영원히 역사의 오점이 될 일도 많이 했습니다. 이 중 두 가지 사건은 특히 그런 사건이 아닌가 합니다. 그렇다면 이 두 가지 사건은 뭘까요? 왜 이 두 사건은 그로 하여금 영원히 욕을 먹게 만들었을까요?

29강

분서갱유

 진시황은 중앙집권을 지향하는 대 제국인 진나라를 건국했습니다. 매일 엄청난 공문을 처리하면서 직접 이 방대한 제국을 경영했습니다. 정령 역시 많이 반포했습니다. 이에 대해서는 후세의 평가가 몹시 엇갈립니다. 칭찬하는 이들이 있는가 하면 비판의 칼날을 들이대는 경우 역시 적지 않습니다. 한마디로 반반이라고 보면 됩니다. 그러나 그에 대한 비난은 두 사건의 처리에 관해서만큼은 거의 이구동성입니다. 이 두 사건은 무엇일까요. 하나는 분서焚書였습니다. 또 하나는 갱유였습니다. 오죽했으면 중국 역사에서 분서갱유를 말할 때 진시황을 항상 세트로 거론하겠습니까? 그렇습니다. 진시황의 폭정에 대해 언급하려면 반드시 이 분서갱유를 먼저 들먹여야 합니다. 진나라가 고작 이세 만에 멸망한 것에 대해 언급할 때도 이 사건을 거론해야 합니다. 중국 역사상의 전제주의를 화제로 입에 올릴 때 역시 크게 다르지 않습니다. 이 분서갱유가 빠져서는 안 됩니다. 그렇다면 중국 문화사상에 있어서의 재해를 언급할 때는 어떻게 될까요?

역시 언급해야 합니다. 진시황과 분서갱유는 한마디로 불후의 명콤비라고 해도 과언이 아닙니다. 그러면 이 두 사건은 어떻게 해서 발생했을까요? 우리는 오늘날 이것들을 어떻게 평가해야 할까요?

순우월, 함양궁에서 소란을 피우다 분서를 초래하다

진시황 34년(기원전 213년)의 어느 날이었습니다. 성대한 대 연회가 함양궁에서 열리고 있었습니다. 모두 70명의 박사들이 참석한 대 연회였습니다. 이날 연회에 참석한 박사들은 너 나 구별이 없었습니다. 모두들 진시황이 정신을 차리지 못할 정도로 경축의 술을 올렸습니다. 진시황은 너무나도 시끌벅적한 이 연회에 솟아오르는 감동을 주체할 길이 없었습니다.

수석 박사인 주청신周靑臣은 이 기회를 놓치지 않았습니다. 다른 박사들에게 기회를 빼앗길세라 서둘러 진시황에게 아부의 말을 건넸습니다. 누구와도 비교할 수 없는 대단한 군주라고 말입니다.

진시황은 주청신이 듣기 좋은 말만 골라 아부한다는 사실을 모르지 않았습니다. 그러나 사실 그의 축하의 말이 틀린 것도 아니었습니다. 모두 사실이었습니다. 진시황은 기분이 좋았습니다. 바로 이때였습니다. 갑자기 "주청신, 당신 폐하의 면전에서 무슨 심보로 헛소리 같은 아부를 하고 있는 거야!"라는 말이 들려왔습니다. 이 욕은 진시황을 향해 줄지어 서 있던 방사들 사이에서 튀어나왔습니다. 곧이어 한 사람이 튀어나왔습니다. 군신들은 대경실색했습니다. 진시황 역시 기분이 최고조로 달하던 순간에 엉뚱한 소리를 듣자 바로 불쾌함을 느꼈습니다. 잘나가는 남의 잔치에 마치 찬물을 끼얹은 것과 하나 다를 바가 없었습니다. 진시황은 치솟는 화를 누른 채 소리를 지른 사람에게 눈길을 돌렸습니다. 주인공은 제나라 출신의 박사 순우월淳于越이었습니다.

　순우월은 심상치 않은 분위기에도 전혀 기가 죽지 않았습니다. 오히려 작심한 듯, 말이 그의 입에서 술술 흘러나왔습니다.

　"저는 상나라와 주나라의 양대 왕조가 1000년을 이어간 사실에 대해 들었습니다. 원인은 다른 것이 아닙니다. 이들 왕조의 역대 왕들이 아들들과 공신들을 제후로 봉했기 때문입니다. 이들로 하여금 자신을 보좌하도록 했기 때문에 그랬습니다. 지금 폐하는 천하를 제패했습니다. 그러나 대왕의 아들들은 단 한 치의 땅도 가지고 있지 못합니다. 만약 과거 제나라의 전상田常처럼 강씨 왕조의 권력을 찬탈하려는 대신이 출현하면 어떻게 되겠습니까? 제후들의 보좌가 없으면 어떻게 하겠습니까? 저는 옛사람들의 원칙을 따라야 한다고 생각합니다. 그렇지 않으면 오랫동안 집권하지 못합니다. 그런 왕조는 없었습니다. 주청신은 지금 폐하를 추켜세우고 있습니다. 이건 그저 폐하의 실수를 부추길 뿐입니다. 주청신은 절대 충신이 아닙니다."

　순우월은 한바탕의 사자후를 토한 다음 입을 닫았습니다. 갑자기 넓디 넓은 조당朝堂이 조용해졌습니다.

　대신들은 모두들 전국 시대 초창기 때의 제나라에서 전씨가 강씨를 대체한 사건을 잘 알고 있었습니다. 그러나 저는 독자 여러분들을 위해 조금 설명을 덧붙여야겠습니다. 제나라에 처음 봉해진 제후는 주나라의 개국 공신인 강태공이었습니다. 그러므로 제나라 국군의 성은 원래 대대로 강씨였습니다. 그러나 이런 제나라에 전씨가 들어옵니다. 이후 빠른 발전을 했습니다. 나중에는 경제적인 이익을 대거 주는 방법으로 백성들의 민심을 광범위하게 샀습니다. 당연히 백성들은 전씨 집안 쪽으로 줄을 설 수밖에 없었습니다. 전씨의 세력은 나날이 커졌습니다. 결국 전씨는 다른 공족 세력을 다 제치고 기원전 378년에 강씨를 대신해 제나라의 국군이 됐습니다. 이 사례는 그저 그렇구나 하고 넘어갈 것이 아니었습니다. 왜냐고요? 중국 역사상 처음으로 공족 출신이 아닌 경족卿族이 국군을 대체했던 가장 저명한 사례이기 때문입니다. 순우월은 바로 이 점을 우려한 것입니다. 진나라가 아들들과 공신들을 봉하지 않을 경우 유사한 사건이 일어나지 말라는 보장이 없다고 본 것입니다. 그의 관점은 대단히 명확했습니다. 봉건제를 회복시키자는 것이었습니다. 말하자면 진시황이 본격적으로 추진한 군현제를 되돌리자는 주장과도 같았습니다.

진시황은 순우월의 말이 자신의 군현제를 반대한다는 것이라는 사실을 너무나도 분명히 깨달았습니다. 기분이 좋을 까닭이 없었습니다. 얼굴에서 웃음을 거둔 것은 당연한 일이었습니다. 그러나 순우월이 작정하고 내뱉은 독하고 과격한 말은 대 제국 진나라의 천하가 영씨에 의해 계속 통치돼야 한다는 충정에서 나온 발언이었습니다. 그로서는 화를 내는 것도 좀 그랬습니다. 그는 터지려는 화를 억지로 누르고서 "이 문제는 조정의 회의에 붙이도록 한다"라는 말을 겨우 했습니다.

이사는 진시황의 복심이었습니다. 누구보다 진시황의 마음을 잘 알고 있었습니다. 진시황이 불편한 모습을 보이는데 그가 가만히 있을 까닭이 없었습니다. 결국 조정의 회의에서 순우월의 말에 반박하는 주장을 강력하게 토해냈습니다. 요점은 두 가지였습니다. 우선 옛 왕조의 원칙을 무조건 따르는 것이 최고의 선은 아니라는 첫 번째 주장입니다.

"오제五帝의 천하를 다스리는 제도는 연면하게 이어 내려온 것이 아니었습니다. 각각 달랐습니다. 하夏, 상商, 주周의 나라를 다스리는 제도 역시 마찬가지였습니다. 완전히 답습하는 것이 아니었습니다. 각자의 상황에 맞게 다스리면 됐습니다. 이건 고의적으로 이렇게 완전히 반대되게 새로이 한 것이 아니었습니다. 시대가 변했기 때문에 치국의 방법 역시 달라야 했던 것입니다. 지금 폐하께서는 대업을 이룩했습니다. 만세를 이어갈 불후의 공훈을 세웠습니다. 이건 멍청하고 우둔한 유생들이 이해할 수 있는 것이 아닙니다. 더구나 순우월이 말한 것은 하, 상, 주 세 왕조의 일입니다. 이게 모방할 가치가 있습니까? 그 시대에는 제후들이 서로 다퉜습니다. 널리 유세객들을 초빙하는 시대였습니다. 그러나 지금은 천하가 태평해졌습니다. 법령 역시 통일됐습니다. 백성들은 열심히 농사를 지으면 됩니다. 사대부들은 당연히 법령을 열심히 배우면 됩니다."

두 번째 주장은 사학(私學. 법령이나 정령이 아닌 일반 학문을 의미함—옮긴이)을 금지해 이설異說을 박멸해야 한다는 것이었습니다. 역시 들어봐야 하겠습니다.

"지금 상당수의 유생들은 오늘날의 학문을 배우지 않고 옛날의 학문을 배우려 합니다. 이걸로 지금의 시대를 비판하고 있습니다. 백성들의 마음도 혼란하게 만들고 있습니다. 때문에 저는 목숨을 걸고 진언을 올리겠습니다. 고대에는 천하가 통일되지 않고 혼란스러웠습니다. 통일할 수 있는 사람도 없었습니다. 그래서 제후들이 잇달아 일어났겠죠. 옛사람들의 말에 빗대 현실을 비판하기도 했습니다. 헛소리로 진실한 말도 어지럽혔습니다. 이렇게 되다 보니 사람들은 자신의 학식을 가지고 폐하께서 만든 제도들을 우습게 여기고 비방하고 있습니다. 지금 천하는 통일됐습니다. 시비와 흑백을 가리는 사람은 오로지 폐하 한 사람입니다. 그러나 사학을 배운 사람들은 법령을 무시하고 있습니다. 폐하의 조령을 받으면 자신이 배운 사학을 토대로 시시비비를 분분하게 가립니다. 조정에 들어오면 승복을 하지 않고 조정 밖으로 나가면 항간巷間에서 마구 떠들어댑니다. 이들에게는 폐하 앞에서 자신을 과시해 이름을 날리고 싶어 하는 속성이 있습니다. 신기한 이설을 주장해 자신을 과시하고 싶어 합니다. 만약 이런 현상을 금지시키지 않으면 폐하의 존엄은 땅에 떨어지게 됩니다. 밑으로는 사사로운 파당派黨까지 형성될 수도 있습니다. 때문에 저는 사학을 금지시키는 것이 상책이라고 생각합니다. 저는 이제 폐하께서 저에게 허해 주시기를 청원하는 바입니다. 제가 건의를 드리는 조치와 방법은 다음과 같습니다. 우선 진나라 사관이 쓰지 않은 사서는 모조리 불태워 없애야 합니다. 박사들이 관직을 수행하는 데 필요하지 않은 각 지역에 은닉된 《시경詩經》과 《서경書經》을 비롯한 제자백가의 저작물들은 모두 군수들이 모아 소각하지 않으면 안 됩니다. 감히 이들 책을 다시 은닉하거나 각종 모임에서 언급하는 자는 모조리 사형에 처해 백성들에게 본보기로 삼아야 합니다. 옛일에 빗대 지금의 현실을 비판하는 자들은 멸족시켜야 합니다. 관리들 역시 이런 정보를 알고 있으면서도 보고를 하지 않으면 같은 죄로 다스릴 필요가 있습니다. 이 명령을 내린 지 30일이 됐는데도 책을 불태우지 않는 자는 얼굴에 글자를 새기는 경형黥刑의 처벌을 받도록 해야 합니다. 더불어 성단(城旦. 성단은 형법에서 규정한 벌로 형기는 4년임. 변방에 보내 낮에는 적을 막고 밤에는 성을 쌓는 일을 함─옮긴이)의 처벌도 가해야 하겠습니다. 의약과 점술, 농사에 필요한 각종 서적들은 이에 포함되지 않습니다. 만약 앞으로 법령을 배우려는 사람이 있을 경우는 관리들을 스승으로 삼게 하면 됩니다."

진시황은 이사의 건의에 "좋소"라고 대답했습니다. 즉각 시행하라는 얘기였습니다. 이렇게 해서 중국 역사상 가장 지저분하고 악명 높은 분서의 명령, 즉 분서령이 탄생하게 됐습니다.

진시황, 조정을 농단한 방사들이 죄가 무서워 달아나자 갱유를 결정하다

진시황은 재위 32년(기원전 215년) 황제에 등극한 이후 네 번째인 대대적 순유에 나섰습니다. 주요 목적지는 북방의 변경 지역이었습니다. 그는 이

때 연나라 출신인 노생을 우연히 만나게 됩니다. 아시다시피 그는 노생의 말에 혹했습니다. 선약을 구해오라고 보냈습니다. 그러나 노생은 선약을 구해오기는커녕 엉뚱한 참언만 가지고 왔습니다.

진시황은 이해에 노생만 바다나 산 등으로 보낸 것이 아니었습니다. 한종과 후생, 석생 등 일련의 방사들도 잇달아 파견했습니다.

문제는 후생과 노생이 상황이 너무 걷잡기 어려울 만큼 커지자 겁을 먹었다는 것이었습니다. 하기야 그럴 수밖에요. 자신들의 말에 의해 수많은 환관들이 처형되고 분서라는 희한한 사건까지 벌어졌으니까요. 이들 둘은 횡액이 자신들의 머리 위에서 맴돈다는 생각을 했습니다. 이들은 급기야 한자리에 회동해 사태를 논의하는 모임을 가졌습니다. 조정 및 진시황과 관련한 일에 대한 중지를 모으려 했던 것입니다. 이 회동에서 이들은 30여 개의 민감한 화제에 대해 논의했습니다. 진시황의 인물됨과 정치, 선약에 대한 맹목적인 환상 등이 이때 집중적으로 논의됐습니다.

후생과 노생은 이때 진시황이 외고집에 자존심이 강한 사람이라는 사실에 의견일치를 봤습니다. 자신의 공이 하늘을 찌른다는 자부심을 가진 위인이라는 사실에 대해서도 공통적으로 의견을 모았습니다. 옥리를 신뢰하고 형벌과 살인으로 천하를 통치하는 사람, 권력욕의 화신, 선약을 구하기 위해 살인을 일삼는 사람이라는 점에 대해서는 두말할 나위가 없었습니다. 모두가 부정적인 평가였습니다.

그렇다면 이들은 왜 이렇게 부정적인 평가를 내렸을까요? 우선 외고집에 자존심이 강한 사람에다 권력욕의 화신이라는 평가를 보겠습니다. 왜 이렇게 평가했을까요? 이들의 말을 들어봐야 합니다.

"황상은 옛사람들 중에 자신보다 나은 사람은 없다고 생각한다. 조정에는 박사들이 비록 70명이 있으나 그저그런 장식품일 따름이다. 머릿수만 채우고 있을 뿐 황상의 신뢰도 받지 못하고 있다. 승상을 비롯한 대신들 역시 마찬가지이다. 장식품에 지나지 않는다. 그저 이미 결정된 명령만 받는다. 황상의 뜻에 의거해 일을 처리한다. ……천하의 일은 크건 작건 간에 모두 황상이 결정한다. 황상은 심지어 저울(당시의 공문서는 죽간, 목간 등의 간독이었으므로 무게가 꽤 나갔음—옮긴이)을 이용해 각종 공문서의 중량을 달고는 한다. 밤마다 정해놓은 할당량(진시황은 매일 120근의 공문서를 친람하는 것을 원칙으로 했다고 함—옮긴이)에 미치지 못하면 휴식을 취하지 못한다."

〈진시황본기〉에 나와 있는 후생과 노생 등의 이 말은 각종 다른 사서의 기록으로 미뤄볼 때 사실 틀린 것은 아니었습니다. 그렇다면 자신의 공이 하늘을 찌른다고 생각했다거나 형벌을 통한 살인을 즐겼다는 주장은 맞는 것일까요? 왜 이런 평가를 내렸을까요? 기록을 다시 봅시다.

"황상은 엄한 형벌과 살육으로 위엄을 드러내기를 좋아한다. 관리들은 모두 죄를 지어 목숨을 잃을까 두려워한다. 하나같이 그저 자리에 연연할 뿐이다. 그래서 감히 황상과 다른 의견을 말하려는 생각을 하지 않는다. 이러니 황상은 자신의 잘못에 대한 얘기를 들을 수가 없다. 당연히 날이 갈수록 교만해지게 됐다. 위에서 이러니 신하들 역시 계속 두려운 마음에 전심전력으로 사기만 친다. 허리를 깊이 숙이면서 신뢰를 얻기 위한 아부만 한다."

이 말 역시 틀리지 않습니다. 그렇다면 모든 의논을 끝낸 후생과 노생의 다음 행동은 어땠을까요? 그렇습니다. 이들은 더 이상 진시황의 곁에 있다가는 목숨을 부지하기 어려울 것이라는 사실을 직감했습니다. 둘은 의논이 끝나기 무섭게 어디론가 도망을 갔습니다. 완전히 종적을 감췄습니다. 그러나 둘은 비밀을 완전히 지키지 못했습니다. 단 둘만이 의논을 했음에도 이들의 뒷담화가 진시황의 귀에 들어간 것입니다. 사실은 이것만 해도 예삿일이 아니었습니다. 진시황으로서는 더욱 기가 막힐 노릇이었습니다. 둘이 자신들의 사기극이 곧 들통 날 것을 직감하고 무서워서 도망을 갔다는 사실이었습니다. 진시황은 그야말로 격노하였습니다.

진시황의 격노는 진짜 예사롭지 않았습니다. 무엇보다 이 사건이 분서 사건이 일어난 다음 해에 벌어졌다는 사실이 이유였습니다. 게다가 그가 투자한 거액은 공중으로 흔적도 없이 사라졌습니다. 소득이 아무것도 없었던 것입니다. 그는 사기를 당했다는 쓰라린 기분을 느꼈습니다. 세 번째 이유는 둘의 비난이 도저히 그로서는 감내하기 어려운 수준이었다는 사실이었습니다.

칼을 빼든 진시황은 머리는 꽤나 좋은 그답게 방사들의 죄목을 일일이 열거했습니다.

"한종은 아무 말도 없이 그냥 사라져버렸다. 서복 역시 억만금을 사용했으나 소식조차 없다. 노생 등도 크게 다르지 않다. 내가 나름대로 존중해 후하게 상을 내렸음에도 나를 비방했다. 나의 덕이 없음을 널리 알렸다."

진시황은 정말 참을 수 없었습니다. 즉각 함양에 있던 여러 유생들을 잡아들이라는 명령을 내렸습니다. 이어 자신의 전권을 위임받은 관리를 파견해 한 명씩 심문하라고 명령했습니다. 이때 그가 내린 원칙의 기조는 하나였습니다. 요언妖言으로 혹세무민하는 자들을 가려내라는 것이었습니다. 이 말은 보통 심각한 말이 아니었습니다! 후생과 노생의 뒷담화와 도주가 진시황에 의해 진나라에 대한 혹세무민의 죄로 규정됐다는 얘기였습니다.

예상대로 대대적인 체포가 이어졌습니다. 심문 역시 일사천리로 이뤄졌습니다. 이 와중에 체포된 유생들이 서로 고발하는 사태까지 벌어졌습니다. 사태에 연루돼 처벌을 받게 된 이들은 총 460명에 이르렀습니다.

진시황은 이들 460명 전원을 산 채로 매장했습니다. 그런 다음 천하에 통지를 내렸습니다. 이 사태를 교훈으로 삼으라고 말입니다.

이때 황자인 부소扶蘇는 적극적으로 간언을 올렸습니다. 어떻게든 유생들을 살려보려던 부소의 노력은 헛수고로 끝났으며, 부소의 간언은 후폭풍을 몰고왔습니다. 아버지 진시황에 의해 몽염의 지휘 하에 있던 북방 장성 군단의 감군監軍으로 보내졌으니까요. 이것이 바로 중국 역사에서 저 유명한 갱유 사건입니다.

분서와 갱유로도 여론을 잠재우지 못하다

진시황은 분서와 갱유 두 사건을 통해 단기간 내에 신속하게 사상을 통일했습니다. 여론 역시 장악했습니다. 사상을 포함한 대 통일의 역사적 뼈대를 만들 수 있었습니다. 그러나 진시황 입장에서 볼 때 분서갱유는 부작용이 더 많았습니다. 이 사건들이 잔혹하고 포악한 독재자라는 소리를 그에게 듣게 만들 분명한 증거였기 때문입니다. 이로 인해 그는 후세 문인들에 의해 2000여 년 동안이나 욕을 먹었습니다. 지금도 일부 사람들은 이 사건을 생각하면 끔찍함에 몸부림친다고 합니다. 그의 묘를 발굴해 시신을 채찍으로 때리지 못하는 것을 한스러워합니다. 이뿐만이 아닙니다. 더 악감정을 가지고 있는 사람들은 2000여 년의 시간을 뛰어넘어 돌아가 그의 몸에서 떼어낸 고기와 가죽을 먹거나 깔고 자지 못하는 것을 애통해합니다. 이건 이들이 잔인해서가 아닙니다. 그만큼 후세 사람들의 잠재의식 속에 들어 있는 그에 대한 집단적인 공포가 대단하기 때문이라고 봐야 합니다. 그러나 역사적 사건을 평가할 때의 가장 바람직한 자세는 도덕이나 감정의 표준으로 판단하는 게 아닙니다. 그 사건이 낳은 나중의 각종 결과로 판단하는 게 가장 좋은 태도가 아닐까 싶습니다. 그러면 분서갱유는 어떤 역사적 결과를 낳았을까요? 오늘날의 우리는 진시황의 주변에서 발생한 이 사건을 어떻게 평가해야 할까요?

우선 분서의 결과를 보겠습니다.

분서는 무엇보다 우민화 정치를 선도했습니다. 분서의 나쁜 결과는 단순하게 그저 대량의 선진先秦의 전적典籍들이 그에 의해 불태워져 사라진 데에만 있지 않았습니다. 더욱 중요한 것은 그를 극악무도한 군주로 낙인찍히게 했다는 사실에 있습니다. 부언하면 그가 폭력을 통해 우민화 통치와 여론 장악을 시도했다는 얘기가 되겠습니다. 사실 진시황의 입장에서 보면 이건 필연이었습니다. 개인 독재 정치를 하려면 이 정도는 해야 했습니다. 그러나 전체 봉건 사회를 놓고 말하면 역시 부정적인 결론을 내려야 합니다. 우민화 정책은 동서고금을 막론하고 칭찬을 받는 경우는 없습니다.

그럼에도 분서령(焚書令. 금서령禁書令, 협서령挾書令이라고도 함-옮긴이)은 봉건제와 군현제 사이의 논쟁을 불식시키는 결과를 가져오지 못했습니다. 사실 그게 당연했습니다. 둘의 특징을 살펴보면 바로 이해가 됩니다. 분봉제 하의 위험은 솔직히 당장의 것은 아니었습니다. 더 분명하게 말하면 미래의 위험이었습니다. 처음 제후들을 분봉할 경우는 대부분이 서로 가까운 혈연관계로 얽혀 있는 탓에 대체로 큰 갈등이 없습니다. 세월이 지나 혈연관계가 소원해지면 서로 죽고 죽이는 싸움이 발생하기도 합니다. 반면 군현제는 완전히 반대였습니다. 일단 정치적으로 반란이나 폭동이 일어나면 근왕勤王에 나설 사람이 없는 심각한 국면을 불러올 가능성이 있었습니다. 따라서 양자는 각각 장점과 단점을 다 보유하고 있습니다. 이 논쟁은 진시황이 천하를 통일한 직후에도 없지는 않았습니다. 아니 봉건제를 그대로 유지할 것이냐 군현제를 실시할 것이냐 하는 논쟁이 격렬하게 벌어졌습니다. 그러나 진시황은 군현제 실시를 주장한 이사의 손을 서슴없이 들어줬습니다. 자신 역시 이런 생각이 강했던 것입니다. 반면 정권의 안정을 위해 봉건제의 추진을 주창했던 순우월은 당연히 이렇게 생각하지 않았습니다. 정치적인 주장을 가장 확실하게 견지했던 박사들의 대표다웠습니다.

진시황은 박사들의 생각을 그래도 상당히 중요하게 생각하는 군주에 속했습니다. 그의 시대에 조정에 박사들을 앉히는 관직을 무려 70개나 둔 것은 바로 이런 성향을 반영한다고 하겠습니다. 중국의 그 어느 왕조보다 박사가 많았습니다. 이렇게 했음에도 한계는 있었습니다. 그가 황제 제도를 실시해 1인 독재 정권을 건립한 사람이라는 사실을 감안하면 모든 것이 이해가 됩니다. 비록 박사라는 인재 풀을 적극적으로 확대하고 과감하게 등용하기는 했으나 박사의 의견을 전폭적으로 들어줄 상황은 아니었던 것입니다. 게다가 대부분의 박사들은 순우월처럼 봉건제를 찬성하고 있었습니다. 당연히 그는 박사들이 군현제를 지지해주기를 희망했습니다. 하지만 그렇지 않았습니다. 진시황은 일단 정치 제도와 관련한 문제에서 충돌이 발생하자 냉정해졌습니다. 박사들의 간언을 받아들일 생각을 전혀 하지 않았습니다.

진시황이 박사들의 봉건제 시행 주장을 받아들이지 않은 것은 큰 문제는 아니었습니다. 진짜 큰 문제는 적극적으로 이사의 주장을 다시 받아들인 이후 벌어진 분서의 명령입니다. 진시황은 이때 순우월을 처벌하지 않았습니다. 이건 그의 명철한 두뇌를 전적으로 대변하는 처사였다고 해도 좋습니다. 그러나 그는 분서라는 방법으로 박사들의 의견을 완전히 무시했습니다. 천하 모든 사람들의 정치적 입장을 막아버렸습니다. 정말 한심한 조치가 아니고 무엇이겠습니까?

사실 역사적으로 볼 때도 거의 모든 사람들이 분서에 대해 반대 입장을 가지고 있었습니다. 이즈음에서 두 편의 고시를 한번 봐도 무방하겠습니다. 고대 사람들이 분서를 어떻게 봤는지를 명확하게 알 수 있습니다. 우선 당나라의 장갈章碣이 쓴 〈분서갱焚書坑〉이라는 시입니다.

죽백(竹帛. 종이 대용으로 쓰던 대나무와 비단이라는 뜻으로 책이라는 의미-옮긴이)이 연기로 타올라 사라져 제업帝業이 허사가 돼 버리니,
관하(關河. 진나라를 굳건히 지켜주는 함곡관涵谷關을 비롯한 모든 관문과 강을 의미함-옮긴이)도 조룡祖龍의 기가 어린 땅을 지켜주지 못하는구나.
책을 태운 구덩이의 재가 아직 차가워지지 않았음에도 산동(山東. 육국이 있던 관동을 의미함-옮긴이)에서 변란이 일어나니,
유방과 항우는 원래 글을 읽는 사람이 아니었거늘.

이 시를 한번 자세하게 감상해봅시다. 제업이 허사가 돼 버린다는 내용은 다른 것이 아닙니다. 분서의 결과가 진시황이 생각하듯 그렇게 백성을 우둔하게 만들지 못했다는 사실을 지적합니다. 오히려 이로 인해 진나라의 제업이 막대한 피해를 입었다는 얘기입니다.

두 번째 구절은 은근히 진시황을 비판하고 있습니다. 아무리 천하 지식인들의 눈과 귀를 막으려 해도 결과는 오로지 그 한 사람만 바보가 됐다는 의미가 되겠습니다. 자신은 분서가 천하의 백성들을 우둔하게 만들 것이라고 잘못 생각했으나 사실은 전혀 그렇지 않았다는 말입니다.

세 번째 구절은 분서의 사건과 진시황의 죽음이 별로 시차가 없다는 사실을 말해줍니다. 진시황이 분서령을 내린 것은 기원전 213년(진시황 34년)이었습니다. 사망은 3년 후였습니다. 이어 4년 후에는 진나라 말기의 대 기의起義가 본격적으로 발생했습니다. 딱 7년 만에 천하대란이 일어난 것입니다. 7년이면 긴 시간 같으나 만세를 갈 것이라고 자신했던 진시황의 입장에서 볼 때는 무척이나 짧은 세월이었습니다. 책을 태운 구덩이의

재가 채 식지 않았다는 말이 결코 과장만은 아닌 듯합니다.

마지막 구절은 진시황에 대한 직격탄의 풍자라고 해야 하겠습니다. 우민화 정책이 완전히 실패했다는 야유와도 다를 바 없습니다. 그래도 웬만한 글 정도는 아는 귀족 출신인 항우와는 달리 유방은 거리의 건달로 책과는 아예 관계가 없었으니 진짜 야유라고 봐도 됩니다.

이처럼 장갈의 시는 언론 통제를 통해 진나라를 영원무궁하도록 만들겠다는 진시황의 생각을 비판, 풍자하고 있습니다. 특히 유방과 항우를 등장시켜 분서 사건이 아무런 타당성이 없다는 사실을 지적한 것은 단연 압권입니다.

분서는 문화 독재를 하겠다는 강력한 의지를 상징합니다. 하지만 진나라는 책과는 아무 상관없는 유방과 항우의 기의에 의해 멸망했습니다. 정말 사람의 계산은 하늘의 계산과는 상대조차 되지 않습니다!

시 한 수를 더 봅시다. 이번에는 무명씨의 〈분서갱〉이라는 시입니다.

분서는 백성들을 멍청하게 만들기 위한 것이었으나, 백성들이 멍청해지기도 전에 나라가 망하게 됐구나.
오로지 한 사람만을 막지 못했으니, 그가 황석(黃石, 저명한 병법가 황석공黃石公을 일컬음—옮긴이)에게 병법을 배웠도다.

진시황의 분서는 우민화 정책의 요체였습니다. 그러나 백성들이 모두 제정신일 때 진나라는 멸망했습니다. 천하의 모든 지식인을 통제하기는 했으나 한 사람을 막지 못했기 때문이었습니다. 그가 바로 장량張良이었습니다. 유방 수하 중에서 가장 뛰어난 모사였던 자방子房 말입니다. 그는 진시황의 금서령에도 불구, 황석공에게 병법을 배웠습니다. 천하를 통일할 용병술을 배운 것입니다.

후세인들이 쓴 이 두 시로 볼 때 진시황의 분서는 진나라의 멸망을 전혀 막지 못했습니다. 오히려 수천 년 동안의 웃음거리가 됐습니다. 정말 깊이 생각해야 하는 역사의 교훈이 아닌가 싶습니다. 우민화 정책은 절대로 정권을 공고하게 해주지 않습니다.

분서의 결과를 두 수의 시까지 동원해 살펴봤으니 이제 다음 얘기로 넘어갑시다. 갱유의 사건이 있었다는 설이 정확한 것은 아니라는 사실이 되겠습니다.

갱유는 《사기》의 〈유림열전儒林列傳〉에는 "술사들을 파묻었다"라는 내용으로 나옵니다. 여기에서의 술사는 유생들 중에서 음양오행의 학설을 주장하는 일단의 사람들을 가리킵니다.

이 비슷한 기록은 동한東漢의 왕부王符가 쓴 《잠부론潛夫論》의 〈현난賢難〉편에 나옵니다. "진나라가 망한 것은 비판적인 말을 하는 사람을 죽인 것과 술사들을 파묻었기 때문이다"라는 내용입니다. 분서를 '비판적인 말을 하는 사람을 죽인 것'이라고 했습니다. 또 갱유는 '술사들을 파묻은 것'이라고 본 것입니다.

술사는 도교에서 흔히 말하는 방술을 하는 사람이었습니다. 반면 유생은 유학을 공부한 선비였습니다. 이 두 개념은 연관이 있는 것 같으면서도 달랐습니다. 술사도 유가의 경전을 읽기는 했습니다. 그러나 술사는 방술에 훨씬 더 정통한 사람이었습니다. 후생과 노생은 모두 진시황에 의해 선약을 구할 능력이 있는 술사로 인식됐습니다. 절대로 순수한 유생이 아니었습니다. 따라서 이 사실들을 종합해 말할 경우 갱유의 설은 정확하지 않은 것도 같습니다.

이에 대해서는 반고班固가 저술한 《한서》의 〈교사지郊祀志〉 역시 비슷한 관점을 보입니다.

진시황이 봉선을 행한 지 12년 만에 진나라는 망했다. 여러 유생들은 진나라가 《시경》과 《서경》을 불태우고 유생들을 죽인 사실을 질타했다. 백성들은 법을 원망했다. 천하가 반란을 일으켰다.

반고의 시각은 기본적인 사실에서는 《사기》의 내용과 일치하는 부분이 있습니다. 그러나 분서갱유의 설에 대해서는 명확하게 언급하지 않았습니다. 〈교사지〉에서만 이런 것이 아니었습니다. 《유림전儒林傳》에서도 입장은 달라지지 않았습니다. 간단한 내용이라 소개해도 괜찮겠습니다.

진시황이 천하를 겸병한 다음 《시경》과 《서경》을 불태우고 술사들을 죽였다.

어떻습니까? 서한의 많은 학자들은 진시황이 방사들을 파묻어 죽인 행위를 갱유로 보지 않았습니다. 그저 단순하게 술사들을 파묻었다고 했습니다. 사실 어쩌면 이게 비교적 객관적인 설이 아닌가 보입니다.
그러나 동한의 위굉衛宏이 지은 《고문상서古文尙書序》는 또다시 완전히 다른 입장을 취합니다. 정식으로 분서갱유라는 단어를 사용했습니다.

진시황 대에 이르러 선대先代의 전적을 불태웠다. 분서갱유를 했다. 학자들은 난을 피해 모두 뿔뿔이 흩어졌다. 우리 선인들은 집의 책들을 벽장에 감췄다.

남북조南北朝 시기의 유송(劉宋. 유씨의 송나라를 의미함-옮긴이) 시대에 범엽范曄이 쓴 《후한서》의 〈진번전陳蕃傳〉 역시 마찬가지였습니다. 다시 한 번 갱유의 설을 강조했습니다.

신이 보건대 전전 사예교위司隸校尉 이응李膺과 태복太僕 두밀杜密, 태위연太尉

4부 진시황, 국가를 다스리다 | 525

掾 범방范滂 등은 행실이 바르고 결점이 없는 사람들입니다. 목숨을 다해 사직을 위했습니다. 충심 때문에 황상의 성지聖旨를 어긴 것입니다. 열심히 일을 한 것뿐입니다. 그런데도 너무나도 가혹하게 추궁을 당했습니다. 일부는 하옥돼 격리되는 형벌을 받았습니다. 또 유배를 가서 무고하게 죽기도 했습니다. 이건 천하 사람들의 입을 막겠다는 것이 아닙니까? 세상 사람들을 눈이나 귀가 먼 사람으로 만들려는 것 아닙니까? 이게 진나라 때의 분서갱유와 뭐가 다릅니까?

이로 볼 때 분서갱유의 설이 후대로 갈수록 힘을 얻었다는 사실을 알 수 있습니다. 나아가 정설로 굳어졌다고 하겠습니다.

자, 이제까지는 분서의 결과를 비롯해 갱유의 설이 반드시 정확한 것은 아니라는 사실을 살펴봤습니다. 그러나 정식으로 분서갱유라는 말을 사용한 위굉의 새로운 설 역시 무조건적으로 신뢰하기는 어렵습니다. 이제 마지막으로 이에 대해 살펴봅시다.

우리가 갱유를 언급할 때의 근거는《사기》의 〈진시황본기〉입니다. 가장 믿을 만한 일차 자료라 하겠습니다. 그러나 동한의 위굉이 기록으로 남긴 분서 사건과 〈진시황본기〉의 내용은 상당히 많이 다릅니다. 위굉의 기록에 따르면 사건의 발단은 진시황이 고대의 문자(아마도 대전을 의미하는 듯―옮긴이)를 소전과 진나라의 예서로 바꾸려고 했던 조치였습니다. 이때 그는 책을 읽는 천하의 지식인들이 이에 따르지 않을 것을 우려했습니다. 그래서 천하의 지식인들을 경성(京城. 함양을 의미함―옮긴이)에 불러모았습니다. 이들을 낭(郎. 시종侍從의 관직. 원문의 내용으로 미뤄 일률적으로 박사로 임명한 듯함―옮긴이)에도 봉하는 격려를 했습니다. 모두 700여 명이었습니다. 진시황은 이어 자신의 수하를 몰래 여산驪山으로 보내 온천 근처에 오이를 심었습니다. 오이는 땅 밑의 온천으로 인해 겨울에도 결실을 맺었습니다. 진나라에는 무슨 비닐하우스 같은 것이 있을 리가 만무했습니다. 이건 대단한 뉴스일 수밖에 없었습니다. 진시황은 짐짓 모른 체하면서 박사들 700여 명을 불러모았습니다. 당연히 박사들의 의견은 분분했습니다. 논쟁이 끊이지 않았습니다. 진시황은 이때다 싶어 박사들을 여산으로 보내 현장을 시찰하게 했습니다. 이들은 아무것도 모르고 여산으로 향했습니다. 진시황은 이들이 여산의 골짜기에서 현장을 시찰하고 있을 때 산 위에서 흙을 골짜기로 쏟아 부으라는 명령을 은밀하게 내린 바 있었습니다. 이들은 그대로 여산의 골짜기에 산 채로 묻혔습니다.

이 주장에 대해서는 나중 당나라 사람들인 안사고顏師古, 장수절張守節, 장회章懷태자 이현李賢, 이선李善 등이 각각 자신들이《한서》,《사기정의史記正義》,《후한서》,《문선文選》등에 대해 단 주석에서 모두 약속이나 한 듯 인용했습니다. 이로 볼 때 위굉의 갱유에 대한 새로운 설은 당나라에서 대단히 성행했다고 하겠습니다.

실제《사기》와《고문상서서》는 차이가 대단히 큽니다. 먼저《사기》의 갱유는 방사들이 진시황을 속인 것이 발단이 됐습니다. 그가 도저히 참을 수가 없었기 때문에 술사들을 잡아 죽였습니다. 반면 위굉의 새로운 설은 문자 통일에 대한 지식인들의 불만에 대한 진시황의 우려였습니다. 그래서 그답지 않게 치사한 방법으로 박사들을 속여서 파묻었습니다. 양측이 기록한 원인이 이처럼 달랐던 탓에 갱유를 실행한 진시황의 심리 상태 역시 달랐던 것입니다. 그러나 제 생각으로는 원래 기록에 의존하는 게 좋습니다. 이 기록이 당나라 때에 엉뚱하게 새로운 설로 대체돼 널리 유포돼 정설이 됐다는 얘기가 되겠습니다. 또 이 사실은 당나라 이후 진시황의 갱유가 역사상 유례없는 사회적 비판에 직면했다는 현실도 증명하지 않나 합니다.

그러면 우리는 분서갱유를 어떻게 평가해야 할까요?

정면에서 보면 분서갱유는 사실 사상 통일 영역에서 일어난 한바탕의 정치적 바람이었습니다. 진시황은 육국을 겸병한 다음 정치적으로 봉건제를 폐지했습니다. 과감하게 군현제를 실시했습니다. 문화적으로는 소전으로 문자를 통일했습니다. 경제, 금융 면에서는 화폐와 도량형을 통일했습니다. 이런 정치, 경제, 문화 각 방면에서의 조치들은 국가를 통일하는 데 있어서의 기본 요구 조건들이었습니다. 그러나 전국 시기가 어떤 시대였습니까? 백가쟁명이 관행적으로 존재하던 시대였습니다. 대 진나라 제국이 여전히 사상 영역에서의 통일을 이루지 못했던 것은 너무나 당연했습니다. 솔직히 장기적인 관점에서 보면 사상 통일을 이룰 경우 정치, 경제, 문화 등 영역에서의 통일은 쉬울 수 있었습니다. 사상 통일이 이들 각 분야 통일을 보증해주는 수표라고 해도 좋습니다. 하지만 현실은 그렇지 못했습니다. 장벽이 많았습니다. 특히 당시 법가와 함께 가장 성행했던 극도로 보수적인 경향의 유가는 가장 큰 걸림돌이었습니다. 진시황이 통일 후에 취했던 각종 참신한 조치들과는 너무나 방향이 달랐습니다. 당시 신민들 사이에 이에 대한 의견이 분분했던 것은 바로 이 탓이었습니다. 게다가 당시 육국의 귀족 출신들은 유가의 사상에 의거해 주나라의 분봉제를 회복시킬 것을 희망했습니다. 자신들이 잃었던 권력을 다시 찾고 싶었던 것입니다. 따라서 막 통일을 이룩한 진나라의 입장에서 말할 때는 사상 통일을 이룩하는 게 무엇보다 절실한 지상과제라고 해도 좋았습니다. 순우월이 함양궁 대전에서 마치 발작을 하듯 과격한 주장을 펼친 것은 그래서 절묘한 핑계였다고 해도 좋았습니다. 이 점에서는 진시황을 속이고 비난한 것 역시 마찬가지였습니다. 이로 인해 사상 통일이라는 문화 운동의 막이 올랐습니다. 비록 수단이 너무나 과격하고 일부 유생들에게는 잔혹하기 이를 데 없었으나 사상 통일은 단기간 내에 상당히 빠른 속도로 성과를 냈습니다.

분서 사건은 목적이 분명했던 문화 독재였습니다. 반면 갱유 사건은 상당히 충동적이기는 했으나 살육을 통해 여론을 통제하려 했다는 점에서 볼 때는 더욱 문화적인 독재였다는 결론을 내려도 틀리지 않습니다. 그러면 순우월의 실수는 어디에 있었을까요? 그렇습니다. 그는 진시황을 여전히 제후국 진나라 당시의 영정으로 생각했습니다. 때문에 자신이 주장하는 도의라는 무기를 가지고 진시황의 권력에 정면으로 도전한 것입니다. 이건 진나라 박사들이 진시황의 문화 독재에 시의 적절하게 적응하지 못했다는 사실을 말해주는 증거이기도 합니다. 그러나 사실 진시황은 완전히 유가의 씨를 말릴 생각은 절대로 없었습니다. 그가 불태우라는 명령을 내린 대상의 책들이 민간에서 보관하고 있었던 이른바 반동적인 유가 경전이었으니까요. 이 사실은 그가 나머지 수많은 책들을 당시의 국립 도서관에 보존하도록 조치를 의도적으로 취한 것에서도 잘 드러납니다. 이에 대해서는 청나라의 학자인 황석목黃石牧 역시 "진나라가 취한 금서 조치는 민간의 서적을 금하는 조치였다. 관청에까지 영향을 미치지는 않았다. 때문에 내부(內府. 조정을 의미함—옮긴이)의 박사들이 소장하고 있던 책들은 불태워지지 않았다"라고 주장한 바 있습니다. 원매袁枚의 《수원시화隨園詩話》 권5에 나오는 내용입니다. 사마천 역시 이 국립 도서관에 보존된 장서들의 혜택을 입은 경우에 해당했습니다. 《사기》를 쓸 때 당시까지 보존돼왔던 장서들을 대거 참고했다는 얘기가 되겠습니다. 그는 제자백가의 사상뿐 아니라 선진 제후 각국의 사관들이 남긴 기록까지 광범위하게 인용할 수가 있었습니다.

분서갱유의 사건은 어느 면에서 보면 조금 과장된 측면이 있었습니다. 왜 이렇게 생각하느냐고요? 한나라 때 유생들의 진나라에 대한 원망 분위기, 경전을 불태운 데 대한 경학가經學家들의 분노가 이 사건을 침소봉대한 원인이라고 할 수 있으니까요. 이에 대해서는 모든 고서들 중에서 한나라 때의 왕충王充이 쓴 《논형論衡》의 〈어증語增〉편의 내용이 잘 말해주지 않나 합니다. 분서갱유에 대한 가장 최초의 진실한 기록이라고 단언해도 좋습니다.

《시경》과 《서경》을 불태운 조치는 순우월이 진시황에게 올린 간언에서 비롯됐다. 유생들을 파묻은 조치 역시 이들이 요언을 퍼뜨려서 그렇게 됐다. 파묻힌 유생은 467명이었다. 그러나 이는 모든 유생들을 산 채로 파묻어 죽였다는 내용으로 부풀려졌다. 《시경》과 《서경》을 완전히 말살시키기 위해 이들을 생매장했다는 말 역시 유언비어에 가깝다. 이건 사실이 아니다. 과장된 것이다.

이처럼 진시황이 얼마나 많은 유생들을 파묻었는지 또는 그 방식이 어땠는지에 대해서는 사서의 기록들이 모두 다릅니다. 700여 명이라는 설도 있고 467명이라는 설도 있습니다. 464명과 460명의 설 역시 있습니다.

그러나 진시황이 무슨 이유로 460명을 살육했든, 진짜 죽인 사람이 460명이든 아니든 그건 중요한 것이 아닙니다. 중요한 점은 그들이 모두들 살아 있었던 무고한 사람들이었다는 사실입니다. 모두들 희희낙락하면서 울고 웃고 달리고 할 수 있었던 사람들이었습니다. 따라서 우리는 진시황이 한마디로 승리자의 정의로 이들에게 죄를 뒤집어씌웠다고 해야 하겠습니다. 절대로 정의의 승리자 이름으로 정죄한 것이 아니었습니다.

갱유의 의의는 얼마나 많은 술사(분서갱유가 과장됐다는 입장에서 희생된 사람들이 유생들이라기보다는 술사라고 생각하는 입장-옮긴이)들이 희생됐느냐 하는 데에 있지 않습니다. 천하에 진나라가 지향하는 문화 정책을 분명하게 보여줬다는 데에 있었습니다. 다시 말해 진 제국의 문화 독재가 이미 기본적 국책이라는 점을 보여줬다는 데에 있었다고 하겠습니다. 물론 진나라는 박사라는 관직을 그대로 남겨두기는 했습니다. 하지만 전국 시대의 백가쟁명이나 선비들이 목에 칼이 들어와도 할 말을 하는 기개는 이때부터 완전히 사라지고 말았습니다.

역사는 종종 통치자의 간절한 열망과는 반대의 길로 가는 경우가 많습니다. 진시황 역시 처음에는 하늘을 덮을 대단한 열망이 있었습니다. 유가의 일부 경전을 불태우고 술사들을 파묻으면서 문화 독재와 우민화 정책을 추진한 것은 다 이런 열망의 결과였습니다. 진나라의 통치를 공고히 하기 위한 것이었습니다. 그러나 결과는 반대로 나타났습니다. 이로 인해 대다수의 지식인들이 그의 생각과는 달리 진나라에 대립각을 확실히 세운 것입니다. 진나라는 민심을 더욱 잃을 수밖에 없었습니다. 진나라에게 마지막에 멸망하지 않으면 안 되는 씨앗을 하나 더 던져주게 됐다고 하겠습니다. 간단하게 살펴봐도 이 사실은 금방 알 수 있습니다. 진승陳勝, 오광吳廣이 기의했을 때 지식인들이 너도 나도 앞을 다퉈 반진反秦 투쟁에 몸을 던지지 않았습니까? 이들은 이후 진나라를 완전히 뒤엎어버리는 거대한 세력으로 발전하게 됩니다. 이건 분명 진시황이 분서갱유를 일으켰을 때는 전혀 생각하지 못한 결과가 아닌가 싶습니다.

이처럼 반진 세력들이 서로 규합해 역량을 키워 나갈 때 진시황의 건강 역시 나날이 나빠지고 있었습니다. 그의 무대가 서서히 막을 내리려 하고 있었던 것입니다. 그러면 이 막은 어떤 식으로 내려졌을까요?

30강

진시황의 죽음

진시황은 《시경》과 《서경》을 불태우고 술사들을 파묻는 조치 등을 통해 사상과 문화 방면에서의 중앙 독재 정치에 불리한 요인들을 깨끗하게 제거했습니다. 고도의 중앙집권적인 대 제국을 건설한 것입니다. 이로써 일생 동안 모든 권력을 수중에 넣고자 했던 그의 걱정은 완전히 사라졌습니다. 뒤통수가 근질거릴 이유가 없었습니다. 이때 이미 50세에 가까운 나이가 된 그는 불로장생을 더욱 열렬히 염원했습니다. 또 만세에 이르도록 추존을 받는 것 역시 그에 못지않게 중요했습니다. 그러나 이런 와중에 일련의 이상한 일들이 연이어 발생했습니다. 그로서는 좌불안석이 되는 것이 당연했습니다. 마음 역시 편치 않았습니다. 이런 불길한 조짐을 피하기 위해 49세 되던 해에 다시 다섯 번째 순유에 나서게 됩니다. 당시 순유의 원래 목적은 오로지 불로장생에 있었습니다. 자신이 다시는 돌아오지 못할 불귀의 객이 되리라고는 꿈에도 생각하지 않았습니다. 사구沙丘에서 세상을 떠나는 이 기이한 사건이 영원히 풀리지 않을 역사의 미스터리가 될 것이라고는 더군다나 생각하지 못했습니다. 그러면 그의 이번 순유는 어떤 배경 하에서 이뤄졌을까요? 그는 도대체 왜 순유 도중에 죽어야 했을까요?

형혹수심, 운석 등과 함께 진시황도 역사 속으로 사라지다

중국의 역대 제왕들이 평소에 대단히 중요하게 생각한 것이 하나 있었습니다. 그게 다름 아닌 천체의 현상이었습니다. 왜 그랬을까요? 천체의 현상이 하늘의 뜻을 의미한다고 생각했기 때문입니다. 이 현상들 중에서도 특히 가장 중요하게 생각됐던 것은 두 가지였습니다. 하나는 오성연주五星連珠, 또 하나는 형혹수심熒惑守心이었습니다.

그러면 뭐가 오성연주였을까요? 금, 목, 수, 화, 토의 다섯 개 행성이 일렬로 나타나는 현상을 일컬었습니다. 이건 한마디로 대단한 길조의 천체 현상이었습니다.

일부 사서는 유방이 황제 자리에 등극한 해에 이 현상이 나타났다고 기록하고 있습니다. 이 사실은 어느 호기심 많은 천문학자가 증명하기도 했습니다. 컴퓨터로 계산을 해보니 유방이 등극한 다음 해에 이 오성연주의 현상이 분명히 나타났다고 합니다. 이걸 보면 사학자들 역시 보통 사람들은 아닙니다. 유방을 위해 이처럼 길조의 현상을 가져다붙일 수 있었으니까요. 정말 일반인의 상상을 초월합니다. 그러나 솔직히 컴퓨터로 계산을 해보면 이 현상은 별게 아닙니다. 중국 역사상의 역대 왕조 황제들이 등극할 때마다 거의 이런 현상이 나타났습니다. 그럼에도 이에 대한 기록이 없는 황제는 딱 두 명이었습니다. 한 명은 유방의 부인인 여후呂后였습니다. 칭제를 했을 때 오성연주의 현상이 나타났다는 기록이 없습니다. 측천무후_{則天武后} 역시 다르지 않습니다. 칭제를 했을 때 역시 오성연주가 나타나지 않았습니다. 이건 또 왜 이랬을까요? 사학자들이 오성연주의 현상으로 여자도 하늘의 뜻을 받아 황제가 될 수 있다는 사실을 증명하고 싶지 않았기 때문이 아닌가 보입니다. 그들은 아마도 오성연주 현상이 나타났어도 이를 기록으로 남기지 않았을 겁니다.

그렇다면 이와 반대되는 천체의 현상은 도대체 뭐가 될까요? 그렇습니다. 형혹수심입니다.

무엇을 형혹수심이라고 부를까요? 설명을 해봅시다. 중국 고대에 형혹으로 불린 별은 화성이었습니다. 또 28수(宿. 중국에서 달의 공전 주기가 27.32일이라는 사실에 착안해 적도대赤道帶를 28개 구역으로 나눈 것. 각 구역이 각각의 수宿임―옮긴이) 중에서 심수(心宿. 28수 중 다섯 번째―옮긴이)는 약칭으로 심心으로 불렸습니다. 심수는 현대 천문학에서는 천갈좌天蝎座에 해당하는 것으로 세 개의 별로 이뤄져 있습니다. 자 이제 형혹수심을 보다 본격적으로 설명해봅시다. 화성은 천갈좌의 세 번째 별 부근으로 운행을 할 때 이곳에 잠시 머무릅니다. 바로 이것이 중국의 옛사람들이 늘 말하던 형혹수심의 현상입니다. 고대에 이 현상은 황권과 관계가 있는 것으로 인식됐습니다. 또 천갈좌의 세 별 중 가장 빛나는 별은 황제, 나머지 옆의 두 별은 태자와 서자庶子를 대표하는 것으로 줄곧 알려졌습니다.

이 현상은 왜 불길한 것으로 인식됐을까요? 설명을 하겠습니다. 중국 고대의 천문학은 이른바 점성학으로 불렸습니다. 당시 점성학의 가장 중요한 임무는 뻔했습니다. 황권을 위해 일하는 것이었습니다. 중국의 황제들이 하나같이 점성관占星官의 자리를 두고 적절하게 이용한 것은 다 까닭이 있었습니다. 그렇다면 형혹수심의 출현은 고대인들에게는 무엇을 의미했을까요? 분명했습니다. 최소한 황제의 퇴위를 의미했습니다. 최악의 경우는 황제의 사망도 의미했습니다.

우리는 서한西漢 말년의 사서 기록에서 이에 대한 확실한 사례를 찾을 수 있습니다. 때는 수화綏和 2년, 기원전 7년 중춘仲春이었습니다. 어떤 사람이 한 성제成帝의 승상 적방진翟方進에게 형혹수심의 현상이 나타났다는 보고를 올렸습니다. 적방진은 생각지도 못한 글을 읽고 난감해졌습니다. 어떻게 할 바를 몰랐습니다. 그가 이렇게 헤매고 있을 때 점성관은 그래도 황제의 측근답게 정신을 차렸습니다. 바로 이 사실을 성제에게 보고했습니다. 그는 이때 "천상(天象. 천체의 현상)이 변란이 일어날 것을 말해주고 있습니다. 국운에 액이 끼어 있습니다. 만약 이 화를 신하에게 전가시키지 않으면 국가가 장차 어려움에 처할 것입니다"라는 엄포도 잊지 않았습니다. 성제는 점성관의 말을 곧이곧대로 믿었습니다. 정신을 차리지 못했습니다. 그는 별로 생각도 해보지 않고 승상 적방진에게 화를 전가시켜야겠다는 결정을 내렸습니다. 오로지 자신만을 보전하기 위한 정말 치사한 생각이었습니다. 성제는 적방진에게 조정에 들어오라는 명령을 내렸습니다. 그의 입에서 준비된 말이 쏟아졌습니다.

"승상은 도대체 그 자리에 앉은 것이 벌써 몇 년째요? 10년째 아니요? 어떻게 음양陰陽 하나 제대로 처리하지 못하고 천상이 이변을 일으키도록 놔두고 있소."

적방진은 코가 석 자나 빠진 채 승상부로 돌아갔습니다. 당연히 하루 종일 경황이 없었습니다. 도저히 자신에게 닥친 액운을 피하기가 어렵다는 생각을 했던 것입니다. 물론 그는 이런 와중에도 요행이 생길 것이라는 기대를 버리지는 않았습니다. 그러나 성제의 생각은 완전히 달랐습니다. 그는 이미 적방진을 속죄양으로 만들어야겠다는 생각을 확실하게 굳히고 있었습니다. 다음 날 아침 성제는 사람을 시켜 적방진에게 조서를 보냈습니다. 조서의 내용을 볼 필요가 있습니다.

"나는 원래 그대가 대단히 똑똑하고 용감하다고 생각하고 있었소. 그대가 국가를 잘 다스려줄 것으로 믿어 의심치 않았소. 그러나 그대는 10년이나 승상 자리에 있었으나 나라에는 재난만 가득하오. 그대와 같은 이런 승상이 어떻게 나를 보좌해 천하를 다스리겠소? 나는 그대가 수년 동안 나라를 위해 고생한 것을 생각하고 있기 때문에 차마 그대를 파직시키지는 못하겠소. 앞으로는 나라를 자신의 집처럼 생각하기를 바라오."

성제는 이때 조서만 보낸 것이 아니었습니다. 좋은 술과 함께 황소도 한 마리 보냈습니다. 하지만 이건 좋은 의미가 아니었습니다. 황제가 신하에게 술과 황소를 보냈다는 것은 자살하라는 명령의 의미였습니다. 적방진은 성제의 생각을 알 것 같았습니다. 도저히 빠져나갈 방법이 없다는 사실 역시 알았습니다. 그대로 음독자살을 해야 했습니다. 적방진이 자살을 한 다음 성제는 마음이 놓였습니다. "승상은 갑자기 병이 나 세상을 떠났다. 후하게 장례를 치러주도록 하라"는 명령을 내린 것도 다 이 때문이었습니다. 그 자신도 수차례에 걸쳐 승상부에 가서 조문했습니다. 당연히 이후 국운이 융성할 줄 알았습니다. 자신의 천명 역시 영원히 공고해질 것으로 믿어 의심치 않았습니다. 하지만 1년도 못 가 승상에게 전가했던 이 불행은 성제에게 다가왔습니다. 갑자기 사망하게 된 것입니다.

황제가 화를 승상에게 전가했어도 자신의 죽음은 어쩔 도리가 없었습니다. 황제들은 바로 이 때문에 형혹수심의 현상을 대단히 두려워했습니다. 물론 성제의 고사는 나중의 일로 진시황이 알 도리가 없었습니다. 어쨌든 이로 볼 때 천체 현상의 변화가 황제에게 미치는 영향은 대단했습니다. 온 나라가 다 관심을 기울이는 일이었습니다.

진시황 36년(기원전 211년) 이상하게도 좋지 않은 세 가지 사건이 연달아 발생했습니다. 진시황은 이 일들로 인해 대단히 우울했습니다. 하나씩 살펴봅시다.

첫 번째 일은 역시 형혹수심이었습니다. 〈진시황본기〉만 봐도 이 일이 일어났다는 사실을 알 수 있습니다. 진시황이 기분이 좋을 까닭이 없었겠죠!

두 번째 사건은 운석이 떨어진 사건입니다. 진시황 36년 유성 하나가 동군東郡에 떨어졌습니다. 동군이 어떤 곳입니까? 진시황이 즉위한 후 여불위가 정권을 장악하고 있을 때 공격해 빼앗은 전략적 요충지였습니다. 당시 이 땅은 제나라에 속해 있었습니다. 진나라와의 국경 지대에 위치하고 있었습니다. 통일 이후에는 진나라 제국의 동쪽 지역에서 가장 큰 군이었습니다. 당연히 운석이 떨어진 것은 두려워할 만한 일은 아니었습니다. 하지만 운석 위에 씌어 있었던 글은 가볍게 볼 성질의 것이 아니었습니다. "진시황은 죽고 땅은 나뉜다"라는 내용이 씌어 있었던 것입니다. 놀라운 내용이 아닙니까! 진짜 그랬습니다. 이 글은 하늘의 뜻을 대표했으니까요. 진시황의 죽음과 진나라가 곧 망한다는 얘기였습니다.

이런 엄청난 일이 벌어졌는데 현장의 관리들은 태평하게 노닥거리고 있었을까요? 그렇지 않았습니다. 이 소식은 마치 날개를 단 듯 신속하게 진시황의 귀에 전달됐습니다. 진시황은 놀라 자빠질 뻔했습니다. 즉각 어사를 운석이 떨어진 곳으로 보냈습니다. 수사는 신속하게 진행됐습니다. 그러나 인근의 가가호호를 들이닥치면서까지 진행한 조사는 소용이 없었습니다. 글을 새긴 사람을 찾지 못했습니다. 분노를 이기지 못한 진시황은 "이 운석이 떨어진 곳의 모든 사람들을 다 죽여라. 더불어 이 글이 새겨진 운석을 불태우라"는 명령을 내렸습니다. 사람들이 비참하게 살해당했습니다. 운석은 불태워졌습니다. 그러나 진시황의 가슴속 어두운 그림자는 사라지지 않았습니다.

세 번째 사건은 침벽(沈璧. 강에 빠진 옥벽이라는 뜻-옮긴이)이 돌아온 사건이었습니다. 이해 가을 다시 불가사의한 일이 발생했습니다. 진시황의 한 사신이 저 멀리 동쪽에서부터 밤을 달려 화음華陰을 지나고 있었습니다. 갑자기 손에 옥벽을 쥔 신인이 그를 가로막고 말했습니다. "내 대신 이 옥벽을 호지군滈池君에게 전달해주시오. 또 금년에 조룡(진시황을 뜻함-옮긴이)은 죽을 것이오"라고 말입니다. 사신은 기가 막혔습니다. 황급히 그 신인에게 그게 무슨 뜻이냐고 물었습니다. 그러나 신인은 아무 말도 하지 않았습니다. 그저 옥벽을 건네주고 눈 깜짝할 사이에 어둠 속으로 사라졌습니다. 사신은 황당했으나 상황이 심상치 않다고 생각했습니다. 바로 옥벽을 들고 함양으로 돌아갔습니다. 진시황에게 즉각 보고도 했습니다. 진시황이 보인 첫 반응은 침묵이었습니다. 한참 후 그가 입을 열었습니다. "산 귀신은 아무리 많아야 오로지 1년의 일만 알 뿐이야"라는 말이었습니다. 당시는 가을이었습니다. 이미 이해의 남은 날이 얼마 되지 않았습니다. 그는 조정에서 나온 다음 다시 다른 사람에게 "조룡은 사람의 조상이야"라고 말했습니다. 그의 어조는 강경하게 들렸습니다. 하지만 도저히 어쩔 수 없다는 느낌이 있었습니다. 이 말을 한 다음 그는 사신이 들고 온 옥벽을 어부(御府. 황제의 책을 비롯한 물건을 보관하는 곳-옮긴이)에 보내 자세하게 감정해 보도록 했습니다. 결과는 놀라웠습니다. 옥벽이 진시황이 재위 28년(기원전 219년)에 실시한 순유 때 물의 신에 제사를 지내기 위해 강에 던져 넣은 물건이었던 것입니다. 8년 전에 물의 신에게 제사 지내기 위해 던져 넣은 옥벽이 어떻게 정체불명의 신인에 의해 돌아오게 됐을까요?

세상에 가장 두려운 것은 불행이 절대로 혼자 오지 않는다는 사실이 아닐까 싶습니다. 어떻게 1년 동안 기괴한 일이 세 번이나 일어날 수 있었을까요? 진시황은 우울해지지 않을 수 없었습니다. 하지만 그는 분위기 타파를 위해 안간힘을 다했습니다. 우선 점을 쳐봤습니다. 점괘는 잘 나왔습니다. 순유에 나서고 백성들을 이주시키면 화를 피하고 복을 받을 것이라고 했습니다. 그는 점괘대로도 했습니다. 무려 3만 호의 백성들을 북하北河와 유중楡中 지역으로 이주시켰습니다. 이들에게는 작위를 한 등급 올려주는 특혜를 줬습니다.

이들 세 사건은 모두 〈진시황본기〉에 빠짐없이 기록돼 있습니다.

생명 연장을 위해 순유에 나섰으나 생선 자반과 함께 돌아오다

기원전 210년 진시황의 다섯 번째 순유의 행렬은 북쪽(지금의 네이멍구內蒙古 바오터우包頭)에서 남쪽을 향하고 있었습니다. 이때의 차량 행렬은 다소 이상했습니다. 무엇보다 아주 빠른 속도로 함양으로 향했습니다. 다른 두 가지 특징도 있었습니다. 하나는 수십 대의 차량이 하나같이 호화스러웠다는 사실이었습니다. 또 하나는 수십 대의 호화 차량이 산발적으로 코를 찌르는 악취를 풍기고 있다는 사실이 되겠습니다. 이유는 있었습니다. 이 차량들의 몇 대에 악취를 풍기는 절인 생선이 가득 실려 있었던 것입니다. 그러나 다른 한 대에는 이미 부패하기 시작한 사람의 시신이 실려 있었습니다. 시신과 절인 생선이 뒤섞여 썩다 보니 고약한 냄새가 진동했습니다. 이 행렬을 따르는 수행원들, 이를테면 대신들과 경호원의 대부분은 이 시신이 누구의 것인지 몰랐습니다. 시신의 존재조차 모르는 사람이 대부분이었습니다. 알고 있는 사람은 오로지 몇 명에 지나지 않았습니다. 수행원들의 대부분은 그저 "진시황이 절인 생선을 먹고 싶어 하는구나"라는 생각을 했을 뿐이었습니다!

부패하기 시작한 이 시신이 중국 역사상에서 가장 이름이 드높은 진시황의 시신이라고 누가 생각했겠습니까! 하기야 그 자신도 아마 생전에는 이렇게 될 줄 몰랐을 겁니다. 인생의 막이 썩어가는 절인 생선들과 함께 뒤섞여 내려질 줄을 말입니다. 이건 도대체 어떻게 된 일이었을까요?

원래 이 전해에 나타난 세 가지 흉조는 "조룡이 금년에 죽을 것이다"라는 예언이나 마찬가지였습니다. 이로 인해 진시황은 대단히 우울해하기도 했었죠. 그래서 점을 치기도 했고 자신의 재위 37년(기원전 210년)에 대대적인 다섯 번째 순유에 나섰습니다. 따라서 이때의 순유는 진시황이 자신의 목숨을 살리기 위해 나선 것이었다고 해도 과언이 아니었습니다. 무슨 특별한 의미가 있는 것이 아니었습니다.

좌승상 이사는 진시황의 심복이었습니다. 당연히 이때의 순유에 동행했습니다. 그러나 우승상 풍거질(馮去疾. 어사대부 풍겁의 아버지-옮긴이)은 함양을 떠나지 못했습니다. 명에 따라 수도를 지켜야 했습니다. 이때 진시황의 어린 아들인 호해는 아버지를 따라나서겠다고 졸랐습니다. 진시황은 평소 몹시 사랑했던 아들이었으므로 그의 청을 들어줬습니다. 나중 이게 그에게는 엄청난 기회가 됐습니다.

진시황의 다섯 번째 순유는 그의 재위 37년 10월에 시작돼 이해 7월(진나라는 정월이 10월이므로 재위 37년 7월은 여전히 기원전 210년임-옮긴이)까지 이어졌습니다. 무려 9개월이었습니다. 이 기간에 그는 남쪽으로 절강浙江의 전당강錢塘江에까지 갔습니다. 회계에서는 대우(大禹. 우임금을 일컬음-옮긴이)에게 제사를 올렸습니다. 이때 각석을 남겨 자신의 공덕을 찬양하기도 했습니다. 그는 이후 북으로 올라가 낭야, 지금의 산둥성 린이臨沂에 도착했습니다.

진시황은 바로 이때 떠난 지 9년이나 됐던 서복을 다시 만났습니다. 그는 이보다 2년 전(진시황 35년)에 갱유 사건을 일으키면서 돈을 엄청나게 쓰고도 아무런 성과를 올리지 못했다고 서복을 비난한 바 있었습니다. 하지만 서복은 노생과는 달랐습니다. 이때까지 도망도 가지 않았을 뿐 아니라 제 발로 걸어와 진시황을 만났습니다. 자신이 선약을 구하지 못한 것이 바다의 큰 물고기 때문이라고 하면서 진시황에게 제거하도록 권했습니다.

이때까지는 괜찮았습니다. 모든 것이 순조로웠습니다. 그러나 평원진(平原津. 지금의 산둥성 핑위안현 서남쪽)에 이르렀을 때에는 상황이 달라졌습니다. 진시황이 갑자기 중병에 걸린 것입니다.

우리는 여기에서 한 가지 짚고 넘어가야 합니다. 병이라는 단어의 의미가 되겠습니다. 중국 고대 문헌의 병과 현대 언어에서의 병은 개념이 조금 다릅니다. 이를테면 일반적인 가벼운 병의 경우 고대 문헌에서는 그저 질疾이라고 불렀습니다. 중병만 병이라고 했습니다. 따라서 "평원진에 이르러 병이 났다"라는 말은 진시황이 평원진에서 중병에 걸렸다는 얘기가 되겠습니다. 또 "황제의 병이 더욱 심해졌다"라는 말은 진시황이 생명이 위독하다는 통지서를 받았다는 것과 같은 말이었습니다. 진시황 역시 이때 상황이 심상치 않다고 느꼈습니다. 옥새를 찍은 조서를 아들 부소에게 보내려 했던 것도 아마 그래서였을 것으로 보입니다. 내용은 함양으로 돌아와 장례를 주관한 다음 묻어달라는 내용이었습니다. 《사기》의 〈이사열전〉에 나오는 내용은 보다 자세합니다.

진시황의 병이 심해졌다. 그는 조고에게 명령해 공자 부소에게 조서를 쓰게 했다. "몽염에게 부대를 넘기고 함양으로 와서 장례식을 주재하라. 안장해 달라"라는 내용이었다. 조서는 봉해졌다. 그러나 사신에게 넘겨지지 않았다. 진시황은 곧 사망했다. 조서와 옥새는 모두 조고의 손에 남게 됐다. 오로지 아들 호해와 승상 이사, 조고 등을 비롯한 환관 5, 6명만 이 사실을 알았다. 나머지 대신들은 전혀 몰랐다.

진시황은 병이 위급해졌을 때 큰아들 부소에게 보내는 조서를 조고에게 쓰게 했습니다. 그러나 조서는 부소에게 전해지지 않았습니다. 계속 중거부령中車府令과 행부새사行符璽事 조고의 수중에 머물러 있었습니다. 그렇다면 왜 이럴 수가 있었을까요? 조고의 관직명에 해답이 있습니다. 중거부령은 다른 자리가 아니었습니다. 황제 전용 차량의 관리를 책임지는 부서의 최고 책임자였습니다. 전적으로 황제의 마차와 말만 관리했습니다. 이건 그가 진시황으로부터 엄청난 신임을 받는 관리라는 의미와도 통했습니다. 더구나 관직의 이름에 중中자가 들어가는 사람은 무상으로 황궁을 출입할 수 있었습니다. 행부새사 역시 만만치 않았습니다. 부符는 황제가 병력을 움직이는 용도의 부절符節을 의미했습니다. 새璽는 긴 설명이 필요 없습니다. 황제의 조서 위에 날인을 하는 옥새입니다. 행부새사가 황제의 부절과 옥새를 책임지는 최고 책임자였다는 얘기가 되겠습니다. 이 역시 황제로부터 가장 신임을 받는 사람만이 오를 수 있는 관직이었습니다. 그런데 조고는 엄청나게 중요한 자리를 두 개나 꿰차고 있었습니다. 얼마나 진시황의 신임이 대단했는지 알만 합니다. 그의 손에 진시황의 조서가 머물렀다는 것은 결코 이상한 일이 아니었습니다.

진시황의 순유 행렬은 그의 중병에도 불구하고 멈추지 않았습니다. 서쪽을 향해 계속 이어졌습니다. 그러다 사구(沙丘. 지금의 허베이성 광쭝廣宗현)의 평대平臺에 이르렀을 때 진시황은 마침내 세상을 떠났습니다. 이에 대해 사마천은 아주 간단하게 기록을 남겼습니다.

7월 병인丙寅에 진시황이 사구의 평대에서 세상을 떠났다.

이해(기원전 210년)에 진시황은 49세였습니다. 그러나 옛날 사람들은 대체로 만으로 나이를 세지 않았습니다. 사람들이 그가 50세에 병으로 세상을 떠났다고 하는 것은 바로 이 때문이라고 하겠습니다.

황제가 병으로 세상을 떠났다는 것은 엄청난 일이었습니다. 더구나 겨우 건국한 지 12년밖에 안 된 방대한 대 제국의 입장에서는 더욱 그렇습니다. 정말 의심할 것 없는 대 사건이었습니다.

진시황은 그렇다면 어떻게 죽었을까요? 49세에 불과한 남자는 원래 대단히 건강해야 합니다. 어떻게 갑자기 사망했을까요? 그는 몸이 대단히 튼튼했습니다. 형가가 찌르려고 했을 때 그는 대전에서 죽어라 뛰기도 했습니다. 거의 육상 단거리의 스프린터 수준이었습니다. 어떻게 갑자기 세상을 떠날 수가 있을까요?

아쉽게도 《사기》의 기록은 너무나 간단합니다. 진시황은 평원진에서 발병했습니다. 이때의 중병은 주변의 대신들에게 그가 가망이 없다는 사실을 확실하게 말해줬습니다. 그러나 그는 대신들이 자신의 죽음에 대해 언급하는 것을 굉장히 싫어했습니다. 때문에 대신들은 누구도 감히 그를 향해 죽음이라는 단어를 입 밖에 내지 못했습니다. 이건 뭘 의미할까요? 조정의 대신들이 그의 사후에 대비한 어떤 준비도 하지 못했다는 의미를 가집니다. 그 역시 병이 위급해져서야 부랴부랴 조서를 썼을 정도였습니다.

진시황의 사망을 기록한 유일한 문헌인 《사기》가 그의 병과 관련한 더 이상의 기록을 남기지 않은 탓에 우리는 그가 무슨 병에 걸렸는지 전혀 모릅니다. 그가 어떻게 세상을 떠났는지는 영원한 미스터리가 된 것입니다.

진시황을 둘러싼 죽음의 미스터리

천하의 무소불위 황제 진시황은 엄청난 일을 해냈습니다. 육국을 겸병하고 고도의 중앙집권적인 대 제국을 건설했습니다. 하지만 그런 그도 마지막에는 일반 평민과 마찬가지로 사신死神의 손아귀에서 벗어나지 못했습니다. 물론 사람은 언젠가는 죽게 돼 있습니다. 그러나 그의 죽음은 너무나도 급작스러웠습니다. 또 기괴했습니다. 사람들이 그의 죽음에 대해 분석해봐야 하겠다는 생각조차 하지 못하게 만들었을 정도였습니다. 그의 죽음은 정말 단순하지 않았습니다. 무엇보다 그의 사인에 대한 역사적인 기록이 사서에는 전혀 없습니다. 그가 죽은 장소가 신비한 느낌을 주는 곳이라는 사실 역시 그렇습니다. 전설에 따르면 원래 사구궁沙丘宮은 상나라의 주왕紂王이 짐승들을 기르는 곳이었습니다. 사방이 황량한데다 궁실宮室 역시 무척이나 넓고 깊습니다. 예측불허의 일들이 발생할 가능성이 매우 큰 곳이었습니다. 예로부터 지금까지 그의 죽음에 대해 분분한 설이 전해져 내려오는 것은 다 이유가 있습니다. 그의 사인에 대한 설은 두 가지가 있습니다. 하나는 병사설입니다. 이 설은 다시 네 가지로 나뉩니다. 어릴 때부터의 병, 과로로 인한 병, 유전병, 고온으로 인한 병 등입니다. 다른 하나는 모살설입니다.

우선 병사설에 대해 알아봅시다. 이 설은 무척 짧기는 해도 문헌에 분명하게 나와 있습니다. 네 가지 설 중에서 어릴 때부터 병치레를 했다는 사실을 일부 학자들이 주장하고 있습니다. 그의 얼굴 모습으로 볼 때 병이 있다는 겁니다. 결국 그 병으로 세상도 떠났다고 주장합니다.

그의 얼굴 생김새에 대해서는 유일한 기록이 남아 있습니다. 위료가 진시황을 만났을 때의 기록이 바로 그것입니다. 그를 비하하려는 냄새가 물씬 풍기는 묘사이나 한번 살펴는 봐야겠습니다. "진왕의 모습은 봉준蜂準, 장목長目, 지조응摯鳥膺, 시성豺聲의 특징을 가지고 있다"라는 내용입니다. 봉준은 높은 콧대를 의미합니다. 일부 사람들은 말안장 모양의 코라고 주장하기도 합니다. 매부리코라는 말이 되겠습니다. 장목은 큰 눈을 의미합니다. 아마도 튀어나왔을 것으로 추측됩니다. 지조응에 대해서는 주장이 두 개나 있습니다. 닭 가슴이라는 설과 새매 가슴이라는 주장이 있습니다. 시성도 마찬가지입니다. 늑대와 같은 목소리를 가지고 있다는 뜻입니다. 그래서 일부 사람들은 그가 기관지염을 앓았다는 주장을 하기도 합니다. 이 기록에서 코나 눈은 모두 건강과는 관계가 없습니다. 그러나 만약 기관지염을 앓았다면 문제는 다릅니다. 확실히 건강이 좋지 않았다는 증거가 되겠습니다.

하지만 저는 진시황이 절대로 선천적으로 병이 있었다고 생각하지 않습니다. 이유를 보겠습니다. 우선 형가에게 피습을 당할 때 황망한 중에도 기둥을 돌아 도망가는 기민함을 보였습니다. 만약 그가 선천적으로 기관지염을 앓았다면 절대로 이처럼 빠르게 뛰지 못했을 겁니다. 설사 빨리 뛰었다 해도 몇 걸음 옮기지 못하고 숨이 찼을 것이 분명합니다. 진시황은 무공 역시 뛰어났습니다. 형가가 찌르려 했을 때 그는 형가의 한쪽 다리를 내리쳤습니다. 마지막에는 죽이기까지 했습니다. 상식적으로 볼 때 태자 단은 무공을 잘 모르는 사람을 진시황을 죽일 자객으로 보내지 않았을 겁니다. 모르기는 해도 전국에서도 내로라하는 고수를 선발했을 겁니다. 그러므로 형가의 무공 역시 절정의 수준은 아니더라도 보통은 아니었다고 해야 옳습니다. 이처럼 무공이 평범하지 않은 사람도 진시황의 적수가 되지 못했습니다. 어릴 때부터 병이 있었다는 설은 크게 믿을 바가 못 됩니다.

그러나 역사적인 기록은 진시황이 평원진에서 병을 얻어 사구에서 위독해져 사망했다고 기록하고 있습니다. 병사설은 확실히 설득력이 있습니다.

그렇다면 과로로 병을 얻어 죽었을까요? 이런 가능성은 과연 없을까요? 진시황은 진짜 일을 많이 했던 군주였습니다. 세 가지 사실을 보면 알 수 있습니다. 첫째, 공문서를 많이 처리했습니다. 천하를 순유한 것도 거론해야 합니다. 후궁 역시 무지하게 많았습니다.

진시황 시대에 공문서는 모두 목간이나 죽간 위에 씌어졌습니다. 진시황은 이런 공문서를 매일 120근이나 읽고 처리하는 것을 목표로 삼았습니다. 스스로에게 이런 목표를 할당한 것입니다. 하기야 그를 제외하고 누가 그에게 하루 일해야 할 목표치를 제시할 수 있었겠습니까? 진나라의 도량형에 의하면 1근은 250그램이었습니다. 그러면 120근은 지금의 60근이 됩니다. 무려 30킬로그램이나 됩니다. 일의 양이 대단히 많았습니다. 그는 진짜 대단히 일을 열심히 한 사람이었습니다. 워커홀릭, 즉 일중독이라는 말도 어울릴 정도였습니다. 목표로 한 공문서를 다 보지 않으면 자지도 않았습니다. 당연히 그가 이렇게 했던 것은 권력을 독점하기 위해서였습니다. 권력 누수의 방지를 위해 크고 작은 일을 자신이 직접 챙기지 않으면 안 됐습니다. 명나라 때에는 그와는 반대되는 황제들이 적지 않았습니다. 심지어는 완전히 조정에 나가지 않은 황제도 있었습니다. 가장 유명한 황제가 가정제嘉靖帝였습니다. 하지만 그는 중국 역사상 최초의 황제였습니다. 이런 입장에서는 자신이 모든 일을 도맡아 하지 않으면 안 됐습니다. 이렇게 무리하게 일을 하는데 어찌 요절하지 않을 수 있었겠습니까?

진시황은 순유 황제이기도 했습니다. 황제 자리에 있었던 12년 동안 다섯 번이나 대대적인 순유에 나섰습니다. 순유가 얼마나 힘이 드느냐의 여부는 네 가지 상황이 결정해줍니다. 첫째는 길의 상황입니다. 둘째는 차량의 상황입니다. 세 번째는 시간, 네 번째는 계절적 상황입니다. 당시 진나라에는 최첨단의 도로인 치도가 있었습니다. 그러나 이때의 치도는 지금의 고속도로와는 비교하기가 곤란했습니다. 치도를 달리는 것이 얼마나 고통스러웠을지는 조금만 상상해도 알 수 있습니다. 교통수단은 더 말할 것이 없었습니다. 그 시대에 아무리 황제 전용의 최고 호화판 차량이 있었으면 뭐 합니까? 그게 지금의 벤츠나 BMW 등과 비교가 될 수 있었을까요? 안전이나 안락함에서는 더 차이가 많았을 겁니다. 이런 차량들을 타고 순유에 나서면 어지러워 몹시 고통스러웠을 겁니다.

순유가 얼마나 장기적인 시간을 요하는지는 기록에도 나와 있습니다. 다섯 번째 순유의 경우 그가 죽어서 함양으로 돌아올 때까지만 해도 무려 9개월이 걸렸습니다. 이렇게 장시간 순유에 나설 경우 몹시 피곤해진다는 것은 굳이 설명을 필요로 하지 않습니다.

계절은 또 어떨까요? 진시황은 다섯 번째 순유 때는 겨울에 출발해 여름에 제나라 땅에 이르렀습니다. 겨울의 추위와 여름의 더위를 다 맛봤습니다. 기후 변화, 더위와 추위 역시 그에게는 대단히 고통스러운 장애물이었을 겁니다.

이제 후궁에 대해 알아봐야 하겠습니다. 진시황은 후궁이 거의 1만여 명에 이르렀습니다. 아들도 20여 명이나 있었습니다. 공주 역시 최소한 10여 명이 있었습니다. 그의 성생활이 얼마나 빈번했는지 알 수 있습니다. 이게 그의 건강을 좀먹었을 가능성 역시 큽니다.

유전적 요인에 의한 병사설도 간과해서는 곤란할 것 같습니다. 진시황 집안의 장수 유전자는 사실 별로 좋지 않았습니다. 증조할아버지인 소양왕만 76세에 세상을 떠나 장수를 했을 뿐입니다. 할아버지인 효문왕은 즉위한 지 3일 만에 세상을 떠났고 아버지는 재위 3년에 세상을 하직했습니다. 할아버지는 많아야 50대 중반, 아버지는 이런 할아버지의 여러 왕자들 중 가운데 왕자였으므로 40세 이상은 넘지 않았을 것으로 보입니다. 증조할아버지를 빼고는 선대의 수명이 별로 길지 못했습니다. 유전병의 존재 가능성이 아무래도 있었다고 해야 합니다.

마지막으로 고온으로 인한 발병 가능성에 주목하는 것도 무리한 판단은 아닌 것 같습니다. 진시황이 실시한 최후의 순유는 210년 10월에 시작해 이해 7월까지 이어졌습니다. 사실 6, 7월은 날씨가 만만치 않은 계절입니다. 고온 내지는 혹서의 계절이라는 표현이 결코 과하지 않습니다.

게다가 장거리 여행에 지칠 대로 지쳐 있는 심신일 경우 발병할 가능성이 상당히 높습니다. 또 일단 발병하면 상황이 더욱 악화하지 말라는 법이 없습니다.

우리는 이처럼 진시황의 갖가지 병사설에 대해 알아봤습니다. 그러나 적지 않은 사람들은 이런 가능성을 인정하면서도 그가 갑자기 사망한 것이 아무래도 상당히 의심스럽다고 주장합니다. 이들은 이 근거로 그가 다른 많은 봉건 왕조의 제왕들처럼 몸이 허약한 사람이 아니었다는 사실을 듭니다. 실제로 사서들을 들쳐 봐도 그가 어떤 병을 앓았다는 기록은 전혀 없습니다. 아무래도 몸이 건강했다는 것은 사실일 것 같습니다. 따라서 이들은 진시황이 단순하게 병이 나서 저세상으로 간 것이 절대로 아니라고 거듭 주장합니다. 그의 죽음에 관한 진실은 아무래도 모살설을 가지고 분석해야 풀린다는 얘기입니다. 만약 모살을 했다면 도대체 누가 천하의 진시황을 죽음으로 몰아간 흉수가 될까요?

진시황을 살해한 흉수로는 다시 세 명이 유력하게 거론됩니다. 우선 아들 호해가 되겠습니다. 최측근이었던 조고 역시 혐의를 벗기 어렵습니다. 마지막으로 이사 역시 다소 억울할지 몰라도 리스트에 올라야 합니다.

유명한 학자인 궈모뤄郭沫若 선생은 일찍이 《진시황의 죽음》이라는 소설을 썼습니다. 재미있기도 하지만 무엇보다 중요한 가능성에 대해 거론했습니다. 그게 바로 진시황이 평원진에서 황하를 건널 때 간질병이 발작, 넘어지면서 후뇌를 청동 거울에 부딪혔다는 주장입니다. 이 주장에 따르면 진시황은 이때 입은 부상으로 뇌막염이 발병해 혼수상태에 들어갔습니다. 그러나 어쨌든 행렬은 움직였습니다. 진시황 역시 사구에서 하루를 잤습니다. 이어 다음 날 조고와 이사는 이미 사망한 진시황을 발견합니다. 상태는 놀라웠습니다. 오른쪽 귀에서 검은 피가 흘러나오고 있었습니다. 또 귓구멍에는 한 치 정도 되는 작은 바늘 침이 꽂혀 있었습니다.

물론 귀 선생께서 소설에서 제기한 의문은 추측일 뿐입니다. 그러면 누가 진시황을 모살했을까요? 소설에서는 호해를 의심합니다. 그가 아버지인 진시황이 큰아들 부소를 후계자로 삼겠다는 유조遺詔를 남겼다는 사실을 알았다는 게 이유가 되겠습니다. 이에 대한 불만으로 아버지에게 독수를 썼다는 시나리오입니다. 믿고 안 믿고는 독자 여러분들의 자유가 되겠습니다.

진시황을 모살한 가능성이 높은 다음 원흉으로는 조고를 꼽아야 합니다. 진시황의 병이 위중할 때 조서와 옥새는 모두 그가 가장 신뢰하는 조고의 수중에 들어갔습니다. 이로써 다음 황제를 결정하는 권한은 조고와 이사의 손에 달리게 됐습니다. 만약 진짜 호해가 아버지를 살해했다고 봅시다. 이 경우 그는 조고, 이사와 모의를 해야 했습니다. 만약 그렇지 않다면 그건 그에게 멸망의 길을 가져올 뿐이었습니다. 황제의 자리는 언감생심이 됩니다. 호해가 아버지를 살해할 생각이 있었더라도 그가 후계자가 되는 길은 전적으로 조고에게 달려 있었다는 얘기가 됩니다. 더구나 조고는 항상 진시황을 그림자처럼 따라 다녔습니다. 손쓸 기회는 아마도 호해보다도 많았을 것입니다.

그러면 진시황을 모살한 주모자는 과연 누가 되는 겁니까? 역사적으로는 하나같이 조고를 먼저 꼽습니다. 하지만 실제적으로는 이사가 될 가능성도 대단히 높습니다. 이사는 진시황이 위태로워지자 나름의 걱정을 했습니다. 자신의 지위와 녹봉이 영원하지 않을 것이라는 생각을 한 것입니다. 그래서 그는 자신이 선택한 공자를 황제로 앉혀야겠다는 생각을 했습니다. 이 계획이 성공하면 자신의 지위와 녹봉 역시 영원할 수 있었을 테니까요.

그러나 우리가 추측한 이런 모살설은 어디까지나 모두 허구의 개연성일 뿐입니다. 문헌에는 전혀 기록이 없습니다. 게다가 출토된 문물의 그 어떤 것도 이런 가능성을 증명하지 않습니다. 그저 진시황이 사망한 다음에 보인 호해, 조고, 이사 등의 행동에 근거, 논리적인 추론을 통해 가능성을 살펴본 것일 뿐입니다. 저는 그래서 이 사람들이 모살설의 주역일 가능성은 크지 않다고 생각합니다. 물론 조고는 진시황 사후 가장 막강한 영향력을 행사하면서 진나라의 정국을 좌지우지하기는 했습니다. 하지만 이 모든 일들은 진시황의 사후에 일어난 일들입니다. 만약 진시황이 살아 있었거나 했다면 조고는 자신의 부하들에게 진시황을 독살시키라는 명령을 내리지 못했을 겁니다. 우선 그게 가능하다고 생각하지 못했을 겁니다. 다음으로는 아마 그렇게 하려는 생각도 하지 못했을 수 있습니다.

진시황의 죽음에 대해서는 민간에도 많은 설들이 있습니다. 하나 보겠습니다. 진시황이 동순에 나섰을 때였습니다. 이때 그는 공자의 무덤을 파헤치는 만용을 부렸습니다. 이어 무덤 안으로 들어가 벽에 씌어 있는 다음과 같은 내용의 글을 목격했습니다.

"훗날 한 남자가 스스로 진시황이라고 칭할 것이다. 그는 내 무덤에 올라와 내 상석床石도 마구 짓밟을 것이다. 내 옷도 마구 헤쳐 놓을 것이다. 그러나 그는 사구에 이르게 되면 죽는다."

어쨌거나 진시황은 기원전 210년에 이 세상과 너무나도 빨리 이별했습니다. 자신의 일생을 서둘러 마무리했습니다. 그러나 그는 세상을 떠나기 전에 결정적인 착오를 범했습니다. 황후를 세우지 않은 것이 그것이었습니다. 태자를 세우지 않은 것 역시 실수였습니다. 심지어 부소에게 자리를 물려준다는 그의 조서는 제때 내려지지도 못했습니다. 그는 이미 세상을 떠나버렸습니다. 그의 측근들은 즉각 장례를 치르지 않는 방법을 비밀리에 선택했습니다. 죽음을 비밀에 붙이겠다는 생각이었습니다. 이건 도대체 무슨 이유 때문이었을까요?

秦始皇講義

5부 진나라의 멸망

31강
장례를 미뤄 죽음을 비밀에 붙이다

역사에서 가장 무서운 것이 의외성이라는 것입니다. 그러나 역사는 늘 의외성이 충만합니다. 전혀 예상 못한 순유 도중에 일어난 진시황의 죽음은 수행원들을 당황하게 만들었습니다. 대권을 손아귀에 쥐고 있던 이사는 더욱 곤란해졌습니다. 진시황의 죽음이 대 진나라 제국의 갑작스러운 권력의 진공 상태를 가져왔으니까 말입니다. 그렇다면 새로운 후계자가 정식으로 정해지지 않은 상태에서 이사가 맞닥뜨린 난제는 무엇이었을까요? 다른 것이 아니었습니다. 이 소식을 과연 발표하느냐의 여부였습니다. 이사는 어떻게 했을까요? 《사기》의 〈이사열전〉에 기록된 바에 따르면 진시황이 세상을 떠난 다음 전권을 처리하는 입장에 서게 된 이사는 즉각 장례를 치르지 않는 방법을 선택했습니다. 바로 함양으로 돌아가지 않고 예정대로 순유를 계속하겠다는 결정을 내린 것입니다. 이 결정은 그럭저럭 괜찮은 결정이었습니다. 그러나 문제는 진시황이 세상을 떠난 시간이 한여름의 염천이었다는 사실입니다. 시신이 부패하게 되는 것은 그야말로 당연지사였습니다. 시신에서 나오는 악취를 과연 수행하는 행렬에서 눈치채지 못할까요? 더구나 진시황은 일중독에 걸린 황제였습니다. 순유 도중에도 공문서를 읽고 처리했던 사람입니다. 만약 오랜 시간 일을 하지 않을 경우 주위의 의심을 살 가능성이 높았습니다. 그러면 이사는 다른 사람들의 눈을 어떻게 따돌렸을까요? 이사가 장례를 치르지 않고 진시황의 죽음을 비밀에 붙인 조치의 배후에는 어떤 말 못할 고충이 있었을까요?

비밀 유지를 위해 절인 생선을 동원하다

우선 이사가 어떻게 비밀을 유지하려 했는가에 대해 알아봅시다. 진시황의 순유 행렬이 대단했다는 사실은 굳이 긴 설명을 필요로 하지 않습니다. 따라나선 측근의 경호원만 해도 헤아리기 어려울 정도였습니다. 그러니 전체 행렬은 끝이 보이지 않았습니다. 이들이 진시황의 사망 사실을 모르도록 하는 것은 절대로 쉬운 일이 아니었습니다. 비밀을 유지하기 위해서는 두 가지 일을 확실하게 해야 했습니다. 하나는 진시황이 정상적으로 모든 일을 처리하는 것처럼 보여야 했습니다. 또 하나는 부패하는 시신에서 나는 냄새를 어떻게든 막아야 했습니다.

환관들의 도움으로 비밀은 어렵지 않게 유지하는 게 가능했습니다. 이들은 자신들이 당직을 서야 할 때에는 이전처럼 진시황의 호화 차량 위에 올라가 아무 일 없다는 듯 당직을 섰습니다. 식사를 올려야 할 때에도 이전처럼 변함없이 했습니다. 우리는 어떤 먹을 복을 타고난 환관이 이 밥을 먹었는지는 당연히 모릅니다. 조정의 일을 처리해야 했을 때도 다르지 않았습니다. 당직을 서고 있는 환관을 통해 문무백관들이 올린 공문들이 처리됐습니다. 어떤 대단한 능력을 가진 환관이 일을 처리했는지 역시 우리는 모릅니다.

그러나 시신에서 나오는 악취를 처리하는 문제는 쉽지 않았습니다. 진시황의 전용 호화 차량은 창문을 여닫을 수 있는 마차였습니다. 창문을 닫으면 시원하고 열면 더웠습니다. 진시황은 7월에 세상을 떠났습니다. 이때는 1년 중 가장 무더울 때였습니다. 아무리 창문을 닫아 시원하게 한다 해도 하루가 다르게 변질돼 가는 시신의 부패를 막는다는 것은 불가능했습니다. 솔직히 시신을 보이지 않게 하는 것은 가능했습니다. 하지만 냄새는 정말 골치였습니다. 아무리 덮고 가리고 해도 소용이 없었습니다. 하지만 궁하면 통한다는 말이 있습니다. 이사는 조고와 호해의 도움을 얻어 적당하게 상한 절인 생선을 구해 진시황의 호화 마차 안에 놓았습니다. 이건 그저 그럴듯하게 어울린 정도가 아니었습니다. 절묘하게 들어맞았습니다. 진시황을 수행하던 대신들조차도 썩는 냄새가 시신에서 나온다는 생각을 하지 못했을 정도였습니다. 절인 생선을 이용해 시신의 냄새를 없애려 했던 이사의 목적은 천신만고 끝에 달성됐습니다.

진상은 철저하게 은폐되었습니다. 그러나 이사는 더욱 사람들의 이목에서 벗어날 필요성을 느꼈습니다. 그래서 악취가 진동하는 진시황 순유 행렬의 방향을 사구에서 바로 함양으로 바꾸지 않았습니다. 진시황이 생전에 예정했던 대로 서쪽으로 방향을 틀었다 다시 북쪽으로 향하게 했습니다. 마지막에는 진나라 최북단의 구원군九原郡 치소(지금의 네이멍구 바오터우)까지 간 다음 즉각 직도를 따라 쏜살같이 함양으로 내달렸습니다. 진시황의 사망 소식은 함양에 가서야 마침내 만천하에 선포되었습니다.

내우와 외환을 모두 막을 목적에서 선택한 극비의 보안 유지

진시황은 생전에 각종 서슬 퍼런 조치를 실시했던 무소불위의 황제였습니다. 그러나 죽은 다음에는 절인 생선을 벗해야 하는 신세가 되지 않으면 안 됐습니다. 아마 그로서는 꿈에도 생각하지 못한 일이 아니었나 싶습니다. 그가 생각하지 못했던 것은 또 있습니다. 이렇게 일을 처리한 사람이 그가 생전에 가장 믿고 의지하던 이사라는 사실이었습니다. 그러면 이사는 왜 이 천하의 몹쓸 방법으로 진시황의 사망 소식을 굳이 은폐하려고 했을까요? 여기에는 얼마나 많은 비밀이 숨겨져 있을까요? 《사기》의 〈진시황본기〉를 우선 보겠습니다.

> 승상 이사는 진시황이 밖에서 죽자 여러 공자들과 천하가 반란을 일으킬 것을 두려워했다.

이사가 진시황의 죽음을 일단 은폐한 이유가 충분히 되겠습니다. 그러면 《사기》의 〈이사열전〉은 이에 대해 어떤 기록을 남기고 있는지 한번 봐야 하겠습니다.

> 이사는 진시황이 밖에서 세상을 떠나고 태자를 정식으로 세우지 않았다고 생각해 이를 비밀로 했다.

크게 차이가 나지 않습니다. 이 두 편의 기록으로 볼 때 이사가 진시황의 죽음을 일단 비밀로 한 데에는 네 가지 원인이 있었습니다. 하나는 사회의 불안이었습니다. 진시황이 순유 중에 세상을 떠난 것 역시 이유가 되겠습니다. 다음은 황자들이 정권 쟁탈전을 벌일 것이라는 데에 대한 우려였습니다. 태자를 분명하게 세우지 않은 것이 마지막 원인이 되겠습니다.

우선 사회의 불안에 대해 말해봅시다. 진시황은 재위 29년(기원전 218년)에 세 번째의 순유에 나섰습니다. 이때 그는 양무현陽武縣의 박랑사(博浪沙. 지금의 허난성 위안양原陽 경내)에서 자객에게 위해를 당할 뻔했습니다. 당연히 이 사건은 그가 처음 당하는 테러가 아니었습니다. 이 사건의 주모자는 주지하다시피 한나라의 개국 공신이자 유방의 최고 모사였던 장량이었습니다. 원래 그는 한나라의 귀족이었습니다. 할아버지가 무려 세 명의 국군 아래에서 상국을 역임했습니다. 아버지 역시 만만치 않았습니다. 상국으로서 두 명의 국군을 섬겼습니다. 양 대에 걸쳐 무려 다섯 명의 국군을 섬긴 상국 집안이었습니다. 이랬으니 그의 한나라에 대한 끈끈한 정은 대단할 수밖에요. 한나라가 망한 다음에는 자신의 분노를 분명히 보여줬습니다. 그는 우선 집안의 사람들과 노비들 약 300여 명이 비참하게 목숨을 잃었는데도 매장을 하지 않았습니다. 대신 온 집안의 재산을 모두 모아 자객을 고용했습니다. 자신의 목숨을 기꺼이 버리면서까지 한나라를 위해 복수를 해줄 자객을 구한 것입니다. 당연히 보수는 대단했습니다. 《사기》의 〈유후세가留侯世家〉에 이 내용이 자세히 나옵니다.

보수를 생각보다 훨씬 두둑하게 주면 용감한 자객이 나오는 법입니다. 장량이 고용한 자객 역시 그랬습니다. 많은 보수를 내걸자 장사 한 명이 드디어 나타났습니다. 무려 120근(지금의 30킬로그램에 해당)의 철추를 멀리 투척할 능력이 있는 장사였습니다. 게다가 그는 목표한 곳에 정확하게 철추를 던지는 능력 역시 출중했습니다. 백발백중이라는 말이 무색하지 않았습니다. 장량은 복수를 다짐한 사람답게 진시황이 박랑사에 도착한다는 정보를 미리 입수했습니다. 곧바로 자객을 대동하고 박랑사로 향했습니다. 결과는 어떻게 됐을까요? 진시황이 여분으로 준비해놓은 부거副車에 명중해버리고 말았습니다. 당연히 마차는 박살이 났습니다. 그러나 진시황은 터럭조차 다치지 않았습니다. 장량으로서는 안타까울 일이었습니다. 진시황은 분노를 억누르지 못했습니다. 그러나 장량을 잡지는 못했습니다. 장량은 정말 수가 높은 사람다웠습니다. 암살 계획이 실패로 돌아가자 즉각 이름과 성을 바꾸고 지금의 장쑤江蘇성 일원인 하비下邳 일대를 떠돌았습니다. 전국에 몰아친 대 검거 선풍을 일단 피하겠다는 생각이었습니다.

필연은 우연 속에 있는 법입니다. 장량의 암살 계획은 우연한 것인지도 모릅니다. 그러나 이 계획은 육국의 옛 귀족들이 진나라에 대해 가지고 있던 원한을 분명하게 반영했다고 해도 좋습니다.

이런 분위기는 진시황 생전에도 없었던 것은 아니었습니다. 사례를 들어 보겠습니다. 때는 진시황 31년(기원전 216년)이었습니다. 진시황은 이때 평상복으로 갈아입고 네 명의 무술 고수들을 대동한 채 함양 시찰에 나섰습니다. 묘하게도 그는 이 행차에서 우연히 강도를 만났습니다. 상황이 상당히 위험한 상황에 처했습니다. 다행히 궁중의 무술 고수들은 이들을 모조리 살해하는 전과를 올렸습니다. 진시황은 이때 놀란 탓인지 이후 관중關中 일대에서 약 20일 동안 각종 범죄 사범들을 일망타진하기도 했습니다. 진시황이 강도를 만난 곳은 과거 육국의 땅이 아니었습니다. 그 자신이 오랫동안 통치해온 진나라 땅인 함양이었습니다. 아무리 큰일이 생기지 않았다고는 하나 그에게는 대단히 큰 사건이었던 셈입니다. 이건 육국이 서서히 준동을 하려는 움직임과 무관하지 않았습니다. 관중의 치안 역시 묘하게 돌아가고 있다는 사실을 말해줬습니다.

물론 나중의 역사 기록을 통해 우리는 이때 모든 영웅들이 납작 엎드려 있었다는 사실을 압니다. 이를테면 장량이 그랬습니다. 호시탐탐 진나라를 뒤엎을 좋은 방법을 모색하고 있었으나 신세는 처량했습니다. 계속 도피 생활을 하면서 피곤한 삶을 이어가고 있었습니다.

아무튼 분위기는 뭔가 터질 것 같은 상황이었으나 나름의 질서는 있었습니다. 봄에 종자를 뿌리고 가을에 추수를 하는 대자연의 질서 같은 정연함은 있었습니다. 어떻게 보면 대 진나라 제국의 가장 빛났던 국면이 아니었나 싶기도 합니다. 그러나 진시황의 갑작스런 사망은 이사에게 이런 생각조차도 하지 못하게 했습니다. 그는 정연한 질서의 배후에서 치솟아 오르려는 불길한 조짐과 심상치 않은 상황을 분명히 파악하고 있었습니다.

그것도 다른 사람들보다 훨씬 더 분명하게 느끼고 있었습니다. 이런 상황에서 그가 어떻게 도박을 하겠습니까! 더구나 비상시국이면 어떻게 됩니까? 더욱 도박을 하지 말아야 했습니다. 그러나 엄청난 도박을 자행했습니다. 천하를 거는 도박이었습니다. 이게 바로 이사가 진시황의 죽음을 비밀에 붙인 첫 번째 이유였습니다.

두 번째의 이유에 대해서도 살펴봅시다. 진시황의 순유는 누가 뭐래도 황제의 순유였습니다. 천하의 모든 중심이 따라서 움직이는 순유라고 해도 좋았습니다. 만약 진시황이 함양에 있었다면 조정의 모든 관리들은 그대로 있었을 겁니다. 제도 역시 완비된 채로 있었을 겁니다. 빨리 처리해야 할 일들은 모두 잘 처리할 수 있었을 겁니다. 아무래도 길에 있는 것보다는 훨씬 상황이 좋을 수 있었습니다. 궁에 있었다면 황제가 세상을 떠났다는 사실을 공표하는 것은 큰 문제가 아닐 수 있었습니다. 위험이 훨씬 적었을 것으로 판단됩니다. 하지만 순유는 어쨌거나 함양에서 한참이나 떨어진 밖에서 이뤄지고 있었습니다. 아무래도 관리들의 수가 함양에서보다 많을 까닭이 없었습니다. 만약 이때 이 사실이 외부로 알려지면 어떤 예측 불가능한 일이 벌어질지 몰랐습니다. 이사로서는 조치를 취하기가 어려웠습니다.

이제 권력 쟁탈과 관련한 가능성에 대해 언급해봐야 하겠습니다. 진시황은 강권과 무력을 통해 권력을 완벽하게 틀어쥐고 있었습니다. 고도로 중앙집권적인 대 제국을 건국했습니다. 그러나 압박이 많으면 반발이나 저항 역시 강력한 법입니다. 때문에 진시황이 생전에 통치한 천하가 태평했다고 말하는 것은 솔직히 조금 무리가 따릅니다. 이사로서는 진시황의 사망 소식을 외부에서 발표하는 것에 부담을 느낄 수밖에 없었습니다.

그러나 이사를 결정적으로 망설이게 만든 것은 이 정도에서 그치지 않았습니다. 그는 황실 내부의 권력 투쟁에 대해 더 우려하는 입장이었습니다. 왜 이렇게 생각했을까요? 진시황이 살아 있을 때 황후와 태자를 세우지 않은 것이 이유가 되겠습니다. 그렇다면 왜 진시황은 생전에 황후와 태자를 세우지 않았을까요?

이사, 황후도 태자도 없는 난감한 상황의 딜레마에 빠지다

진나라의 국군들은 대대로 왕후가 있었습니다. 그러나 역사 문헌에는 진시황이 황후를 책봉했다는 기록만은 이상하게도 없습니다. 그의 사후 황제 자리의 계승이 복잡하게 돼 버린 것은 바로 이런 사실을 말해주는 증거이기도 합니다. 이건 도대체 또 왜 그랬을까요?

원인은 대략 다음과 같은 범위에서 벗어나지 않을 듯합니다. 우선 너무 많아 한 사람을 선택하기 어려웠다는 사실이 꼽히겠습니다. 어머니에 대한 원망과 여자에 대한 거부감 역시 이유로 부족함이 없습니다. 신선이 되고자 했던 그의 열망 역시 이유로서 한 자리를 차지합니다. 조건이 너무 높았다는 점은 더 말할 나위가 없겠습니다.

대상자가 너무 많았다는 사실에 대해 먼저 알아봅시다. 〈진시황본기〉에 중요한 기록이 있습니다.

진나라는 제후들을 격파할 때마다 그 나라 궁실宮室의 모양을 그대로 본뜬 궁전들을 함양의 북쪽 산기슭에 지었다. 이 궁전들은 남쪽으로는 위수渭水에 이르렀다. 또 옹문雍門에서 동쪽으로 가다보면 경수涇水와 위수가 합쳐지는 교차 지역에 이르렀다. 궁전들의 사이에는 육교와 순환 복도가 서로 연결돼 있었다. 여러 제후들로부터 노획한 미인과 종고鐘鼓, 악기 등이 모두 그곳에 채워졌다.

이 기록은 뭘 말해줄까요? 진시황이 겸병한 육국의 궁전들이 원래 상태 그대로 진나라의 함양에 옮겨졌다는 사실을 의미합니다. 물론 원래 궁전을 옮긴 것은 아닙니다. 일종의 복제 궁전이라고 하면 되겠습니다. 이 궁전은 얼마나 됐을까요? 모두 270여 개였습니다. 그렇다면 진시황은 이렇게 많은 궁전을 왜 지었을까요? 문헌의 기록이 확실하게 말해줍니다. 육국에서 포로로 잡아온 아름다운 후궁들을 수용하기 위해 지었다고 단언해도 좋습니다. 사실 당연하지 않습니까? 최후의 승리자가 나머지 제후국들의 아름다운 후궁들을 모조리 자신의 후궁으로 삼는 것이 말입니다. 어쨌거나 진시황이 차지하게 된 천하의 아름다운 후궁들은 전국칠웅의 미녀들 총수와 거의 똑같았습니다. 이 수는 도대체 얼마나 될까요? 장수절이 진효첩陳曉捷의 《삼보구사三輔舊事》를 인용해 《사기정의》에 남긴 기록에 따르면 무려 1만여 명에 이르렀다고 합니다. 그렇다 보니 자식들이 많았습니다.

일반적으로 생각할 때 황후를 선택하지 못할 이유는 없었을 것 같습니다. 그런데 그는 왜 이 많은 후궁들 중에서 한 여자를 택해 황후로 세우지 않았을까요? 간단합니다. 어려웠습니다! 적으면 선택의 여지가 별로 없습니다. 그러나 많으면 고르기가 여간 어렵지 않습니다. 1만 명에서 하나를 고르는 것은 실제 대단히 어려운 결단을 요하는 일이었습니다.

진시황이 황후를 세우지 않은 두 번째 이유인 어머니에 대한 원망과 여자에 대한 거부감은 솔직히 그의 잘못이 아닙니다. 그의 특수한 인생 역정이 그에게 독특한 여성관을 갖게 만들었다고 해야 하겠습니다. 우리는 그의 독특한 여성관을 세 가지 사건에서 살펴볼 수 있습니다. 첫 번째 사건은 어머니 조희의 문란한 사생활이 되겠습니다. 다음은 순유 때 각석을 남긴 일입니다. 마지막으로는 과부인 청淸의 사건을 꼽아야 합니다.

진시황은 각석에서 여자는 정절을 지켜야 한다는 사실을 강조했습니다. 그의 여성관을 여실히 엿볼 수 있는 대목이 아닌가 합니다. 한 번 자세하게 살펴봅시다. 때는 그가 다섯 번째 순유에 나선 진시황 37년(기원전 210년)이었습니다. 이 순유 기간에 그는 회계산에 도착, 대우에 제사를 지내고 각석을 비로 세웠습니다. 특별히 다음과 같은 글을 새긴 비각이었습니다. 내용을 보겠습니다.

> 자신의 잘못을 감추고 그럴듯한 말을 하면서, 남편이 죽자 자식을 버리고 시집을 가는 것은, 두 번 죽어야 할 죄니 부정不貞을 처벌해야 한다.
> 내외간이 떨어져 있도록 엄격하게 막아, 남녀가 서로 음탕하게 노니는 것을 방지해, 사람들이 모두 깨끗하도록 해야 한다.

이 각석의 앞 구절은 주장하는 바가 분명합니다. 절대로 여자의 재가를 허용해서는 안 된다는 얘기입니다. 뒤의 구절은 남녀가 문란한 성생활을 하는 걸 방지하겠다는 내용이라고 보면 됩니다. 진시황 때의 각석은 어떤 의미가 있는 것이었을까요? 어렵지 않습니다. 전국을 대상으로 내리는 일종의 포고문이었습니다. 다시 말해 제도로 정착시키겠다는 의지를 반영합니다.

우리는 이 각석을 통해 진시황이 여성의 정절을 대단히 중시했다는 사실을 알 수 있습니다. 다시 말하면 어머니의 문란한 사생활 때문에 어머니에 대한 원망과 여자에 대한 거부감이라는 콤플렉스를 가지게 됐다고 해도 좋습니다. 바로 이런 정서가 천하를 자애롭게 돌보는 역할을 해야 하는 황후의 선택을 망설이게 만든 요인으로 작용하였습니다. 당연히 이런 정서는 그로 하여금 여성을 대단히 경시하도록 만들었습니다. 특히 남성과의 관계가 문란한 여자를 멸시하도록 말입니다.

이제 마지막 사건을 보겠습니다. 진시황은 확실히 거의 선천적이라고 해도 과언이 아닐 정도로 음란한 여자에 대한 반감이 있었습니다. 그러나 입에 발릴 만큼 칭찬한 여자도 있었습니다. 바로 촉蜀 땅에서 생활하던 과부 청이었습니다. 어떻게 보면 그녀의 정조 관념을 과도하게 표창함으로써 음란한 여자에 대한 자신의 반감을 분명하게 드러냈다고 하겠습니다. 이에 대해서는 《사기》의 〈화식열전貨殖列傳〉이 기록을 남기고 있습니다. 기록에 따르면 그녀는 성공한 개인 사업가였습니다. 요즘 말로 하면 여성 CEO가 되겠습니다. 원문을 한번 보는 것이 좋겠습니다.

> 촉의 과부 청은 선조들이 주사朱砂 광산을 경영한 탓에 수대가 경제적으로 풍족했다. 재산이 이루 헤아릴 수 없을 만큼 많았다. 청은 과부로 선조들의 가업을 잘 지켰을 뿐 아니라 재물로 자신을 보호했다. 다른 사람들이 자신을 넘보지 못하게 했다. 진시황은 그녀의 정절을 기특하게 여겨 손님의 예로 그녀를 대했다. 또 그녀를 기념하기 위해 여청회대女淸懷臺를 세워줬다.

진시황은 평생 동안 여성에 대한 긍정적인 말을 한 적이 거의 없습니다. 표창은 더 말할 것이 없습니다. 과부 청이 유일합니다. 문제는 이 여자가 수절을 한 과부라는 사실이 아닐까 싶습니다.

진시황이 유배를 보낸 자신의 생모 조희와 이 과부 청을 연관시켜 볼 경우 우리는 어렵지 않게 그의 성향을 다시 한 번 파악하는 게 가능합니다. 당연히 그는 천하의 여성들이 모두 정절을 지킬 것을 요구하지는 않았습니다. 자신 주위의 여성들만 그렇게 해주기를 바랐습니다. 1만여 명에 이르는 후궁들은 말할 것도 없었습니다. 그는 그걸 정상이라고 생각했습니다.

죽어라 신선이 되고자 했던 것이 황후를 세우지 않은 세 번째 이유라는 사실을 들으면 고개가 끄덕거려지기도 합니다. 중국 고대에 신선이 되려는 노력을 기울인 사람들은 대부분 가정을 소홀히 했습니다. 오로지 신선이 되려는 생각만 했습니다. 진시황 역시 그랬습니다. 천하를 통일한 이후부터는 전심전력을 다해 불로장생의 선약을 찾았습니다. 두 번째 순유 때인 기원전 219년에 서복을 만난 것도 다 이런 노력과 관계가 깊은 일이었습니다. 아니 방사들을 후대한 것이나 태산 봉선, 나아가 원거리에다 오랜 시간이 걸리는 번잡한 대규모의 순유 등을 실시한 것은 거의 대부분 신선이 되고자 하는 그의 열정과 깊은 관련이 있었습니다. 오죽했으면 자신을 진인으로 부르라는 명령을 내리고 바다에 나가 큰 물고기까지 죽였겠습니까? 그는 정말 죽을 때까지 진인이 되는 열망을 놓지 않았습니다. 간절하게 원했습니다. 이렇게 거의 광적으로 열망했으니 황후를 책봉하는 문제에 어떻게 신경을 썼겠습니까? 더구나 황후를 책봉하는 일은 인간 세상의 일이었습니다. 신선이 돌아볼 수준의 일이 아니었습니다.

집착은 일종의 성격입니다. 또 인생의 태도라고도 할 수 있습니다. 이건 원래 좋다 나쁘다 하기 어렵습니다. 중요한 것은 집착의 대상입니다. 좋은 방향으로 집착을 하면 성공하게 되는 경우도 있습니다. 반대로 잘못된 길을 선택하면 자해를 하는 것과 크게 다를 것이 없습니다. 집착이 없으면 성공할 일이 없겠으나 너무 과도해도 생명을 잃게 됩니다. 진시황의 신선이 되고자 하는 열망과 불로장생의 선약에 대한 집착은 분명히 전자에 속하지 않나 싶습니다.

진시황이 황후에 대한 조건을 대단히 높게 뒀을 가능성 역시 있습니다. 황후를 세우지 않은 네 번째 이유가 되겠습니다.

이상의 사실에 비춰보면 진시황이 황후를 세우지 않은 것은 복잡하게 생각할 일이 아닙니다. 물론 이 현상을 불러온 진정한 원인은 오로지 진시황 한 사람 외에는 모릅니다. 우리는 그저 자신들의 판단에 근거해 추측만 할 따름입니다.

이제 태자를 책봉하지 않은 사실에 대해 알아봐야 하겠습니다. 이사가 진시황의 죽음을 비밀에 붙인 마지막 이유가 되겠습니다. 진시황은 친정을 실시한 이후 황후만 세우지 않은 것이 아니었습니다. 12년 동안의 황제 재위 기간에도 태자를 책봉하지 않았습니다. 그렇다면 진시황은 태자가 천하의 근본이라는 사실을 몰랐을까요? 모를 리가 없었습니다. 국군은 이걸 누구보다 중시하는 사람 아닙니까? 더구나 태자가 세워져야 천하가 공고해지고 군신들이 안심하게 되는 법입니다. 의문은 여기에서 그치지 않습니다. 진시황은 스스로를 시황이라고 했습니다. 자신의 제업이 만세까지 이어지기를 희망했습니다. 당연히 태자를 책봉해야 했습니다. 그러면 진시황은 왜 생전에 태자를 세우지 않았을까요? 이 이면에는 진시황의 어떤 심리가 자리 잡고 있는 것일까요?

진나라가 육국을 겸병해 천하를 통일하기 전의 각 왕들은 거의 모두 왕후와 태자를 책봉했습니다. 물론 힘을 과시하다 젊은 나이에 죽어 태자를 세우지 못한 무왕의 경우도 있기는 합니다.

진시황의 할아버지 효문왕, 아버지 장양왕은 모두 태자부터 세웠습니다. 대통이 무리 없이 이어질 수 있었습니다. 진시황은 혹시라도 조상들의 종법제를 깨부수겠다는 생각을 한 것은 아닐까요?

어쨌든 진정한 태자가 없었기 때문에 이사는 불안했습니다. 도성 함양에 있는 일군의 아들들이 모두 황제의 자리에 오를 가능성이 있었으니까요!

도대체 진시황에게는 몇 명의 자식이 있었을까요? 우선 〈진시황본기〉의 기록을 보면 대략 감이 잡힙니다. "6명의 황자가 두현杜縣에서 피살됐다. 황자 장려將閭를 비롯한 형제 3명은 내궁內宮의 감옥에 감금됐다. ……장려를 비롯한 형제 3명은 눈물을 흘리면서 칼을 뽑아 자결했다"라는 내용이 바로 그것입니다. 최소한 9명이 죽었습니다. 〈이사열전〉을 봐도 비슷한 내용은 나옵니다. "진시황은 20여 명의 아들이 있었다"라거나 "공자 10명이 함양에서 효수됐다. 12명의 공주도 두현에서 사지가 찢겨 죽었다"라는 기록 등이 그렇습니다. 모두 22명의 자식이 비참하게 죽었습니다.

이 정도에서 정리를 해보겠습니다. 진시황의 자식들 중에서 이름을 남긴 아들은 모두 4명이었습니다. 큰 아들 부소, 이세가 된 호해, 공자 장려, 공자 고 등이 이 주인공들입니다. 이중 큰 아들 부소는 자살했습니다. 공자 장려를 비롯한 3명 역시 자살했습니다. 고는 순장을 당했습니다. 이밖에 6명은 두현에서 피살됐습니다. 또 10명은 함양에서 죽었습니다. 12명 공주 역시 비명횡사했습니다. 이 통계를 인용하면 진시황의 아들은 최소 21명, 딸은 최소 12명이 된다는 계산이 나옵니다.

이들 아들들은 진시황이 태자를 책봉하지 않았으므로 모두들 태자가 될 가능성이 있었습니다. 그러나 진시황은 여자에 대한 거부감 내지 콤플렉스 탓이었는지 이들의 생모 중 그 어느 한 명도 지나치게 총애하지 않았습니다. 결과적으로 어머니의 성화를 등에 업고 태자로 책봉되지 못했습니다. 물론 큰 아들 부소에 대한 진시황의 생각은 각별하기는 했습니다. 나중에 조서를 쓴 사실로 미뤄볼 때 태자로 책봉될 가능성이 가장 높은 아들이었습니다. 그러나 부소는 갱유 사건에 대한 공개적인 진언으로 진시황의 분노를 촉발시켰습니다. 북쪽 변경 장성 군단의 감군으로 쫓겨가야 했습니다. 중앙 정치 무대에서 멀어진 것입니다. 만약 이때 이런 횡액을 당하지 않았다면 아마 기회는 그에게 더 많았지 않을까 싶습니다.

임종 직전에 쓴 조서에서 보듯 진시황은 부소의 능력을 상당히 높이 평가했습니다. 함양으로 달려와 자신의 장례를 치르라는 지시를 한 것만 봐도 이 사실은 알 수 있습니다. 그러나 역사는 결정적인 실수를 했습니다. 부소가 기회를 잃을 수밖에 없게끔 두 번이나 잔인한 상황을 연출했습니다. 하나는 그를 정치 무대의 중심에서 멀어지게 한 것입니다. 다른 하나는 장성 군단에서 감군으로 일할 때 그와 몽염의 관계를 너무나 밀접하게 만들어버린 것입니다. 이건 이사가 가장 우려하는 부분이기도 했습니다. 부소가 즉위하게 될 경우 몽씨 형제를 중용할 것이라는 걱정을 한 것입니다. 이사의 정치적 성향은 부소에게 두 번째 찾아온 기회를 물거품으로 만들어버리고 말았습니다.

이사는 승상이었습니다. 게다가 직접 진시황의 순유를 수행했습니다. 도중에는 진시황의 사망이라는 대사를 처리했습니다. 이로써 그는 도저히 주어진 상황에서 발을 뺄 수 없는 상황이 됐습니다. 역사의 책임이 그의 어깨에 완전히 떨어진 것입니다.

그러면 진시황이 태자를 세우지 않은 가장 결정적인 원인은 없을까요? 있습니다. 그는 죽음이 두려웠던 것입니다!

태자를 세우는 것은 무엇을 의미할까요? 그렇습니다. 자신이 반드시 죽을 것이라는 사실을 인정하는 것을 의미합니다! 이건 어떻게 해서든 불로장생하려는 노력을 기울인 진시황에게 있어서는 대단히 고통스러운 현실이었습니다. 그는 이 현실에 직면하기 싫었습니다. 아니 현실을 인정하기 싫었다고 하는 편이 더 옳겠습니다. 그래서 한편으로 불로장생을 추구하고 다른 한편으로는 태자를 세우지 않음으로써 이 민감한 화제에 직접 맞닥뜨리는 현실을 피하고자 했습니다. 우리는 이미 앞에서 이런 현실과 관련한 사실을 적지 않게 언급했습니다. 이처럼 불로장생을 열렬히 추구하는 사람이 어떻게 태자를 세울 수 있겠습니까? 자신을 신인, 진인, 성인으로 부르면서 스스로 비범하다고 생각하는 사람이 어떻게 태자를 세워야 한다는 생각을 하겠습니까? 자신이 불로장생한다고 생각하는 사람이 태자를 책봉하는 것은 솔직히 말해 쓸데없는 일이 아니었을까요?

인생은 어떻게 보면 TV 연속극과 비슷합니다. 클라이맥스가 있으면 결말도 있습니다. 역사는 회전을 하지 않습니다. 막을 내리면 그것으로 끝입니다. 진시황 역시 마찬가지였습니다. 죽음으로 모든 것이 끝났습니다. 이제 남은 최대의 문제는 진나라의 최고 권력이 그 자신이 생전에 원했던 대로 그렇게 흘러갈 것인가였습니다. 유조는 원래대로 하면 부소의 손에 들어가야 했습니다. 그에 의해 장례가 치러져야 했습니다. 장례를 마치면 그가 자연스럽게 권력을 계승해야 했습니다. 그런 다음 그가 진시황이 마음속에 그려놓았던 이세 황제가 돼야 했습니다. 과연 그렇게 됐을까요?

32강

이사의 변절

옥새까지 찍힌 진시황의 조서는 큰 아들 부소에게 발송되지 못했습니다. 부소가 아닌 조고의 수중에 들어가 버렸습니다. 조고는 이때 부소가 황제로 등극할 경우 자신이 소외될 것이라는 사실을 분명히 알았습니다. 자신의 입지가 불리해질 것을 예상한 조고에게는 오로지 호해 외에는 믿을 사람이 없었습니다. 호해라면 자신의 말을 곧이곧대로 들어줄 뿐만 아니라 자신의 영달에도 막대한 도움이 될 것이라고 판단했습니다. 악독한 계획을 세운 배경이 되겠습니다. 그는 오로지 자신의 개인적 이익과 정치적 야심을 위해 최고 권력의 공백기를 이용했습니다. 무려 세 번이나 호해에게 유조를 변조해야 한다는 당위성을 강조했습니다. 호해 역시 마지막에는 조고의 감언이설에 흔들리고 말았습니다. 호해는 동시에 승상 이사만 오케이를 한다면 만사가 형통할 것이라고 믿어 의심치 않았습니다. 이사의 태도가 조고와 자신이 일으키려는 정변의 최대 관건이었던 것입니다. 그러나 이사는 진시황의 최측근 신하였습니다. 그런 그가 태자를 바꾸고 유조를 찬탈해 변조하는 일에 쉽게 동의를 했을까요? 궁정 쿠데타를 일으키는 일에 선뜻 오케이를 했을까요? 야심의 팽창으로 완전히 간이 배 밖으로 나온 조고는 과연 이사를 어떻게 설득했을까요?

조고, 이해관계를 들먹여 여섯 번 만에 이사를 굴복시키다

이사의 태도는 사구 정변(조고와 호해가 조서를 바꿔치기 한 사건)의 향배에 결정적 영향을 미칠 요인이었습니다. 전환점도 될 수 있었습니다. 그러나 조고가 호해를 설득하고 있을 때 그는 아무것도 모르고 있었습니다. 이건 그가 실질적으로 진퇴유곡의 곤란한 상황으로 빠져 들어가고 있다는 사실을 의미했습니다.

 조고는 별로 많은 말을 하지 않고도 호해의 항복을 받아냈습니다. 하지만 그건 아무것도 아니었습니다. 이사라는 관문을 통과하는 것이 무엇보다 어렵고 중요한 일이었습니다. 만약 그렇지 못하면 모든 노력이 헛수고로 돌아갈 가능성이 컸습니다. 이사가 동의하지 않을 경우 호해의 동의 역시 아무 의미가 없었습니다.

 문제는 이사가 호해처럼 그렇게 쉽게 설득될 사람이 아니라는 사실에 있었습니다. 게다가 관료 생활을 오래한 탓에 노회했습니다. 진시황에 대한 충성심 역시 대단했습니다. 확실히 호해보다는 어려운 상대였습니다. 그러나 그 역시 평범한 사람이었습니다.

 이사와 조고의 승부는 그렇다면 결과가 어떻게 됐을까요? 두 사람의 승부는 무려 6라운드에 걸쳐 치열하게 전개됐습니다. 우선 1라운드를 보겠습니다.

 가장 효과적인 방법은 가장 간단한 방법이라는 말이 있습니다. 조고는 이 진리대로 했습니다. 빙빙 에둘러 말하지 않았습니다. 단도직입적으로 말했습니다.

"황상께서 세상을 떠났습니다. 지금 조서와 옥새는 제 수중에 있습니다. 승상과 제가 입을 맞추면 우리는 호해를 태자로 세워 대통을 잇게 할 수 있습니다. 어떻게 생각하십니까?"

이사는 전혀 예상하지 못한 조고의 말에 무척이나 놀랐습니다. 진짜 그는 이런 일이 벌어지리라고 단 한 번도 생각하지 못했습니다. 어떻게 조고에게 바로 좋다는 대답을 할 수 있었겠습니까? 단호하게 "어찌 나라를 망하게 만들 소리를 하는가? 이건 신하로서 논의할 일이 아니야!"라고 거부의 뜻을 분명하게 나타냈습니다.

이사는 조고에게 분명하게 경고했습니다. 나라를 망하게 만들 소리를 한다고 말입니다! 이로 볼 때 그는 이 첫 라운드에서는 이겼습니다. 조고가 패자였습니다.

이제 2라운드를 봅시다. 원래 사람은 손해를 보면 못 삽니다. 항상 이익을 좇으려 합니다. 이게 인간의 약점입니다. 이사 역시 약점이 있었습니다. 과거 진나라로 들어올 때 "사람이 출세하느냐 못하느냐는 별게 아닙니다. 쥐와 같다. 자신이 처해 있는 상황에 따라 결정된다"라는 이른바 쥐의 철학을 가지고 온 사람이었습니다.

조고 역시 이사의 스타일을 잘 알고 있었습니다. 그래서 다섯 가지 질문을 쉴 틈 없이 던졌습니다. 그는 우선 이사에게 능력이 몽염과 비교해 어떤지를 물었습니다. 공훈이 몽염과 비교할 때 어느 정도인지 역시 물었습니다. 모략이 어느 정도 수준인지에 대해서도 질문을 던졌습니다. 또 몽염과 비교할 때 인기가 어느 정도 되는지에 대해서도 물었습니다. 마지막 질문은 부소와의 관계가 몽염과 비교할 때 어느 정도인지에 대한 것이었습니다.

원래 옥리 출신이었던 조고는 대단히 총명한 사람이었습니다. 다섯 개의 질문은 완전히 이사의 아픈 곳만 정확하게 골라 찔렀습니다. 바로 피가 나왔습니다. 그렇다면 재능, 공훈, 모략, 인기, 부소와의 관계 등에서 그는 과연 몽염과 비교할 때 어느 정도 수준에 있었을까요?

답을 내리겠습니다. 이사는 몽염과 비교했을 때 세 가지가 부족했습니다. 우선 집안과 공훈에서 비교가 되지 않았습니다. 백성들로부터의 인기 역시 몽염보다 떨어졌습니다. 부소와의 관계 역시 몽염보다 좋지 못했습니다.

이사는 원래 상채上蔡에서 태어난 평민 출신이었습니다. 관직 생활 역시 아무런 발전 가능성이 없었던 지방의 말단 공무원에서부터 시작했습니다. 오로지 자신의 노력과 능력만으로 승상의 자리에까지 올랐습니다. 하지만 몽염은 달랐습니다. 할아버지 몽오, 아버지 몽무가 장군이었습니다. 그것도 육국을 겸병하는 큰 전쟁에서 공훈을 세운 대단한 인물들이었습니다. 한마디로 누대에 걸친 진나라의 핵심 세력이었습니다. 집안 자체가 이사의 출신 성분과는 도저히 비교가 되지 않았습니다. 이건 정말 의심할 바 없는 진실이었습니다.

이제 인기를 봅시다. 이사는 분서 사건이 일어나는 단초를 제공한 사람이었습니다. 천하의 사람들에게 인기가 있을 턱이 없었습니다. 특히 공부를 많이 한 지식인들에게 남긴 인상이 대단히 좋지 않았습니다. 심지어 그는 21세기인 지금까지도 이런 인상을 떨치지 못하고 있습니다. 더구나 그는 법치를 주장했습니다. 대단한 강경파였습니다. 이사로서는 인기가 몽염과 비교조차 되지 않는다는 생각을 하지 않으면 안 됐습니다.

부소와의 관계는 더욱 그렇습니다. 이건 거의 그의 마음의 병이라고까지 해야 했습니다. 둘은 이미 일찍감치 정치를 함께 논했습니다. 바로 진시황이 갱유 사건을 일으킬 때였습니다. 이때 부소는 진시황에게 간언을 올렸습니다. 부소가 최소한 이때부터 조정의 정치에 관여한 것으로 보입니다. 만약 이런 추론이 성립하면 부소와 이사는 최소한 진시황 35년(기원전 212년)에 이미 조정의 일을 함께 처리했다고 볼 수 있습니다. 그러나 둘은 확연하게 입장이 달랐습니다. 완전히 정견政見이 달랐습니다. 이를테면 부소가 갱유 사건에 브레이크를 건 반면 이사는 침묵으로 일관했습니다. 이 침묵은 적극적 지지를 의미했을까요? 아니면 그가 감히 반대를 하지 못한 것이었을까요? 알 수는 없으나 지지했을 가능성이 큽니다. 그와 진시황은 군현제 설치에서부터 시작해 분서 사건에 이르기까지 의견이 엇갈린 적이 거의 없었습니다. 궁합이 너무나 잘 맞았다고 해도 좋을 정도로 고도의 의견일치를 보였습니다. 한마디로 두 사람은 극단적인 독재의 제창자이자 실행자였습니다. 때문에 갱유 사건에서도 둘의 입장은 엇갈렸을 가능성이 없었습니다. 이런 정견의 차이는 자연스럽게 이사와 부소의 관계를 껄끄럽게 만들었습니다.

부소는 이로 인해 변경 지방으로 좌천되기도 했습니다. 몽염의 장성 군단에서 감군으로 일했습니다. 기원전 212년부터 210년까지였습니다. 더 중요한 사실은 몽염이 분서갱유 조치 등을 지지하는 사람이 아니었다는 것입니다. 당연히 정견에서 부소와 부딪치는 일이 없었습니다. 그와 부소와의 관계가 이사와 부소와의 관계보다 훨씬 좋을 수밖에 없었습니다.

이사의 재능과 모략은 조금 다르다고 할 수 있었습니다. 몽염과 비교하기가 곤란했습니다. 최소한 몽염에 비해 떨어진다고 하기는 어려웠습니다. 그러나 어쨌든 조고의 다섯 가지 질문은 이사의 아킬레스건이었습니다. 그로서는 솔직하게 "그 다섯 가지는 내가 몽염에 미치지 못하오"라고 대답하는 수밖에 없었습니다. 그러나 그는 "그대는 왜 하필 나를 이렇게 심하게 닦달하는 거요"라고 말하면서 조고의 제안을 거절했습니다. 2라운드에서도 조고는 성공하지 못했습니다.

제3라운드를 보겠습니다. 조고는 희망을 버리지 않았습니다. 이때에는 아예 분명하게 세 가지 사실을 지적했습니다. 우선 자리에서 파면된 진나라의 승상이나 공신들이 모두 비참한 최후를 맞이했다는 사실을 강조했습니다. 또 부소가 황제가 될 경우 몽염을 중용할 것이라는 점도 지적했습니다. 호해가 황제로 적당하다는 사실 역시 대놓고 했습니다.

이사는 즉각 대답했습니다. "그대는 하고 싶은 대로 하시오! 나 이사는 황제의 유조를 그대로 집행하겠소. 내 운명은 하늘에 맡기겠소. 내가 뭣 때문에 결정을 고려해야 한다는 말이오?"라고 말입니다.

조고는 3라운드에서만큼은 앞의 2라운드보다 더 적극적으로 나왔습니다. 그가 지적한 세 가지가 모두 이사의 이해관계와 연관된 문제들이었으니까요. 이로써 유조를 변조하고야 말겠다는 그의 의도는 더욱 분명해졌습니다! 그러나 이사는 꿈쩍도 하지 않았습니다. 만약 이사가 이 상태를 견지한다면 조고와 호해도 방법이 없었을 겁니다. 음모가 절대로 순조롭게 진행되지 못했을 가능성이 높았습니다. 조고의 유조 변조를 위한 출격 3라운드 역시 실패로 돌아갔습니다.

제4라운드의 종이 울렸습니다. 조고는 이때 모질게 마음을 먹었습니다. 이사를 완전히 케이오시키겠다는 의지를 다질 정도였습니다. 유조를 변조하려는 생각이 이미 다 밝혀진 마당이었으므로 그로서는 퇴로가 없었던 것입니다. 이사가 죄를 물을 경우 그는 당연히 자신의 행동에 책임을 져야 했을 겁니다. 물론 이때 이사는 그를 추궁할 생각은 하지 않았습니다. 그럼에도 어쨌든 그는 물러설 수가 없었습니다.

세 번씩이나 실패를 한 조고는 그러면 어떤 수단으로 이사를 공략했을까요? 역시 이해관계를 언급했습니다! 조고는 이 수단을 강구할 경우 이사를 공략할 수 있다고 아마도 진짜 굳게 믿었지 않나 싶습니다.

조고는 계속 변란을 위한 계획을 견지했습니다. 절대로 포기하지 않는다는 의지였습니다. 이사 역시 자신의 신하로서의 마지노선을 견지했습니다. 그건 배반하지 않는다는 신념이었습니다.

조고는 안위에 대해 역설했습니다. 반면 이사는 주군의 은혜를 강조했습니다. 아무래도 명분에서 조고가 밀렸습니다. 4라운드에서도 역시 조고는 참패를 당했습니다.

제5라운드가 곧 시작됐습니다. 조고는 네 번의 실패에도 불구하고 계속 죽어라 하고 물고 늘어졌습니다. 조고가 나라와 권력을 찬탈하기 위해서는 반드시 확보해야 할 고지가 이사라는 사람이었으니까요. 게다가 유일한 고지라고 할 수도 있었습니다. 그러나 안위와 이해를 들먹이고서도 이사를 움직이지 못했습니다. 과연 조고는 무슨 수로 그를 공략할 수 있었을까요? 협박이라는 방법이었습니다. 무슨 카드로 협박을 할 수 있었을까요?

호해라는 카드였습니다. 이 카드는 정말 조고의 수중에 들어 있는 최고의 에이스 카드였습니다.

조고는 이때 이사에게 두 가지 사실을 분명히 전했습니다. 하나는 천하의 권력과 백성들의 운명이 호해의 수중에 들어 있다는 사실이었습니다. 또 호해의 속마음을 가장 잘 아는 사람이 자신이라는 말도 했습니다. 다음으로 그는 호해와 자신이 연합하는 것은 위에서 아래를 통제하는 당연한 일이라는 입장을 밝혔습니다. 반면 외부세력이 조정을 통제하려는 것은 반역이자 망상, 아래에서 위를 굴복시키겠다는 것은 반란이라고 서슴없이 결론을 내렸습니다.

조고의 이 두 가지 주장은 위력이 대단히 강력했습니다. 조고가 한 말이 사실 대세를 정확하게 짚어낸 말이었으니까요. 이사 역시 이 대세를 모르지 않았습니다. 굴복하지 않으면 결론은 뻔했습니다. 조고가 호해와 연합해 자신의 죄를 징벌하지 말라는 법이 없었습니다.

이사는 속수무책으로 당하기는 싫었습니다. 아무리 자신이 직면한 처지가 운신의 폭이 대단히 협소했어도 당연히 그래야 했습니다. 더구나 그는 역사에 대해 정통했습니다. 정상적으로 큰 아들을 세우지 않고 엉뚱한 짓을 하는 것이 얼마나 큰 재난을 불러오는지에 대해 알고 있었습니다. 절대로 굴복하지 않겠다는 의지를 보인 것입니다.

어느새 6라운드에까지 이르게 됐습니다.

이사는 말을 듣지 않았습니다. 그래도 조고는 돌아갈 줄을 몰랐습니다. 다시 생사를 겨루는 라운드를 시작하지 않으면 안 됐습니다. 조고는 이 6라운드에서 다시 이해 문제를 들고 나왔습니다. 이번에는 "승상께서 제 계책을 따르면 후에 봉해지는 것을 오랫동안 보장할 수 있습니다. 대대손손 전해질 것입니다. 승상께서도 틀림없이 신선인 왕자교王子喬와 적송자赤松子처럼 장수하시고 공자, 묵자처럼 지혜로운 사람이 될 것입니다. 그러나 이 기회를 버리고 제 말을 듣지 않으면 화가 승상에게 미치는 것은 기본이고 자손에게까지 이를 수 있습니다. 이 얼마나 끔찍한 일입니까. 처세를 잘 하고 기회를 따라 움직이는 사람은 화를 복으로 바꿀 줄을 압니다. 승상께서는 어떻게 하시렵니까?"라는 말까지 세부적으로 덧붙였습니다. 경고성의 최후통첩이라고 해도 좋았습니다.

조고가 끊임없는 협박과 이해관계를 무기로 강온 양면의 공격을 가하자 이사는 더 이상 버틸 재간이 없었습니다. 하늘을 우러러 눈물을 흘리면서 탄성을 내지를 수밖에요. "난세에 직면해서 죽음으로 충성을 다하지 못했으니 이제 또 어디에 내 운명을 맡긴다는 말인가? 역시 명철보신을 하는 수밖에 없지 않는가!"라는 말도 곧 그의 입에서 흘러나왔습니다. 이렇게 이사는 조고에게 완전히 굴복하고야 말았습니다.

조고는 6라운드나 가는 치열한 승부 끝에 드디어 승리를 거뒀습니다. 떨 듯이 기쁠 게 당연했습니다. 호해의 처소로 향하는 그의 발걸음은 너무나 가벼웠습니다. 호해에게 "저는 태자의 명령을 받들어 승상 이사에게 우리의 생각을 전했습니다. 그가 어찌 복종하지 않겠습니까?"라고 보고하는 그의 어조는 흥분에 들떠 있었습니다.

이사는 왜 변절했는가?

이사는 진시황의 측근 신하였습니다. 순유 때도 따라나설 정도였습니다. 이런 이사가 변절했습니다. 이건 사구 정변의 탄생을 의미하는 것과 하나 다를 바가 없었습니다.

이사가 변절했다는 사실은 보통 문제가 아니었습니다. 엄청나게 중요한 문제였습니다! 실제로도 진나라가 나아갈 방향을 완전히 바꿔놓고 말았습니다.

그렇다면 이사는 왜 변절하지 않으면 안 됐을까요?

두 가지 설이 있습니다. 하나는 이사와 조고가 콤비처럼 연기를 했다는 설이 되겠습니다. 진시황이 분서와 갱유 사건을 일으켰을 때 이사의 정견은 부소와 완전히 일치하지 않았습니다. 당연히 이사로서는 변방에서 병권을 쥐고 있던 부소를 지지할 수가 없었습니다. 그렇다면 조고와 무려 6라운드나 겨룬 것은 어떻게 봐야 합니까? 간단합니다. 그저 명분을 얻기 위한 쇼였을지도 모릅니다. 솔직히 말해 그와 조고는 같은 입장이었는지도 모릅니다. 어디까지나 설이기는 합니다만 부소가 아닌 호해를 태자로 세우고 싶어 했을 가능성이 농후합니다.

다른 설은 이사가 개인적인 이득을 위해 조고에게 굴복했다는 것입니다. 굴복설이 되겠습니다.

우선 콤비 연기설에 대해 분석해보겠습니다.

이 설의 중요한 논거는 주지하다시피 이사와 부소의 정견 불일치가 되겠습니다. 부소는 이사가 분서령을 건의했을 때 특별히 반대 의견을 말하지 않았습니다. 따라서 우리는 부소가 이에 대해 어떤 생각을 가지고 있었는지는 모릅니다. 갱유 사건은 이사의 건의에 따른 것이 아니었습니다. 그러나 그는 특별하게 반대 입장을 표하지 않았습니다. 반면 부소는 적극적으로 아버지에게 대들었습니다. 아버지와는 완전히 반대되는 입장을 분명하게 보인 것입니다. 이로 볼 때 우리는 부소와 이사의 정견이 도저히 화합하기 어려울 정도로 달랐다고 판단하기는 어렵습니다. 더불어 이사는 조고와 콤비로 연극을 할 필요성도 없었습니다. 도대체 누구에게 보여준다는 말입니까? 정변은 원래 비밀을 철통같이 유지하는 상태에서 진행되는 것이 상식 아닙니까? 따라서 조고가 유조를 변조하고 호해를 이세로 옹립한 게 이사와 조고의 콤비 연기설이라는 주장은 논리적으로 맞지 않습니다.

이제 굴복설을 분석해봅시다.

조고의 말은 처음에는 이사에게 전혀 먹히지 않았습니다. 완전 요지부동이었습니다. 그러다 6라운드에 이르는 결전을 치렀습니다. 이해관계를 내세워 유혹하고 협박, 위협 등의 강온 전략을 구사했습니다. 몇 차례나 반복하는 전략도 있었습니다. 결국 이사는 무릎을 꿇었습니다.

만약 우리가 〈이사열전〉을 자세하게 읽어보면 이사가 끝까지 버텼다는 사실을 알 수 있습니다. 조고에게 어쩔 수 없이 굴복한 것이지 영합을 한 것은 아니었습니다. 협박으로 인해 그런 것이지 마음이 내켜 그런 것이 아니었습니다. 물론 굴복이든 영합이든 나타난 결과는 같았습니다.

이사가 변절한 가장 중요한 원인은 아마도 겁쟁이이거나 어쩔 수 없었기 때문이 아닌가 합니다. 물론 그가 이렇게 된 데에는 나름의 배경도 있습니다. 이제 이 얘기로 들어가봅시다.

이사는 여불위의 뒤를 이어 진시황으로부터 최고의 신임을 얻는 중신이 됐습니다. 이게 영정의 재위 10년(기원전 237년) 때였습니다. 이후 그는 기원전 210년에 이르기까지 약 27년 동안 진나라의 정치를 주물렀습니다. 거의 30여 년 동안 진시황의 신임과 중용을 받았다고 하겠습니다. 이처럼 이사와 진시황과의 관계는 대단히 좋았습니다. 궁합이 맞았습니다. 거의 군신 관계의 전형이라고 해도 좋았습니다. 이건 이사가 진시황과 연분이 있었다는 말도 됩니다. 그러나 연분이라는 것은 천시(天時. 하늘의 때라는 의미. 시간이 맞아야 한다는 뜻), 지리(地利. 지리적 이점도 있어야 한다는 의미), 인화(人和. 사람들 사이의 화합이라는 뜻-옮긴이) 등의 각종 외부 조건의 집합체입니다. 일단 다른 새로운 요인이 들어가면 아무런 연분이 없어도 새로운 기가 막힌 연분이 생기는 것이 가능합니다. 그러므로 아무런 연분이 없는 것이 반드시 별 볼일이 없다는 것을 의미하지는 않습니다.

이사는 진시황의 순유를 따라다니면서 적지 않은 업적도 남겼습니다. 진시황이 남긴 각석의 글을 사실상 기초하거나 쓴 사람이 그 아니겠습니까? 이로 인해 그는 2000여 년이 지난 지금까지 자신의 서법 풍채를 담은 일부 글자를 후세인들에게 그대로 보여줄 수 있게 됩니다.

위치와 지위가 이랬으니 그의 자식들이 결혼을 어떻게 했겠습니까? 그렇습니다. 엄청난 집안과 했습니다. 아들들의 경우는 모두 진시황의 딸들과 결혼해 부마가 됐습니다. 딸들 역시 마찬가지였습니다. 하나같이 진시황의 아들들에게 시집을 갔습니다. 이런 걸 무슨 관계라고 해야 합니까? 인척 관계입니다. 확실히 이사와 진시황의 관계는 일반적인 관계가 아니었습니다. 수없이 얽힌 겹사돈이었습니다. 이사로서는 명실상부한 일인지하, 만인지상의 지위에 이르렀다고 해도 틀리지 않았습니다.

〈이사열전〉에 나오는 사례를 보면 알기가 쉽습니다. 이사의 큰 아들 이유李由가 삼천군三川郡의 군수를 맡고 있을 때였습니다. 한번은 그가 잠시 휴가를 내 삼천군에서 함양으로 돌아왔습니다. 이사의 집에서는 당연히 잔칫상이 차려졌습니다. 조정의 문무백관들 역시 앞을 다퉈 이사의 집으로 축하를 하러 왔습니다. 그의 집 앞의 차량이 수천 량에 이를 정도였습니다. 이사는 이 모습에 탄식을 터뜨렸습니다. "아, 내 스승인 순경荀卿께서 일찍이 세상만사는 너무 지나치면 안 된다고 하셨다. 나 이사는 원래 상채의 평민이었다. 저잣거리의 백성일 뿐이었다. 그러다 황제께서 내 능력을 과도하게 평가한 탓에 지금의 자리에 이르렀다. 신하의 자리에서는 최고의 자리에 올랐고 부귀영화도 누리고 있다. 그러나 모든 만물은 번성하게 되면 반드시 쇠하는 법이다. 내가 앞으로 어떻게 될지 그 누가 알겠는가!"라는 말과 함께였습니다.

그의 말은 진시황이 세상을 떠나면서 진짜 현실로 나타날 가능성이 농후했습니다. 진시황의 밑에서 얻은 모든 것이 사라지지 말라는 법이 없었습니다. 부소가 즉위하게 되면 정말 그럴 수도 있었습니다. 그는 바로 이 때문에 계속 자신의 자리를 지키고 부귀영화를 누리기 위해 마지막에 배반이라는 길을 선택하지 않으면 안 됐습니다.

그렇다면 누가 이사의 변절에 책임을 져야 했을까요? 말할 것도 없이 이사 자신이었습니다.

아무리 조고가 위협하고 유혹했다 해도 그렇습니다. 그는 막강한 권력이 있었습니다. 만약 자신의 모든 것을 버리고 이 권력을 행사해 조고를 체포했다면 상황은 달라질 수 있었습니다. 그러나 이사는 타협을 선택했습니다. 굴복을 선택했습니다. 잠시 자신의 지위와 부귀영화를 유지하는 길을 걷게 된 것입니다. 불행히도 양심을 버리고 배반의 길을 걸은 치사한 행동은 곧 끔찍한 결과를 가져오게 됐습니다. 나중에는 자신 역시 돌아오지 못할 길을 걷게 됐습니다.

아무튼 이렇게 해서 호해를 우두머리로 하고 조고가 총 실무를 책임지는 정변 기도 그룹은 만들어졌습니다. 이사는 이때 그저 소극적으로 참여하는 입장이었습니다.

호해는 조고의 획책에 힘입어 중신 이사까지 든든한 지원군으로 얻게 됐습니다. 자신의 등극을 위한 준비를 완벽하게 했습니다. 그러면 호해는 순조롭게 등극할 수 있었을까요? 병권을 수중에 넣고 있던 부소와 대장 몽염은 도저히 믿기지 않는 현실에 대해 의심을 하지 않을까요? 마음 편하게 이 현실을 받아들였을까요?

33강

이세, 세상을 속이고 즉위하다

사구 정변의 기획자 조고는 처음에 호해를 설득했습니다. 이어 이사를 위협하고 유혹해 자신의 계획을 하나씩 진척시켰습니다. 순조롭게 사구 정변을 위한 이익 동맹을 결성할 수 있었습니다. 그러나 세 사람의 성공적 연합은 정변의 첫걸음일 뿐이었습니다. 정변 발동을 위한 동맹은 멈추지 않았습니다. 멈출 수도 없었습니다. 사구 정변의 최종 목적은 두 사람의 대단히 중요한 인물을 제거하는 데 있었으니까요. 두 사람은 바로 부소와 몽염이었습니다. 부소는 진시황이 가장 아끼던 큰아들이었습니다. 그가 임종할 때 분명하게 자신의 후계자로 지목한 아들이기도 했습니다. 부소는 신망도 높았습니다. 조정 대신들과 황족들에게 대단한 영향력을 가지고 있었습니다. 게다가 진나라의 정예 부대인 장성 군단의 감군으로 병권을 한 손에 쥐고 있었습니다. 휘하의 병력만 30만 명이었습니다. 과연 이런 그가 아무 의심 없이 호해에게 황제 자리를 물려준다는 유조를 받아들일 수 있을까요? 만약 부소가 의심해서 분연히 대항의 깃발을 들어 올린다면 사구 정변은 과연 성공할 수 있을까요? 호해와 조고, 이사는 부소를 어떻게 처리해야 했을까요? 부소만 문제가 되는 것이 아니었습니다. 몽염 역시 만만치 않았습니다. 그는 진나라를 위해 탁월한 공훈을 세운 몽씨 가족의 후예였습니다. 진나라의 최정예 부대인 장성 군단의 사령관이었습니다. 이뿐만이 아닙니다. 동생 몽의도 진시황의 신임을 한 몸에 받던 중신이었습니다. 과연 몽씨 형제는 진시황의 유조에 어떤 반응을 보였을까요? 조고를 필두로 하는 정변 그룹은 어떻게 몽씨 형제를 처리했을까요?

부소, 거짓 유조에 속아 자결하다

이사가 조고에게 굴복한 다음 호해는 이들과 트로이카를 결성하게 됩니다. 당연히 이들이 가장 먼저 처리해야 할 대상은 말할 것도 없이 부소였습니다. 이 직전까지만 해도 부소는 진짜 호해와는 비교가 안 될 수준이었습니다. 무엇보다 정치적인 자원이 대단히 풍부했습니다. 진시황의 장자였으며, 따르는 조정의 대신들도 많았습니다. 무엇보다 결정적으로 몽염과 함께 대군을 거느리고 있었습니다. 권력은 총에서부터 나온다는 사실은 동서고금을 막론한 진리 아닙니까?

부소는 이처럼 여러 결정적인 장점에도 불구하고 두드러지는 약점 역시 있었습니다. 하나는 아버지 진시황이 세상을 떠난 사실과 진짜 유조의 내용을 모른다는 것이었습니다. 조고 수중에 들어간 부절과 옥새가 유조를 위조할 수 있다는 사실도 그에게는 치명적이었습니다. 수많은 장점들이 달랑 두 가지 확실한 약점에게 덜미를 잡히고 맙니다.

정변 그룹은 부소가 아무것도 모르는 상황을 틈타 부소에게 보내는 진시황의 유조를 위조했습니다. 내용의 핵심은 부소에게 죽음을 내린다는 명령이었습니다. 그가 이 세상에서 사라져 줘야 자신들이 안심하겠다는 얘기였습니다. 그렇지 않으면 자신들의 끝이 좋지 않을 것이라고 생각했다는 얘기도 되겠습니다.

그러면 무슨 이유를 동원해 부소를 이 세상에서 영원히 사라지게 할 수 있었을까요?

세상에는 모자라는 것이 너무나 많습니다. 그러나 유독 모자라지 않는 것이 있습니다. 살인의 이유입니다. 죄를 뒤집어씌우려면 이유를 만들면 되는데 뭘 걱정할 필요가 있겠습니까? 사실 이 정변 게임에서는 부소에게 죄를 뒤집어씌워 죽일 죄를 날조하는 것만큼 쉬운 일도 없었습니다. 실제로도 조고는 충분한 이유를 찾아냈습니다. 무려 네 가지를 열거했습니다. 모두 다 허울이 좋았습니다. 우선 변방을 지키는 임무를 수행하면서 공을 세우지 못했다는 이유를 들었습니다. 조정을 비방한 것도 죽어야 할 죄의 이유로 확실하게 거론됐습니다. 태자가 되려고 노력한 사실과 불효 역시 이유로 꼽혔습니다.

우선 변방을 지키면서 공을 세우지 못한 죄에 대해 알아보겠습니다. 진나라는 분명히 초원의 유목 민족을 방어하기 위해 만리장성을 쌓았습니다. 이 사실에서 보듯 장성은 농업 문명과 초원 문명을 격리시키는 장벽이었습니다. 방어 수단이었습니다. 그러므로 몽염이 수십만 대군을 지휘했다고는 하나 주요 임무는 어디까지나 방어였습니다. 한 민족을 소멸시키는 것이 아니었습니다. 더구나 방대한 초원에서 생활했던 유목 민족은 이때껏 소멸해본 적도 없었습니다. 한마디로 북방 초원 민족의 침략을 제대로 방어만 해도 이들은 임무를 충분히 달성한 것이었습니다. 이로 볼 때 공이 없었다는 것은 그저 살인을 하기 위한 핑계였다고 분명히 단언할 수 있습니다.

조정을 비방했다는 죄도 그렇습니다.

정변 그룹은 변조한 유조에서 "너는 조금의 공도 세우지 못했다. 그런데도 오히려 수차례나 글을 올려 나의 행동을 비방하는 직언을 서슴지 않았다"라고 부소를 꾸짖었습니다. 이로 볼 때 부소는 변경 지역으로 쫓겨나 감군으로 있으면서도 계속 진시황에 대한 간언을 올렸던 것으로 여겨집니다. 진나라 제국의 장기적인 국익과 진시황이 나중에 받게 될 역사적인 평가를 위해 간언한 부소의 행동이 잘못은 아닙니다. 하지만 이건 호해 등이 볼 때는 죄를 뒤집어씌우기 가장 좋은 핑계였습니다. 비방이라고 무고하기 딱 좋았습니다.

태자가 되려고 노력했다는 죄목 역시 부소로서는 억울하기 짝이 없었습니다.

정변 그룹은 유조에서 "너는 현재의 임무를 마치고 돌아와 태자가 되지 못하는 것을 거의 매일 밤 원망했다"라는 내용도 추가했습니다. 이건 사실 더욱 말이 안 됩니다! 본말이 완전히 전도됐다고 해도 틀리지 않습니다. 누가 과연 밤마다 태자가 되기를 원했다는 말입니까? 부소가 만약 진짜 태자가 되고 싶었다면 방법은 간단했을 겁니다. 입을 다물고 아무 말도 하지 않았으면 됩니다. 그러나 그는 태자가 인생의 목표가 아니었습니다. 그래서 수차례에 걸쳐 진시황에게 간언을 올렸습니다. 변방으로 쫓겨나서도 이런 태도는 변함이 없었습니다. 분명히 이런 자세는 죄를 뒤집어쓸 소지가 있었습니다.

불효했다는 죄목에 대해서는 부소에 대한 측은함까지 느껴집니다.

호해 그룹은 부소에게 불효의 죄명까지 뒤집어씌웠습니다. 그러나 명확하게 어떻게 불효했는지에 대해서는 설명하고 있지 않습니다. 사실 효라는 덕목은 아버지의 평소의 가르침이나 유훈을 지키는 것 아닐까요. 호해는 아버지의 유조까지 변조했습니다. 어떻게 뻔뻔하게 효와 불효를 들먹일 수 있었겠습니까? 또 조고 같은 역적이 효를 들먹일 자격이 있었겠습니까? 그렇습니다. 이게 그들이 자신들이 뒤집어쓸까 가장 두려워하는 죄명이었습니다. 그래서 부랴부랴 부소에게 먼저 죄를 뒤집어씌웠습니다. 정치적 필요에 따라 그랬던 것이지 부소가 진짜 엄청난 죄가 있었던 것은 아니었습니다! 부소는 마지막에는 "아버지가 아들에게 죽으라고 한다면 아들은 죽지 않을 수 없다"라는 교훈도 잊지 않았습니다. 칼을 빼들어 자살했습니다. 이건 부소가 효자라는 사실을 증명하는 사실이기도 합니다.

정변 그룹이 칼을 부소에게 겨냥하고 유조를 변조했을 때 그는 어떤 반응을 보였을까요? 어떻게 해야 했을까요? 한번 살펴봅시다. 부소는 유조를 읽고 청천벽력이 내리치는 기분을 느꼈습니다. 간담이 찢어지는 기분이었습니다. 마음이 아파 울기도 했습니다. 그러나 곧 마음을 정리했습니다. 자신의 처소인 장막으로 들어가 칼을 빼든 채 자살을 하려 했습니다. 우선 울었습니다. 다음에는 자신의 처소로 들어갔습니다. 자살을 하려고 했습니다. 끝내 자살했습니다. 그의 태도는 정말 대단히 충성스러웠습니다. 그러나 멍청한 충성이었습니다. 사람들을 실망시키는 자세였습니다. 그는 어린 아이가 아니었습니다. 하지만 어린 아이처럼 단순했습니다. 변조된 유조를 보자마자 자살할 생각을 했습니다. 기본적으로 유조가 가짜일 것이라는 생각을 하지도 않았습니다. 아니 이 세상에 유조를 변조할 사람이 있다는 생각조차 하지 않았습니다.

부소의 정치적 경험과 판단은 그가 합법적인 제위 계승자라는 사실을 증명하고도 남습니다. 그러나 정치가로서 합격점은 받기 어렵습니다. 진나라의 이세 군주에 적합하지도 않았습니다.

부소는 유조에 대해 아무런 의심도 하지 않았습니다. 게다가 아버지가 자신에게 자살하라는 명령을 내린 것이 뭘 의미하는지 물어볼 생각조차 하지 않았습니다. 몽염의 만류에도 자살로 생을 마감하고 말았습니다.

부소와 동시에 자살하라는 명령을 받은 한 사람이 더 있었습니다. 이 사람의 행동은 확실히 부소와 달랐습니다. 그는 누구였을까요? 그는 왜 황제의 명령을 어기고 따르지 않았을까요?

몽염, 의심을 품고 끝까지 버티다

이 사람은 말할 것도 없이 몽염이었습니다. 부소에게 절대로 자살해서는 안 된다는 만류를 한 사람이었습니다. 그러면 조고 등은 몽염에게 어떤 죄를 뒤집어씌웠을까요?

두 가지 죄명이었습니다. 상황을 보고하지 않은 죄, 불충한 죄였습니다. 부소는 당연히 반란을 도모하거나 하지 않았습니다. 몽염 역시 상황을 보고할 필요가 없었습니다. 그러나 죄를 뒤집어씌울 경우 방법이 없습니다. 그에게는 자살하라는 명령이 내려졌습니다. 병권 역시 부사령관 왕리(王離. 진나라의 명장 왕전의 손자)에게 넘기게 됐습니다.

당연히 몽염은 부소와는 달랐습니다. 속이거나 다루기 쉽지 않았습니다. 무장이었으나 정치적 경험도 풍부했습니다. 그는 처음부터 부소가 자살하려는 것을 막았습니다. 이유도 네 가지나 대면서 말입니다.

우선 진시황이 조정이 아닌 밖에 있고 태자를 세우지 않았으므로 가볍게 자살해서는 안 된다는 이유를 들었습니다.

다음으로 수십만 병력을 이끄는 감군의 입장에서도 임무를 망각해서는 안 된다고 했습니다.

달랑 마차 한 량을 끌고 나타난 사신 한 명을 어떻게 믿느냐는 주장 역시 했습니다.

마지막으로 진시황에게 다시 한 번 입장을 물어봐야 한다는 자세도 견지했습니다. 입장을 확인한 후에 죽어도 늦지 않는다는 얘기였습니다.

이로 볼 때 확실히 몽염은 부소보다는 정치적 경험이 풍부했습니다. 그러나 그 역시 궁정 쿠데타가 발발할 가능성은 전혀 염두에 두지 않았습니다. 진시황이 이미 세상을 떠난 사실은 말할 나위가 없었습니다. 까맣게 모르고 있었습니다. 이랬으니 호해를 필두로 하는 반란 세력의 궁정 쿠데타가 자신과 부소를 죽음으로 몰아넣을 것이라는 사실을 알 도리도 없었습니다. 만약 거병을 하지 않는다면 진시황에게 도대체 왜 그러는지를 물어보는 것은 아무런 소용이 없었습니다. 그럼에도 그는 다시 한 번 진시황의 확실한 의중을 물어보는 것이 좋겠다는 입장을 줄곧 견지했습니다.

확실히 정보는 중요한 것입니다. 정보의 차이가 이처럼 사건 당사자들의 판단 능력에 엄청난 차이가 나도록 하지 않았습니까!

부소는 정말 바보 같은 충성과 효를 보였습니다. 호해를 비롯한 정변 그룹은 쿠데타의 최대 장애물을 완전히 치워버리게 됐습니다. 더불어 몽염 역시 아무런 지지 세력이 없는 외톨이로 만들어버렸습니다. 그러나 몽염은 자살만큼은 하지 않았습니다. 다시 한 번 물어보겠다는 입장을 견지했습니다. 호해가 보낸 사신은 그를 체포하는 조치를 취해야 했습니다.

호해의 사신은 즉각 호해 그룹에게 보고를 올렸습니다. 당연히 조고와 이사는 흥분했습니다. 특히 조고는 가장 우려했던 장애물이 치워지자 즉각 세 가지 일을 결행하였습니다. 하나는 바로 함양으로 돌아가는 일이었습니다. 함양에서 진시황의 죽음을 선포하고 장례를 치르는 일 역시 결정을 내렸습니다. 호해를 황제로 옹립하는 결정은 더 말할 필요가 없겠습니다.

결정은 바로 행동으로 옮겨졌습니다. 진시황의 시신을 태운 차량 행렬은 전 속력으로 함양으로 내달렸습니다. 이로 볼 때 정변 그룹은 부소가 자살한 사실을 확인하기 전까지는 감히 함양으로 돌아갈 생각을 못했다는 사실을 알 수 있습니다. 아마도 시신을 가지고 밖에서 빙빙 돌면서 눈치만 보고 있었지 않나 합니다. 부소의 소식을 기다리고 있었던 것이죠. 그러나 부소가 자살했다는 소식을 접하자 이들은 과감하게 장례를 치르는 것을 발표하는 것까지 생각하게 됩니다. 호해는 사기를 쳐서 황제로 등극한 다음 즉각 쿠데타를 계획한 장본인과 가담자들을 대대적으로 포상했습니다. 이 과정에서 조고는 낭중령郎中令의 자리에 오르게 됐습니다. 낭중령이라는 자리는 구경九卿 중의 하나였습니다. 궁정의 경호를 담당하는 자리로 요즘의 대통령 경호실장에 해당합니다. 황제에게 가장 신임을 받는 사람이 임명된다는 것은 불문가지의 사실입니다.

쿠데타 그룹이 가장 두려워한 인물이 부소였다는 사실은 더 이상 설명을 필요로 하지 않습니다. 만약 부소가 변조된 유조를 믿지 않았으면 어떻게 됐을까요? 더 나아가 거병을 한 다음 진시황을 만나겠다고 했으면 어떻게 됐을까요? 아마 호해 등은 골치가 아팠을 겁니다. 그러나 결과적으로 부소는 죽었습니다. 이들은 완전히 마음을 놓았습니다. 다른 사람들은 아무런 위협이 되지 않았으니까요. 이후부터의 상황은 굳이 언급하지 않아도 분명해집니다. 폭군과 간신들이 줄줄이 나타나 계속 비극을 만들어내게 됩니다. 외견적으로는 막강했던 진나라는 이때부터 분열의 조짐을 보이기 시작했습니다.

그러면 정변 그룹은 왜 진시황의 20여 명에 이르는 다른 아들들은 별로 걱정을 하지 않았을까요? 왜 부소 한 사람만 처치하면 된다고 생각했을까요? 이유는 두 가지가 있었습니다. 이들은 중요하지 않았습니다. 미처 처리할 여유도 없었습니다.

호해가 당시 가장 시급하게 처리해야 했던 문제는 유일한 합법적인 후계자 부소를 처리하는 것이었습니다. 부소 이외의 다른 형제까지는 처리할 여유가 없었습니다. 솔직히 나중에 처리해도 늦지 않았습니다.

《사기》의 〈몽염열전〉에는 대단히 의미 있는 기록이 하나 있습니다. 부소가 자살하고 몽염이 옥에 갇혔다는 소식을 들은 다음 "이사와 조고가 크게 기뻐했다"라는 내용입니다. 이사가 크게 기뻐했다는 것은 다른 것을 말하지 않습니다. 그가 조고에게 굴복한 것에서 몇 걸음 더 나아가 주도적으로 쿠데타에 적극 나섰다는 사실을 뜻했습니다. 반면 조고가 크게 기뻐한 것은 정변이 성공했다는 사실에 소인배가 득의양양했다는 사실을 의미하겠습니다.

조고, 몽염 형제를 죽여 복수하고 뜻을 이루다

조고의 야심은 그 자신의 음모가 순조롭게 진행되면서 더욱 팽창했습니다. 그렇다면 부소를 제거한 다음 그는 누구를 다음 희생양으로 삼았을까요? 칼을 휘둘렀을까요?

호해가 황제가 됐다는 것은 아무 걱정거리가 없다는 사실을 의미하지 않았습니다. 조고 역시 많은 것이 두려웠습니다. 가장 신경이 쓰이는 것은 다름 아닌 몽염이 주무르고 있던 엄청난 병력이었습니다. 다른 생각을 할 수 있는 황실과 대신들 일부도 두려웠습니다. 하나같이 그의 음모 실현을 방해하는 거대한 장애물이었습니다. 부소를 죽음으로 이르게 한 것은 위명업에 다름 아니었습니다. 당연히 그는 자신의 목적을 철저하게 실현하기 위한 두 번째 행동에 나섰습니다. 정변을 성공적으로 실행에 옮기기는 했으나 칼을 내려놓을 생각을 하지 않은 것입니다. 그는 두 사람을 더 죽이려고 했습니다. 그러면 이 두 사람은 누구일까요?

몽씨 형제였습니다. 몽염과 몽의는 진시황이 생전에 가장 아끼던 사람이었습니다. 공도 많이 세우고 조정에서의 지위 역시 높았습니다. 조고가 두려워할 만했습니다. 조고는 왜 이 정변에서 이 두 사람을 제거해야 했을까요?

무엇보다 구원舊怨이 있었습니다. 또 실제로도 몽씨 형제의 존재가 대단히 걱정이 됐습니다.

구원에 대해 먼저 말해보겠습니다. 조고는 일찍이 잘못을 저지른 적이 있었습니다. 이때 몽의가 심리를 했습니다. 원래 몽의는 원칙대로 하는 사람이었습니다. 권력에 굴복하거나 하는 사람이 아니었습니다. 결과는 끔찍했습니다. 조고에게 사형 판결이 내려진 것입니다. 나중 진시황이 알아 다행히 목숨을 건지고 복직이 되기는 했지만 말입니다. 조고는 이때부터 몽의라면 이를 갈았습니다. 반드시 자신의 손으로 빠른 시일 내에 제거하고 말리라는 굳은 결심도 했습니다. 정변에 성공했으니 이제 칼을 휘두르는 일만 남은 셈이었습니다.

걱정에 대해 알아보겠습니다. 조고는 진짜 몽씨 형제가 걱정이 됐습니다. 세 가지 이유 때문이었습니다.

우선 몽의의 공평무사한 성격이 걱정이 됐습니다. 조고는 몽의가 분명히 이사와는 다르다고 생각했습니다. 자신에게 머리를 숙이고 말을 들을 것이라고 생각하지 않았습니다. 만약 자신의 편에 붙지 않으면 어떻게 해야 할까요? 죽이는 수밖에 없었습니다.

조고는 예사롭지 않은 몽염과 부소의 관계에 대해서도 우려했습니다. 몽염과 부소는 각각 장성 군단의 총 사령관과 감군이었습니다. 돈독한 관계를 맺고 있었습니다. 그런데 부소는 죽었으나 몽염은 살아 있었습니다. 나중에 가짜 유조에 의해 부소가 죽었다는 사실을 알면 몽염이 어떻게 하겠습니까? 조고로서는 마음을 놓을 수가 없었습니다.

간신이나 소인배들이 대부분 가지고 있는 핵무기는 뭘까요? 그렇습니다. 모함입니다. 조고는 연일 몽씨 형제를 중상모략했습니다. 갖가지 죄를 샅샅이 수집한 다음 죽어라 하고 탄핵했습니다. 심지어는 "돌아가신 선황께서는 황상을 태자로 세우려고 했습니다. 그러나 몽의가 격렬하게 반대했습니다. 이건 불충한 것입니다. 그러므로 이 불충한 신하를 제거해야 합니다"라고까지 말했습니다. 조고가 이처럼 끝없이 모함을 했으니 몽의에 대해 악감정이 별로 없었던 호해도 나중에는 도리가 없었습니다. 산천의 신령들에게 기도를 지내고 돌아오던 몽의를 대代 땅의 감옥에 가두는 조치를 내리고 말았습니다.

진시황은 평원진에서 병을 얻었을 때 자신의 쾌유를 빌도록 하기 위해 수행 중이던 몽의를 근처의 명산대천名山大川에 보냈습니다. 이런 방법으로라도 병을 치유하고자 갈망했던 것입니다. 당연히 몽의는 진시황이 세상을 떠났을 때도 기도를 하느라고 정신이 없었습니다. 조정에 돌아오지도 않았습니다. 그러다 돌아오는 길에 체포돼 옥에 갇히는 횡액을 겪었습니다.

이때의 몽씨 형제는 상황이 아주 비참했습니다. 둘 모두 옥에 갇히는 신세가 됐습니다. 그럼에도 조고의 비방은 끊일 줄을 몰랐습니다. 계속 이들을 죽여야 한다고 주장했습니다. 그러나 그의 주장은 곧 엉뚱한 장애물에 봉착하게 됩니다. 무슨 장애물이었을까요? 뜻하지 않은 사람이 나타나 몽씨 형제를 위해 탄원을 한 것입니다. 이 사람은 누구였을까요? 우리는 잠시 이 얘기는 접어둬야 하겠습니다. 나중 다시 얘기할 기회가 있습니다.

이 사람은 호해에게 조나라와 제나라가 사람을 잘 못 쓰고 잘 못 죽여 멸망한 이야기를 하며 몽씨 형제를 탄원하였습니다.

그렇다면 호해는 이 사람의 말을 전적으로 받아들일 수 있었을까요? 당연히 없었습니다. 호해는 어사 곡궁曲宮을 보내 대 땅에 투옥돼 있던 몽의에게 자살을 강요했습니다. 죽음을 내린 이유는 무엇이었을까요? 아무래도 호해의 말을 들어봐야 하겠습니다.

"선황께서 (원래 나를) 태자로 책봉하려 했으나 경은 반대했소. 지금 승상은 그대가 충성스럽지 못하다고 주장하고 있소. 원래 이 일은 그대의 가족에게도 죄를 물어야 하오. 그러나 짐은 이렇게 하지는 못하겠소. 그저 그대에게만 죽음을 내리겠소. 이걸 행운이라고 생각하기를 바라오."

몽의는 이에 곡궁에게 자신의 입장을 밝혔습니다.

"만약 내가 선황의 마음을 얻지 못했다면 어떻게 젊은 나이에 발탁이 돼 승승장구했겠소? 또 어떻게 선황께서 돌아가실 때까지 신임을 얻었겠소? 이는 내가 선황의 마음을 얻었다는 사실을 증명하는 것이오. 만약 내가 태자의 능력을 몰랐다면 어떻게 태자께서 홀로 선황을 모시고 주유천하를 했겠소? 태자께서는 다른 공자들에 비해 능력이 대단히 뛰어나시오. 내가 어떻게 태자의 능력을 의심하겠소? 선황께서 태자를 중용하신 것은 오랫동안에 걸친 심사숙고의 결과였소. 내가 어찌 감히 진언을 올리겠소? 또 어떤 모략을 꾸미겠소! 나는 핑계를 대서 죽을 죄를 회피하려고 하는 것이 아니오. 그저 선황의 명성에 누가 되지 않을까 두려울 뿐이오. 대부(곡궁을 뜻함—옮긴이)는 이 사실을 진지하게 생각해 나를 확실한 죄명에 의해 죽어도 죽도록 해주시오. 더구나 도의가 떠받드는 것은 순리대로 온전하게 하는 것이오. 반면 혹독한 형벌과 살육은 도의가 절대로 용납하지 않소. 과거 진秦 목공께서는 거씨삼량(車氏三良. 진나라의 대부였던 자거엄식子車奄息, 자거중행子車仲行, 자거침호子車鍼虎 등의 세 명. 진나라의 동량이었다고 해서 삼량으로 불렸음—옮긴이)을 죽여 순장旬葬의 희생양으로 삼았소. 또 백리해에게는 말도 안 되는 죄를 뒤집어씌워 처벌했소. 이로 인해 목공께서는 백리해 사후에 무繆라는 시호를 내렸소. 진 소양왕은 또 어땠소? 무안군 백기를 죽였소. 초나라 평왕은 오사伍奢를 잘못 죽였소. 오나라 왕 부차는 오자서伍子胥를 죽였소. 이 네 명의 국군은 결과적으로 현명하지 못했소. 모두 너무나도 중대한 과실을 저질렀소. 그래서 천하 사람들의 비난을 자자하게 들었소."

그러나 곡궁은 몽의의 말을 들은 체도 하지 않았습니다. 그는 반드시 몽의를 죽이겠다는 이세의 뜻을 너무나 잘 알고 있었습니다. 결국 몽의를 죽였습니다.

몽의가 죽었는데 과연 형인 몽염은 살아날 수 있었을까요? 불가능했습니다! 이세는 그러면 어떤 이유를 갖다붙여 양주陽周에 투옥돼 있던 몽염을 죽였을까요?

두 가지를 이유로 들었습니다. 우선 죄가 너무 많다는 사실을 강조했습니다. 또 동생인 몽의가 중죄를 지었기 때문에 몽염 역시 처벌받아야 한다는 논리를 내세웠습니다. 몽염은 당연히 자신의 입장에 대한 변호를 했습니다. 진나라에 충성한 집안 얘기도 했습니다. 곡궁은 아무 말도 하지 못했습니다. 사실이었으니까요.

곡궁은 몽염의 이 말을 들어줬을까요? 그럴 수가 없었습니다. 오히려 "나는 그저 황제의 뜻을 받들어 법을 집행하려 할 따름이오. 그대의 말도 황제에게 전하지를 못하겠소"라는 변명으로 일관했습니다.

몽염은 장탄식을 터뜨릴 수밖에 없었습니다. 그의 입에서는 "내가 도대체 하늘에 무슨 죄를 지었다는 말인가? 아무 죄도 없는데 진짜 죽어야 하는가?"라는 말이 터져나왔습니다. 그는 곡궁의 독촉에 못 이겨 끝내 약을 먹고 자살하는 방법을 선택했습니다.

몽씨 형제는 어떤 공개적인 재판도 받지 않았습니다. 공평한 법 집행 역시 없었습니다. 그저 조고의 모함만 받고 세상을 떠났습니다. 이로써 억울한 죽음을 강요한 간신 조고는 서서히 자신이 생존을 의존해야 하는 제국이라는 대형 빌딩을 붕괴시키는 일에 더욱 일로 매진하게 됩니다.

34강

지위를 공고히 하다

호해는 후안무치하게도 아버지 진시황의 유조를 위조했습니다. 형 부소의 선혈을 밟고 비열하게 이세의 보좌에 올랐습니다. 이처럼 피비린내 나는 사기 수법으로 즉위에 성공했으나 그는 두렵고 불안했습니다. 하기야 그는 자신이 황제 자리를 어떻게 차지했는지를 누구보다도 잘 알고 있었습니다. 즉위 이후에 자신의 아버지가 그랬던 것처럼 정권의 합법성과 황제 자리의 정당성을 증명하기 위해 노력한 것은 다 그 때문이었다고 하겠습니다. 자신 역시 봉천승운의 황제라는 사실을 증명하기 위해 노력했습니다. 이를 위해 그는 천하를 순유했습니다. 대형 토목 공사도 일으켰습니다. 진시황과 산천에 대한 제사 역시 활발하게 지냈습니다. 아버지가 걸은 길을 거의 똑같이 걸었습니다. 그러나 이 모든 것들을 한 다음에도 호해의 마음은 불안하기 이를 데 없었습니다. 생각에 따라 다를지도 모르겠으나 그럴 수도 있었습니다. 무엇보다 조정의 문무백관이 모두 아버지의 신하들이었습니다. 게다가 주위에는 형제와 누이들이 손가락과 발가락을 다 합친 것보다 많았습니다. 그가 과연 베개를 높이 한 채 인생을 즐길 수 있었을까요? 이때 구경의 신분에 올라 한껏 헛배가 부풀어 있던 조고는 또 호해에게 어떤 지저분한 아이디어를 제공할 수 있었을까요?

이세, 순유에 나서 위세를 한껏 떨쳤으나 제 발이 저리기만 하다

적법하지 않은 방법으로 황제에 즉위한 사람들은 제 발이 저리기 때문에 자신의 정당성을 어떻게 해서든 증명하려고 합니다. 이 합법성을 증명하는 방법은 두 가지가 있습니다. 철저하게 이전의 원칙과 규칙에 따르는 것이 첫 번째 방법이 되겠습니다. 정치적 업적을 이룩하는 것도 방법입니다.

그러나 호해는 황제 계승 원칙과 규칙을 위반해 황제가 됐습니다. 이건 아무리 그가 황제라도 변조하기 어려운 사실입니다. 따라서 호해는 정당한 경로, 이를테면 원칙과 규칙에 의거해 자신이 합법적 황제라는 사실을 증명하기가 불가능했습니다.

정치적 업적 역시 그렇습니다. 호해는 진짜 이에 의거해 자신이 우아하고 품위 있는 황제라는 사실, 다시 말해 합법성을 증명해야 했습니다. 하지만 애석하게도 이 점을 전혀 이해하지 못했습니다. 우선은 그가 황제 자리에 올랐을 때 너무 어렸던 것이 이유가 되겠습니다. 또 당시 중국의 황제 제도가 너무 일천했던 것도 나름의 이유로 볼 수 있습니다. 바로 이 때문에 그는 황제 제도에 관한 역사적 교훈을 충분히 얻을 수 없었습니다. 만약 자신이 합법적인 황제라는 사실을 정치적 업적에 의해 증명할 수 있는 길을 분명하게 알고 있었다면 아마도 그는 당 태종처럼 했을 겁니다. 이를테면 가슴을 열어놓고 진언을 받아들인다거나 자신의 황제로서의 직분에 최선을 다했을 겁니다. 뛰어난 황제가 됐을 겁니다. 그러나 호해는 이 사실을 이해하지 못했습니다. 자신이 불법적으로 황제가 됐다는 사실을 정치적 업적으로 메울 수 있다는 사실을 기본적으로 몰랐습니다.

그는 중국 역사상 최초로 황제의 자리를 편법으로 차지한 사람이었던 만큼 늘 마음이 불편했습니다. 처음부터 거리낄 것 없이 인생을 마음껏 즐기지 못했습니다. 만약 그렇다면 그게 제정신이었겠습니까? 그 정도로까지 멍청하지는 않았을 겁니다. 아무튼 호해는 자신의 합법성을 증명할 두 가지 확실한 길도 채택하지 않았습니다. 그렇다면 호해는 어떻게 자신이 정당하게 황제 자리를 계승한 사람이라는 사실을 증명할 수 있었을까요?

네 가지 수단을 동원했습니다.

우선 제사를 강화했습니다. 국가에는 원래 두 가지 큰 일이 있었습니다. 하나는 제사였습니다. 전쟁 역시 대단히 중요한 일이었습니다. 《좌전》에 나오는 얘기입니다. 호해는 이 사실을 알았습니다. 그래서 제사를 늘렸습니다.

진시황의 제묘帝廟에 대한 존숭尊崇에도 노력을 기울였습니다. 호해는 과연 이렇게 해서 자신의 마음을 안정시켰을까요?

그럴 수 없었습니다. 그러면 그는 마음의 안정을 위해 무엇을 더 할 수 있었을까요?

아버지처럼 천하를 순유했습니다. 자신의 합법성을 증명하기 위한 세 번째 방법이었습니다. 이세와 조고의 대화 한 토막이 이에 대한 설명이 될 것 같습니다. 어느 날 호해가 말했습니다.

"나는 너무 젊소. 막 즉위(이때 호해는 21세였음)하기도 했소. 천하 백성들의 마음이 아직 나를 따르지 않고 있소. 그러나 선황이 계실 때에는 각 군현을 순시하시면서 강력한 위세를 과시하셨소. 위세가 그야말로 천하에 떨쳤소. 만약 지금 내가 순행을 하지 않으면 사람들이 나를 무능하다고 볼 거요. 천하를 통치할 방법이 없게 되오. 나도 선황처럼 천하를 순유해야 하겠소."

진 이세 원년(기원전 209년) 봄이었습니다. 막 제위에 오른 이세는 아버지처럼 대규모의 동순東巡에 나섰습니다. 이사 역시 이 순유를 따라갔습니다. 호해는 이때 북쪽에서부터 남쪽까지 아버지 진시황이 밟았던 땅에 모두 족적을 남기고자 했습니다. 또 아버지가 각석을 남긴 곳에는 과거 순유 때 수행했던 대신들의 이름을 측면에 새겨 넣으려 했습니다. 당연히 그 역시 자신의 이름을 각석 위에 진시황과 나란히 위치시킬 수는 없었습니다. 그가 이렇게 하고자 했던 것은 결코 과거 진시황을 따라 순행에 나섰던 대신들의 이름을 남기기 위해서가 아니었습니다. 이 수단을 통해 자신의 역사적 유물을 남기려 했던 것입니다.

대형 토목 공사를 대대적으로 벌인 사실 역시 무시해서는 안 될 듯합니다.

이세는 즉위 초부터 자신이 진시황에게 감사해야 한다는 사실을 대대적으로 선전했습니다. 위에 설명한 세 가지 일만 가지고는 부족했습니다. 그래서 대형 토목 공사를 시작했습니다. 그렇다면 어떤 것들을 건설했을까요? 우선 진시황릉입니다. 아방궁 역시 건축했습니다. 우리는 진시황릉에 대해서는 곧 전문적으로 얘기를 할 기회가 있을 것입니다. 여기에서는 그저 아방궁에 대해서만 말해보겠습니다.

진시황은 자신의 재위 35년(기원전 212년)에 아방궁 건축을 시작했습니다. 〈진시황본기〉의 기록에 따르면 아방궁은 규모가 대단했습니다. "우선 전전前殿을 건축했다. 동서가 500보步, 남북이 50장丈이었다. 위에는 1만 명이 앉을 수 있었다. 아래에는 5장丈의 깃발을 꽂을 수 있었다"라는 내용은 진짜 예사롭지 않습니다. 정말 대단한 궁전이었습니다. 그러나 세상에 살아 있을 때 이 궁전을 채 완성하지 못했습니다. 그 사후에도 당장 시급한 것은 빨리 능을 완성하는 것이었습니다. 때문에 아방궁의 건축은 잠시 중단돼야 했습니다. 그러나 이세는 자신의 재위 원년 순유에서 돌아오자마자 바로 아방궁의 건축을 재개하라는 명령을 내렸습니다.

호해는 왜 이때 다시 아방궁을 건축하려 했을까요?

당시 진시황은 함양의 인구가 많은데 비해 궁전은 협소하다고 생각했습니다. 게다가 주나라 문왕과 무왕이 각각 도읍을 정한 풍豐과 호鎬의 중간 지점이 제왕의 도성으로 적합하다는 소리를 들었습니다. 그는 당장 위수渭水의 남쪽 상림원上林苑에 조궁인 아방궁을 세웠습니다. 전전을 우선 세운 이 궁은 사방으로 육교를 세워 서로 연결을 한 것이 특징이었습니다. 궁전 아래로는 일직선상으로 남산에까지 이를 수 있었습니다. 남산의 정상에는 또 궁문宮門을 세워 표지로 삼았습니다. 그러나 아방궁은 진시황이 세상을 떠날 즈음에도 완공을 하지 못했습니다. 준공이 된 다음에는 더 좋은 이름을 붙이려 했으나 만사휴의가 돼 버린 것입니다. 아방궁이라는 이름은 아방阿房이라는 곳에 지었기 때문에 붙여진 이름이지 사실은 아무런 뜻도 없었습니다.

이제 이세가 아방궁을 다시 건축하려 한 이유를 말해보겠습니다. 진시황이 건축하려다 중단한 아방궁의 공사를 진짜 중단시킨다면 어떻게 될까요? 그건 진시황이 아방궁을 지으려 했다는 것 자체가 실수라는 사실을 말해주는 것이 됩니다. 이건 어떻게든 아버지를 떠받들어야 할 이세의 입장에서는 안 될 말이었습니다. 반드시 대규모로 다시 건축을 해야 했습니다.

이세는 아방궁 건축을 위해 엄청난 인력을 동원했습니다. 함양을 지키고 있던 신체 건장한 병사들을 무려 5만 명이나 인부로 돌린 것입니다.

이 정도에서 그치지 않았습니다. 이세는 이들이 전시에는 전쟁에 나가야 하는 병사들이었던 만큼 활쏘기 훈련도 시켰습니다. 게다가 궁전에 관상용으로 들여보낼 개와 말 등의 짐승들 역시 사육했습니다. 당연히 이들 병사들과 개와 말 등의 짐승들이 필요로 하는 식량은 엄청났습니다. 함양의 창고에 있는 식량으로도 모자랄 정도였습니다. 결국 아래의 각 군현으로부터 조달했습니다. 이때 식량이나 사료를 운반하는 인부들은 이 식량을 먹을 수가 없었습니다. 식량은 스스로 준비해야 했습니다. 함양의 주위 400리에 있는 백성들도 마찬가지였습니다. 이 식량을 먹어서는 안 됐습니다. 만약 먹을 경우 법에 따라 가혹하게 처리됐습니다.

이세는 자신이 계획했던 프로젝트들을 죽어라 하고 강행했습니다. 자신의 합법성을 과시하기 위해서는 이렇게 하지 않으면 안 되었습니다. 그는 그럼에도 이에 따른 강력한 반항 정서가 제국의 전 국토에서 빠른 속도로 움트고 있다는 사실은 전혀 몰랐습니다.

황족과 중신들의 씨를 말리니 반란의 기운이 움트다

이세 호해는 즉위한 다음 제사의 질과 양을 강화했습니다. 진시황의 제묘에 대한 존숭도 더 한층 강력하게 했습니다. 자신의 합법성을 강조하기 위해 천하를 순유하고 토목 공사도 일으켰습니다. 그러나 소용이 없었습니다. 대체로 이런 일은 황당무계하고 믿기가 어려운 법이니까요. 또 아무리 시끌벅적하게 일을 추진해도 그의 마음은 여전히 두려웠습니다. 자신이 도적이라는 저린 마음이 가시지를 않았습니다.

호해는 도대체 뭘 두려워했을까요?

그는 두 가지를 두려워했습니다. 대신들이 순순히 고개를 숙이지 않는 것과 다른 아들들이 황제 자리를 노릴 것이라는 사실을 우려했습니다.

호해가 즉위를 했을 때 조정 대신들은 어떤 사람들이었을까요? 당연히 진시황 재위 때의 옛 신하들이었습니다. 그의 생각은 조고에게 건넨 귀엣말에서 자세하게 엿볼 수 있습니다. "대신들은 복종하지 않고 있소. 관리들은 아직 힘이 있는 것 같소. 게다가 각 황자들은 나와 이 황제의 자리를 다투려고 하고 있소. 나는 어떻게 해야 하오." 이건 그의 추측이었습니다만 기본적으로 그가 불법적인 방법으로 이세가 됐기 때문에 어쩔 수 없는 생각이었을 겁니다. 때문에 호해는 아무리 용상에 앉아 있었다 해도 마음이 편하지가 않았습니다.

호해에게만큼은 충직하기 이를 데 없었던 조고는 이때 어떻게 했을까요? 두 가지 악랄한 수법을 제안했습니다. 옛 신하들을 죽이고 새로운 신하들을 발탁해 세력을 심는 방법이 우선 그 하나였습니다. 다른 하나는 황자와 공주들을 죽이고 후환을 없애는 것이었습니다.

조고의 마음 역시 분명했습니다. 그 역시 호해와 마찬가지로 지위가 위태롭다고 본 것입니다. 비록 자신의 지위가 구경의 반열에 드는 낭중령으로 높다고는 하나 조정 대신들이 모두 복종하지 않는다는 사실을 모르지 않았습니다. 그가 당연히 이런 생각을 한 데에는 이유가 있었습니다. 그는 일반적인 대신들이 볼 때는 멸시를 당해도 싼 내관(內官. 황제의 일을 돌보는 환관 역할의 관리-옮긴이)이었으니까요. 아무리 진시황으로부터 중용을 받았다고는 하나 조정 대신들의 눈에는 하찮게 보일 수밖에 없었습니다. 물론 대신들은 공공연하게 내놓고 말을 하지는 않았습니다. 그렇다고 마음속으로까지 조고의 위치를 인정해준 것은 아니었습니다. 이처럼 자신의 입지가 호해처럼 뿌리가 없다는 사실을 진즉에 간파한 조고가 자신의 위신을 세우고 뿌리를 공고하게 하고 싶어 한 것은 당연한 일이었습니다. 이를 위해서는 자신을 백안시하던 옛날의 구신들을 제거해야 했습니다. 그래야 자신의 사람들을 조정에 심을 수 있었으니까요. 그는 호해가 자신에게 계책을 묻는 기회를 틈타 주저 없이 입을 열었습니다. "옛날 신하들을 죽이고 새로운 인물들을 등용하십시오"라고 말입니다.

20여 명에 이르는 형제들과 누이들 역시 솔직히 그랬습니다. 호해에게는 마음의 병을 일으키게 하는 화근이었습니다. 더구나 자신에게 부끄러운 점이 많았던 탓에 그는 이들을 더욱 꺼려했습니다. 그는 부소가 자살을 강요당하지 않았을 때는 이들 형제나 누이들을 돌아볼 여유가 없었습니다. 그러나 황제 자리에 오른 다음에는 달랐습니다. 이제 계산을 할 시간이 도래했다고 해도 좋았습니다.

조고의 제안은 어떻게 보면 단순 무식했습니다. 대신들과 형제, 누이들을 죽이고 숨어 있는 사람들을 발탁하라는 것이었습니다. 발탁하는 방법 역시 마찬가지였습니다. 빈자는 부유하게 만들고 비천한 자는 귀하게 만들라고 건의했습니다. 이때 조고가 내세운 논리는 현대 사회에서도 그대로 작용될지 모릅니다. "이 사람들은 기본적으로 중요하게 인식되지를 못했습니다. 지위가 없었습니다. 그러나 황상께서 즉각 이들을 발탁하면 이들은 황은皇恩에 대단히 감사할 것입니다. 죽어라 하고 충성을 다할 것입니다"라는 지극히 상식적인 말을 한 것입니다.

"빈자는 부유하게 만들고 비천한 자는 귀하게 만든다"라는 화두는 사실 동서고금에서 두루 사용하던 방법이었습니다. 가장 효과도 높았습니다. 더불어 가장 악랄한 수법이기도 했습니다. 단적으로 말한다면 은혜와 위세를 동시에 과시하고 누구는 죽이고 누구는 세우는 이른바 이이제이의 방법이라고 하겠습니다.

두 가지의 계획이 호해에 의해 받아들여지자 조고는 득의양양하게 "폐하가 이렇게 하시면 천하는 바로 안정이 됩니다. 하고 싶은 일을 마음대로 하실 수 있습니다"라고 말했습니다. 이로 볼 때 호해는 확실히 당시

황제로 등극한 후 인생을 충분히 향유하고 싶은 생각이 있었습니다. 그러나 이건 호해가 기본적으로 자신의 지위를 공고히 하고 난 다음에 해야 할 일이었습니다.

노회한 조고는 호해의 불안 심리와 짧은 인생을 즐기며 살겠다는 호해의 심리를 절묘하게 이용했습니다. 대신들과 형제 및 누이들에 대한 대대적인 백색 테러를 시작하도록 만든 것입니다. 호해 역시 조고의 말이 구구절절 옳다고 생각했습니다. 자신의 심금을 울린다고 생각했습니다. 완전히 찰떡궁합이었습니다. 호해는 결심이 서자 우선 법률을 고치라는 명령을 내렸습니다. 진시황의 군신들과 공자들에게 죄를 뒤집어씌워야 했으니까요. 심문은 당연히 조고에게 맡겼습니다. 결과적으로 22명의 공자와 공주들이 죽었습니다. 재산은 몰수되고 연좌된 사람들은 그야말로 부지기수였습니다.

이때 공자 중 한 명인 고高는 일단 화를 피했습니다. 상황을 지켜보고는 여의치 않다고 생각한 나머지 저 멀리 아무도 모르는 곳으로 도망을 가려고도 생각했습니다. 그는 하지만 가족이 마음에 걸렸습니다. 자신이 도망간 다음에 전 가족이 참살될 수밖에 없는 현실이 걱정이 됐습니다. 그는 생각 끝에 호해에게 글을 올렸습니다. 구구절절한 내용을 소개해도 괜찮을 듯합니다.

"선황께서 세상에 살아 계실 때 저는 총애를 많이 입었습니다. 그래서 선황께서 세상을 떠나셨을 때 함께 목숨을 버려야 했습니다. 그러나 그렇게 하지 못했습니다. 이건 아들로서 불효한 것이었습니다. 신하의 입장에서 보면 불충한 것이기도 합니다. 불충하고 불효한 사람은 이 세상에 살 이유가 없습니다. 저는 선황을 따라 죽고 싶습니다. 제가 그렇게 하도록 허락해주십시오. 또 저를 여산의 발치에 묻어주시기를 바랍니다. 황상의 대답을 간절히 바랍니다."

이건 뭡니까? 자발적으로 죽겠다는 얘기가 되겠습니다.

불쌍한 공자 고는 달리 방법이 없었습니다. 자발적으로 아버지 진시황을 위해 순장되는 길을 선택하지 않으면 안 됐습니다.

일말의 천륜의 정조차 없었던 호해는 이 글이 올라오자 그야말로 득의만만했습니다. 흥분이 극에 이르렀습니다. 바로 이 편지를 조고에게 보여주면서 "이건 너무 급해 어쩔 수 없어 그러는 것이 아니겠소?"라고 말했습니다. 자신들 둘의 성공을 자축하고 싶었던 것입니다. 호해는 공자 고의 요청을 들어줬습니다. 10만 전이나 투자해 그의 장례를 후하게도 치러줬습니다. 공자 고는 전 가족의 생명을 위해 자신이 순장되는 희생을 감수했습니다. 이 어찌 비극적인 일이 아니겠습니까!

장려를 비롯한 다른 세 명의 아들 역시 다른 형제나 누이들처럼 단체로 목숨을 잃는 횡액을 당하지는 않았으나 처지가 크게 다르지 않았습니다. 내궁의 감옥에 갇혀 있었습니다. 호해는 이들에게 사람을 보내 "너희들은 신하의 도리를 따르지 않았다. 죽을죄를 지었다"라고 윽박질렀습니다. 이에 장려가 "우리는 궁정의 예의를 관장하는 관원들의 말을 감히 따르지 않을 수 없었습니다. 조정의 질서 역시 우리가 어길 수 없었습니다. 예의에 감히 어긋날 수 없었습니다. 명을 받들어서 대답을 해야 할 때에도 우리는 감히 틀린 말을 할 수 없었습니다. 어떻게 신하의 도리를 다하지 않을 수가 있겠습니까? 우리는 죄명을 분명히 알고 죽고 싶습니다"라고 말했습니다. 그러나 호해가 보낸 관리는 "나는 죄를 논하는 일에 참여할 수 없습니다. 그저 명령을 받들어 일을 행할 뿐입니다"라는 말만 했습니다. 장려 등은 방법이 없었습니다. 그대로 자결했습니다.

대규모의 살육은 전체 진나라의 황실을 발칵 뒤집어 놨습니다. 대신들 역시 혼비백산했습니다. 만약 조금이라도 간하는 진언을 했다가는 비방죄를 뒤집어써야 할 상황이었습니다. 이들은 전전긍긍하다 도리 없이 자신들의 직위와 녹봉, 생명을 보전하는 길을 선택했습니다. 그저 이세에게 굴복해 아부만 해야 했습니다. 전국의 백성들 역시 조정의 대 도살에 놀라지 않을 수 없었습니다. 공포에 떨었습니다. 한마디로 전체 진나라가 완전히 살벌한 백색 테러의 와중에 휩싸여 들어갔다고 하겠습니다. 〈이사열전〉이 이때의 상황을 "(군신들과 백성들이 하나같이 놀라고 공포에 떠니) 사람들마다 위기의식을 느꼈다. 반란을 일으키려는 자들이 많았다"라는 기록을 남기고 있는 것은 당연한 게 아닌가 싶습니다.

호해는 인생을 즐기고 싶었습니다. 또 즐기기도 했습니다. 그러나 그의 쾌락은 곧 폭발할 화산 위에서 잠깐 동안 즐기는 순간의 즐거움에 지나지 않았습니다.

사구 정변은 우연과 필연이 만든 역사적 산물

호해는 오로지 자신만 살기 위해 수족 같은 형제와 누이들을 주살하고 아버지 때의 옛 대신들을 제거함으로써 온 나라에 백색 테러의 공포를 가져왔습니다. 그럼에도 자신의 행보가 진나라라는 대 제국을 백척간두의 위기로 몰아가고 있다는 사실을 몰랐습니다. 정말 자신만 총명하다고 생각하는 한심한 똑똑이가 따로 없었습니다. 당연히 부당한 수단으로 정권을 탈취한 그 역시 위기를 향해 달려가고 있었습니다. 그가 자신이 하고 싶은 대로 이렇게 할 수 있었던 것은 다른 이유 때문이 아니었습니다. 기본적으로 그가 모든 권력을 독점하는 만인지상의 군주였기 때문에 가능했습니다. 진시황이 황제 제도를 개창하면서 확실히 진나라의 군주는 이렇게 엉망으로 하는 것이 가능했습니다. 따라서 진나라가 이 당시 직면한 위기는 사구의 정변과 밀접한 관계가 있었습니다. 이 정변으로 인해 호해가 황제가 된 것이 아닙니까! 사구 정변은 중국 역사상 처음 탄생한 중앙 집권적 제국에서 최초로 일어난 궁정 정변이었습니다. 완전히 진나라의 역사를 다시 쓰도록 만들었습니다. 아니 어쩌면 철저하게 중국 역사를 다시 쓰도록 만들었다고 해도 틀리지 않습니다.

이 정도에서 중요한 질문들이 나와야 합니다. 하나는 사구 정변이 왜 일어났는가 하는 의문입니다. 또 사구 정변이 진시황과 어떤 관계에 있는가 하는 것도 의문이 되겠습니다.

사구 정변은 사실 우연과 필연적 요인이 결합된 역사적 산물이라고 해야 합니다. 진짜 깊이 들어가보면 대단히 많은 필연적 요인이 존재했습니다. 진시황은 황후를 세우는 데 시간을 질질 끌었습니다. 태자 역시 세우지 않았습니다. 다음으로 유조도 변조됐습니다. 게다가 조고가 약삭빠르고 수단 역시 뛰어났습니다. 여기에 이사의 변절까지 더해졌습니다. 부소는 또 어땠나요? 우둔하게 맹목적으로 충성을 하고 효도하는 모습을 보였습니다. 사구 정변이 일어나지 않으면 안 됐던 이유는 이처럼 많았습니다. 다섯 가지였습니다. 그러나 진정한 필연적 요인은 이게 아니었습니다. 그러면 그게 뭘까요? 진시황이 황제 제도를 만든 것이 이유가 되겠습니다.

자신을 쓰러뜨리는 적이 왕왕 자신이 될 수 있습니다. 황제 제도의 확립은 황제에게 지고무상의 권위를 가지도록 만들어줬습니다. 또 황제 제도를 강화한 조치는 대신들에게 황제의 결정을 감히 의심하거나 의심할 생각도 못하게 했습니다. 특히 분서갱유 사건이 일어난 다음부터는 더욱 그랬습니다. 황제의 독재 정권이 더욱 강화됐습니다. 바로 이 때문에 황제 제도 자체가 야심가와 음모가들에게 궁정 정변의 발동에 나서게 했다는 말이 성립될 수 있는 것입니다. 누가 감히 황제의 유조를 의심할 수 있었을까요? 또 누가 감히 황제의 유조를 따르지 않을 수 있었을까요? 속된 말로 황제의 유조만 가지고 있었다면 개나 고양이보다 못한 사람들도 황제가 될 수 있었습니다! 한마디로 다른 사람들이 상황을 아무것도 모르고 있었다면 누구라도 조고와 이사처럼 할 수 있었을 것이라는 말입니다. 진시황의 유언을 자기 마음대로 주무르고 아무나 이세로 세우는 것이 가능했다는 얘기입니다. 결론을 내려봅시다. 사구 정변을 불러일으킨 사람은 다른 사람이 아니었습니다. 바로 진시황 자신이었습니다. 그가 확립한 황제 제도가 정변을 불러온 것입니다. 이건 그가 자신에 대한 적극적인 신격화 내지는 신성화에 나섰을 때에는 전혀 생각조차 하지 못했던 것이었습니다.

우연성은 역사 발전에 있어서 필수불가결한 중요한 요인입니다. 사구 정변에 정말 우연적인 요인이 있었는지 알아보겠습니다.

우선 진시황이 사구에서 병사한 것이 최대의 우연이었습니다. 만약 진시황이 사구가 아닌 함양에서 병사했다면 대신들은 조고에게 속을 수 있었을까요? 대신들이 모두 진시황의 유조 내용을 알았다면 과연 이사가 변절을 할 수 있었을까요?

호해가 진시황의 마지막 다섯 번째 순유에 따라나선 것 역시 큰 우연이었습니다. 호해는 왜 이 순유에 따라가려고 했을까요? 만약 호해가 이 순유에 따라가지 않았다면 설사 진시황이 사구에서 병사를 했더라도 조고가 감히 사구 정변을 일으킬 생각을 했겠습니까? 또 호해의 지지를 얻지 못한 조건 하에서 사구 정변을 발동할 수가 있었겠습니까?

몽의가 순유를 수행하다 출장을 나간 탓에 제때 사구 정변을 저지하지 못했던 것 역시 우연이라고 해야 합니다. 만약 진시황의 총애를 받던 상경인 그가 사구에 있었다면 그 역시 진시황의 조서를 관리할 중요한 인물 중 한 명이 됐을 겁니다. 또 상황을 엉뚱하게 몰고 가지도 않았을 것입니다.

네 번째 우연을 보도록 합시다. 진시황의 조서는 제때에 발송이 됐어야 했습니다. 그러나 유감스럽게도 그렇지를 못했습니다. 당연히 이건 우연이었습니다. 진시황은 일생 동안 총명하고 강건하게 살았습니다. 특히 막 국군의 자리를 계승했을 때에는 대단했습니다. 즉각 노애와 여불위의 양대 세력을 제거했습니다. 이게 얼마나 대단히 과감한 행동이었습니까! 그런데 왜 그는 병이 위급해졌을 때에도 후사를 생각하지 않았을까요? 왜 후사를 흐리멍덩하게 처리해 도저히 메우기 어려운 엄청난 정치적 공백을 남겼을까요? 이 정치적 공백이 전체 진나라를 파멸로 몰아갈 것이라는 사실을 알아야 하지 않았을까요!

호해는 조고의 시나리오대로 백색 테러를 자행했습니다. 진시황의 수많은 자녀들을 완전히 씨를 말려 죽였습니다. 진시황 때의 중신들 역시 잇달아 비참하게 피살됐습니다. 조고와 호해는 이들 마음속 우환거리들을 제거해버리자 득의양양했습니다. 소기의 목적을 달성했으니 그렇지 않았겠습니까? 그렇다면 이사는 어떻게 됐을까요? 이 대 도살은 진시황의 자녀들과 중신, 대신들이 뒤집어쓴 횡액이었습니다. 이사 역시 진시황 시기의 중신이지 않습니까? 그는 이 대 도살의 영향을 받지 않았을까요?

35강
이사의 죽음

　진 이세 2년(기원전 208년) 7월의 어느 날이었습니다. 진나라 도성인 함양에 인파가 구름처럼 몰려들었습니다. 그들은 뭔가를 구경하는 것 같았습니다. 이날 진나라의 당당한 승상이던 이사는 몸에 족쇄를 두르고 그의 가운데 아들과 함께 요참(腰斬. 허리를 베는 형벌-옮긴이)의 형을 기다리고 있었습니다. 이때 그와 함께 죽음을 맞이하게 된 사람은 그의 부모, 형제, 누이, 자녀 등 약 수십 명이었습니다. 말하자면 삼족이 그의 죄와 연좌돼 죽음을 당하게 됐습니다. 가족들이 직면한 비참한 현실이 너무나 안타까워 계속 눈물을 뿌리던 그는 형이 집행되기 직전 자신의 아들에게 "나는 너와 함께 누런 개를 몰고 상채의 고향 동문(東門)에서 토끼를 잡으려고 했다. 그러나 이제 다 틀렸구나"라고 말했습니다. 이 말을 마치고 부자 두 사람은 서로 끌어안고 통곡을 했습니다. 이사는 진시황과 이세 양 대에 걸쳐 승상을 지냈습니다. 거의 40년 동안 진나라의 조정을 이끌었습니다. 특히 사구의 정변 때는 일정한 역할도 했습니다. 만약 그의 도움이 없었다면 호해는 절대로 유조를 변조해 황제의 자리에 오르지 못했을 겁니다. 이 양 대에 걸친 원로이자 개국공신이었던 그는 왜 비참한 처지로 내몰렸을까요? 그의 죽음은 진시황과 어떤 관계가 있었을까요?

이사, 간언을 올리다가 죄를 얻다

이사의 죽음은 그가 올린 한 통의 상주서와 관련이 있었습니다. 이 글은 그의 삼족 역시 죽게 만들었습니다. 도대체 왜 그랬을까요? 이 글이 한 사람과 일련의 사건들을 건드렸기 때문이라고 하겠습니다.

이 사람은 다름 아닌 이사와 함께 사구의 정변을 일으킨 조고였습니다.

어느 날이었습니다. 조고가 이사를 만나러 왔습니다. 조고는 얼굴을 대면하자 바로 아첨을 떠는 어조로 이사에게 말했습니다.

"승상 대인, 지금 관동(關東. 함곡관 동쪽의 중원을 말함–옮긴이)에 도적들이 막 일어나고 있습니다. 천하의 형세가 영 좋지 않습니다. 대단히 위급합니다. 그러나 황상께서는 인력을 대대적으로 징발, 아방궁을 건축하려 하고 있습니다. 저는 그러지 말라고 황상을 일깨워 드렸습니다. 그러나 제 지위는 낮습니다. 이런 국가의 대사와 관련한 일은 승상 같은 중신이 말씀을 드리는 것이 합당할 것 같습니다. 승상께서는 황제에게 상주서를 쓰시지 않으시겠습니까?"

이사는 조고의 말이 자신의 생각과 똑같다는 생각에 서둘러 "나는 곧 황상에게 건의를 할 생각이오. 그러나 황상은 구중궁궐에 계시면서 대신들을 보려 하지 않고 있소. 건의를 하고 싶어도 기회가 없소"라고 말했습니다.

조고가 다시 "만약 승상께서 간언을 올릴 생각이 있으시다면 제가 기회를 만들어보겠습니다"라고 이사를 부추겼습니다. 이사는 기분이 좋아져 "좋소"라고 대답했습니다. 이렇게 해서 조고는 이사를 위해 세 번이나 진언을 올리는 기회를 마련하게 됩니다. 이사는 조고가 놓은 덫에 완전히 걸려들었습니다.

진 이세가 어느 날 몇 명의 비빈들과 수작을 벌이고 있었습니다. 이 모습을 목격한 조고는 기회가 왔다는 생각에 사람을 이사에게 보내 "황상은 지금 한가하십니다. 빨리 오십시오"라는 말을 전했습니다. 이사는 황급히 궁문으로 달려가 이세를 만나고자 했습니다. 이세는 마침 이때 비빈들을 끌어안은 채 정신을 차리지 못하고 있었습니다. 그랬으니 이사의 면담 요청이 달가울 리가 없었습니다. 그럼에도 그는 할 수 없이 비빈들을 내려놓고 이사를 만났습니다. 이세는 한참 절정의 순간에 흥이 깨졌기 때문에 기분이 나빴습니다. 당연히 이사의 건의가 귀에 들어갈 리가 없었습니다. 그의 생각은 분명했습니다. 이사가 공연히 밥값을 하려고 일이 없는데도 만들어 한다고 생각한 것입니다. 아니나 다를까, 그는 이사의 말을 하나도 듣지 않았습니다. 눈은 이사를 바라보고 있었으나 마음은 미인들에게 가 있었습니다. 결과적으로 이세는 적당히 해서 이사를 돌려보냈습니다. 이렇게 이사의 첫 번째 건의는 실패했습니다.

며칠이 다시 지났습니다. 이세는 다시 비빈 몇 명을 끌어안고 있었습니다. 분위기가 너무나 농염했습니다. 조고는 다시 사람을 보내 이사에게 "황상이 한가하십니다. 아무 일도 없는 것 같습니다"라는 통보를 했습니다. 이사는 다시 황급히 궁문으로 달려갔습니다. 이세는 이사가 다시 왔다는 소리를 듣자 화가 치밀었습니다. 그러나 화를 꾹꾹 눌러 참고 이사를 만났습니다. 당연히 이사로서는 이세를 보는 것으로 만족해야 했습니다. 그의 말은 이세의 오른쪽 귀로 들어갔다 그저 왼쪽 귀로 나왔습니다.

다시 며칠이 지났습니다. 이세는 또 비빈들과 좋은 시간을 보내고 있었습니다. 조고가 이걸 놓칠 이유가 없었습니다. 즉각 이사에게 다시 사람을 보냈습니다. 이사는 또 부리나케 달려왔습니다. 그러나 이번에는 이세가 "승상은 내가 평소에 한가할 때 찾아오지 않고 재미를 보려고 할 때만 찾아왔소. 설마 내가 나이가 적다고 우습게 생각하고 그러는 거는 아니요? 그도 아니면 내가 둔재라고 무시하는 거요?"라고 말하면서 화를 버럭 냈습니다.

중국 속담에 삼 세 번은 하지 말라는 말이 있습니다. 이사는 그러나 세 번째에도 이세를 괴롭혔습니다. 이세가 이걸 참을 수 있었겠습니까?

조고는 이세가 진짜 화를 내자 드디어 때가 왔다고 생각했습니다. 바로 이사와 관련한 세 가지 나쁜 말을 했습니다.

우선 이사가 허황되게 왕으로 봉해지기를 원한다는 말을 했습니다. 진승을 비호한다는 모함 역시 했습니다. 진승이 누구입니까? 이세 원년 9월에 오광과 함께 관동에서 반란을 일으킨 기의군의 지도자였습니다. 그런데 이런 진승을 비호했다는 겁니다. 조고는 마지막으로 "승상은 외조外朝에 있으면서 권력이 막강해졌습니다. 황상을 초월하고 있습니다"라고 주장하면서 이사의 권력이 너무 막강하다는 사실을 들먹였습니다.

조고는 세 가지 사실을 거론했습니다. 완전히 이사의 급소를 노리고 돌진했다고 해도 좋았습니다. 이세는 흔들렸습니다. 즉각 이사를 체포해 심문하고 싶었습니다. 그러나 확실한 증거가 없다는 사실이 찜찜했습니다. 그래서 그는 우선 이사의 아들 이유부터 심문하기로 했습니다. 이유가 반란을 일으킨 역적과 내통하고 있다는 사실을 조사하려 한 것입니다.

그렇다면 이세는 왜 이사의 아들 이유부터 손을 보려고 했을까요?

진승과 오광의 난, 그리고 이사의 죽음

진승과 오광은 대택향(大澤鄉. 지금의 안후이安徽성 쑤宿현)에서 진 이세 원년(209년) 7월에 반란을 일으켰습니다. 처음 기병할 때 병력은 수졸(戍卒. 변방을 지키는 병사들—옮긴이) 800명이었습니다. 얼마 되지 않았습니다. 그러나 이들은 나중 중국 역사상 가장 대규모로 중앙집권 정부에 대항한 최초의 반란군이라는 의의를 남기게 됐습니다.

이 민란에 처음 참여한 사람은 진승과 오광을 비롯해 이들이 지휘한 800여 명이었습니다. 반란군이라고 하기도 어려웠습니다. 게다가 무기 역시 변변치 않았습니다. 그러나 시간이 얼마 지나지 않아 상황은 달라졌습니다. 반란의 기세가 요원의 불꽃처럼 빠른 속도로 붙기 시작한 것입니다. 나중에는 그동안 누적된 진나라 백성들의 불만을 폭발시켰습니다. 천하가 호응하게 된 것입니다. 그야말로 불에 기름을 끼얹는 격이 됐습니다. 이렇게 해서 전체 진나라 땅은 다시 완전히 반진反秦 기의의 깃발로 뒤덮이게 됐습니다. 특히 함곡관 이동의 과거 중원 육국의 땅에서는 더욱 그랬습니다.

진승과 오광이 기의하자 가장 적극적으로 호응한 세력은 두 부류였습니다. 하나는 진나라의 폭정에 가장 고통을 당하던 농민들이었습니다. 다른 하나는 육국 왕족의 후예들이었습니다. 특히 왕족의 후예들은 진나라에 의해 겸병된 다음 줄곧 자신들의 나라를 다시 부흥시키겠다는 생각을 포기하지 않고 있었으므로 즉각 행동에 나설 수 있었습니다.

이때 진승과 오광은 대담하게도 일단의 대군에게 진나라의 심장부인 관중으로 진격하라는 명령을 내렸습니다. 이 대군을 막아야 하는 임무는 그렇다면 누가 맡고 있었을까요? 다름 아닌 이사의 큰 아들인 이유가 맡고 있었습니다. 그가 치소가 낙양洛陽인 삼천군의 군수였으니까요. 사실 삼천군은 관중으로 향하는 목구멍과 같았습니다. 이곳을 눌러 막아야 관중을 지킬 수 있었던 것입니다. 그러나 이때 기의군의 위세는 대단히 강력했습니다. 이유의 힘으로는 이 엄청난 기세의 기의군을 막는다는 것이 사실상 불가능했습니다. 조고는 바로 이 때문에 이유에게 적과 내통했다는 무고를 할 수 있었습니다. 이게 바로 이른바 이유의 내통 사건이었습니다.

조정에서의 이사의 힘은 대단했습니다. 그래서 그는 이세가 이유의 내통 사건을 내사한다는 사실을 바로 알 수 있었습니다.

이사는 당연히 가만히 앉아서 죽기를 기다릴 수 없었습니다. 이세를 만나 진상을 설명하고자 했습니다. 그러나 이세는 이때 감천궁甘泉宮에서 휴가를 보내고 있었습니다. 만나는 것 자체가 불가능했습니다. 이사도 바보는 아니었습니다. 자신이 수차례나 간언을 올려도 이세가 들을 생각도 하지 않았다는 사실도 떠올렸습니다. 그는 곧 모든 진상을 깨달았습니다. 아들 이유가 심문을 당하게 된 것도 결코 이상한 일은 아니었습니다. 그래서 그는 조고가 모반을 일으킬지 모른다고 고발하는 상주서를 써서 올렸습니다. 그러나 이세는 이미 마음이 완전히 조고에게 기울어 있었습니다.

이세는 그저 이사의 말을 들어주지 않은 것에 그치지 않았습니다. 이사가 승상의 권력을 이용해 조고를 살해할지 모른다는 우려도 했습니다. 그는 급기야 이사의 말을 조고에게 전달했습니다. 조고는 이세의 말을 들은 다음 "승상이 가장 두려워하는 것은 저 조고입니다. 만약 제가 죽으면 승상은 진짜 제나라 국군을 살해하고 자리를 찬탈한 전상이 될 것입니다"라고 말하면서 자신의 입장을 밝혔습니다.

이세는 조고의 이 말에 즉각 이사를 체포하라는 명령을 내렸습니다. 또 조고가 이사의 사건을 심리하도록 했습니다. 실명을 거론한 이사의 고발

투서는 바로 이렇게 그를 감옥으로 밀어넣고 말았습니다.

이사는 감옥에 갇힌 다음 억울해서 견딜 수가 없었습니다. 하늘을 우러러 한숨을 토하거나 눈물을 뿌리는 것이 일상사가 됐습니다. 당연히 감정이 복잡할 수밖에 없었습니다. 그렇다면 이때 그의 감정은 과연 어땠을까요?

우선 원통했을 겁니다. 이사는 국난을 우려해 죽음을 무릅쓰고 간언을 올렸습니다. 물론 이렇게 한 데에는 자신의 입지나 기득권을 보전하고 싶은 생각도 일부 작용했을 겁니다. 그러나 그는 이세가 그토록 무도하고 무능한 군주일 줄은 생각조차 하지 못했습니다. 이세는 진짜 하나라의 걸왕, 비간을 죽인 상나라의 주왕, 오자서를 죽인 부차와 별 다를 게 없는 군주였습니다. 멍청함은 오히려 그들보다 더하면 더했지 못하지 않았습니다!

분노의 감정 역시 대단했습니다. 이사는 진짜 이세가 형제들과 누이들을 그처럼 과감하게 죽일 것이라고는 미처 생각지 못했습니다. 충신과 선량한 관리들을 해칠 것이라는 생각은 더군다나 하지 않았습니다. 아방궁의 재건축을 위해 병력을 동원하고 세금을 혹독하게 걷은 탓에 백성들의 원망이 하늘을 찌를 것이라는 생각은 더 말할 것이 없었습니다. 그러나 아니었습니다. 국가의 안정은 백성들을 편안하게 하는 데에 있다는 사실을 이세는 정말 모르고 있었습니다. 백성들의 불만을 전혀 알지를 못했습니다. 이사는 오로지 나라를 위해 죽음을 무릅쓰고 충언을 올린 것입니다. 그런데 체포돼 감옥에 갇히는 신세가 됐습니다. 분노의 감정을 어찌 말로 다 표현할 수가 있었겠습니까!

아마 초조하기도 했을 겁니다. 이사는 천하 백성들의 절반 이상이 진나라에 등을 돌리고 있다는 사실을 감지했습니다. 그러나 이세는 여전히 이 사실을 깨닫지 못했습니다. 조고를 중용하고 충신들을 살해하는 데에만 신경을 쓰고 있었습니다. 그의 눈으로 볼 때는 제국의 멸망이 바로 코앞에 있었습니다. 그는 진나라라는 대 제국의 창건자 중의 한 사람이었습니다. 당연히 진나라의 생사존망은 자신의 안위와도 관계가 있었습니다. 초조하지 않을 수 있었을까요?

이사는 일반적인 신하가 아니었습니다. 중신이었습니다. 이세는 과연 무슨 명목으로 이런 이사를 죽일 수 있었을까요?

이사와 큰 아들 이유가 모반을 했다는 죄명을 가져다 붙였습니다!

진짜 조고는 이 죄명으로 이사의 종족宗族과 빈객들을 체포했습니다. 체포한 다음 가만히 놔두지도 않았습니다. 이사에게 혹독한 고문을 가했습니다. 이사는 고문의 고통을 견딜 재간이 없었습니다. 모반을 획책했다는 사실을 자백하지 않으면 안 됐습니다.

이때 횡액을 당한 사람은 그만이 아니었습니다. 이사와 함께 간언을 올렸던 우승상 풍거질과 아들인 장군 풍겁 역시 횡액을 당할 처지에 놓이게 됐습니다. 그러나 이들은 재상과 장군으로 자존심이 강했습니다. 의로운 일을 하는 사람은 모욕을 당하지 않는다는 인생관 역시 있었습니다. 결국 감옥에 들어가기 전에 자살로 생을 마감했습니다. 이사 혼자만 옥에 갇혔습니다.

이사는 왜 풍거질이나 풍겁처럼 자살하지 않았을까요? 기적이 일어나지 않을까 하는 희망을 품었기 때문입니다. 이사는 뭘 믿고 기적이 나타날 것이라는 희망을 버리지 않았을까요?

그는 자신의 출중한 글재주를 믿었습니다. 자신의 공로가 대단하다는 사실 역시 희망의 원천이 됐습니다. 마지막으로 그는 자신이 분명히 죄가 없다는 사실에 희망을 걸었습니다. 이중 그가 가장 믿은 것은 역시 글재주가 아닌가 보입니다. 과거 《간축객서》를 썼을 때처럼 천지의 이치를 꿰뚫는 기가 막힌 글을 일필휘지해 이세를 설득시키고야 말겠다는 자신이 있었던 것입니다. 그래서 자살을 선택하지 않고 감옥에 들어가는 수모를 감수했습니다.

이사는 옥중에서 역사적으로 너무나도 유명한 상주서를 썼습니다. 이 글에서 그는 반어법을 사용, 자신이 진시황에게 협조함으로써 많은 죄를 지었다는 이른바 '칠대죄상七大罪狀'을 열거했습니다. 내용은 정말 대단했습니다.

이사의 첫 번째 죄는 육국을 겸병하고 천하를 통일한 죄였습니다.

남쪽의 백월百越을 평정하고 북쪽의 호인胡人들을 쫓아버린 것도 그가 지은 죄 중 하나였습니다.

공신들에게 대우를 잘 해주고 황제를 옹립한 죄 역시 그의 죄였습니다.

사직을 건립하고 종묘를 세운 것은 더 말할 필요가 없었습니다.

제도를 통일하고 문자를 통일한 것은 그가 아니면 지을 수 없는 죄이기도 했습니다.

치도를 닦고 궁전과 누각들을 대대적으로 건축한 것도 거론하지 않을 수 없었습니다.

백성들에게 가하는 형벌을 가볍게 해주고 세금을 줄임으로써 민심을 얻은 것 역시 죄라면 죄라고 해야 했습니다.

이사는 자신의 칠대죄상을 일일이 열거한 다음 글의 말미에 "신이 지은 이 죄들은 충분히 죽을죄입니다. 그런데 다행히 오늘에까지 왔습니다. 정말 다행한 일입니다. 모두가 황제께서 제가 능력을 발휘하도록 신경을 써주신 덕입니다. 부디 폐하의 현명한 판단을 바랍니다"라는 내용의 말을 더 적어 넣었습니다. 은전을 내려 달라는 간청이었습니다. 자신의 칠대죄상이 사실은 칠대공로였으니까요.

그러나 이 상주서는 《간축객서》와는 완전히 달랐습니다. 아무 역할을 하지 못했습니다. 이세의 마음을 움직이지 못했습니다.

왜 그랬을까요? 왜 최후의 발악 같은 그의 절규를 담은 상주서는 휴지 조각이 돼 버렸을까요? 이세가 기본적으로 이 상주서를 읽을 수가 없었기 때문입니다. 조고가 중간에서 다시 장난을 친 것입니다.

조고는 이때 이사의 상주서가 올라왔다는 말을 듣자 "죄를 저지른 죄인이 어떻게 황제에게 글을 올릴 수 있다는 말인가?"라고 하면서 이세에게 보고조차 하지 않았습니다. 이렇게 해서 이사가 온 심혈을 기울여 작성한 상주서는 이세의 수중에 들어가지도 않았습니다.

조고는 이사의 상주서를 가볍게 압수할 수 있었습니다. 그러나 이사는 곧 죽어도 승상이었습니다. 함부로 그의 신병을 처리해서는 안 됐습니다. 사건 심리를 맡은 조고의 말 한마디로 모든 것이 끝날 수는 없었습니다. 이세가 다시 한 번 사람을 보내 심문하는 것이 원칙이었습니다.

법에 정통한 조고가 이 사실을 모를 까닭이 없었습니다. 아니 너무나도 잘 알고 있었습니다. 그는 다시 머리를 굴렸습니다. 자신의 휘하 빈객들을 어사御史와 알자(謁者. 각종 정보를 취합해 보고하는 일을 전문으로 하는 직종-옮긴이), 시중侍中 등으로 변장시켜 이사를 번갈아 심문하도록 했습니다.

이사는 조고가 휘하의 빈객들을 이세의 심문관으로 변장시켜 자신을 심문할 줄은 꿈에도 생각하지 못했습니다. 당연히 순순히 심문에 응했습니다. 원래 진술을 번복하고 진실도 말했습니다. 조고는 여전히 이사의 기가 죽지 않았다고 판단, 다시 혹독한 고문을 가했습니다. 이사는 자신이 조고의 사기에 넘어갔다는 사실을 바로 깨달았습니다. 마치 고양이가 쥐를 잡는 듯한 이런 장난은 한두 번에 그치지 않았습니다. 몇 차례나 계속됐습니다. 그때마다 이사는 혹독한 피의 대가를 치러야 했습니다.

그러던 어느 날이었습니다. 이세가 진짜 이사를 심문하기 위해 심문관을 보냈습니다. 이사는 진술을 할 때 다시 조고가 수작을 부리는 줄 알았습니다. 당연히 원래의 진술을 번복할 생각을 하지 않았습니다. 순순히 죄를 인정했습니다. 이세가 보낸 심문관은 그대로 보고를 올렸습니다. 이세는 기쁨에 겨워 조고에게 "그대가 아니었다면 나는 완전히 승상에게 속을 뻔했소"라고 말했습니다. 이세는 내친김에 즉각 삼천군에 사신을 파견했습니다. 이유를 심문하기 위해서였습니다. 그러나 이유는 이때 이미 항우와의 전투에서 전사한 뒤였습니다.

이사가 모반죄를 인정한 사실을 이세가 확인함으로써 그의 죄는 당연히 성립됐습니다. 삼족을 멸하는 죄였습니다.

이렇게 해서 진 이세 2년(208년) 7월 이사는 함양에서 삼족과 함께 죽는 횡액을 당했습니다. 피땀으로 쌓아올린 그의 정치 인생 역시 막을 내렸습니다.

40년 정치 인생 하루아침에 끝나니 진나라의 운명도 아침 이슬이라

진시황이 육국을 겸병하는 과정에서 진나라 조정의 문신과 무장들은 각각 나름의 기여를 했습니다. 그러나 이 공헌은 상당한 차이가 있었습니다. 어떤 사람은 전국적全局的인 공헌을 한 반면 어떤 사람들은 국부적인 공헌을 했습니다. 일부는 전쟁에서만 공을 세우기도 했습니다.

진시황 휘하의 수많은 인재들 중에서 전국적, 전략적 공헌을 한 대신은 딱 세 사람 외에는 없었습니다. 여불위와 위료, 이사가 주인공입니다. 물론 왕전, 왕분, 이신, 몽염 등도 대단한 공을 세웠습니다. 하지만 이들의 공헌은 국부적이었습니다. 전체 국면을 좌지우지할 대단한 전국적인 공이 아니었습니다.

진짜 그런지를 한번 보겠습니다. 우선 여불위입니다. 그는 진나라의 동진 정책을 추진했습니다. 게다가 적병을 죽이는 것만 대대적으로 포상하는 정책을 조정했습니다. 이로 인해 전쟁에서의 도살을 대폭 축소시킬 수 있었습니다. 당연히 육국 군민軍民의 저항을 반감시켰습니다. 진나라가 육국을 순조롭게 겸병하는 데 상당히 많은 기여를 했습니다.

위료 역시 간과해서는 안 되는 걸출한 인물이었습니다. 군사 전략가였습니다. 육국의 권신들을 매수해 이들 정권을 내부에서부터 와해시키는 공작 아이디어를 냈습니다. 군사 전략가이면서도 돈으로 하는 전쟁을 중시했습니다. 그의 뛰어난 지혜를 엿보게 하는 대목이 아닌가 합니다.

이사는 진시황이 육국을 겸병하는 전 과정에 참여했습니다. 최초로 군사력과 금력金力을 동시에 동원하는 전략을 제안했습니다. 이 계획을 위료와 함께 구체적으로 실시하기도 했습니다. 진시황이 육국을 겸병한 다음에는 정치, 군사, 문화 등의 모든 분야의 정책을 입안하는 노력을 기울였습니다. 한마디로 전방위적으로 제국의 건설을 위해 힘을 쏟았습니다.

이사는 대 진나라 제국을 건설한 사람이었습니다. 진나라의 안위와 존망을 관장하는 수호자였다고 해도 좋습니다. 그래서 이사가 자신의 몸을 보전하지 못하고 억울하게 죽었을 때 진나라의 운명 역시 아슬아슬하게 될 수밖에 없었습니다. 그게 하나 이상할 게 없었습니다.

하늘에는 별이 많아야 합니다. 그래야 하늘이 눈부시게 찬란합니다. 마찬가지로 어떤 나라 조직에는 인재들이 많아야 합니다. 그래야 국가와 사업이 발전합니다. 그러나 인재를 모으기는 어려우나 잃는 것은 쉽습니다. 순간에 그렇게 됩니다. 이게 자연의 이치입니다.

과거 진나라에는 인재가 구름처럼 많았습니다. 이사를 비롯해 돈약, 왕전, 왕분, 몽염, 몽의 등의 걸출한 인재가 있었습니다. 이들 영재들이 약속이나 한 듯 열심히 진시황을 보좌했습니다. 진시황의 대업은 파죽지세가 될 수 있었습니다. 끝내는 천하를 삼켰습니다. 그러나 왕전이 세상을 떠난 다음 몽염, 몽의 등이 그 뒤를 따랐습니다. 마지막에는 오로지 이사

혼자만 남게 됐습니다. 더 이상 힘을 쓸 수가 없었습니다. 손바닥도 혼자 서는 박수를 치지 못한다는 말도 왜 있지 않습니까!

진시황이 사구에서 세상을 떠난 지 2년여 되는 때에 이사는 피살됐습니다. 그의 피살은 진나라 정계에 엄청난 변화의 바람을 몰고 왔습니다. 이건 거대한 제국이 뿌리부터 흔들리게 된다는 사실을 의미했습니다. 그렇다면 이사를 죽음에 이르게 한 다음 조고는 과연 순조롭게 정권을 장악했을까요? 폭풍우 속으로 들어간 진나라에는 과연 어떤 변화가 발생할까요? 자신의 손으로 직접 창건한 대 제국이 처절하게 망하는 것을 만약 진시황이 목도하게 된다면 가슴을 치지 않았을까요?

36강
지록위마 指鹿爲馬

진시황이 세상을 떠난 다음 진나라의 궁정은 마치 저주받은 현장이 돼 버렸습니다. 잇달아 피살 사건이 일어난 것입니다. 우선 공식 후계자 부소가 억울하게 죽었습니다. 이어 중신 몽의와 대장군 몽염이 피살됐습니다. 20여 명에 이르는 진시황의 자녀들 역시 피붙이에 의해 저승길로 가지 않으면 안 됐습니다. 마지막에는 이사까지 피살됐습니다. 이처럼 피살 사건이 연이어 일어나는데 과연 진나라의 정계가 안정을 유지할 수 있었을까요? 당연히 그렇지 못했습니다! 다른 사람들이 계속 피살돼야 했습니다. 그러면 누가 다음 피살될 차례였을까요? 이세였습니다. 이건 정말 불가사의한 일입니다. 두 가지 점에서 그렇습니다. 진시황이 세운 황제 제도는 정말 대단했습니다. 황제를 지고至高, 지대至大, 지존至尊, 지상至上의 군주로 만들었습니다. 그런데 어떻게 피살되는 운명에 처해야 했을까요? 조고는 이세가 즉위하도록 적극적으로 도왔습니다. 얼마 후에는 승상도 됐습니다. 지위와 권력이 막강했습니다. 어떻게 이런 사람이 보위하는 황제가 피살이 돼야 했을까요? 그러나 어쨌거나 다음에 피살된 사람은 확실히 이세였습니다. 여기에는 도대체 어떤 기가 막힌 비밀이 숨어 있었을까요?

사슴을 말이라 하다

이사가 요참의 형벌로 세상을 떠난 1년 1개월 후인 이세 3년(기원전 207년) 8월의 어느 날이었습니다. 이세는 이날 웬일로 조당朝堂에서 조의朝議를 주재하고 있었습니다. 그런데 갑자기 승상 조고가 한 시종에게 대전으로 올라오라는 지시를 내렸습니다. 시종은 조고의 지시대로 사슴 한 마리를 끌고 천천히 대전으로 올라왔습니다. 대신들은 생각지도 못한 이 광경에 할 말을 잃었습니다. 또 무슨 사단이 벌어지는구나 하는 생각으로 그저 서로 얼굴만 쳐다볼 뿐이었습니다. 그러나 어떻게 할 방법이 없었습니다. 조고가 웃음 띤 얼굴로 이세에게 "이건 정말 좋은 말입니다. 신이 황상께 바치겠습니다"라고 말하는 것을 지켜봐야만 했습니다.

이세는 눈을 크게 뜨고 사슴을 바라봤습니다. 이어 웃으면서 "승상이 잘못 봤소. 이건 분명히 사슴이오. 왜 말이라고 하시오?"라고 말했습니다. 조고는 웃음을 머금은 채 말을 하지 않았습니다. 이세는 주위의 대신들을 둘러봤습니다. 대신들 중에는 말이라고 하는 사람이 있었으나 사슴이라고 말하는 사람도 많았습니다. 어떤 사람은 아예 말을 하지 않았습니다. 다시 조당이 조용해졌습니다. 이세는 황당했습니다. 자신의 눈이 이상해진 것인지 조고와 대신들이 이상한 것인지 도저히 알 길이 없었습니다. 순간적으로 바보가 돼 버린 것입니다. 이게 바로 저 유명한 지록위마 사건이었습니다. 아무튼 황당해진 이세는 서둘러 이날의 조회를 끝냈습니다.

　지록위마 사건이 일어난 이후 진나라 조정에는 두 가지 큰 일이 발생했습니다.

　하나는 조고가 갖가지 이유를 붙여 사슴을 사슴이라고 말한 대신들을 잇달아 죽인 일이었습니다. 살아남은 대신들은 진실을 말한 사람들이 하나씩 피살된 이후부터 당연히 두려움에 떨어야 했습니다. 울지 않는 늦가을의 매미처럼 입을 꾹 닫았습니다. 다시는 조고의 뜻을 어기는 사람이 없었습니다.

　이세는 몹시 불안하고 두려웠습니다. 자신이 무슨 이상한 병에 걸렸는지 모른다고 생각도 했습니다.

　이때 반진 기의 세력의 주류였던 유방은 이미 수만여 명의 병력을 이끌고 지금의 산시陝西성 서남부의 무관武關에서 진나라로 들어오고 있었습니다. 무관이 무너진다는 것은 관중이 의지할 곳 없는 신세가 됐다는 사실을 의미했습니다. 유방은 이를 위해 미리 손을 쓰기도 했습니다. 조고에게 밀사를 파견, 진나라를 멸망시킬 계획을 은밀하게 논의한 것입니다. 진나라는 완전히 폭풍우의 한가운데에서 흔들리지 않으면 안 됐습니다.

　그럼에도 조고는 이런 형세는 돌아보려고 하지 않았습니다. 그저 날이 갈수록 마음이 켕기는 것에만 신경을 썼습니다. 그는 지위가 높고 권력이 막강했습니다. 그야말로 위세가 하늘을 찌를 듯했습니다. 살인 역시 무수하게 했습니다. 이런 그가 도대체 누구를 두려워한다는 말입니까?

　그는 이세를 두려워하고 있었습니다. 이세의 무엇을 두려워했을까요? 《한서》의 〈고제기高帝紀〉에는 이에 대한 내용이 나옵니다.

　8월에 패공이 무관을 공격한 다음 진나라로 들어갔다. 진나라 승상 조고는 두려워 이세를 살해했다. 이어 유방의 밀사를 들어오게 해 자신을 관중의 왕으로 봉해줄 것을 약속하라는 요구를 했다. 패공은 이를 거절했다.

조고는 이세가 자신의 책임을 추궁하지 않을까 두려워했습니다. 자신의 죄를 물을 것을 두려워했습니다. 구체적으로 뭘 두려워했을까요? 얘기를 계속해보겠습니다.

조고는 상황이 여의치 않자 이미 진나라 땅에 들어와 있던 유방과 은밀히 내통, 모종의 의논을 했습니다. 이 과정에서 자신이 관중왕이 되게 해달라고 요구했습니다. 유방은 거절했습니다. 사서들은 조고가 뭘 가지고 유방에게 관중왕의 자리를 요구했는지에 대해서는 기록을 남기지 않았습니다. 그러나 우리는 충분히 분석을 해볼 수 있습니다. 아무 공도 세우지 않고 그가 어떻게 감히 유방에게 관중왕을 대가로 달라고 하겠습니까? 조고는 아마도 무슨 입장을 표명했을 겁니다. 이게 도대체 뭘까요? 답은 하나밖에 없습니다. 유방이 이세를 죽이고 진나라를 멸망시키는 데 협조하는 것입니다.

유방은 단호하게 조고의 요구를 거절했습니다. 이때 이미 무관을 공략했으므로 그럴 필요가 없었습니다. 자신의 독자적인 힘만으로도 진나라를 충분히 멸망시킬 수 있다는 사실을 파악하고 있었습니다. 조고가 협조를 하든 안 하든 그건 아무 관계가 없었습니다. 이게 유방이 조고의 요구를 거절한 첫 번째 이유였습니다. 두 번째 이유는 유방의 욕심이 되겠습니다. 그는 자신이 진나라를 멸망시킨 다음 관중왕이 되고 싶었습니다. 어찌 그 자리를 순순히 조고에게 주려고 했겠습니까? 유방과 항우는 이때 초 회왕 앞에서 약속을 하나 했습니다. 먼저 관중으로 들어가 진나라를 멸망시키는 사람이 관중왕이 된다는 데에 합의를 한 것입니다. 그러나 당시 항우는 주요 전장戰場인 거록(巨鹿. 지금의 허베이성 핑샹平鄕 서남쪽)에 빠져 있었습니다. 신속하게 관중으로 들어갈 수가 없었습니다. 반면 유방은 진나라 주력 부대 주둔지를 돌아 무관에서 북상, 관중으로 들어갔습니다. 이랬으니 그가 먼저 함양을 공격한 다음 자신이 관중왕이 되려고 했던 것은 너무나 당연했습니다. 때문에 조고의 개인적인 타산은 유방이라는 관문을 돌파할 수가 없었습니다. 그러면 조고는 어떻게 해야 했을까요? 〈진시황본기〉의 기록을 보겠습니다.

나중 항우는 거록성 아래에서 왕리王離 등을 포로로 잡은 다음 전진을 계속했다. 장한章邯 등의 군대 역시 수차례 패배했다. 나중에는 편지를 올려 증원병을 요청했다. 연나라를 비롯해 조, 제, 초, 한, 위나라 등이 모두 자립해 왕을 세웠다. 함곡관 이동의 땅들은 거의 대부분 진나라를 배반하고 제후들에 호응했다. 제후들은 모두 병력을 이끌고 서진에 나섰다. 패공 역시 수만 명을 이끌고 무관을 도륙했다. 이어 사람을 보내 조고와 몰래 접촉했다. 조고는 이세가 화가 나 자신을 죽일지도 모른다는 두려움에 떨었다. 그래서 병을 칭하고 조정에 나가지 않았다.

조고는 병을 칭하고 조정에 나가지 않았습니다.
조고는 이세의 사람됨을 너무나 잘 알고 있었습니다. 게다가 이세는 관동에 '도적'이 들끓는다는 보고를 듣자마자 사람을 보내 조고를 힐책했습니다. 당연히 이 문책은 조고를 두려움에 떨게 만들었습니다. 즉각 자신의 사위인 함양령咸陽令 염락閻樂과 동생 조성趙成을 불러 대책을 논의했습니다. 이세를 죽이는 것이 목표인 두 번째 궁정 쿠데타는 바로 이렇게 해서 모의가 시작됐습니다.
이때 조고의 입장은 대단히 강경했습니다. 말을 들어보겠습니다.
"황상은 대신들의 간언을 듣지 않고 있어. 지금 천하의 형세가 대단히 급박한데 말이야. 황상은 자신의 잘못은 돌아볼 생각조차 하지 않고 모든 죄를 나에게 뒤집어씌우려고 그래. 나는 이 호해를 갈아치워 버려야겠어. 다른 새로운 군주를 세워야 해."

염락과 조성은 바로 장인과 형의 생각에 동의했습니다. 조고는 주도적으로 전략도 짰습니다. 우선 낭중령이 내부에서 호응을 하도록 포섭하기로 했습니다. 대규모 도적의 무리들이 침범을 해왔다는 거짓말 역시 꾸몄습니다. 그런 다음 1,000여 명의 병사들을 인솔해 이세가 머무르고 있던 망이궁望夷宮을 습격, 죽이라는 명령을 염락에게 내렸습니다. 조고는 이때 혹시 염락이 변심을 할지 모른다는 우려를 했습니다. 그래서 병력을 풀어 염락의 어머니를 납치했습니다. 염락으로서는 퇴로가 없었습니다.

이세는 조고가 2차 궁정 쿠데타를 일으키기 전에 무척이나 이상한 꿈을 꿨습니다. 백호白虎가 자신의 어가를 모는 왼쪽의 말을 물어 죽이는 꿈이었습니다. 그는 꿈에서 깨어난 다음 긴장하지 않을 수 없었습니다. 도대체 왜 자신이 이상한 꿈을 꾸게 됐는지도 이해가 되지를 않았습니다. 그는 도리 없이 해몽과 점을 담당하는 박사를 찾았습니다. 박사는 즉각 "이건 경수涇水의 신이 재앙을 내리기 위해 장난을 치는 겁니다"라는 해몽을 했습니다. 이세는 박사의 말이 떨어지기 무섭게 망이궁으로 어가를 몰았습니다. 제사를 지내 경수의 신이 보내는 재앙을 피하려 했던 것입니다.

아무튼 염락은 반란군을 이끌고 망이궁으로 달려갔습니다. 이어 망이궁을 지키던 수비대장을 체포해 "도적들이 모두 망이궁으로 들어왔네. 자네는 왜 이들을 잡지 않는가?"라고 몰아붙였습니다. 망이궁 수비대장은 기가 막혔습니다. 그래도 "이 주위는 경호 부대들의 병사들이 철통같이 지키고 있습니다. 어떻게 감히 도적들이 들어갈 생각을 하겠습니까?"라고 대답은 했습니다. 염락은 수비대장의 대답을 듣자마자 바로 그의 목을 쳤습니다. 다음 수순은 볼 것도 없었습니다. 그대로 궁으로 쳐들어갔습니다. 염락이 인솔한 반란군은 훈련이 잘 돼 있었습니다. 순식간에 안으로 들이닥치면서도 사람을 만나면 바로 화살을 날렸습니다. 이세 주위의 경호원과 환관들은 전혀 예상치 못한 돌발 상황을 맞이하게 되자 정확하게 두 부류로 나뉘었습니다. 간이 크거나 충성심 강한 부류들은 반란군과 격투를 벌였습니다. 간이 작은 부류들은 도망치기에 급급했습니다. 당연히 충성심 강한 경호원과 환관들은 다 전사했습니다. 낭중령과 염락의 무리들은 쏜살같이 궁 안으로 진입했습니다. 동시에 이세의 침실 휘장을 향해 화살을 날렸습니다.

이세는 너무나 불경스러운 이 장면을 보고는 대노했습니다. 즉각 좌우의 시종들을 불렀습니다. 하지만 시종들은 지금껏 이처럼 황당한 장면을 목격한 적이 없었습니다. 당연히 나가 싸우는 자들이 거의 없었습니다. 너도 나도 도망가기에 바빴습니다. 이런 와중에도 한 환관은 도망을 가지 않았습니다. 이세는 내전內殿으로 들어와 그에게 "그대는 왜 나에게 진작 말을 하지 않아 일이 이 지경이 되게 만들었는가!"라고 말했습니다. 그러자 이 환관이 잔뜩 겁먹은 목소리로 "폐하, 신은 감히 말할 수가 없었습니다. 그래서 오늘까지 살 수 있었습니다. 만약 진즉에 말했다면 이미 폐하에게 죽임을 당했을 겁니다. 어떻게 지금까지 살 수 있었겠습니까?"라고 대답했습니다. 이세는 할 말이 없었습니다.

염락이 드디어 이세의 앞에 모습을 드러냈습니다. 이어 작정을 한 듯 이세를 가리키면서 "폐하는 교만하고 사치했소. 음탕하기도 했소. 무수히 많은 사람도 죽였소. 천하의 백성들이 다 배반했소. 이제 뒷일을 생각해야 할 거요"라고 다그쳤습니다. 자결을 하라는 권고였습니다. 이세가 떨리는 목소리로 "내가 승상을 좀 만날 수 없겠나?"라고 물었습니다. 염락은 "안 되오"라고 대답했습니다. 이세가 다시 "나는 그저 한 군郡의 왕만 하겠네. 안 되겠나?"라고 물었습니다. 염락은 대답을 하지 않았습니다. 이세가 또 "그러면 나는 1만 호의 후侯가 되겠네. 안 되겠나?"라고 물었습니다. 염락이 대답을 할 까닭이 없었습니다. 이세가 기운이 빠진 듯 처량하게 "나는 내 처자식들과 그저 보통 백성으로 살겠네. 다른 공자들과 마찬가지로 말일세. 안 되겠나?"라고 물었습니다. 염락이 이번에는 "나는 승상의 명령을 받고 왔소. 천하의 백성들을 위해 폐하를 제거하라는 명령을 받은 것이오. 폐하는 아무리 말을 해야 소용이 없소. 나는 답을 줄 수가 없소"라고 차갑게 대답했습니다. 이세는 방법이 없자 칼을 빼 그대로 자살했습니다.

교만 방탕하고 무도한 이세는 2년 여 정도 황제 자리에 있었습니다. 그러나 딱 거기까지였습니다. 더불어 23년의 한 많은 인생 역시 조용하게 막을 내려야 했습니다.

이상은 〈진시황본기〉에 나오는 내용입니다. 그러나 〈이사열전〉에 나오는 내용은 조금 다릅니다. 한번 보겠습니다.

이세는 주변의 적지 않은 신하들이 조고가 끌고 온 사슴을 말이라고 하자 자신이 무슨 병에 걸렸을지 모른다고 생각했습니다. 사슴과 말도 제대로 구분하지 못하는 사람이라고 말입니다.

이세는 황급히 태복(太卜. 점을 담당하는 관리)을 불러 점을 치게 했습니다. 태복이 점을 쳐 본 다음 말했습니다.

"폐하께서는 종묘에 제사를 지내실 때 목욕재계한 다음 공경하게 하지 않았습니다. 그래서 이런 현상이 생겨나게 된 것입니다. 이 병을 치료하고 싶으시면 고대의 성왕聖王처럼 해야 합니다. 융숭하게 제사를 지내야 합니다."

이세는 태복의 말에 따랐습니다. 어가를 서둘러 황실 전용의 화원인 상림원으로 몰고 가 목욕재계를 했습니다. 이때 이세의 임무는 제사였습니다. 당연히 시간이 많았습니다. 그래서 그는 거의 매일 상림원에서 사냥을 즐겼습니다. 그러다 하루는 상림원 근처를 지나가는 행인을 실수로 쏴 죽이고 말았습니다.

조고는 이 사건을 알아낸 다음 자신의 사위 염락을 시켜 이세에게 "누군가가 상림원에서 살인을 저질렀습니다"라는 말을 하게 했습니다. 이어 염락을 시켜 상림령上林令에게 공문서를 보내 흉악범을 체포하라는 명령을 내렸습니다. 그가 이렇게 한 것은 다른 목적이 있었던 것이 아니었습니다. 일종의 신호를 보낼 필요가 있었기 때문입니다. 이세를 놀라게 할 의도가 있었다고 하겠습니다.

조고는 그런 다음 이세에게 다음과 같은 간언을 올렸습니다.

"천자라도 아무 이유 없이 죄 없는 사람을 죽이면 안 됩니다. 이건 하늘도 허락하지 않는 일입니다. 귀신도 폐하의 제사를 받지 않으려고 할 겁니다. 또 하늘은 벌을 내릴 것입니다. 이 재앙을 피하기 위해서는 황궁에서 멀리 떨어진 망이궁으로 가서 재앙을 내리지 말라고 기도를 해야 합니다."

이세는 방법이 없었습니다. 조고의 말대로 어가를 망이궁으로 몰았습니다. 3일 후 조고는 이세의 명령이라면서 병사들에게 흰 옷을 입게 했습니다. 무장도 시켰습니다. 이어 망이궁으로 향했습니다. 조고는 망이궁에 들어가기 무섭게 이세에게 "중원의 도적들이 이미 관중에까지 밀려들었습니다"라고 말했습니다. 이세는 어느 누대樓臺에 올라가 주위를 살폈습니다. 진짜 조고의 말대로 백색 옷을 입은 일단의 병사들이 궁전을 둘러싸고 있었습니다. 이세는 대단히 두려웠습니다. 조고는 기회를 놓치지 않고 그에게 자살을 하도록 강요했습니다.

사실 조고가 조당에서 지록위마의 쇼를 한 것은 자신이 얼마나 권위가 있는지를 시험해보기 위해서였습니다. 대신들이 진실을 말할 것인지 아닌지를 보기 위해 그랬습니다. 억측해본다면 이세의 권위에 도전해보기 위해 그러지 않았나 생각도 됩니다. 지록위마 사건은 조고가 자신의 실력을 과시한 일종의 리트머스 시험지라고 해도 좋습니다. 그는 이 사건을 통해 대신들을 철저하게 통제하게 된 자신의 능력 정도면 충분히 두 번째의 궁정 쿠데타를 일으켜도 괜찮을 것이라는 생각을 하게 됐습니다. 더구나 이보다 앞서 그는 바른 말을 했던 대신들도 대대적으로 살육했습니다. 조정의 대신들 중에는 그의 권위에 도전할 사람이 전혀 없었습니다. 결론적으로 지록위마 사건은 그에게 극도의 자신감과 힘을 실어줬다고 하겠습니다.

이세, 눈 가리고 아웅하니 반란의 불길이 거세지다

이세가 피살된 직접적인 이유는 관동 '도적'들의 발호를 처리하는 데 힘을 기울이지 않는다고 조고를 힐책했기 때문이라고 볼 수 있습니다. 진승과 오광이 불을 붙인 거병은 진말에는 그야말로 요원의 불길처럼 번져갔습니다. 이세는 이 국면에 어떻게 대응했을까요? 〈진시황본기〉를 보면 나옵니다.

> 알자謁者가 관동으로 갔다 돌아와 반란의 상황에 대해 이세에게 보고했다. 이세는 화를 냈다. 그를 하옥시켰다. 그러자 나중에 관동에 갔다 돌아온 사자는 이세에게 "그건 도적의 무리일 뿐입니다. 군수郡守와 군위郡尉 등이 모조리 체포했습니다. 걱정하실 필요가 하나도 없습니다"라고 보고를 올렸다. 이세는 크게 기뻐했다.

이세는 천하의 대란이 터졌는데도 타조처럼 행동했습니다. 그야말로 눈 가리고 아웅했습니다. 기본적으로 반란의 불길이 걷잡을 수 없이 커졌다는 사실을 믿으려 하지 않았습니다. 아니 들을 생각조차 하지 않았습니다. 알자가 정확한 보고를 했는데도 화를 냈습니다.

원래 위에 정책이 있으면 아래에는 대책이 있게 마련입니다. 나중 돌아온 알자는 진짜 딱 이렇게 했습니다. 거짓 보고를 올렸습니다. 그제야 이세의 얼굴은 펴졌습니다.

이런 짓을 조장하게 만든 대표적인 인물도 있었습니다. 바로 진시황의 대조(待詔. 황제의 조서를 관리하는 직책이라고 보면 될 듯─옮긴이) 박사인 숙손통叔孫通이었습니다. 이세는 사자가 헐레벌떡 달려와 소식을 전하자 박사와 유생들을 불러 모았습니다. 이어 "초 땅의 수졸이 반란을 일으켜 공격을 한다고 하오. 그대들은 이걸 어떻게 보는가?"라고 물었습니다. 박사와 유생 30여 명이 "무리를 모으는 것은 반란을 일으키겠다는 얘기입니다. 이건 죽을죄입니다. 절대로 용서를 해서는 안 됩니다. 폐하께서는 빨리 병력을 일으켜 진압해야 합니다"라고 대답했습니다. 이세는 이 말에 화를 버럭 냈습니다. 이때 숙손통이 앞으로 나와 말했습니다.

"여러 선생들의 말은 모두 틀렸습니다. 지금 천하는 하나로 통일됐습니다. 각 군현의 성지城池는 이미 다 철거했습니다. 각종 병기 역시 녹여버렸습니다. 천하의 백성들에게 더 이상 사용할 수 없다는 사실을 분명히 보여줬습니다. 더구나 지금 현명한 군주께서 천하에 군림하고 있습니다. 완비된 법령 역시 있습니다. 백성들에게 모두 잘 지키도록 하고 있습니다. 또 지금 사방이 우리 조정으로 귀부를 하고 있습니다. 어찌 감히 반란을 일으키겠습니까! 이건 도적 떼일 뿐입니다. 걱정할 필요가 하나 없습니다. 지금 군수와 군위는 이들을 체포해 혹독하게 벌을 주고 있습니다. 뭘 걱정하십니까?"

이세는 숙손통의 말에 기쁜 어조로 "좋은 말이오"라고 말했습니다. 이어 다시 각 유생들에게 물었습니다. 그러자 어떤 유생들은 반란이라고 계속 고집을 부렸습니다. 또 어떤 유생들은 도적이라고 말했습니다. 이세는 감찰관에게 명령을 내려 각 유생들을 조사하게 했습니다. 이렇게 해서 반란이라고 말한 유생들은 처벌됐습니다. 반면 도적이라고 말한 유생들은 그대로 자리를 유지할 수 있었습니다. 숙손통은 비단 20필과 옷, 박사의 직위를 상으로 받았습니다. 숙손통이 궁에서 나오자 일단의 유생들이 그에게 "선생은 어쩌면 그렇게 아부를 잘 하십니까?"라고 물었습니다. 이에 숙손통이 "여러분들은 뭘 모르시오. 나는 거의 호랑이 굴에서 빠져나오지 못할 뻔했소!"라고 대답했습니다. 이후 숙손통은 도성을 몰래 빠져나가 여러 군주들을 섬겼습니다. 마지막에는 한왕 유방의 문하에 투신했습니다. 유방의 중신이 됐습니다.

숙손통은 중국 역사에서 위기의 순간에 자신을 가장 잘 보전한 표본으로 유명합니다. 그는 누구보다도 타조와 같은 이세의 마음을 잘 읽었습니다. 이세가 전국적으로 퍼진 기의를 인정하지 않으려 한다는 사실을 알고는 도적 떼라고 말해 안심을 시켰습니다.

어느 정권이 있다고 칩시다. 이 정권의 관리들이 거짓말을 해야 생존하게 되는 지경에까지 이르면 뭐라고 해야 하겠습니까? 그건 회생 가능성이 없는 부패한 정권이라고 해야 합니다. 문제는 관리들이 보편적으로 거짓말을 하게 되면 필연적으로 최고 결정권자는 진짜 민심을 모르게 된다는 사실입니다. 만약 최고 결정권자가 들끓어 오르는 민심을 알지 못하면 이 정권은 위기에 직면한 정권이라고 해야 하지 않을까요?

이세가 이런 심리 상태에서 반란을 처리했으니 어떻게 망하지 않을 수 있었겠습니까? 한마디로 그의 엉뚱한 대처는 결과적으로 반란이 더욱 맹렬한 기세로 타오르게 만드는 기폭제 역할을 했다고 해도 과언이 아니겠습니다. 이사는 승상으로 있을 때 이 반란을 해결하지 못했습니다. 조고가 승상으로 있을 때는 더했습니다. 반란이 더욱 심해졌습니다. 때문에 이세는 이사를 힐난했습니다. 이사를 죽음에 이르도록 했습니다. 그러나 조고를 힐난했을 때는 아이러니하게도 그가 피살됐습니다. 결과적으로 바로 반란의 폭발로 인해 야기된 이런 궁중의 내란이 이세가 피살된 가장 중요한 이유 중 하나라고 해도 과언이 아닐 것 같습니다.

조고는 이세를 죽인 다음 그에게서 황제의 옥새를 탈취해 자신의 손에 움켜쥐었습니다. 그러나 궁중의 대신들은 아무도 그를 따르려 하지 않았습니다. 게다가 그가 대전에 올라갔을 때에는 대전이 세 번이나 요동하면서 무너지려 했습니다. 조고는 그것이 자신을 황제 자리에 올리지 않겠다는 하늘의 뜻임을 알았습니다. 대신들도 동의하지 않는다는 것은 더 말할 필요가 없었습니다.

조고가 용상에 앉으려고 대전에 올라간 이 일은 《사기》에 분명하게 기록으로 남아 있습니다. 그러나 사실상 이런 일은 일어날 수가 없었습니다. 용상이라는 것은 의자 아닙니까? 누구라도 앉을 수 있는 것 아닙니까? 만약 조고가 진짜 이렇게 대전이 요동치는 것을 느꼈다면 그것은 아마도 심리적인 불안이 아닐까 싶습니다. 조고는 신하의 신분에서 군주를 살해했습니다. 자기가 황제가 되려고 했습니다. 영씨의 천하를 조씨의 천하로 바꿀 생각을 했습니다. 아마도 심리적 압박이 대단했을 것입니다. 이런 거대한 압력으로 인해 조고는 용상에 앉으려 했을 때 아마도 전전긍긍했을 겁니다. 얇은 얼음 위를 걸어가는 불안함을 느꼈을 겁니다. 때문에 조고가 이해한 하늘의 뜻은 다른 것을 의미하지 않습니다. 극도로 마음이 켕겼다는 사실을 말해줍니다.

조고는 하늘의 뜻을 어겨서는 안 된다는 사실을 알았습니다. 군신들이 원망과 분노의 마음을 가지고 있다는 것 또한 알았습니다. 그러면 어떻게 해야 할까요? 누가 대 제국 진나라의 새로운 군주가 돼야 할까요?

37강
조고의 죽음

어질고 재능이 많은 사람은 난세를 목격하면 걱정을 합니다. 반면 간신들은 기뻐합니다. 조고는 의심할 필요도 없이 후자에 속했습니다. 진나라 천하가 대대적으로 궐기하는, 폭풍우 같은 조류 속으로 휘말려 들어갔습니다. 아주 위태로워 보였습니다. 그러나 조고는 이 혼란한 틈을 이용했습니다. 서서히 자신의 장기인 음모를 구체화시켰습니다. 마지막에는 광분이라는 표현이 어울리는 행동까지 서슴지 않았습니다. 최고 권력까지 탐낸 것입니다. 하지만 이 행동은 결과적으로 자신의 목숨을 종착역으로 쏜살같이 몰고갔습니다. 그는 이세를 죽인 후 일생 동안 몽매에도 그리던 권력의 정점에 이르게 됐습니다. 그러나 신이 도와주지 않았습니다. 그는 마음이 켕겼습니다. 급기야는 자신이 황제가 됐을 때의 경중을 따져봤습니다. 인심도 살폈습니다. 자신이 황제가 돼서는 안 된다는 결론에 이릅니다. 새로운 황제를 세우기로 합니다. 그러나 묘하게도 이 생각이 결과적으로는 그의 목숨을 빼앗게 됩니다. 삼족도 목숨을 잃었습니다. 그를 죽인 사람은 과연 누구였을까요? 그는 어떻게 이처럼 대단한 일을 할 수 있는 능력을 가지고 있었을까요? 그는 왜 무수히 많은 사람을 해친 조고를 죽일 수 있었을까요?

자영子嬰은 누구인가

조고를 죽인 사람은 진왕秦王인 자영이었습니다.

이 말은 좀 이상하지 않습니까? 그렇습니다. 두 가지 문제를 가지고 있습니다. 하나는 그가 왜 황제가 아니고 진왕이냐는 것입니다. 진시황 때에 이미 진왕을 황제로 바꿔 부르기로 하지 않았습니까? 두 번째는 자영이 과연 누구냐 하는 의문입니다.

우선 첫 번째 문제에 대해 얘기를 해봅시다.

조고는 이세를 죽였으나 자신을 황제로 칭하지 않았습니다. 그가 이렇게 한 것은 당연히 황제가 되고 싶지 않아서가 아니었습니다. 대신들이 보여준 무언의 반항이 그의 마음을 켕기게 했다는 것이 옳은 분석입니다. 그가 이런 상황에서 황제를 칭한들 권위가 섰겠습니까! 조고는 새로운 황제를 세워야겠다는 생각을 굳히자 조정 대신과 공자들을 불러 모아 회의를 열었습니다. 이 회의석상에서 그는 "이세 호해가 무도하기 이를 데 없어 죽음에 이르게 됐다"라는 말을 했습니다. 또 "진나라는 원래 제후국이었다. 시황제가 황제를 칭하기 시작했으나 지금 천하가 대란에 빠져 있다. 육국이 경쟁적으로 나라를 다시 복원하고 있다. 우리 진나라 제국의 영토 역시 빠른 속도로 축소되고 있다. 다시 황제라는 칭호를 취하는 것은 아무 의미가 없다. 사실과도 부합되지 않는다. 마땅히 원래의 진왕으로 고쳐 불러야 한다"라는 말도 했습니다. 이렇게 해서 진시황이 제정한 황제 제도는 시행한 지 15년 만에 조고에 의해 폐지됐습니다.

이제 두 번째 문제에 대해 얘기를 합시다.

조고를 살해한 자영은 도대체 누구였을까요? 문헌의 기록에 따르면 자영의 신분은 세 가지 설로 압축이 가능합니다.

우선 이세의 조카라는 설입니다. 〈진시황본기〉에도 "이세의 형의 아들인 공자 자영을 진왕으로 삼았다"라는 기록이 확실히 있습니다. 물론 원문은 자영의 신분을 형자兄子로 표현하고 있습니다. 형의 아들이라고 해석하는 것이 충분히 가능합니다.

두 번째는 진시황의 동생이라는 설입니다. 이에 대해서는 〈이사열전〉의 기록을 참고해야 하겠습니다. "조고는 하늘이 자신이 황제가 되는 것을 허락하지 않는다는 것을 알았다. 군신들이 동의하지 않는 것도 알았다. 그래서 시황제의 동생을 불러 옥새를 줬다"라는 기록입니다.

마지막은 이세의 형이라는 설입니다. 이 설은《사기》의 〈육국연표六國年表〉가 증명해줍니다. "조고가 반란을 일으켜 이세가 자살했다. 조고는 이세의 형 자영을 세웠다. 자영이 왕이 돼 조고를 죽였다. 삼족까지 멸했다"라고 돼 있습니다. 물론 이 글은 〈진시황본기〉처럼 이세의 형자로 해석할 수 있을지도 모릅니다. 그러면 이름이 영이 됩니다. 그러나 뒤에 분명히 자영이라는 말이 또 나옵니다. 절대로 자영 두 글자는 분리할 수 없습니다.

이상 세 가지 설 가운데 가장 광범위하게 채택되는 설은 이른바 '이세 형의 아들' 설입니다. 동한東漢의 반고班固가 지은《한서》의 〈고제기〉 역시 이 설을 채택하고 있습니다. 근현대 학자들은 더욱 이 설을 신봉합니다. 이뿐만이 아닙니다. 중국에서 현재 가장 널리 통용되는 중국어 대사전인《사해辭海》와《사원辭源》역시 이 설을 따르고 있습니다. 더 나아가서는 부소의 아들이라는 주장도 합니다.

그러나 최근에는 조금 달라지고 있습니다. 일부 학자들이 자영이 형의 아들이라는 설에 강력하게 이의를 제기하고 있는 것입니다. 이유는 많습니다.

무엇보다 나이가 맞지 않습니다. 만약 자영이 이세의 조카, 더 나아가 진시황의 큰 아들 부소의 아들이라면 어떻게 되겠습니까? 진시황은 50세까지 살았습니다. 17~8세에 부소를 낳고 부소 역시 이 비슷한 나이에 아들을 낳았다면 진시황이 죽었을 때 자영은 16~7세가 돼야 합니다. 이세가 3년 동안 황제 자리를 차지하고 있었으므로 자영이 자리를 이어받았을 때는 아무리 많아도 20세에 지나지 않았을 겁니다. 만약 자영이 20세 전후였다면 그의 아들은 어느 정도의 나이였을까요? 아무리 해봐야 서너 살밖에 되지 않았을 겁니다. 그러나 《사기》는 자영이 조고에 의해 진왕으로 세워졌을 때 아들들과 조고를 죽이는 문제를 상의했다는 기록을 곳곳에 남기고 있습니다. 예컨대 〈진시황본기〉에는 "조고는 자영을 진왕으로 세운 다음 그에게 5일 동안 목욕재계할 것을 요구했다. 그러나 자영은 그의 두 아들과 조고를 죽이는 문제를 상의했다"라는 내용이 분명히 나옵니다. 이로 볼 때 우리는 자영이 두 아들이 있었을 뿐 아니라 이들의 나이가 적지 않다는 사실을 알 수 있습니다. 충분히 조고를 죽이는 계획에 참여할 나이가 됐습니다. 만약 자영이 진시황의 손자라면 이렇게 큰 아들이 있을 수가 없습니다.

다음은 지위가 서로 어울리지 않습니다. 〈진시황본기〉의 기록에는 조고가 이세를 죽이고 다른 군주를 새로 세우려는 모의를 했을 때 한 말이 있습니다. "황제가 간언을 받아들이지 않아 지금 상황이 위급해졌다. 그럼에도 죄를 우리 가족에게 뒤집어씌우려고 한다. 나는 황제를 바꾸려고 한다. 공자 자영을 추대코자 한다. 그는 인자하고 겸손하다. 백성들이 모두 그의 말이라면 따른다." 이 말은 완전히 사실이라고 하기는 어려울지 모릅니다. 그러나 만약 근거가 전혀 없다면 백성들이 주변을 설득시킬 수가 있었겠습니까? 자영이 확실히 사회적인 영향력이 있었다는 사실을 설명합니다. 만약 자영이 이세의 조카라면 이때 나이가 16~7세에 불과했을 겁니다. 사회 활동의 정도는 아마도 일천했을 겁니다. 사회적인 영향력 역시 그처럼 크지 않았을 가능성이 높습니다. 따라서 "백성들이 모두 그의 말이라면 따른다"라는 말은 성립되기 어렵습니다.

전체적으로 볼 때 자영이 이세의 조카, 진시황이 손자가 되기는 이처럼 불가능했습니다.

그러면 자영은 이세의 형이었을까요? 《사기》의 〈육국연표〉는 아주 분명하게 자영이 이세의 형이라고 주장하고 있습니다. 그러나 이 설 역시 문제가 있습니다.

이세는 23세 때 피살됐습니다. 나이로 볼 때 만약 자영이 이세의 형이라면 당연히 23세 이상이 돼야 합니다. 그러나 진시황이 50세에 병사했으므로 아들은 아무리 많아야 30세 전후에 지나지 않습니다. 따라서 아들이 있어 봐야 열 몇 살에 불과합니다. 자영이 아들과 조고를 죽이는 문제를 상의했다면 뭐 안 될 것까지는 없습니다. 하지만 두 가지 의문을 떨칠 수가 없습니다.

첫째 의문은 어떻게 살아남는 것이 가능했느냐입니다. 이세는 즉위한 다음 대대적인 백색 테러를 자행했습니다. 형제들이 모두 도륙됐습니다. 자영이 진짜 이세의 형이라면 어떻게 대 도살 와중에서 살아남는 것이 가능했을까요?

다음은 뭘 믿고 감히 이세에게 간언을 올릴 수 있었을까요? 《사기》의 〈몽염열전〉 기록을 보면 이세가 즉위한 다음 조고가 가장 먼저 제거하려고 했던 정적은 몽염과 몽의 형제였습니다. 그러나 앞에서 이미 얘기한 대로 자영은 이때 이세에게 당당하게 간언을 올렸습니다. 이세는 물론 듣지 않고 몽씨 형제를 죽였습니다.

  자영은 감히 간언을 올렸습니다. 또 말이 대단히 위엄이 있었습니다. 이세 역시 이를 문제 삼지 않았습니다. 이건 뭘 말합니까? 자영의 신분이 대단히 특수하다는 사실을 설명해줍니다. 계속 자영의 말을 한번 살펴보겠습니다.

  신은 문제를 가볍게 생각하는 사람은 나라를 다스릴 수 없다고 들었습니다. 자신 마음대로 전횡을 일삼고 자신만이 옳다고 하는 사람 역시 국군의 자리를 보전할 수 없습니다. 또 충성스러운 신하를 가볍게 생각해 죽이고 품행방정하지 못한 사람을 기용하게 되면 내부적으로는 대신들이 서로 믿지를 못하게 됩니다. 또 외부적으로는 병사들의 투지가 사라지게 됩니다. 저는 개인적으로 이게 옳지 않다고 생각합니다.

  여러분 이 몇 마디 말을 한번 자세하게 보십시오. 이세를 가볍게 생각하는 사람이라고 힐책했습니다. 몽씨 형제를 죽이는 것을 충성스러운 신하를 죽이는 것이라고 했습니다. 품행방정하지 못한 사람을 기용하게 되는 것이라는 말이 되겠습니다. 누가 감히 살인을 하는 게 밥 먹는 것처럼 버릇이 된 이세에게 이렇게 말할 수 있겠습니까? 만약 자영이 이세의 형이라면 어떻게 감히 이처럼 간언을 하겠습니까? 살아 있는 것만 해도 천운이지 않습니까! 따라서 자영은 이세의 형이 되기 어렵습니다.

  그러면 진시황의 동생이라는 설만 남게 됩니다. 이 설은 과연 성립이 가능할까요?

  이 설은 〈이사열전〉에 나옵니다. 앞의 두 설과 비교할 때 비교적 합리적이라고 해도 좋습니다.

  우선 나이가 부합합니다. 자영이 만약 진시황의 동생이라면 틀림없이 나이 먹은 아들이 있을 수 있습니다. 자영이 두 아들과 조고를 죽이는 문제를 상의했다는 말이 충분히 성립이 됩니다.

간언을 할 수 있는 근거가 충분히 될 수 있습니다. 이 경우 자영은 이세의 삼촌으로서 자연스럽게 간언을 올렸을 겁니다. 아무리 말의 내용이 심하다 해도 이세로서는 추궁하기가 어려웠을 가능성이 큽니다. 진시황 이전의 여섯 국군은 젊어 세상을 떠나 동생이 소양왕으로 즉위한 무왕만 제외하고는 모두들 아버지가 죽은 다음에 아들이 자리를 이었습니다. 따라서 진나라 국군의 계승 제도로 볼 때 진시황의 동생인 자영은 황제 자리를 이을 수 없었습니다. 또 바로 이렇기 때문에 자영은 아무 거리낌 없이 말을 할 수가 있었습니다. 이세에게는 정적은 오로지 형제와 누이들 외에는 없었습니다. 한마디로 이세의 삼촌인 자영은 이세의 정적이 아니었습니다. 게다가 아버지 항렬이었습니다. 자영으로서는 감히 간언을 올릴 수 있었습니다. 이세 역시 이를 추궁할 수가 없었습니다.

새로운 국군으로서의 성망聲望과도 부합합니다. 조고는 이세를 죽인 다음 자신이 등극할 방법이 없었습니다. 문제는 이세의 형제들 역시 모조리 죽임을 당했다는 사실입니다. 새로운 국군은 자연스럽게 진시황의 형제들 중에서 나오지 않으면 안 됐습니다. 진시황의 동생, 이세의 삼촌으로서의 자영은 또 대단히 높은 인기를 구가하고 있었습니다. 조고가 새롭게 옹립할 군주에 딱 어울리는 신분이었습니다.

악인 조고의 비참한 업보

조고는 자영을 이세의 후계자로 확정하기 직전에 이미 자신의 입으로 진나라의 영토가 대폭 축소됐다는 사실을 분명히 밝혔습니다. 관동 육국이 잇달아 나라를 다시 세운 사실 역시 언급했습니다. 그래서 자영이 진나라의 국군이 되더라도 진왕을 칭해야 한다고 했습니다. 황제를 칭할 필요가 없다고 했습니다.

조고의 이후 행보는 거칠 것이 없었습니다. 자영에게 5일 동안 목욕재계를 한 다음 다시 조묘에 나서 전례를 올리도록 했습니다. 자영으로서는 이때 옥새를 받고 왕위를 계승하면 되는 것이었습니다.

자영은 목욕재계할 때 자신의 두 아들 및 환관 한담韓談과 긴밀한 상의를 했습니다. 그의 말을 들어봐야 하겠습니다.

"승상 조고는 망이궁에서 이세를 살해했다. 군신들이 자신을 살해할지 모른다는 두려운 마음에 나를 옹립해 자리를 잇게 하려는 시늉을 하고 있다. 그러나 나는 이미 조고가 초나라 사람과 모의해 우리 진나라를 멸망시키려 한다는 말을 들었다. 스스로 관중왕을 칭하려 한다는 사실에 대해서도 들었다. 지금 그는 나에게 5일 동안 목욕재계를 한 다음 조묘에 가서 대통을 이으라고 권하고 있다. 이는 아마도 조묘에서 나에게 손을 쓰겠다는 생각이 아니겠는가. 내가 만약 병을 칭하고 가지 않으면 조고는 반드시 올 것이다. 그가 오면 나는 그를 죽일 것이다."

조고는 진짜 자영의 말대로 했습니다. 사람 몇 명을 보내 자영에게 빨리 행동하도록 재촉했습니다. 자영은 자신의 생각대로 가지 않았습니다. 조고는 마음이 급해졌습니다. 새로운 국군이 조묘에서 하늘의 명을 받는 것이 국가의 대사인데 자영이 오지 않았으니까요. 조고는 자신이 직접 자영이 목욕재계를 한 궁중으로 달려가 조묘에 가도록 요청했습니다. 자영은 조고가 자신을 만나러 왔다는 소식을 듣고 그를 안으로 안내했습니다. 물론 자영은 이때 한담에게 안에 잠복해 있으라는 지시를 내린 바 있었습니다. 조고가 계궁戒宮으로 들어가자 자영이 눈을 깜박거리면서 손을 휘저었습니다. 한담은 조고를 단칼에 베어버렸습니다. 자영은 기회를 놓치지 않고 조고의 삼족을 함양 저잣거리에서 멸했습니다.

사구 정변 이후 신나게 잘나가던 조고는 마침내 죄 많은 인생의 막을 내렸습니다. 그는 아마도 자신이 마지막에 자영의 손에 죽을 줄 몰랐을 겁니다. 또 이사처럼 삼족이 멸하게 될 줄 꿈에도 생각하지 못했을 겁니다. 이로써 사구 정변의 세 거두는 차례로 이 세상을 하직하게 됐습니다.

조고는 수많은 음모를 꾸몄습니다. 너무나 많은 사람도 죽였습니다. 나중에는 이사의 삼족을 멸하는 데에서 더 나아가 호해까지 시해했습니다. 정말 어려운 일을 했습니다. 그런데 이처럼 어려운 일을 물고기가 물을 만난 듯, 손바닥 뒤집듯 한 그가 어떻게 마지막에는 그처럼 허무하게 자영의 손에 죽었을까요?

답은 간단합니다. 조고는 자영을 너무 과소평가했습니다. 자영이 자신에게 감히 칼을 휘두를 줄 꿈에도 생각하지 못했습니다. 만약 조고가 이에 대해 충분히 생각했다면 자영은 그처럼 쉽게 목적을 달성하지 못했을 겁니다.

조고는 자영과 오랫동안 같이 활동했습니다. 누구보다 자영을 잘 알았습니다. 정치적 야심이 없다는 사실을 모를 까닭이 없었습니다. 그렇지 않았다면 그가 자영을 새로운 국군으로 세우려 하지 않았을 겁니다. 그러나 그는 자영이 정치적 야심은 없어도 절대로 능력이 없는 사람은 아니라는 사실은 몰랐습니다.

조고는 자신을 지나치게 과대평가했습니다. 반면 자영은 과소평가했습니다.

자영이 조고를 살해한 것은 여러 이유가 있었습니다. 우선 자신이 조고의 손에 의해 죽는 것을 원치 않았습니다. 진나라가 조고의 손에 의해 멸망당하는 꼴을 보고 싶지도 않았습니다. 때문에 의연하게 나서서 조고를 죽일 계획을 세웠습니다. 사실 자영과 조고 사이의 모순은 심각한 것이었습니다. 죽음과 삶을 가르는 싸움이었습니다. 더 중요한 것은 자영에게는 모략과 담대한 성격이 있었다는 사실이었습니다. 그저 이것들이 장기적으로 발휘될 기회가 그에게는 없었을 뿐입니다. 이에 반해 조고는 음모에 뛰어났습니다. 그러나 그의 음모가 통한 것은 부소를 비롯해 몽의, 몽염, 이사, 호해를 죽일 때까지였습니다. 하지만 자영에게는 통하지 않았습니다. 물론 이렇게 된 데에는 조고의 책임이 무엇보다 컸습니다. 그가 자영을 안중에도 두지 않았기 때문에 화를 자초한 것입니다. 아무리 조용하게 정치적 야심을 드러내지 않았더라도 최소한의 대비는 해야 하지 않았을까요?

프리드리히 엥겔스는 "역사적으로 수많은 사람들은 무슨 일을 할 때 자신이 예상했던 결과를 얻기를 원했다. 그러나 왕왕 결과는 반대로 나타났다"라는 말을 일찍이 했습니다. 조고는 음모라는 바퀴를 열심히 굴렸습니다. 자신이 닦아놓은 피비린내 나는 길을 걸어갔습니다. 결과적으로 오를 수 있는 자리에까지 올랐습니다. 음모를 이용해 간사스럽게 행동했습니다. 주위에 공포 분위기를 조성했습니다. 사리분별을 하는 것과는 거리가 멀었습니다. 오로지 자신의 권력이 하늘로 치솟게 되기만을 바랐습니다. 하지만 이런 노력은 결과적으로 그의 육신을 완전히 가루로 만들어버릴 심연을 파는 것과 하나 다를 게 없었습니다. 계략을 짜기 위해 너무 과도하게 머리를 굴릴 경우 반대로 목숨을 잃을 수 있습니다. 조고는 이 사실을 간과했습니다. 자신이 직접 자신의 몸을 영원히 회복하지 못할 치욕의 기둥에다 박아버렸습니다.

조고는 마지막에 자신의 뜻을 실현시키지 못했습니다. 그저 지저분한 일생을 횡액으로 끝마치고 말았습니다.

38강
자영이 뒤집어쓴 망국의 군주 오명

자영은 계략을 꾸며 진나라를 대혼란으로 몰아넣고 결국 망하게 만든 원흉인 조고를 살해했습니다. 보통의 상황이라면 진나라는 이때 최고 권력의 정확한 인수, 인계가 이뤄져 정치가 안정을 되찾아야 했습니다. 제국의 운명이 반전돼야 마땅했습니다. 그러나 그렇지 못했습니다. 옛 관동 육국에서는 반진 전쟁이 요원의 불길처럼 일어나고 있었습니다. 진나라로서는 전체 제국을 중건할 좋은 기회를 잃어버리고 말았습니다. 역사가 더 이상 진나라에게 기회를 주지 않았다고 해야 하겠습니다. 자영이 고작 46일 동안 진왕의 자리에 앉을 수밖에 없었던 데에는 다 이유가 있었습니다. 이때 유방이 지휘하는 기의군은 무관을 넘어 관중 격파에 성공한 다음 빠른 속도로 함양에 대한 공격을 개시했습니다. 병력은 패상(灞上, 지금의 시안西安시 동남쪽)에 주둔하고 있었습니다. 유방은 사신을 보내 자영에게 항복을 권고했습니다. 자영은 유방의 권고를 따랐습니다. 백마소거白馬素車, 즉 백마가 끄는 소박한 수레를 타고 상복을 입은 채로 지도(軹道,

진나라 때 최소 행정 단위인 정亭의 이름. 지금의 시안시 동북쪽)에 나와 항복했습니다. 황제의 옥새와 부절도 가지고 왔습니다. 육국을 겸병한 다음 과거 그 어느 왕조보다 막강한 위용을 자랑했던 진나라는 이렇게 역사 속으로 완전히 사라졌습니다. 자영은 진나라의 최고 역적 조고를 죽여 자신의 기백, 지혜와 담략膽略을 널리 과시했습니다. 절대로 무능한 군주가 아니었습니다. 그런데 왜 이런 박력 있고 모략이 뛰어난 군주가 마지막에는 진나라의 천하를 보전하지 못했을까요?

조고는 자신의 눈을 찌르고, 장한은 도리 없이 항우에게 항복하다

이세는 진나라의 최고 통치자였으나 우물 안의 개구리였습니다. 관동의 상황을 아무렇지도 않다는 듯 방치했습니다. 진나라는 자연스럽게 누란의 위기에 처하지 않으면 안 됐습니다. 더욱 한심한 것은 이 와중에 치명적인 중대한 실수도 저질렀다는 사실이었습니다. 이건 다른 실수가 아니었습니다. 간신 조고가 스스로 자신의 철옹성 같은 방어벽을 허물어버린 것입니다.

이세 2년(기원전 208년) 겨울이었습니다. 진승의 부하인 주문(周文.《사기》의 〈항우본기〉와 〈고조본기〉는 모두 주장周章으로 기록하고 있음)은 대군을 이끌고 관중으로 진격했습니다. 얼마 안 있어 함양이 바로 지척인 희(戱. 지금의 시안 린퉁臨潼)에까지 이르게 됐습니다. 대 제국인 진나라의 처지가 대단히 곤란하게 됐다는 얘기입니다. 이때 주문의 휘하 병력은 엄청났습니다. 무려 수십만 명이었습니다. 이세조차도 상황이 심각하다는 사실을 알 정도였습니다. 당연히 이세는 크게 놀랐습니다. 군신들과 논의를 하면서 어떻게 하면 좋을지를 물었습니다. 그가 크게 놀랐다는 사실은 다른 걸 의미하지 않았습니다. 관동의 사태를 보는 눈이 완전히 자신의 주관적 억측에 근거하고 있었다는 얘기가 되겠습니다. 한마디로 상황이 얼마나 심각한지를 몰랐다는 사실을 말해줍니다. 군신과 논의한 것도 그렇습니다. 이세가 절대로 멍청한 사람이 아니라는 사실을 반증하는 겁니다.

진나라가 절체절명의 위기에 내몰린 이 순간에 과연 누가 과감하게 나서서 이세에게 구원의 손길을 내밀려 했을까요? 과연 있었을까요? 있었습니다.

장한이었습니다. 장한은 진나라의 소부少府였습니다. 소부는 구경 중의 하나로 궁중의 일을 전문적으로 돌보는 기관의 책임자였습니다. 그가 천천히 입을 열었습니다.

"적병은 이미 코앞에 와 있습니다. 게다가 병력도 많습니다. 인근의 각 군현들의 군대를 불러봐야 이미 늦습니다. 제때 오지도 못합니다. 그러나 지금 여산驪山의 능묘를 건설하는 죄수들은 대단히 많습니다. 지금 유일한 방법은 즉각 그들을 사면해주고 무기를 주는 것입니다. 제가 그들을 이끌고 나가 적들과 한번 싸워보겠습니다."

장한은 정말 괜찮은 대신이었습니다. 진나라가 절체절명의 위기에 직면하고 있는 순간에 대신 중에서는 유일하게 행동에 나서려고 했습니다. 이세는 당연히 그의 건의를 받아들였습니다. 더불어 상군(上郡. 지금의 산시陝西성 위린楡林 동남쪽)의 왕리를 급히 불러 장한과 함께 작전에 나서도록 했습니다.

장한은 기대를 저버리지 않았습니다. 죄수들로 이뤄진 군대를 이끌고 나가 이미 관중에 들어와 있던 진승의 대장인 주문 휘하의 수십만 대군을 격파했습니다. 이때까지 승승장구하던 주문도 방법이 없었습니다. 급히 함곡관 밖으로 철수하지 않으면 안 됐습니다. 거의 초미의 위기에 직면했던 진나라는 잠시 한숨을 돌릴 수 있었습니다. 이세는 전황이 좋아지자 다시 휘하의 관리들을 장한에게 대거 증파했습니다. 장한이 승리의 여세를 몰아 추격에 나서도록 한 것입니다. 장한은 이때에도 기대에 부응했습니다. 민지에서 주문의 부대를 대파했습니다. 주문은 자살로 생을 마감했습니다. 진승 역시 연전연패를 당한 다음 부하에 의해 살해됐습니다. 이후 장한은 다시 남방의 기의군 중에서 세력이 가장 막강한 항량項梁을 죽이고 위나라를 멸망시켰습니다. 새로운 위왕은 살해했습니다. 장한은 임시로 편성한 군대를 지휘해 강남江南의 모든 기의군을 격파하자 다시 황하를 건너 조나라까지 공격했습니다. 조나라 대군 역시 격파했습니다. 한마디로 장한이 출병하면 개선가가 울려 퍼진다고 해도 좋을 정도였습니다. 장한은 완전히 백척간두에 내몰린 진나라를 구원한 수호신과 같은 존재가 돼 버렸습니다.

장한의 전공은 그가 벌떼 같은 기의군을 평정할 다시 얻기 어려운 인재라는 사실을 증명하고도 남았습니다. 사실 진나라는 항상 명장이 있었습니다. 아니 구름처럼 많았습니다. 소양왕 때의 백기를 비롯해 영정 시대의 왕전, 왕분, 이신, 몽염 등이 주인공이 되겠습니다. 그러나 이세가 즉위한 다음에는 몽염이 피살됐습니다. 왕전 등의 노장들 역시 잇달아 세상을 떠났습니다. 이런 상황에서 등장한 장한은 완전히 스타였습니다. 백기가 다시 태어나고 왕전이 살아왔다는 말이 무색하지 않았습니다. 만약 장한을 중용해 대규모 병력을 동원할 경우 관동의 벌떼 같은 기의군을 박멸하기는 어려워도 관중을 보전하는 것은 문제가 없을 수도 있었습니다. 때문에 장한은 진나라의 생사존망을 판가름하는 만리장성이라고 해도 과하지 않았습니다.

그러나 이세 3년(기원전 207년) 겨울 비극은 서서히 싹을 틔우기 시작했습니다. 이때 조나라 땅의 반진 무장 세력은 왕리의 군단에 완전히 포위돼 거록으로 물러나 있었습니다. 장한의 부대는 거록의 남쪽에 주둔하면서 왕리의 군단에 군량미를 지원해주고 있었습니다. 그러나 장한과 왕리가 이처럼 진나라의 주력 부대를 이끌고 항우와 거록에서 생사의 결전에 나서고 있을 때 조고는 나라 걱정은 하나도 하지 않고 진나라 정계에 마지막으로 남은 큰 기둥인 이사를 살해하는 등의 음모만 계속 자행했습니다. 이해 여름 드디어 포위돼 있던 조나라에 여러 나라들의 군대가 도착했습니다. 항우는 이때 초나라 병사들을 거느리고 황하를 건너 왕리와 장한이 이끄는 부대의 연합 작전을 일단 분쇄했습니다. 이어 다시는 돌아오지 않겠다는 필사의 각오로 장수漳水를 건너 전투를 벌였습니다. 장한은 수차례나 맞서 싸웠으나 전세를 뒤집지 못했습니다. 이세는 이에 사람을 보내 장한을 힐책했습니다. 장한은 이세가 자신을 믿지 못하는 것을 우려해 장사長史 사마흔司馬欣을 특별히 조정에 파견해 상황을 설명했습니다. 자신과 이세의 긴장 관계가 완화되기를 희망한 것입니다. 이때 중승상이던 조고는 장한이 사마흔을 보냈다는 말을 듣고 시간을 일부러 끌었습니다. 만나주지를 않았습니다. 사마흔은 3일을 기다리다 형세가 묘하게 돌아가는 것 같은 느낌을 받고 그대로 도주해버립니다. 그는 이때 이상한 생각이 들어 원래 왔던 길로 돌아가지 않았습니다. 아니나 다를까, 조고는 사마흔을 죽이기 위해 추격병을 보냈습니다. 사마흔은 무사히 목숨을 건져 장한의 본영으로 돌아오자 바로 그에게 보고를 올렸습니다.

"조고가 완전히 조정의 정권을 잡고 있습니다. 장군이 만약 공을 세우면 조고는 틀림없이 질투를 할 것입니다. 아마도 피살되지 않을까 싶습니다. 그러나 공이 없으면 더욱 곤란해질 겁니다. 더욱 피살될 가능성이 많습니다. 장군은 어서 대책을 마련하셔야 합니다."

사마흔의 이 한마디는 대단한 위력을 발휘했습니다. 진나라를 결사적으로 보위하려는 결심을 하고 있던 장한의 결심과 의지를 뒤흔들어놓았습니다. 게다가 왕리가 이끄는 진나라 대군은 이때 제, 연, 조, 초나라 등의 각국 연합군에 포위돼 섬멸됐습니다. 총사령관인 왕리는 생포되는 횡액까지 당한 다음 살해당했습니다. 장성 군단이 궤멸을 당한 것입니다. 장한은 투항을 선택하지 않으면 안 됐습니다.

주지하다시피 진나라는 원래 두 주력 부대를 보유하고 있었습니다. 하나는 장성 군단, 다른 하나는 남월 군단이었습니다. 이중 몽염이 지휘하던 장성 군단은 그의 사후 왕전의 손자인 왕리가 지휘하게 됐습니다. 그러나 거록의 전투에서 이 장성 군단은 항우에 의해 완전히 섬멸을 당하고 말았습니다. 이에 반해 무려 50만 명의 병력을 보유한 남월 군단은 초나라 땅에서 대규모의 반진 기의가 일어난 후에도 병력을 잃거나 하는 횡액을 당하지는 않았습니다. 오히려 기의군이 남하하는 것을 저지하는 나름의 역할을 충실히 했습니다. 하지만 중앙 정부의 지시를 받을 수 있는 상황이 아니었기 때문에 그저 오령五嶺만 봉쇄할 수 있었습니다. 독자적으로 북상해 장성 군단 등을 구원할 입장에 있지 않았습니다.

진나라는 이 양 대군 외에도 의지할 수 있는 군단이 하나 더 있었습니다. 놀랍게도 나중 부랴부랴 죄수들을 동원해 편성한 장한 군단이 이 주인공이 되겠습니다. 거록의 전투에서 장한의 대군이 직면한 전세는 대단히 불리했습니다. 게다가 조고가 중간에 야료를 부렸습니다. 장한의 입장은 내외에서 어려움에 처하게 됐다고 해도 좋았습니다. 전투에서 이기면 조고에게 죽고 지면 항우에게 죽는 완전 진퇴유곡의 처지였습니다. 그는 이런 어쩔 수 없는 상황에서 항우에게 투항하는 선택을 했습니다.

장한은 진나라 후반기에 그나마 나름의 상당한 전투력을 보여준 장군이었습니다. 왕전, 왕분, 몽염 등이 모두 세상을 떠난 다음에 툭 튀어나온 걸출한 신세대 장군이었습니다. 한마디로 그를 믿고 중용하는 것이 진나라를 살릴 수 있는 유일한 출구였다고 해도 과언이 아니었습니다. 장성 군단은 완전히 섬멸돼 버렸습니다. 또 남월 군단은 초나라 땅에서의 기의로 인해 중앙 정부와의 연락이 완전히 두절돼 있었습니다. 최고 사령관인 임효任囂는 북상할 생각조차 하지 못했습니다. 이런 상황에서 장한 군단만이 명맥을 유지했습니다. 만약 장한 군단이 투항하면 진나라 제국은 가용할 병력이 전무하게 됩니다. 이때 장한은 상황이 여의치 않아 중앙 조정에 글을 올려 구원을 요청했습니다. 관동의 전황이 이미 상당히 엄중한 상황이 돼 버렸던 것입니다. 솔직히 전황을 한 번 보면 입이 벌어집니다. 우선 육국 등은 모두 복국復國, 즉 부흥 운동에 나섰습니다. 전체 관동이 다 반란을 일으킨 형국을 조성했습니다. 게다가 이들 각지의 기의군들은 경쟁적으로 서진에 나서고 있었습니다. 진나라의 목을 향해 칼을 들이대고 있었습니다. 유방은 또 어땠습니까? 이미 무관을 공략한 다음 사람을 조고에게 은밀히 보내지 않았습니까?

조고가 완전히 틀어쥐고 있던 진나라 조정에서는 그러나 장한을 구원하는 것이 유일한 출구라는 사실을 외면했습니다. 조고 역시 계속 장한을 막다른 골목으로 내몰았습니다. 장한을 항복하게 만들었습니다. 스스로 만리장성을 무너뜨리는 행동이 따로 없었습니다. 최대의 정치적 실수를 저질렀다고 해야 합니다.

장한의 투항은 결과적으로 진나라를 망할 운명으로 몰아갔습니다. 조고는 지록위마 사건을 일으켜 권력을 탈취하는 데에만 주력했습니다.

만약 조고가 야료를 부리지 않았다면 장한이 투항했을까요? 이때 장한이 통솔하던 20만 대군은 중원 일대의 유일한 주력 군단이었습니다. 게다가 장한의 부대는 잘 싸웠습니다. 전투력이 대단했습니다. 항우가 이 진나라 대군이 항복을 했음에도 불구하고 낙양의 민지현에서 모조리 파묻어 죽여 버린 것은 바로 이 때문이었습니다. 안심하지 못했던 것입니다. 나중 이 폭거는 항우의 잔인한 성격을 보여준 대표적 증거로도 남게 됐지만 말입니다. 항우는 이렇게 하는 것이 천고에 더러운 이름을 남기게 되는 폭거라는 사실을 몰랐을까요? 이 폭거가 관중 백성들의 원한을 불러 일으킬 것을 몰랐을까요? 저는 항우가 모르지 않았다고 생각합니다. 항우는 이 뛰어난 전투력을 보유한 군단에 대해 안심하지 못했던 것입니다! 항우가 안심하지 않았다는 사실은 당연히 장한 군단의 작전 능력을 말해주는 것이 아닐까 싶습니다.

자영, 상황을 만회하기 위해 최선을 다했으나 하늘이 버리다

자영이 진나라의 정권을 장악했을 때 남아 있는 것은 아무것도 없었습니다. 이런 상황에서 자영은 무엇을 할 수 있었을까요? 자영은 최후의 노력을 다하고 있었습니다. 《사기》의 〈고조본기高祖本紀〉에 잘 나와 있습니다.

> 조고는 이세를 살해한 다음 유방에게 사람을 은밀하게 보내 만나줄 것을 요청했다. 자신이 관중왕을 칭하는 것에 대해 동의하는 패공(유방)의 약속을 받아내기 위해서였다. 패공은 이게 속임수라고 생각했다. 그래서 장량의 계책을 이용해 역생酈生과 육가陸賈를 보내 진나라 장군들을 설득했다. 더불어 재물을 이용해 이들을 유혹했다. 이렇게 해서 전진을 계속해 무관을 습격할 수 있었다. 함락도 시켰다. 또 남전藍田의 남쪽에서는 진나라 군과 교전을 벌였다. 이때 깃발들을 많이 만들어 병력이 많은 것처럼 가장했다. 전 부대에 진군하는 곳에서는 절대로 약탈을 해서는 안 된다는 명령도 내렸다. 진나라 백성들은 매우 기뻐했다. 진나라의 군대는 이로 인해 완전히 와해됐다. 패공의 군대가 대승을 거뒀다. 이어 남전의 북쪽에 있던 진나라의 대군과 교전을 벌여 다시 대파했다. 마지막에는 여세를 몰아 진나라 부대를 완전히 대파했다.

자영으로서도 상황이 다급했습니다. 병력을 보내 요관嶢關을 철통같이 지키라는 명령을 내린 것이 이상할 게 없었습니다. 어떻게 해서든 무관을 통과한 유방이 관중으로 들어오는 것만큼은 막아야 했으니까요. 그러나 이때의 유방은 기세가 하늘을 찔렀습니다. 계속된 승리에 너무 흥분해 있었습니다. 자영이 보낸 진나라 군과 정면 승부를 벌이기로 작정한 것입니다. 그러나 장량은 역시 뛰어난 모사답게 진나라 병사들이 대단히 훈련이 잘 돼 있을 뿐 아니라 전투력이 여전하다는 사실을 간파하고 있었습니다. 사방의 산 위에 깃발을 꽂아 대군이 매복해 있는 것처럼 꾸몄습니다. 그런 다음 언변이 뛰어난 두 사람을 보내 진나라 장군들을 설득했습니다. 한 사람은 역이기酈食其, 한 사람은 육가였습니다. 이들 두 사람은 정말 대단한 사람들이었습니다. 훗날 유방을 위해 결정적인 때에 설득 외교를 전개하기도 했습니다. 예컨대 역이기의 경우 초한 전쟁의 최후에 제왕齊王을 설득해 투항을 하도록 했습니다. 육가 역시 유방이 한나라를 건국한 다음 1,000리나 떨어진 광동廣東 땅까지 달려가 남월의 왕 조타趙의 설득에 성공하기도 했습니다.

아무튼 진나라 장군들은 두 사람의 뛰어난 언변과 재물에 혹해 진짜 유방에게 협력을 하기로 했습니다. 이때 유방은 즉각 대답을 하려고 했습니다. 그러나 장량은 다시 유방에게 "이건 진나라 장군들이 자신들의 이익을 위해 그러는 것입니다. 그들의 수하 병사들이 반드시 그렇게 생각할지는 알 수 없습니다. 차라리 진나라 장군들이 우리에게 협력하려는 이 좋은 기회를 이용해 공격하는 것이 낫습니다"라고 권고했습니다. 유방은 장량의 계책에 따랐습니다. 병력을 이끌고 요관을 돌아 뒤쪽에서 진나라 병사들을 공격했습니다. 이건《한서》의〈고제기〉에 나오는 내용입니다.

이로 볼 때 자영은 결코 무능한 부류가 아니었습니다. 애석하게도 때를 잘못 만났을 따름입니다. 역사가 그에게 기회를 주지 않았다고 하겠습니다. 그가 정권을 장악하고 있을 때에는 이미 대세가 확실하게 기울고 있었습니다. 이 사실은 진나라 장군들이 역이기와 육가의 설득에 넘어간 사실에서도 잘 알 수 있습니다. 근본적으로 진나라의 튼튼한 보루가 돼야 할 장군이었음에도 모두들 자신만 살 궁리를 했습니다. 자신의 퇴로를 생각하기에 바빴습니다. 만약 관동에 엄청난 변화가 없었다거나 진나라의 일련의 중추 세력들이 하나씩 추풍낙엽처럼 사라지지 않았다면 이들이 왜 유방이 보낸 유세객들의 말을 들었겠습니까? 이때 이미 유방의 군대는 진나라 도성인 함양에 이르고 있었습니다. 자영의 최후 노력 역시 실패했습니다. 그는 이 순간에 뭘 할 수 있었을까요? 그저 항복을 요청하는 것 외에는 달리 방법이 없었습니다.

영웅은 그 누구를 막론하고 때를 잘 타고 나야 합니다. 때를 잘 타고 나지 못하면 아무리 영웅이라도 자신의 능력을 발휘할 무대를 가지기 힘듭니다. 더불어 그 무대를 자신을 영웅으로 만들어줄 플랫폼으로 만들 수 없습니다. 때문에 아무리 영웅이 될 잠재력을 가지고 있더라도 기회를 얻지 못하면 영원히 영웅이 되지 못합니다.

자영이 아무리 능력이나 박력, 지혜가 있었더라도 그렇습니다. 재주를 발휘할 무대가 없으면 아무것도 안 됩니다. 그는 자신의 형 영정처럼 괜찮은 사람이었으나 항복을 선택하는 것 외에는 다른 길이 없었습니다.

관동의 복국과 자영의 피살

진나라 중앙 정권의 역량과 군사력이 급전직하하고 있을 때 관동에는 거대한 변화의 바람이 불고 있었습니다.

진승과 오광이 기의를 한 이후 이 변화는 더욱 뚜렷해졌습니다. 기의에 호응하는 세력의 기세가 대단했으며, 과거 육국이 경쟁적으로 복국에 나서고 있었습니다.

《사기》의 〈진섭세가陳涉世家〉에 보면 당시 진나라 각 군현의 백성들은 진나라의 가혹한 법에 고통을 받고 있었습니다. 진승이 기병했다는 소식을 듣자 함께 들고 일어난 것은 그래서였습니다. 모두들 군수와 현령을 살해하고 진승에게 호응했습니다. 기세는 정말 엄청났습니다.

어떻게 관동 기의군들의 군사적 역량이 엄청났다는 사실을 알 수 있을까요? 〈진섭세가〉에 기록이 있습니다. "이때 초나라 땅에는 수천 명을 한 집단으로 하는 무장 세력이 헤아릴 수 없이 많았다"라는 내용이 바로 그것입니다. 수천 명은 적은 수가 아니었습니다. 더구나 이 집단들이 헤아릴 수 없었습니다. 수천 명 이하까지 포함하면 엄청나지 않겠습니까? 전체 초나라 땅 백성들이 다 일어났다고 보면 되겠습니다. 이건 진승과 오광이 엄청난 호소력을 지니고 있어서가 아니었습니다. 그들은 그저 억압받던 민중의 분노를 촉발시킨 도화선일 뿐이었습니다. 당연히 진나라 각 군현들의 무장력으로는 이처럼 사방에서 일어나는 요원의 불길에 대응하기가 어려웠습니다.

초나라 땅은 확실히 반진 기의의 깃발을 가장 높이 든 땅이었습니다. 반진 역량 역시 가장 막강했습니다. 하지만 초나라 땅만이 아니었습니다. 제나라와 조나라에서도 반진 역량이 대단했습니다.

진승과 오광은 기의의 깃발을 들어 올린 다음 왕을 칭하려고 하지 않았습니다. 대신 빠른 속도로 관중으로 진군했습니다. 일거에 진나라를 멸망시키고자 했습니다. 관중의 땅은 진나라의 발상지였습니다. 진나라 중앙정권의 핵심 지역이었습니다. 이때 과거 마지막까지 진나라에 대항해 싸우다 전사한 대장 항연項燕의 부하 주문은 자원해서 관중으로 진군하고자 했습니다. 당시 진승과 오광은 휘하에 거느린 병력이 많지 않았습니다. 그래서 그에게 군인軍印을 줘서 스스로 병력을 모집하도록 하는 수밖에 없었습니다. 주문은 그래도 임무를 잘 완수했습니다. 진나라에 대한 공격에 나서는 와중에도 병력을 계속 모집, 보충했습니다. 관중에 도착할 즈음이 됐을 때는 놀라운 결과도 나타났습니다. 수천 대의 전차와 수십 만 대군을 거느리게 된 것입니다. 나중에는 희수戲水의 서쪽으로 그대로 진격할 능력을 보유하게 되지 않았습니까? 관중으로 어떻게 기세 좋게 진격해 갔는지가 눈에 선하지 않습니까?

주문이 관중으로 진군한 것은 세 가지를 설명합니다. 하나는 주문이 천하 백성들의 큰 호응을 받았다는 사실입니다. 그 다음은 주문의 휘하 대군의 진격이 비교적 순탄했다는 것이 되겠습니다. 진나라의 전투력이 엄청나게 쇠퇴했다는 사실 역시 알 수 있습니다. 주문은 결코 명장이 아니었습니다. 항연 휘하의 일개 보통 장교였을 뿐입니다. 그러나 그에게는 이때 진승이 준 군인軍印이 있었습니다. 백성들의 지지를 받을 수 있었습니다.

원래 함곡관은 진나라 대군이 지키고 있던 요충지였습니다. 과거 육국이 합종의 연합 전술을 펼쳤어도 함락시키지 못했습니다. 심지어 함곡관 근처에 얼씬거리는 것조차 쉽지 않았습니다. 그럼에도 이때 주문은 병력 모집을 병행하면서 함곡관에 대한 공격에 나섰습니다. 하지만 《사기》는 기본적으로 진나라 대군과 기의군이 함곡관을 사이에 두고 어떤 피비린내 나는 전투를 벌였는지에 대한 기록을 남기고 있지 않습니다. 이건 아마도 기의군의 함곡관 공격이 대단히 순조로웠다는 사실을 말해주는 것이 아닌가 보입니다. 또 진나라의 군사력이 10여 년 남짓한 사이에 크게 저하됐다는 사실을 의미하기도 합니다. 아무리 이때 주문의 군대가 전투력, 장군들의 소양, 무기 및 장비 등에서 과거 육국의 군대와 비교하기 어려울 정도였다고 해도 그렇습니다. 10여 년 이전의 진나라 군사력이었다면 충분히 감당하고도 남았을 겁니다.

이제 육국의 부흥 운동, 복국에 대한 말해보겠습니다. 육국은 당시 진나라에 의해 겸병이 됐으나 왕족의 후예들은 그대로 남아 있었습니다. 복국의 마음 역시 완전히 죽지 않고 있었습니다. 이러던 차에 진승, 오광의 기의가 일어나고 천하의 백성들이 호응했습니다. 육국의 구 귀족이나 왕족들의 입장에서는 이게 복음의 소리 아니었을까요. 즉각 천하가 혼란한 틈을 타 각자의 부흥 운동을 전개할 수 있었습니다.

육국 부흥 운동은 대략 세 방면으로 전개되었습니다. 우선은 반진 무장 세력이 백성들을 동원하기 위해 육국 국군의 명의를 이용한 사실을 들 수 있습니다. 기의군 지도자들이 각자의 지역에서 왕을 칭하는 두 번째의 상황도 연출됐습니다. 각자의 부흥 운동 역시 전개됐습니다.

첫 번째의 경우 초나라가 대표적이었습니다. 진나라가 육국을 겸병한 후부터 진승과 오광이 기의를 일으킬 때까지의 기간은 고작 13년이었습니다. 아무리 진시황이 육국 귀족들이나 왕족들을 잔혹하게 탄압했다 하더라도 이들을 완전히 사라지게 하는 데에는 어려움이 있었습니다. 무엇보다 초나라의 회왕이 살아 있었습니다. 민간에 깊이 숨어 양을 치고 있었습니다. 이건 육국 후예들이 여전히 존재한다는 사실을 분명히 말해주는 증거였습니다. 목동 생활을 하던 그는 처음에는 부흥 운동에 나설 생각이 없었습니다. 그러나 초나라 땅의 반진 영수인 항량은 범증范增의 의견을 따랐습니다. 기의군이 초나라 왕족의 후예를 전면에 내세우는 것이 무엇보다 필요했으니까요. 이렇게 해서 항량 등은 초 회왕의 손자 웅심熊心을 찾아내 초왕으로 봉했습니다. 초 회왕 심을 최고 지도자로 하는 초나라가 다시 세상에 모습을 나타내게 된 것입니다.

조나라와 연나라의 경우는 두 번째 사례가 되겠습니다. 진승은 부하 대장인 무신武臣을 조나라에 파견해 병력 확충을 시도했습니다. 그러나 무신은 조나라 땅에 들어간 다음 부하 장군들의 권유를 받아들여 스스로 조왕이라고 칭했습니다. 진승은 화가 머리끝까지 치밀었으나 무신의 반발이 두려웠습니다. 도리 없이 그를 조왕으로 봉해야 했습니다. 무신은 이어 다시 부하인 한광韓廣을 연나라에 보내 병력을 모집하려 했습니다. 한광 역시 연나라 땅에 도착하자 부하 장군들의 권유를 받아들여 연왕으로 자칭했습니다. 무신 역시 어쩔 수 없었습니다. 한광의 가족을 죽이지 못하고 그를 연왕으로 봉해야 했습니다. 이렇게 조나라와 연나라는 부활했습니다.

각자 부흥 운동에 나선 세 번째 경우는 제나라가 대표적인 사례가 되겠습니다. 제나라는 진나라에 반항조차 한 번 하지 못하고 망했습니다. 게다가 제왕 건은 항복한 다음 굶어죽었습니다. 그러나 제나라의 왕족인 전씨들은 이때 많이 살아 있었습니다. 이를테면 전담田儋이 그랬습니다. 거병하자마자 제나라로 들어가 바로 제왕으로 자립했습니다. 부흥 운동은 성공했습니다. 전담의 성공은 사실 그의 힘에만 의존했던 것이 아니었습니다. 사촌 동생들인 전영田榮과 전횡田橫이 초나라 유민들의 민심을 얻은 것에도 크게 도움을 받았습니다. 전담이 전사한 다음 전영이 다시 전담의 아들 전시田市를 세운 것에서도 이 사실은 잘 알 수 있습니다.

이 맹렬한 부흥 운동의 기세는 급기야 육국의 재탄생에 불을 댕겼습니다. 당연히 진나라의 위기를 격화시켰습니다. 장한이 사방을 돌아다니면서 용전분투하지 않으면 안 되게 만들었습니다. 천하의 일이 그렇게 될 이유가 없다고 생각한 이세의 판단 미스가 가져다준 필연적 결과였습니다. 더불어 조고가 자신의 만리장성을 허문 실수가 가져온 당연한 결과였습니다.

자영이 조고를 죽이고 왕위에 올랐을 때 천하의 형세는 진나라 제국에 대단히 불리했습니다. 무엇보다 전체 관동이 이미 진나라 땅이 아니었습니다. 또 진나라의 주력 군단은 이미 완전히 섬멸된 뒤였습니다. 유방 역시 무관에서 관중으로 들어가 있었습니다. 완전히 대 제국에서 만신창이가 되어 있었습니다. 언제 어떻게 될지 알 수가 없었습니다.

가의는 자신의 저 유명한 《과진론過秦論》에서 자영이 '평범한 군주의 재능'을 가졌다면 관중으로 후퇴해 스스로를 보호할 수 있었다고 주장했습니다. 하지만 이건 그의 상상에 지나지 않습니다. 이때 자영이 통치하던 지역은 오로지 관중 일대 외에는 없었습니다. 병사들 역시 거의 없었습니다. 자영은 절대로 평범한 군주가 아니었습니다. 그저 때를 잘못 만난 군주였습니다.

진나라의 멸망은 자영에게 책임을 돌려서는 안 됩니다. 만약 우리가 몇 마디 말로 진나라의 멸망 원인을 말한다면 진시황이 책임을 져야 합니다. 그가 화근을 뿌렸다고 단언해도 좋습니다. 이세는 진나라를 위해 아무 공언도 하지 못했습니다. 그저 화근을 키웠을 뿐입니다. 그럼에도 망하기는 자영 대에 이르러 망했습니다. 그러나 솔직히 화근은 그가 뿌린 것이 아니었습니다. 그는 진짜 진나라 마지막 황제로서의 책임을 다했습니다. 그러나 국면을 되돌리기에는 힘이 부족했습니다.

항우는 자영이 투항한 지 2개월 후 입관했습니다. 이때 그는 유방의 부하인 조무상曹無傷에게서 비밀리에 보고를 받았습니다. 유방이 자영을 상국으로 임명하고 자신은 관중왕이 되려고 한다는 계획을 말입니다. 그로서는 화가 날 수밖에 없었습니다. 게다가 진나라는 항우의 집안 원수였습니다. 입관을 통해 천하의 대권을 장악한 그가 자영을 죽인 것은 너무나 당연했습니다. 함양에서 대 도살을 자행한 것이나 궁실을 방화해 훼손한 것 역시 마찬가지였습니다. 항우는 이후 금은보화를 약탈해 제후들에게 나눠줬습니다. 진나라를 삼분했습니다. 관중의 땅은 삼진三秦이 됐습니다. 진시황이 꿈에도 그리던 제국은 고작 15년도 채 안 돼 종말을 고하고 말았습니다. 피비린내 나는 칼 그림자와 끝없이 이어지는 불꽃의 바다 속에서 연기로 변해버렸습니다. 이어 어디론가 날아가 완전히 사라져버렸습니다.

6부

어떻게 진시황을 평가할 것인가?

39강

황릉의 미스터리

    기원전 210년 진시황은 다섯 번째로 나선 순유 도중에 객사했습니다. 50년의 인생이 막을 내렸습니다. 생전에 거의 유일무이한 권력을 자랑하던 중국 최초의 이 황제는 썩어 냄새가 나는 시신으로 변해 자신이 수년 동안 건축한 여산의 능묘로 들어갔습니다. 지금도 정말 신비함이 물씬거리는 지하 궁전으로 말입니다. 들리는 말에 의하면 이곳은 대단한 장관이라고 합니다. 완전히 진시황이 직접 손으로 건설한 제국이었습니다. 하지만 모든 것이 길거리의 소문에 불과합니다. 2000여 년 동안에 걸친 추측과 탐사를 통해 사람들은 드디어 이 영원한 황제의 능을 점점 투시할 수 있게 됐습니다. 모두가 최첨단 과학 덕분이라고 하겠습니다. 진시황은 미스터리한 인물이었습니다. 일생이 그랬습니다. 아버지의 미스터리, 태자를 세우지 않은 미스터리, 사인의 미스터리 등 하나 둘이 아닙니다. 진시황릉 역시 마찬가지가 아닐까 싶습니다. 이런 미스터리처럼 각종 미스터리가 난무하는 대상입니다. 대표적인 미스터리가 엄청난 규모를 자랑하는 이 능의 건축에 얼마나 많은 시간이 투자됐는가 하는 것입니다. 얼마나 많은 인력을 동원했는지도 미스터리입니다. 과연 진시황릉의 지하 궁전은 사마천이 〈진시황본기〉에서 묘사한 것처럼 그렇게 돼 있을까요? 진시황은 왜 이처럼 대단한 황릉을 지을 생각을 했을까요?

얼마나 많은 인력을 동원했을까?

진시황의 능은 중국 제왕들의 능묘 중에서 규모가 가장 으뜸입니다. 그러면 이런 능을 건설하기 위해 도대체 얼마나 많은 시간을 투자했을까요? 〈진시황본기〉에는 이에 대해 다음과 같은 세 가지의 기록을 남기고 있습니다.

> 진시황은 막 즉위했을 때 여산을 팠다. 통일을 이룩한 후에는 전국에서 70여만 명의 죄수들을 징발해 노역을 시켰다.

> (이세 원년) 4월에 이세가 함양으로 돌아와 "선제께서는 함양의 조정이 너무 좁기 때문에 아방궁을 지었다. 그러나 선제께서는 궁실과 조당이 완공되지 않았는데 세상을 떠나고 말았다. 그래서 아방궁을 건축하던 인력을 여산으로 보내 능을 건축하게 했다. 지금 여산의 능 건축은 다 끝났다. 지금 아방궁을 그대로 놔둔 채 건축하지 않는 것은 선제께서 일을 잘못했다는 사실을 말해주는 것이다"라고 말했다. 그래서 아방궁을 다시 짓게 했다.

> 이세 2년 겨울 진승이 파견한 주장(주문으로도 알려지고 있음)이 장군들을 이끌고 서쪽의 희수에 이르렀다. 병력이 수십만 명이었다. 이세는 크게 놀라 "어

떻게 했으면 좋겠소?"라고 말하면서 군신들과 상의했다. 이때 소부 장한이 "도적들이 이미 왔습니다. 병력이 많고 세력이 막강합니다. 지금은 부근 각 군현의 병사들을 다 부르려 해도 제 시간에 오지 못합니다. 여산에는 많은 죄수들이 노역을 하고 있습니다. 이들을 사면해주고 무기를 줘 반란군을 격퇴하도록 해야 합니다"라고 말했다. 이세는 장한의 말에 곧 사면령을 내렸다. 장한이 이들 병력을 이끌게 하고 주장의 군대를 막게 했다. 주장의 군대는 패퇴했다.

제일 처음의 기록을 보겠습니다. 진시황은 즉위 초기에 여산을 팠습니다. 그렇다면 진시황은 언제 즉위했을까요? 그렇습니다. 기원전 247년 장양왕이 세상을 떠난 다음에 즉위했습니다. 이때는 영정이었습니다. 따라서 진시황릉의 건축은 기원전 247년 영정이 즉위했을 때 시작됐다고 해야 합니다. 왜 그랬을까요? 중국 역대 황제의 능은 황제가 죽기 전에는 완공되지 않는 원칙이 있었기 때문이라고 해야 합니다. 다시 말해 죽을 때까지 계속 공사를 한다는 얘기입니다. 진시황릉 역시 그랬습니다. 그가 죽을 때까지 계속 공사를 했습니다.

기원전 210년 7월 진시황은 갑자기 사구에서 세상을 떠났습니다. 그러나 당시 진시황릉은 여전히 완공되지 않은 상태에 있었습니다. 그러나 9월이 되자 시신이 부패하기 시작했습니다. 더 이상 유체를 그대로 놓아둬서는 안 되었습니다. 급기야 9월에 매장을 했습니다. 이때가 진시황의 재위 37년이었습니다.

두 번째 기록에서는 이세가 형인 부소가 죽었다는 사실을 안 다음 즉각 부패해지기 시작한 진시황의 유체를 신속하게 함양으로 운반했다는 사실을 알 수 있습니다. 더불어 아방궁의 공사 현장에 있던 대량의 인력을 진시황릉에 대한 복토를 위해 이동시켰다는 사실 역시 알 수 있습니다. 복토는 이해에 바로 끝났습니다. 대량의 인력은 다시 아방궁 공사 현장으로 돌아갔습니다.

만약 이 두 기록만 보면 진시황릉은 이세 원년에 이미 완공되었습니다. 그러나 세 번째 기록을 보면 얘기가 달라집니다. 이세 원년에 진승과 오광은 갑자기 대택향에서 기의를 일으켰습니다. 다음 해에는 주문이 수십만 명의 병력을 이끌고 관중까지 공격하게 됩니다. 당황한 이세는 이때 장한의 건의를 받아들여 여산릉을 건축하던 수십만 명의 죄수들과 노역자들을 사면해줍니다. 무기도 나눠주고 장한이 이들을 지휘하게 했습니다.

이 세 번째의 기록은 특별히 여산의 죄수들을 강조하고 있습니다. 그렇다면 여산의 죄수들은 진시황릉을 건축하던 죄수들이었을까요 아방궁을 건축하던 죄수들이었을까요?

두 번째 기록에 따르면 진시황릉의 공사는 이미 끝났다고 해야 합니다. 인력 역시 모두 아방궁 공사 현장으로 이동했습니다. 여산의 죄수들은 당연히 아방궁을 건축하던 죄수들을 의미합니다. 그러나 〈진시황본기〉에는 "죄수들 70여 만 명을 아방궁과 여산의 공사 현장에 각각 나눠 보냈다"라는 다른 기록도 나옵니다. 이로 보면 아방궁과 여산을 건축하던 죄수들은 따로 분리해서 생각해야 합니다. 결론을 내리겠습니다. 여산과 관련한 기록은 모두 진시황릉 건설 프로젝트와 연관된 일입니다. 그러므로 세 번째 기록에 나오는 여산의 죄수들은 진시황릉을 건축하던 죄수들입니다. 이유는 또 있습니다. 진시황을 매장한 다음 끝난 것은 복토 프로젝트였습니다. 이후에도 일이 더 있었다는 얘기가 되겠습니다. 이를테면 부장품을 넣어둔 묘를 조성하는 일 등이 그렇습니다. 한마디로 복토가 끝났다는 것은 진시황릉 프로젝트의 완결을 의미한 것이 아니었습니다.

주문이 기의군을 이끌고 관중을 공격해왔을 때 진시황릉을 건축하던 주력들은 모두 전선에 나갔습니다. 나라를 지키는 것이 능을 건축하는 것보다 더 중요했으니까요. 진시황릉의 건축은 그저 기본적으로만 끝날 수밖에 없었습니다. 진시황이 즉위한 후부터 세상을 떠날 때까지 능은 37년 동안이나 건축되고 있었습니다. 또 그가 죽은 지 최소한 2년 후까지도 건축됐습니다. 진시황릉을 건축하는 데 무려 39년의 세월을 보냈다는 얘기가 되겠습니다.

다시 다른 문제를 하나 보도록 하겠습니다. 진시황릉을 건축하는 데에는 도대체 얼마나 많은 인력이 동원됐을까요?

〈진시황본기〉에는 능의 건축을 위해 인력을 동원했다는 기록이 두 차례나 나옵니다. 하나는 "전국에서 70여 만 명의 죄수들을 징발해 노역을 시켰다"라는 내용입니다. 다른 하나는 "죄수들 70여 만 명을 아방궁과 여산의 공사 현장에 각각 나눠 보냈다"라는 기록이 되겠습니다. 이외에 동한의 위굉衛宏이 편찬한 《한구의漢舊儀》에도 "승상 이사에게 천하의 죄수들과 노예 72만 명을 동원해 능을 만들게 했다"라는 내용이 나옵니다.

이상의 세 가지 기록으로 볼 때 인력 동원에 대한 사서의 기록은 명확하지가 않습니다.

그러면 진시황릉을 건축하는 데에는 얼마만큼의 인력이 동원됐을까요? 이건 충분히 토론할 가치가 있는 화제입니다. 한번 계산을 해봅시다.

우선 진나라가 육국을 겸병하기 전의 상황을 봅시다. 이때 진나라의 주요 인력은 겸병 전쟁에 투입됐습니다. 전국의 인력을 진시황릉 건축에 사용할 수가 없었습니다. 만약 진시황이 전국의 인력을 총동원해 능을 쌓았다면 어떻게 됐을까요? 육국을 겸병하는 위대한 사업을 도저히 완성하기가 어려웠을 겁니다. 육국 역시 만만치 않았으니까요. 이를테면 초나라를 멸망시키는 과정을 봅시다. 처음에 졌다가 나중에 승리했습니다. 처음 패한 이유는 분명했습니다. 이신이 이끄는 20만 대군이 강력한 초나라 군대를 당해낼 수가 없었던 겁니다. 그래서 마지막에 왕전이 출정하지 않았습니까? 왕전은 이때 진시황에게 60만 대군을 줄 것을 강력하게 요구했습니다. 결과는 어땠을까요? 60만 대군으로도 초나라를 멸망시키는 데 2년의 시간을 보냈습니다. 생각해보십시오. 만약 진시황이 이때 70만 명의 인력을 자신의 능을 건축하는 데 동원했다면 초나라를 멸망시킬 60만 대군을 어떻게 만들었겠습니까? 더구나 60만 대군을 동원하려면 보급 부대는 또 얼마나 대규모로 필요했겠습니까? 따라서 진시황이 육국을 겸병하기 전에 그는 70만 명의 인력을 자신의 능을 건축하는 데 동원하지 못했을 겁니다.

진시황이 육국을 겸병한 다음에는 어떻게 됐을까요? 이때는 대규모의 군대를 동원할 필요가 없지 않았습니까? 70만 명을 동원해 능을 건축했을 가능성이 있었을까요?

진나라가 대국의 청사진을 완성한 지 2년째 되던 진시황 27년(기원전 220년)이었습니다. 진시황은 이때 대규모의 또 다른 프로젝트 하나를 추진했습니다. 함양에서 각 지역으로 향하는 고속도로인 치도 건설이었습니다. 이 프로젝트는 진시황이 천하를 통치하기 위해서는 반드시 필요한 것이었습니다. 공사의 내용은 대단했습니다. 당시에 이런 거대한 프로젝트를 추진하려면 어느 정도의 인력을 소모해야 했을까요? 이때 진시황은 능을 건축하기 위해 70만 명을 동원할 수 있었을까요? 아마도 불가능했을 것으로 보입니다.

진시황은 재위 32년(기원전 215년) 되는 해에 몽염에게 30만 대군을 이끌고 가서 북쪽의 흉노를 공격하도록 했습니다. 더불어 만리장성도 쌓도록 명령했습니다. 이때 역시 인력이 엄청나게 동원되었다는 사실은 굳이 말할 필요가 없습니다. 이처럼 엄청난 인력으로 장성을 건축하는 데 동시에 70만 명을 보내 능을 건축할 수 있었을까요? 역시 불가능했을 겁니다.

그는 재위 33년(기원전 214년)에 50만 대군을 동원해 남월을 정벌했습니다. 무려 4년이나 걸린 정벌 전쟁이었습니다. 50만 대군이 필요한 보급

품은 과연 어느 정도였을까요? 이런 상황 아래에서 그가 어떻게 능을 건축하는 데 70만 명을 동원할 수 있었겠습니까? 역시 불가능했을 겁니다.

그는 2년 후인 재위 35년(기원전 212년)에는 아방궁을 건축하기 시작했습니다. 대단한 프로젝트였습니다. 아방궁은 현생의 행복과 쾌락을 위해 건축을 추진했습니다. 반면 진시황릉은 내세를 위한 것이었습니다. 그로서는 아방궁을 건축하는 데 더 많은 인력을 동원하지 않았을까요?

진시황 37년(기원전 210년)에 그는 돌연 세상을 떠났습니다. 이때 능은 완공되지 않았습니다. 그러나 이미 부패하기 시작한 유체는 안장을 해야 했습니다. 결국은 이해 9월 안장됐습니다. 당시 이세는 진시황릉의 건축으로 자신이 합법적 계승자라는 사실을 증명하고 싶어 했습니다. 당연히 대단한 노력을 기울여 황릉을 건축했습니다. 매장 전후에 대규모 인력을 동원했습니다. 요즘으로 따지면 아마 야근을 밥 먹듯 했을 겁니다. 그러므로 이 시기에 70만 명의 죄수들을 동원했다는 것은 비교적 믿을 만하다고 하겠습니다.

이세 원년(기원전 209년) 4월 이세는 자신의 첫 번째 순유와 아버지를 안장하는 일련의 일을 다 마친 다음 상당수의 인력을 아방궁 공사 현장으로 보내기 시작했습니다. "여산의 일을 다 마치고 아방궁을 다시 지었다"라는 기록은 이걸 말해주는 겁니다.

이세 2년에 진승과 오광이 기의했습니다. 이어 이세 3년에는 기의군이 관중으로 들어왔습니다. 이세는 장한의 건의를 받아들이지 않으면 안 됐습니다. 이때부터 진나라는 더욱 깊은 수렁에 빠져 헤어나지 못했습니다. 멸망에 이르고 말았습니다. 이세뿐 아니라 자영까지도 진시황릉을 건축하는 일을 돌아볼 여가가 없었습니다. 프로젝트는 그저 기본적으로만 끝나고 말았습니다.

때문에 진시황릉 건축을 위해 동원된 인력은 그저 그의 사후 긴급 상황에 대비해 투입된 인력이었습니다. 역사 문헌에 등장하는 인력은 바로 이 시기의 인력이라고 하겠습니다. 더 자세하게 말하면 죄수들과 장인들의 전체 숫자가 되겠습니다.

지하 궁전은 과연 어디에 있는가?

중국 역사상 최초 황제의 능인 진시황릉은 도대체 어떤 모양을 하고 있을까요?

진시황릉은 지금의 시안시 린퉁臨潼구에서 동쪽으로 5킬로미터 떨어진 여산의 북쪽 기슭에 있습니다. 남쪽으로는 여산에 기대고 있으며 북쪽으로는 또 위수渭水를 마주하고 있습니다. 동쪽을 바라보고 서쪽에 앉아 있는 모양입니다. 전체 능은 성벽 이내의 핵심 구역과 성 밖의 능 부속 지역으로 이뤄져 있습니다. 전체 면적은 56.27평방킬로미터입니다.

진시황릉은 능원이 도읍都邑의 표준에 따라 조성됐습니다. 또 전체 능원이 봉토를 중심으로 이뤄져 있습니다. 밖으로는 양쪽에 나 있는 흙으로 조성된 성벽을 떠받치고 있습니다. 이는 도성과 황성皇城을 상징하는 것입니다. 안쪽은 전체 면적이 1178.85무(畝. 1무는 200평—옮긴이)입니다. 외성外城 전체 면적 3052.65무의 3분의 1에 못 미칩니다.

외성의 사면에는 각각 하나의 문이 설치돼 있습니다. 동문은 봉토의 정 가운데의 동서 축軸 선상에 있습니다. 문궐門闕의 규모가 대단히 방대합니다. 내성은 북쪽 벽이 두 개의 문으로 돼 있으나 나머지 삼면은 각 한 개의 문만 있습니다. 이중 내성 남문의 궐문 유지遺址는 지금까지 봉토의 남쪽에 우뚝 솟아 있습니다. 대단히 장관입니다.

진시황 능원의 핵심 구역은 전체 면적이 8킬로미터에 이릅니다. 봉토와 지하 궁전의 위치는 내성의 남쪽입니다. 보다 자세한 설명을 위해 배인裵駰의 《사기집해史記集解》의 〈황람皇覽〉을 보겠습니다. "묘의 높이는 50여 장丈, 주위는 5리에 이른다"라는 내용이 나옵니다. 이로 볼 때 우리는 진시황릉의 처음 봉토가 50여 장, 다시 말해 115미터라는 사실을 어렵지 않게 알 수 있습니다. 그러나 2000여 년이 경과한 지금 진시황의 봉토는 비바람에 침식돼 고작 55미터 전후만 남았습니다. 거의 2분의 1로 축소됐다고 하겠습니다.

지금 높이가 산과 같았던 진시황릉의 봉토는 여전히 여산의 한쪽에 버티고 서 있습니다. 그러나 과거 황릉의 안팎을 떠받들던 성벽은 거의 대부분 사라졌습니다. 그저 내성의 서쪽 벽에 남아 있는 흔적만을 통해 성벽의 존재를 가늠할 수 있을 뿐입니다. 왜 이렇게 됐을까요? 가장 큰 이유는 아무래도 2000여 년 전 항우에 의해 불태워졌기 때문이 아닌가 싶습니다. 그럼에도 나머지 폐허 위에는 당시의 건축물들이 웅대한 모습을 자랑하면서 버티고 서 있습니다. 이는 봉토의 북쪽이나 서쪽의 거대한 건축물의 유적으로도 확인이 가능합니다. 이것들의 대부분은 망자를 위한 이른바 전조후침(前朝後寢. 앞쪽에는 공적인 공간을 두고 뒤쪽에는 사적인 공간을 둔다는 뜻―옮긴이)의 건축 양식을 채용하고 있습니다.

진시황은 완벽한 능침陵寢제도를 건립한 황제였습니다. 3만 호의 백성들을 능원으로 옮기도록 했으니까요. 이들은 당시 능원의 건축과 경비를 담당했습니다.

진시황릉의 전체적인 모습에 대한 기록은 아무래도 〈진시황본기〉가 가장 자세하게 남기고 있습니다. 가장 믿을 만도 합니다. 한번 보겠습니다.

땅을 깊이 파 삼중의 지하수를 흐르게 했다. 여기에 동수(銅水. 구리의 액체―옮긴이)를 집어넣어 봉한 다음 외관外棺을 안치했다. 또 궁관(宮觀. 도교의 도장을 일컬음—옮긴이)을 건축하고 백관百官의 모양을 순서대로 설치했다. 진기한 기물器物과 괴석 등도 집어넣어 꽉꽉 채웠다. 또 장인들에게 명령해 기관으로 조종되는 화살도 제조하게 했다. 만약 사람이 묘를 파고 들어오면 쏘아 죽이는 용도로 쓰기 위해서였다. 이외에 수은으로는 내와 강, 바다 등을 조성했고 기계를 동원해 물을 공급하게 했다. 천정에는 천문의 그림을 그려넣었고 아래에는 지리를 뜻하는 도형을 설치했다. 인어人魚의 기름으로 초를 밝혀 오래도록 꺼지지 않게 했다.

이 기록을 보면 정말 대단합니다. 엄청나게 진귀한 물건들이 많이 부장품으로 들어갔습니다. 게다가 화살 자동 발사기까지 설치됐습니다. 한마디로 없는 것이 없었습니다.
동한의 위굉이 편찬한 《한구의》 역시 참고해볼 만한 기록이 아닌가 보입니다.

승상 이사로 하여금 건축 시방서대로 땅을 파게 했다. 37년에 물을 막아 물길을 끊었다. 이를 문석(文石. 차돌의 일종—옮긴이)으로 막았다. 이어 단칠丹漆을 입혔다. 깊이가 너무 깊어 들어갈 수가 없을 정도였다. 이사는 진시황에게 "승상 신 이사는 말합니다. 신은 72만 명의 죄수들을 데리고 여산에 대한 공사를 했습니다. 깊이가 너무 깊어 다 뚫고 들어가지 못할 정도입니다. 태워도 타지 않게 됐습니다. 두드리면 텅 비어 있고 마치 하늘 세계를 보는 것 같습니다"라는 보고를 올렸다. 진시황이 "뚫고 들어가지 못하고 태우지 못하는 그 옆으로 300장을 더 파고 그치도록 하라"라고 명령했다.

《사기》는 그저 삼중의 지하수를 흐르게 했다고 기록하고 있습니다. 그러나 《한구의》는 한술 더 뜹니다. 지하 궁전을 너무 깊이 파 들어갈 수가 없다고 말합니다. 도대체 이런 곳이 어디에 있을까요? 아마도 암석층까지 파 들어간 것이 아닌가 보입니다. 그렇다면 더 이상 팔 방법이 없었을 겁니다.

《사기》에는 지하 궁전을 다 만든 다음의 기록이 있습니다. "큰일이 다 끝났다. 모든 보물을 집어넣고 중선문中羨門을 닫았다. 또 제일 밖의 외선문外羨門은 내렸다. 장인들은 모두 안에 갇혔다. 하나도 다시 나온 사람이 없었다." 이 기록은 지하 궁전에 세 개의 큰 문이 있다는 사실을 말해줍니다. 동시에 이세가 비밀을 지키기 위해 장인들을 잔인하게 순장시켰다는 사실도 증명합니다.

실제로 진시황릉의 지하궁전이 완공될 무렵 아마 장인들은 이 안에서 생활했을 것으로 보입니다. 그러나 갑자기 중선문이 닫히고 외선문이 내려왔습니다. 도망 갈 길이 없었습니다. 순장되는 외에는 다른 방법이 없었습니다.

이 기록은 중선문과 외선문에 대해서도 언급하고 있습니다. 당연히 내선문이 있다는 사실이 성립하겠습니다. 사마천은 중선문을 언급할 때는 '닫았다'라는 단어를 썼습니다. 외선문의 경우는 '내렸다'라는 말을 썼습니다. 이건 중선문이 좌우로 열리거나 닫힌다는 말입니다. 또 외선문은 위아래로 작동한다는 얘기가 되겠습니다. 그러면 내선문은 어떻게 작동했을까요? 그건 알 방법이 없습니다. 아마도 중선문이나 외선문과 비슷하거나 하지 않았을까 보입니다. 더 중요한 점은 이 세 개의 문이 일직선상에 있지 않나 하는 사실이 되겠습니다.

그렇다면 이처럼 많은 예산을 투자한 지하 궁전은 어디에 세워졌을까요?

《한구의》는 이에 대해 분명하게 답을 주고 있습니다. "그 옆으로 300장을 더 파고 그치도록 하라"라는 기록이 바로 그것입니다. 진시황의 묘가 있는 옆의 300장 떨어져 있는 곳이라는 얘기가 가능하겠습니다. 이건 궁전이 봉토의 흙무더기 밑에 있다는 의미가 아닐까요? 봉토 옆의 어느 곳은 혹 아닐까요? 예를 들자면 여산의 모처 말입니다.

2002년 중국 정부는 처음으로 진시황릉에 대한 고고학적 연구를 중국 국가 첨단기술 발전 계획인 이른바 '863계획'에 포함시켰습니다. 더불어 중국 지질조사국과 산시陝西성 고고연구소가 합동으로 진시황릉에 대한 대규모의 고고학적 조사를 진행했습니다. 이때 행한 작업은 진시황릉의 지하 유적을 직접 파헤치는 실제 발굴 작업이 아니었습니다. 디지털 기술을 통해 지하의 문물들을 영상으로 재현해낸 것이었습니다. 작업도 무려 8개 부문, 22개 세부 분야에서 행해졌습니다. 이렇게 1년의 노력 끝에 적지 않은 대단한 성과를 얻기도 했습니다.

조사단은 이 과학적 탐사 결과의 정확도를 보증하기 위해 대단히 어려운 작업 역시 진행했습니다. 이른바 낙양 삽(중국어로는 뤄양찬洛陽鏟으로 불리는 삽-옮긴이)으로 계속 발굴을 진행한 것입니다. 이를테면 전통 방법으로 첨단 기술을 증명했다고 하겠습니다.

낙양 삽은 원래 도굴에 전문적으로 사용되던 도구였습니다. 모양은 반원형의 쇠 삽입니다. 직경은 5센티미터에서 30센티미터, 길이는 20센티미터에서 40센티미터입니다. 사용할 때 삽의 각도를 잘 조절하는 것이 대단히 중요합니다. 조심하지 않으면 지하의 흙을 퍼 올리지 못합니다. 삽이 효과를 발휘하지 못하게 되는 것이죠. 낙양 삽은 끝에 손잡이가 있습니다. 손잡이 위에는 긴 백랍白蠟의 자루를 연결시키는 것이 가능합니다. 사용할 때 수직으로 아래로 찍어 내리면 됩니다. 깊이 들어갈 때는 20미터까지도 들어갈 수 있습니다. 이 반원형 쇠 삽의 용도를 이제 아시겠죠? 가볍게 지하에 집어넣은 다음에 땅 밑의 흙을 지면까지 운반하는 게 용도입니다. 이 경우 직경 10여 센티미터의 깊은 구멍이 생기게 됩니다. 전문적인 도굴꾼들은 바로 이 흙의 성분을 바탕으로 지하에 부장품이 있는지를 확인합니다. 경험이 많은 도굴꾼들은 심지어 음성으로도 부장품이 있는지 여부를 판별합니다.

20세기 말 고고학 관련 종사자들은 이 낙양 삽의 기가 막힌 효능을 알고 줄곧 사용을 해왔습니다. 이 결과 오늘날의 낙양 삽은 대단한 발전을 이룩하게 됐습니다. 원래의 백랍 자루는 강철 자루로 바뀌게 됐습니다. 수십 미터의 지하도 파내려가는 것이 가능하게 됐습니다.

현대적인 과학 설비와 전통적인 낙양 삽을 이용해 진시황릉의 봉토 흙무더기에 대해 실시한 조사 결과는 놀라웠습니다. 지하 궁전은 지금의 진시황릉 봉토 퇴적층의 아래에 위치하고 있는 것으로 나왔습니다. 정확하게는 지면에서부터 35미터의 깊이에 있는 것으로 돼 있습니다. 또 궁전은 동서 170미터, 남북으로 145미터의 크기인 것으로 나왔습니다. 주체主體와 묘실이 공히 장방형입니다. 이중 묘실은 지하 궁전의 중앙에 있습니다. 높이는 15미터로 표준 축구장 크기 정도가 아닌가 싶습니다.

진시황릉 조사단은 과학적으로 능의 위치를 확인한 다음 봉토 흙무더기 동쪽의 관목灌木 숲속에 두 명의 단원을 보내 낙양 삽으로 밑을 열심히 팠습니다. 이곳은 일찍이 현대 물리학의 방법을 동원해 파내려갔던 제8공구였습니다. 밑으로 30미터까지 깊은 곳까지 파내려갔을 때였습니다. 지하에서 갑자기 '통통' 하는 소리가 들려왔습니다. 낙양 삽이 뭔가 딱딱한 물체에 부딪친 것입니다. 두 명의 단원은 흥분했습니다.

과거 수십 년 동안 중국 정부의 각급 조사단은 낙양 삽으로 거의 60평방킬로미터에 이르는 진시황릉 구역에서 탐사 작업을 벌인 바 있었습니다. 뚫은 공구만 70여 개에 이르렀습니다. 이를 통해 지하 궁전을 발견하고자 했으나 정확한 위치를 몰랐기 때문에 줄곧 효과를 거두지 못했습니다. 하지만 이때에는 낙양 삽이 투시 능력이 있었던 모양입니다. 정확하게 신비한 지하 궁전을 발견했습니다.

이 두 단원은 흥분에 겨워 낙양 삽을 공구에서 빼냈습니다. 삽의 예리한 부분에 묻은 흙에는 아니나 다를까 몇 조각의 파란 돌 조각이 붙어 있었습니다. 자세한 조사 결과는 바로 나왔습니다. 석회암 조각이었습니다. 진시황릉이 있는 여산에 가장 많은 돌은 화강암과 편마암입니다. 석회암은 전체 여산 지역에서도 대단히 보기 어렵습니다. 그러나 위수의 북쪽에는 대단히 많이 분포돼 있습니다. 이건 뭘 말합니까? 진시황릉의 지하 궁전에 쓰인 석재들을 위수의 북쪽에서 가져왔다는 사료의 기록이 틀리지 않다는 사실을 말해줍니다.

당연히 이 사실이 봉토 흙무더기 아래에 지하 궁전이 존재한다는 사실을 완전히 증명하지는 않습니다. 또 지하 궁전이 파괴를 당하지 않았다고 단언하기도 어렵습니다. 조사단은 다른 시험을 해봤습니다.

우리는 〈진시황본기〉에 진시황의 지하 궁전에 대한 기록이 있다는 사실을 압니다. 수은으로 내와 강, 바다를 조성했다는 내용이 바로 그것입니다. 수은은 일종의 휘발성 금속입니다. 만약 지하 궁전에 대량의 수은이 존재한다면 봉토 흙무더기의 표면 토양의 수은 함량은 당연히 주위의 토양에 비해 높아야 합니다. 토양 실험 결과는 역시 그랬습니다. 봉토 흙무더기의 수은 함량의 이상치는 보통치보다 10배 전후 높았습니다. 최고 높은 곳은 20배에서 30배까지 나왔습니다. 샘플 검사를 위해 봉토 속 토양에서 추출한 공기를 측량한 결과도 크게 다르지 않았습니다. 같은 이상치를 보였습니다.

진시황은 왜 지하 궁전에 이처럼 많은 수은을 집어넣었을까요? 수은으로 내와 강, 바다의 모양을 만들고 싶었습니다. 그럴듯한 자연 경관을 만들고 싶었던 겁니다. 도굴을 방지하기 위한 목적도 있었습니다. 수은 가스에는 극독이 있기 때문에 사람이 일단 흡입을 하게 되면 정신 이상이 일어나는 경우가 왕왕 있습니다. 피부에 경련이 오거나 반신불수의 증상이 나타날 수도 있습니다. 죽음에 이르는 경우 역시 있습니다. 시신과 부장품이 썩지 않고 장기적으로 보존되게 하기 위한 목적을 무시해서도 절대 안 되겠습니다.

봉토의 흙무더기 아래 수은의 존재 역시 다르지 않습니다. 지하 궁전이 도굴되지 않았을 가능성이 비교적 크다는 사실을 분명히 말해줍니다. 만약 진시황릉의 지하 궁전이 정말로 도굴이 됐다면 수은은 아마 진즉에 증발해 사라졌을 가능성이 큽니다.

진시황릉은 과연 얼마나 호화로울까?

진시황릉은 2000여 년의 역사를 가진 중국 역대 황제들의 능 중에서도 단연 독보적으로 주목을 끄는 대상입니다. 어떤 점에서 주목을 끌고 있을까요?

우선 능원의 면적이 광대합니다. 그 다음으로 능원을 건축한 일꾼과 장인들이 대단했습니다. 부장 묘가 많다는 사실 역시 특이합니다. 수장된 보물도 대단히 많았습니다.

진시황의 지하 궁전에 특히 많은 보물이 수장돼 있다는 사실은 기록으로도 잘 증명이 됩니다. 중국 《24사史》 중에서도 단연 으뜸인 《사기》의 〈진시황본기〉에 분명히 상세하게 기술돼 있습니다. 이런 내용이 수록돼 있는 《사기》는 중국 고대에 광범위하게 알려지게 됐습니다. 통칭 한나라 시기인 양한兩漢 때는 더욱 그랬습니다. 이때부터 진시황릉에 보물이 매장돼 있다는 사실을 아는 사람은 셀 수조차 없게 됐습니다. 설사 《사기》를 읽지 않았다 해도 다른 루트를 통해 지하 궁전의 보물에 대해 알 수 있었습니다. 이들 보물에 대해 모르는 사람이 거의 없었습니다. 불행히도 이로 인해 진시황릉은 도굴이라는 엄청난 위험에 내몰렸지만 말입니다.

진시황릉은 왜 이처럼 호화스럽게 만들어져야 했을까요? 조금 더 간소하게 했다면 위험을 초래하는 것만큼은 피할 수 있지 않았을까요?

제가 보기에는 진시황릉이 이처럼 호화롭게 된 데에는 네 가지 요인이 있습니다.

우선 사상과 관련이 있습니다. 중국 고대 사람들은 줄곧 영혼이 불멸한다는 사실을 믿었습니다. 후한 장례가 망자가 세상을 떠난 다음 부귀영화를 누릴 수 있게 만든다고 생각했습니다. 역대 제왕들이 후한 장례를 중요하게 생각한 것은 당연했습니다. 상나라와 주나라 이후부터 역대 제왕들이 능원의 건축에 신경을 많이 쓴 것 역시 그 이유였습니다. 중국 고대의 장례 문화는 원래 불봉불수不封不樹였습니다. 묘에 봉분을 만들지 않았을 뿐 아니라 나무도 심지 않았습니다. 그러나 춘추전국 시대에 이르면 후한 장례 풍습이 더욱 유행했습니다. 더불어 봉분을 쌓기 시작했습니다. 진시황 때에는 보다 더 그랬습니다. 그는 위치상 사람이 죽은 다음 영혼이 불멸한다는 사실을 믿을 수밖에 없는 사람이었으니까요. 그래서 자신의 사후에 후하게 장례를 지내도록 했습니다.

진시황이 중요하게 생각한 사실은 금방 이해가 됩니다. 그는 재위 때에 자신의 능을 건축한 황제였습니다. 더구나 업적이 많았습니다. 자신의 공이 삼황오제를 능가한다고 생각했을 정도였습니다. 황제와 짐을 칭했습니다. 자부심이 대단히 강한 사람이었습니다. 당연히 자신의 황릉을 건축하는 것을 대단히 중요하게 생각할 수밖에요.

이세가 중요하게 생각한 것 역시 그렇습니다. 자신의 합법성을 확실하게 증명하고 싶었을 겁니다.

마지막으로 진시황이 진나라가 멸망하지 않을 것이라고 생각한 것에 대해 말해봅시다. 그는 진나라가 만세까지 이어갈 것이라고 생각한 사람이었습니다. 자신이 세상을 떠난 지 채 5년도 안 돼 진나라가 문을 닫을 줄은 정말 생각조차 못했을 겁니다. 당연히 자신의 묘가 도굴의 대상이 될 것이라는 부담을 하나도 느끼지 않았습니다. 아무리 능을 크게 만들어도 누가 어떻게 하리라고 생각할 수가 있었겠습니까? 말하자면 '나는 황제다. 내가 무엇을 두려워하겠는가? 누가 감히 나 진시황의 능을 도굴하겠는가?'라는 생각을 했다는 겁니다.

엄청난 지하의 보물은 과연 2000여 년 동안을 내려오면서 도굴꾼에게 한 번도 강탈당하지 않았을까요? 역사서에 기록된 도굴 사건들은 과연 진실일까요?

40강
한나라 유학자들이 평가한 진나라

기원전 210년 진시황은 자신의 50년에 걸친 인생의 막을 내렸습니다. 하지만 이 황제 어르신은 관 뚜껑을 닫고 나서도 평가를 하기 어렵습니다. 그가 세상을 떠난 지 얼마 안 되는 한나라 초기부터 현재까지 그에 대한 평가는 극단적으로 엇갈립니다. 보는 사람마다 다 다릅니다. 명군설과 폭군설이 엇갈리는가 하면 공과설功過說 역시 난무합니다. 우선 공도 있고 과도 있다는 평가가 있습니다. 공과가 서로를 덮을 수 없을 정도로 비슷하다는 평가 역시 있습니다. 공이 과보다 많다거나 과가 공보다 많다는 평가, 공과가 3:7 내지는 4:6이라는 평가도 있습니다. 저는 진시황을 평가하려면 역사로 다시 돌아가야 한다고 생각합니다. 역대 왕조의 진시황에 대한 평가의 변화와 그 원인들을 봐야 한다고 생각하기 때문입니다. 이렇게 해야 우리가 오늘날 진시황을 이성적으로 평가하는 데 아마 크게 유익하지 않을까 싶습니다.

진시황은 당시 황제를 자칭했습니다. 이때 그는 전혀 부끄럼 없이 이제부터 자신을 시작으로 후손들이 순서대로 이세, 삼세를 거쳐 만세까지 이어갈 것이라고 했습니다. 대 제국이 영원할 것이라고 단정적으로 생각한 것입니다. 그러나 아이러니하게도 그의 사후 1년도 안 돼 진승과 오광의 기의가 일어났습니다. 이어 기의가 전국으로 퍼져 전체 진나라가 혼란의 와중에 빠져 버렸습니다. 이 장면을 목격한 〈과진론過秦論〉의 저자 가의賈誼를 비롯한 한나라의 정치가, 사상가들은 큰 심적 충격을 받았습니다. 당연히 이 중대한 이슈에 대해 심각하게 생각하고 평가하기 시작했습니다. 예컨대 가의는 조목조목 진나라가 망한 원인을 분석했습니다. 도대체 왜 육국을 성공적으로 겸병한 강력한 대 제국은 고작 15년 만에 속절없이 사라졌을까요? 문제는 도대체 어디에서 나왔을까요?

잃어버린 민심과 진시황에 대한 사무치는 원한이 진나라를 무너뜨리다

진시황은 37년 동안 재위했습니다. 22세 때 친정에 나서서 50세 때 병사했습니다. 실제 집권 기간은 28년이었습니다. 이세는 고작 3년이었습니다. 자영은 더합니다. 46일 동안 권좌에 앉았습니다. 단순하게 시간으로만 보면 진시황은 진나라의 빠른 멸망에 대한 비난에서 자유롭지 못합니다. 자신의 잘못을 받아들이지 않으면 안 됩니다. 이세는 비록 3년 동안 자리에 있었으나 자행한 일은 엄청났습니다. 3년 만에 정치가 극도로 혼란해졌습니다. 제국의 멸망을 가속화시켰습니다. 자영은 진시황의 자녀들과 중신, 능신들이 모두 피살된 다음 자리에 올랐습니다. 쓸 만한 인재는 눈을 부릅뜨고 찾아봐도 찾기 어려웠습니다. 병력 역시 마찬가지였습니다. 거의 없었습니다. 유일하게 어렵사리 상황을 지탱해준 장한도 이때는 이미 이세의 핍박에 마지못해 항우에게 투항한 뒤였습니다. 때문에 진정으로 실수를 한 국군은 진시황과 이세였습니다. 자영은 완전히 파국으로 치달아가는 상황을 만회하지 못하는 자신의 무능력을 그저 지켜봐야만 했습니다. 이렇게 보면 진시황과 이세에 대한 비난은 충분히 일리가 있습니다. 한나라의 가의도 이런 입장에서 〈과진론〉이라는 희대의 명문을 통해 둘을 비난했습니다.

진시황에게 가장 중요한 책임이 있다면 이건 뭘 말하는 것일까요? 제국의 빠른 멸망을 논한 것이 사실은 진시황에 대한 평가라는 사실이 아닐까 싶습니다.

중국 고대의 황제 제도를 종합적으로 살펴보면 우리는 제국의 잘못된 정치를 바로잡는 방법이 세 가지가 있었다는 사실을 알 수 있습니다. 하나는 황제가 자신에게 죄를 물어 잘못된 정치를 바로잡는 것이었습니다. 간언이 성공적으로 이뤄졌을 때에도 이렇게 될 수 있었습니다. 황제 교체를 통해서도 동일한 효과를 보는 것이 가능했습니다.

황제가 자신에게 죄를 묻는 것은 사실 쉽지 않은 방법이었습니다. 황제가 자신의 과오를 절실히 느껴야 했습니다. 게다가 개과천선해야겠다는 결심을 해야 합니다. 최소한 그런 모습을 가장까지는 해야 합니다. 한 무제가 이런 황제였습니다. 윤대죄기조輪臺罪其詔를 통해 나라를 잘못 다스린 과오를 반성했습니다. 그는 즉위한 다음 무려 40년 동안이나 흉노와 전쟁을 치렀습니다. 천하의 인구가 뚜렷하게 줄어들도록 만들었습니다. 재정 고갈 역시 상당히 심각한 수준에 이르도록 하는데 기여했습니다. 전체 사회가 끝없는 나락으로 떨어지는 형국으로 변하도록 만들었습니다. 이런 위급한 순간에 그는 과감하게 용기를 냈습니다. 자신에게 죄를 묻는 조서를 썼습니다. 자신의 과오를 비판하고 백성들이 휴식을 취할 수 있도록 했습니다. 상당히 심각한 수준으로 격화된 사회적 모순을 크게 완화했습니다. 나중에는 사회가 안정을 되찾았습니다.

간언이 성공한 사례는 많았습니다. 간언은 황제 제도 하에서 자신의 입지를 공고히 하는 가장 중요한 수단이었습니다. 그래서 나중의 황제들은 전문적으로 간관諫官이나 언관言官을 두기도 했습니다. 황제의 시정에 대해 간언만 해도 먹고살 수 있는 좋은 자리였습니다.

잘못된 정치를 바로잡는 마지막 방법인 황제를 바꾸는 것은 과연 가능할까요? 황제 제도는 전형적인 종신제였습니다. 마지막 숨이 넘어갈 때까지 늙은 황제로 사는 것이 가능했습니다. 때문에 황제가 바뀌는 것은 세 가지 경우 외에는 없었습니다. 하나는 황제가 늙어 죽는 것입니다. 또 궁정 쿠데타가 일어나거나 왕조가 바뀌면 황제도 바뀌었습니다. 그러나 이 세 가지 경우는 쉽게 일어나기 어려웠습니다.

황제가 죽는 것에 대해 먼저 알아봅시다. 황제의 사망은 불가능한 희망이 아닙니다. 그러나 생명의 대사代謝라는 것은 자신의 규칙이 있습니다. 멍청한 군주가 빨리 세상을 떠나도록 희망할 수 없다는 얘기입니다.

만약 멍청한 군주가 죽지 않으면 다른 방법을 생각해야 합니다. 인위적으로 제거하는 방법입니다. 이건 쿠데타가 되겠습니다! 쿠데타는 대단한 위험을 요구합니다. 게다가 쿠데타가 성공하더라도 다음 황제가 명군明君이 될 것이라는 보장이 없습니다.

마지막으로 왕조를 바꾸는 방법에 대해 알아봅시다. 중국 역사에서 이런 경우는 두 가지 모델이 있었습니다. 하나는 아래로부터의 민란이었습니다. 농민 기의가 되겠습니다. 다른 하나는 군사력을 동원해 위에서 아래로 황제를 압박해 퇴위를 시키는 것이었습니다. 사례도 적지 않습니다. 예컨대 사마염司馬炎은 위魏나라를 대신해 서진西晉 왕조를 세웠습니다. 조광윤趙匡胤 역시 주周나라를 대신해 북송北宋 왕조를 건국했습니다. 모두가 왕조를 바꾸면서 황제를 내친 경우였습니다.

2000여 년에 걸친 중국 황제 제도의 변화나 쿠데타, 역성혁명 등을 종합적으로 살펴보면 모두들 위험성이 높았습니다. 성공률이 높지 않았습니다. 여러 다양한 요인들이 적절하게 조화를 이뤄야 했기 때문이 아닌가 보입니다. 또 황제가 자신의 죄를 인정해 죄기조를 쓴다는 것도 쉬운 일은 아니었습니다. 이에 반해 대신들의 간언은 어렵지 않았습니다.

그럼에도 대신들이 침묵을 지키면 어떤 제국에게나 대재앙이 됩니다. 황제들이 독단적으로 언제나 일을 잘 처리한다고 보기 어려우니까요. 더구나 조의朝議는 제국이 엉뚱한 방향으로 흐르는 것을 바로잡는 가장 확실한 방법이 아니었습니까? 진시황이 황제를 칭한 다음 조의는 점점 일종의 형식이 됐습니다. 황제가 지존, 지귀至貴의 존재였으니까요. 대신들이 이런 황제에 대해 무슨 말을 하겠습니까? 무슨 행동을 하겠습니까? 대신들의 침묵은 황제 제도의 필연이었습니다.

어떤 왕조의 제도가 대신들이 감히 평가를 하지 않으려는 단계에 이르게 되면 어떻게 되겠습니까? 이건 완전히 식물인간 같은 제도가 아닙니까? 어떻게 생명력을 발휘하는 것이 가능하겠습니까?

이 점은 가의만 주목하고 진나라의 멸망 원인으로 꼽은 것은 아니었습니다. 한나라 초기의 명신인 가산賈山 역시 말한 바 있습니다. 《한서》의 〈가산전〉을 보면 되겠습니다.

진시황은 멸망을 향해 달려갔으나 아무것도 몰랐다. 왜 그랬을까? 천하의 사람들이 감히 이에 대해 말하지 않아 그랬다. 감히 말하지 않은 것은 무슨 이유 때문이었을까? 황제를 도와주려고 하는 의리 있는 사람들이 없어서 그랬다. 보필하는 신하가 없었던 것도 이유였다. 간언하는 선비는 더욱 없었다. 이랬으니 함부로 행동하고 살인을 일삼을 수밖에 없었다. 비판하는 사람은 물리치고 직간하는 사람들을 죽였다. 오로지 아부하고 현실에 영합하려는 사람들 외에는 없었다. 그의 덕이 요순堯舜보다 높다고 아부했다. 또 공이 탕왕과 무왕보다 높다고 아첨했다. 천하는 이미 어지러워졌으나 이를 말하는 사람이 없었다.

그렇습니다. 진시황은 확실히 진나라가 이미 죽음의 선상線上을 향해 달려가고 있다는 사실을 몰랐습니다! 그가 이미 자아 인식과 판단 능력을 상실했기 때문이 아닌가 합니다. 그의 휘하 대신들은 게다가 아무도 비판적인 의견을 말하지 않았습니다.

가산의 인식은 대신의 침묵에만 국한돼 있습니다. 그러나 그는 대신들이 침묵한 이유에 대해서는 생각하지 못했습니다. 진나라에는 뛰어난 지사들이 계속 있었습니다. 그들은 과연 진시황의 말년 실수를 간파하지 못했을까요? 만약 간파했다면 왜 말하지 않았을까요? 대신들의 침묵은 일종의 상징일 뿐이었습니다. 진정한 원인은 과연 어디에 있었을까요?

황제 제도에 있었습니다.

진시황이 확립한 황제 제도에서 황제는 권력의 정점에 있었습니다. 전체 국가와 백성들이 이 황권에 절대 복종해야 했습니다. 이렇게 해서 황제는 전체 백성과 대신들 저 위에 있게 됐습니다. 대화의 기초가 아예 존재하지조차 않았습니다. 이런 제도는 선천적인 약점이 있을 수밖에 없었습니다. 지고지순한 상태에서 저 높이 있는 황제라는 최고 통치권자가 그 어떤 제약도 받지 않는다는 것이 바로 이 약점이었습니다. 사실 그 어떤 제도도 누구의 엉덩이든 함부로 마구 만지는, 아무 제약조차 받지 않는 통치자를 용납해서는 안 됩니다. 만약 이런 최고 통치자를 용납하게 되면 그는 이 제도의 파괴자가 될 가능성이 높습니다.

역사적으로 볼 때 진시황은 주나라 왕조를 대체했습니다. 주나라의 천자는 천하의 공주(共主, 공통의 군주—옮긴이)였습니다. 그러나 그런 천자도 직접 천하를 통제할 능력은 없었습니다. 크고 작은 제후들을 통해 통치를 실현했을 뿐입니다. 다시 말해 천자는 제후들에 대한 분권分權을 통해 천하를 다스렸습니다. 또 이 분권을 통해 천자의 권력은 자연스럽게 제한받았습니다.

　상나라 때의 국군들은 귀신을 대단히 중요하게 생각했습니다. 행사 때마다 점을 쳤습니다. 귀신의 지시를 받았습니다. 때문에 신권은 왕권을 제약하는 중요한 대안이 될 수 있었습니다. 상나라의 역대 왕들은 모두 이렇게 했습니다. 권력을 귀신에게 나눠줬습니다.

　상나라의 왕들과 주나라의 천자들 모두 분권을 실시했습니다. 이것이 진시황과 다른 점이 아닌가 싶습니다.

　진짜 그랬습니다. 진시황이 마련한 황제 제도는 상이나 주나라와는 근본적으로 달랐습니다. 황제는 지고무상의 권력을 가지고 있었습니다. 중앙 정부의 삼공구경에서부터 지방의 군수나 현령에 이르기까지 모든 관리를 황제 한 사람이 임면任免했습니다. 진나라가 제사를 중요하게 생각하지 않은 것은 아니었으나 황제는 이미 모든 것의 위에 있었습니다. 신권 역시 황권에 비한다면 권위가 많이 퇴색돼 있었습니다.

　대신들은 이런 지존의 지위를 가진 황제에 대해 어떻게 할 도리가 없었습니다. 국가 정사가 잘 돌아가느냐의 여부는 오로지 황제 개인의 자질과 품격에 달려 있었습니다. 이런 제도 아래에서 황제 개인에게 명군이 될 것을 요구하는 것은 정말이지 대단히 곤란했습니다. 설사 명군이라고 해도 때에 따라 앞뒤의 변화가 무쌍한 법입니다. 당나라의 현종玄宗 이융기李隆基가 대표적이지 않나 생각됩니다. 재위 초반에는 열심히 정사에 주력해 개원開元의 태평성대를 이뤄냈으나 나중에는 향락을 일삼다 천하의 당나라를 무너지게 만들었습니다. 자신 역시 이로 인해 희생됐습니다. 초반기에 반짝 했다가 나중에 멍청한 군주로 변하는 이런 황제들은 중국 역사상에서 대대로 적지 않았습니다.

　진시황이 마련한 황제 제도는 진나라 제국을 조용히 사라지게 만들었습니다. 2000여 년 이상에 이르는 중국 봉건제에 하나의 분명한 통치 모델 역시 만들었습니다. 중국 사회의 전진을 가로막은 거대한 장애물이 돼 버렸다고 해도 좋습니다. 이런 황제 제도는 신해辛亥혁명이 일어나서야 비로소 완전히 끝납니다. 그러나 정치 제도의 심오한 영향이나 제왕 사상의 완전한 청산은 아직 시간을 필요로 하고 있습니다.

가의는 〈과진론〉에서 진시황과 이세, 침묵을 지킨 대신들의 잘못으로 진나라가 망했다고 평가하지는 않았습니다. 인의의 정치를 행하지 않았다는 주장을 펼쳤습니다. 이제 세 번째의 이 주장이 정확한지에 대해 알아봐야 하겠습니다. 가의의 이 관점은 의심할 바 없이 매우 정확합니다. 진시황이 인의의 정치를 행하지 않은 것은 두 가지 생각과 관계가 있었습니다. 하나는 법가를 숭상한 것이 되겠습니다. 다음은 수덕水德을 전적으로 따른 것이 되겠습니다. 진나라는 유생들을 모조리 살해하지는 않았습니다. 조정에는 여전히 숙손통 같은 유학의 박사가 있었습니다. 하지만 진시황은 한비와 같은 그런 법가의 독재 전제 이론을 대단히 좋아했습니다. 때문에 법가의 전제 사상은 진시황 후기에는 점점 독재 정치를 행하는 이론적 기초가 됐습니다. 《시경》과 《서경》을 불태워 사상을 탄압한 것은 모두 법가 사상의 영향과 지배를 받은 것입니다. 한마디로 유가의 인의사상은 완전히 진시황의 구미에 맞지 않았습니다. 유가 사상은 전체 통치를 공고히 하는 데 큰 역할을 할 수도 있었으나 그는 이를 알지 못했습니다.

진시황은 수덕의 학설에 따라 수덕이 겨울에 속한다고 생각했습니다. 살벌하게 행동해야 한다고 생각했습니다. 그래서 혹독한 형벌과 가혹한 법률이 수덕 왕조의 특징이 됐습니다. 이 오덕시종 이론은 진시황을 치명적으로 잘못된 길로 이끌었습니다. 그가 형벌이 특효약이라는 사실을 믿도록 만들었습니다.

가의는 민심을 잃은 것도 진나라가 망한 원인이라고 주장했습니다. 이 주장 역시 수긍할 만합니다.

가의는 진나라의 빠른 멸망을 시작으로 진시황에 대한 평가를 했습니다. 진나라의 빠른 멸망은 역시 한나라 사람들에게는 대단한 충격이었던 모양입니다. 가의는 진나라의 빠른 멸망을 진승과 오광, 관동 육국의 역량 등과 대비해 논하기도 했습니다. 아무래도 이게 가의에게는 놀라운 일이었으니까요. 진나라가 육국을 멸망시킨 것은 파죽지세에 가까웠습니다. 이로 보면 진나라는 육국보다 훨씬 강력했습니다. 그러나 이런 강력한 진나라도 진승과 오광에게는 속절없이 무너졌습니다. 그렇다면 진승과 오광이 육국보다 훨씬 더 강력했을까요? 〈과진론〉을 한번 보겠습니다.

진승의 지위는 제, 초, 연, 조, 한, 위魏, 송, 위衞, 중산 등의 국군에 비해 존귀하지 않았다. 호미와 괭이, 나무 자루 등의 무기도 갈고리 창과 긴 칼 등보다 더 날카롭지 않았다. 수졸戍卒들의 작전 능력 역시 9개국의 부대에 비할 바가 못 됐다. 심지어 심모원려나 용병의 전략 역시 9개국 무장이나 모신謀臣들과 비교할 바가 아니었다.

이처럼 가의는 진승을 우습게 생각했습니다. 하지만 진승은 진나라에 속절없이 무너진 육국과 달랐습니다. 광범위한 천하의 호응을 이끌어냈습니다. 결국 강력하기 그지없는 진나라를 뒤집어엎었습니다.

진나라를 상대로 보여준 진승의 강력함에 가의는 대단히 놀랐습니다. 〈과진론〉에서 두 차례에 걸쳐 진승과 육국을 비교한 것도 아마 그래서가 아닌가 합니다. 게다가 진승에 대해서는 몇 줄을 할애해 전적으로 소개하고 있습니다. 그러나 가의는 다시 보기에 민망할 정도로 진승에 대해 혹

평했습니다.

그러나 진섭은 깨진 옹기로 창문을 만들고 풀로 문지도리를 만드는 가난한 집안의 아들이었다. 신분이 종이나 건달 같은 사람이었다. 이곳저곳을 옮겨 다니기도 했다. 그러다 변방의 수졸이 됐다. 더구나 공자나 묵자와 같은 현명함과 덕, 도주공陶朱公이나 의돈猗頓 같은 재물도 없었다. 그저 수졸들 무리에 섞여 있다가 갑자기 논밭과 들판에서 들고 일어나 난을 일으켰다.

그렇습니다. 진승은 명문가가 아니었습니다. 지위가 대단히 낮았습니다. 재능 역시 중간 정도의 수준에도 이르지 못했습니다. 진승의 재산은 더 말할 필요가 없었습니다. 한마디로 모든 걸 종합하면 진승은 여섯 가지가 없는 사람이라고 해도 좋았습니다. 재주와 덕, 지위, 재물, 명망, 의지할 곳이 없는 사람이었습니다. 하지만 그는 대사를 이뤄냈습니다. 어찌 놀랍지 않습니까!

진승의 가장 신기한 점은 이처럼 평범하다고 말하기조차 어려운 사람이 한 번 떨치고 일어서서는 바로 대사를 이뤄냈다는 사실입니다. 진나라를 멸망하게 하는 전국적인 민란을 일으킨 것입니다! 이처럼 거론할 가치조차 없는 사람이 어떻게 강력한 대제국인 진나라를 타도할 수 있었을까요?

진승이 상대한 진나라와 육국이 상대한 진나라를 비교하면 답이 나옵니다. 육국이 상대한 진나라는 정말 막강했습니다. 하늘을 찌를 듯한 기세가 있었습니다. 반면 진승이 상대한 진나라는 달랐습니다. 무엇보다 완전히 민심을 잃었습니다. 백성들이 너도 나도 위험을 느끼고 반란을 생각하고 있었습니다. 원기가 이미 빠질 대로 빠져버린 진나라였습니다.

민심을 잃는다는 것은 무엇을 의미할까요? 천하의 백성들이 진승과 오광이 일으킨 난에 적극적으로 가담했다는 사실을 보여줍니다. 죽을 상황에 처하자 어쩔 수 없이 반란을 일으켰음에도 천하 백성들의 호응을 얻은 것입니다. 이건 그들도 전혀 예상치 못했던 일이었습니다.

왜 진승과 오광이 일으킨 민란은 천하 백성을 운집하게 했을까요? 천하의 백성들이 일찍이 진나라의 폭정에 대한 불만이 많았기 때문입니다. 이런 상황에서 불꽃이 튀자 연달아 대폭발이 일어났습니다. 전체 진나라를 완전히 폭발시켜 버렸습니다. 진승과 오광은 그저 이 대폭발이 일어나게 한 불꽃이었을 뿐입니다.

진승과 오광은 기병을 모의할 때 유명한 말을 했습니다. "천하가 진나라에 의해 오랫동안 고통받고 있다." 《사기》의 〈진섭세가〉에 나오는 원문은 '천하고진구의天下苦秦久矣'입니다.

유방 역시 기병 초기 패현의 성 밖에서 성 안으로 화살을 날려 편지를 보낼 때 이 말을 패현의 백성들에게 사용했습니다. 〈고제본기〉에 내용이 나옵니다.

유방은 기병한 다음 사리를 모른다고 생각한 역이기에게 욕을 했을 때에도 이 비슷한 말을 사용했습니다. "천하가 진나라에 의해 오랫동안 함께 고통받고 있다." 《사기》의 〈역생육가열전酈生陸賈列傳〉에 나옵니다.

진승과 오광에 의해 조나라 땅을 공략하기 위해 파견된 무신武臣도 이 뉘앙스의 말을 사용했습니다. "천하가 한마음으로 진나라에 의해 오랫동안 고통받고 있다." 《사기》의 〈장이진여열전張耳陳餘列傳〉에 수록돼 있습니다.

유방, 진승, 무신 등이 모두 다 같은 말을 했습니다. 이 여섯 글자는 뭘 의미할까요? 우선 천하는 범위가 광대하다는 사실을 말해줍니다. 또 고진苦秦은 백성들이 진나라에 의해 입고 있던 큰 피해를 의미했습니다. 구의久矣는 시간이 오래됐다는 사실을 말해줍니다. 여섯 글자의 말은 모든 것을 말해줍니다. 백성들이 더 이상 참을 수가 없었기 때문에 진승과 오광의 난에 가담했다는 사실을 말입니다. 이건 진나라가 이때 이미 민심을 완전히 잃었다는 사실을 설명하기도 합니다.

이상의 사실을 종합해볼 때 가의의 〈과진론〉은 진나라 제국이 빠른 멸망을 하게 된 네 가지 요인을 제대로 짚었습니다. 결론적으로 진시황은 인의의 정치를 펴지 못한 것과 대신들의 침묵, 민심 이반에 대한 중대한 책임을 져야 합니다.

진시황에 대한 평가는 왜 부정적이어야 했나

가의를 대표로 하는 한나라 유생들의 진시황에 대한 평가는 두 가지 특징이 있습니다. 하나는 평가가 비교적 낮다는 것입니다. 어떻게 보면 거의 전면적인 부정을 하는 것도 같습니다. 실용성이 강한 것도 특징이 되겠습니다. 진나라가 빨리 망한 원인을 대단히 중요하게 생각하고 평가합니다.

사실 진시황도 긍정적인 측면이 전혀 없는 것은 아니었습니다. 대신들의 침묵 역시 처음에는 그렇지 않았습니다. 육국을 겸병하기 전에는 진나라 조정에는 토론이 항상 있었습니다. 게다가 국정을 바로 보는 진실한 말들이 오갔습니다. 당시의 영정 역시 두 번이나 자신의 과오를 인정하고 고쳤다는 기록이 있습니다.

첫 번째가 정국의 간첩 사건이 터진 후가 되겠습니다. 영정은 이때 진나라 구 귀족들의 열화 같은 등쌀에 못 이겨 축객령을 내렸습니다. 그러나 이사의 〈간축객서〉를 받은 다음에 즉각 이 결정을 취소했습니다. 이사를 중용했습니다.

두 번째는 초나라를 멸망시키려 할 때였습니다. 당시 청년 장군 이신은

20만 대군으로 초나라를 멸망시킬 수 있다고 주장했습니다. 반면 왕전은 60만 대군이 있어야 한다고 했습니다. 영정은 당연히 이신에게 초나라 공격을 맡겼습니다. 그러나 무참하게 패배했습니다. 그러자 직접 왕전의 집을 찾아가 사과했습니다. 잘못을 인정했습니다.

이사의 상서나 왕전의 직언은 이때의 영정이 언로를 막으면 안 된다는 정치의 기본을 알고 있었다는 사실을 설명합니다. 그래서 그는 몸소 행동으로 대신들의 간언을 권고했습니다.

영정이 두 차례에 걸쳐 실수를 바로잡은 행동은 좋은 결과로도 나타났습니다. 처음에는 육국의 인재들이 대거 진나라를 떠나게 되는 횡액을 막았습니다. 이를 통해 육국을 겸병하는 데 수훈을 세울 인재들을 계속 보유하는 게 가능했습니다. 두 번째는 진나라의 전체 국력을 기울여 초나라를 멸망시키는 것을 가능하게 했습니다.

그러나 영정은 육국 겸병에 성공한 다음에 진시황으로 호칭을 바꾸고 황제 제도를 확립하면서 달라졌습니다. 이건 엉뚱한 생각을 하는 그의 머리가 엄청나게 커졌다는 사실을 의미했습니다. 다시는 자신이 잘못을 저지를 가능성이 있다는 사실을 인정하려 하지 않았습니다. 육국 겸병 성공은 결코 그가 모든 일을 정확하게 처리한다는 사실을 보장하지 않았습니다. 마찬가지로 인생 전반기의 성공도 인생 후반기의 성공을 보장하지는 않습니다.

진시황이 육국을 겸병한 다음 더 이상 자신이 잘못을 저지르는 사람이 아니라고 생각했다는 증거는 많습니다. 계속 잇달았던 대대적인 공사, 불로장생의 선약을 찾으려는 헛된 노력, 빈번한 순유 등이 그랬습니다. 여기에 분서와 갱유, 북쪽의 흉노족 공격, 남쪽 백월의 땅 정벌 등이 더해졌습니다. 문제는 이 조치들이 백성들의 엄청난 재난으로 연결됐다는 사실이었습니다. 그러나 그는 잘못을 인정하지 않았습니다. 게다가 육국 겸병 성공은 그를 더욱 오만하게 만들었습니다.

진시황이 황제를 칭한 다음 궁정에서 논쟁이 완전히 사라진 것은 결코 아니었습니다. 대신들 역시 처음에는 집단 실어증에 걸리지 않았습니다.

예를 들어 봅시다. 진시황이 군현제를 실시하려고 했을 때였습니다. 승상 왕관을 필두로 하는 조정의 많은 대신들이 기를 쓰고 반대했습니다. 집단적으로 반발했습니다. 오로지 이사만 찬성했습니다. 이때의 조의는 진시황이 결연하게 군현제를 실시하겠다는 입장을 밝힌 탓에 막을 내렸습니다. 그러나 군현제와 봉건제의 논쟁은 이것으로 끝나지 않았습니다. 진시황 34년(기원전 213년)에 박사 순우월이 다시 군현제가 봉건제보다 못하다는 입장을 밝혔으니까요. 이 결과 이사의 건의에 따른 분서 사건이 일어나게 됐습니다.

우리는 두 번의 군현제와 봉건제에 대한 논쟁을 한 번 비교해봅시다. 처음에는 진시황이 그저 이사의 건의만 받아들였습니다. 다른 혹독한 조치가 없었습니다. 조정 대신들에 대한 거대한 심리적 압력 같은 것이 없었습니다.

두 번째의 논쟁에서도 진시황은 이사의 건의를 받아들였습니다. 그러나 이때에는 분서령을 발령했습니다.

진시황은 분서령을 하달할 때 순우월을 처벌하지 않았습니다. 그러나 순우월과 조정 대신들은 상당한 충격을 받았을 겁니다. 가의가 "천하의 선비들로 하여금 그저 형식적으로 귀만 기울이고 두 다리로 우뚝 선 자세에서 입을 닫고 감히 말을 하지 않게 만들었다"라고 말한 것은 정곡을 분명하게 찌른 것입니다. 우리는 앞에서 이미 군현제와 봉건제가 각각 이로운 점과 폐단 등이 있다는 사실에 대해 말한 바 있습니다. 그러나 이 두 제도에 대한 논쟁으로 인해 분서령이 내려졌습니다. 누가 감히 다시 말을 하겠습니까? "충신이 간언을 올리지 않고 지혜로운 자들은 머리를 짜내지 않는다"라는 형국은 필연적인 결과가 아니었을까 싶습니다.

가의를 대표로 하는 한나라 유생들의 진시황에 대한 부정적인 평가는 우연한 것이 아니었습니다. 한나라 사회, 정치 현실의 필요에 의한 것이라고 해야 합니다. 진나라와 한나라는 시대가 비슷했습니다. 한나라가 바로 진나라를 이었습니다. 가의는 비록 한나라 문제 때의 소년 준재였다고는 하나 기원전 201년에 태어난 사람이었습니다. 이때는 유방이 한나라를 세운 지 2년째 되던 해였습니다. 때문에 가의가 생활한 시대가 서한 초창기라고는 하나 이 시기의 현실 정치는 사람들에게 진나라가 망하고 한나라가 부상한 원인에 대해 많이 생각할 수밖에 없도록 만들었습니다. 특히 진시황의 과오에 대한 총체적인 결론을 내리게 만들었습니다. 새로 건국된 한나라에게 역사적인 교훈을 주기 위해서라도 이건 필요했습니다. 또 바로 이런 이유로 사람들은 진시황의 공헌에 대해서 많은 생각을 하지 않았습니다. 오로지 그의 과오에 대해서만 눈을 돌렸습니다.

그러면 한나라 이후의 학자들은 또 어떻게 진시황을 평가했을까요?

41강

당나라 사람들의 진나라 평가

양한의 유생들은 진시황 사후 약 2000여 년 이상 이어온 진시황의 평가에 대한 서막을 열었습니다. 양한의 다음에도 위진남북조魏晉南北朝 시대에서부터 당나라 때에 이르기까지의 수많은 정치가들과 문인들이 이 문제에 많은 관심을 기울였습니다. 한마디로 진시황은 역대의 왕조에 교육적인 효과를 주는 전형적인 모범으로 후세 사람들의 역사에 끊임없이 등장했습니다. 당연히 위정자들에게는 교훈과 경계를 줬습니다. 황권을 제약하는 날카로운 칼 내지는 경종이 되기도 했습니다. 당나라 때의 경우 사람들의 평가는 대단히 다양하고 풍부해졌습니다. 형식적으로만 봐도 정론政論, 상소문 등에 인용됐습니다. 또 시가나 부사賦辭를 비롯한 각종 문체의 평가들 역시 끊임없이 나왔습니다. 내용적으로는 그를 비판하는 시문이 많기는 했으나 긍정적으로 평가하는 문장 역시 없지 않았습니다. 이 모든 것은 진시황이 시간이 지나도 결코 잊히지 않을 사람이라는 사실을 설명하기도 합니다. 그러면 당나라 사람들의 진시황에 대한 관심의 중점은 어디에 있었을까요? 그들의 평가에는 또 어떤 새로운 내용들이 있었을까요?

황권 견제와 폭군에게 교훈을 주는 용도로서의 진시황

진시황이 확립한 황제 제도는 진나라의 빠른 멸망과 더불어 폐기되지 않았습니다. 아니 오히려 진시황이 후세에 물려준 가장 큰 정치적 유산이 됐습니다.

기원전 206년 한왕 유방은 서초패왕 항우를 죽인 지 2개월이 지난 어느 날 뭐가 그리 급한지 각지 제후들의 추대 하에 몽매에도 그리던 황제 자리에 서둘러 올랐습니다. 이로써 그는 서한의 개국 황제가 됐습니다. 유방은 기원전 257년에 태어났습니다. 진시황은 그보다 2년 빠른 259년에 태어났습니다. 나이로는 진시황이 유방보다 고작 두 살 많았을 뿐입니다. 진나라의 개국 황제와 한나라의 개국 황제가 동시대의 인물이었다는 얘기가 되겠습니다.

유방은 사수의 정장을 할 때 함양에 출장을 자주 갔습니다. 한 번은 직접 진시황의 장엄하기 그지없는 행렬과 위풍당당함을 목격하기도 했습니다. 이때 그는 "아, 대장부는 진짜 저래야 한다!"라는 탄성을 터뜨린 바 있습니다. 그의 권력에 대한 이런 군침은 나쁜 것이 아니었습니다. 나중 그의 모든 활동의 내재적 동력이 됐습니다. 이때 항우는 어땠을까요? 그 역시 진시황의 위풍당당한 모습을 목격하고 "내가 너를 대신하겠다"라는 말을 했습니다. 그러나 그는 자신의 목표를 실현시키지 못했습니다. 반면 유방은 지금의 산둥성 정도定陶에서 황제를 칭했습니다. 이어 진시황이 확립한 제도를 그대로 따랐습니다. 황제 자리가 너무나 좋은 것이라는 사실을 몸소 체험했습니다. 그가 과감하게 항우의 분봉제를 포기하고 진시황이 확립한 제도를 다시 채택한 것은 중국의 정치 제도사에 한 획을 긋는 중대한 사건이었습니다. 이건 진나라가 비록 15년 만에 망했으나 황제 제도만큼은 후세의 역대 통치자들로부터 좋은 평가를 받았다는 사실을 설명해주기도 합니다.

그렇다면 왜 15년 만에 나라를 망하게 만든 황제 제도가 이처럼 후세의 통치자들에게 좋은 평가를 받았을까요?

황제 제도의 규정을 보면 잘 알 수 있습니다. 황제는 지고지대至高至大한 존재였습니다. 지존지귀至尊至貴한 사람이었습니다. 이건 황제가 되면 천하의 재물과 권력을 다 보유하고 누리게 된다는 사실을 의미했습니다. 또 있습니다. 맞는 말을 하든 틀린 말을 하든 신민臣民들이 모두 머리를 조아리고 명령을 따른다는 사실 역시 의미했습니다. 이런 절대적인 전제 독재는 황제를 2000여 년 이상 동안 무수히 많은 영웅들의 경쟁적 복종을 이끌어내는 궁극적 목표가 되도록 했습니다. 오로지 이 목표를 위한 노력은 무서웠습니다. 부자지간에도 찬탈이나 시역弒逆을 하는 일이 황실에서 종종 일어났던 것은 다 이유가 있었습니다. 형제지간에 서로 지지고 볶는 사건은 일도 아닐 정도였습니다.

황제 제도는 황제 본인을 지존지상至尊至上의 존재로 확립시켰습니다. 최대의 특징은 황제 본인이 최대한도의 전제 독재를 실시할 수 있다는 것이었습니다. 이런 전제 제도 아래에서는 황권을 제약하는 것이 대단히 어려운 일이었습니다. 황권이 적당한 제약을 받지 않는다면 황제는 아마 하고 싶은 모든 것을 할 수 있었을 겁니다. 망국의 화가 곧 잇따를 가능성이 높았습니다. 황제 제도 아래에서 황권을 제약하는 것은 제국의 장기적인 안정과 발전을 확보하기 위한 근본적인 대책이라는 말이 되겠습니다. 그러나 지고무상의 황권을 제약하는 것은 황제 제도 아래에서는 가장 어려운 일이기도 했습니다.

　옛사람들은 대단히 총명했습니다. 물론 지금 사람들도 옛사람들보다 총명합니다. 그것은 우리가 알고 있는 지식이 옛사람들보다 풍부하기 때문이 아닌가 싶습니다. 지식을 획득하는 수단 역시 옛사람들보다 빠르기 때문이라고도 해야 합니다. 예컨대 우리는 개인 독재를 종결시키는 방법을 이해하면 개인 독재의 사회 제도를 끝낼 수 있다는 사실을 압니다. 그러나 옛사람들 역시 독재, 전제적인 이런 황제에 대해 아무 일도 하지 않은 것은 결코 아니었습니다. 그들은 황권을 제약하기 위해 정치적 지혜를 충분히 발휘했습니다. 이중에서 가장 중요한 무기는 아무래도 황제에게 교훈적인 경계 교육을 실시하는 것이 아닌가 보입니다.

　오늘날 고위 관리들을 임명할 때 청렴한 의무를 지키도록 강조합니다. 그들에게 교훈적인 교육을 진행합니다. 이때 비리를 저질러 옥중에 수감돼 있는 탐관오리들의 현실을 보여주는 게 종종 채택되는 방법입니다. 당연히 이런 교육은 오늘날 사람들의 특허가 아닙니다. 옛사람들 역시 경계 교육의 중요성을 무척이나 잘 이해했습니다!

　황제에게 경계 교육을 진행하는 목적은 지존무상의 권위를 가지고 있는 황제가 두려움을 이해할 수 있도록 해주기 위해서입니다. 천하의 독존獨尊인 황제 역시 내심으로는 경계할 대상이 있어야 한다는 사실을 일깨워주기 위해서이기도 합니다. 사실 황제는 제국의 제도 아래에서는 가장 용감한 사람입니다. "하늘 아래 왕의 땅이 아닌 곳이 없고, 땅 위의 사람 중 왕의 신하가 아닌 사람이 없다"라는 《시경》의 말은 이 현실을 잘 말해줍니다. "나는 황제다. 내가 무엇을 두려워하겠는가?"라는 말 역시 마찬가지입니다.

　원래 가진 자는 잃어버리는 것을 두려워하는 법입니다. 뭔가를 가지고 있으면 이걸 잃어버릴까봐 두려워합니다. 권력을 가진 자는 권력을 잃을 것을 가장 두려워합니다. 재물을 가진 자는 재물을 잃을 것을 크게 두려워합니다.

황제가 가장 두려워하는 것은 다른 것이 아니었습니다. 권력을 잃는 것이었습니다! 두려움은 아킬레스건입니다. 총명한 옛사람들은 이 방면에서부터 손을 쓰기 시작했습니다. 옛날의 일들을 빌려 지금을 풍자해 황제에 대한 경계 교육을 실시했습니다.

그러면 누가 이 교육의 교재로 가장 적당했을까요? 감옥에 갇힌 탐관오리들은 당연히 불가능했습니다. 자격이 아예 없었습니다. 망국의 황제역시 자격이 충분하지 못했습니다. 과연 누가 가장 적합했을까요?

진시황이었습니다!

진시황은 황제 제도의 개창자이기는 했으나 세상을 떠난 지 3년 만에 망한 나라의 개국 황제였습니다. 이런 특수한 신분을 가진 사람을 과연 어디에서 찾을 수 있을까요? 그래서 진시황은 당연히 역대 명신, 현상賢相들이 황제에 대한 경계 교육을 진행할 때 사례로 들기에 가장 적합한 인물이었습니다. 물론 중국 역사에는 하나라의 걸왕이나 상나라의 주왕 같은 엉망인 군주들도 없지 않습니다. 그러나 걸왕이나 주왕 모두 망국의 군주였습니다. 왕이기는 했으나 황제가 아니었습니다. 그들을 사례로 드는 경계 교육의 효과는 진시황보다 결코 크지 않았습니다. 그들은 그저 '옐로카드'의 역할 정도밖에는 하지 못했습니다. 반면 진시황은 심한 반칙을 범한 선수에게 즉각 퇴장을 명하는 '레드카드'였습니다.

진시황을 경계 교육을 위한 모범 사례로 삼은 것은 한나라 때부터였습니다. 위진남북조 때에는 더욱 훌륭한 사례가 됐습니다. 우리는 두 역사적 사례도 찾아볼 수 있습니다. 삼국 시대 위魏나라의 양부楊阜가 조조曹操의 손자인 명제明帝에게 간언한 내용을 보면 고개가 끄덕거려지게 됩니다.

진시황이 아방궁을 지은 데에 따른 재앙은 그 아들에게 미쳤습니다. 천하가 반란을 일으켰습니다. 결국 이 세대에 이르러 망했습니다. 무릇 만민萬民의 힘을 헤아리지 못하고 눈과 귀가 하고 싶은 대로 하다가 망하지 않은 경우는 없습니다.

이 간언 사건은 어떻게 일어났을까요? 그렇습니다. 명제가 허도(許都. 지금의 허난성 쉬창許昌)에 궁전을 건축하려 한 것이 원인이 됐습니다. 게다가 명제는 낙양에 큰 궁전을 대대적으로 건축하려고까지 했습니다. 양부는 간언을 통해 이를 적극 만류했습니다. 진시황이 아방궁을 건축한 사례를 예로 들었습니다. 황제가 백성의 힘을 함부로 남용, 자신의 개인적인 이익을 취하면 망한다고 명제에게 확실하게 겁을 줬습니다. 아방궁과 관련한 내용은 여기에서 더 이상 다룰 필요가 없습니다. 그러나 이로 볼 때 진시황이 양부에 의해 명제의 반면교사가 된 것은 확실한 것 같습니다.

명제에게 간언을 올린 것은 양부만이 아니었습니다. 다른 대신인 고당륭高堂隆 역시 진시황을 황제의 경계 교육을 위한 교재로 삼았습니다. 명제에게 한 그의 말을 살펴봐야 하겠습니다.

진시황은 도덕의 터를 쌓지 않고 아방궁을 쌓았습니다. 내부에 이미 반란의 조짐이 보였는데 이를 돌아보지 않고 만리장성을 쌓는 일에 나섰습니다. 군신君臣들이 모두 이처럼 계획을 세우고서도 나라가 만세까지 이어지고 자손이 계속 천하에 군림하도록 생각했으니 이 어찌 필부의 생각이 아니겠습니까? 어찌 천하가 망하지 않겠습니까?

양부의 말에 비해 고당륭의 간언은 더욱 분명했습니다. 진시황이 이미 위나라의 대신들에 의해 백성들의 힘을 남용하는 황제에 대한 경계 교육의 전형적인 케이스로 인식됐다는 사실입니다. 아마도 대신들은 이 경계 교육을 통해 황제가 자신의 행동이 위험하다는 사실을 인식하기를 바라지 않았을까 싶습니다. 바로 불장난을 그만두기를 원했을 겁니다.

이 두 역사적 사례는 대단히 전형적입니다. 특징 역시 집중돼 있습니다. 하나는 진시황에 빗대 현재의 황제에게 경계 교육을 행한 것입니다. 또 황제가 백성들의 힘을 남용해서는 안 된다는 진리 역시 강조했습니다.

진나라 때에는 부함傅咸이 비슷한 경고를 하기도 했습니다. 〈조진시황부弔秦始皇賻〉라는 글을 통해서였습니다.

나는 옥사獄事를 처리하기 위해 장안長安에 이르렀다. 이곳에서 아방궁을 목격했다. 그래서 진시황에게 조사를 쓴다. 진나라의 정치에 치명상을 준 것은 포악함이라. 인의를 버렸으니 스스로 망했구나. 종이를 움직여 진시황을 조사하는 글을 쓰도다. 주나라가 천하를 통제하는 힘을 잃고 운명이 예사롭지 않게 됐다. 급기야 육국을 평정하고 넓은 천하를 소유하게 됐다. 그러나 포악한 정치와 혹독한 형벌은 반란의 불꽃이 휘날리게 만들었다. 우선 주장이 백만 대군을 보유하게 만들었다. 또 항우에게는 능을 도굴하게 했다. 궁전과 능원의 건축을 위해 백성들을 동원해 피곤하게 만든 것은 오히려 걸주桀紂보다도 심했다. 곧 이어 모든 것이 폐허로 변했다. 사슴들이 묘당廟堂에서 노닐 정도였다. 나라가 이미 무너져 지탱할 수가 없게 됐으니 어찌 반란군을 저지할 정도로 강력함이 있었을까?

부함은 진나라가 육국을 겸병한 다음 가혹한 정치와 혹독한 형벌을 가했다는 사실을 직시했습니다. 여기에 대형 프로젝트를 일으키면서 백성들의 고혈을 짠 사실도 들먹였습니다. 결과적으로 진나라 제국이라는 빌딩은 무너져 내렸습니다. 아무도 구원의 손길을 내밀 수가 없었습니다.

이 작품이 말하고자 하는 바는 분명했습니다. 정치를 포악하게 하고 인의를 버리게 됨으로써 진나라가 망했다는 겁니다. 집권자에게 경종을 울려 주겠다는 의지가 분명하게 엿보입니다.

진시황을 경계 교육의 반면교사로 삼은 것은 그야말로 대 발견이었습니다. 이를 통해 황제 제도 아래에서 황권을 제약할 수 있는 기반이 조성됐다고 해도 좋았습니다. 당나라 때는 당시 황제에게 간언을 올리는 것이 시를 통해 이뤄졌습니다. 이게 당나라 시의 특징이기도 했습니다. 이중 가장 유명한 작품은 이백의 시 〈고풍古風〉의 세 번째 작품입니다.

진시황이 육국을 쓸어버리고 통일을 완수하니, 그 호랑이 같은 위세가 대단하지 아니한가!
칼을 휘둘러 난세를 쾌도난마처럼 평정하니, 제후들이 모두 서쪽으로 달려오는구나.
뛰어난 용단으로 스스로 하늘을 열고, 대략大略으로 모든 인재들을 호령하는구나.
민간의 모든 병기들을 모아 금인金人을 주조하니, 함곡관이 비로소 활짝 열렸어라.
회계산에 공덕을 기록하고 낭야대로 달려가니, 죄수 70만 명이 여산의 능을 조성하기 시작하는구나.
불로장생의 선약을 구하려 했으니, 탐욕스런 마음이 공허하고 슬프기만 해라.
노弩로 큰 바다의 물고기를 잡았으니, 긴 고래는 정말로 크기도 하구나.
이마와 코는 오악五嶽과 같고, 내뿜는 분수의 물보라는 운무처럼 아득하고 소리가 우레와 같구나.
수염은 푸른 하늘을 가리니, 어떻게 봉래산을 볼 것인가?
서복은 진나라 여자들을 싣고 갔으니, 언제 다시 돌아올거나.

만약 삼천三泉의 아래에서 본다면, 금관金棺도 차갑게 재로 변하지 않았겠는가.

이 시는 불로장생의 선약을 찾아 헤맸음에도 사구에서 병사한 진시황에 빗대 당 현종에게 신선을 믿지 말라고 권고하는 내용이라고 보면 됩니다. 불사약을 구하기 위해 서복을 파견했음에도 나중에는 차가운 한 줌 재로 변한 진시황의 최후를 묘사하는 기법이 대단히 뛰어납니다.

그렇다면 역대 황제에 대한 경계 교육을 위한 교재로 진시황을 사용한 효과는 어땠을까요? 당 태종太宗의 말을 들어보면 잘 알 수 있습니다. "진시황은 처음에는 육국을 평정하고 사해에 웅거했으나 말년에 이르러 잘 지키지 못했다. 정말 교훈으로 삼아야 한다"라고 강조한 바 있습니다. 《정관정요貞觀政要》의 〈신종慎終〉편에 나오는 말입니다. 그는 또 "진시황이 궁전을 지어 비난을 받고 있는 것은 사리사욕을 너무 따랐기 때문이라고 해야 한다. 주변 여러 사람들의 의견을 들어보지 않았기 때문이다. 짐은 궁전을 하나 지으려는 생각에 재목들도 다 마련했으나 저 멀리 진시황의 일을 생각하니 짓지 말아야겠다는 생각이 든다"라는 말도 했습니다. 《정관정요》의 〈검약儉約〉편에 나오는 말입니다. 이로 볼 때 진시황을 사례로 삼은 경계 교육은 실제로도 대단한 효과를 봤습니다.

진시황에 대한 새로운 평가 및 사치와 향락에 대한 비판

당나라 사람들이 진시황을 평가한 문학 작품 중에서 단연 뛰어난 것은 역시 두목杜牧의 〈아방궁부阿房宮賦〉라고 해야 합니다. 마치 무지개 같은 기세의 화려한 언사로 진시황이 건축하려 한 아방궁에 대해 그림처럼 생생한 묘사를 하고 있습니다. 한마디로 진시황에 대한 당나라 사람들의 평가에 신기원을 연 작품이라고 해야 하겠습니다. 물론 〈진시황본기〉에도 이에 대한 기록은 있습니다.

이때 진시황은 함양의 인구가 많고 선왕이 남긴 궁전이 좁다고 생각했다. 더구나 그는 주나라 문왕이 풍豐, 무왕武王이 호鎬에 도성을 정한 사실을 들어 알고 있었다. 풍과 호의 사이가 제왕의 도성이라는 것을 절감했다. 그래서 위수의 남쪽 상림원에 궁전을 세웠다. 우선 아방궁의 전전前殿을 세웠다. 동서의 길이가 500보步, 남북의 폭이 50장이었다. 궁전은 1만 명을 수용하기에 충분했다. 아래에는 5장 높이의 깃발을 세울 수도 있었다. 사방에는 육교가 있어 지나다니는 것이 가능했다. 궁전의 아래에서 죽 가다 보면 남산까지 통했다. 남산의 정상에는 문궐門闕을 세워 표시했다. 이어 육교를 개조해 아방궁에서 위수를 넘어가게 했다. 함양과 바로 연결됐다. 하늘의 북극성, 각도성閣道星이 은하를 넘어 영실성營室聖에 이르는 것을 상징하는 것이었다. 아방궁은 완성되지 못했다. 원래 계획에는 준공한 다음 좋은 이름을 붙여주기로 했다. 그러나 아방에서 이 궁을 건축했기 때문에 그저 아방궁이라고만 불렀다. 궁형과 징역형을 받은 70여 만 명을 각각 보내 아방궁을 짓게 했으나 일부는 여산릉을 건축하는 데 동원되기도 했다. 북산北山에서 산의 돌을 캐서 곽槨을 만들었고 촉蜀과 형荊의 땅에서 모든 목재를 운반했다. 관중에는 이외에 궁전을 300곳이나 건축했고 관외關外에도 400곳을 지었다. 이렇게 해서 동해의 해변인 구朐의 땅 위에 큰 돌을 세워 진나라의 동문東門이라고 했다. 이를 위해 3만 호를 여읍驪邑, 5만 호를 운양雲陽으로 이주시켰다. 이들에게는 10년 동안 세금과 요역을 면제해줬다.

이 기록은 네 가지 사실을 말해줍니다.
우선 건축 원인입니다. 진시황은 함양에 사람이 많고 궁전이 협소해 아방궁을 지으려고 했습니다. 사실 그럴 수 있었습니다. 만약 육국의 미녀들을 모조리 함양으로 데리고 왔다면 진짜 수용하지 못했을 겁니다.

이름을 붙인 이유도 나옵니다. 전체 공정을 다 마무리하지 못해 잠정적으로 아방궁이라는 이름으로 부르게 됐다는 것입니다.

건축 상황 역시 자세하게 보입니다. 아방궁은 진시황 35년(기원전 212년)에 건축되기 시작했습니다. 2년 후에는 궁전이 완공되지 않은 상태에서 진시황이 세상을 떠났습니다. 이후 이세가 아방궁의 건축에 나섰으나 역시 완공시키지 못하고 피살됐습니다. 자영은 고작 46일 동안 왕위에 있었습니다. 진나라는 이후 망했습니다. 건축할 시간조차 없었습니다. 때문에 아방궁은 채 짓다 만 건축물을 의미하는 '란웨이러우爛尾樓'라고 불러도 괜찮겠습니다.

규모 역시 말해주고 있습니다. 오늘날의 시각으로 봐도 1만 명을 수용했다는 사실은 놀라울 뿐입니다.

두목의 〈아방궁부〉는 길지 않습니다. 600여 자에 지나지 않습니다. 그러나 아방궁의 화려한 모습과 당당함을 뛰어나게 잘 묘사하고 있습니다. 미인들의 인물과 엄청난 수에 대해서도 잘 표현해주고 있습니다. 이 작품이 등장하자마자 아방궁이 일약 천하에 이름을 널리 알린 것은 다 이 때문이라고 하겠습니다.

두목은 이 작품에서 두 가지 문제를 거론하고 있습니다. 하나는 진시황의 사치와 향락이 극에 달했다는 사실을 강조했습니다. 또 진나라의 멸망이 남의 탓이 아닌 자신의 탓이라고 주장했습니다. 많은 생각을 하게 만드는 대목이 아닌가 합니다.

두목의 이런 생각은 그의 뛰어난 글에 의한 시너지 효과가 더해져 신속하게 퍼져나갔습니다. 이런 관점의 전파는 후세 사람들에게 두 가지 인식을 만들었습니다. 하나는 아방궁이 완공됐다는 인식입니다. 다른 하나는 진시황이 사치와 향락으로 망했다는 인식이 되겠습니다.

전자는 오해라고 봐야 합니다. 진시황이 병에 걸려 죽음을 맞이할 때 아방궁은 완공되지 않았습니다. 심지어 이세가 계속 공사를 했어도 완공시키지 못했습니다. 아방궁이 완공되지 않았는데 어떻게 두목은 〈아방궁부〉에서 그처럼 아름다운 글을 쓸 수 있었을까요? 어떻게 그 안에서 절세가인들이 생활했다고 썼을까요? 순전히 상상이었습니다. 그러나 문학의 진실은 무수한 독자들을 쓰러지게 하는 장점이 있습니다. 후세 사람들은 순전히 이 작품으로 인해 너 나 할 것 없이 진시황이 아방궁을 완공했다고 생각했습니다. 〈진시황본기〉를 자세하게 읽지 않으면 아방궁이 미완공 프로젝트라는 사실을 알 길이 없습니다.

후자의 인식은 확실히 맞는다고 해야 하겠습니다. 진시황은 진짜 개인의 향락만 추구한 탓에 백성들의 생활은 돌아보지 않았습니다. 천하의 백성들이 도저히 견디지 못할 상황으로 밀어 넣었습니다. 한 사람이 난을 일으키자 천하가 호응하는 형세로 나타났습니다. 길에 가득한 백성들의 원망 소리가 대규모 민란으로 폭발한 것입니다.

아방궁의 어마어마한 크기나 백성들이 당한 고통의 정도는 진시황이 추진한 모든 프로젝트 중에서도 단연 으뜸이었습니다. 후세 문인들이 아방궁을 소재로 작품 활동을 한 것은 역사적 필연일 수밖에 없었습니다. 물론 우리가 앞에서 살펴봤듯 궁전을 건축하려던 명제의 조치에 대한 위나라 대신들의 간언 역시 크게 다르지는 않았습니다. 진시황이 아방궁을 건축하다 백성들의 분노를 사 멸망에 이른 사실에 논거를 둔 간언이었습니다.

갱유에 대한 재해석

당나라 사람들의 진시황에 대한 평가 중에 특별히 거론해볼 가치가 있는 현상이 하나 있습니다. 분서갱유를 설명한 장에서 이미 살펴본 갱유에 대한 재해석이 아마 그것이 아닌가 싶습니다. 〈진시황본기〉에는 분명 진시황이 술사 460여 명을 파묻었다는 기록을 남기고 있습니다. 이것이 갱유에 대한 가장 원시적이고도 믿을 만한 기록이 되겠습니다.

그러나 동한東漢의 위굉衛宏이 편찬한 《고문기자서古文奇字序》에 기록된 갱유 사건은 〈진시황본기〉의 그것과 비교하면 현격한 차이가 있습니다. 중대한 차이는 두 가지입니다. 하나는 술사를 파묻은 원인, 다른 하나는 사건 과정입니다. 이건 정말 보통 큰 차이가 아닙니다.

우선 원인에 대해 알아봅시다.

〈진시황본기〉에 기록된 갱유는 술사인 한종과 노생 등이 진시황을 속인 것이 원인이었습니다. 마지막에는 돈까지 들고 도망친 탓에 진시황의 불같은 분노를 샀습니다. 사건은 일사분란하게 처리됐습니다. 무려 460여 명이나 연루된 것으로 나타났습니다. 이들은 즉각 피살됐습니다.

위굉의 주장은 전혀 다릅니다. 그에 따르면 진시황은 고문자를 소전과 진나라의 예서로 바꾸려고 했습니다. 하지만 천하의 지식인들이 따르지 않았습니다. 급기야 논쟁이 분분해졌습니다. 진시황으로서는 천하의 지식인들을 죽여야겠다는 음모를 굳히게 됐습니다.

사건 전개 과정 역시 현격한 차이가 납니다.

〈진시황본기〉는 선약을 구하는 일로 인해 진시황과 방사들 사이에 충돌이 발생했다는 기록을 남기고 있습니다. 결과적으로 갱유 사건이 일어난 것입니다.

위굉은 이에 반해 앞에서도 살펴본 대로 진시황이 천하의 지식인들을 여산으로 유인해 산 채로 파묻었다고 주장했습니다.

이 두 가지 차이는 중대한 겁니다. 게다가 대단히 괴리가 큽니다. 그러나 〈진시황본기〉의 기록은 일차 사료입니다. 또 사마천의 생졸生卒 연대가 위굉보다는 훨씬 앞섭니다. 마땅히 사마천의 기록이 더 믿을 만합니다. 여기에 위굉이 사료의 근거를 제시하지 않은 것도 신빙성을 떨어뜨립니다. 이런 배경들을 종합해본다면《사기》가 아무래도 더 신빙성이 있다고 하겠습니다.

그러나 당나라 때 학자들의 태도는 대단히 기괴합니다. 안사고를 비롯한 저명한 학자들의 대부분이 위굉의 설을 추종하고 있습니다. 이로 볼 때 동한 위굉의 갱유 학설은 당나라 때에 대단히 유행한 것이 아닌가 싶습니다.

이건 당나라 사회가 진시황이 일으킨 갱유 사건에 대해 대대적인 사회적 비판을 가했다는 얘기가 되겠습니다. 또 위굉의 새로운 학설이 경쟁력을 분명하게 지니고 있었다는 얘기도 됩니다! 폭군으로서의 진시황의 모습이 당나라 때에 확고하게 굳어졌다는 사실은 더 말할 필요가 없겠습니다.

유종원의 새로운 학설과 군현제의 재평가

당나라 사람들의 진시황에 대한 평가 중에 우리가 절대로 간과해서는 안 되는 글이 하나 있습니다. 그건 바로 저명한 정치가이자 문학가인 유종원柳宗元의 〈봉건론封建論〉입니다. 대단히 특별한 의의가 있는 글입니다. 왜 그럴까요? 진시황이 봉건제를 폐지하고 군현제를 실시한 공로를 높이 평가하고 있기 때문입니다. 그는 아마도 진시황이 천하를 통일한 다음 제후국들을 쪼개 군현제를 실시한 게 효과적인 조치였다고 생각한 것 같습니다. 더불어 진나라가 빨리 망한 것이 다른 원인 탓이었지 제후 대신 군수나 현령을 파견한 군현 제도 때문이 아니었다고 생각한 듯합니다. 하기야 이에 대해서는 우리도 진시황이 백성들의 힘을 너무 남용해 빨리 망했다는 결론을 내리지 않았습니까?

한나라는 나라를 세운 이후 진나라의 폐단을 적극적으로 교정했습니다. 주나라 제도에 따라 황자를 제후왕으로 세웠습니다. 공신들 역시 제후왕으로 봉했습니다. 결과적으로 몇 년이 지나지 않아 계속 반란이 일어났습니다. 유방은 이리저리 다니면서 반란을 평정하는 피곤한 생활을 하지 않으면 안 됐습니다. 따라서 진나라와 한나라 두 왕조의 제도를 비교할 때 우리는 분명한 결론을 내릴 수 있습니다. 진나라의 제도가 한나라의 제도보다는 훨씬 나았다고 말입니다. 유종원의 주장을 한번 살펴볼 필요가 있습니다.

진나라는 천하를 통일한 다음 제후국을 쪼개 군현을 설치했다. 제후의 신분을 폐지하고 군현의 장관을 중앙에서 파견했다. 이로써 진나라는 천하의 험준한 땅에 웅거하면서 전국의 상유上游에 수도를 정한 다음 전국을 장악했다. 국면을 완전히 장악한 것이다. 이건 정말 잘한 일이었다. 그러나 몇 년이 못 가 천하에 대란이 일어났다. 여기에는 원인이 있었다. 무엇보다 백성들을 동원한 헤아릴 수 없이 많은 노역을 실시한 것이 원인이었다. 여기에 형법이 날이 가면 갈수록 잔혹해졌다. 재정 역시 고갈됐다. 그래서 호미나 괭이, 나무 몽둥이로 무장한 변경의 수졸들이 눈짓을 교환하면서 빠르게 연합할 수 있었다. 분노한 함성은 곧바로 대군을 이뤄 반진 기의에 나섰다. 그때 반란을 일으킨 이들 중에 관리들은 없었다. 백성들은 진나라에 대한 원한이 뼈에 사무쳤으나 관리들은 위의 조정을 두려워했다. 이렇게 전국의 사방에서 호응해 나서자 군수를 살해하거나 현령을 납치하는 일이 각지에서 동시다발적으로 일어났다. 진나라의 실수는 백성의 원한을 격발시킨 것이지 군현제의 잘못은 아니었다.

한나라는 천하를 통일한 다음 진나라의 실수를 바로잡았다. 주나라의 봉건제를 답습했다. 천하를 분할해 황자들이나 공신들을 제후왕으로 봉했다. 하지만 몇 년이 못 가 제후의 반란을 진압하기 위해 (유방이) 부지런히 움직여야 했다. 그야말로 여념이 없었다. 유방은 심지어 이로 인해 평성平城에서 포위돼 화살에 맞는 상처를 입었다. 이렇게 해서 3대에 걸쳐 쇠락으로 떨어져 일어나지 못했다. 그러나 나중(무제 때를 말함-옮긴이) 모신謀臣의 계책에 따라 제후왕의 세력을 분산, 약화시키고 조정에서 제후국을 관리하게 됐다. 그러나 한나라가 봉건제를 회복하기 시작했을 때 제후국과 군현은 각각 절반씩의 영토를 차지하고 있었다. 그때 반란은 제후국에서만 일어났지 군현에서는 일어나지 않았다. 진나라의 군현제가 정확하다는 것은 이미 분명해졌다. 한나라를 이어 100대에 걸쳐 황제를 칭하더라도 군현제가 봉건제보다 우월하다는 사실은 알 수 있다.

유종원의 입장에서 볼 때 진나라의 빠른 멸망의 원인은 봉건제를 폐지한 다음 군현제를 실시한 데에 있지 않았습니다. 이유는 어디까지나 정치에서의 실수에 있었지 제도에서의 실수에 있지 않았습니다.

그는 또 〈봉건론〉에서 진나라가 빨리 망한 이유에 대해 기술하면서도 진시황이 군현제를 실시한 것에 대해 대단히 높게 평가했습니다. 이건 진나라가 망한 이후 아마도 처음으로 진나라의 정치 제도를 칭송한 글이 아닌가 보입니다. 게다가 그의 글은 논리가 치밀했을 뿐 아니라 논거 역시 충분했습니다. 글 자체는 유려했습니다. 글의 내용에 더욱 설득력을 가져다 줬습니다.

그는 한나라 유생들이 진시황에 대해 전면 부정한 것과는 진짜 많이 달랐습니다. 훨씬 더 전면적이고 객관적으로 진시황을 평가했습니다. 심지어 사상면에서 처음으로 진시황의 군현제를 '공천하(公天下. 천하를 사적인 소유물이 아닌 공유물로 인식하는 사상-옮긴이)'로 칭했습니다. 더불어 중국의 '공천하'는 진시황 때부터 시작됐다는 주장도 했습니다.

진나라는 분봉제를 폐지하는 방법으로 제도를 만들었다. 그것이 공公을 크게 하는 것이었다. 그 동기는 물론 사적이었다. 진시황이 자신의 권위를 공고히 하기 위해 그랬다. 천하의 백성들이 다 자신에게 복종하도록 만들기 위해 그런 면도 있었다. 그러나 분봉제를 폐지하고 천하를 공으로 삼은 것은 아무래도 진나라 때부터 시작됐다고 해야 한다.

이처럼 진시황을 높이 평가한 것은 역사상 전례가 없는 일이었습니다. 부정적인 평가로 일관한 한나라를 지나 겨우 당나라 중기의 유종원에 이르러 처음으로 긍정적 평가를 받기 시작한 것입니다. 그렇다면 당나라 사람들은 왜 진시황의 군현제를 중요하게 생각하기 시작했을까요? 왜 진시황을 긍정적으로 평가할 때 군현제 문제에서부터 시작했을까요?

모든 역사는 모두 당대의 역사입니다. 사람들의 역사에 대한 평가 역시 대체로 자신의 현실에서 출발하기 마련입니다. 자신이 처한 현실을 넘어서는 역사적 평가는 기본적으로 존재할 수가 없습니다.

당나라 사람들 사이에 진시황의 군현제를 높이 평가하는 관점이 생겨난 것은 당나라 중기의 현실 정치와 불가분의 관계가 있었습니다. 안사(安史. 안록산安祿山과 사사명史思明-옮긴이)의 난 이후 당나라 정국에서 가장 골치 아픈 문제는 번진藩鎭의 할거였습니다. 당나라 초기에 중앙 정부는 중요한 주州에 도독부都督部를 설치했습니다. 이로 인해 당 현종 때에 이르러 변경의 각 주에는 10명의 절도사도 생기게 됐습니다. 이를 통칭 번진이라고 했습니다. 각 번진 수장의 권력은 막강했습니다. 무엇보다 각 주의 갑병(甲兵. 무장 병력-옮긴이)을 통솔하는 군사 권력이 있었습니다. 또 다른 직무도 장악하고 있었습니다. 한마디로 권력이 막강했습니다. 이랬으니 중앙 정부의 권력이 약화될 것은 불을 보듯 뻔했습니다. 후속 조치 역시 잇따랐습니다. 위박魏博, 성덕成德, 유주幽州 등의 세 개 진鎭을 어쩔 수 없이 안록산과 사사명 두 반란군 장군의 부하들에게 하사한 것입니다. 또 그들을 절도사로도 봉했습니다. 그들이 자신의 관할 구역 내에서 군대 확충과 관리 임명, 조세 징수 등의 권리를 행사하도록 했습니다. 이로써 이른바 '하삭삼진河朔三鎭'의 할거 국면도 형성됐습니다. 절도사는 막강한 권력을 보유한 것에서 보듯 자식에게 상속하거나 부장(部將. 최고 사령관의 각 부문의 수하 장군-옮긴이)으로의 인계가 가능했습니다. 나중 이 번진은 무려 40여 개로까지 늘어났습니다. 번진 사이에 서로 죽고 죽이고 연합하는 형국은 자연스럽게 나타날 수밖에 없었습니다. 상황이 위태로웠습니다.

당나라 중앙 정부는 수차례에 걸쳐 이들 번진에 대한 공격을 전개했습니다. 그러나 줄곧 큰 효과를 거두지 못했습니다. 결과적으로 이런 국면이 무려 2세기에 걸쳐 이어졌습니다. 국가와 백성들 모두 피해를 입지 않으면 안 됐습니다. 이 국면이 해소된 것은 당나라가 망하고 난 다음이었습니다. 북송의 초창기가 되겠습니다.

유종원은 번진 할거에 따른 혼란한 상황을 누구보다도 분명하게 목도한 사람이었습니다. 진시황이 실시한 군현제가 얼마나 대단히 뛰어난 제도인지를 자각할 수밖에 없었습니다!

역사의 매력은 1000년이 지난 후에도 사람들에게 그의 가치 존재를 느끼게 해준다는 데에 있습니다. 더불어 1000년이나 지난 후에 새로운 의미를 깨닫게 만들어주는 것도 매력적인 요인이라고 하겠습니다.

진시황은 군현제와 봉건제 중 어떤 것이 좋을지에 대해 두 차례나 대규모 조의를 통해 논쟁을 벌이도록 했습니다. 심지어 이 때문에 분서령도 내렸습니다. 군현제와 봉건제의 논쟁이 얼마나 격렬했는지를 분명히 말해주고 있습니다. 그러나 대 진나라 제국의 갑작스런 붕괴에 따라 이론적으로나 실천적으로 군현제의 장점에 대해 깊이 인식했던 후세 사람은 거의 없었습니다. 후세에 어느 정도는 계승돼 왔지만 말입니다. 이런 사실을 감안하면 당나라 중기 번진 할거 시대의 유종원은 거의 유일하게 이에 주목한 최초의 탁월한 식견을 가진 학자가 아니었나 합니다.

　유종원의 〈봉건론〉 등장으로 인해 당나라 사람들은 진시황에 대해 평가할 때 새로운 시각을 갖게 됐습니다. 새로운 관점 역시 갖게 됐습니다. 후세 사람들은 또 어떻게 진시황을 평가했을까요?

42강

천고일제千古一帝

한나라와 당나라의 양대 학자들은 모두 당시의 현실적인 입장에서 출발해 진시황에 대한 시의적절한 평가를 행했습니다. 또 현실적 필요에 기초해 평가하기도 했습니다. 당나라 이후부터 20세기 초반에 이를 때까지도 이 평가는 끊이지 않았습니다. 대체로 기본적인 평가는 부정적이었습니다. 그러나 당나라 이후의 진시황에 대한 평가에는 한나라나 당나라와 비교할 때 다소 다른 목소리가 있었습니다. 그를 찬양하는 관점 역시 출현했습니다. 당연히 찬양하는 사람이 있으면 비판하는 사람 역시 끊이지 않는 법입니다. 결론적으로 진시황에 대한 평가는 일종의 독특한 문화 현상이 됐습니다. 이들 중에는 정통적인 관방官方의 평가가 있는가 하면 민간의 짝퉁 버전의 목소리도 있었습니다. 송나라에서부터 20세기 초반기까지의 이 장구한 기간에는 도대체 진시황에 대한 평가가 어떤 방면에 집중됐을까요? 평가를 한 사람들은 한나라나 당나라 사람들과는 또 어떻게 달랐을까요?

갱유가 유학 금지는 아니었다

진시황과 관련한 모든 평가 중에서 가장 논쟁이 되는 문제는 바로 《시경》과 《서경》을 불사르고 술사들을 파묻은 행동입니다. 당나라 이후 《시경》과 《서경》을 불사른 진시황의 행동은 모든 서적을 불태운 것으로 바뀌었습니다. 술사를 파묻은 행동 역시 피해 대상이 유생으로 바뀌었습니다. 이렇게 해서 분서갱유라는 말이 탄생하게 됐습니다. 때문에 분서갱유가 진시황에 대한 후반 평가의 중점이 되겠습니다.

가장 먼저 이 핫이슈를 공론화한 사람은 남송 초창기의 대학자 정초(鄭樵, 1104~1162)였습니다. 그는 남송 홍화군興化軍 보전(莆田. 지금의 푸젠福建성 푸텐) 사람으로 중국 고대의 저명한 역사학자이자 목록학자였습니다. 뛰어난 학식이 있었으나 평생 과거에 응시하지 않고 저술에만 노력을 기울인 사람이었습니다. 대표적인 저작은 《통지通志》라는 책입니다. 그는 이 사서의 〈교수략校讐略〉 제1략略에 '진부절유학론秦不絶儒學論'이라는 글 두 편을 실었습니다. 진나라가 유학을 끊지 않았다는 제목의 이 글은 그다지 길지 않습니다. 그러나 중요한 의제를 던지고 있습니다. 진시황이 파묻어 죽인 유생이 그저 단순히 '일시적으로 의견이 맞지 않은' 사람이라는 주장입니다. 또 '진나라 때 유학을 금지하지 않았다'라거나 '유생과 경학經學을 중용하지 않은 것이 아니었다'라는 주장 역시 그렇습니다. 정초는 그저 주장만 하지 않았습니다. 구체적인 논거도 댔습니다. 우선 한나라 초창기의 대 유학자인 육가陸賈가 진나라 때 사람이었다는 사실입니다. 유방의 다른 중신인 역이기가 진나라 유생이었다는 사실도 논거로 부족함이 없습니다. 세 번째로 한나라의 의례 담당 책임자를 지낸 숙손통의 경력도 들어볼 수 있습니다. 진나라 중앙 정부의 대조박사였습니다. 이세가 갱유 사건이 일어난 다음 박사 30여 명을 소집해 조정의 일을 상의한 것 역시 간과해서는 안 됩니다. 숙손통이 한왕 유방에게 항복할 때 휘하의 유가 제자들이 100명이었다는 사실은 더 말할 것이 없습니다. 항우 사후 노魯나라 땅의 백성들이 항우를 위해 충절을 지킨 사실도 살펴봐야 합니다. 유방이 항우의 머리를 보여준 다음에야 비로소 노나라 땅의 백성들은 항복했습니다. 이로 볼 때 진나라 조정은 확실히 유교를 완전히 금지시키지 않았습니다. 유학과 유생, 유학의 분위기가 살아 있었습니다.

정초는 우선 진시황의 갱유가 결코 계획적인 유학 폐기 조치가 아니라는 사실을 논리적으로 설명했습니다. 일시적 충동에 의해 그렇게 했다는 사실을 분명히 했습니다. 진시황의 분서갱유에 대한 최초의 중대한 뒤집기 판정이었습니다.

정초는 다른 중요한 문제에 대해서도 언급했습니다. 바로 분서입니다. 더 자세하게 설명하면 《시경》과 《서경》을 불태운 사건이 되겠습니다. 정초는 결론적으로 이게 대단한 일이 아니라고 봤습니다. 이유는 유방이 함양으로 진군했을 당시의 상황에서 찾으면 됩니다. 소하는 이때 진나라 궁정에서 진나라의 법률과 정령 관련 도서들을 거둬들였습니다. 이는 진시황이 분서 사건을 저지르지 않았다는 사실을 증명하는 사실과 진배없습니다. 그렇다면 세간에서 전해져 내려오는 분서 사건은 도대체 어떻게 된 걸까요? 그저 짧은 순간에 발생한 일이었습니다. 다시 말해 단번에 끝나고 말았지 지속적으로 이어지지 않았다는 얘기가 되겠습니다. 더구나 진짜 유교 경전의 훼손은 진시황의 분서에 의한 것이 아니라 다른 원인에 의한 것이었습니다. 바로 학자들 스스로 경전을 망가뜨려 생명을 끝나게 했다는 겁니다. "한나라 이래로 지금까지 전해져 내려오는 서적은 100권에 한두 권에 지나지 않는다. 이건 진나라 사람이 훼손한 것이 아니라 학자들이 스스로 훼손한 것이다"라는 그의 말은 이걸 잘 말해줍니다.

이게 도대체 무슨 말일까요? 정초는 이 현상이 일어난 이유를 학자들의 지저분한 주석 방식에서 찾았습니다. 책을 한번 읽다 보면 주석을 달기 마련인데 이 경우 경서의 훼손은 불가피했다는 말입니다. 오로지 한 사람을 위해 책이 사라질 수밖에 없었다는 말도 되겠습니다.

정초와 동시대의 다른 저명한 학자인 범준(范浚. 1102~1150) 역시 비슷한 입장을 전개했습니다. 〈대진문對秦文〉이라는 글에서 《시경》과 《서경》이 결코 진시황의 분서 때문에 사라진 것이 아니라고 주장했습니다. 물론 그도 정초처럼 진시황이 분서 사건을 일으킨 것은 사실이라고 인정했습니다. 범준은 증거도 나름대로 두 가지나 준비했습니다. 지금까지 볼 수 있는 육경의 존재가 우선 증거의 하나였습니다. 이 육경 속에 들어 있는 작품들이 《시경》과 《서경》이 아니라고 할 수 있을까요? 다음은 경전들이 오로지 독간牘簡이라는 전파 방식으로만 전해져 내려오지 않았다는 사실입니다. 실제로 경전은 여러 다양한 형태로 전해질 수 있었습니다. 말하자면 진시황에 의해 태워져 재로 변한 책들은 비쩍 마른 대나무 조각일 뿐이었습니다.

범준의 관점은 정초의 그것과 마치 약속이나 한 듯 같습니다. 이들의 관점에 의하면 진시황은 확실히 분서의 폭거를 자행했습니다. 그러나 서적에 미친 영향은 후세 사람들이 과장하듯 그렇게 크지 않았습니다. 그러나 범준과 정초가 이처럼 분서에 대한 해석을 똑같이 한 목적은 달랐습니다. 정초의 경우 분서갱유에 대한 뒤집기를 시도하는 데에 목적이 있었습니다. 반면 범준은 진시황이 천하의 언론을 통제하려 했으나 실패했다는 사실을 말하고 싶어 했습니다. 분서가 결국에는 분국(焚國. 나라를 불타게 했다는 의미임-옮긴이)을 초래했다는 사실을 얘기하고 싶었던 것이 아닌가 합니다.

하지만 범준의 관점은 역사적으로 큰 반향을 불러일으키지는 않았습니다. 그가 증명하려 했던 이른바 분서망국론이 이전 진시황에 대한 비판과 크게 다르지 않았으니까요. 그저 다른 논증 방식을 차용한 정도로는 솔직히 관심을 끌기 어렵습니다. 그러나 정초의 경우는 달랐습니다. 너무나 놀라운 주장이었습니다. 후세의 주목을 끌었습니다. 당연히 격렬한 논쟁 역시 불렀습니다.

명나라 사람인 손승은孫承恩이 솔선해서 논쟁을 일으킨 장본인이 되겠습니다. 아예 전적으로 정초의 주장에 반론하겠다는 입장에서 〈진유秦儒〉라는 글을 써 통렬한 비난을 가했습니다. "깊게 생각하지 않고 함부로 왈가왈부했다"라는 공격적인 언사 역시 서슴지 않았습니다. 그는 왜 이렇게 말을 했을까요?

우선 육가와 역이기가 진나라의 유생이기는 하나 중용된 것은 아니라는 사실에 주목했습니다. 숙손통 역시 크게 다르지 않았습니다. 몇 년 동안 조서를 기다리거나 짐승을 관리하는 역할만 했다는 것이 손승은의 주장입니다. 근본적으로 중용을 받지 못했다는 겁니다. 그래서 죽지 않았다는 얘기입니다. 하기야 천하의 유생을 깡그리 다 죽여 없애 유교를 완전히 절멸시키려 했다면 그건 또 얼마나 가혹한 일이었겠습니까?

이외에 진나라 박사들의 성향이 대단히 복잡했다는 사실 역시 이유로 부족함이 없겠습니다. 이를테면 해몽 전문가, 술사 등의 다양한 박사들이 있었습니다. 설사 일련의 유생을 죽이지 않았더라도 괜찮았습니다. 그들이 반드시 진정한 유생이라는 법은 없었습니다.

정초와 손승은의 주장을 자세하게 살펴보면 바로 결론이 내려집니다. 후자의 말이 더욱 설득력이 있습니다. 정초는 너무 지나치게 진시황의 분서에 대한 변호에 매달린 탓에 오히려 주장이 탄력을 잃었습니다. 하지만 정초의 주장은 하나의 사실을 분명히 말해주고 있습니다. 일정한 시간과 거리를 두고 진시황을 재평가할 때 그의 공과에 대한 생각이 갑작스레 변화가 올 수 있다는 사실을 말입니다.

정초의 새로운 해석은 손승은에게 당한 것과는 달리 만청晚淸의 저명한 학자 장태염章太炎으로부터는 대단한 지지를 받았습니다. 장태염은 〈진헌기秦獻記〉라는 제목의 글에서 "서적을 불태우는 것은 진나라의 옛날 제도였다. 이사에게서 시작된 것이 아니다"라는 입장을 밝힘으로써 정초를 두둔했습니다. 이어 "상군(商君. 상앙을 의미함-옮긴이)은 진 효공에게 다섯 가구, 열 가구를 한 단위로 묶어 서로 고발하는 제도와 연좌하는 제도를 두도록 가르쳤다"라는 내용을 담은 《한비자》의 〈화씨편和氏篇〉을 증거로 인용하여 분서 관례가 상앙 때부터 내려온 전통이라는 설명을 했습니다. 그의 이 학설은 진시황의 분서에 대한 책임을 면제시켜주려는 노력이었습니다. 하지만 그의 주장은 정초보다도 더 뛰어났습니다. 분서가 절대로 진시황 개인의 행동이 아니라 진나라의 일관된 전통이라고 설명했습니다. 이렇게 해서 진시황의 분서 폭거는 새롭게 책임질 일단의 그룹이 나타났습니다. 굳이 그가 짊어질 필요가 없게 됐습니다.

　진시황에 대한 변명은 일찍이 루쉰魯迅도 한 적이 있었습니다. "틀리지 않다. 진시황이 책을 불태웠다. 사상을 통일하기 위해 그랬다. 그러나 그는 농서와 의서는 불태우지 않았다. 그는 또 수많은 다른 나라에서 온 객경들을 받아들였다. 결코 진나라의 사상만 전적으로 존중한 것이 아니었다. 오히려 각종 다양한 사상을 받아들였다." 〈화덕분서이동론華德焚書異同論〉이라는 글에서 이렇게 주장했습니다.

　그러나 진시황의 분서에 대한 정말 참신한 관점을 내놓은 사람은 따로 있습니다. 청나라 때의 주이존朱彝尊이 주인공이 되겠습니다. 이른바 처사횡의(處士橫議. 근거 없이 아무 이론이나 마구 내세우는 풍조나 행위-옮긴이)의 행태를 작심하고 확실하게 바로잡기 위한 목적이 분서의 원인이라고 주장했습니다. 왜 이렇게 말을 했을까요? 그는 다섯 가지 이유를 듭니다.

　우선 진나라는 법치 국가였습니다. 이는 세 가지 사건이 무엇보다 잘 보여줍니다. 하나는 효공 때 태자의 스승인 공자건公子虔에 대한 처벌 사건이었습니다. 태자가 계속 잘못을 저지르자 상앙이 두 번이나 그에게 벌을 내렸습니다. 이로 인해 공자건은 경형(黥刑. 얼굴에 먹물을 입히는 형벌-옮긴이)을 당한 것에서도 모자라 나중에는 코까지 잘렸습니다. 완전히 사람의 모습이 아니게 됐습니다. 두 번째는 소양왕昭襄王이 외삼촌 양후穰侯를 비롯한 친인척들을 몰아낸 사건입니다. 범저范雎가 실권을 완전히 장악하고 있을 때였습니다. 이때 소양왕은 이른바 고간삭지固幹削枝, 다시 말해 친인척의 손에 들어간 대권을 되찾는 작업을 적극적으로 실시했습니다. 그래서 재위 41년(기원전 266년)에 양후로부터 승상의 인을 회수할 수 있었습니다. 이어 화양군華陽君, 경양군涇陽君, 고양군高陽君까지 권력의 핵심에서 몰아내고 어머니인 선태후宣太后를 심궁深宮에 안치시켰습니다. 다시는 정치에 간여하지 못하게 했습니다. 소양왕은 법치에 의해 이렇게 하는 것이 당연한 것인 줄 알았습니다. 세 번째는 형가가 진시황을 찌를 때 보여준 진나라 대신들의 태도입니다. 당시 진시황은 함양궁의 대전에서 형가의 추격을 받았습니다. 그런데도 좌우의 대신들은 진시황에게 마치 육상 코치처럼 고함만 질렀을 뿐, 어떤 행동도 하지 못했습니다. 법률에 의해 대신들은 무기를 들고 대전에 오를 수 없었던 탓이었습니다. 당시의 법률로 볼 때 이는 당연했습니다. 이상한 일이 아니었습니다. 이 세 가지 사건으로 미뤄 생각하면 진나라는 법률에 대단히 진지한 자세를 보였습니다.

진짜로 처사횡의 자체에 대한 불만도 이유가 됐을 것으로 보입니다. 중국에서 선비들이 사회나 통치자들에게 함부로 이러쿵저러쿵 하는 풍조는 오래된 일입니다. 이를테면 주나라 시대를 봅시다. 천자의 권력이 땅에 떨어졌을 때 천하의 처사들은 마구 이런저런 얘기들을 쏟아냈습니다. 맹자는 이걸 사설왜리(邪說歪理. 사특한 학설과 왜곡된 이론-옮긴이)라고 주장했습니다. 아버지도 군주도 없는 짐승 같은 인간들이 입에 올리는 말이라고 폄하했습니다. 이들 처사들의 중구난방 학설은 진나라의 세력이 점점 강대해지면서 다시 두드러지게 됩니다. 진나라가 이들의 먹잇감이 된 것입니다. 이때 이들은 진나라를 만진熳秦, 폭진暴秦, 호랑진虎狼秦, 무도진無道秦 등의 각종 모욕적 단어를 총동원해 공격했습니다. 하나같이 무도하고 포악한 나라라는 공격의 화살을 날렸습니다. 언어가 그들이 마음껏 사용할 수 있을 정도로 풍부하지 않은 것을 한스러워했습니다. 이 시기에 진시황은 막 육국을 겸병한 상태였습니다. 육국의 귀족들은 국가와 나라가 망한 고통으로 온갖 고생을 하고 있었습니다. 진시황으로서는 이들의 망언을 꾹 참을 수밖에 없었습니다. 그게 나중 더 큰 분노로 폭발했지만 말입니다.

상황이 절묘하게 맞아떨어진 것 역시 이유로 부족함이 없겠습니다. 박사 순우월은 진시황 34년(기원전 213년)에 함양궁의 대전에서 황자들에 대한 분봉을 요구했습니다. 이사는 지식인들이 횡액을 입을 절묘한 상황에 처하자 지체하지 않고 도화선에 불을 댕겼습니다.

이사가 순자의 제자였다는 사실은 네 번째 이유가 되겠습니다. 그렇다면 그는 인의의 학설을 배운 사람이 아니었을까요? 어떻게 잔혹하기 이를 데 없는 분서를 건의했을까요? 사실 이사는 성인의 정통 학설에 대해서는 인정했습니다. 그가 이를 갈았던 것은 백가百家의 사설邪說이었을 뿐입니다. 이런 관점에서 본다면 진시황이 파묻어 죽인 사람들은 도를 문란하게 하는 유생이었을 뿐 성인을 따르는 무리는 아니었습니다.

그렇다면 백가의 사설을 기록한 책들만 불태우면 되는 것 아니었을까요? 왜 《시경》과 《서경》까지 한 묶음으로 불태웠을까요? 이게 마지막 이유가 되겠습니다. 백가의 사설을 기록한 책들만 불태울 경우 이들이 나중에 다시 살아날 것이라고 우려했습니다. 다시 말해 백가의 사설이 《시경》

과 《서경》의 형태를 빌려 생명력을 얻을지 모른다고 생각한 것입니다. 게다가 이 경우 유생들이 논쟁을 벌일 경우 법률의 잣대가 들쭉날쭉하지 않느냐는 말을 들을 수 있었습니다. 진시황은 이게 두려웠습니다. 권위를 잃은 채 자신의 행동을 관철시키는 데 영향을 받는 분위기가 형성되는 것을 우려했습니다.

주이존은 이런 분석을 행한 다음 결론을 내렸습니다. "원래 진시황은 법률을 중시한 때문에 분서를 계획했다. 게다가 백가의 사설이 분분하게 끊이지 않고 이어졌다. 결국 이런 분위기가 진시황으로 하여금 지체하지 않고 분서갱유를 결심하게 했다. 한마디로 이건 사설이 조성한 피해였다. 때문에 진시황이 분서를 원래부터 계획한 것이 아니라 처사횡의에 떠밀려 폭거를 자행했다고 해야 한다. 이런 의미에서 보면 이건 처사들이 일으킨 분서라고 해도 괜찮다."

그는 진시황을 마구 욕하는 이전 사람들의 행태를 따르지 않았습니다. 대신 모든 분석을 진나라의 통치 사상과 치국 사상, 처사횡의 사이의 모순 관계에서 시작했습니다. 구체적으로 분서갱유의 연유에 대해 분석을 행했습니다. 더욱 객관적인 입장에서 분서갱유에 대한 평가를 진행할 수 있었습니다. 주이존에 이르러 비로소 분서갱유에 대한 평가가 주관적 관점을 벗어나게 됩니다. 더불어 새로운 이정표를 세웠다고 해도 좋겠습니다.

진시황의 분서 조치가 조성한 후폭풍에 대해 과거 사람들은 과장을 많이 했습니다. 그나마 정초와 범준 등의 학자에 이르러서부터는 새로운 시각이 열리게 돼 지금까지 부단히 논의되고 있습니다. 이건 또 진시황의 평가와 관련해서도 밀접한 관련이 있다고 하겠습니다. 만약 진시황의 분서 사건이 중국 문화에 가한 손실이 그처럼 심하지 않다면 그가 폭군이라는 증거는 자연스럽게 사라질 수 있을 테니까요.

물론 이 이슈에 대해서도 후세 사람들은 계속 토론을 한 바 있습니다.

청나라 전기 동성파(桐城派. 청나라 시기의 고문가古文家의 한 일파. 동성을 중심으로 활동했다 해서 이렇게 불림-옮긴이)의 대표 인물인 유대괴劉大魁가 그렇습니다. 〈분서변焚書辨〉이라는 글에서 "육경이 훼손된 것은 진나라에 의한 것이 아니었다. 한나라에 의해 그렇게 됐다. 서적이 불탄 것도 이사의 죄가 아니다. 항우의 죄에 해당한다"라고 주장했습니다.

"한나라 군대가 함양에 진입했을 때 소하는 그저 법률과 정령 관련 책들만 수집했다. 진나라 박사들이 소장한 책들은 신경 쓰지 않았다. 그러다 항우가 지른 불에 의해 완전히 사라졌다. 때문에 진시황의 분서로 인해 서적들이 모두 사라지게 됐다고 하기 어렵다. 전적의 소실은 소하와 서초패왕 항우의 책임이다. 진시황과는 아무 관계가 없다."

이런 관점은 강유위康有爲 시대에 이르러서는 한 단계 더 진화했습니다. 그의 경우 《신학위경고新學僞經考》의 〈진분육경미상망결고秦焚六經未嘗亡缺考〉에서 분명하게 "진나라는 분서를 자행했다. 그러나 육경은 이로 인해 사라진 것이 아니었다. 진나라는 갱유를 저질렀다. 그러나 이로 인해 유생들이 끊어진 것은 아니었다"라고 주장했습니다. 그는 이어 "후세에 육경이 사라진 죄를 진나라에게 물은 것은 모두 유흠劉歆의 엉터리 설 때문에 그런 것이 아닌가 싶다"라는 입장도 개진했습니다. 서한 유흠의 머리 위에 비판의 칼을 들이댄 것입니다.

이처럼 각각 다른 시대의 학자들은 각자 다른 각도에서 분서갱유에 대한 깊이 있는 분석을 행했습니다. 앞으로도 이런 분석은 계속될 것입니다. 그러다 보면 당연히 2000여 년 동안 이어진 역사의 신비한 베일을 벗겨내지 않을까 싶습니다. 진시황이 지금까지 뒤집어쓰고 있던 중대한 죄명에서 자유로워질 수도 있다는 얘기가 되겠습니다. 더불어 그에 대한 평가 역시 더욱 객관적이게 되지 않을까 생각됩니다.

군현제가 대세일지 모르나 봉건제도도 나름의 평가는 받아야 한다

진시황에 대한 평가의 두 번째 중요한 의제는 군현제와 봉건제에 대한 논쟁이 되겠습니다. 진시황 당시에는 이 논쟁이 경천동지할 분서 사건까지 일으킬 정도가 아니었습니까?

이에 대해서는 일찍이 명말明末 청초淸初의 대학자인 왕부지王夫之가 《독통감론讀通鑑論》이라는 책에서 지적한 바 있습니다. "봉건제가 다시 되풀이 되지 못하는 것은 대세이다." 이건 뭘 말할까요? 진시황이 봉건제를 폐지하고 군현제를 실시한 것이 역사적인 대 추세였다는 사실을 설명합니다. 어떤 한 사람의 힘에 의해 결정된 것이 아니라는 얘기이기도 합니다.

왕부지는 책에서 왜 군현제가 봉건제를 대체한 것이 역사적인 대 추세인지에 대해 더 이상의 설명을 하지 않았습니다. 그러나 우리는 이 사실을 완벽하게 이해할 수는 있습니다.

주나라는 봉토건국封土建國의 봉건제를 처음 실시했을 때 역량이 막강했습니다. 천하의 공주共主 역할을 자임하는 것이 어렵지 않았습니다. 각 제후들 역시 혈연관계나 친소로 인해 서로 싸울 수 있었습니다. 하지만 시간이 흐름에 따라 나중 제후국들의 혈연관계는 나날이 소원해졌습니다. 이로 인해 강한 나라가 약한 나라를 침범하는 등의 각종 다툼이 적지 않게 발생하게 됐습니다. 게다가 이런 현상이 출현하게 되자 주나라 천자는 천하 공주로서의 지위에 상처를 입을 수밖에 없었습니다. 자신의 권력을 행사할 방법이 없게 된 것입니다. 이때 제후국 중에서 가장 강력한 나라가 급부상, 혼란한 상황을 수습한 다음 천자를 옹위한다는 기치를 내걸고 자신의 실력을 한껏 과시했습니다. 이 강력한 제후국들이 바로 패주霸主였습니다. 춘추오패는 바로 이렇게 탄생했습니다.

그러나 이들 강력한 나라들은 그저 패주의 지위에 만족하지 못했습니다. 그래서 기회만 생겼다 하면 작은 나라에 대한 겸병을 통해 자신의 세력을 확대했습니다. 이처럼 상호 겸병이 빈발해지자 나중에는 천하에 몇 개밖에 되지 않는 제후국들만 남게 됐습니다. 이들 제후국들은 마지막에는 진나라에 의해 통일됐습니다.

조금 깊이 더 들어가 봅시다. 어느 한 나라가 최종적으로 모든 제후국들을 통일하는 완전 승리를 거뒀다고 합시다. 그러면 그 나라는 봉토건국의 봉건제를 시행할 것이냐 군현제를 실시할 것이냐의 양자택일을 해야 합니다. 하지만 봉토건국은 필연적으로 패주 사이의 쟁패를 불러옵니다. 봉건제가 되풀이될 경우 계속 이런 사이클을 걸을 수밖에 없습니다. 언젠가는 천하 통일이 되는 대 추세를 역전시키지 못한다는 얘기가 되겠습니다. 그러면 겸병에 성공한 나라는 주나라가 맞이했던 이런 비극을 피하기 위해 어떻게 해야 할까요? 역사의 전철을 다시 밟지 않도록 해주는 새로운 방법을 선택해야 합니다. 이 방법이 바로 전국 범위에서 실현하는 군현제입니다. 때문에 군현제를 실시하는 것은 대 추세이자 역사의 필연이라고 해도 과언이 아닙니다.

왕부지에 따르면 군현제는 좋은 면도 많았습니다. 하나는 백성들의 부담이 줄어들게 된다는 겁니다. 다른 하나는 선거를 가능하게 만든다는 점이 되겠습니다. 봉건제 아래에서의 관리들은 세습제였습니다. 귀한 신분도, 천한 신분도 모두 세습이 됐습니다. 그러나 세습제가 특징인 봉건제를 폐지하면 과거 제도를 실시하는 것이 가능했습니다. 평민인 백성들이 관리 대열에 진입하는 게 현실로 나타날 수 있었습니다. 하지만 봉건제 아래에서는 달라질 수밖에 없었습니다. 대대손손 관리가 되면 어떻게 되겠습니까? 봉건제 아래에서의 관리가 군현제 하에서의 관리보다 훨씬 많게 됩니다. 이처럼 관리가 많으면 백성들의 부담이 가중되는 것은 필연적일 수밖에 없습니다.

청나라 초기의 학자 고염무顧炎武는 이에 대한 전문적인 주장을 밝힌 사람으로 유명합니다. 《군현론郡縣論》 9편의 첫 편에서 "봉건제가 폐지된 것은 하루아침에 그런 것이 아니었다. 설사 성인聖人이 나타났더라도 군현제로 바뀔 것이었다"라고 말했을 정도였습니다. 그는 자신의 주장을 통해 두 가지 사실을 거론했습니다. 하나는 봉건제가 군현제로 변화하는 것이 하나의 과정이라는 것이었습니다. 다른 하나는 봉건제가 군현제로 대체될 역사적 필연이라는 것이었습니다. 이로 볼 때 후자의 관점은 일련의 학자들이 가졌던 공통적인 인식이 아닌가 합니다.

그는 이 정도에서 그치지 않았습니다. 봉건제와 군현제 각각의 폐단에 대해서도 나름의 연구를 행했습니다. 이 결과 그는 "봉건제의 폐단은 절대 권력이 아래에 있는 것이다. 그러나 군현제의 폐단은 절대 권력이 위에 있다"라는 결론을 얻었습니다.

그의 이 결론은 대단히 심오했습니다. 2000여 년에 걸친 봉건제 및 군현제와 관련한 연구 중에서는 비교 대상이 없을 정도입니다.

그가 이처럼 양자의 폐단을 가볍게 파악할 수 있었던 데에는 당연히 이유가 있었습니다. 우선 극도로 전제적인 명과 청나라의 황권 제도 아래에서 생활했던 것이 이유가 되겠습니다. 그동안의 연구를 통해 기본적으로 봉건제의 폐단을 꿰고 있었던 데다 황권 전제정치의 기초가 되는 군현제의 폐단까지 몸으로 직접 느낄 수 있었다는 얘기입니다.

청나라 때에는 고염무에 필적할 또 다른 만만치 않은 학설을 제기한 사람이 있었습니다. 원매袁枚라는 학자였습니다. 대단히 참신한 각도에서 각각의 우열을 비교했습니다. 그러나 그의 논거는 다른 학자들과는 사뭇 달랐습니다. 그는 기본적으로 봉건제 하의 사회가 대단히 느슨한 사회라고 생각했습니다. 그래서 공자나 맹자 등의 제자백가가 탄생할 수 있었다는 겁니다. 그의 학설에 따르면 군현제 아래에서는 이런 인물들이 나오기 어려웠습니다. 사상이 고도로 통일된 상황에서는 백가쟁명의 상황이 연출되기 어렵다는 말입니다. 《재봉건론후再封建論後》에 나오는 내용을 참고할 필요가 있겠습니다.

공자는 봉건제가 있음으로 해서 빛이 났다. 위衛, 제齊, 진채陳蔡, 양梁, 송宋, 등藤나라 등으로 갈 수 있었다. 거의 가고만 싶으면 가는 것이 어렵지 않았다. 게다가 제후들이 공경한 데다 제자들이 따랐다. 성명聲名이 더욱 높아져 이후에 모두 스승으로 받들고 따를 줄 알았다. 만약 성인이 군현제의 세상에 태어나 세 번 시험에 불합격했다면 아마 어느 한쪽 구석에 처박혀 이름도 없이 사라져 갔을 것이다. 그저 세속을 피해 아무 걱정 없이 살았을 것이다. 어찌 천하에 우뚝 설 수 있었을까?

원매는 이 정도에서 그치지 않았습니다. "봉건제를 시행하면 천자가 무도할 경우 천하에 제후들이 많아지게 된다. 백성들은 이 수많은 국가들 중에서 현군賢君이 한 명이라도 나오면 희망을 끊지 않아도 된다. 상나라의 탕왕은 제후의 신분으로 하나라의 걸왕을 대신했다. 주나라의 무왕 역시 제후의 신분으로 상나라의 주왕을 대신했다"라는 그의 말을 들어보면 잘 알 수 있습니다. 그는 한마디로 봉건제를 다원 정치의 사회, 군현제를 황제 전권의 사회로 본 것입니다.

원매의 학설에 의하면 봉건제의 최대 결점은 제후국이 강대해진 다음에 패자를 겨냥해 중앙 정부에 복종하지 않게 되는 것이었습니다. 반면 군현제는 봉건제 하에서의 이런 복잡한 구조가 절대 나타나지 않는다는 장점이 있었습니다. 그러나 군현제 하에서의 군수나 현령은 황제에 의해 임명되는 자리였습니다. 한번 임용된 다음에는 계속 자리를 옮겨야 했습니다. 그러다 보면 각 지역의 민정民情을 정확하게 파악하는 것이 쉽지 않았습니다. 게다가 이 관원이 현지의 사정을 제대로 알게 되면 다시 자리를 옮겨야 하는 상황이 발생하고는 했습니다. 자신이 하고 싶은 일을 할 때쯤이면 임기가 다 된다는 얘기입니다. 때문에 군현제 하에서의 각 지방 관리들은 자신이 관할하는 지방을 그저 스쳐 지나가는 중간의 정거장 정도로 생각했습니다. 현지의 백성들을 길가의 나그네 정도로 생각한 것은 너무나 당연했습니다.

그의 이 관점은 상당히 일리가 있었습니다. 또 다 생각이 있어 이런 주장을 했습니다. 그렇다면 그는 뭘 말하고 싶었을까요? 아마도 분권을 시행하는 것이 어떨까 하는 생각을 했다고 봐야 합니다. 황제의 전권을 약화시켜야 한다는 생각을 한 것입니다. 하지만 그는 한 가지 문제를 간과했습니다. 봉건제 하에서는 망나니 같은 제후왕이 생길 수 있다는 사실을 말입니다. 이들은 수년에 한 번씩 자리를 옮길 필요가 전혀 없습니다. 그러나 만약 이들이 전횡을 일삼거나 포악할 경우는 어떻게 되겠습니까? 더구나 이들은 시간이 돼도 자리를 옮기지도 않습니다. 이 경우 이 제후국의 백성들은 엄청난 고통을 당해야 합니다. 언제 햇빛이 들지를 알지 못합니다. 따라서 군현제 하에서 관리의 임기에 문제가 있듯 봉건제에서의 종신제 역시 똑같은 폐단이 있습니다. 원매의 주장은 참고 가치는 있을지 몰라도 결코 좋은 대책이라고 하기는 어렵습니다.

사실 인류의 어떤 사회 제도도 완벽하기는 어렵습니다. 모두 자신이 생래적으로 타고난 폐단을 가지고 있습니다. 모두들 부단히 완성을 향한 과정을 걸어가야 합니다.

이에 대해서는 좋은 글도 하나 있습니다. 20세기 초반 민국民國 시기의 저명한 사상가인 량치차오梁啓超가 1920년에 쓴 〈전국재기戰國載記〉라는 글이 이를테면 그렇습니다.

천하가 통일의 추세로 내달린 것은 대세였다. 진나라에 의해 통일되지 않았다면 다른 나라에 의해 통일이 이뤄졌을 것이다. 통일이 분열과 전쟁보다 나은 것은 너무나 명약관화했다. 하늘이 진나라의 손을 빌려 한나라 이후의 국면을 열려 했는데 누가 이걸 막을 수 있었겠는가! 진나라와 다른 나라가 또 어떻게 선택을 할 수 있었겠는가?

진나라가 육국을 겸병한 것은 사실 고대 1000년의 대세에 따른 추이였다고 해야 한다. 이때에 이르러 통일의 기운이 성숙하기 시작했다. 절대로 진시황 개인의 능력에 의해 된 것이 아니었다. 마찬가지로 진나라만의 능력에 의해 이뤄진 것도 아니었다. 그 공과 죄는 더군다나 한 사람이나 한 나라가 마땅히 받아들여야 할 것이 아니다.

량치차오의 이 말은 대략 세 가지 사실을 강조한 것이라고 해야 하겠습니다.

우선 천하의 통일이 대세에 따라 이뤄졌다는 사실을 강조했습니다. 1000여 년 동안에 걸친 대세의 논리적 귀결이라는 것입니다.

통일을 했을 때의 이익이 분열의 폐해보다 훨씬 크다는 사실 역시 강조했습니다. 누가 통일을 해도 관계없었다는 얘기도 되겠습니다. 중요한 것은 통일을 해야 한다는 당위성이었습니다.

진시황이 통일을 이룩한 게 그 자신의 공적이 아니라는 사실을 강조한 것은 새삼스러울 것도 없습니다. 량치차오는 마찬가지 이유로 그의 죄과 역시 그 자신이 혼자 짊어져서는 안 된다고 주장했습니다.

이런 일단의 학자들이 대거 봉건제를 옹호하는 듯한 주장을 한 것은 앞서 말한 대로 황제의 전권이 가져오는 폐해를 너무 많이 목도했기 때문입니다. 따라서 봉건제를 제창한 것은 일종의 정치적 책략에 지나지 않았습니다. 그들은 봉건제의 본질인 분권을 이용해 군현제의 전권이 가져온 폐해를 해결하려 했던 것입니다. 이것이 바로 새 시대, 새로운 형세 아래 학자들의 새로운 사고였습니다.

세계를 뒤집어놓았으니 정말로 천고일제라

진시황을 평가한 중국 고대 후기의 여러 학자들 중에 반드시 거론해야 하는 사람이 한 명 있습니다. 이 사람은 바로 명나라 때의 이지李贄입니다. 그의 저서들인 《장서藏書》와 《사강평요史綱評要》의 〈후진기後秦記〉에 나오는 내용을 살펴보면 왜 그래야 하는지 답이 나옵니다.

진시황은 마땅히 천고일제여야 한다.

진시황이 황제 제도를 개창하고 이사가 승상을 맡았다. 천하를 무너뜨리는 엄청난 일을 했다. 세계를 완전히 뒤집어놓았다. 성인인가 마귀인가는 가볍게 논하기 어렵다.
조룡(진시황을 의미함—옮긴이)은 천고의 영웅이다. 천하를 경략했다. 또 부소를 아들로 하고 자영을 손자로 해서 대대손손 이어가려 했다. 그러나 호해와 조고 두 멍청이에 의해 완전히 나라가 망가졌다. 정말 애석하다!

이지의 이런 관점들은 네 가지의 내용을 말하고 있습니다.
우선 진시황이 이사의 도움을 받아 과거의 세계를 완전히 뒤집어엎었다는 사실을 강조하고 있습니다.
진시황에 대한 평가가 함부로 이뤄져서는 안 된다고 말하고도 있습니다. 성인인지 마귀인지 역시 함부로 왈가왈부해서는 안 된다고 주장하고 있습니다.

진나라가 호해와 조고에 의해 망했다는 분석 역시 행하고 있습니다.

마지막으로 진시황이 천고일제, 천고영웅이라는 사실을 단언하고 있습니다.

이 네 가지 내용 중에서 가장 결정적인 것은 아무래도 제일 첫 번째가 되겠습니다. 다른 세 가지는 첫 번째에서 파생돼 나온 것이니까요.

이지가 진시황이 세계를 완전히 뒤집어놓았다는 표현을 쓴 것은 다른 사실을 의미하는 게 아닙니다. 봉건제를 실시하던 주나라의 통치를 종결시키고 황제를 최고 통치자로 하는 중앙집권제의 군현제 제국을 건국했다는 사실을 의미합니다.

때문에 우리는 이지가 군현제의 각도에서 진시황을 천고영웅이라고 평가했다는 사실을 알 수 있습니다. 솔직히 진시황의 군현제가 이후 중국에 미친 영향을 감안한다면 이 평가는 결코 과하지 않습니다.

이 비슷한 시기의 주장과 관련해서는 민간의 목소리도 조금 들을 필요가 있습니다. 청나라 사람 양정렬楊廷烈이 지은 《방현지房縣志》의 몹시 기괴한 내용을 참고하면 됩니다. 한번 보겠습니다.

"어떤 사람이 전신에 털이 난 '모인毛人'을 발견했다. 소문에 의하면 그의 조상은 진시황의 장성 축성을 위한 노역에 동원됐던 사람이었다. 그는 어느 날 심산유곡으로 도망을 갔다. 세월이 흐르자 전신에 털이 나기 시작했다. 얘기에 따르면 모인은 자신을 발견한 사람에게 '장성은 다 쌓았는가? 진시황은 아직 있는가?'라고 물었다고 한다. 질문을 받은 사람은 '장성은 아직 다 쌓지 못했다. 진시황은 아직 있다!'라고 말했다. 그러자 그들은 황망히 도망을 갔다."

이 기록은 당연히 민간의 전설에 불과합니다. 그러나 상당히 중요한 의미를 가지고 있습니다. 민간의 진시황에 대한 평가가 어떤지를 정말 너무나 실감 나게 말해주니까요. 만약 역사에 근본적으로 그런 잔혹한 사실이 없었다면 이런 전설이 있을 수 있었겠습니까! 이로 보면 민간의 진시황에 대한 평가는 주로 만리장성을 쌓은 사실에 집중되지 않나 여겨집니다. 이들 민간의 평가는 그저 진시황이 강요한 노역의 공포와 그에 대한 저주에 그쳤습니다. 더 높은 수준으로 발전해 나가지 못했습니다. 자연스럽게 진시황의 공과에 대한 시비를 진행하는 것도 어렵게 됐습니다.

 진시황에 대한 평가는 항우와 유방이 가장 먼저 했습니다. 이어 한나라 때에 이르러서는 가의 등이 그를 폭군으로 마구 난도질했습니다. 그러나 이후부터 그의 이미지는 서서히 달라졌습니다. 당나라 때는 황제의 경계 교육을 위한 반면교사로 한 단계 도약하더니 시간이 갈수록 다양하고 긍정적인 모습을 조금씩 갖추기 시작했습니다. 지금은 최소한 아무 철학 없는 폭군의 이미지는 어느 정도 벗었다고 해야 하겠습니다.

 진시황은 중국 역사상 최초의 황제였습니다. 각종 다양한 평가의 종합체라고 해도 과언이 아닙니다. 그러나 그를 진정으로 이해하기 위해서는 긍정적인 면과 부정적인 면 등을 두루 깊이 있게 조명해 평가해야 합니다. 일방적인 찬미나 일방적인 비난은 둘 모두 편파적인 것 아니겠습니까?

43강

굿바이라는 말을 할 수 없는 영원한 테마 진시황

기원전 210년 50년 인생의 막을 허무하게 내린 대 진나라의 진시황은 영원히 굿바이라는 말을 할 수 없는 황제입니다. 후세인들의 그에 대한 평가가 영원히 끝나지 않을 것이기 때문입니다.

그가 진짜 영원히 살아 있는 인물이라는 사실은 현재의 위상에서 잘 나타납니다. 우선 최근 수년 동안 중국 역사와 세계 역사에 영향을 준 유명 인물로 손꼽히고 있습니다. 또 세계 역사에 영향을 준 100명의 인물 속에도 당당하게 포함돼 있습니다.

예술 분야라고 다를 까닭이 없습니다. 세계적 영향력과 상업성을 갖춘 중국 문화의 코드로 불려도 손색이 없을 정도입니다. 영화, 오페라 등 각종 장르의 작품들을 통해 계속 소개되고 있으니까요. 예를 들면 장이머우張藝謀의 〈영웅〉, 천카이거陳凱歌의 〈형가 진왕을 찌르다〉, 저우샤오원周曉文의 〈진송秦頌〉, 옌젠강閻建剛의 32부작 TV드라마 〈진시황〉 등이 이런 작품이 되겠습니다. 모두 진시황을 모델로 하고 있습니다.

진시황에 주목한 유명 감독으로는 단연 장이머우가 손꼽힙니다. 〈영웅〉 외에 진시황을 주인공으로 하는 또 다른 영화 〈고금대전진용정古今大戰秦俑情〉을 찍었을 뿐 아니라 오페라 〈진시황〉을 연출한 바 있습니다. 이 오페라는 뉴욕 브로드웨이 120여 년 역사상 처음 중국을 소재로 한 작품으로 무대에 오르기도 했습니다.

한 사람의 인생은 아무리 길더라도 장구한 역사에 비춰보면 순간에 지나지 않습니다. 그래서 도연명陶淵明은 일찍이 "친척은 혹 슬퍼하는 감정이 남았을지라도, 다른 사람은 이미 노래를 부르네. 죽음에 대해 뭐라고 말하겠는가, 그저 몸이 자연으로 돌아감이 아닌가"라고 읊었습니다. 이처럼 대부분의 사람들은 죽은 다음에는 바로 잊힙니다. 솔직히 이건 필연입니다. 그러나 진시황만은 확실히 예외인 것 같습니다. 왜 2000여년 전에 이미 흙으로 돌아간 사람이 시간이 그렇게 흘렀는데도 여전히 계속 언급되는 것일까요? 왜 당대의 영화, TV, 오페라 등에서는 고작 50년밖에 세상에 존재하지 않았던 이 사람에 대해 이처럼 열정을 가지고 있을까요?

제도를 개창해 2000여 년이 가도록 하다

세상은 마음먹은 대로 되는 법이 아닙니다. "꽃을 피게 하려니 피지 않고 무심히 꽂아 놓으니 수풀이 되는구나"라는 시도 있지 않습니까? 진시황은 분명 황제를 자칭할 당시 자신이 창업한 진나라가 영원할 것이라고 생각했습니다. 결코 15년 만에 허무하게 무너질 것이라고 생각하지 않았습니다. 항우의 횃불 하나에 의해 모든 것이 잿더미로 변할 줄은 더군다나 생각하지 못했습니다. 이뿐만이 아닙니다. 그는 자신이 세운 제도들이 왕조를 거듭하면서도 사라지지 않고 2000여 년 가까이 이어져 중국 사회에 엄청난 영향을 줄 것이라는 사실 역시 생각하지 못했을 겁니다. 바로 이 때문에 그는 세상을 떠난 지 2000여 년 이상이 됐어도 사람들에 의해 계속 언급되지 않나 합니다. 중국 역사에 대단한 공헌을 했다는 얘기입니다.

그의 공헌은 두 글자로 줄이면 통일이 됩니다. 하나는 국토의 통일, 다른 하나는 제도의 통일입니다.

우선 국토의 통일에 대해 살펴봅시다.

진시황은 선조들이 쌓은 기반에 자신이 구축한 강력한 국력과 개인적인 영웅적 대략을 접목시켜 200여 년에 걸친 전국 시대의 분열과 전쟁을 끝냈습니다. 강력한 통일 국가를 건설했습니다. 당시의 판도는 지금의 국토와 비교하면 손색이 많습니다. 그러나 중국의 통일이 그에 의해 처음 이뤄진 것은 어쨌든 부인하기 어려운 사실입니다. 이후 남북조의 분열, 5대 10국의 혼란기가 있었으나 통일은 계속 이어졌습니다. 모두가 진시황의 영향이 아닐 수 없습니다.

그는 특히 대륙 남부에도 눈을 돌린 군주였습니다. 남월 정벌을 위해 무려 4년 동안 50만 명의 병력을 동원했습니다. 이곳에 결과적으로 남해군南海郡, 계림군桂林郡, 상군象郡 등을 세울 수 있었습니다. 이때의 남해군과 계림군, 상군은 각각 지금의 광둥廣東, 광시廣西, 베트남의 중북부라고 생각하면 되겠습니다. 당시 이 50만 병력은 진나라의 남월 원정군 부사령관인 조타趙佗의 지휘를 받았습니다. 관중으로부터 거리가 멀었던 탓에 진나라 말기의 반진 기의 진압 작전에 투입되지 않을 수 있었습니다. 이로 인해 섬멸되는 운명 역시 피하는 것이 가능했습니다.

이와 관련해서는 재미있는 사실도 하나 찾아볼 수 있습니다. 진시황이 살아 있을 당시 용천현龍川縣의 현령이었던 위타(尉佗. 조타를 말함. 두 번이나 부사령관으로 출정)는 진시황에게 대단히 묘한 글을 올렸습니다. 3만 명에 이르는 중원의 여자들을 영남嶺南으로 보내 달라는 것이 핵심 내용이었습니다. 진시황은 이에 1만 5,000명에 이르는 중원의 여자들을 이주시키는 프로젝트를 흔쾌히 비준했습니다. 그녀들은 이주 즉시 50만 명에 이르는 진나라 병사들의 일부와 결혼했습니다. 후손을 번창시키는 역할을 했습니다. 또 중원의 선진 농경문화를 영남에 퍼뜨렸습니다. 현지의 생산력은 이로 인해 눈부신 발전을 거듭하게 됐습니다. 지금 이 1만 5,000명의 중원 여자들은 현지의 객가(客家. 광둥성 일대의 이주민-옮긴이)들로부터 커낭客娘으로 존경받고 있습니다.

아무튼 진시황이 남월에 50만 병력을 출정시킴에 따라 영남 일대는 처음으로 중국의 세력권으로 들어왔습니다. 진나라가 망한 다음에는 조타에 의해 남월국으로 독립하기도 했으나 곧 한나라에 귀부했습니다. 이처럼 조타는 영남 개발에 대단히 큰 공헌을 한 사람이었습니다. 그와 관련한 역사적 문물이 주 활동 무대였던 용천을 중심으로 곳곳에 널리 존재하는 것은 다 이유가 있다고 하겠습니다.

진나라는 남월 정벌을 통해 제국의 기본 프레임을 완성하였습니다. 남으로는 복건과 광동, 광서, 동으로는 바다, 서와 서남으로는 각각 임조와 보산保山, 북으로는 만리장성에 이르는 광대한 제국을 건설하게 됐습니다.

이제 제도의 통일을 보겠습니다.

영토의 통일이 전체적인 기반을 통합하는 것이라면 제도의 통일은 새로운 것을 창조하는 것입니다. 진시황은 진짜 역사적으로 참신한 정치 제도를 창조했습니다. 주나라 때의 봉건제를 끝내고 중앙집권적인 황제 제도를 설립한 것입니다. 이건 솔직히 번영과 발전의 원동력이기는 했으나 동시에 대단한 재난이기도 했습니다. 그래도 방점을 찍을 만한 정치적 유산입니다. 이를 통해 문자 통일, 화폐와 도량형, 거궤車軌의 통일을 이룬 다음 전체적으로 의미가 있는 국가의 통일을 이룩했으니까요. 만리장성을 비롯해 치도, 직도, 아방궁 등을 건설한 여세를 몰아 흉노와 남월까지 정벌한 것은 다 이런 전제 조건이 충족됐기 때문에 가능했을 겁니다.

물론 진시황이 추진한 대형 공사 프로젝트는 후세인들에 의해 폭정의 사례로 비난을 받기도 합니다. 이미 앞에서 적지 않게 언급한 바 있습니다. 그러나 솔직히 꼭 그렇지는 않습니다. 이 프로젝트들은 두 종류로 구분해야 합니다. 개인의 향락을 위한 것이 있었던 반면 국가와 민생을 위한 프로젝트도 있었다는 얘기입니다. 이를테면 만리장성, 치도, 직도 등이 대표적으로 그렇습니다. 국력, 민력을 소진하게 만들어 당시의 백성들에게 엄청난 고통을 안겨주기는 했으나 통일 제국의 안정과 중원 농경민의 평화를 위해서는 필요한 것들이었다고 해도 크게 무리는 없습니다.

일부 사람들은 계속 진시황의 이런 프로젝트들이 진나라를 망하게 만들었다고 주장할지도 모릅니다. 하지만 문제가 있었다면 그건 백성들의 사정을 돌아보지 않고 급하게 추진한 조급함에 있었습니다. 이 프로젝트들 자체에 문제가 있었다고 하기는 좀 그렇습니다.

후세 사람들은 진나라의 단명이 정치 제도 때문이었다고도 합니다. 그러나 앞에서도 살펴봤듯 제도에 문제가 있었던 것은 아니었습니다. 정치를 실시하는 스타일 자체에 문제가 있었습니다. 그렇지 않았다면 어떻게 진시황이 세운 중앙집권의 제도가 2000여 년이나 이어질 수 있었겠습니까?

그렇다면 이처럼 단명한 왕조가 어떻게 이 모든 것을 이루었을까요?

사실 모든 정치의 발전은 정치 실패의 대가라고 할 수 있습니다. 진시황이 창업한 진나라는 15년 만에 무너진 데에서 보듯 정치적으로는 실패했습니다. 게다가 이세의 비참한 최후까지 감안하면 실패라는 말도 솔직히 감지덕지합니다. 그러나 후대의 역대 왕조들은 진시황의 황제 제도에 대해서만큼은 높게 평가했습니다. 그래서 진나라의 정치 실패에 교훈을 얻어 이에 대한 일정한 수정을 진행했습니다. 결국 이런 수정은 통치 계급과 광범위한 백성들 사이의 모순을 완화해주는 작용을 했습니다. 더불어 후세 왕조들의 개별적인 생존을 가능케 했습니다.

한나라 이후의 역대 왕조들이 황제 제도를 선택한 결정적인 이유는 두 가지가 있었습니다. 하나는 최대한도로 황제의 개인 욕망을 충족시켜줬기 때문이라고 해야 합니다. 또 황제 제도를 대신할 더 좋은 제2의 정치 체제가 없었던 것도 이유라고 할 수 있겠습니다.

그러나 시대의 변천과 역사의 발전에 따라 황제 제도의 반작용적인 폐해는 날이 갈수록 더욱 두드러지게 됐습니다. 심지어 황제의 전제 독재가 종종 봉건 왕조 몰락의 중요한 원인이 되기도 했습니다. 급기야 이 제도는 역사에서 완전히 퇴출됐습니다. 중국이 현대 국가로 발전하는 데 큰 장애물로 작용했기 때문입니다. 그럼에도 지금까지 살펴본 것으로만 놓고 봐도 진시황이 천고일제라는 말이 부끄럽지 않은 황제라는 말은 성립이 되겠습니다.

영명한 군주냐 아니냐, 분서갱유로 인한 끊임없는 비난

진시황은 2000여 년 동안 끊임없는 비난에 시달려 왔습니다. 욕을 먹는 이유도 논쟁거리가 될 정도입니다. 아마 역대 황제 중에서 가장 많은 욕을 먹은 황제가 아닌가 합니다. 이런 면에서 볼 때 그는 홍보 차원에서는 큰 승리를 거둔 사람입니다. 후세 사람들이 영원히 잊을 수가 없을 테니까요! 한마디로 욕을 조금 먹으면 조금 뜨고 크게 먹으면 크게 뜨고 바가지로 먹으면 폭발적으로 뜨는 불후의 홍보 진리를 보는 것 같습니다.

그렇다면 그가 중국 역사상 손꼽히는 폭군이라는 욕을 먹는 것에 대해 우리는 어떻게 인식을 해야 할까요? 하나씩 풀어가 봅시다.

그가 일으킨 분서 사건은 확실히 중국 문화 독재의 전형이라고 해야 합니다. 시초라고도 해야 할지 모릅니다. 영향이 대단히 좋지 않았습니다. 반드시 철저하게 청산을 할 필요가 있습니다. 갱유의 설은 그러나 조금 애매합니다. 방사 내지는 술사들을 파묻은 것인데다 한순간의 분노로 생긴 일이었습니다. 절대로 그가 살인을 밥 먹듯하는 성격을 가진 사람이라는 걸 의미하지 않습니다. 죽인 사람의 수인 460명도 그렇습니다. 결코 2000여 년 동안 길이 빛날 신기록이 아닙니다. 역대 황제들 중에서 살인을 가장 많이 한 신기록의 보유자라는 불명예는 바로 조카를 죽이고 황제 자리에 오른 명나라의 성조成祖 주체朱棣가 뒤집어써야 합니다. 정권을 탈취한 다음 한 번에 무려 837명을 죽였으니까요.

황릉과 궁전 등을 대대적으로 건축하는 것을 폭군의 기준으로 해도 마찬가지 아닐까 합니다. 자신의 황릉을 대대적으로 조성하지 않은 황제는 거의 없다시피 하니까 말입니다. 그렇다면 그들은 모두 폭군일까요? 대표적으로 건륭乾隆황제를 들 수도 있습니다. 그는 사치했던 것으로는 지금까지도 유명한 황제입니다. 수많은 원림園林을 조성한 것만 따지면 비견될 황제가 없을 정도입니다. 심지어 폭군의 대명사인 걸왕과 주왕도 비교 대상이 되지 못합니다.

혹독한 법을 실시한 것을 폭군의 기준으로 하면 어떻게 될까요? 진나라의 법이 잔혹했다는 사실은 두말이 필요 없습니다. 하지만 한나라는 건국 직후 진나라의 법률을 답습했습니다. 물론 한 혜제惠帝 때에는 협서령挾書令을 폐지했습니다. 또 여후呂后 때에도 삼족을 멸하는 죄를 폐지한다는 방침을 밝혔습니다. 하지만 삼족을 멸하는 죄는 여후 때에 폐지되지 않았을 뿐 아니라 오히려 범위가 점점 더 늘어났습니다. 오족죄, 칠족죄, 구족죄, 십족죄 등까지 생겨나게 됐습니다. 이로 볼 때 후대의 법률이 진나라 때보다 결코 훨씬 더 관대했다고 보기는 어렵지 않나 싶습니다.

물론 진시황의 성격에 잔인한 일면이 없었던 것은 아닙니다. 조나라를 멸망시킨 다음 그는 파격적으로 자신이 어머니 조희와 함께 9년 동안의 어린 시절을 보낸 조나라의 수도 한단을 방문했습니다. 추억을 되새긴다는 낭만적인 생각도 없지 않았겠으나 그는 이곳에서 잔인한 보복을 행한 것으로 더 유명합니다. 어머니에 대한 기억이 별로 좋게 남아 있지 않았음에도 외가의 원수들을 모조리 생매장한 것입니다. 우리는 그의 어머니가 누구와 원수를 졌는지는 모릅니다만 잔혹한 보복을 한 것은 사실입니다. 그러나 이건 어디까지나 한 사례일 뿐입니다. 그는 대부분의 상황에서는 모든 문제들을 비교적 이지적으로 처리한 것으로도 알려지고 있습니다.

그렇다고 진시황의 입장에서 폭군으로 인식되는 것이 특별하게 억울할 것은 없습니다. 폭군의 표준에 어울리는 사람이니까요. 하지만 앞에서도 얼핏 본 것처럼 그와 비슷하게 잔혹했던 황제들 중에서 폭군으로 불리지 않은 황제들은 많습니다. 그렇다면 그는 왜 폭군으로 인식되고 있을까요? 이건 순전히 나라가 단명한 탓입니다. 단명 왕조의 개국 황제로서 책임을 뒤집어쓰고 있다는 얘기가 되겠습니다. 이에 대해서는 루쉰 역시 일찍이 "진시황은 실제 너무 억울하다. 그가 이렇게 손해를 보는 것은 진나라가 너무 빨리 이세에서 망했기 때문이라고 해야 한다. 일련의 아첨꾼들이 새로운 주인을 위해 아부를 해야 하니 그에 대한 나쁜 말을 할 수밖에 없었다"라는 말로 그를 두둔했습니다.

진나라가 빨리 망한 원인에 대해서는 가의도 〈과진론〉에서 분명하게 지적한 바 있습니다. 천하를 얻을 때와 잃을 때 모두 폭력을 사용, 민심이반을 불러와 그렇게 됐다고요. 만약 이렇게 하지 않았으면 어떻게 됐을까요? 천하를 통일한 다음에 갑작스럽게 방침을 바꾸지 않으면 어떻게 됐을까요? 그렇습니다. 아마도 병력을 동원하지 않고 대규모 프로젝트를 추진하지 않은 채 백성들이 푹 쉬면서 기력을 완전하게 회복하도록 했다면 "천하고진구의天下苦秦久矣"라는 말을 들을 상황으로 내몰리지는 않았을 겁니다. 이렇게 했다면 진승과 오광 역시 반란의 길목으로 내몰리지 않았을 겁니다. 설사 내몰렸다고 해도 천하의 백성들이 불처럼 호응하지는 않았을 것입니다.

솔직히 사람에 대한 평가는 그 사람의 일생을 보고 해야 합니다. 진시황에 대한 평가 역시 마찬가지 아닌가 합니다. 말이 난 김에 모두 네 단계로 나눌 수 있는 진시황의 일생을 한번 살펴봅시다.

첫 단계는 출생에서부터 열세 살 때까지입니다. 이 단계의 9년은 조나라에서 살았습니다. 이때 아버지 이인이 인질의 신분이었으므로 그 역시 지위가 높다고 하기는 어려웠습니다. 실제로 이 9년 동안 그는 꽤 비참하게 살았습니다. 그야말로 생존권이 보장되지 않는 상황에서 보냈습니다. 하지만 그가 아홉 살 때 아버지는 진나라의 태자가 됐습니다. 암울했던 인생에 봄날이 찾아온 것입니다. 물론 수중에는 아무 권력도 없었습니다.

두 번째 단계는 열세 살 때부터 22세 때까지입니다. 이 단계의 그는 아버지의 뒤를 이어 진왕에 올랐으나 어렸던 탓에 실권은 역시 전혀 없었습니다. 실권은 어머니 조희와 그녀의 내연 남편인 여불위와 노애에게 있었습니다. 그는 참고 기다릴 수밖에 없었습니다.

관례를 치른 22세 때부터 육국을 겸병하는 39세 때까지는 인생의 세 번째 단계가 되겠습니다. 이 기간 그는 노애와 여불위의 양대 파워 그룹을 평정했습니다. 육국 겸병을 위한 준비를 차근차근 한 다음 목적을 달성했습니다.

39세부터 사망할 때까지는 마지막 네 번째 단계입니다. 이 단계가 문제입니다. 그가 듣는 비난의 대부분은 이때 한 각종의 행동들이 원인을 제공했습니다. 이때 그는 공도 실수도 다 있었습니다. 그러나 생명이 종착역을 향해 더욱 빠르게 달려가려 했을 때에는 거의 모든 행동들이 실수투성이였습니다. 대표적으로 46세 때 시작한 만리장성 건축이 그렇습니다.

47세 때의 분서와 48세 때의 갱유 역시 다르지 않습니다. 그의 중요한 실책들은 대체로 죽기 4~5년 전에 집중적으로 발생했다고 하겠습니다.

결론적으로 그가 일련의 실수를 저지른 것은 오로지 인생의 네 번째 단계 때였습니다. 모든 실수가 이때 집중됐습니다. 이 책에 나오는 그에 대한 부정적인 얘기들 역시 대부분 이때와 관련한 것들입니다. 정말 애석한 일이 아닐 수 없습니다. 그러나 결국 자신을 망하게 만드는 사람은 자기 자신입니다. 역사는 무정하게도 이 사실을 분명히 증명하고 있습니다. 이것이 바로 진시황의 비극이었습니다. 모든 독재자들의 비극이기도 합니다.

법가 중용과 진나라 귀족의 부패

진나라가 빨리 망한 원인은 많습니다. 우리는 이미 앞에서 이에 대해 무수히 언급한 바 있습니다. 하지만 이것들 외에 크게 주목받지 못하고 있는 원인들도 없지 않습니다. 대략 세 가지 정도 됩니다. 하나는 진시황의 통치 사상입니다. 다음은 진나라 귀족들의 부정부패가 되겠습니다. 세 번째는 후계자 인선의 실수입니다.

우선 통치 사상에 대해 알아봅시다.

한 나라를 통치하기 위해서는 제도만 필요한 것이 아닙니다. 더 중요한 것은 사상입니다. 진나라는 정말 이게 너무나도 부족했습니다.

통치 사상은 통치를 공고하게 하는 데 가장 중요한 수단 중 하나입니다. 당연히 진시황 역시 시종일관 자신에게 적합한 이 사상을 찾아 헤맸습니다. 그러다 법가 사상에 천착하게 됩니다. 군왕의 독재 시스템을 강조하는 사상이었으니까요. 그러나 이 사상은 결정적인 약점이 있었습니다. 그게 바로 군왕의 독재를 제어할 수단이 없다는 것입니다. 때문에 황제가 일단 큰 실수로 연결되는 결정을 내리게 되면 나라의 장기적 안정은 파괴될 수밖에 없었습니다.

더구나 진시황은 법가를 숭상하면서도 진나라가 수덕에 속한다는 내용을 골자로 하는 음양의 학설을 믿었습니다. 수덕은 뭡니까? 음에 속합니다. 음은 바로 형벌과 살인을 의미합니다. 진시황은 바로 이 수덕의 정치를 법가의 사상에 전용했습니다. 형벌을 위주로 나라를 다스리려 했던 것은 거의 필연이었습니다.

진시황이 육국을 겸병하는 데 유용하게 원용한 법가 사상이나 병가 사상에 비한다면 당시의 유가 사상은 별로 실용적이지 않았습니다. 하지만 방대한 제국을 통치하기 위해서는 유가 사상이 필요했습니다. 법가는 강국強國의 도인 반면 유가는 치국治國의 도였으니까요. 법제가 절대로 부족하면 안 됐듯 덕치 역시 필수불가결했던 것입니다. 특히 유가는 군왕의 전횡이나 부패 등을 제약하는 데 있어서는 절대적으로 필요했습니다.

하지만 진시황은 이런 통치 사상을 확립하는 데 소홀했습니다. 바꿔 말해 황제 제도의 하드웨어는 완성했으나 이에 적합한 소프트웨어를 개발, 설치하는 데에는 실패했습니다. 때문에 우리는 그가 그저 시황제였을 뿐이지 보다 심원한 문제에 눈을 돌린 황제라는 평가를 할 수 없습니다. 그럼에도 그는 황제 제도가 제국의 영원함을 보장하는 완전무결한 제도라고 믿어 의심치 않았습니다. 반면 제도라는 것이 조절 기능을 가져야 한다는 사실은 전혀 파악하지 못했습니다. 이 조절 기능은 다름 아닌 통치 사상으로 실현되는 것이 아닌가요.

이제 진나라 귀족의 부패에 대해 살펴봅시다.

대부분의 사람들은 진나라의 빠른 멸망이 폭정과 가혹한 법에 있다고 생각할 뿐입니다. 이 부분에 대해서는 별로 생각하지 않는 것 같습니다.

진나라 말기의 농민 대 기의의 최대 승리자는 누구라고 그랬나요? 유방입니다. 최종적으로 그가 서한을 건국했으니까요. 당시 육국의 귀족 후예들은 경쟁적으로 나라를 다시 세웠습니다. 그러나 마지막에 승리한 주인공은 이들이 아니었습니다. 귀족과는 아무 관계도 없었던 유방이었습니다. 이건 역사적 필연일까요 아니면 우연일까요?

원인은 당연히 대단히 복잡할지 모릅니다. 그러나 한 가지 사실을 간과하지 않을 경우 의외로 쉽게 답을 찾을 수 있습니다. 그게 바로 전국 시대 육국의 귀족들이 대단히 부패했다는 사실이 되겠습니다. 당시 진시황에 의해 겸병된 육국의 귀족 출신들은 수백 년 동안의 영화를 누렸으나 이즈음에는 급속도로 몰락의 길을 걸었습니다. 이게 아마 "군자의 덕은 오대가 지나면 끊어진다"라는 맹자의 말과 딱 들어맞는 상황이 아니었을까요. 그렇습니다. 바로 이들의 부패가 육국이 진나라에 의해 겸병된 주요 원인 중 하나였습니다. 이때 진나라의 귀족들은 육국 귀족들보다는 훨씬 더 뛰어난 활약을 했습니다. 하지만 부패한 정도로 따지면 크게 다르지 않았습니다. 예를 들어봅시다. 정국의 사건이 터진 이후 진나라 귀족들의 주력 세력은 축객을 주창했습니다. 영정 역시 축객령을 발동했습니다. 만약 이사의 〈간축객서〉가 없었다면 진나라의 인재들은 아마 반 이상이 유실됐을 겁니다. 바로 이처럼 진나라의 귀족들은 나라를 생각하지 않았습니다. 오로지 자신들의 이익만 생각했습니다. 부패한 인간들의 전형이 아닙니까? 그러나 이때 영정은 대단히 뛰어난 감각을 가지고 있었습니다. 일정한 수준에서 휘하 귀족들의 부패를 제어할 수 있었습니다. 그러나 육국을 겸병한 다음부터 그의 머리는 오작동을 하기 시작했습니다. 진나라 귀족들의 부패는 더 이상 제어하기 어려울 정도로 치달았습니다. 결과는 너무 뻔하지 않습니까?

원래 강력한 적이 주변에 있으면 강해진다는 말이 있습니다. 진나라 역시 그랬습니다. 부족으로 있다가 나라를 세웠을 때 대부분의 국군들은 바로 이런 혹독한 현실에 직면하고 있었습니다. 관동에 육국이 있었던 것이죠. 진시황이 육국을 겸병한 다음에는 당연히 이런 동기 부여를 해줄 적이 사라져버렸습니다. 이로 인해 진나라 귀족들 역시 달라지기 시작했습니다. 과거의 전전긍긍하거나 얼음 위를 걷는 듯한 조심스런 모습을 점점 잃어간 것입니다. 나중에는 맹목적으로 진시황의 폭정을 적극적으로 지지했습니다. 부소 외에는 간언을 올릴 사람이 없을 정도였습니다. 다른 귀족들의 소리는 어디에서도 들리지 않았습니다. 더구나 가장 막강한 귀족 그룹으로 꼽혔던 진시황의 자녀들은 아무것도 할 수가 없었습니다. 모조리 호해에 의해 죽임을 당했습니다.

이런 귀족들로 이뤄진 나라에 희망이 있었을까요? 당연히 없었습니다.

주나라 천자가 분봉한 귀족들은 춘추쟁패와 전국쟁웅의 포연 속에서 조용히 사라졌습니다. 주나라가 진나라로 대체되는 과정에서도 상당수가 사라졌습니다. 마지막에는 진나라의 귀족까지 흔적이 없어졌습니다. 이를 대신한 그룹이 유방을 필두로 하는 신흥 세력이었습니다. 이 그룹은 완전히 무지랭이 출신들이었습니다. 그러나 그들은 새로운 상황에 아주 잘 적응했습니다. 시대에 의해 새롭게 만들어진 영웅이 됐습니다. 그들은 진시황이 세운 황제 제도를 계승하는 한편으로 부단히 이 제도를 개선해 나갔습니다.

당연히 한나라의 장기 집권에 따라 새롭게 떠오른 영웅들은 다시 귀족 계급이 됐습니다. 하지만 그들의 부패도 파멸을 피하지 못했습니다. 이 무렵 다시 새로운 계층이 한나라 내부에 서서히 뿌리를 내리고 있었습니다. 이들은 수백 년의 내공을 쌓으면서 마지막에 남북조의 새로운 집권 세력이 될 수 있었습니다.

대 제국을 다룰 정권의 일사분란한 인수인계는 그 제국의 생명이 계속 이어질 것인가를 가름하는 중요한 요인입니다. 진나라는 바로 이 점에서 실패했습니다. 후계자 문제를 슬기롭게 잘 처리하지 못했습니다.

진시황에게는 무려 20여 명의 아들들이 있었습니다. 그럼에도 가장 능력이 부족한 호해가 정변을 일으켜 후계자가 됐습니다. 사람들은 지금까지도 하나같이 만약 부소가 진시황을 제대로 계승했다면 진나라가 그토록 빨리 망하지 않았을 것이라고 말합니다.

부소는 어떤 사람이었을까요? 여러 사람들의 눈에는 인의의 군자로 보일 수 있습니다. 갱유를 저지하기 위해 진시황에게 간언까지 했으니까요. 부소가 갱유에 동의하지 않은 것은 기록으로만 보면 분명한 사실입니다. 그러나 그도 썩 만족스러운 황제가 아니었을 것으로 보입니다. 왜 그렇게 생각하느냐고요? 그는 달랑 마차 하나를 타고 달려온 사신이 건넨 조서를 보고 자살을 하려고 했습니다. 조서의 진위를 가릴 생각조차 하지 않았습니다. 진시황이 하라고 하면 하는 아들이었습니다. 이런 스타일로 하면 절대로 안 됩니다. 실제로 몽염조차 그래서는 안 된다고 했습니다. 조서의 진위를 가려야 한다고 강조했습니다! 물론 몽염도 버티다 피살되는 운명을 피하지는 못했습니다. 그러나 몽염은 자신이 할 수 있는 최대한의 반항을 해보려고 생각은 했습니다. 이런 몽염에 비하면 부소는 정말 정치적 경험이 대단히 부족했다고 해도 무리가 없습니다. 정치가로서의 과감함과 박력 역시 없었습니다. 이런 사람이 과연 제대로 황제의 중임을 감당했을지 정말 의심스럽습니다.

이상의 내용들을 종합하면 진시황은 후대에 엄청난 영향을 끼친 황제였습니다. 논쟁을 피할 수 없는 황제였습니다. 동시에 많은 것을 생각하게 만드는 황제였습니다. 이런 황제는 중국 역사에서도 많이 보이지 않습니다. 우리가 진시황에게 굿바이라는 말을 할 수 없는 이유는 바로 여기에 있습니다.

에필로그

영원히 살아 있는 황제, 진시황

천고일제라는 찬탄의 대상이 되기도 했던 진시황. 그는 열세 살 때 왕위에 올라 대 제국 진나라를 건국하는 위대한 신화를 만들어냈습니다. 전무후무한 사람이라고 해도 좋습니다. 또 문자를 비롯한 수많은 제도의 통일을 일궈내기도 했습니다.

그러나 너무 권력에 연연했습니다. 욕먹을 짓 역시 많이 했습니다.

그는 부지런했습니다. 다섯 번이나 순유에 나섰습니다. 자신을 진인이라고 부르면서 신선이 되고자 열망했으나 반대로 단명에 그쳤습니다. 일반 평범한 사람들과 똑같이 자신이 고심하면서 마련한 능묘에 들어갔습니다.

보들레르는 "넓고도 큰 생존이라는 무대의 뒤편, 어둠이 가장 깊은 그곳에서 나는 분명하게 그 이상한 세계를 본다"라는 말을 했습니다. 진시황도 아마 이랬을 겁니다. 조용히 지켜봤습니다. 자신이 가장 신임했던 조고와 이사가 자신의 유조를 변조하는 모습, 가장 사랑했던 아들이 권력을 위해 형제와 누이들을 모두 죽이는 모습을 봤습니다. 자신이 만세까지 영원하라고 염원했던 대 제국이 항우의 햇불 하나에 연기처럼 사라지면서 초토화되는 것을 지켜봤습니다.

기억하십니까? 드넓은 관중 평원의 무대에 일찍이 올려졌던 경천동지할 장면들을 말입니다. 수많은 가무歌舞의 대상이 됐던 태평성대의 역사를 말입니다. 그러나 지금 석양이 기울어가는 여산릉에는 마른 등걸과 늙은 나무, 어둠 속의 갈가마귀 외에는 벗할 것이 없습니다. 아! 좋은 시절은 빨리 흘러가고 인생은 짧습니다. 세상사는 무상합니다. 변하지 않는 유일한 것은 도도히 흘러가는 위수의 물밖에는 없습니다. 이 물은 옛날 대 제국 수도의 시끄러움과 번화함을 모두 가져갔습니다. 영원히 남긴 것은 역대 사람들의 장탄식과 소회일 뿐입니다.

진황음秦皇吟

춘추의 제후들이 패주를 다투니 봉화가 난비하구나, 전국의 제후들이 제위帝位를 다투니 백성들의 삶이 서러워지는구나.

일거에 육국을 쓸어버리고 통일을 이룩하니, 진시황의 성세聲勢가 바람과 우레를 벗하는구나.

휘황찬란한 공적과 업적은 공전절후라, 사방에서 울리는 찬탄의 소리가 영주英主를 교만하게 만들어라.

분서갱유는 백성들의 마음을 서늘하게 만들었고, 군신群臣들은 할 말을 잃어 간하는 사람이 없어라.

토목 공사를 대거 일으켜 백성들을 동원하니, 아방궁이 완공되기도 전에 세상이 가난해지는구나.

혹독한 형벌과 가혹한 정치는 호랑이보다 무섭고, 폭군과 영주의 모습은 한 몸에 다 있어라.

존귀함과 영화, 사치를 영원히 지키려 했으나, 죽지 않게 만드는 선약이 세상 어디에 있겠는가.

진승이 일어나 호령하자 천하가 따르니, 백성들이 진나라에 의해 고통을 당한 것이 오래임이라.

만세에 이를 기업基業이 고작 이세에 끝나니, 초나라는 비록 3호戶만 남아도 진나라를 멸할 수 있었구나.

갑작스레 일어나 홀연히 망하니 교훈은 멀기도 해라, 수세에 몰리기 전에 관용과 인의의 정치를 폈어야 하지 않았는가.

진나라의 제사는 비록 끊겼으나 제도는 남았어라, 진시황의 공과에 대한 논쟁은 끝이 없구나.

황제의 조정은 오랫동안 수없이 흥망을 거듭했으나, 모든 비애는 그로부터 시작됐구나.